KB188344

금강심론 주해III

金剛心論 註解

금강심론 주해III

초판 1쇄 | 2019년 4월 26일

편저자 | 배광식

펴낸이 | 강성도

펴낸곳 | 뜨란

편집 | 정선우

디자인 | 포데로사21

주소 | 경기도 고양시 일산동구 중산로 206, 704-704

전화 | 031-918-9873

팩스 | 031-918-9871

이메일 | ttranbook@gmail.com

등록 | 제111호(2000. 1. 6)

ISBN | 978-8990840-49-3 03220

금강심론 주해

III

금타 대화상이 짓고
청화 큰스님이 풀이한
금강심론 공부하기

金剛心論 註解

배광식 편저

또란

공부를
시작하며

보리방편문을 통한
염불선 공부

보리방편문을 통한 염불선 수행을 지속하며

 1985년 4월 14일 전남 곡성 태안사 해회당! 툇마루를 걸레로 훔치고 계시는 청화 큰스님을 처음 뵈었다. 처음 뵙던 날 『금강심론』(석금타 저, 청화 편)과 『정토삼부경』(청화 역)에 저자서명을 해서 주셨다. 그리고 2003년 11월 12일 열반에 드실 때까지 18년여를 가까이서 때로는 멀리서 큰스님의 훈수薰修를 입었다.

 큰스님이 편찬한 금타 대화상의 유고집 『금강심론』을 받아온 날부터 읽기 시작하였다. 한문투성이에 토씨만 겨우 한글이 섞인 책은 학문이 얕은 내가 읽기에는 너무 버거웠다. 그래도 큰스님께서 유법제자로서 은사이신 금타 대화상에 대해 보이신 지극하고 절절한 마음에 힘입어, 매일 조금씩이라도 읽어가다 보니 뜻도 차차 알아지고 재미가 붙었다. 『원통불법의 요체』(청화선사 법어집 II)와 『정통선의 향훈』(청화선사 법어집 I)에 여기저기 단편적으로 보이는 큰스님의 『금강심론』 해설에 많은 도움을 받았음은 물론이다.

 큰스님께서 고구정녕하게 말씀하신 '보리방편문을 통한 염불선 수행'의 구체적인 내용과 방법은 『금강심론』 「제1편 일인전에 일인도」 '제2장 보리방편문'의 '제1절 아미타불'에서 '제9절 오륜성신관'까지에 자세하게 나와 있다.

 인터넷 시대를 맞이하여 2002년 '금강金剛 불교입문에서 성불까지(http://cafe.

daum.net/vajra, http://cafe.naver.com/huineng)'를 개설하여,『금강심론』의 내용과 청화 큰스님의 법문을 게시하고, 카페 회원들과 더불어 매월 철야정진회(2019년 3월 현재 158회)와 매월 강독회(2019년 4월 현재 156회)를 하면서 함께 염불선수행을 지속하여 왔다. 염불선 천일수행을 4차까지 마치고, 2018년 11월 24일부터 5차 염불선 수행 중이다. 그동안 도반들과 힘을 모아 충남 태안에 수련원인 '묘금륜원渺金輪園'을 지었고, 서울 도량으로 조계사 인근에 '승우당勝友堂'이 마련되었으며, '사단법인 참수레' 법인이 설립되었다.

청화 큰스님 열반 후 추모 다큐멘터리를 제작하면서 방송국 책임PD가 「수릉엄삼매도」(석금타 작, 석청화 사寫)를 누가 해설할 수 있습니까?'라는 질문을 하였다. "지금은 해설할 분이 없는 것 같지만 나중에 해설할 사람이 있겠죠!"라고 대답하면서 얼굴이 붉어졌다.

청화 큰스님의 출가동기가 되었을 정도로 중요한 수릉엄삼매도를 큰스님 계신 동안 공부할 생각을 안 냈던 것이 너무 죄송하고, 이것저것 여쭙지 못한 것이 후회스러웠다. 마음속으로 이제부터라도 수릉엄삼매도 공부를 시작하리라고 다짐한 후, 지금까지 금강 도반들과 수릉엄삼매도 공부를 두 바퀴 돌고, 세 바퀴째를 시작하였다.『금강심론』 내의 「수릉엄삼매도결 상편」(하편은 없음)의 많은 도움을 받았지만 아직도 갈 길이 멀다.

『금강심론』에 대하여

온라인과 오프라인을 넘나들며 공부를 이어온 '보리방편문을 통한 염불선수행'의 근본교재인『금강심론』은 금타 선사께서 1942년 6월 9일~1947년 6월 1일까지 5년에 걸쳐 집필하신 다수의 역작力作을 청화 큰스님께서 유고를 모아 편찬하신 것이다.

1979년 5월 15일 월출산 상견성암에서『금강심론』을 펴내신 이후 법보시용 혹은 판매용으로 인쇄를 거듭하였으나 쇄수는 정확히 표기되어 있지 않다. 한때는 청화 큰스님께서 금타 대화상의 원문을 읽기 쉽게 약간 풀어서 출판한 적도 있는데, "그리 오래 된 분도 아닌데 원문 그대로 내는 것이 맞는 것 같다"

시며 다시 원문으로 환원해 출판하였다.

2017년 2월에는 김영동 명예교수와 벽산문도회의 노력에 힘입어, 『금강심론』인쇄본 뒤에 청화 큰스님께서 보관하셨던 『금강심론』유고[관음문자(일인전에 일인도); 발송 제366호, 서기 1949년 6월 30일 전주 발행' 석판본, '보리방편문' 석판본, '해탈16지 료간' 석판본, '수릉엄삼매도결 상편' 필사본(이상 중원仲原 스님 자료 제공)]와 2015년 2월 일본 동양대학 도서관 자료를 열람 복사한 '우주의 본질과 형량'(일본어판) 등사본의 영인본을 포함한 『금강심론』(영인본 포함)이 발간되어 금타 대화상의 숨결을 더욱 가까이에서 느끼게 되었다. 이에 앞서 2016년 11월에는 군산 동국사 소장의 '관음문자(일인전에 일인도); 서기 1949년 6월 30일 전주 발행, 발송 제237호' 석판본이 발견된 바도 있다.

『금강심론』은 초기불교에서 대승밀교까지 회통 망라하였고, 각 내용마다 다양하고 자세한 전거가 있으며, 가히 팔만대장경을 요약했다고 할 수 있다. 그리고 이를 태장계 만달라와 금강계 만달라를 겸한 한 장의 도상으로 축약하여 '수릉엄삼매도'라는 만달라로 완성하였다.

청화 큰스님의 '머리말'과 '일러두기'에 『금강심론』의 의의와 각 편에 대한 핵심적인 내용 요약이 담겨 있어 중복을 피하고자 여기서는 그에 대한 언급은 생략한다.

위에 언급한 바와 같이, 『금강심론』 중 일부 내용에 대한 청화 큰스님의 해설이 『원통불법의 요체』와 『정통선의 향훈』에 실려 있으며, 이 부분은 이 책의 해당 장절 말미에 각각 옮겨 실었고, 2003년 입적하시기 전에 『금강심론』의 전체 개요를 광륜사에서 1일, 성륜사에서 1일 동안 설하신 적이 있다.

불교의 초심자부터 전공자까지, 또 미래의 세대들도 쉽게 볼 수 있는 책을 만들려고 노력하였으나, 원문이 워낙 방대하고 심오한 내용을 축약하고 또 축약하여 핵심적인 골간骨幹만을 담고 있어 필자의 능력으로 감당하기에는 역부족力不足임을 절감한다. 혹여 이 책에서 매끄럽지 못하고, 잘못된 부분이 있다면 그것은 모두 편저자의 단견과 부족함에 기인한 것으로, 많은 가르침과 경책이 있기 바란다.

감사의 말씀

금강 도반들과 매월 첫째 셋째 금요일에 함께『금강심론』공부를 할 때 만든 자료와 매월 넷째 주말 철야정진에서 수릉엄삼매도 공부를 할 때 만든 자료들이 이 책의 바탕이 되었다. 항상 함께 공부하신 도반님들에게 감사드린다.

청화 큰스님 보관본의『금강심론』유고를 빛 보게 하신 중원 스님, 각 페이지마다 일일이 사진 자료를 만들어 제공해 주신 김영동 교수님 덕에『금강심론』인쇄본 중 일부 오탈자로 의심되는 부분들이 해소되었고, 큰스님께서 유고에 간혹 메모해 놓은 용어해설의 도움을 받을 수 있었다. 두 분에게 감사드린다.

용어에 대하여 'Digital Dictionary of Buddhism(http://www.buddhism-dict.net/ddb/)'에 의지한 바 컸으며, 용어에 관련된 경론 원문을 볼 수 있게 '대정신수대장경' 사이트와 연동되어 있어 해당 경론 원문도 수월하게 찾아볼 수 있었다. 귀중한 정보를 검색할 수 있게 사이트를 개설, 개방한 찰스 뮐러A. Charles Muller 교수에게도 감사드린다.

원문에는 한자 밑에 한글을 달고, 해설문에는 한글 뒤에 한자를 병기하며, 많은 주註와 도표가 들어가고, 주요용어와 도표의 색인을 다는 등 복잡한 체재의 편집에도 즐거운 마음으로 정성과 애정을 갖고 이 책을 만들어주신 뜨란출판사의 강성도 대표님과 정선우 편집장님에게 감사드리고, 바쁜 시간을 쪼개어 함께 모여 장시간 교정을 보아준 박원자 작가, 이선희 님, 서재량 님, 손호철 님, 오혜식 님, 권수형 시인에게도 감사드린다.

끝으로 이 책이 나오도록 기꺼이 보시를 아끼지 않으신 김재열 사장님에게 감사드린다.

승우당에서
경주 배광식 삼가 쓰다

벽산당碧山堂 금타金陀 대화상大和尙(1898~1948)

무주당無住堂 청화清華 큰스님(1923~2003)

■ 금타 대화상의 부도와 탑비(설령산 성륜사)

금타 대화상의 오도송悟道頌

荷團稜尖是眞實
하 단 릉 첨 시 진 실

연잎 둥글고 뾰족한 모서리가 바로 진실이며

風吹雨打非幻境
풍 취 우 타 비 환 경

바람 불고 비가 뿌리는 일이 허망한 경계 아니로다.

絮蝶飛處生蓮華
서 접 비 처 생 련 화

버들꽃 날리는 곳에 연꽃이 피고

錐端鏡面放金光
추 단 경 면 방 금 광

송곳 끝과 거울 바닥에서 금빛이 빛나도다.

━ 청화 큰스님의 부도와 탑비(설령산 성륜사)

청화 큰스님의 사세게辭世偈

此世他世間
차 세 타 세 간

이 세상 저 세상

去來不相關
거 래 불 상 관

오고감을 상관치 않으나

蒙恩大千界
몽 은 대 천 계

은혜 입은 것이 대천계만큼 큰데

報恩恨細澗
보 은 한 세 간

은혜를 갚는 것은 작은 시내 같음을 한스러워할 뿐이네.

碧山堂 金陀大和尙 塔碑銘

일체만유一切萬有의 근본자성根本自性이 본래청정本來淸淨하여 만덕원구萬德圓具하고 법이자연法爾自然한 진여불성眞如佛性인데 무명중생無明衆生이 자업자득自業自得으로 생사유전生死流轉하여 침륜고해沈淪苦海하나니 우리 인류人類는 개벽이래開闢以來 오랜 방황彷徨 끝에 마지막 냉전冷戰의 대결對決을 지양止揚하고 화해평등和解平等과 전미해탈轉迷解脫의 신기운新氣運이 성숙成熟한 시기時機를 맞이하게 되었도다.

이제 당래當來할 세계일가世界一家의 정불국토淨佛國土 건설建設의 시절인연時節因緣에 당當하여 고故 벽산당금타대화상碧山堂金陀大和尙께서 출현出現하시어 원통정법圓通正法으로 파사현정破邪顯正의 기치旗幟를 선양宣揚하게 되었으니 어찌 일체함령一切含靈이 수희찬탄隨喜讚嘆할 경사慶事가 아니리요.

벽산대화상碧山大和尙께서는 서기西紀 1898년一八九八年 무술戊戌 윤3월 29일閏三月二十九日 전북全北 고창군高敞郡 무장茂長에서 부친父親 김병룡金炳龍 씨氏와 모친母親 밀양密陽 박씨朴氏의 장남長男으로 탄생誕生하셨으니 본향本鄕은 김해金海요 속명俗名은 영대寧大이며 자字는 성일性日이라 하였다.

대화상大和尙께서 승가僧伽에 출가出家한 인연因緣은 기미己未 삼일운동 당시三一運動當時에 고창高敞 문수사文殊寺에 피신중避身中 우연히 금강경金剛經을 득견得見하고 창연蒼然히 보리심菩提心을 발發하여 출가出家를 결심決心하고 전남全南 장성군長城郡 백양사白羊寺 송만암宋曼庵 대종사大宗師를 은계사恩戒師로 수계득도受戒得度하셨다.

그 후後 석존釋尊 일대시교一代時教를 이수履修하고 18년十八年동안이나 조주무자화두趙州無字話頭를 참구정진參究精進하였으나 깨치지 못하고 39세三十九歲되는 1936년一九三六年 운문암雲門庵 동안거중冬安居中 다만 원각경圓覺經 삼정관三淨觀의 25청정륜법二十五淸淨輪法으로 용맹정진勇猛精進하시어 정중定中에 보리방편문菩提方便門을 감득感得하고, 그해 11월17일十一月十七日 인시寅時에 견성오도見性悟道하셨으니 참으로 혼돈탁세混沌濁世에 최승희유最勝稀有한 천혜경사天惠慶事가 아닐 수 없다.

대화상大和尙의 법호法號는 벽산碧山이요 법명法名은 상눌尙訥이었으며 삼매중三昧中 금색지면金色紙面에 타타 일자一字를 득견得見하고 금타金陀로 자작自作하셨다. 그 뒤 대화상大和尙께서는 전북全北 부안扶安 내소사來蘇寺 월명암月明庵에서의 일안거一安居를 제외하고는 정읍井邑 내장사內藏寺 벽련암碧蓮庵과 백양사白羊寺 운문암雲門庵에서 두문불출杜門不出로 불철주야不撤晝夜하여 보림정진保任精進하심이 십수년十數年이었다.

그동안 오로지 상구하화上求下化에 진수盡粹하시다가 1947년一九四七年 정해丁亥 11월17일十一月十七日에 구경성취究竟成就하시고 익년翌年 1월24일一月二十四日 정오경正午頃에 향년享年 51세五十一歲로 반열반般涅槃하셨으니 세연무상世緣無常에 유연불자有緣佛子들의 애절통석지회哀切痛惜之懷가 감읍무량感泣無量하도다.

대화상大和尙께서는 후래수도인後來修道人들을 위爲하여 희유希有한 법은法恩을 끼치셨는데 특特히 견성성불見性成佛의 첩경법문捷徑法門으로서 반야관조般若觀

照의 보리방편문菩提方便門과 구경해탈究竟解脫을 위爲한 수증修證의 위차位次로
서 대소경론大小經論의 수증론修證論을 회통會通한 해탈16지解脫十六地의 수릉엄
삼매首楞嚴三昧의 묘경妙境에서 일진법계一眞法界의 성상性相을 관조觀照하는 수
릉엄삼매도首楞嚴三昧圖와 수릉엄삼매도결 상편등首楞嚴三昧圖訣上篇等 기타其他
찬술撰述에서 석존釋尊께서 성도시成道時와 열반시涅槃時에 친수증시親修證示하
신 근본선정根本禪定인 구차제정九次第定과 또한 동서문자東西文字의 통일統一을
염원念願하시고 중생衆生의 음성音聲을 관찰觀察하여 수기제도隨機濟度할 방편方
便으로 창제創製한 관음문자觀音文字와 무명중생無明衆生의 전도지견顚倒知見으
로 분별分別한 현대우주론現代宇宙論의 오류誤謬를 경책警策하고 물심일여物心一
如의 법계 현상法界現象을 태장계胎藏界의 수치數値로 체계화體系化한 우주宇宙의
본질本質과 형량形量 및 세계종교회통世界宗教會通의 예지叡智에 입각立脚하여 유
교儒教 도교道教 기독교基督教 회교回教 등等 그 교조教祖의 법력경계法力境界와 불
교내佛教內 주요성자主要聖者들을 화엄경華嚴經의 보살십지菩薩十地를 기준基準
으로 그 성위聖位를 획정劃定하는 등等 참으로 미증유未曾有의 독창적獨創的이고
획기적劃期的인 정법체계正法體系를 창저創著하셨도다.
추상追想하옵건데 벽산대화상碧山大和尙의 출현出現하심은 참으로 시기상응時機
相應한 감로법우甘露法雨로서 현대과학現代科學과 종교철학宗教哲學의 모든 의난
疑難을 형이상하形而上下의 명확明確한 체계體系로 자증도파自證道破하셨으니 대
화상大和尙의 불후不朽한 성덕聖德은 당래當來할 불일재휘佛日再輝의 시절時節에

더욱 찬연燦然히 빛날 것임을 앙찰仰察하오며 이에 정법수행인正法修行人의 선불도량選佛道場인 차此 설령산雪嶺山 성륜사聖輪寺에 유연불자有緣佛子들의 정성精誠을 모아 탑비塔碑를 세우고 대화상大和尙의 거룩한 위덕偉德을 앙모仰慕하며 여법如法한 가행정진加行精進으로 구경성취究竟成就를 서원誓願하도다.

불기佛紀 2544년二五四四年 경진庚辰 단오절端午節

상좌비구上佐比丘 청화淸華 근찬謹撰

유법제자遺法弟子 법련정수法蓮定修 법능성기法能性起

무주청화無住淸華 보하지죽寶河知竹

연화질緣化秩 시주施主 상정常精 임창욱林昌郁 선행화善行華 이순정李順貞

명정월命淨月 박현주朴賢珠   문도일동門徒一同

손상좌비구孫上佐比丘 혜산惠山 근서謹書

벽산당 금타 대화상 탑비명*

모든 존재의 근본성품이 본래 청정하여 모든 복덕을 원만히 갖추고 본래 모습 그대로인 진여불성眞如佛性인데, 어리석은 중생이 자업자득으로 생사에 헤매어 고해에 빠졌으니 우리 인류는 개벽 이래 오랜 방황 끝에 마지막 냉전의 대결을 지양하고 화해평등과 미혹을 깨고 해탈할 새로운 기운이 성숙한 시기를 맞이하게 되었도다.

이제 미래의 세계 한지붕의 청정한 불국토 건설의 시절인연을 맞아 고 벽산당 금타 대화상大和尙께서 출현하시어 원통정법圓通正法으로 삿된 것을 깨고 바름을 드러내는 기치를 드날리게 되었으니 어찌 일체중생이 수희찬탄隨喜讚嘆할 경사가 아니리오.

벽산 대화상께서는 서기 1898년 무술 윤3월 29일 전북 고창군 무장에서 부친 김병룡 씨와 모친 밀양 박 씨의 장남으로 탄생하셨으니 본향은 김해요, 속명은 영대이며, 자는 성일이라 하였다.

대화상께서 승가에 출가한 인연은 기미년 삼일운동 당시에 고창 문수사에 피신 중 우연히 금강경을 읽고 창연히 보리심菩提心을 발하여 출가를 결심하고, 전남 장성군 백양사 송만암宋曼庵 대종사를 은계사恩戒師로 수계득도受戒得度하셨다.

그 후 석존釋尊 일대시교一代時教를 이수하고 18년 동안이나 조주趙州 무자화두無字話頭를 참구 정진參究精進하였으나 깨치지 못하고, 39세 되는 1936년 운문암 동안거중 다만 원각경 삼정관三淨觀의 25청정륜법淸淨輪法으로 용맹정진勇猛精

進하시어 삼매 중에 보리방편문菩提方便門을 감득하고, 그해 11월 17일 인시(새벽3시~5시)에 견성오도見性悟道하셨으니 참으로 혼탁한 세상에 매우 수승하고 희유稀有한 천혜의 경사가 아닐 수 없다.

대화상의 법호는 벽산碧山이요, 법명은 상눌尙訥이었으며, 삼매중三昧中 금색지면金色紙面에 타陀 1자를 보고 금타金陀로 스스로 지으셨다. 그 뒤 대화상께서는 전북 부안 내소사 월명암에서의 1안거를 제하고는 정읍 내장사 벽련암과 백양사 운문암에서 두문불출杜門不出로 불철주야하여 보림정진保任精進하심이 십수 년이었다.

그동안 오로지 상구보리上求菩提 하화중생下化衆生에 매진하시다가 1947년 정해 11월 17일에 구경 성취究竟成就하시고 이듬해 1월 24일 정오경에 향년 51세로 반열반般涅槃하셨으니, 세상의 인연이 무상함에 인연 있는 불자佛子들이 애석해 하며 목메어 울 뿐이로다.

대화상께서는 앞으로 올 수도인들을 위하여 희유한 법의 은혜를 끼치셨는데, 특히 견성성불見性成佛의 지름길이 되는 법문으로서 반야관조般若觀照의 보리방편문菩提方便門과 구경해탈究竟解脫을 위한 수증修證의 위차位次로서 대소경론大小經論의 수증론修證論을 회통會通한 해탈 16지解脫十六地의 수릉엄삼매首楞嚴三昧의 오묘한 경계에서 일진법계一眞法界의 성상性相을 관조觀照하는 수릉엄삼매도首楞嚴三昧圖와 수릉엄삼매도결首楞嚴三昧圖訣 상편上篇 등 기타 찬술撰述에서 석존께서 성도시와 열반시에 친히 수증修證하여 보이신 근본선정根本禪定인 9

차제정九次第定과 또한 동서문자의 통일을 념원하시고 중생의 음성을 관찰하여 근기에 따라 제도할 방편으로 창제한 관음문자觀音文字와 무명중생無明衆生의 전도된 견해로 분별한 현대우주론의 오류를 경책하고, 물심일여物心一如의 법계현상法界現象을 태장계胎藏界의 수치로 체계화한 우주의 본질本質과 형량形量 및 세계종교世界宗敎 회통會通의 예지叡智에 입각하여 유교, 도교, 기독교, 회교 등 그 교조의 법력 경계法力境界와 불교내 주요 성자들을 화엄경의 보살10지菩薩十地를 기준으로 그 성위聖位를 획정劃定하는 등 참으로 미증유未曾有의 독창적이고 획기적인 정법체계正法體系를 독창적으로 저술하셨도다.

추상追想하옵건대 벽산 대화상의 출현하심은 참으로 시기상응時機相應한 감로법우甘露法雨로서 현대과학과 종교철학의 모든 의심과 어려움을 형이상形而上과 형이하形而下의 명확한 체계로 스스로 증명하고 도파道破하셨으니 대화상의 불후不朽한 성덕聖德은 앞으로 올 불성광명佛性光明이 다시 빛날 시절에 더욱 찬연히 빛날 것임을 우러러 살피오며 이에 정법수행인正法修行人의 선불도량選佛道場인 이 설령산雪嶺山 성륜사聖輪寺에 인연 있는 불자들의 정성을 모아 탑비를 세우고 대화상의 거룩한 위덕偉德을 우러르고 흠모하며 법다운 가행정진加行精進으로 구경성취를 서원하도다.

불기佛紀 2544년二五四四年 경진庚辰 단오절端午節

상좌비구上佐比丘 청화淸華 근찬謹撰

유법제자遺法弟子 법련정수法蓮定修 법능성기法能性起

무주청화無住淸華 보하지죽寶河知竹

연화질緣化秩 시주施主 상정常精 임창욱林昌郁 선행화善行華 이순정李順貞

명정월命淨月 박현주朴賢珠   문도일동門徒一同

손상좌비구孫上佐比丘 혜산惠山 근서謹書

* 청화 큰스님이 쓰신 금타 대화상의 탑비명을 편저자가 풀어 옮겼다.

차 례

•제4편• 우주宇宙의 본질本質과 형량形量

제1절 열요列曜의 형태形態와 비량比量

제2절 지진세계地塵世界와 지구地球

제5절 풍진세계風塵世界와 목성木星

제6절 금진세계金塵世界와 금성金星

『금강심론 주해』 I

•제1편• 일인전一人傳에 일인도一人度

• 제2편 • 해탈십육지解脫十六地

『금강심론 주해』 II

•제3편• 수릉엄삼매도결 首楞嚴三昧圖訣 상편 上編

『금강심론』 저술 시기(1942~1947)

제목	저술 날짜		저술 순서
제1편 일인전에 일인도			
제1장 반야바라밀다심경의 독해(찬)	갑신 춘	1944년 봄	3
제2장 제9절까지(찬)	계미 동	1943년 겨울	2
제2장 제10절 금강삼매송(작)	정해 원단	1947년 설날 아침	8
제2장 제11절 삼륜단공송(작)	정해 인일	1947년 정월 7일	9
제2장 제12절 관음자륜송(작)	정해 상원	1947년 정월 보름	10
제3장 제1절 관음문자 공포 취지문	정해 2월 8일	1947년 2월 8일	12
제3장 서~제4절	정해 중춘 상완	1947년 2월 초순	13
제3장 제5절 1. 조선어학회의 편지	4280년 4월 10일	1947년 4월 10일	14
제3장 제5절 2. 금타 대화상의 답장	정해 양 6월 1일	1947년 6월 1일	15
제4장 석존 일대의 경개	병술 승납일	1946년 7월 15일	7
제5장 호법단 4차성명서	을유 9월 19일	1945년 9월 19일	5
제6장 현기	정해 정월 넘일	1947년 정월 20일	11
제7장 만덕송과 십여시			
제2편 해탈십육지	갑신 하	1944년 여름	4
제3편 수릉엄삼매도결 상편	병술 춘	1946년 봄	6
제4편 우주의 본질과 형량	임오 6월 9일	1942년 6월 9일	1

【일러두기】

1. 『금강심론 주해』는 청화 큰스님이 펴내신 금타 대화상의 저작 『금강심론』의
   전체 내용에 주를 달고 해설한 책이다. 그중 「머리말」, 「일러두기」, 「제1편 1인전에 1인도」,
   「제2편 해탈16지」를 모아 1권에 싣고, 「제3편 수릉엄삼매도결 상편」을 2권에,
   「제4편 우주의 본질과 형량」을 3권에 각각 나누어 시차를 두고 펴냈다.
   「제4편 우주의 본질과 형량」의 주해는 편저자와 소광섭 교수님 등 5인이 1년에 걸쳐
   강독한 내용을 '금강金剛 불교입문에서 성불까지'(http://cafe.daum.net/vajra)에
   게시하였던 것을 바탕으로 수정보완하여 옮긴 것임을 밝혀둔다.

2. 좌우 2단으로 나누어 왼쪽에는 원문을 배치하고, 오른쪽에는 편저자의 해설을 배치해
   쉽게 원문과 해설을 대조하며 읽을 수 있도록 하였다. (단, 《반야심경》의 본문과 현토 등
   해설이 필요하지 않은 경우는 원문만을 1단으로 배치하였다.) 좌우 대조의 편의상
   원문의 문단보다 더 세밀하게 문단이 나뉘는 경우도 많았다.

3. 청화 큰스님의 해설이 있는 장절의 경우는 해당 절의 말미에 '청화 큰스님 해설'이라
   표기하여 해설을 첨부하였으며, 직접 해설이 아닌 관련 법문의 경우는
   '청화 큰스님 법문'이라 표기하여 첨부하였다. (원문, 청화 큰스님 해설, 편저자 해설을
   좌중우로 3단 배치하는 것도 고려하였으나, 청화 큰스님 해설이 없는 경우도 많고,
   각 단의 폭이 좁아져 너무 번잡할 것 같아 2단 편집 및 말미 첨부의 틀을 채택하였다.)

4. 각 절 끝에 해당 내용의 요약과 표를 넣어 전체가 조망되도록 하였다. 각 장 절 또는 각 항의 편저
   자 내용요약은 ❖로 표시하였다.

5. 불교의 초보자도 다른 불서를 참고하지 않고 이해할 수 있도록, 쉬운 불교용어라도
   가능하면 주를 달았다. 또한 용어가 반복적으로 나오는 경우에도 가능하면 주를 달아,
   앞쪽의 참조 내용을 찾아다니는 번거로움을 피하도록 하였다. 동일한 용어라도 약간씩
   주가 다른 경우도 있으며, 이를 통해 용어의 입체적인 이해가 가능하도록 하였다.

6. 편저자의 해설은 해설이라기보다는 한문과 한자에 익숙하지 않은 현대인들이
   쉽게 읽을 수 있는 글로 바꾸고자 노력한 측면이 크다.

7. 독자의 편의를 위해 책 말미에 '그림 목록', '표 목록', '주요 용어 찾아보기'를 추가했다.

8. 경전은 《 》, 경전의 권이나 품은 〈 〉, 책은 『 』, 책의 편 등은 「 」로 구분했다.

9. 산스크리트어는 Skt.로, 팔리어는 Pāli로 표기했다.

金剛心論

• 머리말[1]

東洋文化를 代表하는 佛敎가 있어 온 지
동양문화　　대표　　　불교

二千五百餘年의 星霜[2]을 두고,
이천오백여년　　　성상

直接的으로는 東洋民族의 無知를 啓蒙하고,
직접적　　　　　동양민족　무지　계몽

間接的으로는 西歐文化의 底流[3]에
간접적　　　　서구문화　　저류

不滅의 光芒[4]을 끼쳐 왔음은
불멸　　광망

어느 누구도 否認하지 못할 것이다.
　　　　　부인

그래서, 現代에 이르러
　　　현대

모든 東西文化를 融合한 普遍的이고
　　동서문화　융합　보편적

窮極的인 文化를 이룩함은 佛敎敎理의
궁극적　문화　　　　불교교리

當爲[5]일 뿐 아니라,
당위

人類文化 自體의 必然的인
인류문화 자체　필연적

歷史的 歸趣[6]라고 하지 않을 수 없다.
역사적 귀추

그러나, 그 實現에는 어디까지나,
　　　　실현

• 머리말

동양문화를 대표하는 불교가 있어 온 지

이천오백여 년의 세월을 두고,

직접적으로는 동양민족의 무지를 계몽하고,

간접적으로는 서구문화의 밑바탕 흐름에

불멸의 빛과 같은 영향을 끼쳐 왔음은

어느 누구도 부인否認하지 못할 것이다.

그래서, 현대에 이르러

모든 동서문화를 융합한 보편적이고

궁극적인 문화를 이룩함은 불교교리敎理의

마땅한 일일 뿐 아니라,

인류문화 자체의 필연적인

역사적 귀결이라고 하지 않을 수 없다.

그러나, 그 실현에는 어디까지나,

---

1   청화 큰스님의 머리말.
2   성상星霜; 1. 별은 일 년에 한 바퀴를 돌고 서리는 매해 추우면 내린다는 뜻으로, 한 해 동안의 세월이라는 뜻을
　　나타내는 말. 2. (수량을 나타내는 말 뒤에 쓰여) 햇수를 비유적으로 나타내는 단위.
3   저류底流; 1. 강이나 바다의 바닥을 흐르는 물결. 2. 겉으로는 드러나지 아니하고 깊은 곳에서 일고 있는 움직
　　임을 비유적으로 이르는 말.
4   광망光芒; 비치는 빛살. 광선光線의 끝. 빛. 빛살 끝.
5   당위當爲; 1. 마땅히 그렇게 하거나 되어야 하는 것. 2. 마땅히 있어야 하는 것. 또는 마땅히 행하여야 하는 것.
6   귀추歸趨; 일이 되어 가는 형편. 사람의 마음이나 사물事物의 돌아가는 형편.

人間存在의 宿命的 制約인 時間·空間과
因果律[7]의 사슬을 벗어난 無限絕對의
眞如[8]自性[9]에서 提示되는 指導原理에
依해서만 可能한 것이다.
그런데, 佛敎의 尨大[10]하고 玄妙[11]한 敎理가,
宇宙의 實相[12]인 佛性[13]을 自覺한
覺者의 境界에서는 直截簡明[14]한
하나의 妙理[15]로 還元될 것이지만,

인간존재의 숙명적 제약인 시간·공간과
인과因果 법칙의 사슬을 벗어난 무한절대의
진여자성眞如自性에서 제시되는 지도원리에
의해서만 가능한 것이다.
그런데, 불교의 방대하고 현묘한 교리가,
우주의 본모습인 불성佛性을 자각自覺한
깨달은 이의 경계에서는 간단명료한
하나의 묘한 도리로 환원될 것이지만,

7 인과율因果律; 모든 일은 원인에서 발생한 결과이며, 원인 없이는 아무것도 생기지 아니한다는 법칙. 원인과 결과의 관계에 대한 자연의 법칙.

8 진여眞如; Skt. tathatā. 1. 모든 현상의 있는 그대로의 참모습. 차별을 떠난, 있는 그대로의 참모습. 2. 있는 그대로의 본성, 상태. 3. 궁극적인 진리. 변하지 않는 진리. 진리의 세계. 4. 모든 분별과 대립이 소멸된 마음 상태. 깨달음의 지혜. 부처의 성품. 5. 우주 그 자체. 6. 중생이 본디 갖추고 있는 청정한 성품.

9 자성自性; 1. Skt. svabhāva. 변하지 않는 본성이나 실체. 어떤 현상의 고유한 성질. 사물 그 자체의 본성. 사물의 본체. 사물 그 자체. 본성. 2. 본래부터 저절로 갖추고 있는 부처의 성품. 태어날 때부터 갖추고 있는 청정한 성품. 3. Skt. svabhāva. 저절로 존재하는 현상. 4. 인명因明에서, 주장 명제인 종宗의 주어를 말함. 예를 들면, '말은 무상하다'에서 '말'. 이에 반해, 종宗의 술어, 곧 '무상'은 차별差別이라 함. 5. Skt. prakṛti. 상캬 학파에서 설하는 이십오제二十五諦의 하나로, 물질의 근원을 말함. 이 자성이 순수 정신인 신아神我(Skt. puruṣa)의 영향을 받으면 평형 상태가 깨어져 현상 세계가 전개된다고 함.

10 방대尨大; 규모나 양이 매우 크거나 많음.

11 현묘玄妙; 도리道理나 이치理致가 깊고 미묘微妙함.

12 실상實相; 1. 모든 현상의 있는 그대로의 참모습. 대립이나 차별을 떠난, 있는 그대로의 참모습. 2. 모든 현상의 본성. 3. 궁극적인 진리. 변하지 않는 진리. 4. 집착을 떠난 청정한 성품.

13 불성佛性; Skt. buddha-gotra, Skt. buddha-dhātu. 1. 불교에서 말하는 부처의 성품으로 모든 인간의 본마음이라고 봄. 2. 모든 중생이 본디 갖추고 있는 부처의 성품. 부처가 될 수 있는 소질, 가능성. 3. 부처 그 자체. 깨달음 그 자체.

14 직절간명直截簡明; 간단 명료. 표현이 완곡하지 않고 솔직함.

15 묘리妙理; 묘한 이치理致 또는 그 도리道理.

諸大[16] 先覺者들의 _{제 대　선 각 자}	모든 위대한 선각자들의
各其 歷史的 時代에 있어서 _{각 기　역 사 적　시 대}	각각 그 역사적 시대에 있어서
그들 自覺內容의 深淺[17]과, 이른바 _{자 각 내 용　심 천}	그들 자각내용의 깊고 얕음과, 이른바
應病施藥[18]하는 對人的인 _{응 병 시 약　　대 인 적}	병에 알맞은 약을 주는 각 사람마다에 맞는
善巧[19]의 妙[20]에 緣由[21]하여 _{선 교　묘　연 유}	방편의 묘妙에 말미암아
大乘[22]과 小乘[23], 顯敎[24]와 密敎[25], _{대 승　소 승　현 교　밀 교}	대승大乘과 소승小乘, 현교顯敎와 밀교密敎,

16   제대諸大; 모든 큰.

17   심천深淺; 깊음과 얕음.

18   응병시약應病施藥; 병에 따라 알맞은 약을 줌.

19   선교善巧; 중생을 교화하는 수단과 방법이 아주 빼어남. 부처가 사람을 제도濟度할 때, 교묘巧妙한 방법으로 사람에게 이익을 줌.

20   묘妙; 1. 최상. 최고. 2. 뛰어남. 우수함. 3. 오묘함. 심오함.

21   연유緣由; 1. 말미암아 옴. 까닭. 2. 어떤 의사 표시를 하게 되는 동기.

22   대승大乘; Skt. mahā-yāna. 승乘은 중생을 깨달음으로 인도하는 부처의 가르침이나 수행법을 뜻함. 1. 기원 전후에 일어난 불교 개혁파들이 스스로를 일컬은 말. 이에 반해, 그들은 전통의 보수파들을 낮추어 소승小乘이라 함. 2. 자신도 깨달음을 구하고 남도 깨달음으로 인도하는 수행자, 또는 그를 위한 가르침. 깨달음을 구하면서 중생을 교화하는 보살을 위한 부처의 가르침. 자신의 구제에 앞서 남을 먼저 구제하는 보살의 수행법. 3. 부처의 가르침에 대한 존칭. 위대한 가르침.

23   소승小乘; Skt. hīna-yāna. 승乘은 중생을 깨달음으로 인도하는 부처의 가르침이나 수행법을 뜻함. 1. 기원 전후에 일어난 불교 개혁파들이 스스로를 대승大乘이라 하고, 전통의 보수파들을 낮추어 일컬은 말. 2. 기원전 5세기에서 기원전 2세기 사이에 분열된 불교 교단의 여러 부파, 곧 부파불교部派佛敎를 말함. 3. 자신의 깨달음만을 구하는 수행자, 또는 그를 위한 부처의 가르침. 자신의 해탈만을 목표로 하는 성문聲聞·연각緣覺, 또는 그들에 대한 부처의 가르침. 4. 열등한 능력이나 소질을 갖춘 자를 위한 부처의 가르침.

24   현교顯敎; 언어로 드러낸 가르침. 흔히 밀교密敎 이외의 가르침을 뜻함. 석가모니가 때와 장소에 따라 알기 쉽게 설명한 설법을 따르는 종파. 천태종, 화엄종, 정토종 따위이다.

25   밀교密敎; 대일여래大日如來의 비밀스런 가르침이라는 뜻으로, 중관中觀·유식唯識·여래장如來藏의 사상을 계승하여 발전시키면서 힌두교와 민간신앙까지 폭넓게 수용하여 7세기경에 성립된 대승불교의 한 파. 대일여래의 보리심菩提心과 대비大悲와 방편方便을 드러낸《대일경大日經》과 그 여래의 지혜를 드러낸《금강정경金剛頂經》에 의거하여 수행자가 신체로는 인계印契를 맺고, 입으로는 진언眞言을 외우고, 마음으로는 대일여래를 깊이 주시하여, 여래의 불가사의한 신身·구口·의意와 수행자의 신身·구口·의意가 수행자의 체험 속에서 서로 합일됨으로써 현재의 이 육신이 그대로 부처가 되는 즉신성불卽身成佛을 목표로 함.

權教[26]와 實教[27], 禪宗[28]과 教宗[29] 등이
權教　　實教　　禪宗　　　　教宗

發生하게 되었음은 正히[30] 必然한
發生　　　　　　　正　　必然

結果라고 하지 않을 수 없다.
結果

따라서, 佛性에 未了[31]한
　　　佛性　　未了

凡夫衆生[32]에게는, 八萬四千[33]을
凡夫衆生　　　　八萬四千

헤아리는 汪洋[34]한 佛教教理가 至極히
　　　　　汪洋　　佛教教理　　至極

권교權教와 실교實教, 선종禪宗과 교종教宗 등이

발생하게 되었음은 바로 필연한

결과라고 하지 않을 수 없다.

따라서, 불성佛性을 드러내지 못한

깨닫지 못한 중생에게는, 팔만사천八萬四千을

헤아리는 가없이 넓은 불교교리가 지극히

26　권교權教; 깨달음에 이르게 하기 위해 중생의 소질에 따라 일시적인 방편으로 설한 가르침.

27　실교實教; 깨달음을 그대로 설한 진실한 가르침.

28　선종禪宗; 문자에 의존하지 않고, 오로지 좌선을 닦아 자신이 본래 갖추고 있는 부처의 성품을 체득하는 깨달음에 이르려는 종파. 6세기 초에 인도에서 중국에 온 보리달마菩提達摩를 초조初祖로 함. 그는 마음을 집중함으로써 번뇌가 들어오지 못하도록 벽壁과 같이 하여, 여러 망상을 쉬고 심신心身을 탈락시켜 자신의 청정한 본심을 보는 안심安心을 가르침. 달마는 2조 혜가慧可(487~593)에게 4권《능가경楞伽經》을 주면서 그의 법法을 전하니, 그 경經을 근본으로 하여 모든 현상은 오직 마음의 작용임을 깨닫게 하려는 능가종楞伽宗이 성립됨. 혜가는 그의 법을 3조 승찬僧璨(?~606)에게 전하였고, 승찬은 4조 도신道信(580~651)에게, 도신은 5조 홍인弘忍(601~674)에게 그의 법을 전하였는데, 도신과 홍인의 선법禪法을 동산법문東山法門이라 함. 도신의 선법은 좌선하여 오로지 자신이 본래 갖추고 있는 청정한 본성을 주시하는 일행삼매一行三昧와 하나를 응시하면서 마음을 가다듬어 움직이지 않는 수일불이守一不移로 요약될 수 있고, 홍인의 선법은 자신이 본래 갖추고 있는 청정한 불성佛性을 확인하여 잘 지키는 수심守心에 있음. 곧 홍인은 도신의 '수일불이'를 계승하여 각자의 본래의 진심을 지키는 '수본진심守本眞心'을 제시하였다.

29　교종教宗; 불교의 한 종파로 일반적으로 참선을 위주로 하는 선종에 대하여 경전을 중시하고 특정 경전을 토대로 하여 교리를 체계화시킨 종파라는 의미로 쓰여지는 말.

30　정正히; 바로. 정확히.

31　미료未了; 아직 끝나지 않다. 아직 마치지 못하다. 아직 종결하지 못하다. 아직 완결하지 못하다. 아직 해결하지 못하다. 아직 풀지 못하다.

32　범부중생凡夫衆生; 깨닫지 못한 모든 살아 있는 무리.

33　팔만사천八萬四千; 인도에서 많은 수를 말할 때 흔히 사용하는 말. 줄여서 팔만이라고도 한다. 번뇌가 많은 것을 팔만사천 번뇌, 이 번뇌를 물리치기 위한 부처님의 법문을 팔만사천법문이라 한다. 팔만사천법문이 실린 경전을 팔만대장경, 사찰의 수효가 많다는 의미로 팔만사천 암자라고 표현한다.

34　왕양汪洋; 1. 바다가 가없이 넓음. 2. 미루어 헤아리기 어렵게 광대廣大함.

煩瑣[35]하고 難解[36]하게 여겨짐은 事實이며,

그래서, 現代에 이르러 佛法의

全貌를 達觀[37]하지 못하고, 抽象的으로

어느 一方만을 確執[38]하여

分裂 沈滯하고, 危機에 直面한 現代社會에

보다 積極的이고 斬新한 救濟의

所任[39]을 다하지 못하게 된 것이다.

그러나, 普遍的인 指導原理를

懇求[40]하는 時代的 要請은, 多幸히도

우리 韓國佛敎界에서 故 碧山堂

金陀[41]和尙[42]의

崛起[43]로 말미암아

佛敎自體 內의

번거롭고 어렵게 여겨짐은 사실이며,

그래서, 현대에 이르러 불법佛法의

전체 모습을 달관하지 못하고, 추상적으로

어느 한쪽만을 확신하고 고집하여

분열 침체하고, 위기에 직면한 현대사회에

보다 적극적이고 참신한 구제救濟의

책임을 다하지 못하게 된 것이다.

그러나, 보편적인 지도원리를

간절히 구하는 시대적 요청은, 다행히도

우리 한국 불교계에서 고故 벽산당碧山堂

금타화상金陀和尙의

훌륭한 업적으로 말미암아

불교 자체自體 내의

---

35   번쇄煩瑣; 1. 너저분하고 자질구레함. 2. [같은 말] 번거로움(일의 갈피가 어수선하고 복잡한 데가 있음).

36   난해難解; 1. 뜻을 이해하기 어려움. 2. 풀거나 해결하기 어려움.

37   달관達觀; 1. 사소한 사물이나 일에 얽매이지 않고 세속을 벗어난 활달한 식견이나 인생관에 이름. 또는 그 식견이나 인생관. 2. 사물에 통달한 식견이나 관찰.

38   확집確執; 자기의 의견을 굳이 고집하여 양보하지 아니함.

39   소임所任; 1. 맡은 바 직책이나 임무. 2. 아래 등급의 임원.

40   간구懇求; 간절히 바람.

41   금타金陀; 만암曼庵(중앙불교전문학교(현 동국대학교)를 설립하여 인재를 양성하고 한국불교 정체성을 확립하는 데 노력하였으며 조계종 초대종정을 지냄)의 상좌上佐(맏제자). 청화淸華 큰스님의 은사恩師.

42   화상和尙; 1. 수행修行을 많이 한 승려僧侶. 2. 승려의 높임말.

43   굴기崛起; 1. 산 따위가 불쑥 솟음. 2. 벌떡 일어섬. 3. 기울어 가는 집안에 훌륭한 인물이 남을 비유적으로 이르는 말.

紛紜[44]한 論義와,
분운 논의

얽히고 어지러운 논의論義와,

文化史上의 形而上[45]과
문화사상 형이상

문화사상文化史上의 형이상形而上과

形而下[46], 唯物[47]과 唯心[48] 等,
형이하 유물 유심 등

형이하形而下, 유물唯物과 유심唯心 등,

兩極의 熾烈한 爭論들이
양극 치열 쟁론

양극의 치열한 쟁론爭論들이

法爾道理[49]에 立脚한 徹底한
법이도리 입각 철저

본성本性의 이치에 입각한 철저한

辨證으로써, 紅爐點雪[50]의
변증 홍로점설

변증으로써, 화롯불 위에 한 점 눈이 녹듯이

解決을 보게 됨은 非但[51] 佛敎界의
해결 비단 불교계

해결을 보게 됨은 다만 불교계의

---

44   분운紛紜; 여러 사람의 의논이 일치하지 아니하고 이러니 저러니 하여 시끄럽고 떠들썩함. 세상이 떠들썩하여 복잡하고 어지러움.

45   형이상形而上; 이성적 사유 또는 직관에 의해서만 포착되는 초경험적이며 근원적인 영역. 형체形體가 없어 감 각感覺으로는 그 존재를 파악할 수 없는 것으로서 시간이나 공간을 초월한 관념적인 것을 이르는 말.

46   형이하形而下; 형체를 갖추어 나타나 있는 물질의 영역. 갖추어 감각으로 알 수 있는 것으로서 시간이나 공간 속에 형체를 가지고 나타나는 자연현상이나 사회현상을 이르는 말.

47   유물唯物; 물질적인 것을 실재하는 것 또는 중심적인 것이라고 보며, 마음은 물질의 작용에 지나지 아니한다 고 생각하는 입장.

48   유심唯心; 1. 마음은 만물의 본체로서 오직 단 하나의 실재實在라는 《화엄경》의 중심 사상. 모든 존재는 마음 에서 비롯한 것으로, 마음을 떠나서는 아무것도 존재하지 않는다고 본다. 2. 마음이나 정신적인 것이 만물의 근원이며 실재하는 중심적인 것이라는 생각. 일체一切의 제법은 그 본성本性으로 말하면 성性의 표현이고, 심성心性만이 이체의 근원, 최고의 실재라는 설. 오직 정신만이 존재함.

49   법이도리法爾道理; 사종도리四種道理의 하나. 불이 있으면 열이 있고 물이 있으면 습기가 있듯이, 모든 현상 에 갖추어져 있는 본성의 이치를 있는 그대로 사유함. ▶사종도리四種道理; 모든 현상에 통하는 이치에 대한 네 가지 사유 방법. 1) 관대도리觀待道理. 모든 현상의 이치를 상대적으로 사유함. 2) 작용도리作用道理. 모 든 현상을 원인과 결과의 작용으로 사유함. 3) 증성도리證成道理. 어떠한 현상의 이치가 증거에 의해 성립되 었는지를 사유함. 4) 법이도리法爾道理. 불이 있으면 열이 있고 물이 있으면 습기가 있듯이, 모든 현상에 갖추 어져 있는 본성의 이치를 있는 그대로 사유함.

50   홍로점설紅爐點雪; 1. 빨갛게 달아오른 화로 위에 한 송이의 눈을 뿌리면 순식간에 녹아 없어지는 데에서, 도 를 깨달아 의혹이 일시에 없어짐을 비유적으로 이르는 말. 2. 사욕私慾이나 의혹疑惑이 일시에 꺼져 없어짐 을 비유적으로 이르는 말. 3. 크나큰 일에 작은 힘이 조금도 보람이 없음을 가리키는 말.

51   비단非但; 부정否定의 뜻을 가진 문맥 속에서 '다만', '오직'의 뜻을 나타냄. [비슷한말] 겨우, 단지, 다만.

貢獻에만 그칠 뿐 아니라, 當來[52]할
人類의 福祉를 爲하여 高貴한
金字塔[53]이 되지 않을 수 없을 것이다.
그러나, 이렇듯 不朽[54]의 價値가 있는
和尙의 珍貴한 力作들이,
現下佛敎界의 混沌[55]不毛[56]한
雰圍氣 속에서 敷衍[57]
宣揚[58]되지 못하고, 다만 山僧과 같은
淺學[59]非才[60]한 後學에 依해서,
간신히 그 原稿만 保存되어 왔다는 것은
참으로 遺憾된 일이 아닐 수 없다.
金陀和尙께서는 일찍이 十數年의

공헌에만 그칠 뿐 아니라, 앞으로 올

인류의 복지福祉를 위하여 고귀한

금자탑金字塔이 되지 않을 수 없을 것이다.

그러나, 이렇듯 영원한 가치가 있는

화상和尙의 진귀한 역작力作들이,

지금 불교계의 혼란하고 척박한

분위기 속에서 자세히 풀어

널리 알려지지 못하고, 다만 산승山僧과 같은

학문이 얕고 재능이 없는 후학後學에 의해서,

간신히 그 원고만 보존되어 왔다는 것은

참으로 유감된 일이 아닐 수 없다.

금타화상金陀和尙께서는 일찍이 십여 년의

---

52 당래當來; 1. 다음에 곧 올 세상. 내세. 2. 틀림없이 닥쳐옴.

53 금자탑金字塔; 1. 이집트의 피라미드pyramid를 번역한 말. 그 모양이 금자金字와 비슷한 데서 온 말임. 2. 영원히 전해질 만한 가치 있는 불멸의 위대한 업적을 비유하여 이르는 말.

54 불후不朽; 1. 썩지 아니함이라는 뜻으로, 영원토록 변하거나 없어지지 아니함을 비유적으로 이르는 말. 2. 또는 어떤 것의 가치나 의의가 언제까지나 길이 전하여 없어지지 않음. 3. 길이 생생함. [비슷한말] 불멸, 불마, 영원불멸.

55 혼돈混沌; 1. 마구 뒤섞여 있어 갈피를 잡을 수 없음. 또는 그런 상태. 2. 하늘과 땅이 아직 나누어지기 전의 상태.

56 불모不毛; 1. 땅이 거칠고 메말라 식물이 나거나 자라지 아니함. 2. 아무런 발전이나 결실이 없는 상태를 비유적으로 이르는 말.

57 부연敷衍; 1. 이해하기 쉽도록 설명을 덧붙여 자세히 말함. 2. 늘려서 널리 폄.

58 선양宣揚; 명성이나 권위 따위를 널리 떨치게 함.

59 천학淺學; 학식이 얕음. 또는 그런 사람.

60 비재非才; 1. 재주가 없음. 2. 변변치 못한 재능이라는 뜻으로, 자기 재능을 겸손하게 이르는 말.

坐禪을 敢行하여
좌선 감행

本分 自性의 實相을 廓徹[61]히
본분 자성 실상 확철

證悟[62]하고, 釋尊[63] 이후 가장 昭詳히
증오 석존 소상

形而上的 境界를 闡明[64]하였으며,
형이상적 경계 천명

또한 그 實相을 見證[65]하는
실상 견증

方法階梯[66]를 實證科學과 對比하여
방법계제 실증과학 대비

體系化하는 等 形而上下[67]를
체계화 등 형이상하

止揚[68]綜合한 點에 이르러서는
지양 종합 점

참으로 文化史上 稀有한
문화사상 희유

一大盛事[69]라 하지 않을 수 없을 것이다.
일대성사

좌선을 과감하게 실행하여

본분本分 자성自性의 참모습을 밝게 꿰뚫어

깨닫고, 석가모니 부처님 이후 가장 소상히

형이상적形而上的 경계를 밝혔으며,

또한 그 참모습을 깨닫는

방법과 단계를 실증과학과 대비하여

체계화하는 등 형이상하形而上下를

넘어서서 종합한 점에 이르러서는

참으로 문화사상文化史上 희유하고

매우 훌륭한 업적이라 하지 않을 수

없을 것이다.

61　확철廓徹; 널리 바르게 꿰뚫음.

62　증오證悟; 깨달음. 수행으로 진리를 체득하여 깨달음.

63　석존釋尊; 석가세존('석가모니'를 높여 이르는 말).

64　천명闡明; 진리나 사실, 입장 따위를 드러내어 밝힘. [비슷한말] 구명, 명언, 언명.

65　견증見證; 보아서 증명함.

66　계제階梯; 1. 계단階段과 사다리. 2. 일이 사다리 밟듯이 차차 진행되는 순서. 3. 벼슬이 차차 올라가는 순서. 4. 일이 잘되어 가거나, 어떤 일을 행할 수 있게 된 알맞은 형편이나 좋은 기회. 5. 기계체조에서, 앞으로 비스듬히 세운 사다리.

67　형이상하形而上下; 형이상과 형이하를 아울러 이르는 말.

68　지양止揚; 1. 더 높은 단계로 오르기 위하여 어떠한 것을 하지 아니함. 피함, 하지 않음. 2.〈철학〉변증법의 중요한 개념으로, 어떤 것을 그 자체로는 부정하면서 오히려 한층 더 높은 단계에서 이것을 긍정하는 일. 모순 대립하는 것을 고차적으로 통일하여 해결하면서 현재의 상태보다 더욱 진보하는 것이다. 벗어남, 삼감. [비슷한말] 양기揚棄.

69　일대성사一大盛事; 아주 굉장한 성대한 사업, 행사.

또한, 和尙[70]은 元曉, 普照, 西山 等
諸大 先覺者들이 한결같이
唱導[71]宣揚한 바,
韓國佛教의 正統인 通佛教[72]의
提唱[73]에 그칠 뿐만 아니라,
正法을 護持[74]하는 意味의
護法團[75]을 組織하여, 宗教一般의
一元化[76]를 圖謀[77]한 雄志[78]는
참으로 宗教中興의 黎明[79]을 밝히는
燦然[80]한 瑞光[81]이 아닐 수 없다.

또한, 금타 화상은 원효, 보조, 서산대사 등

모든 위대한 선각자들이 한결같이

앞장서 이끌고 선양宣揚한 바,

한국불교의 정통인 통불교通佛教의

제창提唱에 그칠 뿐만 아니라,

바른 법을 보호하고 지키는 의미의

호법단護法團을 조직하여, 종교 일반一般의

일원화를 꾀한 웅대한 뜻은

참으로 종교 중흥中興의 새벽을 밝히는

찬란하고 상서로운 빛이 아닐 수 없다.

70   화상和尙; 1. 수행을 많이 한 승려. 2. 승려의 높임말.
71   창도唱導; 1. 어떤 일을 앞장서서 주장하고 부르짖어 사람들을 이끌어 나감. 앞장서 부름, 앞장서 외침.
      2. 교법敎法을 먼저 주창하여 사람들을 가르치고 지도함.
72   통불교通佛敎; 한 종파에 국한하지 아니하고 불교 전체에 통하는 교리.
73   제창提唱; 1. 선원에서, 종지宗旨의 큰 줄기를 들어서 그 뜻을 풀이함. 2. 경전, 어록 따위를 들어서 말함. 3.
      어떤 일을 처음 내놓아 주장함.
74   호지護持; 보호하여 지님.
75   호법단護法團; 바른 법을 보호하여 지니는 단체.
76   일원화一元化; 1. 하나로 됨. 2. 하나로 만듦.
77   도모圖謀; 어떤 일을 이루기 위하여 대책과 방법을 세움.
78   웅지雄志; 1. 웅장雄壯한 뜻. 2. 큰 뜻.
79   여명黎明; 1. 희미하게 날이 밝아 오는 빛. 또는 그런 무렵. 2. 희망의 빛.
80   찬연燦然; 반짝반짝 빛나는 모양. 빛이 밝음.
81   서광瑞光; 1. 상서祥瑞로운 빛. 2. 일의 길한 조짐. 상광祥光.

그리고, 和尙은 우리 한글의 補完에도 恪別한 硏究를 하였으며, 科學的 分野에 대해서도 깊은 造詣를 表明하였으니, 特히「宇宙의 本質과 形量」이라는 著述에서 和尙은 말하기를 "陽核[82]은 水大[83] 곧 引力[84]이며, 電子는 火大[85] 곧 斥力[86]이고, 그 動力은 風大, 中性塵[87]은 地大이다. 이와 같이 佛說의 이른바 所造[88]四大(物質)는 科學에 의하여 解剖되었다고 할 수 있다.

그리고, 화상은 우리 한글의 보완에도 각별한 연구를 하였으며, 과학적 분야에 대해서도 깊은 조예를 드러냈으니, 특히「우주宇宙의 본질本質과 형량形量」이라는 저술에서 화상은 말하기를 "양핵陽核은 (사대四大 중) 수대水大 곧 인력引力이며, 전자는 화대火大 곧 척력斥力이고, 그 (운運)동력動力은 풍대風大, 중성진中性塵(중성자中性子)은 지대地大이다. 이와 같이 부처님이 말씀하신 이른바 소조사대所造四大(물질物質)는 과학에 의하여 해부되었다고 할 수 있다.

82 양핵陽核; 양전기를 띤 핵이라는 뜻으로, '원자핵'을 이르는 말.
83 수대水大; 사대四大의 하나. ▶사대四大; 대상의 특성을 형성하는 네 가지 요소. 1) 지대地大. 견고한 성질. 2) 수대水大. 축축한 성질. 3) 화대火大. 따뜻한 성질. 4) 풍대風大. 움직이는 성질.
84 인력引力; 물리적, 공간적으로 떨어져 있는 물체가 서로를 끌어당기는 힘.
85 화대火大; 사대四大의 하나. ▶사대四大; 대상의 특성을 형성하는 네 가지 요소. 1) 지대地大. 견고한 성질. 2) 수대水大. 축축한 성질. 3) 화대火大. 따뜻한 성질. 4) 풍대風大. 움직이는 성질.
86 척력斥力; 같은 종류의 전기나 자기를 가진 두 물체가 서로 밀어내는 힘.
87 중성진中性塵; 중성자中性子. 1. 양성자와 함께 수소를 제외한 모든 원자핵을 구성하는 소립자素粒子. 2. 전하를 갖고 있지 않으며, 전자 질량의 약 1,840배이다. 3. 핵에 속해 있지 않고 자유로운 상태에 있는 것은 베타붕괴라고 하는 방사성 붕괴를 하여 양성자 1개, 전자 1개, 반중성미자反中性微子 1개로 분리된다.
88 소조所造; 1. 지地·수水·화火·풍風의 사대四大로 이루어진 대상. 이에 반해, 사대四大는 능조能造라고 함. 2. 여기에서는 물질인 지地·수水·화火·풍風의 사대四大.

그리고, 今後의 問題는
금후 문제

能造[89]四大(心)를 哲學을
능조 사대 심 철학

통하여 究明하고, 眞俗[90]을
구명 진속

打破[91]케 할지니, 衆生으로 하여금
타파 중생

먼저 乾慧地[92]에 오르게 하여
간혜지

大悟[93]의 基礎를 쌓게 할 必要가 있다.
대오 기초 필요

그리고 科學의 範疇를
과학 범주

擴大하지 않으면, 現代에 있어서
확대 현대

求하는 바 原子核의 本質은
구 원자핵 본질

發見하기 어렵다. 그것은 佛說의
발견 불설

金塵에 該當하며, 天眼[94]에 依해서만
금진 해당 천안 의

비로소 發見될 수 있기 때문이다.
발견

그리고, 앞으로의 문제는

능조사대能造四大(심심; 마음)를 철학哲學을

통하여 구명究明하고, 참됨과 속됨의

분별을 깨부술 것이니, 중생으로 하여금

먼저 간혜지乾慧地에 오르게 하여

큰 깨달음의 기초를 쌓게 할 필요가 있다.

그리고 과학의 범주範疇(category)를

확대하지 않으면, 현대에 있어서

구하는 바 원자핵의 본질本質은

발견하기 어렵다. 그것은 부처님 말씀의

금진金塵에 해당하며, 천안天眼에 의해서만

비로소 발견될 수 있기 때문이다.

---

89   능조能造; 1. 지地·수水·화火·풍風의 사대四大를 말함. 이에 반해, 사대四大로 이루어진 대상은 소조所造라고 함. 2. 여기에서는 유심唯心의 입장에서 물질인 지地·수水·화火·풍風의 사대四大를 만드는 마음(심心)을 말함.

90   진속眞俗; 1. 참된 것과 속된 것. 2. 출세간出世間과 세간世間. 3. 부처의 가르침과 세속의 사상.

91   타파打破; 잘못되거나 낡은 관습, 제도 따위를 깨뜨려 버림.

92   간혜지乾慧地; 삼승공십지三乘共十地의 첫 번째 단계. 지혜는 있지만 아직 선정禪定의 물이 스며들어 있지 않음.

93   대오大悟; 1. 크게 깨달음. 2. 번뇌에서 벗어나 진리를 크게 깨달음.

94   천안天眼; 1. 천안통天眼通의 준말. 2. 오안五眼의 하나. 겉모습만 보고 그 본성은 보지 못하는, 욕계·색계의 천인天人이 갖추고 있는 눈. 천도에 나거나 선을 닦아서 얻은, 아주 작은 사물도 멀리 또는 널리 볼 수 있는 눈. 중생들의 미래도 능히 볼 수 있다고 한다.

이 金塵을 零點으로 하고,

그 이상을 形而上,

이하를 形而下라고 하면,

色卽是空 空卽是色이 如實히 證明되어

元來 둘이 아닌 事實이 明白해진다…"고

喝破[95]하였다.

그런데, 이러한 貴重한 獨創的인

著述들이 主로 自證[96]된

眞如緣起[97]의 境界를

簡潔하게 提示한 壓縮된 文章일 뿐 아니라,

宗敎와 哲學과 科學을 渾然[98]히

網羅[99]한 雄篇[100]이기 때문에

後學人[101]에 있어서도

이 금진을 영점(zero point)으로 하고,

그 이상을 형이상形而上,

이하를 형이하形而下라고 하면,

'현상에는 실체가 없다. 실체가 없기

때문에 현상일 수 있다.'는 것이 실답게

증명되어 원래 둘이 아닌 사실事實이

명백해진다….'고 밝혔다.

그런데, 이러한 귀중한 독창적인

저술들이 주로 스스로 깨달은

진여연기眞如緣起의 경계를

간결하게 제시한 압축된 문장일 뿐 아니라,

종교와 철학과 과학을 원만하게

포함한 뛰어난 저술이기 때문에

후배에 있어서도

---

95   갈파喝破; 1. 큰소리로 꾸짖어 기세를 눌러 버림. 2. 정당한 논리로 그릇된 주장을 깨뜨리고 진리를 밝힘.

96   자증自證; 1. 자기 스스로 증명함. 2. 진리를 스스로 깨달아 얻음. 부처의 깨달음은 남이 깨닫게 하여 줄 수 없음을 이르는 말이다.

97   진여연기眞如緣起; 우주의 만유는 모두 진여로 말미암아 생김.

98   혼연渾然; 1. 다른 것이 조금도 섞이지 아니한 모양. 2. 차별이나 구별이 없는 모양. 3. 모나지도 아니하고 결점도 없는 원만한 모양.

99   망라網羅; 물고기나 새를 잡는 그물이라는 뜻으로, 일정한 범위 안에 널려 있는 것들을 모두 모아서 포함시킴을 이르는 말.

100   웅편雄篇; 뛰어나게 좋은 글이나 작품.

101   후학인後學人; 1. 학문에서의 후배. 2. 학자가 자기를 낮추어 이르는 말. 3. 앞날에 도움이 될 학문이나 지식.

이를 吟味하기 위해서는
음미

반드시 眞摯한 求道人의 立場에서
진지 구도인 입장

三昧[102]를 통한 直觀[103]實證[104]의
삼매 직관 실증

研鑽[105]이 있어야 할 것이다.
연찬

바야흐로 不信과 不安과 破滅의
불신 불안 파멸

歷史的 危機에 處한 現代的 狀況에 있어서
역사적 위기 처 현대적 상황

幸히 和尙의 著述이 人類의 無明[106]과
행 화상 저술 인류 무명

反目[107]을 超克[108]하여,
반목 초극

常樂我淨[109]한
상락아정

새 世代 建設의 드높은 里程標가 되고,
세대 건설 이정표

이를 음미하기 위해서는

반드시 진지眞摯한 구도인의 입장에서

삼매를 통한 직관적인 실증實證의

깊은 연구가 있어야 할 것이다.

바야흐로 불신不信과 불안과 파멸의

역사적 위기에 처한 현대적 상황에 있어서

다행히 화상의 저술이 인류의 어리석음과

미움을 넘어서서,

항상하고 즐겁고 자재롭고 깨끗한

새 세대 건설의 드높은 이정표가 되고,

---

102 삼매三昧; 불교에서, 마음을 한 가지 일에 집중시키는 일심불란一心不亂의 경지境地나 사물事物에 열중함을 이르는 말.

103 직관直觀; 1. 바로 눈에 보임. 2. 일반적으로, 판단判斷 · 추리推理 따위의 작용에 의하지 않고, 사물의 본질 이나 또는 알고자 하는 대상 등을 직접 파악하는 일, 또는 그 작용. 직각直覺.

104 실증實證; 1. 확실한 증거. 확증確證. 2. 또는 확실한 증거가 있는 사물. 3. 사실에 의하여 증명함. 실험實驗.

105 연찬研鑽; 학문이나 사물의 도리를 깊이 연구하고 닦음.

106 무명無明; 산스크리트어 아비드야avidyā의 의역으로 불교의 근본진리에 통달하지 못한 마음의 상태. 진리를 깨치지 못해 지혜가 어두운 것. 경계를 대할 때마다 마음이 요란해지고, 어리석어지고, 그르게 되어 무명이 생기고 온갖 악업을 짓게 된다. 모든 번뇌의 근원이 되고 사견邪見 · 망집妄執 · 미혹迷惑으로 고 · 집 · 멸 · 도 사제四諦의 근본 뜻을 통달하지 못한 어두운 마음이다. 십이인연의 첫 번째로 무명에 의하여 십이인연이 일어나고 육도윤회를 하게 된다.

107 반목反目; 서로 미워함.

108 초극超克; 어려움 따위를 넘어 극복해냄.

109 상락아정常樂我淨; 1. 열반에 갖추어져 있는 네 가지 성질 · 특성. 영원히 변하지 않는 상常, 괴로움이 없고 평온한 낙樂, 대아大我 · 진아眞我의 경지로서 집착을 떠나 자유자재하여 걸림이 없는 아我, 번뇌의 더러움 이 없는 정淨. 2. 범부가 일으키는 네 가지 잘못된 견해. 무상을 상常, 괴로움을 낙樂, 무아를 아我, 더러움을 정淨이라고 사유하는 견해.

夢寐[110]에도 사무친 祖國의 平和統一을 위한

眞正한 指導原理가 될 수 있다면,

어찌 다만 佛敎人의 修道[111]法門[112]에만

그치고 말 것인가?

그리고, 和尙의 著作[113] 또는 撰述[114]들이

모두 한결같이 金剛三昧[115]에 立脚한

金口[116]敍述[117]임을 因緣하여,

和尙의 遺稿[118]를 한데 모아

金剛心論이라 表題[119]하여

上梓[120]하기로 하였으며,

本文에 보이는 難解한 文章이나

佛敎述語를 보다 平易하게 註解[121]하여

꿈속에도 사무친 조국의 평화통일을 위한

진정한 지도원리가 될 수 있다면,

어찌 다만 불교인의 수도를 위한 법문에만

그치고 말 것인가?

그리고, 화상의 저작 또는 찬술撰述들이

모두 한결같이 금강삼매金剛三昧에 입각한

부처님 가르침의 서술임을 인연하여,

화상和尙의 유고遺稿를 한데 모아

『금강심론金剛心論』이라 책 제목을 붙여

출판하기로 하였으며,

본문에 보이는 어려운 문장이나

불교 술어를 보다 쉽게 주를 달고 풀이하여

---

110   몽매夢寐; 잠을 자면서 꿈을 꿈. 또는 그 꿈.

111   수도修道; Skt. bhāvanā-mārga. 1. 견도見道에서 사제四諦를 명료하게 주시하여 견혹見惑을 끊은 후, 다시 수행을 되풀이하여 수혹修惑을 끊는 단계. 예류과預流果 · 일래향一來向 · 일래과一來果 · 불환향不還向 · 불환과不還果 · 아라한향阿羅漢向에 해당함. 2. 불도를 수행함.

112   법문法門; 중생을 열반에 들게 하는 문이라는 뜻으로, 부처의 교법을 이르는 말.

113   저작著作; 1. 예술이나 학문에 관한 책 · 작품 따위를 지음. 또는 그 책이나 작품.

114   찬술撰述; (학문이나 문예 등에 관한) 책이나 글을 씀.

115   금강삼매金剛三昧; 1. 온갖 분별과 번뇌를 깨뜨려 버리는 삼매. 2. 모든 현상을 꿰뚫어 환히 아는 삼매.

116   금구金口; 1. 남의 말을 높여 이르는 말. 2. 부처의 입. 3. 부처의 설법.

117   서술敍述; 어떤 내용을 차례대로 말하거나 적음.

118   유고遺稿; 고인故人이 생전에 써서 남긴 원고.

119   표제表題; 1. 서책의 겉에 쓰는 그 책의 이름. 2. 연설이나 담화 따위의 제목. 3. 연극 따위의 제목.

120   상재上梓; 책 따위를 출판하기 위하여 인쇄에 부침.

121   주해註解; 1. 본문의 뜻을 알기 쉽게 주를 달아 풀이함. 2. 또는 그 글, 주석註釋.

編述[122]하려 하였으나,
편술

原著의 本義를 이아칠까[123] 저어하여[124]
원저 본의

後日로 미루고, 于先 原文 그대로
후일 우선 원문

내는 것을 원칙으로 하였다.

끝으로, 이번 刊行佛事[125]에
간행 불사

同參하여 주신 여러 佛子님들께
동참 불자

衷心으로 感謝의 合掌[126]을 드리는 바이다.
충심 감사 합장

모아 엮으려 하였으나,

원저原著의 본뜻을 손상시킬까 염려하여

다음날로 미루고, 우선 원문 그대로

내는 것을 원칙으로 하였다.

끝으로, 이번 간행하는 일에

함께 참여하여 주신 여러 불자佛子님들께

충심으로 감사의 합장을 드리는 바이다.

南無阿彌陀佛[127]
나 무 아 미 타 불

南無觀世音菩薩[128]
나 무 관 세 음 보 살

佛紀 二五三六年 壬申 二月 望日[129]
불 기 2 5 3 6 년 임신 2 월 망 일

나무아미타불南無阿彌陀佛

나무관세음보살南無觀世音菩薩

불기 2536년(서기 1992년) 2월 보름날

---

122   편술編述; 엮어서 지음. 문서를 모아 엮음.

123   이아치다; 1. 자연의 힘이 미치어 손해를 입다. 또는 그렇게 하다. 2. 거치적거려 방해가 되거나 손실을 입다.
       또는 그렇게 하다.

124   저어하다; 염려하거나 두려워하다. [비슷한말] 겁나다, 겁내다, 두려워하다.

125   불사佛事; 1. 부처가 중생을 교화하는 일. 2. 불가佛家에서 행하는 모든 일. 3. 여러 행사나 사업 따위.

126   합장合掌; 불가佛家에서 인사할 때나 절할 때 두 팔을 가슴께로 들어 올려 두 손바닥을 합함.

127   나무아미타불南無阿彌陀佛; 1. 아미타불에 돌아가 의지함을 이르는 말. 2. 공들인 일이 헛일이 됨을 이르는
       말[감탄사]. 3. 아미타불에 돌아가 의지한다는 뜻으로, 염불할 때 외는 소리.

128   나무관세음보살南無觀世音菩薩; 관세음보살에 돌아가 의지함을 이르는 말. 또는 이런 뜻으로 염불할 때 외
       는 소리. ▶관세음보살觀世音菩薩; 관세음觀世音은 Skt. avalokiteśvara의 번역, 보살菩薩은 Skt. bodhi-
       sattva의 음사인 보리살타菩提薩埵의 준말. 세간의 중생이 갖가지 괴로움을 받을 때, 그의 이름을 부르면 그
       음성을 듣고 대비와 지혜로써 자유자재로 중생을 괴로움에서 벗어나게 해 준다는 보살. 약어 관음觀音, 관음
       보살觀音菩薩.

129   망일望日; 음력 보름날.

桐裏山[130] 泰安寺[131] 金剛禪院에서
동 리 산　태 안 사　금 강 선 원

동리산 태안사 금강선원에서

後學[132] 清華 合掌[133]
후 학　청 화 합 장

후학後學 청화淸華 합장

130 　동리산桐裏山; 전라남도 곡성군의 남동쪽에 위치한 산이다(고도 754m). 죽곡면과 순천시 황전면의 경계를
　　　이룬다. 지형도에는 봉두산이라 표기되어 있지만, 이 산에 있는 태안사 일주문 현액에는 '동리산桐裏山 태안
　　　사泰安寺'라고 되어 있다. 산 이름이 언제 바뀌었는지는 알 수 없어도 두 이름에 연관성이 전혀 없는 것은 아
　　　니다. 봉황이 서식하는 나무가 오동나무이고 태안사가 자리 잡은 곳을 둘러싼 주변 산세가 오동나무 줄기 속
　　　처럼 아늑해서 동리산이라 불렸으며, 둘러싼 주변 산세의 최고점을 봉황의 머리, 즉 봉두산이라 명명했을 가
　　　능성이 있다. 조선시대에는 동리산으로 불렸던 것으로 보인다. 그러나 이 지명의 한자 표기는 지도와 문헌에
　　　따라 다르게 기재되어 있다. 동리산桐裏山이『신증동국여지승람』,『여지도서』,『호남읍지』등에 일반적으
　　　로 가장 많이 쓰이고 있지만,『동국여지』에는 동리산洞裡山,『청구도』,『동여도』,『대동여지도』에는 동리
　　　산桐裡山,『대동방여전도』에는 동리산洞裏山으로 표기되어 있다.
131 　태안사泰安寺; 전남 곡성군 죽곡면 원달리 20. 동리산(봉두산) 남서쪽 기슭에 있는 절. 대한불교조계종 제
　　　19교구 본사 화엄사華嚴寺의 말사. 태안사가 처음 창건된 때는 신라 경덕왕 1년(742), 세 명의 승려에 의
　　　해서라고 하나 고증하기 어렵다. 그로부터 100여 년 후 신라 문성왕 9년(847) 적인선사寂忍禪師 혜철慧徹
　　　(785~861)이 동리산문桐裏山門을 개산하여 대안사大安寺라 하고 선풍禪風을 일으킴으로써 동리산문桐裏
　　　山門이 형성됨. 개산조開山祖인 혜철국사慧徹國師가 이 절에서 법회法會를 열어 선문구산禪門九山의 하나
　　　인 동리산파桐裏山派의 중심 사찰이 되었고, 태안사는 한때 송광사와 화엄사를 말사로 거느릴 정도로 큰 세
　　　력을 떨쳤다. 919년에 광자대사廣慈大師 윤다允多가 증축하고, 고려 중기 송광사가 수선결사로 크게 사세를
　　　키우면서 태안사는 위축되었고, 조선 초기 억불정책에 밀려 쇠락했다. 태안사는 숙종 28년(1702)까지 대안
　　　사大安寺로 불리었다. 1683년에 정심定心이 증축하였다. 한국전쟁 때 대웅전을 비롯해 15채의 건물이 불탔
　　　으며, 이때 소실된 대웅전은 1968년 청화 큰스님께서 봉서암을 옮겨 다시 건립하였다. 1985년부터 청화선사
　　　가 주석하여 3년 결사를 결행하면서, 3간 대웅전을 5간 대웅전으로 복원하는 등 태안사를 크게 중창하였다.
　　　문화재로는 적인선사조륜청정탑寂忍禪師照輪淸淨塔 · 광자대사탑廣慈大師塔 · 광자대사비廣慈大師碑 ·
　　　대바라大鈸羅 · 천순명동종天順銘銅鐘 · 능파각凌波閣 · 일주문一柱門이 있다.
132 　후학後學; 1. 학문에서의 후배. 2. 학자가 자기를 낮추어 이르는 말. 3. 앞날에 도움이 될 학문이나 지식. [비
　　　슷한말] 내학, 학자.
133 　이상은 현재 유통되는『금강심론』의 머리말이며, 이전본의 머리말 끝부분은 '끝으로, 이번 불사佛事를 전담
　　　全擔하여 많은 시주施主를 베풀어 주신 서병교徐丙敎님과, 이 책冊이 나오기까지 수고하여 주신 조연助緣
　　　여러분께 충심衷心으로 감사의 합장合掌을 올리는 바이다. 나무아미타불南無阿彌陀佛! 나무관세음보살南
　　　無觀世音菩薩! 1979년年 기미己未 5월五月 망일望日 월출산月出山 상견성암上見性庵에서 후학後學 청화淸
　　　華 합장合掌'으로 끝을 맺고 있다.

• 일러두기[1]

一.

第一篇「一人傳에 一人度」는
제 일 편   일 인 전   일 인 도

文字 그대로 이 法門[2]을
문 자   법 문

傳하고[3] 받는 사람마다 반드시
전

濟度[4]한다는 著者의 大確信과
제 도   저 자   대 확 신

誓願[5]이 넘쳐 흐르고 있음을
서 원

感得[6]하고 남음이 있다.
감 득

第一章에서, 般若心經의
제 일 장   반 야 심 경

獨特한 解說로써 먼저
독 특   해 설

諸法[7]皆空[8]의 理를 力說하여
제 법 개 공   리   역 설

• 일러두기

1.

제1편「일인전一人傳에 일인도一人度」는

문자 그대로 이 법문을

전하고 받는 사람마다 반드시

제도한다는 저자의 큰 확신確信과

서원이 넘쳐 흐르고 있음을

깊이 느낄 수 있다.

제1장에서, 반야심경의

독특한 해설로써 먼저

'모든 존재는 여러 조건에 의하여

임시적으로 발생하는 것으로

일정한 실체가 없다'는 이치를 역설하여

---

1   청화 큰스님의 일러두기.

2   법문法門; 부처의 교법을 '중생을 열반에 들어가게 하는 문'에 비유하여 이르는 말.

3   전하다; 1. (어떤 사람이 다른 사람에게 소식이나 안부 따위를) 알려 주다. 2. (어떤 사람이 다른 사람에게 물건 따위를) 옮기어 건네다. 3. (사람이 자손이나 후손에게 어떤 물건이나 풍속 따위를) 남기어 물려주다.

4   제도濟度; 1. 고해에서 모든 중생을 구제하여 열반의 언덕으로 건너게 함. 2. 비유적인 표현으로 교화를 의미함.

5   서원誓願; 1. 자기가 하고자 하는 일을 신불神佛에게 맹세하고 그것이 이루어지기를 기원함. 2. 부처나 보살이 중생을 제도하려는 소원이 이루어지도록 기원하는 일.

6   감득感得; 1. 느끼어 앎. 2. 영감으로 깨달아 앎.

7   제법諸法; 1. 모든 현상. 인식된 모든 현상. 의식에 형성된 모든 현상. 2. 유위법有爲法을 말함. 온갖 분별에 의해 인식 주관에 형성된 모든 현상. 분별을 잇달아 일으키는 의식 작용에 의해 인식 주관에 드러난 모든 차별 현상. 인식 주관의 망념으로 조작한 모든 차별 현상. 3. 무위법無爲法을 말함. 모든 분별이 끊어진 상태에서 주관에 명료하게 드러나는 모든 현상. 분별하지 않고, 있는 그대로 파악된 모든 현상. 분별과 망상이 일어나지 않는 주관에 드러나는, 대상의 있는 그대로의 참모습. 4. 모든 가르침.

8   제법개공諸法皆空; 모든 존재는 여러 조건에 의하여 임시적으로 발생하는 것으로 일정한 실체가 없다는 의미.

先悟後修의
선 오 후 수

正見을 闡明⁹하고,
정 견 천 명

第二章 一節의「阿彌陀佛」¹⁰에서는
제 이 장 일 절 아 미 타 불

「菩提方便門」¹¹의
보 리 방 편 문

實相念佛禪¹²으로써,
실 상 염 불 선

定慧¹³均等¹⁴과 自力¹⁵
정 혜 균 등 자 력

他力¹⁶ 兼修의
타 력 겸 수

念佛禪을 提唱¹⁷하여
염 불 선 제 창

이 修法이 바로 成佛의 彼岸¹⁸에 이르는
수 법 성 불 피 안

'먼저 깨닫고 뒤에 닦는'

바른 견해를 드러내 밝히고,

제2장 제1절의「아미타불阿彌陀佛」에서는

「보리방편문菩提方便門」의

실상염불선實相念佛禪으로써,

선정과 지혜가 균등하고 스스로의 힘과

불보살의 도움을 통해 아울러 닦는

염불선念佛禪을 제시 주장하여

이 수행법이 바로 성불의 피안에 이르는

---

9   천명闡明; 의지나 각오 따위를 드러내어 밝힘.

10   아미타불阿彌陀佛; 1. 서방정토에 있는 부처. 대승불교 정토교의 중심을 이루는 부처로, 수행 중에 모든 중생
     을 제도하겠다는 대원大願을 품고 성불하여 극락에서 교화하고 있으며, 이 부처를 념念하면 죽은 뒤에 극락에
     간다고 한다. [비슷한말] 미타彌陀 · 미타불 · 아미타 · 아미타여래 · 안양교주 · 일불一佛 · 타불陀佛. 2. 여
     기에서는 삼신일불三身一佛인 우주 총대명사로서의 '아미타불阿彌陀佛'이며, 288자의 보리방편문菩提方便
     門 내용을 더욱 압축하면 '아미타불' 네 글자로 축약된다.

11   보리방편문菩提方便門; 금타 대화상께서 삼매 중에 용수보살의 보리심론의 내용을 288자로 요약한 묘결妙訣.

12   실상염불선實相念佛禪; 마음을 우주의 실상實相인 일불一佛, 곧 삼신일불三身一佛의 총대명사인 아미타불
     일불一佛에 매는(계繫) 일상삼매一相三昧와 념념상속念念相續의 일행삼매一行三昧를 닦아가면, 가행공덕加
     行功德으로 가관假觀의 일상삼매와 념수念修의 일행삼매에서 견성見性의 실상삼매實相三昧와 중도證道의
     보현삼매普賢三昧로, 곧 관념觀念에서 실증實證에로 증오證悟해 가는 염불선念佛禪. 보리방편문을 통한 염
     불선. 실상염불實相念佛로서의 염불선.

13   정혜定慧; 마음을 한곳에 머물게 하는 선정禪定과 현상 및 본체를 관조하는 지혜를 아울러 이르는 말.

14   균등均等; 1. 어느 한쪽으로 더하거나 덜함이 없이 고르고 가지런함. 2.〈논리〉개념이나 명제가 의미는 다르
     나 실제의 뜻이나 진릿값은 똑같음.

15   자력自力; 부처나 보살 등에 의지하지 않고, 자신의 힘으로 깨달음에 이르려고 함.

16   타력他力; 불 · 보살의 힘, 특히 아미타불에게 빌어서 깨달음을 얻고자 함.

17   제창提唱; 1. 어떤 일을 제시하여 주장하는 것. 2. 선종禪宗에서, 가르침의 근본을 제시하여 설법하는 것.

18   피안彼岸; 1. 진리를 깨닫고 도달할 수 있는 이상적 경지를 나타내는 말. 2. 생사해生死海를 초월하여 열반안
     涅槃岸에 도달하는 정토淨土. 3. 강의 건너편 기슭.

捷徑임을 强調하였으며
첩경 강조

지름길임을 강조하였으며

四節의「五智[19]如來[20]」에서는
사절 오지 여래

제4절의「오지여래五智如來」에서는

佛性[21]의 體性[22]을 徹底히
불성 체성 철저

불성佛性의 본래 성품을 철저히

究明[23]하였는데
구명

연구하여 밝혔는데

其他 各節마다 時代性에 相應[24]한
기타 각절 시대성 상응

그 밖에 각 절마다 시대에 걸맞는

著者의 獨創的인 敎說[25]은
저자 독창적 교설

저자의 독창적인 가르침은

다른 佛書에서는 찾아볼 수 없는
불서

다른 불교서적에서는 찾아볼 수 없는

珍貴한 法門임을 否認할 수 없다.
진귀 법문 부인

진귀한 법문임을 인정하지 않을 수 없다.

19 오지五智; 대일여래大日如來가 갖추고 있는 다섯 가지 지혜. 1) 법계체성지法界體性智. 있는 그대로의 본성을 아는 지혜. 2) 대원경지大圓鏡智. 모든 것을 있는 그대로 비추어 내는 크고 맑은 거울처럼 청정한 지혜. 3) 평등성지平等性智. 자타自他의 평등을 깨달아 대자비심을 일으키는 지혜. 4) 묘관찰지妙觀察智. 모든 현상을 잘 관찰하여 자유자재로 가르침을 설하고 중생의 의심을 끊어주는 지혜. 5) 성소작지成所作智. 중생을 구제하기 위해 해야 할 것을 모두 성취하는 지혜.

20 오지여래五智如來; 오지五智를 나타내는 여래. 법신인 대일여래의 원만한 지智를 열어 5지로 하고, 그 하나하나가 5부部 5방方의 부처에 의해서 표현된다고 한 것으로서, 법계체성지法界體性智─대일여래(불부佛部, 중앙), 대원경지大圓鏡智─아축阿閦여래(금강부, 동방), 성소작지成所作智─보생寶生여래(보부, 남방), 묘관찰지妙觀察智─아미타여래(연화부, 서방), 평등성지平等性智─불공성취여래(갈마부, 북방) 등이다(이상은 상전문上轉門. 하전문인 경우는 성소작지와 평등성지가 남북에서 북남으로 상호 교환된 위치에 있음).

21 불성佛性; Skt. buddha-gotra, Skt. buddha-dhātu의 번역. 1. 모든 중생이 본디 갖추고 있는 부처의 성품. 부처가 될 수 있는 소질, 가능성. 2. 진리를 깨달은 부처의 본성本性. 부처 그 자체. 깨달음 그 자체.

22 체성體性; 1. 변하지 않는 본성이나 실체. 2. 본래 갖추고 있는 성품.

23 구명究明; 사물의 본질, 원인 따위를 깊이 연구하여 밝힘.

24 상응相應; 1. 서로 응하거나 어울림. 2. 서로 기맥이 통함. 3. 주관·객관의 모든 사물이 서로 응하여 융합하는 일. [비슷한말] 적합, 대응, 상당.

25 교설敎說; 가르치며 설명함.

二.

第二篇「解脱²⁶十六地」는 佛祖²⁷의
(제 이 편　해 탈 십 육 지　　불 조)

經論²⁸에서 밝히신 바
(경 론)

成佛의 階梯²⁹를 菩薩十地³⁰를
(성 불　계 제　　보 살 십 지)

根幹³¹으로 하여 對比會通³²한
(근 간　　　대 비 회 통)

修行過程의 體系로서,
(수 행 과 정　체 계)

무릇 修行의 方法·階梯도 모르고
(수 행　방 법　계 제)

暗中摸索³³하는 暗證禪³⁴이나,
(암 중 모 색　　암 증 선)

또는 實修를 疎忽히 하고
(실 수　소 홀)

2.

제2편「해탈십육지解脱十六地」는 부처님의

경전과 조사의 논論에서 밝히신 바

성불의 단계를 보살 10지를

바탕으로 대비 회통한

수행과정의 체계로서,

무릇 수행의 방법과 단계도 모르고

어림짐작으로 찾아 헤매는 암중선이나,

또는 실제의 닦음을 소홀히 하고

26　해탈解脱; Skt. vimokṣa, Skt. vimukti. 1. 모든 번뇌의 속박에서 벗어난 자유자재한 경지. 모든 미혹의 굴레에서 벗어난 상태. 속세의 모든 굴레에서 벗어난 상태. 2. 모든 번뇌를 남김없이 소멸한 열반의 상태. 3. 깨달음. 4. 마음을 고요히 가라앉히고 한곳에 집중하여 산란하지 않는 선정의 상태.

27　불조佛祖; 1. 불교의 개조開祖인 석가모니. 2. 부처와 조사祖師를 아울러 이르는 말.

28　경론經論; 삼장三藏 가운데 경장과 논장을 아울러 이르는 말. 부처가 친히 한 말들을 기록한 경經과 이것들을 해석한 논論.

29　계제階梯; 1. 사다리라는 뜻으로, 일이 되어 가는 순서나 절차를 비유적으로 이르는 말. 2. 어떤 일을 할 수 있게 된 형편이나 기회.

30　보살십지菩薩十地; 보살이 수행 과정에서 거치는 열 가지 단계. 1) 환희지歡喜地. 선근과 공덕을 원만히 쌓아 비로소 성자의 경지에 이르러 기쁨에 넘침. 2) 이구지離垢地. 계율을 잘 지켜 마음의 때를 벗음. 3) 발광지發光地. 점점 지혜의 광명이 나타남. 4) 염혜지焰慧地. 지혜의 광명이 번뇌를 태움. 5) 난승지難勝地. 끊기 어려운 미세한 번뇌를 소멸시킴. 6) 현전지現前地. 연기緣起에 대한 지혜가 바로 눈앞에 나타남. 7) 원행지遠行地. 미혹한 세계에서 멀리 떠남. 8) 부동지不動地. 모든 것에 집착하지 않는 지혜가 끊임없이 일어나 결코 번뇌에 동요하지 않음. 9) 선혜지善慧地. 걸림 없는 지혜로써 두루 가르침을 설함. 10) 법운지法雲地. 지혜의 구름이 널리 진리의 비를 내림. 구름이 비를 내리듯, 부처의 가르침을 널리 중생들에게 설함.

31　근간根幹; 1. 뿌리와 줄기를 아울러 이르는 말. 2. 사물의 바탕이나 중심이 되는 중요한 것.

32　회통會通; 1. 서로 모순처럼 보이는 몇 가지의 교리를 자세히 대조하여, 실제로는 서로 모순이 없음을 밝힘. 2. 여러 사실의 핵심을 명료하게 꿰뚫음.

33　암중모색暗中摸索; '어둠 속에서 손을 더듬어 찾는다'라는 뜻으로, 어림짐작으로 사물을 알아내려 함을 이르는 말.

34　암중선暗證禪; 참선의 방법과 단계도 모르고 무턱대고 닦는 선.

經論의 文字만을 涉獵[35]하여
경론 문자   섭렵

悟得[36]然하는 文字禪[37]이나,
오득 연   문자 선

혹은 未證을 證으로 하고 未悟를 悟로 하는
미증 증   미오 오

野狐禪[38]의 增上慢[39] 等을 물리치고,
야호선   증상만 등

스스로 法師[40]가 되어
법사

究竟[41] 成就할 수 있는
구경   성취

現代 科學時代에 時期適應한
현대 과학시대   시기적응

頓悟[42]漸修[43, 44]의 教說이다.
돈오 점수   교설

경론의 문자만을 많이 읽고

깨달은 체하는 문자선이나,

혹은 깨닫지 못하고 깨달은 체하는

야호선野狐禪의 증상만增上慢 등을 물리치고,

스스로 법사가 되어

지극한 깨달음을 성취할 수 있는

현대 과학시대에 꼭 맞는

돈오점수頓悟漸修의 가르침이다.

35 섭렵涉獵; 물을 건너 찾아다닌다는 뜻으로, 많은 책을 널리 읽거나 여기저기 찾아다니며 경험함을 이르는 말.

36 오득悟得; 깨달아 진리를 알게 됨.

37 문자선文字禪; 말과 이치의 길을 통해 사事와 이理, 유有와 무無, 현상現象과 실재의 관계를 능히 변별하지만, 아직도 심묘心妙의 체험에 도달하지 못한 구두선口頭禪·의리선義理禪의 경지.

38 야호선野狐禪; 1. 제대로 알지 못하면서 아는 것처럼 여겨 자기만족을 하는 사람. 2. 선禪을 수행하는 자가 아직 깨닫지 못했으면서도 이미 깨달은 체하며 사람을 속이는 것을 여우에 비유하여 이르는 말.

39 증상만增上慢; 사만四慢의 하나. 최상의 교법과 깨달음을 얻지 못하고서 이미 얻은 것처럼 교만하게 우쭐대는 마음을 이른다. ▶사만四慢; 4가지 교만한 마음. 1) 증상만增上慢: 최상의 교법과 깨달음을 얻지 못하고서 이미 얻은 것처럼 교만하게 우쭐대는 일. 2) 비하만卑下慢: 남보다 훨씬 못한 것을 자기는 조금 못하다고 생각하는 일. 3) 아만我慢: 스스로를 높여서 잘난 체하고, 남을 업신여기는 마음. 4) 사만邪慢: 덕이 없는 사람이 덕이 있다고 생각하는 것.

40 법사法師; 1. 설법하는 승려. 2. 심법心法을 전하여 준 승려. 3. 불법에 통달하고 언제나 청정한 수행을 닦아 남의 스승이 되어 사람을 교화하는 승려.

41 구경究竟; 1. 마지막에 이르는 것. 2. 가장 지극한 깨달음.

42 돈오頓悟; 1. 단박에 깨침. 미혹과 망념을 평정하여 단박 깨침. 수행의 단계를 거치지 않고 홀연히 깨침. 일정한 차례를 거치지 않고 단번에 깨침. 2. 자신의 마음이 곧 부처라고 자각함.

43 점수漸修; 얕고 깊은 순서에 따라 점진적으로 수행함. 일정한 단계를 거치는 수행.

44 돈오점수頓悟漸修; 불교에서 돈오頓悟, 즉 문득 깨달음에 이르는 경지에 이르기까지에는 반드시 점진적 수행 단계가 따른다는 말. 이에는 그 이전에 점수 과정이 있어야 한다는 주장과, 돈오 후에 점수한다(선오후수先悟後修)는 주장이 있다. 당나라 신회神會의 남종선南宗禪 계통은 후자를 강력하게 주장하여 이후의 선종은 주로 '선오후수先悟後修'의 입장을 취하였다. 고려시대 지눌知訥의 '돈오점수론'도 그의 영향을 받았는데, 그는 '오悟'를 햇빛과 같이 갑자기 만법이 밝아지는 것이고, '수修'는 거울을 닦는 것과 같이 점차 밝아지는 것과 같

三.

第三篇「首楞嚴三昧[45]圖訣」은
제 삼 편   수 릉 엄 삼 매 도 결

佛性의 象徵圖인 首楞嚴三昧圖를
불 성   상 징 도   수 릉 엄 삼 매 도

了解[46]케 하기 위하여
요 해

佛祖의 名句文[47]을 原文
불 조   명 구 문   원 문

또는 撰文으로서 引證[48]解說하였는데
      찬 문   인 증 해 설

各 節마다 그 末尾에는
각 절   말 미

著者 特有한 斬釘截鐵[49]의
저 자 특 유   참 정 절 철

簡潔한 會通의 結語[50]가
간 결 회 통   결 어

빛나고 있음을 看過할 수가 없다.
                간 과

特히 釋尊께서 成道時와
특   석 존   성 도 시

3.

제3편「수릉엄삼매도결首楞嚴三昧圖訣」은

불성의 상징도象徵圖인 수릉엄삼매도를

깨달아 납득하게 하기 위하여

부처님과 조사의 글 내용을 원문 그대로

또는 지은 글로써 인용하고 해설하였는데

각 절마다 그 끝부분에는

저자 특유의 결정적이고

간결한 회통의 결어結語가

빛나고 있음을 눈여겨보게 된다.

특히 석가모니께서 깨달으실 때와

다는 비유를 들면서, 만일 깨우치지 못하고 수행만 한다면 그것은 참된 수행이 아니라 하여 선오후수의 입장을 강조하였다.

45   수릉엄삼매首楞嚴三昧; Skt. śūraṃgama−samādhi의 음사. 건행정健行定・용건정勇健定이라 번역. 다부지고 군세어 번뇌를 부수어 버리는 부처의 삼매.

46   요해了解; (형편・사정 따위를) 마음속에 깨달아서 자세히 납득함.

47   명구문名句文; 단어와 구와 문장.

48   인증引證; 인용하여 증거로 삼음. 또는 그 증거.

49   참정절철斬釘截鐵; 움직일 수 없이 견고하고 결정적임(견정불이堅定不移의 비유). 선종에서 망상을 단호히 끊음(절단망상截斷妄想을 비유함). 못을 부러뜨리고 쇠를 자른다는 뜻으로, 과감하게 일을 처리함을 이르는 말. 결단성 있고 단호함.

50   결어結語; 끝맺는 말. 마무리. 결론.

涅槃[51]時에 몸소 體現[52]하시고,

또한 三乘[53]聖者가

다 한결같이 共修한다는,

根本禪인 四禪定[54]과

滅盡定[55]의 必修를

力設함은, 現下[56] 佛教界가

解悟[57]만을 能事[58]로 하는

반열반하실 때에 몸소 몸으로 실현하시고,

또한 성문, 연각, 보살들께서

다 한결같이 함께 닦는다는,

근본선인 사선四禪 · 사정四定과

멸진정滅盡定을 반드시 닦아야 함을

역설하는 것은, 오늘날 불교계가

이치로 깨닫는 것만을 위주로 하는

---

51 열반涅槃; Skt. nirvāṇa, Pāli nibbāna의 음사. 멸滅 · 멸도滅度 · 적멸寂滅 · 적정寂靜 · 적寂 · 안온安穩이라 번역. 불어서 끈 상태라는 뜻. 1. 불어서 불을 끄듯, 탐욕(탐貪)과 노여움(진瞋)과 어리석음(치癡)이 소멸된 심리 상태. 모든 번뇌의 불꽃이 꺼진 심리 상태. 사제四諦에서 집集, 곧 괴로움의 원인인 갈애渴愛가 소멸된 상태. 모든 번뇌를 남김없이 소멸하여 평온하게 된 상태. 모든 미혹의 속박에서 벗어난 깨달음의 경지. 번뇌를 소멸하여 깨달음의 지혜를 완성한 경지. 2. 석가나 승려의 죽음. 반열반般涅槃.

52 체현體現; 1. 형태로써 나타냄. 2. 몸으로 실현함.

53 삼승三乘; 중생을 열반에 이르게 하는 세 가지 교법. 성문승, 독각승, 보살승이다.

54 사선정四禪定; 1. 색계의 네 선정. 사선四禪과 같음. 1) 초선初禪. 모든 탐욕과 악을 여의고, 개괄적으로 사유하는 마음 작용(각覺)과 세밀하게 고찰하는 마음 작용(관觀)이 있고, 욕계를 떠난 기쁨과 즐거움이 있는 선정. 2) 제2선第二禪. 개괄적으로 사유하는 마음 작용과 세밀하게 고찰하는 마음 작용이 소멸되고, 마음이 청정하여 기쁨과 즐거움을 느끼는 선정. 3) 제3선第三禪. 기쁨을 소멸하여 마음이 평온하고, 몸으로 즐거움을 느끼는 선정. 4) 제4선第四禪. 즐거움과 괴로움이 소멸되어 괴롭지도 즐겁지도 않으며, 마음이 평온하여 생각이 청정한 선정.
2. 색계의 사선四禪과 무색계의 사정四定. ▶사무색정四無色定; 1) 공무변처정空無邊處定. 허공은 무한하다고 주시하는 선정. 2) 식무변처정識無邊處定. 마음의 작용은 무한하다고 주시하는 선정. 3) 무소유처정無所有處定. 존재하는 것은 없다고 주시하는 선정. 4) 비상비비상처정非想非非想處定. 생각이 있는 것도 아니고 생각이 없는 것도 아닌 경지의 선정. 욕계 · 색계의 거친 생각은 없지만 미세한 생각이 없지 않은 경지의 선정.

55 멸진정滅盡定; 1. 모든 마음 작용이 소멸된 선정禪定. 멸정滅定 · 멸진등지滅盡等至 · 멸진삼매滅盡三昧 · 상수멸정想受滅定 또는 멸수상정滅受想定이라고도 함. 2. 무소유처無所有處의 경지에 이른 성자가 모든 마음 작용을 소멸시켜 비상비비상처非想非非想處의 경지에 이르기 위해 닦는 선정.

56 현하現下; 현재의 형편 아래. 주로 연설문 따위에서 쓴다. [비슷한말] 오늘날, 지금, 현재.

57 해오解悟; 이치를 깨달음. 자각함.

58 능사能事; 1. 자기에게 알맞아 잘해낼 수 있는 일. 2. 잘하는 일.

無氣力한 風土임을 감안할 때
무기력 풍토

定解脫[59]을 위한 不可缺[60]한
정 해 탈 불 가 결

修道 法門임을 切感케 한다.
수 도 법 문 절 감

그리고, 和尙께서 上篇만을
화 상 상 편

脫稿[61]하고 入寂[62]하심은 참으로
탈 고 입 적

遺憾[63]된 일이 아닐 수 없다.
유 감

무기력한 풍토임을 감안할 때

선정해탈禪定解脫을 위한 필수적인

수도법문임을 절감하게 한다.

그리고, 화상和尙께서 상편上篇만을

원고만을 마치고 입적하심은 참으로

유감된 일이 아닐 수 없다.

四.

第四篇「宇宙의 本質과 形量」[64]은
제 사 편 우주 본질 형량

日本語로 된 原文을,
일 본 어 원 문

山僧[65]이 編譯하여
산 승 편 역

單行本으로 發刊한 바도 있었는데,
단 행 본 발 간

이제 和尙의 遺稿를
화 상 유 고

『金剛心論』으로써 網羅[66]하는
금 강 심 론 망 라

4.

제4편「우주宇宙의 본질本質과 형량形量」은

일본어로 된 원문을,

산승山僧이 번역하여 엮어서

단행본으로 발간한 바도 있었는데,

이제 화상의 유고遺稿를

『금강심론金剛心論』에 모두 싣는

---

59 정해탈定解脫; 해탈解脫에는 지혜해탈(혜해탈慧解脫)과 선정해탈(정해탈定解脫)이 있음. 지혜해탈, 곧 혜해탈은 견혹見惑을 타파하는 것으로 일체제법이 본래 청정하고 평등일미하여 일체 공덕을 구족함을 깨닫는 견도見道이고, 선정해탈, 곧 정해탈은 견도 후 선정을 통해 사혹思惑 또는 수혹修惑을 여의는 것.

60 불가결不可缺; 없어서는 아니 됨.

61 탈고脫稿; 원고 쓰기를 마침.

62 입적入寂; 1. 승려의 죽음. 2. 생사의 번뇌를 벗어나 열반에 듦.

63 유감遺憾; 1. 마음에 남는 섭섭함. 2. 생각한 대로 되지 않아 아쉽거나 한스러운 것. 3. 언짢게 여기는 마음.

64 宇宙(우주)의 本質(본질)과 形量(형량); 우주의 본체本體와 현상現象.

65 산승山僧; 1. 산속의 절에 사는 승려. 2. 승려가 자기를 낮추어 일컫는 말.

66 망라網羅; 물고기나 새를 잡는 그물이라는 뜻으로, 널리 받아들여 모두 포함함을 이르는 말.

계제에 한데 收錄하기로 하였으며,
　　　　　　　　수　록

序文 또는 本篇의 머리말에서
서　문　　　　본　편

若干의 解題[67]를 곁들였기에
약　간　　해　제

여기에는 省略하기로 한다.
　　　　　　생　략

계제에 한데 싣기로 하였으며,

서문 또는 본편本篇의 머리말에서

약간의 해제解題를 곁들였기에

여기에는 생략하기로 한다.

67　　해제解題; 1. 책의 저자·내용·체재·출판 연월일 따위에 대해 대략적으로 설명함. 또는 그런 설명. 2. 문제
　　　　를 풂.

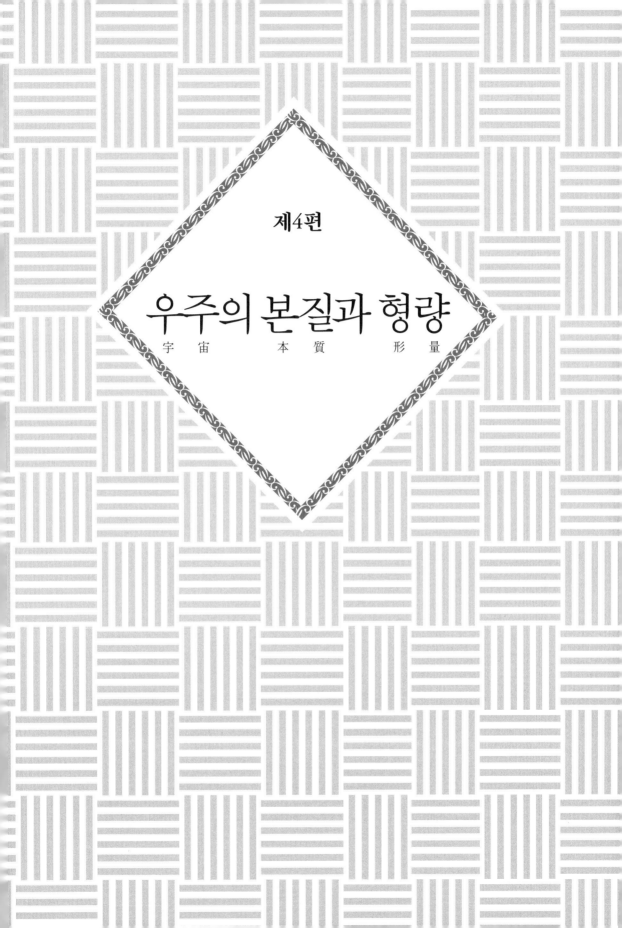

제4편

우주의 본질과 형량
宇 宙　本 質　形 量

• 머리말[1]

金陀 和尙[2]께서 著述한 바,

未曾有[3]한 破天荒[4]의

宇宙論[5]은 단순한 思辨的인

所産이 아닐 뿐 아니라,

經驗 科學的인 試圖와는 그 次元을

달리한 純粹 直觀的인 玄妙한

禪定[6]을 通한 洞察이기 때문에,

그 內容에 있어 現行 天文學과 懸隔한

差異가 있음은 도리어 當然한 일일 것이다.

그리고 現代天文學[7] 또한 아직도

• 머리말

금타화상께서 저술한 바,

이제까지 있어본 적이 없는

새로운 우주론은 단순한 사변적思辨的인

산물産物이 아닐 뿐 아니라,

경험과학적인 시도試圖와는 그 차원을

달리한 순수직관적인 깊고 미묘한

선정禪定을 통한 통찰이기 때문에,

그 내용에 있어 현재의 천문학과 현격한

차이가 있음은 도리어 당연한 일일 것이다.

그리고 현대천문학 또한 아직도

---

1   청화 큰스님의 머리말.

2   화상和尙; 1. 수행을 많이 한 승려. 2. '중'을 높이거나 대접하여 이르는 말.

3   미증유未曾有; 아직까지 한 번도 있어 본 적이 없음.

4   파천황破天荒; 1. 아직까지 아무도 하지 못한 일을 처음으로 해냄을 이르는 말. 2. 드문 성씨姓氏나 양반이 없는 시골에서, 인재가 나서 본래의 미천한 상태를 벗어나는 것을 이르는 말. 3. 중국 당唐나라 형주刑州지방에는 진사 합격자가 없어, 천지가 미개未開한 때의 혼돈混沌한 모양이라는 뜻으로 천황天荒이라 불렸다. [비슷한말] 미증유, 전대미문, 전례 없음.

5   우주론宇宙論; 1. 우주의 기원, 구조, 진화, 종말 따위를 연구하는 분야. 2. 자연과학 가운데 천문학과 물리학을 함께 사용하며 물리적 우주를 하나의 통합된 전체로 파악하려는 것이다.

6   선정禪定; 1. 참선하여 마음의 내면을 닦아 삼매경三昧境에 이름. 2. Skt. dhyāna. Pāli jhāna의 음사인 선禪과 그 번역인 정定의 합성어. 마음을 한곳에 집중하여 산란하지 않는 상태. 마음을 고요히 가라앉히고 한곳에 집중함. 마음의 통일. 3. 육도六度의 하나. 선나바라밀禪那波羅蜜. 진리를 올바로 사유思惟하며, 마음을 적정寂靜히 하여 생각을 한곳에 모아 산란치 않게 하는 것. 육도는 육바라밀六波羅蜜이라기도 함.

7   천문학天文學; astronomy. 우주 전체에 관한 연구 및 우주 안에 있는 여러 천체에 관한 연구를 하는 자연과학의 한 분야. 천문학은 인류문명이 시작되는 바빌로니아 시대부터 점성술占星術이나 달력의 작성과 관련을 가지고

暗中摸索[8]의 領域을 벗어나지 못하는

實情이니, 設使 金陀 和尙의 天文說이

하나의 假說에 지나지 않는다고 할지라도,

이 너무나 巨創하고 合理的인 體系를

어느 뉘라서 敢히 否定할 수가 있을 것인가?

또한, 和尙의 宇宙論은 어디까지나

佛說[9]에 그 根柢를 두었으며,

佛敎 宇宙觀인 三千大千世界[10]

암중모색의 영역을 벗어나지 못하는

실정이니, 설사 금타 화상의 천문설天文說이

하나의 가설에 지나지 않는다고 할지라도,

이 너무나 거창하고 합리적인 체계를

어느 뉘라서 감히 부정할 수가 있을 것인가?

또한, 화상의 우주론은 어디까지나

부처님 가르침에 그 밑바탕을 두었으며,

불교 우주관인 삼천대천세계三千大千世界

(1소세계 $\times 10^3 \times 10^3 \times 10^3 = 10^9$소세계)

발달되었으므로 자연과학 가운데 가장 일찍 시작된 학문이다. 또, 천체의 관측으로 지구 위에서의 위치가 알려지는 원리는 항해하는 데 이용되어 이런 목적으로 천문학은 크게 발달되어 17세기에 망원경이 발명된 후 프랑스의 파리천문대, 영국의 그리니치천문대 등의 큰 천문대가 창설되었다. 이처럼 천문학은 실용적인 필요성에서 발달했다고 볼 수 있으며, 천문학을 시간과 공간 위치에 관한 가장 기본적인 관측을 하는 학문이라고 말하는 것도 이 때문이다. 한편 천문학의 지식은 G.갈릴레이, I.뉴턴의 손을 거쳐 물리학이 태어나는 기틀을 마련하였다. 천문학을 연구대상에 따라 여러 분야로 나누어 보면, 우주의 구조·기원·진화 등을 다루는 우주론宇宙論, 천체 대기의 성분·구조·내부구조·에너지원源·진화 등을 연구하는 천체물리학, 천체의 위치를 측정하여 측지학測地學의 연구를 하는 위치천문학, 천체의 운동을 다루는 천체역학天體力學 등이 있다. 이들은 주로 천체에서 오는 빛을 관측하는 것으로 광학천문학光學天文學으로 통칭되는데, 제2차 세계대전 후에 발달된 전파의 관측기술을 이용한 전파천문학電波天文學, 천체가 내는 적외선赤外線·자외선紫外線·X선·γ선 등을 관측하는 분야도 최근에 로켓이나 인공위성人工衛星에 의하여 실현되고 있다.

8   암중모색暗中摸索; 1. 물건 따위를 어둠 속에서 더듬어 찾음. 2. 어림으로 무엇을 알아내거나 찾아내려 함. 3.
은밀한 가운데 일의 실마리나 해결책을 찾아내려 함. [비슷한말] 암색, 음모, 어림짐작.

9   불설佛說; 부처의 말이나 가르침.

10   삼천대천세계三千大千世界; 삼천세계三千世界·대천세계大千世界·일대삼천세계一大三千世界. Skt.
trisāhasra-mahāsāhasra-loka-dhātu. Pāli ti-sahassī-mahā-sahassīloka-dhātavo. 고대 인도인의 세계관에서 전우주
를 가리키는 말. 소승불교의 논서인『구사론俱舍論』에 따르면 우주는 원반형의 풍륜風輪·수륜水輪·금륜
金輪이 겹쳐서 공중에 떠 있고, 그 금륜 표면의 중앙에 수면에서의 높이가 8만 유순由旬(약 56만km)이나 되는
수미산須彌山이 있다. 그 수미산을 일곱 겹의 산맥이 각각 바다를 사이에 두고 에워싸고 있으며, 그 바깥에 네
개의 대륙(4대주四大洲;그 중 남쪽의 섬부주瞻部洲 또는 염부제閻浮提에 인간이 살고 있다)이 있고, 그 가장
바깥을 철위산鐵圍山이 둘러싸고 있다. 또한 수미산의 중턱에 사천왕四天王(동의 지국천持國天, 남의 증장천
增長天, 서의 광목천廣目天, 북의 다문천多聞天)이 살고 있고, 그 정상에는 제석천帝釋天을 비롯한 33의 천신
天神이 살고 있는데, 이곳을 삼십삼천三十三天 또는 도리천忉利天이라고 한다. 또 수미산 상공에는 야마천夜

곧 10億 宇宙에 關한 初有의

體系化임을 감안할 때, 참으로 貴重한

佛教 文獻이 아닐 수 없다.

그래서, 特히 佛教人으로서는

佛教 宇宙觀에 對한 깊은 考慮 없이

다만 一知半解[11]한 天文常識만으로

淺薄한 批判을 함부로 한다면, 도리어

謗佛毀法[12]의

허물이 되지 않을 수 없을 것이다.

그런데, 和尙의 宇宙論이 저으기[13]

難解한 것은 天文學 本來의 性格上

곧 10억 우주에 관한 처음 있는

체계화임을 감안할 때, 참으로 귀중한

불교 문헌이 아닐 수 없다.

그래서, 특히 불교인으로서는

불교 우주관에 대한 깊은 고려 없이

다만 짧은 천문상식만으로

천박한 비판을 함부로 한다면, 도리어

부처님을 비방하고 진리를 훼손하는

허물이 되지 않을 수 없을 것이다.

그런데, 화상의 우주론이 적이

난해한 것은 천문학 본래의 성격상

摩天·도솔천兜率天·낙변화천樂變化天·타화자재천他化自在天이 있는데, 이 여섯 천궁은 아직 도덕적으로도 불완전하며 욕망을 완전히 버리지 못하였으므로 육욕천六欲天이라고 한다. 다시 그 위에 선禪으로 형상(색色)을 갖추고는 있으나 욕망을 완전히 떠난 색계色界의 천들이 있다. 이 색계의 천은 초선初禪·이선二禪·삼선三禪·사선四禪의 단계로 나누어져 있는데, 그 초선천에 대범천大梵天과 그 권속들이 살고 있다. 물론 수행의 최고 단계로서 정定을 이루어 형상마저 벗어난 무색계無色界의 단계를 설정하고 있지만, 앞에 말한 바와 같은 풍류에서 대범천에 이르는 범위의 세계를 하나의 세계로 구성한다. 이 세계에는 하나의 태양, 하나의 달이 있다고 한다. 그러므로 현대적인 의미에서는 태양계에 해당된다고 하겠다. 이 세계가 1,000개 모인 것이 소천세계小千世界인데, 현대과학으로는 은하계에 해당한다고 하겠다. 소천세계가 1,000개 모인 것이 중천세계, 그리고 중천세계가 다시 1,000개 모인 것이 대천세계大千世界인데, 이를 삼천대천세계 또는 삼천세계라고 한다. 후에 삼천은 3,000을 의미하는 것으로 사용되기도 하였으나 그것은 그릇된 것이며, $1,000^3$으로 보는 것이 마땅하다. 말하자면 대천세계란 1,000의 3제곱으로 10억 개의 세계이다. 결국 이는 우주 전체를 가리킨다.

11 일지반해一知半解; 1. 하나쯤 알고 반쯤 깨닫는다는 뜻으로, 많이 알지 못함을 이르는 말. 2. 깊이 있게 알지 못하다. 3. 수박 겉핥기. 4. 아는 것이 지극히 천박한 것.

12 방불훼법謗佛毀法; 부처님과 불법佛法을 헐뜯고 비방함.

13 저으기; 적이. 꽤 어지간한 정도로.

어쩔 수 없을 뿐 아니라, 本 著述이
具體的인 註解가 없는 原理만의
論述이기 때문에 不得已한 일이니,
모름지기 眞摯한 求道人의 姿勢로
熟讀 吟味한다면,
반드시 貴重한 助道의 資糧이 될 것을
確信하는 바이다.

後學[14] 淸華 合掌

어쩔 수 없을 뿐 아니라, 본 저술이

구체적인 주해註解가 없는 원리만의

논술이기 때문에 부득이한 일이니,

모름지기 진지한 구도인의 자세로

글의 뜻을 잘 새기면서 읽고 음미한다면,

반드시 진리를 밝히는 귀중한 자재資材와

양식이 될 것을 확신하는 바이다.

후학後學 청화淸華 합장合掌

---

[14] 후학後學; 1. 후진後進의 학자學者. 장차 나올 학자學者. 2. 학자學者가 자기自己를 낮추어 일컫는 말. 3. 앞날
에 도움이 될 학문學問이나 지식知識.

제3절 우주론

1. 서문序文

제가 이렇게 금강심론金剛心論을 말씀드리니까 '자기가 받드는 스승이니까 치켜세우는구나' 하고 생각하는 분도 계실런지 모르지마는 저는 이미 황혼이 짙은 수행자의 분상에서 그 정도로 속되지는 않습니다. 앞으로 과학과 불교와의 관계 설정은 우리 불교인들에게 필수적인 중요한 문제이기 때문에 굳이 말씀을 드리게 되는 것입니다.

(이하 '서문序文'은 뒤의 원문 내용과 같아 생략함.)

제가 금타 스님의 우주론宇宙論의 서문을 읽어드렸습니다. 그리고 혹 참고가 되실까 하여 저의 '머리말'을 소개해 드립니다.

(이하 '머리말'은 앞의 원문 내용과 같아 생략함.)

(『圓通佛法의 要諦』, 聖輪閣, 2003)

❖ 「우주의 본질과 형량」에 붙인 청화 큰스님의 머리말 요약

1. 경험과학에 의한 것이 아니고, 순수직관의 선정을 통한 통찰로 현대천문학과 차이는 당연.

2. 완성되지 않은 현대천문학과 맞지 않더라도, 거창하고 합리적인 체계를 지닌 가설임.

3. 부처님 말씀에 근거한 삼천대천세계의 불교우주관 곧 10억 우주에 관한 최초의 체계화로 귀중한 불교문헌임.

4. 불교우주관의 고려 없이 짧은 천문상식으로 함부로 비판하지 말 것.

5. 이 내용이 난해한 것은 천문학 본래의 어려움에, 주해 없이 원리만의 논술이니, 진리를 구하는 진지한 자세로 공부하면 큰 도움이 될 것임.

序文
서 문

서문序文

一微[1]를 誤見[2]하면 妄想[3]이 되고,
일 미　오 견　　　망 상

正見[4]하면 眞覺[5]이 된다.
정 견　　　진 각

一切 萬事가 自己의 見解에 依하여
일 체 만 사　자 기　견 해　의

眞妄[6]이 揀別[7]될 뿐
진 망　　간 별

一微나 一切에 本來 眞妄이 없으며
일 미　일 체　본 래 진 망

한 티끌을 잘못 보면 망상妄想이 되고,

바로 보면 참깨달음이 된다.

일체 모든 일이 자기의 견해에 의하여

참과 거짓이 구별될 뿐

한 티끌이나 일체에 본래 참과 거짓이 없으며

1 　일미一微＝일미진一微塵＝미진微塵; Skt. aṇu-rajas. 아주 작은 티끌이나 먼지. 지극히 미세한 분자로 물질의 가
　　장 작은 알맹이. [약어] 미微.

2 　오견誤見; 잘못된 견해. 잘못 봄.

3 　망상妄想; 1. 이치에 맞지 아니한 망령된 생각을 함. 또는 그 생각. 2. 근거가 없는 주관적인 신념. 사실의 경험
　　이나 논리에 의하여 정정되지 아니한 믿음으로, 몽상 망상 · 체계화 망상 · 피해망상 · 과대망상 따위가 있다.
　　[비슷한말] 몽상, 공상, 상상.

4 　정견正見; 1. Skt. samyag-dṛṣti. Pāli sammā-diṭṭhi. 팔정도八正道의 하나. 바른 견해. 연기緣起와 사제四諦에 대
　　한 지혜. 2. 있는 그대로 봄. 3. 바르게 자신의 참모습을 앎. 4. 바로 봄.

5 　진각眞覺; 1. 참 깨달음. True awareness. True and complete enlightenment; The true enlightenment, i.e. the
　　perfect nirvāṇa of the Buddha; the perception of ultimate truth. 〔기신론起信論〕 (Skt. tattvâvabodha, prabuddha) 2.
　　Zhenxiao Dashi; Zhenjue dashi 진각대사眞覺大師; Also known as 설봉의존雪峰義存 Xuefeng Yicun(822~908).
　　Known by the name of Mt. Xuefeng 雪峰山, where he once resided, at Guangfu yuan 광복원廣福院. 3. 진각국사
　　眞覺國師 Jingak Guksa; the posthumous title of Hyesim 혜심慧諶; the leading student of Jinul 지눌知訥.

6 　진망眞妄; 참과 거짓. 깨달음에서 일어나면 참, 불각不覺에서 일어나면 거짓. 본성은 참, 현상은 거짓. Truth and
　　falsity. True and false, real and unreal. 1. That which has its rise in Buddha-truth, meditation, and wisdom is true;
　　that which arises from the influences of unenlightenment is untrue. 2. The essential thusness is real, phenomena
　　are unreal. 〔마하지관摩訶止觀, 유가론瑜伽論〕

7 　간별揀別; 1. 가리다, 분간分揀. 2. 가려 뽑다. 선별하다. 3. 구별區別. 4. 분별分別.

器世間[8] (現象界[9])
기 세 간   현 상 계

이대로가 一眞法界[10, 11]로서
　　　　　일 진 법 계

우리가 몸담은 세상인 현상계現象界

이대로가 하나의 참진리의 세계로서

8　기세간器世間; 모든 중생이 살고 있는 산하山河, 대지大地 따위를 이른다. 국토 세간(삼종三種 세간의 하나).
　　▶삼종三種세간=삼세간三世間; 1. 1) 중생세간衆生世間. 생물들의 세계. 2) 국토세간國土世間. 생물들이 거주
　　하는 자연 환경. 3) 오온세간五蘊世間. 중생세간과 국토세간은 색色‧수受‧상想‧행行‧식識의 작용에 지나
　　지 않으므로 이와 같이 말함. 2. 1) 중생세간衆生世間. 생물들의 세계. 2) 기세간器世間. 생물들이 거주하는 자
　　연 환경. 3) 지정각세간智正覺世間. 중생세간과 기세간을 교화할 부처의 세계. 3. 상캬 철학에서, 천도天道‧인
　　도人道‧수도獸道를 말함.

9　현상계現象界; 1. 사물事物 현상現象의 세계世界. 2. 지각이나 감각으로 경험할 수 있는 경험의 세계. 객체계客
　　體界에 대립하는 세계이다.

10　법계法界; Skt. dharma-dhātu의 번역. 달마타도達摩馱都라 음사. 1. 법경法境. 십팔계의 하나. 의식意識의 대
　　상인 모든 사물을 말한다. 구사론俱舍論 권1에는 수受‧상想‧행行의 삼온三蘊과 무표색無表色과 무위법無爲
　　法을 법계라 한다. 십이처에서는 법처라고 하고, 다만 십팔계에서는 다른 십칠계도 법이라고 이름하므로 널
　　리 유위有爲‧무위無爲의 모든 제법諸法을 법계法界라고 하기도 한다. 말이 쓰이는 경우를 따라 계界는 종족
　　생본種族生本, 곧 하나의 산 가운데 금은 등 종종의 광맥鑛脈이 있는 것처럼 일신一身 가운데 안眼 등의 제법
　　이 있어 각각 같은 종류가 상속相續해서 나온다는 뜻. 혹은 종류각별種類各別, 곧 제법이 각각 다른 자성自
　　性을 가지고 있음을 가리킨다. 2. 화엄종에서는, 화엄경탐현기華嚴經探玄記 권 18에, 1) 계界는 인因이란 뜻,
　　법法은 성법聖法이니, 성법을 내는 원인이 되는 것. 곧 진여眞如. 2) 계는 성性이란 뜻. 법은 일체 모든 법이니,
　　만유 제법의 체성이 되는 것. 곧 진여. 3) 계는 분제分齊란 뜻. 법은 모든 법이니, 제법은 각각의 분제分齊를 보
　　유해서 그 형상은 구별된다는 뜻. 이상의 세 뜻을 들어 진여眞如 또는 일체제법을 말하고 있다. 또 보현普賢의
　　행원行願에 의해서 들어가는 법계에 유위법계有爲法界‧무위법계無爲法界‧역유위역무위법계亦有爲亦無
　　爲法界‧비유위비무위법계非有爲非無爲法界‧무장애법계無障碍法界 등의 오문五門의 뜻이 있다 한다. 또
　　법법계法法界‧인법계人法界‧인법구융법계人法俱融法界‧인법구민법계人法俱泯法界‧무장애법계無障
　　碍法界의 오중五重의 구별을 주장한다. 그러나 법계의 종류가 아무리 많아도 모두 일진법계一眞法界에 함섭
　　含攝되며 그것은 또 제불중생諸佛衆生의 본원本源인 청정심淸淨心이라고 하고, 일심법계一心法界‧일진무
　　애법계一眞無礙法界라고도 한다. 그리고 앞에 있는 법계의 당상當相(실상實相)에 대해 일체법이 서로 일체화
　　一體化(상즉相卽)하고 그 기능이 서로 화입和入하여(상입相入), 사사무애事事無礙 중중무진重重無盡의 연기
　　緣起라고 설하는 것을 법계연기法界緣起라 하며, 이러한 법계法界의 구조構造를 관하는 것을 법계관法界觀
　　이라 한다. 3. 밀교密敎에서는 육대六大를 법계의 체성이라 하여 이것을 대일여래大日如來의 삼매야신三昧
　　耶身이라 하고 그 궁전을 법계궁法界宮, 그 정립을 법계정法界定, 인을 법계인法界印, 가지력加持力을 법계
　　가지法界加持라고 이름하고, 또 오지오불五智五佛을 설해서, 대일여래大日如來는 법계체성지法界體性智를
　　나타낸다고 한다. 또 만법萬法은 모두 다 갖추어져 있는 것을 다법계多法界, 차별적인 만법도 이평등理平等
　　의 입장에서 보면 무상전일無相全一로 계합契合되는 것을 일법계一法界라 하며 합해서 일다법계一多法界라
　　한다. 이를 양부兩部에 배치하면 금강계金剛界는 지차별智差別의 다법계多法界, 태장계胎藏戒는 이평등理
　　平等의 일법계一法界이다. 수행으로 보면 수행을 해서 깨달음에 이르는 상전문上轉門은 다법계, 깨달음의 극
　　과極果를 가지고 중생을 교화하여 인도하는 기능을 나타내는 하전문下轉門은 일법계라고 한다. 양부의 대경

一切衆生이 一佛의 化身이며,
일 체 중 생 일 불 화 신

個別的 化身이 바로
개 별 적 화 신

本身¹²의 佛임을 忘却하고,
본 신 불 망 각

일체중생이 한 부처님의 변화한 몸이며,

개별적으로 변화한 몸(화신化身)이 바로

본래몸의 부처님임을 망각하고,

大經(대일경大日經과 금강정경金剛頂經)은 본래 상하 양전兩轉을 갖추고 있어 일다법계를 겸하고 있지만 금강정경계金剛頂經系의 금강지金剛智(671~741)는 다법계多法界를 표방하고, 대일경계大日經系의 선무외善無畏(637~735)는 일법계를 표방했다고 한다. 양부는 용지龍智를 사사師事하여 같은 일다법계一多法界를 전승傳承하였으므로 내증內證은 같다고 한다. 4. 천태종에서는 지옥・아귀・축생・아수라阿修羅・인人・천天・성문聲聞・연각緣覺・보살菩薩・불타佛陀의 십계를 십법계十法界라고 하지만, 이것은 각각의 상相이 차별이 있는 분제分齊의 뜻으로 말한 것이다.

11   일진법계一眞法界; 진여법계眞如法界. 화엄종의 '이리理', 천태종의 '실상實相', 유식종唯識宗의 '승의勝義(가장 심오한 도리)'. 화엄종에서 쓰는 극리極理를 말하는 것으로 천태종에서 쓰는 제법실상諸法實相을 말함과 같음. 유식론 9에 "승의勝義의 승의勝義는 일진법계一眞法界를 말한다."하였고, 화엄대소華嚴大疏에 "왕복往復함에 가이없고 동정動靜의 한 말이 중묘衆妙를 포함하여도 남음이 있고, 언사言思를 초월超越하여 회출廻出하는 것은 그 오직 법계法界뿐이다." 하였으며, 대소초大疏鈔 1에 "일진법계一眞法界로 현묘체玄妙體를 삼는다" 하였음. 사사事事와 물물物物과 일미一微와 일진一塵이 모두 족足히 일진법계一眞法界가 된다. 그 체體가 절대絶對이므로 1이라 하고, 진실하므로 진眞이라 하며 일체만법一切萬法을 융섭融攝하였으므로 법계法界라 한다는 화엄경 일부一部의 주의主意. 삼장법수三藏法數 4에 "둘이 아닌 것(무이無二)을 일一이라 하고, 허망하지 않음을 진眞이라 하고, 서로 통하고 화합포섭함을 법계法界라 하니 곧 이는 제불평등법신諸佛平等法身이며, 본래로 생멸이 없고, 공空도 아니고 유有도 아니며, 명상名相(이름과 모양)을 떠나 있고, 안팎이 없으며, 오직 하나의 진실이고, 불가사의함을 이름하여 일진법계라 한다.[무이왈일無二曰一, 불망명진不妄名眞, 교철융섭交徹融攝, 고왈법계故曰法界, 즉시제불평등법신即是諸佛平等法身. 본래이래불생불멸從本以來不生不滅, 비공비유非空非有, 이명이상離名離相, 무내무외無內無外, 유일진실惟一眞實, 불가사의不可思議, 시명일진법계是名一眞法界]" 하였음. One true realm of reality. The Dharma realm of the one reality, i. e. of thusness, complete in a speck of dust as in a universe; such is the dharmakāya, or spiritual body of all buddhas, eternal, above terms of being, indefinable, neither immanent nor transcendent, yet the one reality, though beyond thought. It is the fundamental doctrine of the 화엄종華嚴宗. 〔성유식론成唯識論〕

12   본신本身; 1. 본디의 신체나 모습. 2. 자기 자신의 몸.

顚倒[13]妄想[14, 15]하여
전 도 　 망 상

迷惑[16]人이 되고 스스로 凡夫[17]라
미 혹 　 인 　 　 　 　 　 　 　 범 부

이름하나 一大[18]人[19]에게는
　 　 　 　 일 대 　 인

聖凡[20]이 없다.
성 범

"만약 사람이 三世[21]의 一切가
　 　 　 　 　 　 삼 세 　 　 일 체

뒤바뀌고 망령된 생각으로

어리석은 사람이 되고 스스로 범부凡夫라

이름하나 우주생명에는

성인과 범부가 따로 없다.

"만약 사람이 과거 현재 미래의 일체가

13　전도顚倒; 1. 엎어져 넘어지거나 넘어뜨림. 2. 차례, 위치, 이치, 가치관 따위가 뒤바뀌어 원래와 달리 거꾸로 됨. 또는 그렇게 만듦. 3. 번뇌 때문에 잘못된 생각을 갖거나 현실을 잘못 이해하는 일. 무상無常을 상常이라 하고, 고苦를 락樂이라 하고, 무아無我를 아我라 하는 등 본진사리本眞事理에 반대되는 망견妄見임.

14　망상妄想; 5법의 하나. 심식心識의 분별. 이 분별은 헛된 것이고 참되지 못하므로 이같이 말한다. 실實에 부당不當한 것을 망妄, 망녕되게 분별하여 여러 가지의 상상相想을 취하는 것을 망상妄想이라 한다. Delusive conceptualization. Conceptualization, or discrimination, esp. of that which is not real. Illusory thought (Skt. vikalpa, kalpita, dalpanā, abhūta-vikalpa; vikalpita, parikalpita).〔대지도론大智度論〕▶오법五法; 상상相想, 명명名名, 망상妄想, 정지正智, 여여如如의 다섯가지로 능가경에 설명되어 있음. The five categories of form and name as explained in the Laṅkâvatāra−sūtra 능가경楞伽經: 1) phenomenal appearances 상상相想 (nimitta); 2) their names 명명名名 (nāma); 3) deluded conceptions 망상妄想 (saṃkalpa); 4) corrective wisdom 정지正智 (samyagjñāna); and 5) tathatā or absolute wisdom 여여如如.

15　전도망상顚倒妄想. ▶전도몽상顚倒夢想; 전도는 모든 사물을 바르게 보지 못하고 거꾸로 보는 것. 몽상은 헛된 꿈을 꾸고 있으면서도 그것이 꿈인 줄을 모르고 현실로 착각하고 있는 것. 무명 번뇌에 사로잡힌 중생들이 갖는 잘못된 견해. 여기에는 크게 세 가지가 있다. 첫째, 눈앞의 모든 현상이 결국은 다 없어지고 말 것인데도 영원불멸한 것으로 착각하는 것. 다시 말하면 자기의 육체나 권세나 재물이나 가족이 결국은 없어지고 말 것인데도 영원할 것으로 잘못 생각하여 거기에 집착하는 것. 둘째, 세상살이가 괴로움인데도 괴로움인 줄을 모르고 즐거움이라고 착각하는 것. 인간의 생로병사란 결국은 다 괴로움이지만, 파리가 꿀맛에 취해서 자신이 죽어가는 줄도 모르듯이 중생들은 괴로움을 즐거움이라고 착각하는 것이다. 셋째, 나라고 하는 것이 오온의 일시적 집합체일 뿐인데도 영원할 것으로 착각하는 것. 인간은 한 번 애욕에 사로잡히면 더러운 것도 깨끗한 것이라고 착각하게 된다. 인간의 육체만큼 더럽고 추한 것이 없는 것인데도 이 세상에서 가장 아름다운 것이라고 착각하는 것이다. 《반야심경》의 한 구절에도 나온다.

16　미혹迷惑; 사사와 이리의 잘못됨을 미迷라 하고, 사리에 밝지 못한 것을 혹惑이라 함.

17　범부凡夫; Skt. pṛthag-jana. 1. 어리석고 미혹한 자. 번뇌에 얽매여 있는 자. 2. 견도見道에 이르지 못한 자.

18　일대一大; 실상實相의 묘리妙理로 불지견佛知見을 말함.

19　일대인一大人; 불지견佛知見을 갖춘 이, 곧 불佛.

20　성범聖凡; 1. 성인聖人과 범인凡人을 아울러 이르는 말. 2. 성스럽고 범상함.

21　삼세三世; 삼제三際. Skt. trayo'dhvānaḥ. 과거·현재·미래. 또는 전세前世·현세現世·내세來世, 전제前際·중제中際·후제後際. 세世는 격별隔別·천류遷流의 뜻이니, 현상계의 사물은 잠간도 정지하지 않고, 생

佛임을 了知²²하고자 하면,
불   요지

마땅히 法界性²³을 觀²⁴할지니,
      법계성   관

一切가 唯心²⁵의 所造니라."
일체   유심   소조

(若人欲了知 三世一切佛
 약인욕료지 삼세일체불

應觀法界性 一切唯心造) 함은
응관법계성 일체유심조

부처임을 확연히 알고자 하면,

마땅히 법계法界의 성품을 관찰할 일이니,

일체가 오직 마음이 지은 바니라." 함은

기면 반드시 멸한다. 이 사물의 천류하는 위에 3세를 가假로 세운 것. 곧 불교에서는 인도철학의 방方 논사論師와 같이, 시간의 실체를 인정하지 않고, 법法이란 위에 세운 것. 1) 현재. 어떤 법이 생겨서 지금 작용하고 있는 동안. 2) 과거. 법이 멸했거나 또 그 작용을 그친 것. 3) 미래. 법이 아직 나지 않고, 작용을 하지 않는 것. Three times. Three periods: of past (과過, 과거過去), present (현現, 현재現在), and future (미未, 미래未來) (Skt. traiya-dhvika, try-adhvan, try-adhvahak, loka-traya).

22   요지了知; 뚜렷하게 앎. 분명하게 앎.

23   법계성法界性; 법계法界, 법성法性. 진여의 이치와 일치한 부처님의 참 모습이니, 모양 없는 근본 체성을 말한다. 법신法身, 법성신法性身, 진여불眞如佛 등으로 표현한다. 법계성은 궁극적으로 원만하며 시방에 두루한다.(법계성법界性 구경원만변시방究竟圓滿遍十方)

24   관觀; 1. Skt. vipaśyanā. Pāli vipassanā. 몸과 마음은 무상·고·무아라고 통찰함. 지혜로써 대상을 있는 그대로 자세히 주시함. 마음을 한곳에 집중하여 산란을 멈추고 평온하게 된 상태에서 대상을 있는 그대로 응시함. 통찰하는 수행. 어떤 현상이나 진리를 마음 속으로 떠올려 그것을 자세히 주시함. 2. Skt. vicāra. 세밀하게 고찰하는 마음 작용. 사伺와 같음.

25   유심唯心; 우주의 종극적 실재는 마음뿐으로서 외계外界의 사물은 마음의 변현變現이라는 뜻. 유식종唯識宗에서는 이 유심을 성립시킬 적에 만유의 현상에 속한 심식心識에 대하여 입론立論하며, 우리 각개各個가 상대相對한 심식心識에 대하여, 식識의 4분分을 세움. 우리들이 인식하는 대경對境으로 삼는 객관은 실로 인식 작용으로부터 독립하여 존재한 실경實境이 아니고, 견분見分에 의하여 마음 속에 비치는 상분相分, 곧 본질을 연緣으로 삼고 생긴 영상에 불과함. 그러나 그 본질은 제8 아뢰야식에 함장含藏된 종자로부터 생긴 것이므로 마음으로 만든 것에 불과함. 일체의 사물은 모두 심식으로 변현한 것인즉 3계三界는 유식만이 종극의 실재요, 그밖에 별법別法이 없다고 함. 또『기신론起信論』과 화엄종 등에서는 만유의 본체인 진여심眞如心에 나아가 입론立論. 만유는 모두 일심진여一心眞如로 나타냄에 불과함. 진여심에는 수연隨緣과 불변不變의 두 방면이 있어, 불변하는 방면으로는 진여가 나지도 않고 멸하지도 않지만, 수연하는 방면으로는 염정染淨의 연을 따라서 갖가지의 차별된 현상을 나타내는 것. 그러므로 만상은 일심진여의 현현으로서 그 체는 진여를 여읜 것이 아님. 이것이 3계가 한마음뿐이요, 마음 밖에 다른 법이 없다고 하는 학설. ⇒ 유식唯識. ▶유식唯識; 삼라만상은 심식心識 밖에 실존實存한 것이 아니어서, 다만 심식뿐이라고 하는 말. ▶사분四分; 법상종法相宗에서, 인식의 성립 과정을 네 부분으로 나눈 것. 1) 상분相分. 인식 대상. 인식 주관에 드러난 대상. 2) 견분見分. 대상을 인식하는 주관. 3) 자증분自證分. 인식 주관과 인식 대상에 의한 자신의 인식 작용을 확인하는 부분. 4) 증자증분證自證分. 자신의 인식 작용을 다시 확인하는 부분.

華嚴偈[26]이다. 法界性을 見하고
그 以下는 色法[27]으로써 全揀[28]하며,
以上은 心法[29]으로 全收[30]하니,
色卽是空[31]이요

화엄게華嚴偈이다. 법계의 성품을 보고
그 이하는 물질로써 부정적으로 버리며,
이상은 마음으로 인정적으로 받아들이니,
물질이 곧 공空이요

26 화엄게華嚴偈; 여기에서는 화엄경의 여러 게송 중 〈야마천궁게찬품夜摩天宮偈讚品〉각림보살게覺林菩薩偈를 말하며, 특히 그 중 핵심적인 4구게인 "약인욕료지若人欲了知 삼세일체불三世一切佛 응관법계성應觀法界性 일체유심조一切唯心造"를 말한다.

27 색법色法; Skt. rūpa. 물질을 말함. 우주의 만유를 분류한 5위位, 또는 5온蘊의 하나. 감각 기관[5근五根; 안이비설신眼耳鼻舌身(눈, 귀, 코, 혀, 몸)]과 그 대상[5경五境; 색성향미촉色聲香味觸(빛, 소리, 냄새, 맛, 촉감)], 그리고 형상도 없고 감각되지도 않는 작용·힘·잠재력(무표색無表色.) ↔ 심법心法.

28 전간全揀; 부정적否定的(차전식遮詮式) 논리論理. 예컨대 진지眞知를 설명함에 있어서 그 진지眞知는 성성性도 아니고 상相도 아니며, 불佛도 아니고 중생衆生도 아니며, 공空도 아니고 색色도 아니며, 유有도 아니고 무無도 아니며, 명명明明도 아니고 암暗暗도 아니며, 대大도 아니고 소小도 아니며, 능能도 아니고 소所도 아니며, 내內도 아니고 외外도 아니며, 장長도 아니고 단短도 아니며, 방方도 아니고 원圓도 아니다 등등等等으로 일체一切가 아니라고 간거揀去하고, 일체一切가 아닌 진공眞空이 바로 그것이라고 음성적陰性的으로 논리論理를 전개展開하는 것. ↔ 전수全收. ▶차전遮詮; 1. 진여眞如의 뜻을 설명할 때 진여는 도저히 말이나 글로써 표현할 수 없다고 하는 따위. 2. 사물의 뜻을 부정적으로 나타내는 일. 아니라고 부인하는 것. 예를 들면, 여러 경전에 진여의 성품을 불생불멸不生不滅·부증불감不增不減·무인무과無因無果·비범비성非凡非聖이라고 한 것이 차전. 공종空宗에서는 흔히 차전을 씀.

29 심법心法; 1. 온갖 마음작용. 2. 우주 만유를 색色·심心의 둘로 분류할 때는 심왕心王·심소心所를 말하고, 5위位로 분류할 때는 심왕(대상의 전체를 주체적으로 인식하는 마음 작용, 곧 팔식八識)만을 말함. ↔ 색법色法.

30 전수全收; 인정적認定的(표전식表詮式) 논리論理. 예컨대 우리의 진심眞心을 설명함에 있어서 염정제법染淨諸法이 심心이 아님이 없는지라 진심眞心은 곧 성성性이며, 곧 상相이며, 곧 불佛이며, 곧 중생衆生이며, 곧 공空이며, 곧 색色이며, 곧 유有이며, 곧 무無이며, 곧 명명明明이며, 곧 암暗暗이며, 곧 대大이며, 곧 소小이며, 곧 능能이며, 곧 소所이며, 곧 내內이며, 곧 외外이며, 곧 장長이며, 곧 단短이며, 곧 방方이며, 곧 원圓이며, 곧 상上이며, 곧 하下란 등등等等으로 일체一切가 다 …이다 라고(즉卽 또는 수收) 섭수攝受하여 현상계現象界의 차별만상差別萬象 전체全體가 진심眞心 아님이 없다고 진공眞空과 묘유妙有를 합일슴一하여 양성적陽性的으로 논리論理를 전개展開하는 것. ▶표전表詮; 2전의 하나. 사물의 뜻을 긍정적인 표현을 써서 적극적으로 나타냄. 무슨 사물의 뜻을 적극적으로 정면으로 표시하는 것. 예를 들면 '소금은 싱겁지 않다'고 하는 것은 차전遮詮, '소금은 짜다'고 하는 것은 표전.

31 색즉시공色卽是空; 이 세상에 존재하는 모든 형체(색色)는 공空이라는 말. 곧, 형상은 일시적인 모습일 뿐, 실체實體는 없다는 것.

空卽是色[32, 33]이라,
공 즉 시 색

空[34]이란 色礙[35]가 없는
공   색 애

不但空[36]인 眞空[37]을 말하며,
부 단 공   진 공

공空이 곧 물질이라,

공空이란 물질의 장애가 없는

다만 공이 아닌 참공(진공眞空)을 말하며,

32   공즉시색空卽是色; 우주 만물은 다 실체實體가 없는 공허空虛한 것이기는 하나 인연의 상관관계相關關係에 의하여 그대로 별개의 존재로서 존재한다는 말.

33   색즉시공공즉시색色卽是空空卽是色; 대승불교의 경전인《반야바라밀다심경》에 나오는 말.《반야바라밀다 심경》의 중심 사상을 이루고 있어 널리 알려진 말이다. 색色이란 형태가 있는 것, 대상對象을 형성하는 물질 적인 것, 넓게는 대상 전반을 가리킨다. 첫 구句는, 색이란 모두 공空에 불과하다 하였고, 대상을 우리들은 어 느 특정한 대상으로 생각하고 있으나 실은 광범한 연계連繫 위에서 그때그때 대상으로서 나타나는 것일 뿐이 며, 그 테두리를 벗어나면 이미 그것은 대상이 아닌 다른 것으로 변하는 것이므로 그 대상에 언제까지나 집착 할 필요는 없다는 것이다. 둘째 구는 그와 같이 원래부터 집착할 수 없는 것을 우리들은 헛되이 대상으로 삼지 만, 그것은 공이며 그 공은 고정성이 없는 것인데, 바로 여기에 인간의 현실(존재)이 있다고 설한다. 이것은 일 체의 것, 즉 불교에서 말하는 오온五蘊 모두에 미치며, 대상對象(색色)뿐만 아니라 주관主觀의 여러 작용에 대 하여도 마찬가지라고 말할 수 있다. 곧 오온즉시공五蘊卽是空 공즉시오온空卽是五蘊.

34   공空; Skt. śūnya. 순야舜若라 음사. 1. 유有가 아니란 뜻. 고유한 실체가 없고 자성自性이 없는 것. 항상 독자 적으로 존속하는 실체가 없음. 고정된 경계나 틀이 없음. 불교에서 말하는 공의 종류는 매우 많으나 이를 크게 나누면, 실답지 않은 자아自我에 실재實在라고 인정하는 미집迷執을 부정하도록 가르치는 아공我空과, 나와 세계를 구성하는 요소에 대하여 항상 있는 것이라고 인정하는 미집을 부정하도록 가르치는 법공法空의 두 가 지가 있음. 2. 차별과 분별로써 인식된 대상은 관념일 뿐 실재하지 않는다는 뜻. 가치나 감정이 부여된 인식 대 상은 인식 주관이 조작한 허구일 뿐 존재하지 않는다는 뜻. 분별에 의해 인식 주관에 드러난 대상은 허구라는 뜻. 3. 잇달아 일어나는 분별과 망상이 끊어진 상태. 번뇌와 분별이 소멸된 상태. 분별과 차별을 일으키는 마 음 작용이 소멸된 상태. 4. Skt. ākāśa 허공. 물건이 없는 곳. 보통 말하는 공간 · 공허 · 공무空無의 뜻. ▶공문 空門; 불교를 말함. 불교는 공空의 사상으로서, 그 전체를 꿰뚫은 근본 뜻을 삼는 것이므로 공문이라 함.

35   색애色礙; 물질적인 장애.

36   부단공不但空; 필경공畢竟空 · 무소득공無所得空이라고도 한다. 유有를 인정치 않는 단공이라 함에 대하여, 그 공도 역시 공空하다는 절대 부정否定의 공을 부단공이라 함. ↔단공但空. ▶단공但空; 만유의 모든 법이 공하다는 한편만 알고, 불공不空의 이치는 알지 못하는 것을 말함. ↔부단공不但空.

37   진공眞空; 1. 모든 현상에는 불변하는 실체가 없다는 공空의 관념도 또한 공空이라는 뜻. 2. 공空에 치우치지 않고, 여러 인연의 일시적인 화합으로 존재하는 현상을 긍정하는 진실한 공空. 有有 아닌 유를 묘유妙有라 함 에 대하여, 공 아닌 공을 진공이라 하니, 대승의 지극한 진공을 말함. 3. 모든 차별을 떠나 있는 그대로의 모습. 4. 모든 분별이 끊어진 마음 상태. 부처의 성품. 진여의 이성理性은 일체 미혹한 생각으로 보는 상相을 여의었 으므로 진공. 곧『기신론』에서 말한 공진여空眞如,『유식론』에서 말한 이공진여二空眞如,《화엄경》에서 말한 3관 중의 진공관眞空觀. 5. 소승의 열반. 거짓이 아니므로 진, 상相을 여의었으므로 공. 아무것도 없는 편진단 공偏眞單空. 6. 충담忠湛의 시호. ▶삼관三觀; 1) 진공관眞空觀. 모든 현상의 본체는 공空이므로 차별이 없다 고 주시함. 2) 이사무애관理事無礙觀. 본체와 현상은 서로 걸림 없이 원만하게 하나로 융합되어 있다고 주시

色이란 質礙이면서
색 질애

그림자와 같이 眞空體의
진 공 체

妙用[38]인 假相[39]을 말하므로,
묘 용 가 상

卽體卽用[40]으로서 性·相[41]이 一如[42]이며,
즉 체 즉 용 성 상 일 여

卽心卽佛[43]이므로,
즉 심 즉 불

三世 一切가 普賢境[44]이다.
삼 세 일 체 보 현 경

그러나, 迷惑人은
미 혹 인

大日[45]心體가
대 일 심 체

質礙的 그림자에 가리워, 眞智[46]의
질 애 적 진 지

물질이란 장애를 가진 물질이면서

그림자와 같이 진공체眞空體의

묘한 작용으로 나타나는 가짜모양을 말하므로,

본체와 작용이 같아 성품과 모양이 하나이며,

마음이 곧 부처이므로,

과거 현재 미래의 일체가 보현경普賢境이다.

그러나, 어리석은 사람은

대일여래인 마음의 본체가

물질적 장애의 그림자에 가리워, 참지혜로

함. 3) 주변함용관周遍含容觀. 모든 현상은 각각의 속성을 잃지 않으면서 서로가 서로를 비추고 서로가 서로를 받아들이면서 두루 원만하게 융합되어 있다고 주시함.

38　묘용妙用; 1. 묘하게 사용함. 또는 묘한 용법. 2. 신묘한 작용.

39　가상假相; 겉으로 나타나 있는 덧없고 헛된 현실 세계.

40　즉체즉용卽體卽用; 체體가 곧 용用으로 둘이 아님.

41　성상性相; 성품과 현상. ▶성상이종性相二宗; 법성종法性宗과 법상종法相宗을 말함. 1) 법성종. 줄여서 성종性宗. 성은 법성·불성의 뜻. 일체 만유는 동일한 법성에서 생겼으며, 일체중생은 모두 성불할 성품이 있다고 말하는 종지宗旨. 삼론종·화엄종·진언종·천태종 등. 2) 법상종. 줄여서 상종相宗. 상은 법상의 뜻. 모든 현상을 5위位 75법法·5위 100법 등으로 분류한 것을 본뜻으로 하는 종지. 구사종·법상종 등.

42　일여一如; 일은 절대유일絕對唯一, 여如는 꼭 같다는 뜻. 차별없이 평등한 것.

43　즉심즉불卽心卽佛; 마음이 곧 부처.

44　보현경普賢境; 보현경계普賢境界. 널리 원융한 교教를 신수信受하는 이가 깨닫는 경지.

45　대일大日; Skt. Mahāvairocana. 진언종의 본존. 마하비로자나摩訶毘盧遮那라 음역. 마하는 대大, 비로자나는 일日의 별명이므로 대일이라 한다. 예전부터 학자들이 마하비로자나를 대일이라 번역한 것은, 세 가지 이유에서이다. 1) 제암변명除暗遍明. 2) 능성중무能成衆務. 3) 광무생멸光無生滅의 뜻. 이것은 태양이 가진 세 가지 큰 속성을 나타낸 것이나, 지금 이 여래의 덕성이 태양과 비슷하므로 여기에 대大자를 더하여 대일이라 한다. ⇒대비로자나大毘盧遮那

46　진지眞智; 2지(진속眞俗)의 하나. 무차별 평등한 진리를 관조하는 지혜. 모든 분별을 끊고 대상을 있는 그대로 직관하는 진실한 지혜. 차별이나 분별을 떠난 깨달음의 지혜. ▶속지俗智; 1. 세속의 일을 아는 지혜. 2. 모든 현상의 차별상을 아는 지혜. ▶삼지三智; 지혜를 세 가지로 나눈 것. 1. 1) 일체지一切智. 모든 현상을 두루 아

證明이 없이 妄見[47]을 세워서

진리라고 생각하며, 主客이 顚倒한

眞理라고 생각하며, 主客이 顚倒한

진리라고 생각하며, 주객主客이 뒤바뀐

事實마저 否認한다.

사실마저 인정하지 아니한다.

이에, 몇 가지 例를 들면,

이에, 몇 가지 예를 들면,

熱이 地輪界[48](地球와

열熱이 지륜계地輪界(지구를 포함하고

地球의 半徑을 倍增한

지구의 반지름만큼 허공으로 연장한

球狀의 虛空身을 云함) 自身의

구상球狀의 허공신까지를 말함) 자신의

熱임을 모르고, 熱源이 太陽에

열임을 모르고, 열원熱源이 태양에

있다고 하며, 光明 또한 地球 自我의

있다고 하며, 광명 또한 지구 스스로의

光明임을 모르고 太陽이 光源이라 한다.

광명임을 모르고 태양이 광원光源이라 한다.

그리고, 月은 太陽의 反映[49]體라 한다.

그리고, 달은 태양의 반영체反映體라 한다.

그러나, 輓近[50] 飛行術이 發達하자,

그러나, 근래에 비행술이 발달하자,

태양을 향하여 上昇할수록

태양을 향하여 상승할수록

冷氣가 다가오고; 또한 어둠을 느끼며,

냉기冷氣가 다가오고, 또한 어둠을 느끼며,

는 성문聲聞·연각緣覺의 지혜. 2) 도종지道種智. 깨달음에 이르게 하는 모든 수행을 두루 아는 보살의 지혜. 3) 일체종지一切種智. 모든 현상의 전체와 낱낱을 아는 부처의 지혜. 2. 1) 세간지世間智. 세속의 일을 아는 지혜. 2) 출세간지出世間智. 모든 현상을 분별하는 성문聲聞·연각緣覺의 지혜. 3) 출세간상상지出世間上上智. 모든 현상의 참모습을 관조하여 분별을 떠난 부처와 보살의 지혜.

47 망견妄見; 망녕된 견해.

48 지륜계地輪界; 지구를 포함하고 지구의 반지름만큼 허공으로 연장한 구상球狀의 허공신까지를 말함. 부피는 지구의 8배가 됨.

49 반영反映; 1. 빛이 반사하여 비침. 2. 다른 것에 영향을 받아 어떤 현상이 나타남. 또는 어떤 현상을 나타냄. 3. [북한어] 어떤 문제에 대한 여론이나 의견을 해당자에게 알림. 또는 그 여론이나 의견.

50 만근輓近; 몇 해 전부터 현재까지의 기간. [비슷한말] 근년近年.

달밤에는 溫氣가 느껴지는 事實은
_{온 기}   _{사 실}

무슨 理由인가? 또는 月의 上弦[51]과
_{이 유}   _월 _{상 현}

下弦[52]이 地球의 그림자에 가리운
_{하 현} _{지 구}

表徵[53]이라 하는데 과연 의문이 없을 것인가?
_{표 징}

現代 科學 文明을 자랑하면서,
_{현 대 과 학 문 명}

아직도 銀河水[54]가 무엇임을 分明히
_{은 하 수}   _{분 명}

알지 못하며, 日月星宿[55]가 어째서
_{일 월 성 수}

虛空에 浮遊[56]하고 있는지, 그리고
_{허 공} _{부 유}

左轉 또는 右轉하지
_{좌 전}   _{우 전}

아니치 못할 理由가 那邊[57]에 있는지,
_{이 유} _{나 변}

이에 對한 解明이 曖昧하며,
_대 _{해 명} _{애 매}

曆年[58] 日時[59]가 365日과 6時 未滿임을
_{역 년 일 시}   _일 _{시 미 만}

달밤에는 온기溫氣가 느껴지는 사실은

무슨 이유인가? 또는 달의 상현上弦과

하현下弦이 지구의 그림자에 가려진

때문이라 하는데 과연 의문이 없을 것인가?

현대과학문명을 자랑하면서,

아직도 은하수가 무엇임을 분명히

알지 못하며, 해와 달과 별들이 어째서

허공에 떠돌고 있는지, 그리고

왼쪽으로 돌거나 또는 오른쪽으로 돌지

아니치 못할 이유가 어디에 있는지,

이에 대한 해명이 애매하며,

1년이 365일과 6시간 미만임을

---

51   상현上弦; 음력 매달 7~8일경에 초저녁에 남쪽 하늘에서 떠서 자정에 서쪽 하늘로 지는 달의 형태. 반달로 둥근 쪽이 아래로 향한다.

52   하현下弦; 음력 매달 22~23일에 나타나는 달의 형태. 활 모양의 현弦을 엎어 놓은 것 같은 반달 모양이다.

53   표징表徵; 겉으로 드러나는 특징이나 상징.

54   은하수銀河水; '은하'를 강江에 비유하여 일상적으로 이르는 말. [비슷한말] 사한斜漢, 성하, 은하. ▶은하銀河; 천구天球 위에 구름 띠 모양으로 길게 분포되어 있는 수많은 천체의 무리. [비슷한말] 은하수, 은한銀漢, 하한河漢.

55   일월성수日月星宿; 일월성신日月星辰. 해와 달과 별을 통틀어 이르는 말.

56   부유浮遊; 1. 공중空中이나 물 위에 떠 다님. 2. 직업職業도 없이 갈 곳도 정定하지 않고 이리저리 떠돌아다니는 것.

57   나변那邊; 1. 어느 곳 또는 어디. 2. 그곳 또는 거기.

58   역년曆年; 책력에서 정한 일 년. 태양력에서는 평년이 365일, 윤년이 366일이다.

59   일시日時; 날짜와 시간을 아울러 이르는 말.

經驗하면서, 太陽과 地球의 距離[60]와는
無關한 事實이라 생각하고,
굳이 地球 半徑[61]의
23440倍라 말하며,
빛(光)이 太陽에서 地球까지 旅行하는 데,
8分 20秒 걸린다고 한다. 아무튼 數字는
形式科學에 屬하나 要는
主觀點이 어디에 있느냐가 問題이다.
二十世紀 文明이 여지껏 宇宙를 解剖하지
못하며, 肉眼의 實性[62]을 回復한
天眼[63]에 依해서만 發見할 수 있는,
陽核[64]의 七分一에 該當하는 金塵[65],
곧 原子核의 本質을 分析科學에 依하여

경험하면서, 태양과 지구의 거리와는
관련 없는 사실이라 생각하고,
굳이 태양과 지구의 거리가 지구 반지름의
23,440배라 말하며,
빛이 태양에서 지구까지 여행하는 데,
8분 20초 걸린다고 한다. 아무튼 숫자는
형식과학形式科學에 속하나 요는
주관점主觀點이 어디에 있느냐가 문제이다.
20세기 문명이 여지껏 우주를 해부하지
못하며, 육안肉眼의 참성품을 회복한
천안天眼에 의해서만 발견할 수 있는,
양핵陽核의 $\frac{1}{7}$에 해당하는 금진金塵,
곧 '원자핵의 본질'을 분석과학에 의하여

60 지구에서 태양까지의 거리; 지구에서 태양까지의 거리는 대략 1억 5천만km이며, 빛의 속도로 가면 8분 20초 가량 걸린다. 지구의 평균반경 6367.5×23,440=149,254,200으로 약 1억 5천만km이다.

61 지구반경地球半徑; 평균반경은 6,367.5km. ▶스페로이드spheroid; 지구 표면의 복잡한 기복은 생각하지 아니하고 일반적이고 기하학적 형태만을 나타낸 타원형의 지구 형태. 지구의 긴 반경은 약 6,378km, 짧은 반경은 약 6,357km이다. 평균반경은 (6,378+6,357)/2=6,367.5km.

62 실성實性; 1. 있는 그대로의 본성·상태. 2. 모든 현상의 있는 그대로의 참모습.

63 천안天眼; 5안의 하나. 천취天趣에 나거나 또는 선정禪定을 닦아서 얻게 되는 눈. 미세한 사물까지도 멀리 또 널리 볼 수 있으며, 중생들이 미래에 생사하는 모양도 미리 알 수 있음. 이에 수득修得과 생득生得의 2종이 있는데, 인간에서 선정을 닦아 천안을 얻은 것을 수득 천안, 색계천에 나므로 얻는 것을 생득 천안이라 함.

64 양핵陽核; 양전기를 띤 핵이라는 뜻으로, '원자핵'을 이르는 말.

65 금진金塵; 또는 동진銅塵·철진鐵塵·투금진透金塵. 인도에서 쓰던 수량의 단위. Skt. loha-rajas. 금 속의 틈을 통과할 정도로 아주 미세한 대상. 금의 가장 작은 가루로 자유롭게 몸 속을 지나갈 만큼의 크기를 말함. 극미極微의 49배, 미微의 7배, 지절指節의 1/40,354,307에 해당.

發見하려고 虛勞를 費함은,

正眼이 있는 者 입을 삼가고

있을 수 없으니, 正見[66] 있는 人士는

채찍을 들고 일어서라!

그리고 聖人들이 認定한 바,

長久한 歲月을 두고, 뼈가 되고 피가 되고

살이 된 精神文明을 登場시켜라!

本說 "宇宙의 本質[67](法界性)과

形量[68](行相[69])"인

片言[70] 隻句[71]가 萬에 一이라도

正道를 指示하는 助道[72]的

발견하려고 헛된 노력을 낭비함은,

바른 눈이 있는 사람이라면 입을 삼가고

있을 수 없으니, 바른 견해 있는 사람들은

채찍을 들고 일어서라!

그리고 성인聖人들이 인정한 바,

오랜 세월을 두고, 뼈가 되고 피가 되고

살이 된 정신문명을 등장시켜라!

이 저술 "우주宇宙의 본질本質(법계성法界性)과

형량形量(행상行相)"의

한마디 말이나 문구가 만에 하나라도

바른 길을 가리켜 보이는 진리추구를 돕는

---

66   정견正見; 1. Skt. samyag-dṛṣṭi. Pāli sammā-diṭṭhi. 8정도正道의 하나. 유·무의 편견을 여읜 정중正中의 견해. 곧 불교의 바른 이치를 올바르게 받아들이는 견해. 바른 견해. 연기緣起와 사제四諦에 대한 지혜. 2. 있는 그대로 봄. 3. 바르게 자신의 참모습을 앎.

67   본질本質; 안식眼識이 색경色境에 연연緣할 적에 안식에 나타난 영상影像(상분相分) 밖에 따로 아뢰야식阿賴耶識 종자種子에서 나온 실질적實質的인 색법色法이 있어서 그 영상影像에 의탁依托하여 나타나니 이것을 바로 본질本質이라고 한다. 주관으로 객관을 인식할 적에 객관의 자체를 직접 반연하는 것이 아니고, 반드시 먼저 자기의 마음 속에 객관의 모양을 그리고, 그 뒤에 식별識別하는 것이니, 곧 자기의 주관에 그려진 그림자를 객관적 존재라고 인식하는 것. 이때에 객관의 대상을 상분이라 함에 대하여, 그 상분의 근본인 본체를 본질이라 함. ↔ 상분相分.

68   형량形量; 형태와 질량.

69   행상行相; Skt. ākāra. 1. 사물의 형상·모습. 2. 마음에 비친 객관의 모습. 주관에 형성된 대상의 모습. 지각된 대상의 모습. 3. 마음에 비친 객관의 모습을 인식하는 작용. 객관에 대한 주관의 인식 상태. 4. 관념. 5. 소승에서는 주관의 인식 대상, 곧 객관의 사물이 주관인 마음 위에 비친 영상影像을 말함. 6. 대승에서는 주관의 인지하는 작용을 말하니 곧 마음에 비친 객관의 영상을 인식하는 주관의 작용.

70   편언片言; 1. 한마디의 말. 또는 간단한 말. 2. 한쪽 사람이 하는 말.

71   척구隻句; 짧은 문구.

72   조도助道; 관觀을 돕는 도道란 뜻. 곧 5정심停心과 6도度의 행. ▶오정심五停心; 오정심관五停心觀 또는 오도

資糧[73]이 될 수 있다면,

幸甚[74]하기 그지없다.

그리고 本說을 六節로 大別하고

百項으로 小分하였으나,

一貫된 道理로 始終하였으며, 더욱이

胎藏界[75]의

양식糧食이 될 수 있다면,

매우 다행한 일이다.

그리고 이 저술을 6절로 크게 구분하고

100항으로 작게 구분하였으나,

일관된 도리로 시종始終하였으며, 더욱이

대일여래의 이체理體인 태장계胎藏界의

관문五度觀門 · 오도문五度門 · 오문선五門禪 · 오문五門 · 오관五觀 · 오념五念. 마음의 다섯 가지 허물을 정지시키는 5종의 관법. 부정관不淨觀 · 자비관慈悲觀 · 인연관因緣觀 · 계분별관界分別觀 · 수식관數息觀. 혹은 계분별관은 인연관과 서로 같으므로 이를 없애고 관불관觀佛觀을 더하여 5관이라고도 함.

73 자량資糧; 자재資財와 식량食糧. 보살 수행의 5위位 가운데 첫 번째를 자량위라 함. 이것은 보리 · 열반에 이르기 위하여 여러 가지 선근 공덕의 자량을 모으기 때문임. ▶5위五位; 유식설에서, 수행의 과정을 다섯 단계로 나눈 것. 1) 자량위資糧位. 선근과 공덕을 쌓는 단계로, 십주十住 · 십행十行 · 십회향十廻向을 닦음. 2) 가행위加行位. 번뇌가 없는 지혜를 얻기 위해 모든 대상과 그것을 인식하는 주관은 모두 허구라고 주시하는 단계. 3) 통달위通達位. 번뇌가 없는 지혜로써 우주의 진리를 체득하는 단계. 4) 수습위修習位. 번뇌가 없는 지혜로써 우주의 진리를 여러 번 되풀이하여 체득하는 단계. 5) 구경위究竟位. 최상의 깨달음에 도달한 부처의 경지.

74 행심幸甚; 매우 다행스러움.

75 태장계胎藏界; 밀교의 2대법문大法門의 하나. 태장계에는 함섭含攝과 섭지攝持의 두 가지 뜻이 있음. 어머니의 태안에 5장 6부 등 몸의 중요한 기관이 있는 밖에, 태안의 아이를 잘 보호하여 키우는 기능이 있는 것같이, 일체 중생에게는 본래적으로 평등하게 대일여래의 이성理性을 함장하여 섭지하고 있음을 비유해서 태장계라 함. 이것은 대일여래의 이성적理性的인 부문. 곧 본래부터 있는 영원한 깨달음. ↔ 금강계金剛界 ▶금강계金剛界; Skt. vajradhātu 대일여래大日如來의 지덕智德을 열어 보인 부문으로, 불佛 · 금강金剛 · 보寶 · 연화蓮華 · 갈마羯磨의 5부로 되어 있다. 여래께서 내증內證한 지덕은 그 체體가 견고하여 생사 중에 빠져도 괴멸하지 않고, 도리어 능히 모든 번뇌를 깨뜨리는 좋은 작용이 있으므로 비유하여 금강이라 한다. 계界는 체성體性이란 뜻으로 모든 유정有情은 선천적으로 여래의 지성智性을 갖추고 있음을 가리킨 것. ▶오부五部; 1. 견도見道에서 주시하는 사제四諦와 수도修道. 2. 밀교에서 금강계만다라金剛界曼茶羅의 여러 존尊을 다섯 부분으로 나눈 것. 1) 불부佛部. 대일여래大日如來의 깨달음과 그 지혜를 나타낸 부분. 이 이지理智가 범위凡位에서는 발현되지 않으나, 과위果位에서는 이지理智가 현현顯現하고, 각도覺道가 원만圓滿함. 2) 금강부金剛部. 여러 부처의 지혜를 나타낸 부분. 중생심의 이소理所에 또한 본유本有의 지智가 있어, 생사生死의 진흙탕 속에서 무수겁無數劫을 지내도 썩지 않고, 능히 번뇌煩惱를 부수는 것이 금강金剛이 오래 진흙 속에 묻혀 있어도 썩지 않는 것과 같음. 3) 보부寶部. 부처의 복덕을 나타낸 부분. 부처님의 만덕萬德이 원만圓滿하고 복덕福德이 무변無邊함. 4) 연화부蓮華部. 부처의 대비大悲를 나타낸 부분. 중생심 중에 본유本有의 정보리심淨菩提心 청정淸淨의 이리가 있어, 6도생사六道生死의 진흙탕 속에서도 염구染垢되지 않는 것이 마치 연꽃이 진흙

數値로써 一律的으로 計算한
수치 일률적 계산

數字이므로, 百 中 그 一을 認定할 때,
수자 백 중 일 인정

百을 또한 否認할 수 없을 것이므로,
백 부인

贅言[76]이면서
췌언

이를 附言[77]하는 바이다.
부언

壬午 6月 9日
임오 월 일

於 井邑 內藏山 碧蓮禪院[78]
어 정읍 내장산 벽련선원

釋金陀 識
석 금 타 지

수치數値로써 일률적으로 계산한

숫자이므로, 백百 중 그 하나를 인정할 때,

백百을 또한 부인否認할 수 없을 것이므로,

군더더기말인지 알면서

이를 덧붙이는 바이다.

임오壬午(1942년) 6월 9일

정읍 내장산 벽련선원碧蓮禪院에서

석금타釋金陀 씀

속에서 나오지만 염구染垢되지 않는 것과 같음. 5) 갈마부羯磨部. 중생을 제도하는 부처의 활동을 나타낸 부분. 갈마羯磨는 작업作業의 뜻으로, 부처님이 중생을 위해 연민의 마음으로 일체의 사업事業을 성판成辦(이루어 갖춤)함.

76 췌언贅言; 쓸데없는 군더더기 말. [비슷한말] 군더더기, 군소리, 두말.

77 부언附言; 덧붙여 말함. 또는 그런 말. [비슷한말] 부연, 첨언.

78 벽련선원碧蓮禪院; 전라북도 정읍시 내장산로 1220−74 (내장동). 서래봉 중봉 330m고지에 있었으며 원래 내장사란 이름으로 일컬었는데 근세에 와서 영은암(현 내장사)을 내장사로 개칭하고 이곳은 백련암白蓮菴이라 이름하였고 나중에 벽련암碧蓮菴으로 고쳐 쓰게 되었다. 그 후 현 내장사와 구분하기 위해 김창한金彰漢(정읍군수 역임)이 "고내장古內藏"이란 서액을 걸고 이 일대를 고내장이라 부르게 된 것이다. 옛날에는 주사主寺의 위치에 놓여 있었다. 백제 의자왕 20(660년) 환해선사幻海禪師의 창건으로 1925년 백학선사白鶴禪師가 본전인 극락보전과 요사를 중건하고 선당(호상소림)을 세웠는데 6·25병화로 1951년 소실되었다. 일찍이 추사秋史 김정희金正喜가 이곳에서 수도하면서 "백련암白蓮菴"을 벽련암壁蓮菴으로 개칭할 것을 권하고 서액을 써 걸은 사실이 있는데 6·25사변 때 소실되었다. 서편에는 연대 미상의 석종부도石鐘浮屠 1좌가 있으며 뒤편의 암벽에는 이 고장 출신의 여류명필 몽련당夢蓮堂 김진민의 '석란정石蘭亭'이란 각자가 새겨져 있다. 벽련암 석축대를 쌓을 때 전해져온 전설에 의하면 희묵대사가 서래봉 정상에서 돌을 던지면 수제자 희천希天이 이를 받아 쌓아 올렸다는 것이다. 이곳은 1986년 당국의 복원계획에 의하여 중건되었고 현재 복원이 진행중이다. 이 곳 고내장古內藏은 내장산 제일경第一景으로 일컫는 명소로 오봉 김제민이 춘경春景을 읊은 천불전千佛殿의 위치가 고내장으로 추측된다. 백련사가 언제 백련암으로 격하되었는지 알 수 없다.

卷頭
권두

권두卷頭

數妙偈
수 묘 게

一是不空¹萬法²起焉³
일 시 불 공 만 법 기 언

滿十俱空非空而空
만 십 구 공 비 공 이 공

二假相應⁴非本非迹⁵
이 가 상 응 비 본 비 적

수數의 묘리妙理에 관한 게송偈頌

하나 이것은 공이 아니어서 모든 일이 일어나고,

꽉 찬 수인 열은 공으로 돌아가되 공 아닌 공이로다.

공空과 비공(유有) 양변의 가假가 서로 상응하니,

공空과 비공(유有)의 2가二假 각각은 근본(본本)도 아니고

흔적(적迹)도 아니며,

1　불공不空; 1. 모든 분별이 끊어진 상태에서, 있는 그대로 파악되는 현상. 분별이 끊어진 후에 확연하게 주관에 드러나는 현상. 분별과 망상이 일어나지 않는 주관에 드러나는, 대상의 있는 그대로의 모습. 2. 일체법의 법체가 공하여 허망함이 없으므로 진심眞心이라고 한 것은 공空에 대한 설명을 되풀이한 것이고, 이 진심이 항상하여 변하지 않고 정법이 만족한다는 것이 불공不空에 대한 설명이다. 공의 긍정적이고 적극적인 공능을 드러내려는 것이 불공不空의 관점인 것이다. 그렇긴 해도 공空과 마찬가지로 불공不空 역시 취할 만한 상相이 없다. 그리고 번뇌망념을 떠난 무분별지로 증득할 수 있다는 점에서 공이나 불공은 차이가 없다.

2　만법萬法; 모든 현상. 인식된 모든 현상. 의식에 형성된 모든 현상. 1. 모든 법률이나 규칙. 2. 제법諸法. 우주에 있는 유형, 무형의 모든 사물.

3　언언焉; 어조사語助辭의 하나. 실질적인 뜻이 없이 다른 글자를 보조하여 주는 한문의 토. '언焉', '야也', '어於', '의矣' 따위가 있다.

4　상응相應; 1. 서로 응하거나 어울림. 2. 서로 기맥이 통함. 3. 유가瑜伽. 주관·객관의 모든 사물이 서로 응하여 융합하는 일. [비슷한말] 적합, 대응, 상당.

5　본적本迹; 본지本地와 수적垂迹. 변화하지 않은 부처나 보살을 본지本地, 부처나 보살이 중생을 구제하기 위해 여러 가지 다른 모습으로 변화하여 그 자취를 드리우는 것을 수적垂迹이라 함.

三法[6]輾轉[7,8]因果[9]同時[10]
삼법 전전 인과 동시

미혹(혹惑)의 환경(연緣)과 행위(업業)의 원인(인因)과

고통(고苦)의 결과(과果)가 맞물려 돌고돌아,

결과(과果)가 원인(인因)이 되어 인과가 함께 일어나도다!

6   삼법三法; 1. 3도三道. 혹도惑道·업도業道·고도苦道. 이 가운데 혹도는 번뇌도煩惱道라고도 하며, 3도를 3 륜三輪·3취三聚 또는 윤회3도輪廻三道라고도 한다. 2. 번뇌가 일으키는 부적정한 영향력(행行) 즉 부적정한 업이 몸과 마음에 상속되어 전전展轉하게 하는 것이다. 달리 말해, 필연적으로, 번뇌로 인해 업이, 특히 악업 이 발생하고, 업으로 인해 괴로운 상태(고苦)에 처하게 된다. 불교에서는 이와 같이 번뇌가 일어나 몸과 말과 마음으로 악한 행위(신구의삼업身口意三業)를 일으키게 되면 이로써 3계 6도의 생사윤회에 묶이게 되고 고 통(고苦)의 과보를 받게 된다고 말하는데, 이것을 전통적인 용어로 혹업고惑業苦의 3도三道라고 한다. 그리 고 12연기의 유전연기流轉緣起는 무명으로 대표되는 번뇌(혹惑)에서 업業으로 업에서 고苦로 이어지는 혹업 고의 연기관계를 보다 자세히 밝힌 것이다. 3. 아뢰야연기에서 본유本有의 종자種子·현행법現行法·새로이 종자를 훈습(신훈新薰) 곧 종자種子·현행現行·신훈新薰을 삼법三法이라 하며 아뢰야연기에서는 인과동 시因果同時가 된다.

7   전전輾轉; 1. 누워서 이리저리 몸을 뒤척임. 2. 구르거나 뒹굶. 또는 회전함. 3. 일정하지 아니하고 변함.

8   삼법전전三法輾轉; 아뢰야 연기에서 종자種子·현행現行·신훈新薰의 삼법三法이 동시에 일어나 인과동시因 果同時가 된다.

9   인과因果; 원인과 결과. 인과(Skt. hetu-phala)는 원인과 결과를 말한다. 결과를 낳게 하는 것이 '인'이며 그 인으 로 해서 생긴 것이 '과'이다. 과학을 비롯 철학이나 여러 학문은 이 두 사이에 일정한 법칙이 반드시 존재한다고 주장하여 '인과율'을 그 기초에 둔다. 사실 인과 과의 깊은 관련은 일상생활에서나 시대·지역을 넘어서 반드시 전제가 된다. 불교에서나 인도사상에서는 인간의 삶이나 행위를 주로 행위자 자신의 동기론動機論으로 설명하 므로 인과론은 중히 여겨졌고 이러한 분석이 활발히 이루어졌다. 흔히 인과란 시간적으로 보아 인이 먼저이고 과가 나중이라고 한다. 또 묶어 놓은 갈대가 서로 의지하고 서 있는 것처럼 동시라고도 한다. 인도사상에서 과 는 이미 인 안에 포함되어 있어 그것이 외부로 나타났다고 보는 '인중유과론因中有果論(Skt. sat-kāryavāda)', 과 는 전혀 새로이 탄생했다고 생각하는 '인중무과론因中無果論(Skt. asat-kāryavāda)'의 두 가지 설이 있다. 불교 에서는 인과 과의 직결을 배격하고 그 사이에 조건을 세워 그것을 중시하는 한편 그 과정에도 깊이 배려한다. 이 조건을 '연緣'이라고 하고 이들 인과 연과 과의 관련이 불교사상의 근간根幹이 되었다.

10   인과동시因果同時; 불교에서는 일체의 현상은 상대적 의존관계 위에서 이루어진다고 생각한다. 그 관계 중에 서 유식종唯識宗 같이 과미무체설過未無體說에 의해 동시인과同時因果를 주장하는 수도 있고, 이시적異時的 의존관계에서 후속後續하는 자를 과果라고 부르는 때도 있다.

本具四大[11]居常五位[12] 본 구 사 대 거 상 오 위	불성佛性에는 땅(지地)·물(수水)·불(화火)·바람(풍風)의 4대四大가 갖추어 있고, 인연생멸因緣生滅하는 유위법有爲法(색, 심왕, 심소유, 심불상응행)의 4위位와 인연생멸因緣生滅을 여읜 무위법無爲法의 1위位 등 5위位로 분류할 수 있는 인생과 우주 만물이 갖추어 있으며,
四大互因二八成實 사 대 호 인 이 팔 성 실	지수화풍 4대가 서로 이끌어 2×8=16이니 1지+3수+5화+7풍=16의 도리로 원만무진圓滿無盡한 실상實相의 세계가 이루어지도다!
七依一實六輪[13]常轉 칠 의 일 실 육 륜 상 전	순수한 일금진一金塵이 아치我痴, 아견我見, 아애我愛, 아만我慢의 말나식末那識(망식妄識; 제7식)에 의지하여, 지옥·아귀·축생· 아수라·인간·천상의 6도六途를 끊임없이 윤회하고,

11 사대四大; 대상의 특성을 형성하는 네 가지 요소. 1) 지대地大. 견고한 성질. 2) 수대水大. 축축한 성질. 3) 화대 火大. 따뜻한 성질. 4) 풍대風大. 움직이는 성질. [같은말] 사계四界, 사대종四大種.

12 오위五位; 모든 현상을 다섯 가지로 분류한 것. 1) 색법色法. 감각 기관과 그 대상(5근五根과 5경五境), 그리고 무표색無表色(형상도 없고 감각되지도 않는 작용·힘·잠재력). 2) 심법心法. 대상의 전체를 주체적으로 인 식하는 마음 작용. 3) 심소유법心所有法. 심법心法에 부수적으로 일어나 대상의 부분을 구체적으로 인식하는 마음 작용. 4) 심불상응행법心不相應行法. 감각되지도 않고 마음과 함께 일어나지도 않는 것. 이를테면, 현상 들 사이의 관계, 작용, 성질, 세력, 명칭 등. 5) 무위법無爲法. 분별하지 않고, 대상을 있는 그대로 파악하는 의 식 상태. 열반의 상태. 3무위三無爲 또는 6무위六無爲.

13 육륜六輪; 육도六道. 육계六界. 삼악도三惡道와 삼선도三善道를 통틀어 이르는 말. 중생이 선악의 원인에 의 하여 윤회하는 여섯 가지의 미계迷界. 곧, 지옥地獄, 아귀餓鬼, 축생畜生, 수라修羅, 인간人間, 천상天上을 말 한다.

二四三三[14]互爲因果 이 사 삼 삼　호 위 인 과	2×4=8 아뢰야식(장식藏識, 일체유정의 근본심식根本心識; 제8식)과 3×3=9 암마라식(청정식淸淨識, 진여불성眞如佛性; 제9식)이 서로 인因이 되고 과果가 되도다!
五位三法含藏[15]一實[16] 오 위 삼 법 함 장　일 실	유위법 4위(색법, 심왕법, 심소유법, 심불상응행법)와 무위법 1위의 5위와 혹업고惑業苦의 3법은 청정한 금강불성인 1실을 갖추어 있고
九果八因包和[17]常住 구 과 팔 인 포 화　상 주	청정식淸淨識인 9식識의 과果와 장식藏識인 8식의 인因이 서로 포함하여 조화롭게 항상 존재하도다!
胎藏[18]十六隨緣[19]比周[20] 태 장　십 육 수 연　비 주	우주생명 이치(이理; 태장胎藏)의 성품 공덕(기본공덕수 16)이 인연따라 두루 미치고,
一地三水五火七風 일 지 삼 수 오 화 칠 풍	지地=1　수水=3　화火=5　풍風=7 1+3+5+7=16은 태장계의 수치라!

14　이사삼삼二四三三; 2×4=8, 3×3=9로 제8식 아뢰야식과 제9식 암마라식을 말함. ▶구식九識; 유식설唯識說
에서 분류한 팔식八識에 아마라식阿摩羅識을 더한 것. ▶팔식八識; 유식설唯識說에서 분류한 여덟 가지 마음
작용. 곧, 안식眼識 · 이식耳識 · 비식鼻識 · 설식舌識 · 신식身識 · 의식意識 · 말나식末那識 · 아뢰야식阿賴
耶識.

15　함장含藏; 포함되어 갖추고 있음.

16　일실一實; 실상實相. 1. 모든 현상의 있는 그대로의 참모습. 대립이나 차별을 떠난 있는 그대로의 참모습. 2.
모든 현상의 본성. 3. 궁극적인 진리. 변하지 않는 진리. 4. 집착을 떠난 청정한 성품. ▶원효의『금강삼매경
론』중에 '그릇된 견해 가운데 대표적인 것이 둘 있는데 교법의 언설에 매여서 그것을 절대화하는 병폐이다.
하나는 고요함(적멸寂滅)과 움직임(생멸生滅)이 둘이 아니라는 말을 듣고 이것을 하나로 보아 일실一實이나
일심一心이라 하고 이제二諦를 비방하는 것이다. 다른 하나는 공과 유의 가르침을 듣고는 두 가지 법이 있고
일실은 없다고 하여 둘이 없는 중도를 비방하는 것이다.'라고 함.

17　포화包和; 융화融和. 서로 어울려 갈등이 없이 화목하게 됨.

18　태장胎藏; 1. 모태母胎, 자궁. 2. 태아胎兒. ▶태장계胎藏界; Skt. garbha-dhātu《대일경大日經》에 의거하여 보
리심菩提心과 대비大悲와 방편方便을 드러낸 부문. 모태母胎가 태아胎兒를 보살피듯, 대비에 의해 깨달음의
성품이 드러난다는 뜻에서 태장胎藏이라 함.

19　수연隨緣; 1. 인연에 따라 나타남. 인연에 따라 변화함. 2. 인연에 따라 드러나는 청정한 본래의 성품.

20　비주比周; 다른 속셈이 있어 참되지 못한 일로 한패를 이루는 것.

三五爲本一七示迹
삼 오 위 본 일 칠 시 적

3인 수水와 5인 화火가 근본바탕(본本)이 되고,

1인 지地와 7인 풍風이 자취(적迹)가 되며,

七三滿數[21]五一過半[22]
칠 삼 만 수 오 일 과 반

7풍風 3수水는 10인 만수滿數가 되고

5화火 1지地는 절반인 5를 넘어가도다!

滿者欲平[23]過半生歪[24]
만 자 욕 평 과 반 생 왜

7풍+3수=10의 만滿수는 가만히 있고자 하나,

5화+1지=6의 과반過半수는 삐뚜름하여 반발하고,

離垢[25]一地十五金剛[26]
이 구 일 지 십 오 금 강

1지地에서 번뇌를 여의면 15보름의 금강세계라!

[等體金塵[27]遍滿[28]十方[29]
등 체 금 진 변 만 시 방

우주의 근본체성인 금진이 온 세계에 두루 차 있으니,

一切[30]萬有[31]隨器分資
일 체 만 유 수 기 분 자

일체만유는 그릇(업業)따라 공덕을 나누어 받네!

雖現此身內外正依[32]
수 현 차 신 내 외 정 의

비록 이 몸 나투어도 정신(내內)과 육체(외外) 성품(정正)과

환경(의依) 구족하고,

---

21 만수滿數; 정한 수효에 가득 참.

22 과반過半; 절반이 넘음.

23 평평; 1. 평평平平하다, (바닥이 고르고) 판판하다. 2. 고르다, 고르게 하다. 3. 정리整理되다, 가지런하게 되다 4. 편안便安하다, 무사無事하다. 5. 평정平定하다. 6. 정定하다, 제정制定하다. 7. 이루어지다.

24 왜歪; 1. 기울다. 2. 비뚤다. 3. 바르지 아니하다. 4. 기울다. 5. 바르지 아니하다. 6. 삐딱하다.

25 이구離垢; 번뇌의 때를 벗어나는 일.

26 금강金剛; 1. 금속 가운데 가장 단단한 금강석을 일컬음. 몹시 단단하여 결코 파괴되지 아니함, 또는 그런 물건. 2. 대일여래大日如來의 내증內證한 지덕智德이 견고하여 일체의 번뇌를 깨뜨릴 수 있음을 표현한 말.

27 금진金塵; Skt. loha-rajas. 금 속의 틈을 통과할 정도로 아주 미세한 대상.

28 변만遍滿; 널리 그득 참.

29 시방十方; 불교에서 우주에 대한 공간적인 구분. 동·서·남·북의 사방四方과, 동북·동남·서남·서북의 사유四維와, 상·하의 열 가지 방향. 시간 구분인 삼세와 통칭하여 전 우주를 가리킨다.

30 일체一切; 1. 모든 것. 2. '전부' 또는 '완전히'의 뜻을 나타내는 말.

31 만유萬有; 우주에 존재하는 모든 것. [비슷한말] 만류, 만군, 만물.

32 정의正依; 의정依正. 의보依報와 정보正報. 부처나 중생의 몸이 의지하고 있는 국토와 의식주 등을 의보依報, 과거에 지은 행위의 과보로 받은 부처나 중생의 몸을 정보正報라고 함.

地水火風四界[33]攝持[34] 지 수 화 풍 사 계 섭 지	우주만물은 지수화풍地水火風 4대大(계界)가 간섭(섭攝)하고 어울림(지持)이라!
金塵合空性相[35]難分 금 진 합 공 성 상 난 분	금진金塵은 공空과 합合해 있으니 성품(성性)과 모양(상相)을 나누기 어렵고(난분難分),
細根麁境[36]隱顯[37]左右[38] 세 근 추 경 은 현 좌 우	미세(세細)한 안이비설신의 6근根과 거치러운(추麁) 색성향미촉법 6경境은 서로 인연따라 숨고(은隱) 나투기(현顯)를 자유롭게(좌우左右) 하네!
金塵一七便成水塵[39] 금 진 일 칠 변 성 수 진	1금진一金塵이 7풍七風으로 움직이면(동動) 수진水塵이 되고,
三七陰火五七陽性 삼 칠 음 화 오 칠 양 성	3수三水가 7풍七風으로 동動하면(움직이면) 음화陰火요 5화五火가 7풍七風으로 동動하면(움직이면) 양성陽性이로다!
七七起風又七化土 칠 칠 기 풍 우 칠 화 토	7풍七風이 7풍七風 만나 바람이 일고 게다가 7풍七風 더해 흙(토土)이 되며,

33   사계四界; 사대四大.

34   섭지攝持; 서로 어울림.

35   성상性相; 본질과 현상. 근본적인 성질과 나타난 모습.

36   근경根境; 근진根塵. 근根과 진塵. 진塵은 경境과 같으니 근경根境이라고도 함. 눈·귀·코·혀·몸의 오근五根 또는 뜻(생각)을 더하여 육근六根과, 빛·소리·향香(냄새)·맛·닿음(촉감)의 오진五塵 또는 법法을 더하여 육진六塵과를 말함.

37   은현隱現; 숨었다 나타났다 함. 또는 보일락 말락 함.

38   좌우左右; 1. 왼쪽과 오른쪽. 2. 존장에 대對한 경칭敬稱(어르신네의 뜻으로 편지便紙에 씀). 3.좌지우지. 이리저리 제 마음대로 휘두르거나 다룸. 마음대로 함. 4. 옆, 측근側近. 5. 좌익左翼과 우익右翼. 좌파左派와 우파右派.

39   수진水塵; Skt. ab-rajas. 물 속의 틈을 통과할 정도로 아주 미세한 대상. ▶극미極微; Skt. paramāṇu. 더 이상 나눌 수 없는, 시각 대상의 최소 단위. 7극미를 미진微塵이라 하고, 7미진을 금진金塵, 7금진을 수진水塵, 7수진을 토모진兎毛塵, 7토모진을 양모진羊毛塵, 7양모진을 우모진牛毛塵, 7우모진을 극유진隙遊塵이라 함. 금진金塵·수진水塵은 금이나 물 속의 틈을 통과할 정도로 미세하다는 뜻, 토모진兎毛塵·양모진羊毛塵·우모진牛毛塵은 토끼와 양과 소의 털끝 정도의 크기라는 뜻, 극유진隙遊塵은 틈새로 들어오는 햇빛에 떠다니는 먼지 정도의 크기라는 뜻.

地塵[40]五分四水一火][41]
지 진 오 분 사 수 일 화

토土를 구성한 지진地塵은 $\frac{4}{5}$가 수水 $\frac{1}{5}$이 화火이라!

左轉[42]水地引同斥異
좌 전 수 지 인 동 척 이

금진金塵이 좌편으로 돌면 수水와 지地가 되는데,

동류끼리 당겨서 수水가 되고, 이류를 밀쳐서 지地가 되며,

右轉[43]風火引異斥同
우 전 풍 화 인 이 척 동

금진金塵이 우편으로 돌면 풍風과 화火가 되는데, 이류끼리

당겨서 풍風이 되고, 동류끼리 밀쳐서 화火가 되도다!

地下風動水貪火嗔
지 하 풍 동 수 탐 화 진

지진地塵경계에 수水가 동하면 탐貪(욕심)이 되고

화火가 동하면 진嗔(성냄)이 되고

緣起若存緣滅若亡
연 기 약 존 연 멸 약 망

인연따라 일어나면 있는 것 같고 인연따라 멸하면

없는 것 같네!

隱性顯相二名一實
은 성 현 상 이 명 일 실

숨은 성품과 드러난 현상이 둘인 듯하지만 하나의 실상이요,

欲隱無內欲顯無外
욕 은 무 내 욕 현 무 외

숨고자 하나 안이 없고 드러나고자 하나 밖이 없나니!

(곧 성상일여性相一如 무은현내외無隱顯內外)

---

40   지진地塵; 토土를 구성한 성분.
41   이곳의 수묘게는 8언 32구인데, 제1편 제3장 제4절 기수묘게其數妙偈에는 이 부분['等體金塵遍滿十方 一切
      萬有隨器分資 雖現此身內外正依 地水火風四界攝持 金塵合空性相難分 細根麤境隱顯左右 金塵一七便成水塵
      三七陰火五七陽性 七七起風又七化土 地塵五分四水一火'의 10구]이 빠져 있어 8언 22구임.
42   좌전左轉; 좌회전左回轉.
43   우전右轉; 우회전右回轉.

數妙偈

一是不空萬法起焉	滿十俱空非空而空
二假相應非本非迹	三法輾轉因果同時
本具四大居常五位	四大互因二八成實
七依一實六輪常轉	二四三三互爲因果
五位三法含藏一實	九果八因包和常住
胎藏十六隨緣比周	一地三水五火七風
三五爲本一七示迹	七三滿數五一過半
滿者欲平過半生歪	離垢一地十五金剛
等體金塵遍滿十方	一切萬有隨器分資
雖現此身內外正依	地水火風四界攝持
金塵合空性相難分	細根麁境隱顯左右
金塵一七便成水塵	三七陰火五七陽性
七七起風又七化土	地塵五分四水一火
左轉水地引同斥異	右轉風火引異斥同
地下風動水貪火嗔	緣起若存緣滅若亡
隱性顯相二名一實	欲隱無內欲顯無外

수묘게數妙偈에 대해서 알아보겠습니다.

이것은 수치에 묘한 진리가 포함돼 있다는, 말하자면 수數 자체가 바로 우주에 있는 생명의 상징이라는 것입니다. 철학자로서는 그리스의 피타고라스 Pythagoras가 수數가 생명이라는 말을 처음으로 하였다는데 주역周易도 마찬가지입니다. 우주는 바로 수數로 구성되어 있다는 말입니다. 소리나 또는 사이클cycle 즉 단파, 장파 같은 주파수周波數 등이 어떻게 진동하는가? 하는 것이 모두 수입니다. 우리는 수라는 것에 신비로운 영감을 느낄 수가 있습니다. 가사, 현대는 기술 문명, 기술의 싸움이라고 하는데 기술이란 것이 모두가 다 수에서 근원이 되는 것입니다. 따라서 수학을 못하면 물리학을 못하는 것 아닙니까. 또 철학을 할 때도 수학은 항시 기본이 됩니다.

수묘게數妙偈는 하나부터 열까지 그 수數의 원리를 풀이한 것입니다.

일시불공 만법기언一是不空萬法起焉,

하나(일一) 이것은 공空이 아니어서 만법이 일어나나,

만십구공 비공이공滿十俱空非空而空이라,

만수滿數인 십十이 되면 공이 되는데 공이 아니면서 바로 공이 되는 것이다. 즉 본래 공이 아닌 존재가 어느 한계에 이르러 만수滿數가 갖추어지면 공으로 돌아간다는 말입니다. 성겁이 되고 주겁이 되고 괴겁 동안에는 (−), (+)가 차이가 있으니까 활동이 되는 것이지 합해져 버리면, 다 차버리면 공겁이 되는 것입니다. 그래서 움직이는 싸이클이 완전히 (−), (+)가 동등히 되어서 합合해져버리면 공겁이 되는 것입니다.

이가상응 비본비적二假相應非本非迹이라,

공과 공이 아닌 것 즉 공空도 유有도 가假인데 두(이二) 가假가 서로 같이 응하면서 결국은 근본도 아니고 결과도 아니다. 이 말은 공이 근본이 되거나 또는 유가 근본이 되는 것도 아니고 색色(유有) 즉 공空이요 공즉색이니 서로 같이 겸

해있다는 말입니다. 인연에 따르면 있는 것 같이 보이지만은 인연이 소멸되면 공이 되는 것입니다.

삼법전전 인과동시三法輾轉因果同時라,

혹惑·업業·고苦를 삼법三法이라 합니다. 혹은 번뇌요, 업은 번뇌 따라서 신구의身口意 삼업三業으로 짓는 행위요, 업으로 받는 과가 고苦입니다. 번뇌에서 업을 짓고 고를 받는 3법이 전전輾轉이라, 구르고 굴러서 같이 인이 되고 또는 과가 된다는 말입니다. 가사, 우리가 누구를 미운 사람이라고 할 때는 그 미운 생각이 혹이고, 미운 이를 비방하거나 때리는 행위 등이 업이며 그 업으로 인하여 받는 보복 등이 고苦입니다. 그러한 번뇌와 업은 또한 우리 잠재의식에다 미운 종자를 심는 것입니다. 양자역학의 도리로 본다면 밉다고 생각할 때는 우리 생리에 전자를 더 증가를 시키고 좋다고 생각하면 양자를 증가를 시키는 것입니다. 욕심이나 진심嗔心을 많이 내면 낼수록 더욱 더 증가되다가 욕심이나 진심嗔心이나 굳어지면 응어리가 생기는 것입니다. 성을 많이 내고 욕심을 많이 내면 결국은 응어리가 생겨 몸의 조화가 깨져서 병이 생기는 것입니다. 암癌 등도 역시 욕심이나 진심이 모이고 모여서 응어리진 것에 지나지 않습니다.

본구사대 거상오위本具四大居常五位라,

본래 지·수·화·풍 4대가 근본 성품(불성)에 갖추어 있고 일체 만법을 5위位로 포괄하는데 그 5위도 또한 근본 성품에 온전히 갖추어 있다는 것입니다. 5위는 근본 불교의 법상法相풀이로서 색법色法·심법心法·심소유법心所有法·심불상응법心不相應法·무위법無爲法입니다.

사대호인 이팔성실四大互因二八成實이라,

지수화풍 사대가 서로 이끌어서 2×8=16, 16의 도리로 실상實相 세계가 이루어지도다. 16의 수치數値는 1지地 3수水 5화火 7풍風을 합하여 16이 되는데 밀교密教에서 원만무진圓滿無盡을 의미합니다.

칠의일실 육륜상전七依一實六輪常轉이라,

순수한 일금진一金塵이 제7식(말나식末那識) 또는 7풍에 의지하여 육도중생으로 항시 윤회한다는 말입니다. 본래는 순수 생명인 금진자리인데 제7 말나식末那識인 망식妄識에 의하여 지옥·아귀·축생·아수라·인간·천상 등 6도六途를 끊임없이 윤회하는 것입니다.

이사삼삼 호위인과二四三三互爲因果라,

2×4=8의 팔식八識과 3×3=9의 9식九識이라, 9식은 청정식淸淨識으로 근본 바탕인 진여불성이고 8식은 아뢰야식阿賴耶識으로서 일체 유정有情의 근본심식根本心識을 말하는데 이 8식과 9식이 서로 인이 되고 과가 된다는 뜻입니다.

오위삼법 함장일실五位三法含藏一實이라,

아까 말한 심법·색법·심소유법·심불상응법·무위법의 5위五位와 혹업고惑業苦의 3법三法이 돌고 돈다 하더라도 일실一實인 청정한 금강불성은 다 언제나 갖추어 있다는 뜻입니다.

구과팔인 포화상주九果八因包和常住라,

청정식인 9식은 과果이고 8식인 아뢰야식은 일체 업業을 갈무리하는 장식藏識인 인因인데 항시 서로 포함하여 조화롭게 존재한다는 뜻입니다.

태장십육 수연비주胎藏十六隨緣比周라,

태장계는 16수로 되어 있다는 말인데 16수는 1지地·3수水·5화火·7풍風의 수를 합하면 16이 됩니다. 이런 법수法數는 여기서 설명을 다 할 수는 없고 하여튼 우주를 구성하는 기본 공덕수功德數가 16입니다. 태장계란 밀교密教에서 말하는 원리의 세계입니다. 생명의 본체인 성품 공덕이 인연 따라 두루 미치게 된다는 뜻입니다.

일지삼수 오화칠풍一地三水五火七風이라,

생명적인 수치 곧 태장계 수치로 봐서 1은 지地에 해당하고 3은 수水에 해당하고 5는 화火에 해당하고 7은 풍風에 해당합니다.

삼오위본 일칠시적三五爲本一七示迹이라,

3인 수水와 5인 화火가 근본이 되고 1인 지地와 7인 풍風이 자취가 된다는 말입니다.

칠삼만수 오일과반七三滿數五一過半이라,

7인 풍과 3인 수水가 합하면 만수인 10이고 또는 5인 화火와 1인 지地가 합하면 6이 되니 반半을 넘는다는 뜻입니다.

만자욕평 과반생왜滿者欲平過半生歪라,

7과 3이 합해진 만수滿數는 가만히 있으려고 하지만 5와 1인 즉 화火와 지地가 6이 되어서 반수를 넘으니까 삐뚜름하게 반발한다는 뜻입니다. 마이너스(一) 플러스(+)가, 음양이 같으면 역동적力動的인 성겁成劫이 안되나 우주 에너지가 똑같지가 않으니까 움직이고 결합하고 하여 성겁成劫이 되는 것입니다. 다행인지 불행인지 그와 같이 똑같지 않으니까 사람으로 나와서 우리가 있는 것이지 같았으면 항시 공겁에 머물러 인간으로 나올 수 없습니다.

리구일지 십오금강離垢一地十五金剛이라,

1인 지地에서 모든 번뇌를 여의면 15금강이라, 15야夜 만월같이 일체 공덕을 갖춘 훤히 트인 금강세계가 된다. 그래서 태장계 16공덕은 변함이 없습니다.

등체금진 변만시방等體金塵遍滿十方**이라,**

우주와 같은 체성體性인 금진이 온 세계에 편만해 있으니 우주가 바로 금진 세계입니다.

일체만유 수기분자一切萬有隨器分資**라,**

일체 만유는 각기 그릇 따라서 곧 업業 따라서 공덕을 달리 받고 있습니다.

수현차신 내외정의雖現此身內外正依**라,**

비록 이 몸을 나투어도 정신과 육체, 성품과 환경을 다 갖추었으며

지수화풍 사계섭지地水火風四界攝持**라,**

우주란 것은 지와 수와 화와 풍과 이런 것이 서로 어우러져서 구성이 되었다.

금진합공 성상난분金塵合空性相難分**이라,**

금진은 본래 허공과 합해 있으니 성품과 상相을 나누기 어렵다.

세근추경 은현좌우細根麁境隱顯左右**라,**

세근은 성품으로 있는 능조사대能造四大에 해당하는 것이고 추경은 현상으로 나툰 소조사대所造四大인데 능조사대와 소조사대가 서로 인연 따라 나타났다 숨었다 자유자재로 한다는 뜻입니다. 상相과 성품이 본래 둘이 아니기 때문에 그렇지 않겠습니까? 중생이란 업력으로 상相이 나타나는 것이고 업력이 다하면 성품으로 숨어지는 것입니다.

금진일칠 변성수진金塵一七便成水塵**이라,**

1금진이 7풍七風으로 동동動動하면 수진水塵이 되고

삼칠음화 오칠양성三七陰火五七陽性**이라,**

3수三水가 7풍七風으로 동동動動하면 음화陰火요 5화五火가 7풍七風으로 동동動動하면 양성陽性이다.

칠칠기풍 우칠화토七七起風又七化土**라,**

7풍七風이 7풍을 만나면 더욱 풍風이 세고 다시 7풍七風을 더하면 토土가 된다.

지진오분 사수일화地塵五分四水一火**라,**

토土를 구성한 지진地塵을 분석해 본다면 5분지 4가 수水가 되고 5분지 1이 화火가 된다.

좌전수지 인동척이左轉水地引同斥異**라,**

금진金塵이 좌편으로 진동하면 수水와 지地가 되는데 같은 것은 서로 이끌어 수水가 되고 다른 것은 배척하여 지地가 되며,

우전풍화 인이척동右轉風火引異斥同**이라,**

금진金塵이 오른편으로 돌면 풍風과 화火가 되는데 다른 것은 이끌어 풍風이 되고 같은 것은 배척하여 화火가 된다.

지하풍동 수탐화진地下風動水貪火瞋**이라,**

지진地塵경계에 수水가 동하면 탐貪이 되고 화火가 동하면 진瞋이 된다.

연기약존 연멸약망緣起若存緣滅若亡**이라,**

인연이 있으면 존재하는 것 같고 인연이 멸滅하면 없는 것 같으니 실제로 멸하는 실멸實滅이 아니고 실제로 있는 실유實有가 아니다.

은성현상 이명일실隱性顯相二名一實**이라,**

숨어 있는 성품과 나타난 현상이 이름만 둘이지 본래로는 하나인 실상實相
이다.

욕은무내 욕현무외欲隱無內欲顯無外**라,**

숨고자 해도 안이 없고 나타나고자 해도 밖이 없거니 본래 진리란 상하 내외
가 없는 원만구족圓滿具足한 진여실상眞如實相이기 때문입니다. 저도 수묘게를
저자로부터 설명 들은 일이 없기 때문에 산승의 해설이 미흡한 데가 많을 것입
니다.

(『圓通佛法의 要諦』, 聖輪閣, 1993, 440~447)

마음의 구성—십식十識

십식十識

1. 안식眼識…눈

2. 이식耳識…귀

3. 비식鼻識…코

4. 설식舌識…혀

5. 신식身識…몸

6. 의식意識…뜻

7. 말나식末那識…아치我痴, 아견我見, 아만我慢 등의 망식妄識

8. 아뢰야식阿賴耶識…장식藏識

9. 암마라식菴摩羅識…무구식無垢識, 백정식白淨識

10. 건율타야식乾栗陀耶識…진실심眞實心, 견실심堅實心

그러면, 대체로 우리 인간의 마음은 어떻게 구성되어 있는가?

마음 풀이를, 이것도 역시 유식론唯識論이라, 불교심리학에서 말씀하는 것을 들어서 얘기하겠습니다.

우리 마음을 십식十識이라 합니다. 식이라 하는 말도 역시 마음이나 똑같은 뜻입니다. 심心이나 식識이나 같이 풀이합니다.

십식十識은 무엇인고 하면,

맨 처음 안식眼識이라, 우리의 시각視覺이고

그다음 이식耳識이라, 청각聽覺이고

그다음 비식鼻識이라, 후각嗅覺이고

그다음 설식舌識이라, 미각味覺이고

그다음 신식身識이라, 촉각觸覺이고

그다음 제6 의식意識이라, 이것은 우리가 느끼고 판단判斷 분별分別하는 의식입니다.

그런데, 우리 인간은 십식 가운데서 다만, 보고 듣고 냄새 맡고 또는 맛 알고 몸의 촉각 알고 또는 의식으로 분별하는 6식六識까지 밖에는 지금 못 씁니다.

인간 이외의 동물은 6식도 못 쓰고 5식까지만 씁니다. 의식 판단은 못 하니까 말입니다. 일반 식물이나 그런 것은 역시 아무 식識도 못 씁니다. 그러나 식이, 마음이 없는 것은 아닙니다.

불경佛經에 이런 말씀이 있습니다.

'초목무심어생호소승草木無心語生乎小乘이라', 풀이나 나무가 마음이 없다고 하는 말은 소승小乘에서 쓰인다는 말입니다. 대승大乘에서는 이런 말을 안 쓰는 것입니다. 소승小乘은 밀교密敎를 모릅니다. 즉 말하자면 소승은 마음의 본질을 못 본다는 말입니다. 그러나 대승은 본질을 봅니다. 따라서 '동물이나 마음이 있지 나무나 풀은 마음이 없다' 이렇게 말하는 것은 소승에서만 나온 말이라는 뜻입니다.

비록 하나의 나무라 하더라도 다 마음이 있습니다. 다만 그것이 잠재潛在해 있을 뿐입니다. 마음의 형상이 없어 놔서 잠재해 있을 뿐입니다.

아, 보십시오. 하나의 꽃이라도 똑같은 화분에다 심어 놓고서 하나에는 정성을 들이고, 또 하나에는 정성을 덜 들이면, 실험으로 비교하기 위해서 똑같이 거름도 주고 물을 주더라도, 역시 우리 정성을 들이고 마음을 쏟은 쪽이 더 성

장했다는 그런 말이 있지 않습니까.

초목草木도 역시 잠재해 있을 뿐이지 마음이 있습니다. 다만 진화進化과정 따라서, 일반 동물은 그 가운데 잠재의식潛在意識이 발동發動되고 개발開發되어서 5식을 쓰고, 사람은 더 개발되고 더 진화를 거쳐와서 6식까지 쓰는 것입니다.

그러나 6식이 모두가 아니라 6식 뿌리에는 또한 제7 말라식末那識이란 식識 이 있습니다.

또 말라식이 모두 다가 아니라 말라식의 뿌리 밑바닥에는 또 아뢰야식阿賴耶 識이라는 식識이 있습니다.

또 아뢰야식이란 식이 우리 마음의 전부가 아니라 그 밑에 저변에는 또한 암 마라식菴摩羅識이 있습니다.

그것만도 저변底邊이 아니라 가장 밑바닥은 또 건율타야식乾栗陀耶識이라는 식이 있습니다.

이같이 우리 인간의 마음에나 또는 동물의 마음에나 어떤 것의 마음에나, 풀 이나 나무나 또는 하나의 전자電子나 어떤 것이나 이와 같이 십식十識이 다 있습 니다. 우리는 전자電子라 하는 것이 무생물無生物이라 하지만, 어떤 소립자素粒子 나 무엇이나 다 식識이 있습니다. 다만 그것이 어느만치 개발되었는가 하는 개 발의 정도程度 차이만 있을 뿐입니다.

그런데 제10식인 건율타야식乾栗陀耶識 곧 진실심眞實心 또는 견실심堅實心, 이 것이 불심佛心입니다. 이것이 불성佛性이고 불타佛陀요 진여眞如입니다. 비록 개 발만 못 했을 뿐이지 일체 만유의, 존재의 근본은 모두가 다 불심입니다. 또한 이것이 청정자성심淸淨自性心입니다. 다만, 그 존재 자체의 업業 따라서 개발의 차이만 있을 뿐입니다.

따라서 우리가 수행을 하면 차근차근 6식에서 7식으로 나가고 그다음 8식이 라, 이렇게 깊이 들어가는 것입니다. 그래서 10식의 끝까지 이르면 그때는 성 불이 되는 셈이지요.

그래서 우리는 이제 제일 밑바닥에 닿는다는 말입니다. 고향은 역시 여기입 니다. 이것이 진실심眞實心, 견실심堅實心이고 이것이 불심佛心인 동시에 진여眞

如이고 여래如來라 합니다.

따라서 우리는 지금 현재 인간존재가 비록 6식에 머물러 있다 하더라도 이런 것을 알아야 하는 것입니다. 일반 중생은 자기 보배를 모릅니다. 금은金銀 보화寶貨나 보배로 알지 영원의 생명을 가지고 있고 일체 공덕功德을 갖추고 있는 일체 만덕장萬德藏인, 즉 말하자면 만덕의 곳집인, 영원적인 불심佛心은 잘 모릅니다. 이것만 깨달으면 천지가 자기 것인데 말입니다.

이것을 깨닫는 것이 불교佛教인 것입니다. 또한 이것을 깨닫는 지름길이 참선參禪입니다. 따라서, 불교를 믿는다 하더라도 일반적인 사람들은 그냥 끄덕끄덕 하나둘씩 올라갑니다만, 참선은 그냥 비약적으로 불심에 들어가는 것입니다. 여기 열번째 건율타야식 즉, 진실심, 불심을 갖기 위해서 화두話頭를 드네, 또는 염불念佛을 하네, 그러는 것입니다.

(『正統禪의 香薰』, 聖輪閣, 1999, 187~190)

❖ **4종연기四種緣起**

1. 업감연기業感緣起; 십이인연법十二因緣法; 혹惑, 업業, 고苦의 삼도三道가 전전展轉하여 인과상속因果相續함을 말하며 생사윤회生死輪廻의 상相임.

   ▶ 삼도三道 : 1) 혹惑; 마음의 병. 2) 업業; 몸의 악惡. 3) 고苦; 생사의 과보果報.

2. 아뢰야연기阿賴耶緣起; 장식藏識으로서 종자생현행種子生現行 현행훈종자現行薰種子, 삼법전전三法展轉 인과동시因果同時함을 말함.

   ▶삼법三法 : 1) 본유本有의 종자種子. 2) 현행법現行法. 3) 새로이 종자를 훈습(신훈新薰)

3. 여래장연기如來藏緣起; 진여연기眞如緣起 또는 법계연기法界緣起라고도 함. 일미평등一味平等한 진여眞如는 무시무종無始無終하고 부증불감不增不減한 실체實體인데 염정染淨의 연緣에 따라 종종種種의 법法을 생생함을 말함. 곧 그 실체實體에 진여문眞如門과 생멸문生滅門의 이의二義가 있어서, 진여문眞如門으로는 일미평등一味平等한 실체實體이나, 생멸문生滅門으로는 염연染緣에 따라서 육도六道를 현현하고 정연淨緣에 따라서 사성四聖을 나툰다.

   ▶삼법三法 : 1) 진여의 체體; 인因 2) 생멸의 상相; 과果 3) 인연의 용用; 연緣

4. 법계연기法界緣起; 법계의 사법事法이 유위무위有爲無爲와 색심의정色心依正과 과현미래過現未來로 모두 일대연기一大緣起를 이루어 다시 단립單立함이 없으므로 일법一法이 일체법一切法을 성취함. 만유가 만유를 연緣하여 기起하므로 법계연기.

(5.) 육대연기六大緣起; 지수화풍地水火風, 공空, 식識의 육대六大가 우주宇宙 법계法界에 두루 가득하여 만유제법萬有諸法을 연기緣起함을 말함. (*4종 연기 외에 6대연기설도 있음)

5교 五敎	소승교 小乘敎	대승시교 大乘始敎	대승종교 大乘終敎	일승원교 一乘圓敎	돈교 頓敎	밀교 密敎
사종연기 四種緣起	1. 업감연기 業感緣起	2. 아뢰야연기 阿賴耶緣起	3. 진여연기 真如緣起	4. 법계연기 法界緣起	무상이언 無相離言	6대연기 六大緣起
	삼도전전 三道展轉 인과상속 因果相續	삼법전전 三法展轉 인과동시 因果同時	불변진여 不變真如 수연이숙 隨緣異熟	만유제법 萬有諸法 육상원융 六相圓融	교상을 敎相 섭하지 않는 교 涉	의정육대 依正六大 무애섭입 無礙涉入
삼도 三道 삼법 三法 육상 六相 육대 六大	삼도 三道 혹, 연 ; 심병 惑 緣 心病 업, 인 ; 신악 業 因 身惡 고, 과 ; 생사 苦 果 生死	삼법 三法 종자 種子 현행법 現行法 신훈 新薰	삼법 三法 인 ; 진여체 因 真如體 과 ; 생멸상 果 生滅相 연 ; 인연용 緣 因緣用	육상 六相 체 ; 총상, 별상 體 總相 別相 상 ; 동상, 이상 相 同相 異相 용 ; 성상, 괴상 用 成相 壞相 평등문, 차별문		육대 六大 지수화풍공 地水火風空
	설일체유부 說一體有部 Sarvâstivādins	유식대승 唯識大乘 Yogâcāra Mahāyāna				
	일체만법도시유어 一切萬法都是由於 업력적감응이생기 業力的感應而生起 (일체만법은 모두 업력의 감응으로 말미암아 생긴다.)	아뢰야식 阿賴耶識 함장만법적종자, 含藏萬法的種子 일체근신기계, 一切根身器界 도시유기생기 都是由其生起 (아뢰야식은 만법의 종자를 함장하고 있어, 모든 감각기관과 몸 등이 모두 그로 인해 생긴다.)	유어진여수연 由於真如隨緣 재회생출만법 才會生出萬法 (진여에서 인연을 따름으로 말미암아 만법이 생긴다.)	설변법계적 說遍法界的 일체사물 一切事物 유위무위 有為無為 색심의정 色心依正 과현미래 過現未來 도진성일대연기 都盡成一大緣起 (법계에 두루한 일체사물과 유위무위법과 몸과 마음, 의보와 정보, 과거와 현재 미래의 삼세가 모두 일대연기를 다 이룬다.)		

금강심론본 金剛心論本		우주의 본질과 형량(일어 초판본)	
동 同	數妙渴 一是不空萬法起焉　滿十俱空非空而空 二假相應非本非迹　三法輾轉因果同時 本具四大居常五位　四大互因二八成實 七依一實六輪常轉　二四三三互爲因果 五位三法含藏一實　九果八因包和常住 胎藏十六隨緣比周　一地三水五火七風 三五爲本一七示迹　七三滿數五一過半 滿者欲平過半生歪　離垢一地十五金剛 等體金塵遍滿十方　一切萬有隨器分資		數妙渴 一是不空萬法起焉　滿十俱空非空而空 二假相應非本非迹　三法輾轉因果同時 本具四大居常五位　四大互因二八成實 七依一實六輪常轉　二四三三互爲因果 五位三法含藏一實　九果八因包和常住 胎藏十六隨緣比周　一地三水五火七風 三五爲本一七示迹　七三滿數五一過半 滿者欲平過半生歪　離垢一地十五金剛 等體金塵遍滿十方　一切萬有隨器分資
이 異	雖現此身內外正依　地水火風四界攝持 金塵合空性相難分　細根麁境隱顯左右 金塵一七便成水塵　三七陰火五七陽性 七七起風又七化土　地塵五分四水一火		[風轉三五四界攝持　細象爲根麁形爲境 풍이 수화에 구르면 지수화풍 4대가 간섭하고 어울림이라, 미세한 모습은 근이 되고 거친 모습은 경이 된다. 金塵合空細麁難分　左引右斥同異殊別 금진은 공과 합해 있으니 미세한 근과 거칠은 경을 나누기 어렵고, 좌로 끌고 우로 밀치니 동이가 구별된다. 金塵三七轉成水性　水塵五七變作火性 금진에 수풍이면 수성으로 변하고, 수진에 화풍이면 변해서 화성이 된다. 火塵七七幻化地性　地塵五分四水一火] 화진에 풍풍이면 지성이 되고, 지진의 $\frac{4}{5}$는 수 $\frac{1}{5}$은 화이다.
동 同	左轉水地引同斥異　右轉風火引異斥同 地下風動水貪火嗔　緣起若存緣滅若亡 隱性顯相二名一實　欲隱無內欲顯無外		左轉水地引同斥異　右轉風火引異斥同 地下風動水貪火嗔　緣起若存緣滅若亡 隱性顯相二名一實　欲隱無內欲顯無外

❖ 「우주의 본질과 형량」 초판은 소화 16년(1941) 5월, 일본어 단행본 등사본 50권 한정판으로 출판되어 47권을 일본의 각 대학도서관 등에 보냈고, 3권만이 국내에 배포되었다. 이 일본어 초판본은 자성 임정호 거사가 2014년 11월 고려대학교 일본연구센터에 자료요청을 하였고, 이에 고려대 송완범 교수가 동년 12월에 일본에 자료요청을 하였고, 2015년 2월에 동경제대 일본근대사 박사과정 박완 선생이 일본 동양대학 도서관의 자료를 열람복사하였다. 이를 김영동 교수가 2017년 2월 20일 금강심론 영인본에 합본 배포하였다.

청화 큰스님 편編 『금강심론』 내에 제4편으로 수록된 「우주의 본질과 형량」은 청화 큰스님께서 일본어본(이하 후판본이라 한다)을 한글로 번역하여 게재한 것으로, 금타 대화상의 서문序文 일자가 임오壬午(1942년) 6월 9일로 되어 있다. 일본어 초판본의 수묘게와 『금강심론』 내 번역본(이하 금강심론본)의 수묘게가 일부 다른 부분이 있어 여기에 그 차이를 알 수 있도록 옮긴다. 물론 금강심론본의 수묘게는 번역 원본인 후판본의 수묘게와 동일하다.

금강심론본과 일본어 초판본의 원문을 대조할 수 있게 하였고, 금강심론본의 풀이는 앞에 있기에 일본어 초판본의 다른 부분만을 풀이하였다.

우주의 본질과 형량(금타우주론) 해제

금타우주론 강독회[※]

'금타우주金陀宇宙'는 태장계胎藏界의 본질적 세계이다. 빛을 통해 관측되는 '현상우주現象宇宙'는 이 금타우주의 한 나툼이라 하겠다. 그러므로 '금타우주론'에 나오는 태양, 지구, 달 등은 우리들이 현상적으로 보는 것들과 어떤 방식으로 대응은 되지만, 같은 모양은 아니다. 이 대응의 방식은 일종의 펼침으로 실제 지구와 펼쳐진 지도에 비유할 수 있다. 지도에서 남북극을 무한히 먼 곳으로 나타내듯이 우리의 현상우주가 광막하게 보이는 것은 실은 유한(?)한 '금타우주'의 펼치는 방식에 불과할는지 모른다.

1. 삼천대천세계三千大千世界와 1우주一宇宙

· '금타우주론'은 태양 · 지구 · 달을 핵심요소로 하고 수성계, 토성계, 화성계, 목성계, 금성계 별들을 갖는 '한 우주(1우주一宇宙)'에 관한 기하학과 지진 · 수진 · 화진 · 풍진 · 금진의 물질 · 에너지의 양에 관한 수량적 논의이다.

· '한 우주'가 1,000개 모인 소천小千, 소천이 1,000개 모인 중천中千, 중천이 다시 1,000개 모인 대천大千 즉 십억(=10^9) 개의 한 우주가 모인 것이 부처님의 삼천대천세계이다.

- 온 세계는 무량무변으로 무한한데, 십억 우주가 금물거품(금구金漚)처럼 생멸하며, 이 십억 우주는 우리가 속한 '한 우주'와 성·주·괴·공 4겁劫의 기간을 함께한다.
- '10억 우주'의 윤계輪界란 10억 우주가 분포한 3차원 공간적 지름의 2배(부피가 8배) 되는 영역이다(해제 그림 1a). 이 윤계는 일종의 영향권이며, 태양, 지구 및 별들에게도 이 개념이 적용된다. 예로 지구의 윤계는 지구의 지름의 2배되는 영역이다.
- 그러므로 삼천대천세계의 영역은 '한 우주'의 80억 배인데, 어림수로 '백억 세계'라 한다.

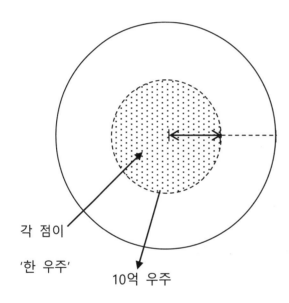

각 점이

'한 우주'

10억 우주

〈해제 그림 1a〉 직경이 2배인 윤계

2. '한 우주'의 기하학

- '한 우주'의 구성: 해, 달, 지구가 핵심요소이며, 이들과 연계되는 별들로 구성된다. 해의 주변에 금성계, 지구 주변의 토성계, 달 주변의 목성계 및

화성계, 그리고 '한 우주'의 끝 부근에 분포된 수성계 별들이 있다.

- '한 우주'의 모양과 크기

  −태양은 구형이며, 태양의 반지름 $R_S = 1,080$

  −지구도 구형이며, 지구의 반지름 $R_E = 36 = 6^2 = \dfrac{1}{30} R_s$

  −달은 복잡한 모형이며, 평균 반지름 $R_M = 216 = 6^3 = 6R_E = \dfrac{1}{5} R_s$

- 태양이 '한 우주'의 중심에 있으며, 지구가 태양을 중심으로 돌며(공전),

  공전운동의 반지름은 $R_{S\text{-}E} = 10(R_S + R_E + R_M) - 171\dfrac{1}{6} = 13,148\dfrac{5}{6}$

- '한 우주'는 태양을 중심으로 반지름이 지구공전 반지름 2배인 구형이다 (해제 그림 1b).

- 한 우주의 끝을 극변제極邊際라 부른다. $R_U = 2R_{S\text{-}E}$

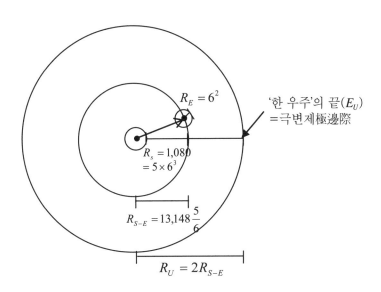

〈해제 그림 1b〉 한 우주

- '한 우주'의 부피는 $V_U = \dfrac{4}{3}\pi R_U^3$ 이다.

- '한 우주'의 주요구조: 〈해제 그림 2a, 2b〉와 같이 R_U 안에 여러 별들의 분포영역이 있다.

  - 태양 중심(C_S)으로부터의 거리와 '한 우주의 끝'$(E_U=$극변제)으로부터의 거리를 고려한다.

  - C_S로부터 $2R_S(=2,160)$인 곳까지를 <u>태양의 윤계輪界</u>(ⓢ)라 부른다.
    $R_ⓢ=2R_S=2,160$

  - ⓢ로부터 $966\dfrac{5}{6}$까지 4대 금성金星이 분포한다. $\Delta R_{4대금성}=966\dfrac{5}{6}$

  - 4대 금성 끝부터 유성내계遊星內界이며, 유성내계 분포 반지름의 폭은 $7R_S$이다(달의 중심까지). $\Delta R_{유성내계}=7R_S=7,560$

  - 달의 중심(C_M)에서 지구 중심(C_E)까지의 거리는 2,462이다. $R_{M\text{-}E}=2,462$

  - C_S에서 C_E까지의 거리 $R_{S\text{-}E}=2R_S+\Delta R_{4대금성}+\Delta R_{유성내계}+R_{M\text{-}E}$

$$=2,160+966\dfrac{5}{6}+7,560+2,462$$

$$=13,148\dfrac{5}{6}$$

$$=10(R_S+R_E+R_M)-171\dfrac{1}{6}$$

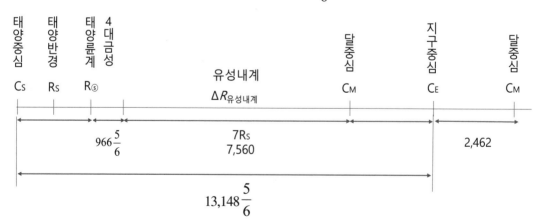

〈해제 그림 2a〉 한 우주의 주요 구조1

- '한 우주'는 지구 공전궤도를 중심으로 2배 펼친 공간이며, 거리를 따라 접힘대칭(inversion symmetry)이다. 〈해제 그림 2b〉처럼 지구 궤도 안쪽과 바깥쪽이 1:1대응관계를 이룬다.

- C_E에서 바깥쪽으로 C_M이 있다. R_{M-E}=2,462

- C_M에서부터 유성외계遊星外界가 있으며 그 반지름의 폭은 $7R_S$이다. 유성외계 바깥으로 허무계虛無界가 있으며, 4대 금성계 폭에 해당하는 하단과 일류계 거리 1,080에 대응한다. $\Delta R_{허무계} = 966\frac{5}{6}+1,080$이다.

- C_M에서 유성외계 끝까지는 달세계, 목성계, 화성계로 구분된다.

- 허무계 다음에 수성계水星界, 가공계假空界, 진공계眞空界가 차례로 있으며 각각의 반지름의 폭은 $\Delta R_{수성계}=\Delta R_{가공계}=2\Delta R_{허무계}=2\times216=2\times6^3$. 이들 전체의 합은 1,080으로 R_S와 같다.

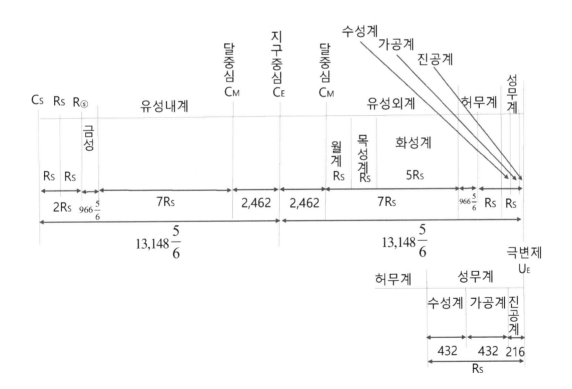

〈해제 그림 2b〉 한 우주의 주요 구조2

※ 금타우주론 강독회

- **강독회원** 김민수, 배광식, 소광섭, 신학수, 이재웅 (가나다 순)
- **강독기간** 2006년 11월 12일~2007년 12월 9일

  [매월 1회 총 12회. (2007년 8월과 11월은 쉬었음)]

강독이 종결된 후, 강독회에서 풀이한 내용을 2008년 1월 5일에 '금강 불교 입문에서 성불까지(http://cafe.daum.net/vajra)'에 게시하였다. '금타우주론 강독회'에 대한 설명은 아래 게시판 서문(2008년)으로 가름하며, 강독회원들의 2008년 1월 16일 현재 약력을 부기한다.

단 아래 게시판 서문 내용 중 끝부분의 "4편인 '우주宇宙의 본질本質과 형량形量'은 1942년에 금타 대화상께서 일제 강점기 하에서 일본어로 50권 한정판으로 출판하여 일본의 각 대학에 배포하고, 국내에는 3권만이 배포되었던 것 중 한 권을 청화 큰스님께서 우리말로 번역한 것이다."라고 기술된 부분은 새로운 자료가 발굴됨에 따라 바로잡아야 할 부분이 있다.

2015년 본정 김영동 교수 등의 노력으로 「우주宇宙의 본질本質과 형량形量」 일본 동양대학 소장 단행본(이하 초판본이라 한다)을 찾아내어 초판본 영인본이 2017년 배포되었다. 이의 서문에 표기된 날짜는 1941년 5월로 되어 있고, 청화 큰스님께서 번역 원본으로 사용한 일어판 단행본(이하 후판본이라 한다)의 서문에 표기된 날짜는 초판본보다 1년 뒤인 1942년 6월 9일로 되어 있어, 초판본과 다른 새로운 판본임이 드러났다. 두 판본 간에 서문 외에는 내용이 거의

같은 것으로 사료되나, '권두 수묘게'는 몇 구절 서로 상이한 부분이 있고, 후 판본이 더 다듬어진 것으로 보인다.

게시판 서문

'우주의 본질과 형량' 게시판을 열며(http://cafe.daum.net/vajra/379k/1)

2006년 11월 12일은 양력으로 청화 큰스님 열반 3주기가 되는 날이었다. 이 날은 두고두고 잊지 못할 날이 될 것이다. 금타 대화상님께서 지으신「우주의 본질과 형량」을 몇 분이 뜻을 모아 함께 공부하기 시작한 날이기 때문이다. 이 소모임에는 소광섭 교수님, 신학수 박사님, 이재웅 박사님, 김민수 님이 함께 자리해주셨다. '금타우주론 강독회'가 결성된 셈이다.

처음에는 한 번 훑는 데 3년은 걸릴 것 같고, 망망대해에 나침반도 없이 표류 하는 기분으로 시작하였으나, 매월 둘째 일요일에 모이는 공부모임(8월과 11 월은 쉬었음)의 횟수가 거듭함에 따라 용어도 익숙해지고, 가속도가 붙어 2007 년 12월 9일까지 12회의 모임만에 내용을 풀어가며 한 번은 읽을 수 있었다.

물론 모든 내용을 완벽히 이해하기 위해서는 앞으로 갈 길이 짧지 않음을 알 지만, 우선은 1942년에 저술한 한자투성이의 내용을 현대인들이 접근하여 알 아볼 수 있는 정도까지 풀어보자는 목표에는 근접했다고 생각한다.

이제는 이 내용을 널리 열어서, 관심 있는 분들이 함께 보고, 더불어 깊이 있 게 천착해가는 것이 순서일 것이다.

청화淸華 큰스님께서 은사이신 금타金陀 대화상의 유고들을 보존하시다가, 『금강심론金剛心論』으로 처음 엮어 펴내신 것이 1979년 5월 15일이니, 이 중에 제4편으로 들어간「우주宇宙의 본질本質과 형량形量」의 저술일이 임오壬午(1942 년) 6월 9일임을 감안하면, 실로 저술 후 37년만에 햇빛을 본 셈이다. 현재 유통 되는『금강심론』은 1992년 2월 15일 발행의 새 판본이다.

참고로『금강심론』의 제1편은「일인전一人傳에 일인도一人度」, 제2편은「해탈16지解脫十六地」, 제3편은 「수릉엄삼매도결首楞嚴三昧圖訣 상편上篇」, 제4편은 「우주宇宙의 본질本質과 형량形量」으로 앞의 3편은 주로 불교의 전체 교리를 압축요약 회통한 내용이고, 4편은 불교교리에 입각하여 금타 대화상께서 새로이 주창한 우주론(이하 '금타우주론'으로 지칭함)이다.

1~3편은 원래의 원고도 우리말로 되어 있었으나, 이와 달리 4편인 「우주宇宙의 본질本質과 형량形量」은 1942년에 금타 대화상께서 일제 강점기 하에서 일본어로 50권 한정판으로 출판하여 일본의 각 대학에 배포하고, 국내에는 3권만이 배포되었던 것 중 한 권을 청화 큰스님께서 우리말로 번역한 것이다.

금타 대화상께서 현대과학 지식도 해박하게 갖추신 면면을 엿볼 수 있고, 금타우주론이 정교하고 일관된 체계를 갖추고 있음에 비추어, 금타우주론에서 현대과학에서 다루는 우주론과 상이한 부분이 다소 발견되더라도, 선입견을 버리고, 진지하게 구도의 자세로 천착해가면 많은 소득이 있을 것으로 확신한다.

앞으로 많은 분이 관심을 가지고, 함께 공부하고 '금타우주론 학술대회' 등을 통해 극도로 압축되고 난해한 '금타우주론'이 낱낱이 그 진면목을 드러내기를 바란다.

2008년 1월 5일
경주 배광식 합장

금타우주론 강독회원(공동번역위원) 약력(2008년 1월 16일 현재임)

· 소광섭(蘇光爕)

서울대학교 문리대 물리학과 졸업

브라운대학교 대학원 물리학과 : 이학박사

독일 Hamburg대학 방문교수(Humboldt Fellow)

영국 켐브리지대학 방문연구(인촌 Fellow)

한국물리학회 입자물리분과 위원장

한국물리올림피아드 위원회 위원장

한국물리학회 물리교육 위원회 위원장

현재 서울대학교 물리학부 교수(2008년 1월 16일 현재임)

저서―물리학과 대승기신론(서울대 출판부, 1999), 종교와 과학(아카넷, 2000) 외 다수

· 이재웅(李在雄, Jawoong Lee, 법명: 지월智月)

서울대학교 전자공학과 졸업

서울대학교 자연과학대학원 물리학과 : 이학석사

포항공과대학교 대학원 전자공학과 : 공학박사

국방과학연구소 연구원

순천대학교 전자공학과 부교수

미국 MIT 방문과학자

주식회사 리스코프 창업, CTO

포항공과대학교 전자공학과 연구부교수

서울대학교 물리학과 한의학 물리 연구실 연구원

한국과학원부설 고등과학원 계산과학부 조교수

현재 주식회사 픽셀플러스 기술이사(2008년 1월 16일 현재임)

· 신학수

서울대학교 사범대학 물리교육과 졸업

서울대학교 사범대학 물리교육과: 박사

현재 서울과학고등학교(물리) 재직(2008년 1월 16일 현재임)

학위 논문: 중력론 연구 및 상대성이론 교육

현재 한의학물리(봉한체계) 연구(2008년 1월 16일 현재임)

· 김민수

현재 서울대학교 대학원 재학(2008년 1월 16일 현재임)

· 배광식(裵珖植, Kwang-Shik Bae, 법명; 경주閟宙)

서울대학교 치과대학 졸업

서울대학교 대학원 치의학과: 박사

동국대학교 불교대학원 불교경영자 최고위과정 수료

미국 OHSU 치과대학 방문교수

미국 UF 치과대학 방문교수

대한불교조계종 국제포교사

대한불교조계종 종교평화위원회 전문위원

금강(다음) http://cafe.daum.net/vajra 카페지기

현재 서울대학교 치과대학 교수(2008년 1월 16일 현재임)

列曜의 形態와 比量
열 요 형 태 비 량

1. 日(太陽)의 心空[1]과 面隙[2]은
일 태양 심공 면극

月이 地球를 抱出[3]한 迹門[4]이다.
월 지구 포출 적문

日面에 黑點이 있는 것같이
일 면 흑점

보이는 것은 地球 36倍 容積[5]의
지구 배 용적

空隙[6]으로서 凹版[7]의
공극 요판

龍型[8]과 類似하고
용형 유사

또한 中心에는 地球 180倍 容積의
중심 지구 배 용적

空間이 있어서 立人像[9]의
공간 입인상

鑄型[10]에 類似한데
주형 유사

이는 地球 216倍大의 月이
지구 배대 월

---

1. 태양의 심공과 면극은

달이 지구를 품고 나온 흔적이다.

태양 표면에 흑점黑點이 있는 것같이

보이는 것은 지구 36배 부피의

빈틈으로서 오목판의

용형龍型(용모양의 거푸집)과 유사하고

또한 중심에는 지구 180배 부피의

공간이 있어서 서 있는 사람 모습(입인상)의

주물틀(주형鑄型)에 유사한데

이는 지구 216배 크기의 달이

---

1   심공心空; 중심의 빈 공간.

2   면극面隙; 표면의 벌어진 틈.

3   포출抱出; 품고 태어남.

4   적문迹門; 1. 흔적의 문. 2. 석가모니불이 나타나기 이전, 아득히 먼 과거에 성불한 본불本佛이 중생을 구제하기 위해 석가모니불로 그 자취를 드러낸 부분. 원융圓融 3제諦의 이치를 밝힌 것. 구원久遠 겁 전의 본불本佛이 아닌, 이 세계에 탄생한 적불迹佛의 법문을 적문이라 함. 법화경 28품 가운데 앞의 14품은 적문, 뒤의 14품은 본문本門에 해당함.

5   용적容積; 1. 물건을 담을 수 있는 부피. 혹은 용기 안을 채우는 분량. 2. [같은 말] 들이(통이나 그릇 따위의 안에 넣을 수 있는 물건 부피의 최댓값). [비슷한말] 들이, 부피, 체적.

6   공극空隙; 1. 심공과 면극. 2. 빈틈. 3. 겨를.

7   요판凹版; 오목판. 인쇄할 문자나 도형 부분이 동철이나 동판의 표면보다 오목하게 들어간 판.

8   용형龍型; 용 모양의 거푸집

9   입인상立人像; 서 있는 사람의 형상.

10 주형鑄型; 1. 거푸집. 만들려는 물건의 모양대로 속이 비어 있어 거기에 쇠붙이를 녹여 붓도록 되어 있는 틀. 물건物件을 주조鑄造하는 데 쓰는 틀. 여기에서는 음형의 뜻. 2. 활자의 몸을 만드는 틀. 3. DNA를 복제할 때 바탕으로 쓰이는 분자.

地球를 안(抱)고 나온 空跡[11]으로서

空跡의 $\frac{5}{6}$가 日心이 되고

$\frac{1}{6}$이 面門이 되어버린 形業[12]이다.

그리고 日球[13]는 地球의 27000倍大의

體積[14]이 有하므로 先天[15]의 日球 一圓[16]의

半徑 1080 中 36이 地球,

180이 月身, 864가 日身의 輪廓이 되므로

地球는 1, 月은 5, 日은 24의 比率이 되며

따라서 全半徑의 $\frac{4}{5}$는 日身,

$\frac{1}{5}$은 月身과 地球가 되고

月·地 合相半徑의 $\frac{5}{6}$는

月身이며 $\frac{1}{6}$은 地球가 된다.

그러므로 後天[17]의 半徑 36이

지구를 안고 나온 빈 자리로서

빈자리의 $\frac{5}{6}$가 태양 중심의 공간이 되고

$\frac{1}{6}$이 표면의 틈이 되어버린 흔적이다.

그리고 태양은 지구의 27,000배 크기의

부피를 지니므로 선천先天의 태양 일원一圓의

반지름 1,080 중 36이 지구,

180이 월신, 864가 일신의 윤곽이 되므로

지구는 1, 달은 5, 태양은 24의 비율이 되며

따라서 전체 반지름의 $\frac{4}{5}$는 일신,

$\frac{1}{5}$은 월신과 지구가 되고

월신·지구 합한 모양의 반지름의 $\frac{5}{6}$는

월신이며 $\frac{1}{6}$은 지구가 된다.

그러므로 후천後天의 반지름 36이

11　공적空跡; 빈 자리.

12　형업形業; 자국. 흔적.

13　일구日球; 해. 태양.

14　체적體積; 1. 부피. 넓이와 높이를 가진 물건이 공간에서 차지하는 크기. 입체가 차지하는 공간의 크기. [비슷한말] 용적, 입방, 볼륨.

15　선천先天; 1. 태어나면서부터 몸에 지니고 있는 것. 2. 천도교가 창건되기 이전의 세상. 처음 교教를 연 1860년 4월 5일 이전까지의 세상을 말한다. 여기서는 '달이 지구를 품고 태양 안에 있는 때'를 말한다. [비슷한말] 생득, 천부, 천생.

16　일원一圓; 일정한 범위의 지역. 어느 지역地域의 전부全部. [비슷한말] 일판, 일대.

17　후천後天; 1. 천운天運에 뒤짐. 천운이 오고 난 후에 그 일을 알게 되고 그것을 행하게 됨을 이른다. 2. 성질, 체

亦是 地球, 216이 月體, 1080 그대로가
(역시) (지구) (월체)

日球가 되며 日의 心空과
(일구) (일) (심공)

面隙은 月體의 $\frac{5}{6}$와 $\frac{1}{6}$
(면극) (월체)

即 月과 地球와의 半徑의
(즉) (월) (지구) (반경)

比로써 配分한 迹門이다.
(비) (배분) (적문)

따라서, 地球 半徑의 6倍가
(지구 반경) (배)

月의 半徑이며 地球 半徑의 30倍가
(월) (반경) (지구 반경) (배)

日球의 半徑이 되므로, 地球의 斷面積[18]
(일구) (반경) (지구) (단면적)

또는 表面積[19]의 6^2倍가 月의 그것이고
(표면적) (배) (월)

30^2倍가 日球의 그것이며,
(배) (일구)

體積은, 地球의 6^3倍가 月이 되고
(체적) (지구) (배) (월)

30^3倍가 日이 된다.
(배) (일)

그리고 日 半徑이 月 半徑의
(일 반경) (월 반경)

5倍가 되므로 平面은 月의 5^2倍가 日이며
(배) (평면) (월) (배) (일)

立體는 月의 5^3倍가 日이 되므로
(입체) (월) (배) (일)

各其 半徑을 示한 以上
(각기) (반경) (시) (이상)

역시 지구, 216이 달, 1,080 그대로가

태양이 되며 태양의 중심 공간과

표면의 틈은 달의 $\frac{5}{6}$와 $\frac{1}{6}$

즉 달과 지구와의 반지름의

비比로써 배분한 흔적이다.

따라서, 지구 반지름의 6배가

달의 반지름이며 지구 반지름의 30배가

태양의 반지름이 되므로, 지구의 단면적

또는 표면적의 6^2배가 달의 단면적이고

30^2배가 태양의 단면적이며,

부피는, 지구의 6^3배가 달이 되고

30^3배가 태양이 된다.

그리고 태양 반지름이 달 반지름의

5배가 되므로 평면은 달의 5^2배가 태양이며

입체는 달의 5^3배가 태양이 되므로

각각 그 반지름을 보인 이상

질, 질환 따위와 관련하여, 태어난 뒤에 여러 가지 경험이나 지식에 의하여 지니게 된 것. 3. 천도교가 창건된 이후의 세상. 처음 교教를 연 1860년 4월 5일 이후의 세상을 이른다. 여기서는 태양 안에 있던 지구를 안은 달이 밖으로 나와 태양·달·지구가 각각 떨어져 있는 상태를 말한다.

18 단면적斷面積; 물체物體를 하나의 평면平面으로 절단切斷한 그 면의 면적面積.

19 표면적表面積; 겉넓이. 겉면적. 물체 겉면의 넓이.

鎖論[20]할 나위도 없이
쇄 론

了認[21]할 수 있을 것이다.
요 인

要컨대, 地兒가 月胎에 싸여(包)
요   지아   월태   포

日腹에서 分娩[22]된 生有[23]와
일 복   분 만   생 유

中有[24]에 있어서의
중 유

三位[25]의 比量[26]이다.
삼 위   비 량

자질구레 논할 나위도 없이

환히 알 수 있을 것이다.

요컨대, 지구라는 아이가 달의 태에 싸여

태양의 배에서 태어난 생유生有와

중유中有(태어나기 전)에 있어서의

3위三位의 비량比量이다.

20 쇄론鎖論; 자질구레하게 논의함.

21 요인了認; 밝게 앎.

22 분만分娩; 해산解産. 해복. 분산. 아이를 낳음.

23 생유生有; 사유四有의 하나. 모태母胎에 의탁하여 처음으로 생생을 받는 순간을 이른다. 여기서는 지구와 달이 태양 밖으로 나온 후천을 말한다. ▶사유四有; Skt. catvāra-bhavā. 중생이 살다가 죽어 다음의 어떤 생에 이르는 과정을 네 가지로 나눈 것. 중생들이 윤회전생輪廻轉生하는 1기期를 넷으로 나눈 것. 1) 중유中有. 죽어서 다음의 어떤 생을 받을 때까지의 49일 동안. 전생과 금생, 또는 금생과 내생의 중간에 있는 몸. 곧 후음後陰을 받지 못하고, 중음中陰으로 있을 때. 2) 생유生有. 어떤 생이 결정되는 순간. 금생에 탁태托胎하던 맨 처음 몸. 3) 본유本有. 어떤 생이 결정된 후부터 죽을 때까지. 나서부터 죽을 때까지의 몸. 4) 사유死有. 죽는 순간. 금생의 맨 나중 몸. 목숨이 끊어지는 일 찰나.

24 중유中有; 사유四有의 하나. 사람이 죽은 뒤 다음 생생을 받을 때까지의 49일 동안을 이르며, 이 동안에 다음 삶에서의 과보果報가 결정된다고 한다. 곧 차생次生의 생연生緣이 미숙未熟한 때문에 이를 곳에 이르지 못한 49일 동안. 극선極善·극악極惡한 사람은 중유가 없고, 죽으면서 이내 다음 생으로 간다 함. 여기에서는 선천을 말함.

25 삼위三位; 지구, 달, 태양의 셋을 말함.

26 비량比量; 1. 비교比較. 둘 이상의 사물을 견주어 서로 간의 유사점, 차이점, 일반 법칙 따위를 고찰하는 일. 2. 삼량三量의 하나. 이미 아는 사실로 말미암아 아직 알지 못하는 사실을 추론하는 일을 이른다. 꿀벌과 나비가 있는 것을 보고 그곳에 꽃이 있는 줄을 미루어 아는 것 따위이다. ▶삼량三量; 인식의 세 가지 근원. 자기 앞에 나타난 대상을 인식하는 세 가지 모양. 1) 현량現量. 언어와 분별을 떠난 직접 지각이나 직접 체험. 2) 비량比量. 추리에 의한 인식. 3) 비량非量. 그릇된 직접 지각과, 그릇된 추리에 의한 인식. 곧, 사현량似現量과 사비량似比量. 또는 비량非量 대신에 성교량聖敎量, 곧 성자의 가르침으로써 삼량이라고도 함.

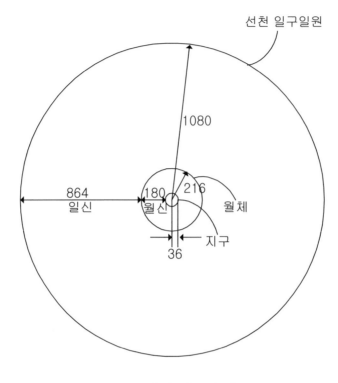

선천 일구일원

1080

864
일신

180
월신

216

월체

지구

36

〈그림 1〉 선천 일구일원

❖ 일구 반지름＝일신＋월신＋지구 반지름＝864＋180＋36＝1,080(일신：월신：지구 반지름＝24：5：1)

월체 반지름＝월신＋지구 반지름＝180＋36＝216

일구 반지름：월체 반지름：지구 반지름＝1,080：216：36＝30：6：1

❖ 선천세계의 일구일원日球一圓은 지구와 달을 함께 포함하고 있다. 일구일원의 반지름 1,080중 $\frac{4}{5}$ 는 일신, $\frac{1}{5}$ 은 지구를 포함하고 있는 월체에 해당된다. 다시, 월체의 $\frac{5}{6}$ 는 월신, $\frac{1}{6}$ 은 지구에 해당된다. 즉, 반경 중에서 36이 지구, 180(216－36)이 월신, 864(1,080－216)가 일신으로 그 비율은 1：5：24가 된다. 선천 일구일원을 개념적으로 그리면 〈그림 1〉과 같다.

❖ 선천 일구일원에서 월체가 지구를 품고 나오고, 월체로부터 지구가 분리되어 나옴으로써 후천의 지구, 달, 해가 된다. 후천 지구의 반경은 36, 달의 반경은 216, 해의 반경은 1,080이고, 그 비율은 1:6:30이다. 그러므로 그들의 단면적 또는 표면적의 비는 $1:6^2:30^2$이고, 부피의 비는 $1:6^3(=216):30^3(=27,000)$이다.

❖ 해로부터 월체가 지구를 품고 나옴으로써, 월체 부피의 $\frac{5}{6}$는 해의 중앙에 심공으로 남고, $\frac{1}{6}$은 표면에 면극으로 흔적을 남긴다. 즉, 심공은 지구 부피의 180배, 면극은 지구 부피의 36배이다. 심공의 형상은 입인상(서 있는 사람 모양)이고, 면극의 형상은 용상(용의 형태)이다.

1항에 대한 질의 응답

○○님 질문

지구를 낳은 달이 지구보다 훨씬 적다는 것이 쉽게 이해되지 않습니다. 그럼 달은 달보다 훨씬 큰 지구를 낳은 건가요?

경주 답변

질문 감사합니다.

처음 해설에서 말씀드린 대로 우리가 보는 우주는 펼친 그림일 수 있고, 금타 대화상님께서 묘사한 이치의 세계, 본성의 세계인 태장계에서는 지구⟨달⟨태양의 크기이고, 그 반지름의 비가 1:6:30, 부피의 비는 1:6×6×6:30×30×30＝1:216:27,000입니다.

우리가 잘 공부하는 방법은 기존의 과학상식을 옆으로 밀어두고, 우선 새로운 형태의 존재양식과 체계를 배운다는 생각으로 금타 대화상님의 묘사에 따른 우주 체계를 공부해서 숙지하는 것입니다.

금타우주론의 체계가 숙지된 후, 기존의 현대과학에서 말하는 우주와 비교해보는 것도 좋을 것입니다.

1항의 내용과 ⟨그림 1⟩ '선천 일구일원'을 다시 살펴보시기 바랍니다.

선천(태양이 지구와 달을 머금고 있던 분리 이전의 시절)에서는 선비線比가 지구:월신:일신=36:180:864=1:5:24이고, 후천(달이 지구를 품고 태양에서 떨어져 나오고, 다시 지구가 달의 품에서 떨어져 나온 시절/현재)은 지구:월체:일구(또는 일체)=36:216:1,080=1:6:30입니다.

앞으로의 혼란을 피하기 위해 용어를 여겨보시기 바랍니다.
- 선천; 태양, 지구, 달이 분화하기 이전
- 후천; 태양, 지구, 달이 분화한 이후
  - 분화의 방법; 지장심주를 포함한 지신, 그를 감싼 월신, 그 모두를 감싼 일신의 한 덩어리가 선천 일구 일원으로, 여기에서 월신이 지신과 지장심주를 안은 채 일구에서 빠져 나오고, 다시 지장심주를 안은 지신이 달에서 빠져나옴.
- 선천 일구 일원; 한 원(구) 안에 3개의 동심원(구)이 들어 있는 네 개의 원(구)을 선천일구일원이라 함. 곧 지장심주,지신,월신이 일신 내에 존재.
- 지장심주; 지구의 중심이며 우주의 중심, 반지름=6
  - 지구의 반지름=지장심주 반지름+지신 선분=6+30=36
  - 달의 반지름=지구 반지름+월신 선분=36+180=216
  - 태양의 반지름=달의 반지름+일신 선분=216+864=1,080

지구와 지신, 월체와 월신, 일구와 일신의 관계가 잘 이해되시게 하기 바랍니다.

- 지장심주:지신:월신:일신=6:30:180:864=1:5:30:144
- 지구:월신:일신=36:180:864=1:5:24
- 지구:월체:일구=36:216:1,080=1:6:30

2. 月頭[1]의 尖相은 日로부터의 抽出相으로서 月尻[2,3]의 空洞은 地球가 剖判된 跡印이다.

2. 월두月頭의 뾰족한 모양은 일日로부터의 추출상抽出相으로서 달 밑면의 공동空洞은 지구가 갈라져 나온 흔적이다.

月面에 구름이 낀 것처럼 보이는 것은

달 표면에 구름이 낀 것처럼 보이는 것은

地球가 月에서 最後 剖判[4]한 形跡[5]으로서

지구가 달에서 최후로 갈라진 자국으로서

所謂 地球의 鑄形[6]이므로

이른바 지구의 주형鑄形(지구가 빠져나온 음형)이므로

空洞[7]의 壁面은

빈 골짜기(공동空洞)의 벽면은

地球面과 凹凸[8] 相反하여

지구면面과 요철이 바뀌어

空洞의 凸處는

빈 골짜기(공동空洞)의 볼록한 부분(철처凸處)은

地球의 江·海가 되고

지구의 강과 바다가 되고

凹處는 山岳이 되므로

오목한 부분(요처凹處)은 산악이 되므로

---

1   월두月頭; 달의 머리부분(원뿔대 모양의 달의 좁은 면).

2   고尻; (꽁무니 고) 1. 꽁무니(엉덩이를 중심으로 한, 몸의 뒷부분), 엉덩이. 2. 밑바닥. 3. 뿌리. 4. 자리 잡다, (엉덩이를)땅에 대다.

3   월고月尻; 달의 밑바닥.

4   부판剖判; 둘로 갈라져 열림, 또는 둘로 갈라서 엶.

5   형적形跡/形迹; 사물의 형상과 자취를 아울러 이르는 말. 또는 남은 흔적. [비슷한말] 자국, 자취, 종적.

6   주형鑄形; 주물을 붓는 틀.

7   공동空洞; 1. 아무것도 없이 텅 비어 있는 굴. 빈 굴. 2. 아무것도 없이 텅 빈 큰 골짜기. 3. 물체 속에 아무것도 없이 빈 것. 또는 그런 구멍. 속 빔.

8   요철凹凸; 오목함과 볼록함.

그 容積^{9}은 地球의 體積^{10}과 相等^{11}하고
용적 지구 체적 상등

그 부피는 지구의 부피와 서로 같고

空洞의 最深處^{12}가 $4\frac{19}{36}$
공동 최심처

공동空洞의 제일 깊은 곳이 $4\frac{19}{36}$,

最淺處가 $\frac{163}{360}$
최천처

제일 얕은 곳이 $\frac{163}{360}$,

平均 깊이가 $2\frac{353}{720}$이 된다.
평균

평균 깊이가 $2\frac{353}{720}$이 된다.

그리고, 凹處의 面積^{13}은
요처 면적

그리고, 오목한 곳(요처凹處)의 넓이는

全面의 約 $\frac{1}{5}$에 該當하며
전면 약 해당

(달 밑면) 전체 면의 약 $\frac{1}{5}$에 해당하며

凹處와 凹處 아닌 곳과의 比는
요처 요처 비

요처凹處와 요처凹處 아닌 곳과의 비比는

1:4가 되어 瓢簞形^{14}(표주박)이 되며
표단형

1:4가 되어 표주박 모양이 되며

背上의 狀態는 錐形^{15}인데
배상 상태 추형

달 뒷부분의 상태는 원뿔꼴인데

그 形貌^{16}가 衲弁^{17}(고깔)과 相等하다.
형모 납변 상등

그 모양이 고깔과 같다.

그리고 縱斷面^{18}은 三角形, 橫斷面^{19}은
종단면 삼각형 횡단면

그리고 종단면은 삼각형, 횡단면은

---

9   용적容積; 1. 물건物件을 담을 수 있는 부피. 2. 용기容器 안을 채우는 분량分量. 3. 입체立體가 차지하고 있는 공간空間의 부분部分. 부피, 체적體積, 들이.

10   체적體積; 입체立體가 차지한 공간空間 부분部分의 크기. 부피.

11   상등相等; 정도程度나 등급等級 따위가 서로 비슷하거나 같음.

12   최심처最深處; 제일 깊은 곳.

13   면적面積; 넓이. 면이 이차원의 공간을 차지하는 넓이의 크기.

14   표단형瓢簞形; 표주박과 같은 모양.

15   추형錐形; 원추형圓錐形. 1. 원뿔. a cone. 2. 원뿔꼴의. cone-shaped; conic(al); coniform; conoid(al).

16   형모形貌; 생긴 모양模樣. 얼굴 모양模樣.

17   납변衲弁; 스님이 쓰는 고깔.

18   종단면縱斷面; 물체를 세로로 잘라 생긴 면.

19   횡단면橫斷面; 물체를 그 길이에 직각이 되게 가로로 잘라 생긴 면.

遞差[20]를 有한 圓形으로서,
月底[21]의 直徑은 月頭先[22] 直徑의
10倍가 되고 底半徑은 日半徑의
$\frac{1}{3}$ 이며 上半徑은 $\frac{1}{30}$ 이 되므로
그 尖相을 想像하기에 足하다[23].
月半徑 216이란 이를 平均한 것이며
月底半徑과 等한 月半高인
360의 $\frac{3}{4}$ 과 $\frac{19}{36}$ 가
力點[24]이 되어 木星과 地球 사이의
力線[25]을 죄어 맴과 同時에 力點을
半徑으로 한 力帶[26]의 길이가,
月 自體의 廻轉에 따른 月途[27]에 있어서의
準尺[28]이 되므로 그것이

크기가 차차 줄어드는 원형圓形으로서,
달 밑면(월저月底)의 직경은 달 윗면 직경의
10배가 되고 밑 반지름은 태양 반지름의
$\frac{1}{3}$ (=360)이며 윗반경은 $\frac{1}{30}$ (=36)이 되므로
그 뾰족한 정도를 상상想像하기에 충분하다.
달 반경 216이란 이를 평균한 것이며
달 밑면 반지름과 같은 월반고月半高인
360의 $\frac{3}{4}$ 과 $\frac{19}{36}$(=270$\frac{19}{36}$) 가
역점力點이 되어 목성木星과 지구 사이의
역선力線을 죄어 맴과 동시에 역점力點을
반지름으로 한 역대力帶의 길이가,
달 자체의 회전에 따른 달 궤도에 있어서의
기준 척도가 되므로 그것이

---

20 체차遞差; 점차로 줄거나 늘어남.
21 월저月底; 달의 넓은 밑면.
22 월두선月頭先; 달의 좁은 윗면.
23 족足하다; 1. 수량이나 정도 따위가 넉넉하다. 2. 모자람이 없다고 여겨 더 바라는 바가 없다. [비슷한말] 풍부하다, 넉넉하다, 만족하다.
24 역점力點; 1. 지레의 힘이 걸리는 점點. 2. 사물事物의 중심中心이 되는 점點.
25 역선力線; 지력선指力線. 자기장이나 전기장의 크기와 방향을 보이는 선.
26 역대力帶; 힘의 띠. 힘이 미치는 대역帶域.
27 월도月途; 달의 궤도.
28 준척準尺; 1. 기준 척도. 2. 낚시에서, 길이가 거의 한 자가 되는 물고기를 이르는 말.

錐揉[29]의 形임은 前後가 合致하며

비록 斥力[30]이 强한

月이라 할지라도 引性[31]이

풍부한 日身에서 長期間을

要하여 抽出[32]된 形貌로서 形貌 자체가

月의 火性임을 象徵하고

水性인 日球의 圓相[33]과 配對[34]한다.

원뿔을 바로잡는 형태임은 앞뒤가 맞으며

비록 밀치는 힘(척력)이 강한

달이라 할지라도 끄는 성질(인성)이

풍부한 일신日身에서 장기간을

필요로 하여 추출抽出된 형태로서 형태 자체가

달의 화성火性임을 상징하고

수성水性인 일구의 둥근 모양과 대조된다.

---

29   추유錐揉; 원뿔을 바로잡음.

30   척력斥力; 같은 종류의 전기나 자기를 가진 두 물체가 서로 밀어 내는 힘.

31   인성引性; 끌어당기는 성질.

32   추출抽出; 1. 전체 속에서 어떤 물건, 생각, 요소 따위를 뽑아냄. 2. 모집단母集團에서 표본을 뽑아내는 일.
      3. 고체 또는 액체의 혼합물에 용매溶媒를 가하여 혼합물 속의 어떤 물질을 용매에 녹여 뽑아내는 일.

33   원상圓相; 1. 선원에서, 중생이 본디부터 갖추고 있는 깨달음의 모습을 상징하기 위하여 그리는 둥근 꼴의 그림. 남양혜충南陽慧忠이 손으로 원상을 그려 보인 데서 비롯하였다고 한다. [비슷한 말] 일원상. 2. 만다라에 그려진, 부처를 둘러싼 원. 3. 둥근 형태.

34   배대配對; 견주어 대조함.

❖ 달은 원추(꼬깔)의 형태이다. 월두의 반지름은 36, 월저의 반지름은 360, 월고는 720이다. 월의 종단면은 삼각형이며, 횡단면은 종축방향의 위치에 따라 반지름이 변하는 원형이다. 달 반지름을 216이라고 하는 것은 평균 반지름이다. 달의 중심은 월저로부터 월두 방향으로 월저 반지름(360)만큼 떨어져 있다. 반지름이 216인 구체와 그 체적이 같은 원추 형태의 달을 유추하여 그려보면, 그 한 예는〈그림 2〉와 같다. 달이 원추의 형태인 것은 척력이 강한 화성체인 달이 인력이 강한 태양으로부터 장기간이 걸러서 빠져 나온 결과로서, 그 형태가 인력이 강한 수성체인 태양의 원형 형태와 대비된다.

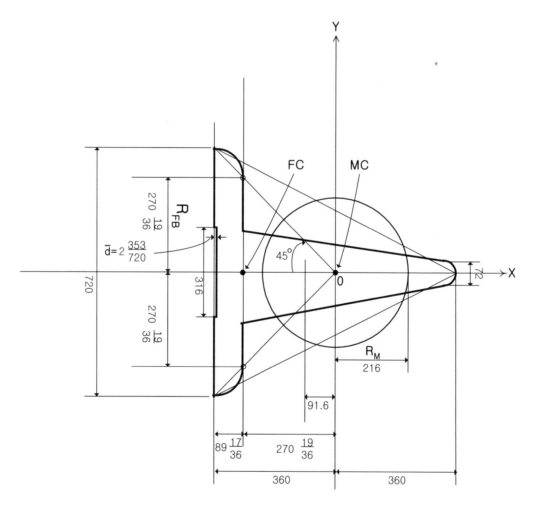

〈그림 2〉 달의 형태

❖ 〈그림 2〉와 같이 월저에는 평균 깊이가 $2\frac{353}{720}$ 이고, 넓이가 월저 면적의 약 $\frac{1}{5}$ (직경≈316)이 되는 공동이 있는데 이는 지구가 달로부터 빠져나온 흔적이다.

공동의 최고 깊이는 $4\frac{19}{36}$ $(=\frac{163}{36})$이고 최저 깊이는 $\frac{163}{360}$이다. 공동의 벽면의 요철은 지구면의 요철과 상반되어, 공동면의 요처는 지구의 산악, 공동면의 철처는 강, 바다와 대응관계가 있다.

❖ 달의 중심(MC)으로부터 달의 종방향 중심축을 따라서 월저 방향으로 $270\frac{19}{36}$ 떨어진 위치에 달의 역점(FC)이 있다. 역점은 목성과 지구 사이의 역선을 죄어 맨다. 역점을 중심으로 하여 반경이 $270\frac{19}{36}$ (역대반경 R_{FB})인 원의 둘레가 역대이다. 그리고, 역대의 길이는 달이 1회 자전할 때 월도月途를 따라서 진행하는 거리이다. 마치, 반경이 역대반경과 같은 바퀴가 진행면을 따라서 1회전할 때 진행하는 거리처럼 생각할 수 있다. 달이 자전하면서 지구를 중심으로 공전하는 것을 개념적으로 그리면〈그림 3〉과 같다.

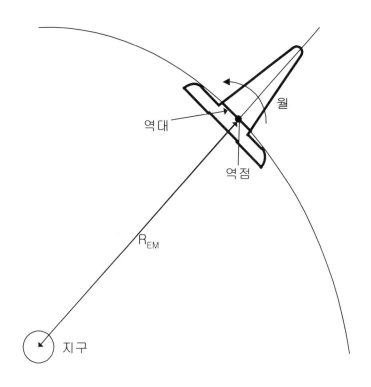

〈그림 3〉 달의 역대와 자전 및 공전

달이 고깔 모양이라니

─달 이야기: 수릉엄삼매도와 금강심론

경주 배광식

올 추석은 흐린 날씨여서 보름달을 볼 수 없었고, 보름이 지난 다음에야 조금은 이지러진 달을 구름 사이로 언뜻언뜻 볼 수 있었다. 매년 높아진 가을 하늘에 걸린 한가위 달을 보노라면, 적당히 살갗을 스치는 시원한 바람과 함께, 명징하면서도 따뜻하고 편안한 느낌을 받곤 하였다.

달은 친절하게도 밤길을 걷는 사람들을 따라가면서 밝혀준다. 어릴 때 달밤을 걸으면서 달이 따라오는 경험은 누구나 하였을 것이다.

달이 둥글다는 것을 철석같이 믿었던 나에게, 금타 대화상의 저작 '우주의 본질과 형량'에서 달이 원뿔대(고깔) 모양이라고 기술된 것은 신선한 충격이었다. 우리가 보는 달의 면은 원뿔대의 넓은 밑면이라는 것이다. 대화상께서 당시의 최신 과학에 정통한 지식을 가진 분이었고, 100항으로 된 우주론 내용의 체계가 빈틈이 없어서 더 많은 생각을 하게 하였다.

올 8월 네이처지에 '45억 년 전 지구가 생성된 후, 화성만한 행성이 지구를 들이받아 지구의 내부 물질이 튕겨나가 두 개의 달이 되었다. 그들은 각각의 궤도를 가지고 지구를 공전하다가, 7천만 년 후 작은 달이 몇 시간에 걸친 저속 추돌로 큰 달에 합체되었고, 그래서 달의 뒷면은 솟아 있다'는 내용이 실렸다. 그렇다면 달이 거의 원뿔대의 모양이라는 것이 과학자들에 의해서도 밝혀진 셈이다.

금타 대화상의 저작은 청화 큰스님께서 은사이신 금타金陀 대화상의 유고들을 보존하다가, 『금강심론金剛心論』으로 처음 엮어 펴낸 것이 1979년 5월 15일이다. 이 중에 제4편으로 들어간 '우주宇宙의 본질本質과 형량形量'의 저술일이 1942년 6월 9일임을 감안하면, 실로 저술 후 37년 만에 햇빛을 본 셈이다.

참고로 『금강심론』의 제1편은 「일인전一人傳에 일인도一人度」, 제2편은 「해탈 16지解脫十六地」, 제3편은 「수릉엄삼매도결首楞嚴三昧圖訣 상편上篇」, 제4편은 「우주宇宙의 본질本質과 형량形量」으로 구성되어 있다. 앞의 세 편은 주로 불교의 전체 교리를 압축요약회통한 내용이고, 그중 특히 제3편은 불교의 중요내용을 만다라화한 수릉엄삼매도의 도상圖相을 설명한 것이다. 제4편 「우주의 본질과 형량」은 불교교리에 입각하여 금타 대화상께서 새로이 주창한 우주론으로 일제하에서 일본어로 50권 한정판으로 출판하여 일본의 각 대학에 배포하고, 국내에는 3권만이 배포되었던 것 중 한 권을 청화 큰스님께서 우리말로 번역하였다.

청화 큰스님께서는 백양사 운문암雲門庵으로 출가를 해서, 큰방에 금타 대화상의 수릉엄삼매도가 걸린 것을 보고 환희심이 나셨다고 한다. 가난한 절살림에 부목 하랴, 공양주 하랴, 또 공비도 출몰하는 등 너무나 열악한 환경에 "'안 되겠구나. 다른 데에 가서 공부를 해야겠구나' 하는 마음이 생겨서 다른 데로 가려고 마음먹었는데 이 수릉엄삼매도가 욕심나서 갈 수가 있습니까? 아직 행자인지라 협착하고 누추한 뒷방에서 밤에 호롱불을 켜놓고서, 그것도 밖에 비치면 어른 스님들한테 꾸중을 들으니까 해어진 모포로 창을 가리고서 삼매도를 베꼈습니다. 나중에는 금타 스님께서 직접 그려서 복사한 수릉엄삼매도 3장을 가지고 나오기도 했습니다마는 저에게는 아주 인연 깊은 수릉엄삼매도입니다."라고 법문 중에 술회하신 적이 있다.

1985년 태안사에서 청화 큰스님께 『금강심론』을 처음 받고, 지금까지 꾸준히 읽어왔으니, 25년이 넘게 읽은 셈이다. 태장계만다라와 금강계만다라를 모두 포함한 만다라인 '수릉엄삼매도'의 해설인 「수릉엄삼매도결 상편」은 『금강심론』에 실려 있으나, 공부가 짧아 아직 이해 못한 부분이 많고, 나머지 하편

절반 해설은 저술 자체가 없으니 스스로 알아내야 하는 숙제이다. 청화 큰스님 법문집 『원통불법의 요체』에 『금강심론』 중 「수릉엄삼매도결 상편」과 「우주의 본질과 형량」 개략을 쉽게 풀어놓은 부분에 힘입어 그나마 공부의 재미를 느끼고 금강도반들과 함께 천착하고 있다.

수릉엄삼매는 108삼매 중 최고의 삼매이면서, 건상健相과 건행健行 곧 건강하고 유익한 모습과 행동을 지속해가는 것이니, 최근에 웰빙 이후 추구되는 로하스(LOHAS)를 포함하는 삼매라 하겠다.

〈현대불교〉 제856호, 2011. 10. 5)

3. 地球가 卵形임은 月을 模擬¹한 때문이며, 地藏心珠는 先天²의 遺物³이다.

地球의 南極은 月의 胎中⁴에 있을 때

尖端⁵인 上方을 向한 곳이며

北極은 地球가 下垂⁶해서 膨滿⁷된 것이므로

南極은 北極에 比하여 저으기⁸ 尖削的⁹으로서

火體¹⁰를 象徵하고 北極은 南極에 比하여

平滿的¹¹으로서 水體¹²를 象徵한다.

3. 지구가 난형(타원체)임은 달을 본뜬 때문이며 지구의 중심에 있는 지장심주는 선천의 유물이다.

지구의 남극은 달의 태중에 있을 때

첨단(뾰족한 끝)인 윗쪽을 향한 곳이며

북극은 지구가 처져서 부풀어 오른 것이므로

남극은 북극에 비하여 어지간히 뾰족하여

화체火體를 상징하고 북극은 남극에 비해

평만平滿하며 수체水體를 상징한다.

---

1   모의模擬/摸擬; 실제의 것을 흉내 내어 그대로 해 봄. 또는 그런 일.
2   선천先天; 성격性格, 체질體質, 병 등을 날 때부터 몸에 지니고 있음.
3   유물遺物; 1. 사후死後에 남겨진 물건. 유품遺品. 2. 유적遺蹟에서 출토出土·발견된 고대인古代人의 제작품製作品.
4   태중胎中; 아이를 배고 있는 동안.
5   첨단尖端; 1. 물건의 뾰족한 끝. 2. 시대時代의 사조思潮, 유행 같은 것에 앞장서는 일.
6   하수下垂; 나뭇가지 등等이 축 늘어짐. 내려 드리움. 처짐.
7   팽만膨滿; 1. 음식을 많이 먹어 배가 몹시 부름. 2. 점점 부풀어 올라 터질 듯함. 3. 주로 물속식물植物에 있어서 식물의 세포가 수분水分으로 차서 더는 수분을 흡수하지 못하게 된 상태.
8   저으기; 적이. 꽤 어지간한 정도로.
9   첨삭적尖削的; 뾰족하게 깎아지른.
10   화체火體; 1. 골상학骨相學에서 사람의 상격을 오행五行으로 나눌 때, 불에 해당하는 상격. 2. 여기에서는 화진火塵으로 이루어진 몸체.
11   평만적平滿的; 평평하고 가득찬.
12   수체水體; 1. 골상학骨相學에서, 사람의 상격을 오행五行으로 나눌 때 수水에 해당하는 상격. 2. 여기에서는 수진水塵으로 이루어진 몸체.

그리고 南北의 經[13]이 길고
_{남북 경}

그리고 남북의 날줄이 길고

東西의 緯[14, 15]가 짧으므로 이것이
_{동서 위}

동서의 씨줄이 짧으므로 이것이

卵形[16]이 되며 縱徑[17]의 比 9와 橫徑[18]의 比 8로
_{난형 종경 비 횡경 비}

달걀모양이 되며 세로:가로의 비가 9:8로

이루어진 楕圓形[19]이다.
_{타원형}

이루어진 타원형이다.

따라서 8과 9와의 積數[20] 72로써
_{적수}

따라서 8×9=72로써

平均 直徑으로 하고 半徑 36의
_{평균 직경 반경}

평균 지름으로 하고 반지름 36의

根數[21] 6이 地藏[22]心珠[23, 24]의
_{근수 지장 심주}

근수根數 6이 지장심주地藏心珠의

---

13 경經; 경도經度, 경선經線. 지구 위의 위치를 나타내는 좌표축 중에서 세로로 된 것. 한 지점의 경도는 그 지점을 지나는 자오선과 런던의 그리니치 천문대를 지나는 본초 자오선이 이루는 각도이다.

14 위緯; 1. 가로, 좌우, 동서의 방향. 2. 씨. 천, 돗자리, 짚신 따위를 짤 때에 가로로 놓는 실, 노끈, 새끼 따위. 3. 위도緯度. 지구 위의 위치를 나타내는 좌표축 중에서 가로로 된 것.

15 경위經緯; 1. 직물織物의 날과 씨를 아울러 이르는 말. 2. 일이 진행되어 온 과정. 3. 경위도. 경도와 위도를 아울러 이르는 말.

16 난형卵形; 알꼴. 달걀과 같은 모양.

17 종경縱徑; 세로 지름.

18 횡경橫徑; 가로 지름.

19 타원형楕圓形; 길쭉하게 둥근 타원으로 된 평면 도형. 또는 그런 모양.

20 적수積數; 서로 곱한 수.

21 근수根數; 거듭제곱근으로 나타내는 수.

22 지장地藏; 지장보살地藏菩薩. Skt. kṣiti-garbha. 걸차저벽사乞叉底蘗沙라 음사. 지지持地ㆍ묘당妙幢ㆍ무변심無邊心이라고도 함. 무불無佛 세계에서 육도중생六道衆生을 교화하는 대비보살. 도리천에서 석가여래의 부촉을 받고 매일 아침 선정禪定에 들어 중생의 근기를 관찰, 석존이 입멸한 뒤부터 미륵불이 출현할 때까지 몸을 6도六道에 나타내어 천상에서 지옥까지의 일체 중생을 교화하는 대자 대비한 보살. 밀호密號는 비원금강悲願金剛, 여원금강與願金剛. 천관을 쓰고 가사를 입고, 왼손에는 연꽃을 들고, 오른손으로 시무외인施無畏印을 취하거나 혹은 왼손에 연꽃을 쥐고, 오른손에 보주를 들고 있는 모습을 하고 있으며 이 모습이 차츰 변하여 후세에 위경僞經인《연명지장경》이 나오면서부터 석장錫杖을 짚은 사문 모습의 형상이 생기고, 또 그 뒤에는 동자를 안은 지장ㆍ육지장六地藏ㆍ승군지장勝軍地藏 등의 형상이 생김.

23 심주心珠; 중심의 구슬.

24 지장심주地藏心珠; 선천의 일구(반경; $6^3 \times 5 = 1,080$) 내에 동심원으로 달(반경; $6^3 = 216$)이 있고, 그 내에 동심원으로 지구(반경; $6^2 = 36$)가 있고, 그 내에 동심원으로 지장심주(반경; 6)가 있다.

半徑이 되며, 30의 地身[25], 180의 月身[26],
864의 日身[27]으로 하여금 抱擁[28]된 先天의
唯一心珠[29]이다.

그리고 그 6^2이 地半徑,
6^3이 月平均 半徑,
$6^3 \times 5$가 日半徑이 되며,
日半徑의 10倍(滿數[30]),
月平均半徑의 10倍,
地半徑의 10倍를 伸張[31]한
先天 半徑의
滿數에서
地藏心珠의 法力點인 $\frac{1}{6}$과
地球의 力點인 地半徑의 $\frac{1}{4}$과
月體의 力點인 月平均半徑의 $\frac{3}{4}$을
끌어당긴 길이가

반지름이 되며, 30의 지신, 180의 월신,
864의 일신에 품어진 선천先天의
유일심주唯一心珠이다.

그리고 그 6^2(=36)이 지구의 반지름,
6^3(=216)이 달의 평균 반지름,
$6^3 \times 5$(=1,080)가 태양의 반지름이 되며,
태양 반지름의 10배(만수滿數; 10,800),
달 평균 반지름의 10배(2,160),
지구 반지름의 10배(360)를 늘인
선천 반지름의
만수(10,800+2,160+360=13,320)에서
지장심주의 법력점法力點인 $\frac{1}{6}$과
지구의 역점力點인 지반경地半徑의 $\frac{1}{4}$(=9)과
월체의 역점인 달 평균 반지름 $\frac{3}{4}$(=162)의
합($\frac{1}{6}$ +9+162=171$\frac{1}{6}$)을 끌어당긴 길이
(13,320−171$\frac{1}{6}$=13,148$\frac{5}{6}$)가

---

25   지신地身; 지구에서 지장심주를 뺀 나머지.
26   월신月身; 월구에서 지구를 뺀 나머지.
27   일신日身; 일구에서 월구를 뺀 나머지.
28   포옹抱擁; 1. 사람을 또는 사람끼리 품에 껴안음. 2. 남을 아량으로 너그럽게 품어 줌.
29   유일심주唯一心珠; 유일한 중심의 구슬.
30   만수滿數; 정한 수효에 가득 참.
31   신장伸張; 물체物體, 세력勢力·권리權利 따위를 늘이어 넓게 펴거나 뻗침.

內宙의 半徑이 되고

等距離의 길이를 外宇로 延長함이

宇宙의 半徑이 되어

大界의 輪廓이 定해짐과 同時에

地・月・日의 三大를 이루고

列曜[32]가 그 分을 守한다.

그리고 地藏心珠의 6^3인 地球 體積의

1080倍의 地塵이

土星世界(八位 金星을 包含)를

構成하고, 地球 體積의 6^3인 月體,

9倍의 火塵이 月世界가 되며,

月體 55倍의 火塵이 火星世界가 되고,

月體의 20倍가 四大 金星이 되며,

月體 36倍의 陰性 火塵이

木星의 區宇가 되는데, 이를 合하면

月體의 125倍인 日球 一個의 體積에

相當하며, 다시 日球 7倍의 水塵이

星霧界가 되므로 地藏心珠의 半徑인 6은

實로 宇宙 總力量의 根數다.

내주內宙의 반경半徑이 되고

같은 길이를 외우外宇로 연장延長함이

우주의 반지름($2 \times 13,148\frac{5}{6}$)이 되어

대계大界의 윤곽이 정해짐과 동시에

지구・달・해의 삼대三大를 이루고

해와 달과 별자리가 그 분수를 지킨다.

그리고 지장심주의 6^3인 지구 체적의

1,080배의 지진地塵이

토성土星세계(8위八位 금성金星을 포함)를

구성하고, 지구 부피의 6^3인 월체,

9배倍의 화진火塵이 월세계月世界가 되며,

월체 55배의 화진이 화성세계가 되고,

월체의 20배가 4대 금성이 되며,

월체 36배의 음성陰性 화진이

목성의 구역이 되는데, 이를 합하면

월체의 125배인 일구 한 개의 부피에

상당하며, 다시 일구 7배의 수진이

성무계가 되므로 지장심주의 반지름인 6은

실로 우주 총 역량總力量의 근수根數다.

32　열요列曜; 해와 달과 별의 자리(배열).

그리고 地球 體積의 $\dfrac{1}{6^3}$ 에 相當한 體積이

地球의 中心에 眞空이 되어 있으므로

이를 地藏心珠라 稱하며

眞空이란 "다만(但) 空[33]"이 아닌 때문이다.

그리고 지구 체적의 $\dfrac{1}{6^3}$ 에 상당한 부피가

지구의 중심에 진공眞空이 되어 있으므로

이를 지장심주라 부르며

진공이란 "다만 空"이 아닌 때문이다.

---

[33] 단공但空; Only empty. 여러 인연의 일시적인 화합으로 존재하는 현상을 주시하지 못하고 오직 공空에만 치우침. ▶부단공不但空; Not only empty, not merely empty. 공空과 여러 인연의 일시적인 화합으로 존재하는 현상을 함께 주시함으로써 공空에 치우치지 않음.

❖ 지구는 종경(Øb)과 횡경(Øa)의 비율이 9:8인 타원체이다. 지구의 평균 직경은 72(=9×8)이다. 지구의 남극은 달 안에 있을 때 첨단인 위 방향을 향했던 곳이며, 북극은 지구가 아래로 내려와 부푼 형태로서, 남 극은 북극보다 뾰족하며 화체를 상징하고, 북극은 남극보다 평평하며 수체를 상징한다. 즉, 지구의 형태 는 북극보다 남극이 뾰족한 타원체인 계란형이다. 지구의 형태를 그림으로 표현하면〈그림 4〉와 같다.

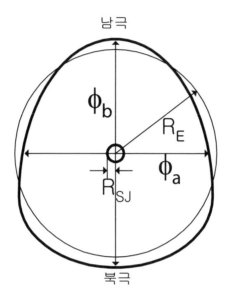

〈그림 4〉 지구의 형태

❖ 지구의 중심에는 지구반경 36의 근수인 6을 반경으로 하는 지장심주가 존재한다. 지장심주는 선천 일구일 원에서 30의 지신, 180의 월신, 864의 일신으로 싸여 있던 선천의 유일한 심주이다(〈그림 1〉및〈그림 5〉). 지구 체적의 $\frac{1}{6^3}$ 에 상당한 체적이 지구의 중심에 진공이 되어 있으므로 이를 지장심주라고 하며, 진공 이라 함은 단지 공이 아닌 때문이다.

❖ 지장심주, 지구, 달, 해의 반경은 차례대로 $\mathbf{R}_{심주}(\mathbf{R}_{SJ})=6$, $R_E=36(=6^2)$, $R_M=216(=6^3)$, $R_S=1{,}080(=6^3\times5)$이다.

❖ 지구와 태양 간의 거리는 다음과 같이 계산된다.

$$L_{SE}=10 \times (R_S + R_M + R_E) - (\frac{1}{6} + \frac{1}{4}R_E + \frac{3}{4}R_M)=13{,}320-171\frac{1}{6}=13{,}148\frac{5}{6}$$

❖ 태양으로부터 지구까지의 영역이 내주이다. 따라서 내주의 반경 $R_{내주}$는 지일 간의 거리 L_{SE}과 같다. 그리고 지구로부터 L_{SE}만큼 연장된 영역이 외우이다. 우주는 내주와 외우를 합친 영역이다. 즉, 우주의 반경 R_U는 $2 \times L_{SE}$이다.

❖ 지구, 달, 해의 체적 V_E, V_M, V_S의 관계는 다음과 같다.

$$V_M = 216 V_E, \quad V_S = 125 V_M = 27000 V_E$$

❖ 우주의 각 세계를 이루는 진의 종류 및 체적은 아래의 〈표 1〉과 같다.

〈표 1〉 열요의 진塵의 종류 및 체적

세계	토성세계	월세계	화성세계	4대 금성	목성 구우	합	성무계
진 종류	지진	화진	화진	금진	음성 화진		수진
진 체적	$5V_M$	$9V_M$	$55V_M$	$20V_M$	$36V_M$	$125V_M = V_S$	$7V_S$

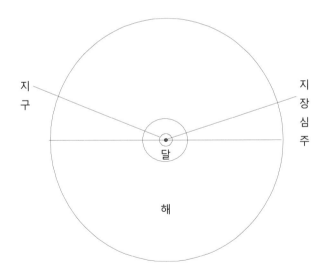

〈그림 5〉 선천의 해, 달, 지구, 지장심주의 구조

동심원 밖으로부터; 선천의 일구(반경; $6^3 \times 5 = 1,080$), 달(반경; $6^3 = 216$),
지구(반경; $6^2 = 36$), 지장심주(반경; 6)

4. 地球와 日球
지구   일구

4. 지구와 일구

<table>
<tr><td>

(a) $9 \times 8 = 72 = 36 \times 2$

地球의 平均直徑
지구   평균직경

(b) $36 = 6^2$

地球의 平均半徑
지구   평균반경

(c) $36 \times \dfrac{22 \times 2}{7} = (\dfrac{1584}{7}) = 226\dfrac{2}{7}$

地球의 平均周圍[1]
지구   평균주위

(d) $36^2 \times \dfrac{22}{7} = (\dfrac{28512}{7}) = 4073\dfrac{1}{7}$

地球의 平均斷面績
지구   평균단면적

(e) $4073\dfrac{1}{7} \times 4 = (\dfrac{114048}{7}) = 16292\dfrac{4}{7}$

地球의 表面績
지구   표면적

(f) $36^3 \times \dfrac{22 \times 4}{7 \times 3} = (\dfrac{4105728}{21}) = 195510\dfrac{6}{7}$

地球의 體積
지구   체적

</td><td>

(a) $9 \times 8 = 72 = 36 \times 2$

지구의 평균 지름 $(2R_E = 72)$

(b) $36 = 6^2$

지구의 평균 반지름 $(R_E = 36)$

(c) $36 \times \dfrac{22 \times 2}{7} = (\dfrac{1,584}{7}) = 226\dfrac{2}{7}$

지구의 평균 둘레 $(2\pi R_E = 226\dfrac{2}{7})$

(d) $36^2 \times \dfrac{22}{7} = (\dfrac{28,512}{7}) = 4,073\dfrac{1}{7}$

지구의 평균 단면적 $(\pi R_E^2 = 4,073\dfrac{1}{7})$

(e) $4,073\dfrac{1}{7} \times 4 = (\dfrac{114,048}{7}) = 16,292\dfrac{4}{7}$

지구의 겉넓이 $(4\pi R_E^2 = 16,292\dfrac{4}{7})$

(f) $36^3 \times \dfrac{22 \times 4}{7 \times 3} = (\dfrac{4,105,728}{21}) = 195,510\dfrac{6}{7}$

지구의 부피 $(\dfrac{4}{3}\pi R_E^3 = 195,510\dfrac{6}{7})$

</td></tr>
</table>

---

1   평균주위平均周圍; 원둘레를 계산할 때에 원주율 $\pi = 3.1415926535897932384626433383279\cdots$이다. 일반적으로 π의 근삿값으로는 $3.14, 3.1416, \dfrac{22}{7}, \dfrac{355}{113}$ 등을 사용한다. π는 소수점 아래 어느 자리에서도 끝나지 않고 무한히 계속되며 반복되지 않는다. 이렇게 π가 무리수라는 사실은 1761년에 요한 하인리히 람베르트가 증명했다. 여기에서는 근삿값 $\dfrac{22}{7}(=3.14285714)$를 사용했다.

(g) $6^3 \times 5 = 1080$

日球의 半徑
(일구) (반경)

(h) $1080 \times 2 = 2160$

日球의 直徑
(일구) (직경)

(i) $2160 \times \dfrac{22}{7} = \dfrac{47520}{7} = 6788\dfrac{4}{7}$

日球의 周圍
(일구) (주위)

(j) $1080^2 \times \dfrac{22}{7} = (\dfrac{25660800}{7}) = 3665828\dfrac{4}{7}$

日球의 斷面績
(일구) (단면적)

(k) $3665828\dfrac{4}{7} \times 4 = 14663314\dfrac{2}{7}$

日球의 表面積
(일구) (표면적)

(l) $1080^3 \times \dfrac{22 \times 4}{7 \times 3} = (\dfrac{110854656000}{21})$

$= 5278793142\dfrac{6}{7}$

日球의 體積
(일구) (체적)

(m) $\dfrac{886837248}{21}$ (月의 體積) $\times \dfrac{5}{6}$
　　　　　　　　　　(월) (체적)

$= \dfrac{739031040}{21} = 35191954\dfrac{2}{7}$

日心 空間의 容積
(일심 공간) (용적)

(g) $6^3 \times 5 = 1,080$

일구의 반지름 ($R_S = R_M \times 5 = 1,080$)

(h) $1,080 \times 2 = 2,160$

일구의 지름 ($2R_S = 2,160$)

(i) $2,160 \times \dfrac{22}{7} = \dfrac{47,520}{7} = 6,788\dfrac{4}{7}$

일구의 둘레 ($2\pi R_S = 6,788\dfrac{4}{7}$)

(j) $1,080^2 \times \dfrac{22}{7} = (\dfrac{25,660,800}{7}) = 3,665,828\dfrac{4}{7}$

일구의 단면적 ($\pi R_S^2 = 3,665,828\dfrac{4}{7}$)

(k) $3,665,828\dfrac{4}{7} \times 4 = 14,663,314\dfrac{2}{7}$

일구의 겉넓이 ($4\pi R_S^2 = 14,663,314\dfrac{2}{7}$)

(l) $1,080^3 \times \dfrac{22 \times 4}{7 \times 3} = (\dfrac{110,854,656,000}{21})$

$= 5,278,793,142\dfrac{6}{7}$

일구의 부피 ($\dfrac{4}{3}\pi R_S^3 = 5,278,793,142\dfrac{6}{7}$)

(m) $\dfrac{886,837,248}{21}$ (달의 부피) $\times \dfrac{5}{6}$

$= \dfrac{739,031,040}{21} = 35,191,954\dfrac{2}{7}$

일심 공간의 부피 ($\dfrac{4}{3}\pi R_M^3 \times \dfrac{5}{6} = 35,191,954\dfrac{2}{7}$)

(n) $\dfrac{886837248}{21} \times \dfrac{1}{6} = \dfrac{147806208}{7}$

$= 7038390\dfrac{6}{7}$

日面空隙의 容積
일 면 공 극　용 적

(o) 2160(日球의 直徑) ÷ 72(地球의 平均直徑)
　　　일 구　직 경　　　　지 구　평 균 직 경

$= 30$倍
　　배

(p) $\dfrac{47520}{7}$ (日球의 周圍) ÷ $\dfrac{1584}{7}$
　　　　　　일 구　주 위

(地球의 周圍) $= 30$倍
지 구　주 위　　　배

(q) $\dfrac{25660800}{7}$ (日球의 斷面績)
　　　　　　　일 구　단 면 적

$÷ \dfrac{28512}{7}$ (地球의 平均斷面績) $= 900$倍
　　　　　　지 구　평 균 단 면 적　　배

(r) $\dfrac{102643200}{7}$ (日球의 表面績)
　　　　　　　　일 구　표 면 적

$÷ \dfrac{114048}{7}$ (地球의 表面績) $= 900$倍
　　　　　　지 구　표 면 적　　배

(s) $\dfrac{147806208}{21}$ (日球의 表隙容積)
　　　　　　　　일 구　표 극 용 적

$÷ \dfrac{4105728}{21}$ (地球의 體積) $= 36$倍
　　　　　　지 구　체 적　　배

(n) $\dfrac{886,837,248}{21} \times \dfrac{1}{6} = \dfrac{147,806,208}{7}$

$= 7,038,390\dfrac{6}{7}$

일면공극의 부피($\dfrac{4}{3}\pi R_M{}^3 \times \dfrac{1}{6} = 7,038,390\dfrac{6}{7}$)

(o) 2,160(일구의 직경) ÷ 72(지구의 평균직경)

$= 30$배$(2R_S ÷ 2R_E = 30)$

(p) $\dfrac{47,520}{7}$ (일구의 둘레) ÷ $\dfrac{1,584}{7}$

(지구의 둘레) $= 30$배$(2\pi R_S ÷ 2\pi R_E = 30)$

(q) $\dfrac{25,660,800}{7}$ (일구의 단면적)

$÷ \dfrac{28,512}{7}$ (지구의 평균 단면적) $= 900$배

$(\pi R_S{}^2 ÷ \pi R_E{}^2 = 900)$

(r) $\dfrac{102,643,200}{7}$ (일구의 표면적)

$÷ \dfrac{114,048}{7}$ (지구의 표면적) $= 900$배

$(4\pi R_S{}^2 ÷ 4\pi R_E{}^2 = 900)$

(s) $\dfrac{147,806,208}{21}$ (일구의 표극表隙부피)

$÷ \dfrac{4,105,728}{21}$ (지구의 부피) $= 36$배

$\{(\dfrac{4}{3}\pi R_M{}^3 \times \dfrac{1}{6}) ÷ \dfrac{4}{3}\pi R_E{}^3 = (\dfrac{4}{3}\pi(6R_E)^3 \times \dfrac{1}{6})$

$÷ \dfrac{4}{3}\pi R_E{}^3 = (\dfrac{4}{3}\pi \times 36R_E{}^3) ÷ \dfrac{4}{3}\pi R_E{}^3 = 36)\}$

142 | 금강심론 주해

(t) $\dfrac{739031040}{21}$ (日球의 裏空容積)

$\div \dfrac{4105728}{21}$ (地球의 體積)=180倍

(u) $\dfrac{110854656000}{21}$ (日球의 體積)

$\div \dfrac{4105728}{21}$ (地球의 體積)=27000倍

(t) $\dfrac{739,031,040}{21}$ (일구의 중심공간 부피)

$\div \dfrac{4,105,728}{21}$ (지구의 부피)=180배

$\{\dfrac{4}{3}\pi R_M{}^3 \times \dfrac{5}{6} \div \dfrac{4}{3}\pi R_E{}^3 = (\dfrac{4}{3}\pi (6R_E)^3 \times \dfrac{5}{6})$

$\div \dfrac{4}{3}\pi R_E{}^3 = (\dfrac{4}{3}\pi \times 216R_E{}^3 \times \dfrac{5}{6}) \div \dfrac{4}{3}\pi R_E{}^3$

$=180\}$

(u) $\dfrac{110,854,656,000}{21}$ (일구의 부피)

$\div \dfrac{4,105,728}{21}$ (지구의 부피)=27,000배

$(\dfrac{4}{3}\pi R_S{}^3 \div \dfrac{4}{3}\pi R_E{}^3 = \dfrac{4}{3}\pi (30R_E)^3 \div \dfrac{4}{3}\pi R_E{}^3$

$=27,000)$

❖ 금타우주론에서 원주율은 유리수로서 다음과 같다.

$$\pi = \frac{22}{7}$$

후천세계의 원 및 구체에서 반경 R, 원둘레 l, 원의 면적 A, 구체의 표면적 S, 구체의 부피 V의 관계는 일반적으로 알려진 기하학에서의 관계와 동일하다. 즉, $l = 2\pi R$, $A = \pi R^2$, $S = 4\pi R^2$, $V = \frac{4}{3}\pi R^3$ 이다.

❖ **지구**

지구는 종경과 횡경의 비율이 9:8인 계란형 타원체이다.

지구 평균 반지름: $R_E = 36$

❖ **일구**

일구는 인력이 강한 수진체로서 그 모양은 구이다. 일구의 중심에는 일심이 있고, 일심에는 비어 있는 공간인 심공이 있다. 그리고 일면에는 공극이 있다. 심공(일심공간)과 면극(일면공극)은 지구를 감싸고 있는 월체가 해로부터 분리되어 나온 흔적이다.

일구 반경 R_S=1,080=30R_E=5R_M 여기서 R_M은 달의 평균 반경

일심 반경 $R_{일심}$=216=$\frac{1}{5}R_S$=6R_E=R_M

일심 체적 $V_{일심}$=V_M

심공(일심 공간)의 체적 $\frac{5}{6}V_M = \frac{5}{6}V_{일심}$

면극(일면 공극)의 체적 $\frac{1}{6}V_M = \frac{1}{6}V_{일심}$

❖ **일구와 지구의 크기 비율**

반경 비=30, 원주 비=30

단면적 비=900, 표면적 비=900, 부피 비=27,000

5. 月의 求積
월   구 적

(a) $6^2=36$

月의 上底半徑
월   상 저 반 경

(b) $36 \times 2 = 72$

月의 上底直徑
월   상 저 직 경

(c) $36 \times 10 = 360$

月의 下底半徑
월   하 저 반 경

(d) $360 \times 2 = 720$

月의 下底直徑
월   하 저 직 경

(e) $6^3 = 216$

月의 平均半徑
월   평 균 반 경

(f) $216 \times 2 = 432$

月의 平均直徑
월   평 균 직 경

(g) $360 \times \frac{3}{4} + (1 - \frac{17}{36}) = 270\frac{19}{36}$

月의 力帶半徑
월   력 대 반 경

(h) $270\frac{19}{36} \times 2 = 541\frac{1}{18}$

月의 力帶直徑
월   력 대 직 경

(i) $72 \times \frac{22}{7} = \frac{1584}{7} = 226\frac{2}{7}$

月頭의 周圍
월 두   주 위

5. 달의 구적求積

(a) $6^2=36$

달의 윗면 반지름 ($R_{TM}=36$)

(b) $36 \times 2 = 72$

달의 윗면 지름 ($2R_{TM}=72$)

(c) $36 \times 10 = 360$

달의 밑면 반지름 ($R_{BM}=360$)

(d) $360 \times 2 = 720$

달의 밑면 지름 ($2R_{BM}=720$)

(e) $6^3 = 216$

달의 평균 반지름 ($R_M=216$)

(f) $216 \times 2 = 432$

달의 평균 지름 ($2R_M=432$)

(g) $360 \times \frac{3}{4} + (1 - \frac{17}{36}) = 270\frac{19}{36}$

달의 역대 반지름 ($R_{FB}=270\frac{19}{36}$)

(h) $270\frac{19}{36} \times 2 = 541\frac{1}{18}$

달의 역대 지름 ($2R_{FB}=541$)

(i) $72 \times \frac{22}{7} = \frac{1,584}{7} = 226\frac{2}{7}$

월두月頭(윗면)의 둘레 ($2\pi R_{TM}=226\frac{2}{7}$)

(j) $720 \times \dfrac{22}{7} = \dfrac{15840}{7} = 2262\dfrac{6}{7}$

月底의 周圍
월저 주위

(k) $432 \times \dfrac{22}{7} = \dfrac{9504}{7} = 1357\dfrac{5}{7}$

月의 平均周圍
월 평균주위

(l) $541\dfrac{1}{18} \times \dfrac{22}{7} = \dfrac{107129}{63} = 1700\dfrac{29}{63}$

月體力帶의 길이
월 체 력 대

(m) $216^2 \times \dfrac{22}{7} = \dfrac{1026432}{7} = 146633\dfrac{1}{7}$

月의 平均斷面績
월 평균단면적

(n) $146633\dfrac{1}{7} \times 4 = 586532\dfrac{4}{7}$

月의 表面積
월 표면적

(o) $360^2 \times \dfrac{22}{7} = \dfrac{2851200}{7} = 407314\dfrac{2}{7}$

月底의 面積
월저 면적

(p) $216^3 \times \dfrac{22 \times 4}{7 \times 3} = \dfrac{886837248}{21}$

$= 42230345\dfrac{1}{7}$

月의 體積
월 체적

(j) $720 \times \dfrac{22}{7} = \dfrac{15,840}{7} = 2,262\dfrac{6}{7}$

달밑면의 둘레($2\pi R_{BM} = 2,262\dfrac{6}{7}$)

(k) $432 \times \dfrac{22}{7} = \dfrac{9,504}{7} = 1,357\dfrac{5}{7}$

달의 평균 둘레($2\pi R_M = 1,357\dfrac{5}{7}$)

(l) $541\dfrac{1}{18} \times \dfrac{22}{7} = \dfrac{107,129}{63} = 1,700\dfrac{29}{63}$

달 역대의 길이($l_{FB} = 2\pi R_{FB}$)

(m) $216^2 \times \dfrac{22}{7} = \dfrac{1,026,432}{7} = 146,633\dfrac{1}{7}$

달의 평균 단면적($\pi R_M{}^2 = 146,633\dfrac{1}{7}$)

(n) $146,633\dfrac{1}{7} \times 4 = 586,532\dfrac{4}{7}$

달의 표면적($4\pi R_M{}^2 = 586,532\dfrac{4}{7}$)

(o) $360^2 \times \dfrac{22}{7} = \dfrac{2,851,200}{7} = 407,314\dfrac{2}{7}$

월저의 넓이($\pi R_{BM}{}^2 = 407,314\dfrac{2}{7}$)

(p) $216^3 \times \dfrac{22 \times 4}{7 \times 3} = \dfrac{886,837,248}{21}$

$= 42,230,345\dfrac{1}{7}$

달의 부피 ($\dfrac{4}{3}\pi R_M{}^3 = 42,230,345\dfrac{1}{7}$)

❖ 달은 화진체로서 그 형태가 원추형이다(〈그림 2〉 참조). 달의 부피와 같은 부피를 갖는 구체의 반경을 달의 평균 반경이라고 할 때, 그 값은 216이 된다. 〈그림 2〉에 도시되어 있듯이 달의 기하학적 크기는 다음과 같다.

▶ 월저 반경 $R_{BM} = 360 = \dfrac{1}{3} \times R_S$

▶ 월두(상저) 반경 $R_{TM} = 36 = \dfrac{1}{10} \times R_{월저} = \dfrac{1}{30} R_S$

▶ 달의 고 $H_M = 720$(월저에서 월두까지 높이)

▶ 달의 반고 $H_{0.5M} = 360$(월저에서 월의 중심까지 높이)

▶ 달의 평균 반경 $R_M = 216$

▶ 달의 부피 $V_M = \dfrac{4}{3} \pi R_M^3$

▶ 달의 역점(FC) 위치: 월축을 따라서 월의 중심으로부터 월저 방향으로 $270\dfrac{19}{36}$ 떨어진 지점

(지구와 목성 구우의 역선을 맺는 역점)

▶ 달의 역대 반경 $R_{FB} = 270\dfrac{19}{36}$

▶ 달의 역대 길이 $l_{FB} = 2\pi R_{FB}$

6. 日·月·地의 比
일   월   지 비

(a) 2160(日球의 直徑)
　　　　일구　　직경

　　　÷432(月의 平均直徑)
　　　　　월　　평 균 직 경

　　　＝5倍
　　　　배

(b) $\dfrac{47520}{7}$ (日球의 周圍)
　　　　　　　일구　　주 위

　　　÷ $\dfrac{9,504}{7}$ (月의 平均周圍)
　　　　　　　　월　　평 균 주 위

　　　＝5倍
　　　　배

(c) $\dfrac{25660800}{7}$ (日球의 斷面積)
　　　　　　　　일구　　단 면 적

　　　÷ $\dfrac{1026432}{7}$ (月의 平均斷面積)
　　　　　　　　　월　　평 균 단 면 적

　　　＝25倍
　　　　　배

(d) $\dfrac{102643200}{7}$ (日球의 表面積)
　　　　　　　　　일구　　표 면 적

　　　÷ $\dfrac{4105728}{21}$ (月의 表面積)
　　　　　　　　　월　　표 면 적

　　　＝25倍
　　　　　배

(e) $\dfrac{110854656000}{21}$ (日球의 體積)
　　　　　　　　　　일구　　체 적

　　　÷ $\dfrac{886837248}{21}$ (月의 體積)＝125倍
　　　　　　　　　　월　　체 적　　　배

---

6. 해, 달, 지구의 비

(a) 2,160(일구의 지름)

　　　÷432(달의 평균 지름)

　　　＝5배 $(2R_S \div 2R_M = 5)$

(b) $\dfrac{47,520}{7}$ (일구의 둘레)

　　　÷ $\dfrac{9,504}{7}$ (달의 평균 둘레)

　　　＝5배 $(2\pi R_S \div 2\pi R_M = 5)$

(c) $\dfrac{25,660,800}{7}$ (일구의 단면적)

　　　÷ $\dfrac{1,026,432}{7}$ (달의 평균 단면적)

　　　＝25배 $(\pi R_S^2 \div \pi R_M^2 = 25)$

(d) $\dfrac{102,643,200}{7}$ (일구의 표면적)

　　　÷ $\dfrac{4,105,728}{21}$ (달의 표면적)

　　　＝25배 $(4\pi R_S^2 \div 4\pi R_M^2 = 25)$

(e) $\dfrac{110,854,656,000}{21}$ (일구의 부피)

　　　÷ $\dfrac{886,837,248}{21}$ (달의 부피)＝125배

　　　$\left(\dfrac{4}{3}\pi R_S^3 \div \dfrac{4}{3}\pi R_M^3 = 125\right)$

(f) 432(月의 平均直徑)
월 평균 직경

÷72(地球의 平均直徑)
지구 평균 직경

=6倍
배

(g) $\dfrac{9504}{7}$(月의 平均周圍)
월 평균 주위

÷$\dfrac{1584}{7}$(地球의 平均周圍)
지구 평균 주위

=6倍
배

(h) $\dfrac{15840}{7}$(月의 底面 周圍)
월 저면 주위

÷$\dfrac{1584}{7}$(地球의 平均周圍)
지구 평균 주위

=10倍
배

(i) $\dfrac{1026432}{7}$(月의 平均斷面績)
월 평균 단면적

÷$\dfrac{28512}{7}$(地球의 平均斷面績)
지구 평균 단면적

=36倍
배

(j) $\dfrac{2851200}{7}$(月의 底面積)
월 저면적

÷$\dfrac{28512}{7}$(地球의 平均斷面績)
지구 평균 단면적

=100倍
배

(k) $\dfrac{4105728}{21}$(月의 表面積)
월 표면적

÷$\dfrac{114048}{7}$(地球의 表面積)
지구 표면적

=36倍
배

(f) 432(달의 평균 지름)

÷72(지구의 평균 지름)

=6배($2R_M \div 2R_E = 6$)

(g) $\dfrac{9,504}{7}$(달의 평균 둘레)

÷$\dfrac{1,584}{7}$(지구의 평균 둘레)

=6배($2\pi R_M \div 2\pi R_E = 6$)

(h) $\dfrac{15,840}{7}$(달의 밑면 둘레)

÷$\dfrac{1,584}{7}$(지구의 평균 둘레)

=10배($2\pi R_{MB} \div 2\pi R_E = 10$)

(i) $\dfrac{1,026,432}{7}$(달의 평균 단면적)

÷$\dfrac{28,512}{7}$(지구의 평균 단면적)

=36배($\pi R_M^2 \div \pi R_E^2 = 36$)

(j) $\dfrac{2,851,200}{7}$(달의 저면 넓이)

÷$\dfrac{28,512}{7}$(지구의 평균 단면적)

=100배($\pi R_{MB}^2 \div \pi R_E^2 = 100$)

(k) $\dfrac{4,105,728}{21}$(달의 표면적)

÷$\dfrac{114,048}{7}$(지구의 표면적)

=36배($4\pi R_M^2 \div 4\pi R_E^2 = 36$)

(1) $\dfrac{886837248}{21}$ (月의 體積)
　　　　　　　　　월　　체 적

　$\div \dfrac{4105728}{21}$ (地球의 體積)
　　　　　　　　지 구　　체 적

　$=216$倍
　　　　배

(1) $\dfrac{886,837,248}{21}$ (달의 부피)

　$\div \dfrac{4,105,728}{21}$ (지구의 부피)

　$=216$배 $\left(\dfrac{4}{3}\pi R_M{}^3 \div \dfrac{4}{3}\pi R_E{}^3 = 216 \right)$

❖ **해와 달의 비**

반경 비＝5 : 1, 주위 비＝5 : 1,

단면적 비＝25 : 1, 표면적 비＝25 : 1, 부피 비＝125 : 1

❖ **달과 지구의 비**

반경 비＝6 : 1, 주위 비＝6 : 1

단면적 비＝36 : 1, 표면적 비＝36 : 1, 부피 비＝216 : 1

월저 주위와 지구의 평균 주위 비＝10 : 1

월저 면적과 지구의 평균 단면적 비＝100 : 1

7. 日・地 間의 距離
일   지 간   거 리

(a) 1080(日半徑)×10
　　　일 반 경

　　+216(月平均半徑)×10
　　　　월 평 균 반 경

　　+36(地球半徑)×10=13320
　　　　지 구 반 경

　　日地間의 伸滿[1]距離
　　일 지 간　　신 만 거 리

(b) 216(月平半)× $\dfrac{3}{4}$ (月力의 比)
　　　 월 평 반　　　 월 력 　비

　　+36(地半)× $\dfrac{1}{4}$ (地力의 比)
　　　 지 반 　　　 지 력　 비

　　+ $\dfrac{1}{6}$ (地藏心珠의 法力點)=171 $\dfrac{1}{6}$
　　　　 지 장 심 주 　법 력 점

　　月의 力과 地球의 力에 依하여 引縮[2]된 距離
　　월 　력　 지 구 력 　의　 　인 축 　거 리

7. 해와 지구 간의 거리

(a) 1,080(태양 반지름)×10

　　+216(달 평균 반지름)×10

　　+36(지구 반지름)×10=13,320

　　해와 지구 간의 신만거리

　　 $[L_{SE신만}=10\times(R_S+R_M+R_E)$

　　 $=10\times(1,080+216+36)=13,320]$

(b) 216(달 평균 반지름)× $\dfrac{3}{4}$ (월력의 비)

　　+36(지구 반지름)× $\dfrac{1}{4}$ (지력의 비)

　　+ $\dfrac{1}{6}$ (지장심주의 법력점)=171 $\dfrac{1}{6}$

　　달의 힘과 지구의 힘에 의하여 인축된 거리

　　 $[L_{단축}=\dfrac{3}{4}$ (월력의 비)× $R_M+\dfrac{1}{4}$ (지력의 비)

　　 $\times R_E+\dfrac{1}{6}$ (지장심주의 법력점)=171 $\dfrac{1}{6}$]

1　　신만伸滿; 펼친. 늘인.

2　　인축引縮; 끌어당겨 축소된.

(c) 216(月平半)×$\dfrac{1}{4}$(月力의 補比)

월평반 월력 보비

$+36$(地半)×$\dfrac{3}{4}$(地力의 補比)$=81$

지반 지력 보비

日球의 引力에 依하여 短縮되고

일구 인력 의 단축

또는 法力[3]에 依하여 伸長할 수 있는

법력 의 신장

增減限度의 距離

증감한도 거리

(c) 216(달 평균 반지름)×$\dfrac{1}{4}$(월력의 보비)

$+36$(지구 반지름)×$\dfrac{3}{4}$(지력의 보비)$=81$

일구의 인력에 의하여 단축되고

또는 법력에 의하여 신장할 수 있는

증감 한도의 거리

$$\left[L_{증감}=\dfrac{1}{4}(\text{월력의 보비})\times R_M\right.$$

$$\left.+\dfrac{3}{4}(\text{지력의 보비})\times R_E=81\right]$$

(d) 13320(日地間의 伸滿距離)$-171\dfrac{1}{6}$

일지간 신만거리

(月 또는 地球의 力에 引縮된 距離)

월 지구 력 인축 거리

$=13148\dfrac{5}{6}$

日地力點間의 平均距離

일지역점간 평균거리

(d) 13,320(일지 간의 신만거리)$-171\dfrac{1}{6}$

(달 또는 지구의 힘에 인축된 거리)

$=13,148\dfrac{5}{6}$

해와 지구 역점 간의 평균 거리

$$\left[L_{SE}=L_{SE신만}-L_{단축}=13,320-171\dfrac{1}{6}=13,148\dfrac{5}{6}\right]$$

(e) $13148\dfrac{5}{6}$(日地力點間의 平均距離)

일지역점간 평균거리

$+81$(日地間 伸長限度의 距離)$=13229\dfrac{5}{6}$

일지간 신장한도 거리

日·地 間이 最遠이 되었을 때의 距離

일 지간 최원 거리

(大寒[4]節)

대한 절

(e) $13,148\dfrac{5}{6}$(해와 지구 역점 간의 평균 거리)

$+81$(해와 지구 간 신장한도의 거리)$=13,229\dfrac{5}{6}$

해와 지구 간이 가장 멀어졌을 때의 거리

(대한절)

$$\left[L_{SEmax}=L_{SE}+L_{증감}=13,148\dfrac{5}{6}+81=13,229\dfrac{5}{6}\right]$$

3 　법력法力; 1. 법의 공덕력. 불법佛法의 위력. 2. 신통력. 신기한 힘. 3. 법률의 효력.

4 　대한大寒; 24절기 가운데 하나로 소한 뒤부터 입춘 전까지의 절기이다. 음력 12월 중기中氣이며, 양력으로는

(f) $13148\frac{5}{6}$(日地力點間의 平均距離)
일지역점간　평균거리

　　-81(日地間 短縮限度의 距離)
일지간 단축한도　거리

　　$=13067\frac{5}{6}$

　　日・地 間이 最近이 되었을 때의 距離
　　일　지간　최근　　　　거리

　　(大暑^{5}節)
대서 절

(f) $13{,}148\frac{5}{6}$(해와 지구 역점 간의 평균 거리)

　　-81(해와 지구 간 단축한도의 거리)

　　$=13{,}067\frac{5}{6}$

　　해・지구 간이 가장 가까워졌을 때의 거리

　　(대서절)

　　$[L_{SEmin}=L_{SE}-L_{중감}=13{,}148\frac{5}{6}-81=13{,}067\frac{5}{6}]$

(g) $13148\frac{5}{6}$(日地力點間의 平均距離)
일지역점간　평균거리

　　-1080(日半徑)-36(地半徑)$=12032\frac{5}{6}$
일 반 경　　　　지 반 경

　　日・地 兩面間의 平均距離
　　일　지 양 면 간　평 균 거 리

(g) $13{,}148\frac{5}{6}$(해와 지구 역점 간의 평균 거리)

　　$-1{,}080$(해 반경)-36(지구 반경)$=12{,}032\frac{5}{6}$

　　해・지구 양면 간의 평균 거리

　　$[L_{SESS}=L_{SE}-R_S-R_E=13{,}148\frac{5}{6}-1{,}080-36$

　　$=12{,}032\frac{5}{6}]$

　　1월 20일경에 시작한다. 가장 추운 때라는 뜻이지만 실제로는 아니며, 대한의 마지막날을 겨울을 매듭짓는 날로 보고 계절적 연말일年末日로 여겼다.

5　　대서大暑; 24절기의 하나로 소서小暑와 입추立秋 사이이다. 음력 6월 중이며 양력 7월 23일경 시작한다. 한국에서는 중복中伏으로 장마가 끝나고 더위가 가장 심해지는 때이다.

❖ 해와 지구 사이의 신만거리

$$L_{SE신만}=10\times(R_S+R_M+R_E)=10\times(1{,}080+216+36)=13{,}320$$

❖ 달의 힘과 지구의 힘에 의하여 당겨져서 단축된 거리

$$L_{단축}=\frac{3}{4}(월력의\ 비)\times R_M+\frac{1}{4}(지력의\ 비)\times R_E+\frac{1}{6}(지장심주의\ 법력점)=171\frac{1}{6}$$

❖ 일구의 인력에 의하여 단축되거나 또는 법력에 의하여 신장될 수 있는 중감거리

$$L_{중감}=\frac{1}{4}(월력의\ 보비)\times R_M+\frac{3}{4}(지력의\ 보비)\times R_E=81$$

❖ 일지 간의 평균 거리

$$L_{SE}=L_{SE신만}-L_{단축}=13{,}320-171\frac{1}{6}=13{,}148\frac{5}{6}$$

❖ 일지 간의 최원거리(대한절)

$$L_{SEmax}=L_{SE}+L_{중감}=13{,}148\frac{5}{6}+81=13{,}229\frac{5}{6}$$

❖ 일지 간의 최근거리(대서절)

$$L_{SEmin}=L_{SE}-L_{중감}=13{,}148\frac{5}{6}-81=13{,}067\frac{5}{6}$$

❖ 일면, 지면 간의 거리

$$L_{SESS}=L_{SE}-R_S-R_E=13{,}148\frac{5}{6}-1{,}080-36=12{,}032\frac{5}{6}$$

8. 月·地 間의 距離와 日·月 間의 距離
월 지간 거리 / 일 월간 거리

8. 월지 간의 거리와 일월 간의 거리

(a) $13148\frac{5}{6}$ (日·地 力點間의 平均距離[1])
일 지 역점간 평균거리

$\times\frac{1}{6}$ (地藏心珠法力[2]의 比)$=2191\frac{17}{36}$
지장심주법력 비

月·地 間의 距離 (地球의 中心에서
월 지간 거리 지구 중심

月體 力點까지의 距離)로서
월체 역점 거리

何時도 變動이 없음.
하시 변동

(a) $13,148\frac{5}{6}$ (일·지 역점 간의 평균 거리)

$\times\frac{1}{6}$ (지장심주 법력의 비)$=2,191\frac{17}{36}$

월·지 간의 거리(지구의 중심에서

월체 역점力點까지의 거리)로서

언제나 변동이 없음.

$$[L_{EM}=L_{SE}\times\frac{1}{6}(\text{지장심주 법력의 비})$$

$$=2,191\frac{17}{36}]$$

(b) $13148\frac{5}{6}$ (日·地 力點間의 平均距離)
일 지 역점간 평균거리

$\times\frac{5}{6}$ (地藏心珠 法力의 補比)$=10957\frac{13}{36}$
지장심주 법력 보비

日月間 最近이 될 때의 距離
일월간 최근 거리

(b) $13,148\frac{5}{6}$ (일·지 역점간의 평균 거리)

$\times\frac{5}{6}$ (지장심주 법력의 보비)$=10,957\frac{13}{36}$

일월 간 가장 가까워질 때의 거리

$$[L_{SM\,min}=L_{SE}\times\frac{5}{6}(\text{지장심주 법력의 보비})$$

$$=10,957\frac{13}{36}]$$

---

1 일日·지地 역점간力點間의 평균 거리平均距離; 현대과학에서는 2013년 기준으로 149,597,870,700m로 정의되어 있다. ▶AU (천문단위天文單位, astronomical unit); 천문학에서 사용되는 길이의 단위로 지구와 태양과의 평균 거리이다. 2013년 기준으로 149,597,870,700m로 정의되어 있다. ▶ 현재 태양의 반경 Rs=6.955× 10^8 m=695,500km=0.004652 AU (천문단위). 곧 태양의 반지름은 695,500km(432,450마일)로 지구의 약 110배에 이른다. 금타우주론에서는 태양의 반지름은 지구 반지름의 30배이다.

2 법력法力; 1. 법의 공덕력. 불법佛法의 위력. 2. 신통력. 신기한 힘. 3. 법률의 효력.

(c) $13148\frac{5}{6}$ (日·地 力點間의 平均距離)
　　　　　 일　지　역점간　평균거리

$+2191\frac{17}{36}$ (月地間의 距離)
　　　　　 월지간　　거리

$=15340\frac{11}{36}$

日月間 最遠[3]이 되었을 때의 距離
일 월 간 최 원　　　　　　　　 거 리

(d) $2191\frac{17}{36}$ (月地間의 距離)
　　　　　 월지간　　거리

$\div36$(地半)$=60\frac{1133}{1296}$ 倍
　　　지반　　　　　　　　　　배

(e) $10957\frac{13}{36}$ (日月間 最近[4]距離)
　　　　　　 일월간 최근 거리

$\div216$(月平半)$=50\frac{5665}{7776}$ 倍
　　　월평반　　　　　　　　　 배

(f) $15340\frac{11}{36}$ (日月間 最遠距離)
　　　　　　 일월간 최원거리

$\div216$(月平半)$=71\frac{144}{7776}$ 倍
　　　월평반　　　　　　　　　 배

(c) $13,148\frac{5}{6}$ (일지 역점 간의 평균 거리)

$+2,191\frac{17}{36}$ (월지 간의 거리)

$=15,340\frac{11}{36}$

일월 간 가장 멀어질 때의 거리

$$[\,L_{SM\,max}=L_{SE}+L_{EM}=15,340\frac{11}{36}\,]$$

(d) $2,191\frac{17}{36}$ (월지 간의 거리)

$\div36$(지구 반지름)$=60\frac{1,133}{1,296}$ 배

$$[\,\frac{L_{EM}}{R_E}=\sim60\,]$$

(e) $10,957\frac{13}{36}$ (일월 간 가장 가까운 거리)

$\div216$(달 평균 반지름)$=50\frac{5,665}{7,776}$ 배

$$[\,\frac{L_{SM\,min}}{R_M}=\sim50\,]$$

(f) $15,340\frac{11}{36}$ (일월 간 가장 먼 거리)

$\div216$(달 평균 반지름)$=71\frac{144}{7,776}$ 배

$$[\,\frac{L_{SM\,max}}{R_M}=\sim70\,]$$

3　最遠최원; 가장 먼.

4　最近최근; 1. 거리 따위가 가장 가까움. 장소場所나 위치位置가 가장 가까움. 2. 얼마 되지 않은 지나간 날부터 현재 또는 바로 직전까지의 기간. 얼마 아니 되는 지나간 날. [비슷한말] 근래, 요즈음, 어제오늘.

(g) $2191\dfrac{17}{36}$ (地球의 中心에서

월체   역점   거리

月體 力點까지의 距離)+$270\dfrac{19}{36}$

(月體의 力點에서 月의 中心까지의 距離)

월체   역점   월 중심   거리

=2462

地球의 中心에서 月의 中心까지의 距離

지구 중심   월 중심   거리

(h) 2462(地月中心間의 距離)

지 월 중 심 간   거 리

−360(月體의 半高)−36(地半徑)

월체 반 고   지 반 경

=2066

地面에서 月面까지의 距離

지 면   월 면   거 리

(g) $2,191\dfrac{17}{36}$ (지구의 중심에서

월체 역점까지의 거리)+$270\dfrac{19}{36}$

(월체의 역점에서 달의 중심까지의 거리)

=2,462

지구의 중심에서 달의 중심까지의 거리

$\left[L_{EMCC}=L_{EM}+270\dfrac{19}{36}\right.$

(월역점과 달 중심 간 거리)=2,462]

(h) 2,462(지월 중심 간의 거리)

−360(월체의 반고)−36(지구 반지름)

=2,066

지면에서 월면까지의 거리

$\left[L_{EMSS}=L_{EMCC}-R_E-\dfrac{1}{2}\times H_M\right.$

=2,462−36−360=2,066]

❖ 월지 간의 거리

월지 간의 거리는 **달의 역점으로부터 지구 중심까지의 거리**로서 변동이 없이 항상 일정한 값을 갖는다.

▶ 월지 간의 거리 $L_{EM} = L_{SE} \times \dfrac{1}{6}$ (지장심주 법력의 비)$= 2{,}191\dfrac{17}{36}$

▶ 지구의 중심에서 달의 중심까지의 거리(9항〈그림 6〉참조)

$$L_{EMCC} = L_{EM} + 270\dfrac{19}{36} \text{(월역점과 중심 간 거리)} = 2{,}462$$

▶ 지면에서 월저면까지의 거리

$$L_{EMSS} = L_{EMCC} - R_E - \dfrac{1}{2} \times H_M = 2{,}462 - 36 - 360 = 2{,}066$$

$$\dfrac{L_{EM}}{R_E} = \sim 60$$

❖ 일월 간의 거리

▶ 일월 간의 최근거리

$$L_{SM\,min} = L_{SE} \times \dfrac{5}{6} \text{(지장심주 법력의 보비)} = 10{,}957\dfrac{13}{36}$$

$$\dfrac{L_{SM\,min}}{R_M} = \sim 50$$

▶ 일월 간의 최원거리

$$L_{SM\,max} = L_{SE} + L_{EM} = 15{,}340\dfrac{11}{36}$$

$$\dfrac{L_{SM\,max}}{R_M} = \sim 70$$

9. 月底 凹處의 淺深 및 그 容積
월 저 요 처   천 심   용 적

9. 월저 요처의 깊이 및 그 부피

(a) $2191\frac{17}{36}$ (地心에서 月體 力點까지의 距離)
　　　　　　 지심　　 월체 역점　　　 거 리

$-36(地半)=2155\frac{17}{36}$
　　 지반

月의 力點에서 地面까지의 距離,
월　 역점　　 지 면　　　 거리

또는 月의 力點에서 地半의 길이를
　　 월　 역점　　 지반

延長한 點에서 地心까지의 距離
연장 　점　　 지심　　　 거리

(b) $6^3\times10=2160$

月底에 洞穴[1]이 없을 경우
월저　 동 혈

月의 力點에서 地面까지의 距離
월　 역점　　 지면　　　 거리

또는 月의 力點에서 $31\frac{17}{36}$ 을 延長한
　　 월　 역점　　　　　　　　 연장

假力點에서 地心까지의 距離
가 역점　　 지심　　　 거리

(c) 2160(月底에 洞穴이 없을 경우
　　　　月底　 동 혈

假力點에서 地心까지의 距離)
가 역점　　 지심　　　 거리

$-2155\frac{17}{36}$ (月의 力點에서 地面까지의 距離)
　　　　　　 월　 역점　　 지면　　 거 리

$=4\frac{19}{36}$

(a) $2,191\frac{17}{36}$ (지심에서 월체 역점까지의 거리)

$-36(지구 반지름)=2,155\frac{17}{36}$

달의 역점에서 지면까지의 거리,

또는 달의 역점에서 지구 반지름의 길이를

연장한 점에서 지심까지의 거리

(b) $6^3\times10=2,160$

월저면에 동혈이 없을 경우

달의 역점에서 지면까지의 거리

또는 달의 역점에서 $31\frac{17}{36}$ 을 연장한

가역점에서 지심까지의 거리

(c) 2,160(월저면에 동혈이 없을 경우

가역점에서 지심까지의 거리)

$-2,155\frac{17}{36}$ (달의 역점에서 지면까지의 거리)

$=4\frac{19}{36}$

1　　동혈洞穴; 깊고 넓은 굴의 구멍. 벼랑이나 바위에 있는 굴의 구멍.

月底 洞穴의 最深處[2]로서 地·月이
剖判[3] 當時의 最後分界이며
成劫[4] 初期에는 地球가 日·月의
最中에 內包되어 있었으나,
漸次 露出됨에 따라 月體 斥性[5]과의
臨界[6]線을 보인 最後의 限界가 되는
跡印[7]의 最深處다.

월저 동혈의 최심처로서 지·월이

떨어져 나올 당시의 최후 분계分界이며

성겁 초기에는 지구가 일·월의

한가운데에 내포되어 있었으나,

점차 노출됨에 따라 월체 척성斥性과의

임계선臨界線을 보인 최후의 한계가 되는

적인跡印의 최심처最深處다. [$d_{max}=4\frac{19}{36}$]

(d) $4\frac{19}{36}$ (月底凹處[8]의 最深處)

$\times \frac{1}{10}$ (月體 成滿[9]의 比)=洞穴의 最淺處

(d) $4\frac{19}{36}$ (월저 요처凹處의 최심처)

$\times \frac{1}{10}$ (달 성만成滿의 비)=동혈의 최천처

[$d_{min}=\frac{163}{360}=\frac{1}{10}\times 4\frac{19}{36}$]

(e) {$4\frac{19}{36}$ (洞穴의 最深處)

$+\frac{163}{360}$ (洞穴의 最淺處)}$\div 2=2\frac{353}{720}$

洞穴의 平均 깊이

(e) {$4\frac{19}{36}$ (동혈의 최심처)

$+\frac{163}{360}$ (동혈의 최천처)}$\div 2=2\frac{353}{720}$

동혈의 평균 깊이

---

2   최심처最深處; 가장 깊은 곳.

3   부판剖判; 둘로 갈려 나누어짐. 또는 둘로 갈라 나눔.

4   성겁成劫; 사겁의 하나. 세계가 파괴되어 없어진 후 아주 오랜 세월이 지나 다시 세계가 생기고 인류가 번식하는 기간이다.

5   척성斥性; 밀어내는 성질.

6   임계臨界; 1. 경계境界. 사물이 어떠한 기준에 의하여 분간되는 한계. 2. 어떠한 물리 현상이 갈라져서 다르게 나타나기 시작하는 경계.

7   적인跡印; 흔적이 찍혀 남음.

8   요처凹處; 오목하게 들어간 곳.

9   성만成滿; 일체를 완성·성취成就함.

(f) $\dfrac{4105728}{21}$ (地球의 體積으로서 이것이

洞穴의 容積)$\div\dfrac{1793}{720}$ (平均 깊이)

$=78509\dfrac{24783}{37653}$

月面에 구름 낀 것처럼 보이는

洞穴의 表張面積으로서

月底 全面積의 約 $\dfrac{1}{5}$ 이다

(g) $407314\dfrac{2}{7}$ (月底의 全面積)

$-78509\dfrac{24783}{37653}$ (洞穴의 表張面積)

$=328804\dfrac{23628}{37653}$

月底의 凹處가 아닌 面積으로서

洞穴의 表張面積[10]의 約 4倍이다.

(f) $\dfrac{4,105,728}{21}$ (지구의 부피로서 이것이

동혈의 부피)$\div\dfrac{1,793}{720}$ (평균 깊이)

$=78,509\dfrac{24,783}{37,653}$

월면에 구름 낀 것처럼 보이는

동혈의 표장면적表張面積으로서

월저 전체 넓이의 약 $\dfrac{1}{5}$ 이다.

[면적 $A_{공동}=\dfrac{V_E}{d}=0.193\mathrm{A}_{월저}$,

반지름 $R_{공동}=158=0.463\mathrm{R}_{월저}$]

(g) $407,314\dfrac{2}{7}$ (월저의 전체 넓이)

$-78,509\dfrac{24,783}{37,653}$ (동혈의 표장면적表張面積)

$=328,804\dfrac{23,628}{37,653}$

월저의 요처凹處가 아닌 면적으로서

동혈 표장면적의 약 4배이다.

10 　 표장면적表張面積; 곁에 펼쳐진 넓이.

❖ 달의 중심, 역점, 가역점 및 지구 중심 등과의 위치 관계를 그리면〈그림 6〉과 같다.

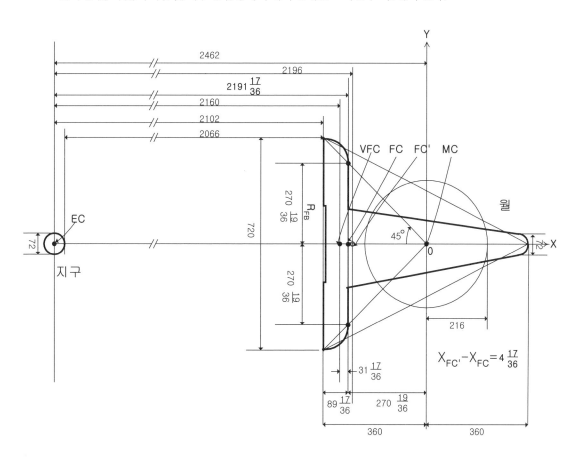

〈그림 6〉 달의 역점과 지구와의 거리

▶ 달의 중심(MC)에서 월저 방향으로 $270\frac{19}{36}$ 떨어져 있는 달 역점(FC)으로부터 지구 중심(EC)과의 거리는 $2,191\frac{17}{36}$ 이다. 이 거리는 항상 일정하게 유지된다. 역점은 월저로부터 월두 방향으로 $89\frac{17}{36}$ 떨어져 있다.

▶ 가역점(VFC)은 역점으로부터 월저 방향으로 $31\frac{17}{36}$ 떨어져 있다. 가역점과 지구중심간의 거리는 2,160이다.

❖ 월저에 지구가 떨어져 나온 자리인 공동이 없다고 가정할 때의 역점(FC′)은 현재의 역점(FC)으로부터 월두 방향으로 $4\frac{19}{36}$ 이동한다. 역점은 지구와 목성 구우 간의 역선이 맺히는 점이다. 또한 $4\frac{19}{36}$ 는 월저 공동에서 최심처의 깊이다. 이것은 지구가 달로부터 분리될 당시의 최후 경계선이다. 즉, 성겁 초기에는 지구가 해, 달의 중심에 내포되어 있었으나, 차차 노출됨에 따라서 월체의 척성과의 임계선을 보인 최후의 경계가 최심처이다.

❖ 월저에 있는 공동의 크기는 다음과 같다.

공동의 최심처 깊이 $d_{max}=4\frac{19}{36}$

최천처 깊이 $d_{min}=\frac{163}{360}=\frac{1}{10}\times4\frac{19}{36}$, 여기서 $\frac{1}{10}$ 은 월체 성만의 비율

평균 깊이 $\overline{d}=\frac{d_{max}+d_{min}}{2}=2\frac{353}{720}$

면적 $A_{공동}=\frac{V_E}{d}=0.193A_{월저}$, 반지름 $R_{공동}=158=0.463R_{월저}$

월저 면에서 구름이 낀 것처럼 보이는 공동의 면적은 월저 면의 약 $\frac{1}{5}$ 이다.

10. 地球의 軌道와 公轉의 度數
지구 궤도 공전 도수

10. 지구의 궤도와 공전의 도수度數

(a) $13148\frac{5}{6}$(日地間의 平均距離로서
일지간 평균거리

이것이 地球軌道[1]의 內輪[2]
지구 궤도 내륜

卽 內宙의 半徑)×2=$26297\frac{2}{3}$
즉 내주 반경

內宙의 直徑으로서 우리 宇宙[3]의
내주 직경 우주

半徑과 等하며 內宙半徑의 길이를
반경 등 내주반경

外宇에 延長시킨 것이다.
외우 연장

(b) $26297\frac{2}{3}$(地球 軌道 內輪의 直徑)
지구 궤도 내륜 직경

$\times\frac{22}{7}$(圓周率)=$\frac{1735646}{21}$
원주율

=$82649\frac{17}{21}$

이것이 內宙와 外宇와의 分界線인
내주 외우 분계선

地球 軌道의 길이다.
지구 궤도

(a) $13{,}148\frac{5}{6}$(일지 간의 평균 거리로서

이것이 지구 궤도의 내륜內輪

곧 내주內宙의 반지름)×2=$26{,}297\frac{2}{3}$

내주의 지름으로서 우리 우주의

반지름과 같으며 내주 반지름의 길이를

외우外宇에 연장시킨 것이다.

(b) $26{,}297\frac{2}{3}$(지구 궤도 내륜內輪의 지름)

$\times\frac{22}{7}$(원주율)=$\frac{1{,}735{,}646}{21}$

=$82{,}649\frac{17}{21}$

이것이 내주와 외우와의 분계선인

지구 궤도의 길이이다.

---

1 궤도軌道; 1. 수레가 지나간 바큇자국이 난 길. 2. 일이 발전하는 본격적인 방향과 단계. 3. 물체物體가 일정一定한 힘에 의해 움직이는 경로經路. 4. 선로線路. 기차나 전차의 바퀴가 굴러가도록 레일을 깔아 놓은 길. [비슷한말] 경로, 본보기, 차도.

2 내륜內輪; 아치의 안쪽 둘레.

3 우주宇宙; 우주란 외우내주外宇內宙를 줄인 말로, 지구 궤도를 경계로 궤도의 안쪽을 내주, 바깥쪽을 외우로 구분함. 곧 태양과 지구간의 거리 $13{,}148\frac{5}{6}$를 반지름으로 하는 원(지구 궤도)의 안쪽은 내주, 바깥쪽은 외우임.

(c) $\dfrac{1735646}{21}$ (地球 軌道의 길이)
지구 궤도

$\div \dfrac{1584}{7}$ (地球의 平均周圍)$=\dfrac{78893}{216}$
지구 평균주위

$=365.245\overset{\cdot}{3}70$

地球 軌道 一周[4]의 私轉[5]回數로서
지구 궤도 일주 사전 회수

이것이 太陽曆의 日時
태양력 일시

(d) $13148\dfrac{5}{6}$ (日·地心間의 平均距離)
일 지심간 평균거리

$\div 36$(地半徑)$=365.245\overset{\cdot}{3}70$
지반경

(e) $2191\dfrac{17}{36}$ (月·地間의 距離)
월 지간 거리

$\div 6$(地藏心珠의 半徑)$=365.245\overset{\cdot}{3}70$
지장심주 반경

(f) $10957\dfrac{13}{36}$ (日·月間 最近의 距離)
일 월간 최근 거리

$\div \{36$(地半)-6(地藏心珠의
지반 지장심주

半徑)$\}=365.245\overset{\cdot}{3}70$
반경

日地間의 距離에 對한 地球 半徑의
일지간 거리 대 지구 반경

倍數인 (d)와 (e)는 地球 公轉[6]度數[7]의
배수 지구 공전 도수

(c) $\dfrac{1,735,646}{21}$ (지구 궤도의 길이)

$\div \dfrac{1,584}{7}$ (지구의 평균 둘레)$=\dfrac{78,893}{216}$

$=365.245\overset{\cdot}{3}70$

지구 궤도 일주一周의 자전횟수로서

이것이 태양력의 일시日時

(d) $13,148\dfrac{5}{6}$ (일·지심 간의 평균 거리)

$\div 36$(지구 반지름)$=365.245\overset{\cdot}{3}70$

(e) $2,191\dfrac{17}{36}$ (월·지 간의 거리)

$\div 6$(지장심주의 반지름)$=365.245\overset{\cdot}{3}70$

(f) $10,957\dfrac{13}{36}$ (일·월 간 최근거리)

$\div \{36$(지구 반지름)-6(지장심주의

반지름)$\}=365.245\overset{\cdot}{3}70$

일·지 간의 거리에 대한 지구 반지름의

배수인 (d)와 (e)는 지구 공전 도수의

---

4   일주一周; 일정한 경로를 한 바퀴 돎. [비슷한말] 라운드, 바퀴, 일순.

5   사전私轉; 자전自轉. 저절로 돎.

6   공전公轉; 한 천체天體가 다른 천체의 둘레를 주기적으로 도는 일. 행성이 태양의 둘레를 돌거나 위성이 행성의 둘레를 도는 따위를 이른다.

7   도수度數; 1. 거듭하는 횟수. 2. 각도, 온도, 광도 따위의 크기를 나타내는 수. 3. 일정한 정도나 한도.

輪合[8]을 證한다.

從來[9] 日地間의 距離가

地半徑의 23440倍[10]라 함과 같은

云云의 說은 道理에 不合理하므로

太陽曆[11]의 日數[12]가 23440個日이

될 때까지 保留할 問題이다.[13]

총 회전수(윤합輪合)를 증명한다.

요즈음 현대과학에서 일·지 간의 거리가

지구 반지름의 23,440배倍라 말하는

학설은 도리에 맞지 않으므로

태양력의 날수가 23,440일이

될 때까지 보류할 문제이다.

---

8 윤합輪合; 바퀴(여기서는 지구)가 회전한 수의 총합. 곧 자전의 총 회전수.

9 종래從來; 일정한 시점을 기준으로 이전부터 지금까지에 이름. 또는 그런 동안. [부사] 이전부터 지금까지.

10 일지간日地間의 거리距離가 지반경地半徑의 23,440배倍; 지구반경地球半徑(Earth radius)은 지구의 반지름을 일컫는 천문학의 단위 중 하나이다. 지구의 반지름은 대략 6,400km이다. 지구는 자전의 영향으로 적도 부근이 약간 부풀어 오른 타원체이므로 적도 반지름은 6,378km이며 극 반지름은 6,357km이다. 적도 반지름이 극 반지름보다 약 21km가 길다. 현재 지구의 평균 반지름은 0.64만km이므로 그 값을 23,440배하면 23,440×0.64=15001.5만km가 되어 현재의 일지 간 거리가 된다. (23,440일을 년으로 환산하면 23,440/365.245=64.2년이다.) ▶지구에서 태양까지의 거리; 지구에서 태양까지의 거리는 대략 1억 5천만km이며, 빛의 속도로 가면 8분 20초가량 걸린다.

11 태양력太陽曆; 지구가 태양의 둘레를 한 바퀴 도는 데 걸리는 시간을 1년으로 정한 역법. 계절이 바뀌는 주기를 근거로 하여 만든 것으로, 1년을 365일, 4년마다 윤년을 두어 366일로 하고, 100년마다 윤년을 1회 줄여 400년에 윤년을 97회로 정하였다. [비슷한 말] 신력新曆·양력陽曆. *현대의 표준연력의 1년=365.242190일에 비해, 금타우주론의 1년=365.245370일이 약 0.0032일(즉 4.608분) 크다. 이는 312.5년마다 1일의 차이가 난다.

12 일수日數; 1. 날의 수. 2. 날성수. 그날의 운수.

13 (f)의 후반 기술내용을 볼 때, 금타 대화상께서 현대과학에서 말하는 지구반경의 크기와 태양, 지구 사이의 거리의 비례관계를 정확한 지식으로 파악하고 계심을 알 수 있다. 현대의 표준연력의 1년=365.242190일에 비해, 금타우주론의 1년=365.245370일이 약 0.0032일(즉 4.608분) 크다. 이는 312.5년마다 1일의 차이가 난다.

❖ 공전 도수=지구 궤도의 길이 / 지구 둘레의 길이= $\dfrac{26,297\frac{2}{3}}{72}$ =365.245370

　▶ 지구의 공전도수: 지구라는 구체가 공전 궤도상을 몇 바퀴 굴러가는지를 계산한 것

　　월지 간 거리 / 지장심주의 반경=365.245370

　　일월 간 최근거리 / (지반경−지장심주)=365.245370

❖ 종래 일지 간의 거리가 지반경의 23,440배라 함과 같은 등의 학설은 도리에 불합리하므로 태양계의 일수가 23,440개 일이 될 때까지 보류할 문제이다.

❖ 우주란 외우내주外宇內宙를 줄인 말로, 지구 궤도를 경계로 궤도의 안쪽을 내주, 바깥쪽을 외우로 구분함. 곧 태양과 지구간의 거리 $13,148\frac{5}{6}$ 를 반지름으로 하는 원(지구 궤도)의 안쪽은 내주, 바깥쪽은 외우임.

한국의 표준연력—태양력

태양력은 365.242190일을 1년의 길이로 한 태양년(회귀년)을 기준으로 하므로 계절과 잘 일치된다. 현행의 태양력의 시초는 BCE 46년부터 사용한 율리우스력이며 1년의 길이는 365.25일이다. 그러나 실제의 태양년과 차이가 생기므로 1582년부터는 새로운 치윤법置閏法으로 윤년을 두어 그 차이를 보정한 그레고리력을 채택하여 현재에 이르고 있다.

율리우스력

율리우스 케사르(BCE 100~44)는 알렉산드리아의 천문학자 소시제네스의 충고에 의하여 로마력을 개정하였는데, 평년을 365일로 하고 4년에 1회씩 윤년을 두어 366일로 하였다. 이것이 BCE 46년 1월 1일 실시된 태양력의 시초인 율리우스력이다. 당시 1, 3, 5, 7, 9, 11월은 31일, 나머지 달은 30일로 하고, 2월은 평년 29일, 윤년 30일이었는데 율리우스 케사르의 생질 아우구스투스 케사르(BCE 63~CE 14)가 황제로 등극하여, 율리우스의 달인 July(7월)가 31일까지인데 자기 달인 Augustus(8월)가 작으므로 이를 31일까지로 고치고, 9월과 11월은 30일, 10월과 12월은 31일로 하고, 2월은 평년 28일, 윤년 29일로 만들었다. 지금 사용하는 달의 크기는 이와 같이 정해진 것이다. 율리우스력의 평균 1년은 365.25일이므로 실제의 태양년과의 차가 대체로 매년 365.25일−365.2422일=0.0078일=11분 14초로 되어 128년이 지나면 1일의 차가 생긴다. 따라서 실제의 날짜와 계산에 의한 날짜가 점점 틀려지게 된다. 그 예로 325년의 콘스탄티누스 대제(재위 306~337) 때의 니케아회의 때는 춘분날이 3월 21일이었는데, 1582년 로마 교황 그레고리 13세(재위 1572~1585)의 시대에는 춘분점이 3월 11일이 되었다.

그레고리력과 윤년

1582년 그레고리 13세는 그해의 춘분점을 3월 21일로 고정시키기 위하여 역면曆面에서 10일을 끊어버리고, 10월 4일 다음날을 10월 15일로 하고, 다음과 같이 율리우스력을 개정하였다. 서력기원 연수가 100으로 나누어지지 않고 4로 나누어지는 해 96회와 100으로 나누어지고 400으로 나누어지는 해 1회를 합하여 400년간에 97회의 윤년을 두도록 하여, 400년간 1년의 평균 길이는 365.2425일이 되고, 태양년과의 차이는 대체로 365.2425−365.2422=0.0003일=26초가 되어 3300년 후에는 1일의 차가 생긴다. 현재는 그레고리력과 태양년을 보다 잘 일치시키기 위하여 원래의 그레고리력에서는 윤년인 4000년, 8000년, 12000년 등은 평년으로 하기로 정하였다. 윤년의 이해를 돕기 위해 다음의 세 종류의 예를 들었다.

예1) 1992년 : 100으로 나누어지지 않으며 4로 나누어지므로 윤년이다.

예2) 1900년 : 100으로 나누어지나 400으로 나누어지지 않으므로 평년이다.

예3) 2000년 : 400으로 나누어지므로 윤년이다.

이 그레고리력이 전 세계가 공통으로 사용하고 있는 현재의 태양력(양력)이다.

한국의 태양력 채택

우리나라에서는 조선 개국 504년(고종 32, 1895)에 고종황제의 조칙에 의해서 음력 11월 17일을 개국 505년(1896) 양력 1월 1일로 하는 개력을 단행하였다.

서력기원의 채택

우리나라에서는 1896년 이후 태양력을 사용하였다. 그리고 해방 이후인 1948년 9월 25일에는 연호에 관한 법률 제4호로 단군 기원이 제정되어 공포일로부터 단기 연호가 공식적으로 사용되었다. 그 후 1961년 12월 2일에 국가 재건최고회의에서 연호에 관한 법률 제775호로서 단기 4295년 1월 1일을 서기 1962년 1월 1일로 사용하는 법률을 공포하여 세계 각국과 함께 서기를 공용하여 지금까지 시행하여 오고 있다.

(출처; http://manse.kisti.re.kr/contents-3.html)

수치로 본 지구

적도 반지름	6,378.136±1km
극 반지름	6,356.784km
평균 반지름	6,371km
편평률	1/298.257
이심률	0.017
적도 둘레 길이	40,075.51km
질량(M)	$5.976×10^{27}$g
부피(V)	$1.083×10^{27}$cm^3
평균 밀도(M/V)	5.517g/cm^3
질량비(태양 : 지구 : 달)	333,400 : 1 : 0.01228
태양과의 평균 거리	$1.496×10^{8}$km
공전 궤도에서의 속도	29.8km/s
공전 주기	365.25일
자전 주기	23시간 56분 4.09초
지구 전체 면적	$5.096×10^{8}$km^2
육지 면적	$1.48×10^{8}$km^2(지구 전체 면적의 29%)
최고점	8,848m(에베레스트 산)
최저점	−11,034m(마리아나 해)
육지의 최저점	−397m(사해)

(출처; http://100.daum.net/encyclopedia/view/b20j0492b001)

11. 陽・陰曆 時分의 差 및 一朔望間에 있어서의 地球의 進度

(a) 365.245370(陽曆의 日時)$\times \dfrac{1}{36}$

(日球의 黑龍身[1]에 대한 地球의 比)

$= 10.1457047325 \infty$

陽曆에 대한 陰曆[2]의 差

(b) 365.245370(陽曆의 日時)$\times \dfrac{35}{36}$

(日球의 黑龍身에 대한 地球의 補比)

$= 355.0996656378 \infty$ 陰曆의 日時

(c) $\dfrac{1735646}{21}$(地軌의 길이)$\times \dfrac{35}{36}$

(黑龍身에 대한 地球의 補比)

$\times \dfrac{1}{24}$(陰曆 全朔望[3]에 대한

一朔望[4]間의 比)$= \dfrac{4339115}{1296} = 3348\dfrac{107}{1296}$

一朔望間에 있어서의 地球의 進度[5]

11. 양·음력 시분時分의 차 및 일삭망간 一朔望間에 있어서의 지구의 진도進度

(a) 365.245370(양력의 일시日時)$\times \dfrac{1}{36}$

(일구의 흑룡신에 대한 지구의 비比)

$= 10.1457047325 \infty$

양력에 대한 음력의 차이

(b) 365.245370(양력의 일시日時)$\times \dfrac{35}{36}$

(일구의 흑룡신에 대한 지구의 보비補比)

$= 355.0996656378 \infty$ 음력의 일시

(c) $\dfrac{1,735,646}{21}$(지구 궤도의 길이)$\times \dfrac{35}{36}$

(흑룡신에 대한 지구의 보비補比)

$\times \dfrac{1}{24}$(음력 전체 삭망朔望에 대한

1삭망간의 비比)$= \dfrac{4,339,115}{1,296} = 3,348\dfrac{107}{1,296}$

1삭망간에 있어서의 지구의 진도進度

---

1 흑룡신黑龍身; 제1절 1항의 태양 표면의 흑점이 지구 36배 크기의 공극으로 용의 형태를 띤다고 한 부분.

2 음력陰曆; 태음력太陰曆. 달이 지구를 한 바퀴 도는 시간을 기준으로 만든 역법.

3 삭망朔望; 음력 초하룻날과 보름날을 아울러 이르는 말.

4 일삭망一朔望; '초하루−보름', 또는 '보름−그믐'으로 음력 1년에는 24개의 삭망이 있음.

5 진도進度; 일이 진행되는 속도나 정도.

❖ 양력陽曆과 음력陰曆의 차이 일수日數=양력일시×$\dfrac{1}{36}$(일구의 흑룡신에 대한 지구의 비)
  =10.1457047325∞

❖ 음력 일수=양력 일수−10.1457047325∞=양력일시×$\dfrac{35}{36}$=355.0996656378∞

❖ 삭망간 지구의 공전거리=지구 궤도의 길이×$\dfrac{35}{36}$×$\dfrac{1}{24}$=3,348$\dfrac{107}{1,296}$

한국표준연력―태음태양력

양력을 공식 역법으로 채택하기 전에 우리 조상들이 사용했던 역체계이다. 현재 양력과 더불어 아직도 많은 국민들이 음력을 사용하고 있고, 설날과 추석 등의 전통 명절은 음력에 의하여 결정되고 있다. 우리가 음력이라고 부를 때, 음陰은 달을 뜻한다. 마찬가지로 양력에서 양陽은 태양을 뜻한다. 양력을 서양에서 들어온 역법이라 하여 양洋력이라 부른다고 생각하면 이는 오해이다. 양력과 음력의 표기는 각 역법의 근원을 태양 또는 달의 운동에 두고 있다는 사실에 유래한다고 보는 것이 타당하다. 다음은 태음태양력의 구성요소에 대해 설명하였다.

음력 한 달의 길이 결정

음력에서의 한 달의 결정은 달의 위상 변화를 기준으로 하여 결정한다. 즉 달의 합삭일부터 그 다음 합삭일 전 날까지가 음력의 한 달이고, 달의 합삭일이 음력 초하루가 된다(합삭은 달의 위상이 그믐인 때로서, 천문학적으로 말하면 달과 태양의 시황경이 일치하여, 달이 전혀 보이지 않는 상태를 말한다). 달의 합삭과 다음 합삭까지의 간격은 약 29.53059일이므로, 음력 한 달은 대체로

29일과 30일이 반복적으로 교체된다. 한 달의 길이가 29일인 달을 작은 달(소월)이라 하고, 30일인 달을 큰 달(대월)이라 부른다. 따라서 음력의 달들을 결정하기 위해서는 우선 합삭 시각을 계산하여야 한다. 과거에는 달과 태양의 운동 관측 자료를 분석하여 합삭 시각을 계산할 수 있는 간략한 식을 구하여 이용하였다. 그러나 천문학이 발전함에 따라 관측 정밀도가 점점 높아지고, 간단한 수식만으로 달과 태양의 운동을 기술하기 힘들기 때문에 현재는 수치 적분을 통하여 태양계 천체들의 위치를 계산하고 이로부터 합삭 시각을 정밀하게 계산한다.

윤달의 설정—무중無中 치윤법置閏法

12개의 태음월로 만들어진 순태음력의 1년 길이는 354.3671일로 1태양년의 길이 365.2422일보다 약 11일(10.8751일)이 짧다. 따라서 3년이 지나면 음력 날짜는 태양의 움직임과 약 33일, 한 달 차이가 나게 되어 날짜와 계절의 차이가 많아진다. 음력에서는 이 차이를 없애주고, 날짜와 계절을 맞춰주기 위해 가끔 윤달을 도입하여 1년을 13달로 한다. 음력은 태양의 움직임과 3년에 약 한 달의 차이가 나므로 윤달은 대체로 3년에 한 번 들게 된다.(좀 더 정확하게는 19년에 일곱 번의 윤달이 든다). 음력에서 윤달을 도입하는 방법은 앞에 설명한 24절기의 12중기에 의한다. 24절기의 각 기 사이는 대체로 15일이므로 한 달에는 대체로 한 번의 절기와 중기가 들게 된다. 음력에서 어떤 달의 이름은 그 달에 든 중기로 결정한다. 즉 어떤 달에 1월 중기 우수가 들면, 그 달은 1월이다. 마찬가지로 음력 11월에는 반드시 11월 중기 동지가 있게 마련이다. 그런데 어떤 경우에는 절기만 한 번 들고 중기가 들지 않는 달이 있다. 이런 경우에는 그 달의 이름을 결정할 수 없으므로, 그 달을 윤달로 삼고, 달 이름은 전달의 이름을 따른다. 이와 같이 중기가 들지 않는 달, 무중월無中月을 윤달로 하는 법을 무중無中 치윤법置閏法이라 한다. 간혹 1년에 두 번의 무중월이 있는 경우가 있는데, 이때에는 처음 달만 윤달로 택한다.

세차, 월건, 일진

역법에서는 연, 월, 일에 모두 간지를 부여하였다. 간지는 (갑, 을, 병, 정, 무, 기, 경, 신, 임, 계)의 10간과 (자, 축, 인, 묘, 진, 사, 오, 미, 신, 유, 술, 해)의 12지를 조합하여 만드는 60개의 기호로 생각할 수 있다. 간지는 갑자, 을축, 병인, …, 임술, 계해로 배열되는데 흔히 60갑자라 부르기도 한다. 각 년에 배정되는 간지를 세차, 월에 부여되는 간지를 월건 그리고 일에 배정되는 간지를 일진이라 한다. 과거 우리가 사용하는 역법에서는 연에 세차만 주어질 뿐 양력의 1993년, 1994년과 같은 일런 번호를 부여하지 않았다. 마찬가지로 어떤 특정한 날의 날짜를 표시하는 데에도 몇 월 며칠보다는 오히려 월건과 일진이 더욱 중요시된 것 같다. 어떤 특정한 날을 표기하는데 날짜는 기록하지 않아도 그 날의 간지는 반드시 기록하였다. 세차와 월건, 일진은 60간지의 순서대로 연속하여 배정하는데, 이들 중 월건은 1년이 12달이고, 지가 12개로 구성되므로 각 달의 월건 중 간干은 변하나 지支는 고정되어 있다. 현행 역법 체계에서 (11, 12, 1, …, 10)월의 월건의 지는 반드시 (자, 축, 인, …, 해)가 되도록 되어 있다. 전통적으로 음력의 역법은 모든 계산 기점이 동지였으므로, 음력에서 동지달은 특별한 의미를 갖는다. 월건의 지를 배당하는데 11월부터 지의 순서대로 배정한 것도 이런 의미이다. 음력에서 윤달에는 월건을 배정하지 않는다.

(출처; http://manse.kisti.re.kr/contents-4.html)

24절기

24기는 태양의 운동에 근거한 것으로 춘분점으로부터 태양이 움직이는 길인 황도黃道를 따라 동쪽으로 15°간격으로 나누어 24점을 정하였을 때, 태양이 각 점을 지나는 시기를 말한다. 좀 더 정확히 말하면 천구상에서 태양의 위치가 황도 0도, 15도, … 300도 되는 지점을 통과하는 순간을 춘분, 청명, … 대한으로 한다. 24기의 이름은 중국 주周나라 때 화북華北지방의 기후를 잘 나타내 주도록 정해졌다고 한다. 따라서 우리나라의 기후와는 약간 차이가 날 수 있다. 우리 조상들은 각 기에 다음과 같이 계절의 변화를 관련시켰다.

24기와 계절 변화

(1) 입춘立春 : 봄이 시작됨.

(2) 우수雨水 : 비가 처음 옴.

(3) 경칩驚蟄 : 동면冬眠하는 동물이나 벌레들이 깨어 꿈틀거림.

(4) 춘분春分 : 태양이 춘분점(황경 0°)에 이름.

(5) 청명淸明 : 중국 황하黃河의 물이 맑음.

(6) 곡우穀雨 : 봄비가 내려 백곡百穀을 기름지게 함.

(7) 입하立夏 : 여름이 시작됨.

(8) 소만小滿 : 여름 기분이 나기 시작함.

(9) 망종芒種 : 벼이삭 같은 까끄라기가 있는 곡식을 심음.

(10) 하지夏至 : 태양이 북회귀선에 이름.

(11) 소서小暑 : 더워지기 시작함.

(12) 대서大暑 : 몹시 더움.

(13) 입추立秋 : 가을이 시작됨.

(14) 처서處暑 : 더위가 그침.

(15) 백로白露 : 흰 이슬이 내림.

(16) 추분秋分 : 태양이 추분점에 이름(날씨가 맑음).

(17) 한로寒露 : 찬 이슬이 내림.

(18) 상강霜降 : 서리가 옴.

(19) 입동立冬 : 겨울이 시작됨.

(20) 소설小雪 : 눈이 오기 시작함.

(21) 대설大雪 : 눈이 많이 옴.

(22) 동지冬至 : 태양이 남회귀선에 이름.

(23) 소한小寒 : 춥기 시작함.

(24) 대한大寒 : 지독하게 추움.

음력에서는 24기를 1년 12음력월과 대응시키기 위하여 다음과 같이 12개 절기節氣와 12개 중기中氣로 분류한다.

24기표

월	1	2	3	4	5	6
절기	입춘	경칩	청명	입하	망종	소서
중기	우수	춘분	곡우	소만	하지	대서
월	7	8	9	10	11	12
절기	입추	백로	한로	입동	대설	소한
중기	처서	추분	상강	소설	동지	대한

위 표에 따라 각 달의 절기와 중기를 살펴보면, 입춘은 1월절, 우수는 1월중임을 알 수 있다. 마찬가지로 소서는 6월절, 대서는 6월중이다. 양력으로 위 표의 절기는 대체로 매달 초에 들고, 중기는 매달 하순에 든다.(예: 입춘은 대개 2월 4일, 우수는 2월 19일에 든다).

(출처; http://manse.kisti.re.kr/contents-6.html)

12. 一朔望間에 進하는 月途의 길이

(a) $2191\frac{17}{36}$(地·月間의 距離)$\times 2$

$=4382\frac{17}{18}$

이것이 地球를 繫橛[1]로 하여

月이 引廻하는 輪廓의 直徑으로서

月 活動 區宇[2]의 幅이다.

(b) $\{\dfrac{157786}{36}$(月旋廻 輪廓의 直徑)

$+\dfrac{4339115}{1296}$(一朔望間의 地球 進度)$\}$

$\times\dfrac{7}{10}$(勾股[3]에 대한 弦[4]의 比)

$=\dfrac{70135877}{12960}=5411\dfrac{9317}{12960}$

對角 直徑

12. 일삭망一朔望간에 나아가는 월도月途의 길이

(a) $2{,}191\frac{17}{36}$(지·월 간의 거리)$\times 2$

$=4{,}382\frac{17}{18}$

이것이 지구를 중심으로 하여

달이 공전하는 윤곽의 직경으로서

달 활동 구역의 폭이다.

(b) $\{\dfrac{157{,}786}{36}$(달 선회 윤곽의 직경)

$+\dfrac{4{,}339{,}115}{1{,}296}$(1삭망간의 지구 진도)$\}$

$\times\dfrac{7}{10}$(직각삼각형에 대한 현弦의 비比)

$=\dfrac{70{,}135{,}877}{12{,}960}=5{,}411\dfrac{9{,}317}{12{,}960}$

대각對角 직경

1   계궐繫橛; 매는 말뚝.
2   구우區宇; 구역區域. 갈라놓은 지역.
3   구고勾股/句股; 직각 삼각형의 옛 이름.
4   현弦; 직각 삼각형의 사변斜邊 즉 빗변.

(c) $\dfrac{70135877}{12960}$ (對角直線)
대각직선

$\times \dfrac{11}{7}$ (半圓率[5])$= \dfrac{110213521}{12960}$
반원율

$= 8504 \dfrac{1681}{12960}$

이것이 地軌를 心棒[6]으로 하여
지궤   심봉

月이 螺旋形으로 前右間方을
월   나선형   전우간방

向하여 曲進하는 弧線[7]의
향   곡진   호선

길이로서 一朔望間에 進하는
일삭망간   진

月途[8]의 길이이다.
월도

(c) $\dfrac{70,135,877}{12,960}$ (대각직선對角直線)

$\times \dfrac{11}{7}$ (원주율의 반)$= \dfrac{110,213,521}{12,960}$

$= 8,504 \dfrac{1,681}{12,960}$

이것이 지구 궤도를 중심봉으로 하여

달이 나선형으로 전우간방前右間方을

향向하여 돌며 전진하는 호선弧線의

길이로서 1삭망간에 나아가는

월도月途의 길이이다.

---

5   반원율半圓率; 원주율의 절반.
6   심봉心棒; 구멍이 있는 가공물이나 공구를 꿰서 공작 기계에 물리기 위한 막대기.
7   호선弧線; 활등 모양으로 굽은 선. 반원형半圓形의 선線.
8   월도月途; 달의 궤도.

❖ 1삭망간朔望間 달의 진도進度: 대각직경 $\times \dfrac{22}{7} \times \dfrac{1}{2} =$ 대각직경 $\times \dfrac{11}{7}$

❖ 대각직경: (달의 선회旋回 윤곽의 직경+지구의 진도) $\times \dfrac{7}{10}$

$$=(4,338\dfrac{17}{18} + \dfrac{4,339,115}{1,296}) \times \dfrac{7}{10} = \dfrac{54,119,317}{12,960} = 5,411\dfrac{9,317}{12,960}$$

❖ 월의 진도=대각직경 $\times \dfrac{11}{7} = \dfrac{54,119,317}{12,960} \times \dfrac{11}{7} = \dfrac{85,041,681}{12,960} = 8,504\dfrac{1,681}{12,960}$

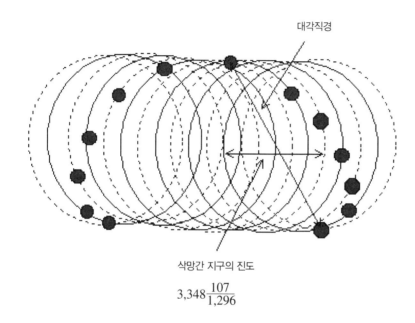

대각직경

삭망간 지구의 진도

$3,348\dfrac{107}{1,296}$

〈그림 7〉 1삭망간 달의 진도

❖ 피타고라스 정리를 적용해 보면 대각직경 $= \sqrt{(지구진도)^2 + (직경)^2} \approx 5,515$

피타고라스 정리: 직각을 낀 두 변이 a, b이고 빗변이 c일 때 $a^2+b^2=c^2$

여기에서는 $(a+b) \times \dfrac{7}{10} = c$ 의 식을 사용하여 $c = 5,411\dfrac{9,317}{12,960}$ 의 값이 나왔음.

13. 月의 十回 右轉에 伴한 地球의 左轉 回數
(월 십회 우전 반) (지구 좌전 회수)

(a) $\dfrac{110213521}{12960}$ (一朔望間에 進하는 (일삭망간) (진)

月途[1]의 길이) ÷ $\dfrac{107129}{63}$ (月體力帶의 길이) (월도) (월체역대)

$= \dfrac{771494647}{154265760} = 5.001\infty$

이것이 一朔望間에 있어서의 月의 (일삭망간) (월)

右轉 回數이며 5回强으로서 (우전 회수) (회강)

朔이 되고 10回强으로서 望이 된다. (삭) (회강) (망)

또한 2.5回와 7.5回로서는 潮減[2]을 보게 된다. (회) (회) (조감)

(b) $\dfrac{4339115}{1296}$ (一朔望間에 있어서의 (일삭망간)

地球의 進度) ÷ $\dfrac{1584}{7}$ (地球의 平均周圍) (지구) (진도) (지구) (평균주위)

$= \dfrac{30373805}{2052864} = 14.7958194015\infty$

이것이 月體右轉 5回强에 대한 (월체우전 회강)

地球의 左轉回數로서 (지구) (좌전회수)

卽 一朔望間의 平均日時다. (즉) (일삭망간) (평균일시)

---

13. 달과 지구의 회전

(a) $\dfrac{110,213,521}{12,960}$ (1삭망간에 나아가는

월도月途의 길이) ÷ $\dfrac{107,129}{63}$ (월체역대의 길이)

$= \dfrac{771,494,647}{154,265,760} = 5.001\infty$

이것이 1삭망간에 있어서의 달의

우전右轉 횟수이며 5회강强으로서

삭朔이 되고 10회강强으로서 망望이 된다.

또한 2.5회와 7.5회로서는 조금을 보게 된다.

(b) $\dfrac{4,339,115}{1,296}$ (1삭망간에 있어서의

지구의 진도進度) ÷ $\dfrac{1,584}{7}$ (지구의 평균 둘레)

$= \dfrac{30,373,805}{2,052,864} = 14.7958194015\infty$

이것이 달 우전右轉 5회강强에 대한

지구의 좌전횟수左轉回數로서

곧 1삭망간의 평균일시日時다.

---

1   월도月途; 달이 지구 주위를 도는 궤도.

2   조감潮減; 조금. 조수가 가장 낮은 때로, 대개 음력으로 8일과 23일에 든다. 조근潮靳.

(c) 14.79581940157(一朔望間의 平均日時)
　　　　　　　　일 삭 망 간　　평 균 일 시

　×2＝29.5916388031 ∞

一朔一望의 平均月令[3]으로서
일 삭 일 망　　평 균 월 령

이것이 月體 十回强右轉에 伴한
　　　월 체 십 회 강 우 전　반

地球의 左轉 回數다.
지 구　좌 전 회 수

(c) 14.79581940157(1삭망간의 평균일시)

　×2＝29.5916388031 ∞

1삭1망의 평균월령月令으로서

이것이 달 10회강强 우전右轉에 짝한

지구의 좌전횟수左轉回數이다.

3　　월령月令; 농가나 국가의 정례적인 연간 행사를 월별로 구별하여 기록한 표. 음력 어느 달의 기후와 물후物候.
　　여기에서는 음력 한 달의 일시日時를 말함. ▶물후物候; 철이나 기후에 따라 변화하는 만물의 상태.

- ❖ 1삭망간朔望間 달의 회전수＝1삭망간 월도의 길이 / 월체 역대의 길이＝5.00111
- ❖ 1삭망간 지구의 회전수＝1삭망간 지구의 진도 / 지구 둘레의 길이＝14.79
- ❖ 1삭망간 평균 일시×2＝29.59(1삭1망의 평균월령)
- ❖ 월체 10회 우전右轉 ↔ 지구 29.6회 좌전左轉

14. 地球 公轉 5回로서 日球가 一回 左旋한다.

14. 지구와 태양의 상대적인 운동

(a) $\dfrac{47520}{7}$ (日球의 周圍)$\times \dfrac{1}{5} = 1357\dfrac{5}{7}$

地球一回의 公轉에 대한 日球左旋의 度數로서 月의 平均周圍의 길이와 等함.

(a) $\dfrac{47,520}{7}$ (일구의 둘레)$\times \dfrac{1}{5} = 1,357\dfrac{5}{7}$

지구 1회의 공전에 대한 일구 좌선左旋의 도수度數로서 달의 평균 둘레의 길이와 같음.

(b) 81(日 地 間 伸縮限度의 距離)$\times \dfrac{1}{49}$

(日球 圓心應變[1] 限度의 比)$= 1.653\infty$

日球 圓心應變限度의 距離로서 $\dfrac{9^2}{7^2}$의 限度內에서 球心點을 바꾸는데 이것이 日球一回左旋에 있어서의 限度이다.

(b) 81(일 · 지 간 신축한도의 거리)$\times \dfrac{1}{49}$

(일구 원중심 응변應變 한도의 비比)$= 1.653\infty$

일구 중심 진동한도의 거리로서 $\dfrac{9^2}{7^2}$의 한도내에서 구심점을 바꾸는데 이것이 일구 1회좌선左旋에 있어서의 한도이다.

(c) $\dfrac{47520}{7}$ (日球의 周圍)$\times 5 = \dfrac{237600}{7}$

$= 33942\dfrac{2}{7}$ 水星界 第一階의 水星이 그 內周를 一周함에 대하여 日球가 5回 左旋하는 延度數[2]로서 月 平均周圍의 25倍 延長한 것과 相等하며 地球의 25回 公轉을 要한다.

(c) $\dfrac{47,520}{7}$ (일구의 둘레)$\times 5 = \dfrac{237,600}{7}$

$= 33,942\dfrac{2}{7}$ 수성계 제1계階의 수성이 그 내주內周를 일주一周함에 대하여 일구가 5회 좌선하는 총 횟수로서 달 평균 둘레의 25배 연장한 것과 같으며 지구의 25회 공전을 요要한다.

---

1   일구日球 원심응변圓心應變; 태양 중심축의 진동.
2   연도수延度數; 총 도수, 총 횟수.

❖ 지구 1회 공전에 대한 일구의 좌선도수左旋度數=일구의 둘레길이 $\times \frac{1}{5} = \frac{47,520}{7} \times \frac{1}{5} = 1,357\frac{5}{7}$

: 달의 평균 둘레 길이와 같음.

❖ 일구 1회 좌선시(원심응변圓心應變의) 한도 : 일지 간 신축한도의 거리 / 일구 원심응변 한도의 비=$\frac{81}{49}$

$= \frac{9^2}{7^2} = 1.653\infty$

❖ 일구의 둘레 $\times 5 = \frac{47,520}{7} \times 5 = \frac{237,600}{7} = 33,942\frac{2}{7}$: 수성계水星界 제1계 수성水星이 그 내주內周를

1주함에 대하여 일구가 5회 좌선하는 도수(달 평균 둘레 길이의 25배, 지구의 25회 공전).

곧 지구 25회 공전=일구 5회 좌선=제1계 수성 1주.

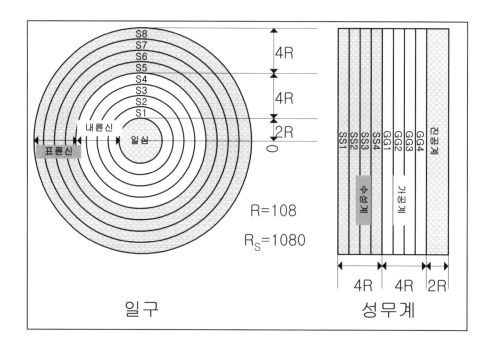

〈그림 8〉 일구 표륜신과 성무계 내 수성계의 1:1 대응관계

❖ 일구의 표륜신表輪身 4개個 중重[일신日身 5중重(S5), 6중(S6), 7중(S7), 8중(S8)]과 수성계 4개 급급級 [제1급(SS1), 제2급(SS2), 제3급(SS3), 제4급(SS4)]은 지구를 중심으로 접힘대칭이다. 곧 S8-SS1, S7-SS2, S6-SS3, S5-SS4가 서로 대응한다. SS1의 내측 경계(그림에서 좌편)를 수성계 제1급의 내주라 한다.

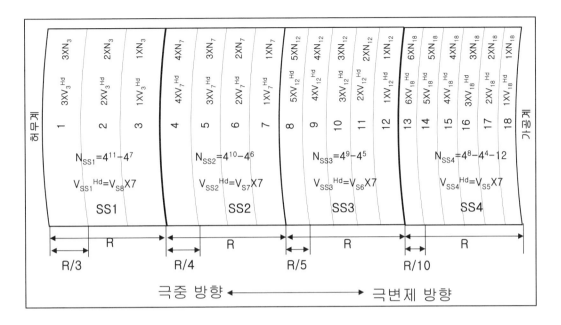

〈그림 9〉 수성계의 세부 구조

❖ 수성계의 4개 급은 모두 두께가 108이다. 제1급은 3개의 계階(제1계, 제2계, 제3계), 제2급은 4개의 계(제4계, 제5계, 제6계, 제7계), 제3급은 5개의 계(제8계, 제9계, 제10계, 제11계, 제12계), 제4급은 6개의 계(제13계, 제14계, 제15계, 제16계, 제17계, 제18계)로 세분된다. 제1급의 3개 계는 두께가 같아 108을 3등분한 두께 36이다. 수성계 제1급의 내주는 곧 수성계 제1급 제1계의 내주이다.

수성계 제1계階의 수성이 제1계 내주를 1주一周할 때, 일구가 5회 좌선하고, 지구가 25회 공전한다.

15. 恒星 亦是 旋廻한다.
항성 역시 선회

(a) $25217\frac{2}{3}$ (日球의 中心에서 水星界
일구 중심 수성계

第一階의 內周邊際[1]까지의 距離)
제1계 내주변제 거리

$\times \frac{22\times2}{7} = 158511\frac{1}{21}$

日球의 5回左旋에 대하여 第一階의 水星이
일구 회좌선 제1계 수성

此 內周의 길이인 軌道를 一周한다.
차 내주 궤도 일주

(b) $25253\frac{2}{3}$ (日球의 中心에서 水星界
일구 중심 수성계

第二階의 內周邊際까지의 距離)
제2계 내주변제 거리

$\times \frac{22\times2}{7} = 158737\frac{1}{3}$

第一階의 水星이 그 軌道인 內周를
제1계 수성 궤도 내주

五回 旋廻하면 第二階의 水星이 第二階의
5 회 선회 제2계 수성 제2계

軌道인 그 內周의 길이를 一周한다.
궤도 내주 일주

이와 같이 下階의 水星이 5周할 때마다
하계 수성 주

上階의 水星이 一周하면서
상계 수성 일주

段段히 올라가서 第十四階의
단단 제14계

---

15. 항성 역시 선회旋廻한다.

(a) $25,217\frac{2}{3}$ (일구의 중심에서 수성계

제1계階의 내주內周쪽 가장자리까지의 거리)

$\times \frac{22\times2}{7} = 158,511\frac{1}{21}$

일구의 5회 좌선左旋에 대하여 제1계의 수성이

이 내주內周의 길이인 궤도를 일주一周한다.

(b) $25,253\frac{2}{3}$ (일구의 중심에서 수성계

제2계의 내주쪽 가장자리까지의 거리)

$\times \frac{22\times2}{7} = 158,737\frac{1}{3}$

제1계의 수성이 그 궤도인 내주를

5회 선회하면 제2계의 수성이 제2계의

궤도인 그 내주의 길이를 일주一周한다.

이와 같이 하계下階의 수성이 5주周할 때마다

상계上階의 수성이 일주一周하면서

단段에 따라 차례로 올라가서 제14계階의

---

1   내주변제內周邊際; 내주 쪽 가장자리.

水星이 3回 廻周^{2}할 時間이 經過하면
空劫^{3}의 最期^{4}가 된다.

수성水星이 3회 회주廻周할 시간이 경과하면 공겁空劫의 말기가 된다.

2   제14계第十四階의 수성水星이 3회回 회주廻周; 지구 25회 공전=일구 5회 좌선=제1계 수성 1주. 제1계수성 1주×5=제2계수성 1주. … 제13계수성 1주×5=제14계 수성 1주, 따라서 제14계 수성 1주=(일구 5회좌선) ×5^{13}=(지구 5회좌선)×5^{14}=지구 1회 좌선×5^{15}. 공겁 최기=제14계 수성 3주=지구 1회 좌선×5^{15}×3=5^{15} ×3년=30,517,578,125×3=91,552,734,375년=약 900억년

3   공겁空劫; 불교佛教에서 말하는 사겁四劫의 하나. 사겁이란 성겁成劫·주겁住劫·괴겁壞劫·공겁空劫으로, 공겁은 삼라만상森羅萬象이 파괴破壞되어 공空으로 돌아간다는 이 세상의 마지막 시기時期를 말함.

4   최기最期; 최후. 명이 다하는 때. 죽음. 임종.

❖ 일구日球의 5회 좌선左旋에 대해 제1계 수성水星은 1회 공전: $25{,}217\frac{2}{3} \times \frac{22 \times 2}{7} = 158{,}511\frac{1}{21}$ (1계 수성 내주 길이)

❖ 1계 수성의 5회 공전하는 동안 2계 수성은 1회 공전: $25{,}238\frac{2}{3} \times \frac{22 \times 2}{7} = 158{,}737\frac{1}{3}$ (2계 수성의 내주 길이)

▶ 하계 수성이 5회 공전하는 동안 그 다음 계 수성이 1회 공전

▶ 제 14계 수성이 3회 회주廻周하는 시기: 공겁 최기最期

16. 地球가 私轉하기 7^{16}回로서 空劫이 된다.

(a) $7^{16}=33232930569601$

이것이 成劫의 初期에서 大千世界가 全部 空이 될 때까지의 地球 私轉을 要하는 回數로서 卽 成·住·壞·空 四劫 期間의 日時이다.

(b) 33232930569601(四劫 期間의 日時)

$\div \dfrac{78893}{216}$(陽曆 一年間 日時)

$=90987958412\dfrac{35900}{78893}$ 年

(c) $5^{15}\times 3=91552734375$

星霧系의 恒星인 水星界 第十四階의 水星이 그 軌道인 內周를 旋回하기 3回를 要하는 年數이다.

(d) 91552734375(成劫의 初期에서 空劫 最期까지의 年數[1])

$-90987958412\dfrac{35900}{78893}$

16. 지구가 자전하기 7^{16}회로서 공겁이 된다.

(a) $7^{16}=33,232,930,569,601$

이것이 성겁成劫의 초기에서 삼천대천세계가 전부 공空이 될 때까지의 지구 자전自轉을 필요로 하는 횟수로서 즉 성·주·괴·공 4겁劫 기간의 일시日時이다.

(b) $33,232,930,569,601$(4겁劫 기간의 일시)

$\div \dfrac{78,893}{216}$(양력 1년간 일시)

$=90,987,958,412\dfrac{35,900}{78,893}$ 년

(c) $5^{15}\times 3=91,552,734,375$

성무계의 항성인 수성계 제14계階의 수성이 그 궤도인 내주를 3회 선회하는 데 걸리는 연수이다.

(d) $91,552,734,375$(성겁 초기에서 공겁 말기까지의 연수)

$-90,987,958,412\dfrac{35,900}{78,893}$

---

1 성겁成劫 초기初期에서 공겁空劫 최기最期까지의 년수年數; 성주괴공 4겁의 전체 연수.

(成劫_{성 겁}으로부터 온전히 空_공이 될 때까지의

$$年數_{년 수})=564775962\frac{42993}{78893}$$

大千世界_{대 천 세 계}가 온전히 空_공이 되어

次期成劫_{차 기 성 겁}까지 經過_{경 과}하는 期間_{기 간}의 年數_{년 수}

(성겁으로부터 온전히 공空이 될 때까지의

$$연수)=564,775,962\frac{42,993}{78,893}$$

삼천대천세계가 온전히 공空이 되어

차기次期 성겁까지 경과하는 기간의 연수

❖ 7^{16}＝33,232,930,569,601 : 성겁成劫의 초기에서 대천세계 전부가 공이 될 때까지 지구의 사전私轉(자전自轉)을 요하는 횟수, 성, 주, 괴, 공 4기期의 기간을 일수로 나타냄

$$33{,}232{,}930{,}569{,}601(=7^{16}) \div \frac{78{,}893}{216} \text{ (양력 일 년의 일수)}=90{,}987{,}958{,}412\frac{35{,}900}{78{,}893} \text{ 년}$$

❖ $5^{15} \times 3$＝91,552,734,375 년 : 수성계 제14계 항성이 그 내주를 3회 공전하는 데 걸리는 시간

❖ 성겁 초기에서 공겁 최기最期까지의 연수－성겁으로부터 대천세계가 온전히 공이 될 때까지 걸리는 시간

$$=(5^{15} \times 3)-(7^{16} \div \frac{78{,}893}{216})=564{,}775{,}962\frac{42{,}993}{78{,}893} : \text{대천세계가 온전히 공이 되어 차기 성겁까지 이르}$$

는 데 경과하는 기간(연수)

1겁은 몇 년?

겁; (시간의 단위로서) 1마하유가＝432만년＝10칼리유가

27마하유가＝1프랄라야

7프랄라야＝1만반타라

6만반타라＝1겁

1겁＝27×7×6마하유가＝1,134마하유가＝1134×432만년＝48억9,888만년

＝약 50억년

1겁은 약 50억년에 해당함.

Kalpa : (as a period of time) A Maha Yuga is 4.32 million years, ten times as long as Kali Yuga. Twenty seven Maha Yugas is one Pralaya. Seven Pralayas is one Manvantara. Finally, six Manvantaras is a Kalpa. That is, one Kalpa is 27 ×7×6=1,134Maha Yugas. This works out to 1134×4.3million=4.876billion years.

(출처; http://sped2work.tripod.com/samadhi.html)

17. 成·住·壞·空 四劫의 期間
성 주 괴 공사겁 기간

(a) $7^{10} = 282475249$

成劫 初期부터 成劫 終期까지의
성겁 초기 성겁 종기
日數로서 이를 成劫 十期라 한다.
일수 성겁 10기

(b) $7^{14} - 7^{10} = 677940597600$

住劫 四期의 日數
주겁 4기 일수

(c) $7^{15} - 7^{14} = 4069338437094$

壞劫 一期의 日數
괴겁 1기 일수

(d) $7^{16} - 7^{15} = 28485369059658$

空劫 一期의 日數
공겁 1기 일수

(e) 282475249(成劫 十期의 日數)
성겁 10기 일수

$\div \dfrac{78893}{216}$(陽曆 一年間 日數)
양력 일년간 일수

$= 773384 \dfrac{69872}{78893}$ 年

(f) 677940597600(住劫 四期의 日數)
주겁 4기 일수

$\div \dfrac{78893}{216} = 1856123725 \dfrac{45175}{78893}$ 年

(g) 4069338437094(壞劫 一期의 日數)
괴겁 1기 일수

$\div \dfrac{78893}{216} = 11141382662 \dfrac{59138}{78893}$ 年

17. 성, 주, 괴, 공 4겁劫의 기간

(a) $7^{10} = 282,475,249$

성겁 초기부터 성겁 종기終期까지의

날수로서 이를 성겁 10기期라 한다.

(b) $7^{14} - 7^{10} = 677,940,597,600$

주겁 4기期의 날수

(c) $7^{15} - 7^{14} = 4,069,338,437,094$

괴겁 1기期의 날수

(d) $7^{16} - 7^{15} = 28,485,369,059,658$

공겁 1기期의 날수

(e) $282,475,249$(성겁 10기의 날수)

$\div \dfrac{78,893}{216}$ (양력 일년간 날수)

$= 773,384 \dfrac{69,872}{78,893}$ 년

(f) $677,940,597,600$(주겁 4기의 날수)

$\div \dfrac{78,893}{216} = 1,856,123,725 \dfrac{45,175}{78,893}$ 년

(g) $4,069,338,437,094$(괴겁 1기의 날수)

$\div \dfrac{78,893}{216} = 11,141,382,662 \dfrac{59,138}{78,893}$ 년

(h) 28485369059658(空劫 一期의 日數)
　　　　　　　　공겁 1 기　　일수

$$\div \frac{78893}{216} = 77989678639 \frac{19501}{78893} 年$$
　　　　　　　　　　　　　　　　　　　년

(i) $90987958412 \frac{35900}{78893}$ (四劫 十六期間의 年數)
　　　　　　　　　　　4 겁　1 6 기 간　　년 수

$$+564775962 \frac{42993}{78893}$$ (次期 成劫까지
　　　　　　　　　　　　차 기 성 겁

經過期間의 年數)=91552734375年
경 과 기 간　　년 수　　　　　　　년

(h) 28,485,369,059,658(공겁 1기의 날수)

$$\div \frac{78,893}{216} = 77,989,678,639 \frac{19,501}{78,893} 년$$

(i) $90,987,958,412 \frac{35,900}{78,893}$ (4겁 16기간期間의 연수)

$$+564,775,962 \frac{42,993}{78,893}$$ (차기次期 성겁까지

경과기간의 연수)=91,552,734,375년

불교우주론佛教宇宙論

1. 성겁成劫: 유정有情의 공업증상력共業增上力으로 말미암아 공간空間에 미세微細한 금색풍金色風(금장운金藏雲)을 일으켜 차례로 풍륜風輪·수륜水輪·금륜金輪을 생생生하며 처음 일증감겁一增減劫 동안에 초선천初禪天으로부터 지옥계地獄界에 이르기까지 차제次第로 성립成立하고 후後의 19증감겁十九增減劫에 광음천光音天으로부터 유정有情이 차제次第로 강생降生하여 무간지옥無間地獄에 1인一人의 유정有情이 생생生함을 최후最後로 함. 즉卽 기세간器世間 및 유정세간有情世間이 성립成立한다. 합合하여 20증감겁二十增減劫 동안임.

2. 주겁住劫: 기세간器世間과 유정세간有情世間이 안온安穩하게 존재存在하는 시時로서 20증감겁二十增減劫을 경과經過함.

3. 괴겁壞劫: 역시亦是 20증감겁二十增減劫 동안이다. 그중中 초初의 19증감겁十九增減劫 동안에 초선천初禪天에서 지옥地獄에 이르는 모든 유정有情은 각기各其 업인業因에 따라 2선二禪 이상以上에 나아가서 한 사람도 남기지 않음을 유정세간괴有情世間壞라 함. 마지막 1증감겁一增減劫에 일곱 해[칠태양七太陽]가 나타나 화재火災를 일으켜 먼저 지옥地獄에서부터 초선천初禪天까지를 태워버리고 다음 수재水災를 일으켜 2선천二禪天 이하以下를 떠내려 보내고 다음 풍재風災를 일으켜 3선三禪 이하以下를 흩어 없앤다.[표산飄散]

4. 공겁空劫: 세계世界가 온전히 허공무일물虛空無一物이 되어 다시 다음 성겁成劫에 이르기까지의 20증감겁二十增減劫 동안을 말함.

(《기세경起世經》·『지도론智度論』·『구사론俱舍論』)

그러면 우리 불교의 우주관宇宙觀은 어떤 것인가?

불교의 우주관을 대강 검토해 보도록 합시다. 불교 우주관은 우주가 이루어지는 성겁成劫과 또는 우주에 모든 중생들이 존재하는 주겁住劫과 또는 허물어져 파괴되는 괴겁壞劫과 제로가 되어 텅텅 비어버리는 공겁空劫과 다시금 성겁이 되는 이른바 영겁순환永劫循環이요, 영겁 동안 사겁四劫이 되풀이되는 것입니다.

그러면 성겁은 어떻게 되었는가?

앞서 언급한 바와 같이 유정의 공업증상력共業增上力이라, 모든 중생들의 공동의 업력인 공업共業이 점차 증가되는 힘으로 말미암아 공간에 미세한 금색 바람을 일으키는데, 금색 바람을 금장운金藏雲이라고 합니다. 즉 금색광명을 띤 구름이란 뜻입니다. 차례로 풍륜風輪 또는 수륜水輪 또는 금륜金輪을 생生하여 처음 일증감겁一增減劫, (수명이 팔만사천세八萬四千歲부터서 100년 만에 한 살씩 나이가 줄어서 10세에 이르는 동안을 감겁減劫이라고 하고, 그 반대로 10세로부터 100년에 한 살씩 더 늘어 팔만사천세에 이르는 동안을 증겁增劫이라 합니다. 일증감겁은 그와 같이 감겁과 증겁을 합한 기간입니다.) 이런 기간에 초선천初禪天으로부터 지옥계에 이르기까지 차제次弟로 성립됩니다. 지옥地獄 등이 처음부터 있었던 것은 아닙니다. 공겁 때는 모두가 다 없던 것이 점차로 중생의 좋다 싫다 하는 등의 업력에 따라서 환경, 지구, 하늘의 별들이 이루어지는 것입니다.

그리고 다음에 더 오랫동안인 19증감겁 동안에 색계色界 이선천二禪天 중의 제3천인 광음천光音天으로부터 유정有情이 차제로 강생降生합니다. 광음천은 광명으로 이루어진 색계色界입니다. 광음천에는 말도 필요없이 생각만 하면 입에서 광명이 나와서 이심전심以心傳心으로서 통할 수 있는 하늘이라고 합니다. 광음천으로부터 유정이 차례로 아래로 내려와서 음식을 찍어 먹고 하는 것은 어제 말씀을 드렸습니다. 그리고는 무간지옥에 한 사람의 유정이 생겨남을 최후로 기세간계器世間界 즉 우주와 유정세간有情世間이 성립한다고 합니다. 이와 같이 성겁에는 겨우 유정이 오직 한 사람이 나온다고 합니다. 말하자면, 복福이 다 되어서 또는 성품이 경망스러워서 새로운 것을 바라고 유정이 내려 왔다고 합니다.

그 다음에 주겁住劫이라, 기세간器世間은 불교 술어로서 형식적인, 물질적인 우주를 말합니다. 또 유정세간有情世間은 우리 인간이나 천인天人이나 유정 곧 의식이 있는 존재들입니다. 주겁은 기세간과 유정세간이 안온하게 존재하는 때로서 20증감겁을 경과한다고 합니다. 처음 성겁成劫도 일증감겁一增減劫 동안에 형식적인 지구나 천체 등 우주가 이루어지고 나머지 19증감겁 동안에 유정이 이루어지므로 합하면 20증감겁입니다.

그 다음에 괴겁壞劫인데 파괴될 때를 말합니다. 현대 물리학도 장차 우리 지구나 각 천체가 파괴되어가는 것을 추론하고 있습니다. 그리고 영국의 호킹 Stephen Hawking 박사 같은 분은 우주가 이루어져서 완전히 파괴될 때까지 100억 년 정도라고 계산을 했습니다. 그런데 그분은 역시 천재이기 때문에 물리학자에 지나지 않지마는 부처님 말씀과 상당히 가까운 말이 많이 있습니다. 천재란 마음이 여느 사람들보다 한결 맑아서 불심佛心에 가까운 사람들이라 불교를 안 믿는다 하더라도 그와 같이 부처님 가르침에 가까워지는 것을 알 수가 있습니다. 따라서 천재란 쇼펜하우어 말이 아니라도 기억력이 좋아서 많이 아는 것이 천재가 아니라 우리 마음이 얼마만치 본질적인 진리에 가까이 있는가? 하는 것입니다. 그래서 우리 출가사문들은 이미 천재의 범주에 들어 있는 것입니다.

괴겁壞劫도 역시 20증감겁 동안인데 처음 19증감겁 동안에 초선천初禪天에서 지옥에 이르기까지 모든 유정은 각기 자기가 지은 바 업력業力에 따라서 2선천 이상에 나아가서 한 사람도 남기지 않음을 유정세간괴有情世間壞라, 유정세간이 다 허물어진다고 합니다. 지금 기독교에서 이른바 시한부 종말론終末論을 부르짖는 사람들이 얼마나 많습니까. 앞으로 곧 종말이 온다고 그것을 믿고서 떠들어대고 하니 참으로 딱한 사람들 아닙니까? 우리는 부처님을 믿었다는 것이 얼마나 행복스러운가를 감격하지 않을 수가 없습니다. 호킹 박사도 100억 년이라니까 아직은 멀었고 부처님 말씀은 방금 말씀한 바와 같이 20증감겁 동안에 파괴된다는 것인데 또 파괴되려고 할 때는 사람과 함께 마구 다 무너지는 것이 아니라는 것입니다.

천지 우주는 진여불성의 대자비大慈悲로 뭉쳐 있는 완벽한 생명체입니다. 부처님은 대자대비大慈大悲가 근본이기 때문에 초선천에서 지옥에 이르기까지 모든 유정은 각기 자기 지은 바 업에 따라서 2선천 이상으로 간 뒤에야 점차로 무너진다는 것입니다. 만일 사람을 그대로 태운 채로 무너져버리면 불성佛性이라는 것이 얼마나 무자비하겠습니까. 따라서 우리는 진여불성을 지향하여 점차로 정화淨化되어 가는 것입니다. 가장 먼저가 출가사문과 부처님 제자가 되겠지요. 이스라엘 사람들은 자기들이 선택받았다고 하지만 사실은 우리가 선택받은 사람들입니다.

초선천에서 지옥에 이르기까지 모든 유정은 각기 자기가 지은 업력 따라서 더디 가고 빨리 가고 하는데 2선천 이상을 올라간 뒤에야 비로소 모든 유정세간이 파괴된다고 하니 한 사람도 남기지 않고 이선천二禪天 이상으로 승천昇天하고 나서 파괴된다는 사실이 얼마나 자비로운 도리입니까? 우주의 도리는 그러한 자비가 근본인 것입니다.

그리고는 마지막 일증감겁一增減劫에 일곱 해[태양太陽]가 나타나서 화재火災를 일으켜 먼저 지옥에서부터 초선천까지 태워버리고 다음에 수재水災를 일으켜 2선천 이하를 떠내려 보내고 다음 풍재風災를 일으켜 3선천 이하를 불어 없 앤다고, 경에는 표산飄散이라는 말로 쓰여 있습니다.

공겁空劫이라, 세계가 온전히 허공무일물虛空無一物이 되어서 다시 다음 성겁
成劫에 이르기까지 또 역시 20증감겁 동안을 요합니다.

그래서 성·주·괴·공 4겁을 합하여 80증감겁이 소요됩니다. 이러한 우주
론은《기세경起世經》이나 용수 보살『지도론智度論』이나 또는『구사론俱舍論』에
있습니다.

(『圓通佛法의 要諦』, 聖輪閣, 2003, 427~431)

❖ 성겁 10기(성겁 초기부터 성겁 종기까지)의 일수: 7^{10}=282,475,249

❖ 주겁 4기의 일수: $7^{14}-7^{10}$=677,940,597,600

❖ 괴겁 1기의 일수: $7^{15}-7^{14}$=4,069,338,437,094

❖ 공겁 1기의 일수: $7^{16}-7^{15}$=28,485,369,059,658

❖ 성겁 10기의 연수: 282,475,249(성겁 10기의 날수) $\div \dfrac{78,893}{216} = 773,384\dfrac{69,872}{78,893}$ 년

❖ 주겁 4기의 연수: $1,856,123,725\dfrac{45,175}{78,893}$ 년

❖ 괴겁 1기의 연수: $11,141,382,662\dfrac{59,138}{78,893}$ 년

❖ 공겁 1기의 연수: $77,989,678,639\dfrac{19,501}{78,893}$ 년

❖ 4겁 16기의 연수+차기 성겁까지의 경과 기간 연수

$$=90,987,958,412\dfrac{35,900}{78,893}+564,775,962\dfrac{42,993}{78,893}=91,552,734,375년$$

	7^{10}		7^{14}	7^{15}	7^{16} $5^{15}\times3$
	과거	현재	미래			
성겁 10기	주겁4기			괴겁1기	공겁1기	경과기간

(7^{x}의 단위; 날수, 5^{x}의 단위; 연수)

〈그림 10〉 성주괴공 4겁의 기간

18. 住劫 中 過去 現在
주겁 중 과거 현재
未來 三劫의 期間
미래 삼겁 기간

(a) $7^{12} - 7^{10} = 13558811952$

過去 莊嚴劫의 日數로서
과거 장엄겁 일수

$37122474\dfrac{40350}{78893}$ 年
년

(b) $7^{13} - 7^{12} = 83047723206$

現在의 賢劫 日數로서
현재 현겁 일수

$227375156\dfrac{30188}{78893}$ 年
년

(c) $7^{14} - 7^{13} = 581334062442$

未來 星宿劫의 日數로서
미래 성수겁 일수

$1591626094\dfrac{53530}{78893}$ 年
년

18. 주겁住劫 중 과거, 현재,
미래 3겁의 기간

(a) $7^{12} - 7^{10} = 13,558,811,952$

과거 장엄겁의 날수로서

$37,122,474\dfrac{40,350}{78,893}$ 년

(b) $7^{13} - 7^{12} = 83,047,723,206$

현재의 현겁賢劫 날수로서

$227,375,156\dfrac{30,188}{78,893}$ 년

(c) $7^{14} - 7^{13} = 581,334,062,442$

미래 성수겁星宿劫의 날수로서

$1,591,626,094\dfrac{53,530}{78,893}$ 년

❖ 과거 장엄겁: $7^{12}-7^{10}=13{,}558{,}811{,}952$일

$$[7^{12}-7^{10}](일) \div \frac{78{,}893}{216} = 37{,}122{,}474\frac{40{,}350}{78{,}893} \text{년}$$

❖ 현재 현겁: $7^{13}-7^{12}=83{,}047{,}723{,}206$일

$$[7^{13}-7^{12}](일) \div \frac{78{,}893}{216} = 227{,}375{,}156\frac{30{,}188}{78{,}893} \text{년}$$

❖ 미래 성수겁: $7^{14}-7^{13}=581{,}334{,}062{,}442$일

$$[7^{14}-7^{13}](일) \div \frac{78{,}893}{216} = 1{,}591{,}626{,}094\frac{53{,}530}{78{,}893} \text{년}$$

19. 우리(我) 宇宙의 一圓

19. 우리 우주의 일원

(a) $13148\frac{5}{6}$ (日·地間의 距離로서 地球 軌道의 內輪 곧 內宙의 半徑)×2

$$=26297\frac{2}{3}=\frac{78893}{3}$$

內宙半徑의 等距離를 外宇에 延長한 距離이므로 이것이 我宇宙 一圓의 半徑이 된다.

(b) $\frac{78893}{3}$ (宇宙의 半徑)×2

$$=\frac{157786}{3}=52595\frac{1}{3}$$

宇宙의 直徑

(c) $52595\frac{1}{3}$ (宇宙의 直徑)$\times\frac{22}{7}$

$$=\frac{3471292}{21}=165299\frac{13}{21}$$

宇宙의 周圍

(d) $(\frac{78893}{3})^2\times\frac{22}{7}=\frac{136930319878}{63}$

$$=2173497140\frac{58}{63}$$

宇宙의 斷面積

(a) $13,148\frac{5}{6}$ (일·지 간의 거리로서 지구 궤도의 내륜內輪 곧 내주內宙의 반지름)×2

$$=26,297\frac{2}{3}=\frac{78,893}{3}$$

내주 반지름과 등거리를 외우外宇에 연장한 거리이므로 이것이 우리 우주 일원一圓의 반지름이 된다.

(b) $\frac{78,893}{3}$ (우주의 반지름)×2

$$=\frac{157,786}{3}=52,595\frac{1}{3}$$

우주의 지름

(c) $52,595\frac{1}{3}$ (우주의 지름)$\times\frac{22}{7}$

$$=\frac{3,471,292}{21}=165,299\frac{13}{21}$$

우주의 둘레

(d) $(\frac{78,893}{3})^2\times\frac{22}{7}=\frac{136,930,319,878}{63}$

$$=2,173,497,140\frac{58}{63}$$

우주의 단면적

(e) $\left(\dfrac{78893}{3}\right)^2 \times \dfrac{22\times4}{7}$

$= \dfrac{547721279512}{63} = 8693988563\dfrac{43}{63}$

宇宙의 表面積
우주　표면적

(f) $\left(\dfrac{78893}{3}\right)^3 \times \dfrac{22\times4}{7\times3}$

$= \dfrac{43211374904540216}{567}$

$= 76210537750511\dfrac{479}{567}$

이것이 我宇宙의 全體積으로서
　　　아 우주　전체 적

一切萬有[1]의 束[2]索[3]이다.
일체만유　　속 삭

(g) $\dfrac{157786}{3}$ (宇宙의 直徑)
　　　　　　　우주　직경

$\div72(地球直徑) = 730\dfrac{53}{108}$倍
　　지구 직경　　　　　　배

(e) $\left(\dfrac{78,893}{3}\right)^2 \times \dfrac{22\times4}{7}$

$= \dfrac{547,721,279,512}{63} = 8,693,988,563\dfrac{43}{63}$

우주의 표면적

(f) $\left(\dfrac{78,893}{3}\right)^3 \times \dfrac{22\times4}{7\times3}$

$= \dfrac{43,211,374,904,540,216}{567}$

$= 76,210,537,750,511\dfrac{479}{567}$

이것이 우리 우주의 전체 부피로서

일체만유의 묶음다발이다.

(g) $\dfrac{157,786}{3}$ (우주의 지름)

$\div72(지구 지름) = 730\dfrac{53}{108}$ 배

1　만유萬有; 우주에 존재하는 모든 것. 우주宇宙에 있는 온갖 물건物件. 우주만유·삼라만상의 뜻. 천지만물을 의미한다. [비슷한말] 만류, 만군, 만물.

2　속束; (묶을 속, 약속할 속) 1. 묶다, 동여매다(두르거나 감거나 하여 묶다). 2. 결박結縛하다. 3. (잡아)매다, (띠를)매다. 4. 합슐치다. 5. 단속團束하다. 6. 삼가다(몸가짐이나 언행을 조심하다), 잡도리하다. 7. 약속約束하다, 언약言約하다. 8. 단, 묶음. 9. 다섯 필. 10. 쉰 개. 11. 묶음. 다발. 단. 12. 속박하다. 제한하다. 단속하다.

3　삭索; (찾을 색, 노 삭) 1. 찾다. 수색하다. 들추어내다. 2. 더듬다. 3. 탐구하다. 탐색하다. 4. 청구하다. 달라고 하다. 요구하다. 취하다. a. 동아줄, 노, 새끼(주로 볏짚으로 꼬아 만든 줄) (삭). b. 꼬다 (삭). c. 헤어지다 (삭). d. 쓸쓸하다 (삭). e. 다하다 (삭).

(h) $\dfrac{3471292}{21}$(宇宙의 周圍)

$\div \dfrac{1584}{7}$(地球의 周圍)$=730\dfrac{53}{108}$倍

(i) $\dfrac{136930319878}{63}$(宇宙의 斷面績)

$\div \dfrac{28512}{7}$(地球의 斷面績)

$=533616\dfrac{92675}{128304}$倍

(j) $\dfrac{547721279512}{63}$(宇宙의 表面績)

$\div \dfrac{114048}{7}$(地球의 表面績)

$=533616\dfrac{92675}{128304}$倍

(k) $\dfrac{43211374904540216}{567}$(宇宙의 體績)

$\div \dfrac{4105728}{21}$(地球의 體績)

$=389802074\dfrac{10397959}{13856832}$倍

(l) $\dfrac{157786}{3}$(宇宙의 直徑)

$\div 432$(月의 平均直徑)$=121\dfrac{485}{648}$倍

(m) $\dfrac{136930319878}{63}$(宇宙의 斷面績)

$\div \dfrac{1026432}{7}$(月의 平均斷面績)

$=14822\dfrac{3171971}{4618944}$倍

(h) $\dfrac{3,471,292}{21}$(우주의 둘레)

$\div \dfrac{1,584}{7}$(지구 둘레)$=730\dfrac{53}{108}$배

(i) $\dfrac{136,930,319,878}{63}$(우주의 단면적)

$\div \dfrac{28,512}{7}$(지구의 단면적)

$=533,616\dfrac{92,675}{128,304}$배

(j) $\dfrac{547,721,279,512}{63}$(우주의 표면적)

$\div \dfrac{114,048}{7}$(지구의 표면적)

$=533,616\dfrac{92,675}{128,304}$배

(k) $\dfrac{43,211,374,904,540,216}{567}$(우주의 부피)

$\div \dfrac{4,105,728}{21}$(지구 부피)

$=389,802,074\dfrac{10,397,959}{13,856,832}$배

(l) $\dfrac{157,786}{3}$(우주의 지름)

$\div 432$(달의 평균 지름)$=121\dfrac{485}{648}$배

(m) $\dfrac{136,930,319,878}{63}$(우주의 단면적)

$\div \dfrac{1,026,432}{7}$(달의 평균 단면적)

$=14,822\dfrac{3,171,971}{4,618,944}$배

(n) $\dfrac{547721279512}{63}$ (宇宙의 表面積)

$\div \dfrac{4105728}{7}$ (月의 表面積)

$= 14822\dfrac{3171971}{4618944}$ 倍

(o) $\dfrac{43211374904540216}{567}$ (宇宙의 體積)

$\div \dfrac{886837248}{21}$ (月의 體積)

$= 1804639\dfrac{5625916472}{23944605696}$ 倍

(p) $\dfrac{157786}{3}$ (宇宙의 直徑)

$\div 720$ (月의 底面直徑) $= 73\dfrac{53}{1080}$ 倍

(q) $\dfrac{3471292}{21}$ (宇宙의 周圍)

$\div \dfrac{15840}{7}$ (月의 底面周圍) $= 73\dfrac{53}{1080}$ 倍

(r) $\dfrac{136930319878}{63}$ (宇宙의 斷面績)

$\div \dfrac{2851200}{7}$ (月의 底面積)

$= 5336\dfrac{2145539}{12830400}$ 倍

(s) $\dfrac{157786}{3}$ (宇宙의 直徑)

$\div 2160$ (日球의 直徑) $= 24\dfrac{1133}{3240}$ 倍

(n) $\dfrac{547,721,279,512}{63}$ (우주의 표면적)

$\div \dfrac{4,105,728}{7}$ (달의 표면적)

$= 14,822\dfrac{3,171,971}{4,618,944}$ 배

(o) $\dfrac{43,211,374,904,540,216}{567}$ (우주의 부피)

$\div \dfrac{886,837,248}{21}$ (달의 부피)

$= 1,804,639\dfrac{5,625,916,472}{23,944,605,696}$ 배

(p) $\dfrac{157,786}{3}$ (우주의 지름)

$\div 720$ (달의 밑면 지름) $= 73\dfrac{53}{1,080}$ 배

(q) $\dfrac{3,471,292}{21}$ (우주의 둘레)

$\div \dfrac{15,840}{7}$ (달의 밑면 둘레) $= 73\dfrac{53}{1,080}$ 배

(r) $\dfrac{136,930,319,878}{63}$ (우주의 단면적)

$\div \dfrac{2,851,200}{7}$ (달의 밑면적)

$= 5,336\dfrac{2,145,539}{12,830,400}$ 배

(s) $\dfrac{157,786}{3}$ (우주의 지름)

$\div 2,160$ (일구의 지름) $= 24\dfrac{1,133}{3,240}$ 배

(t) $\dfrac{3471292}{21}$ (宇宙의 周圍)

$\div \dfrac{47520}{7}$ (日球의 周圍) $=24\dfrac{1133}{3240}$ 倍

(u) $\dfrac{136930319878}{63}$ (宇宙의 斷面績)

$\div \dfrac{25660800}{7}$ (日球의 斷面績)

$=592\dfrac{104788739}{115473600}$ 倍

(v) $\dfrac{547721279512}{63}$ (宇宙의 表面積)

$\div \dfrac{102643200}{7}$ (日球의 表面積)

$=592\dfrac{104788739}{115473600}$ 倍

(w) $\dfrac{43211374904540216}{567}$ (宇宙의 體積)

$\div \dfrac{110854656000}{21}$ (日球의 體積)

$=14437\dfrac{42606299527}{374134464000}$ 倍

(t) $\dfrac{3,471,292}{21}$ (우주의 둘레)

$\div \dfrac{47,520}{7}$ (일구의 둘레) $=24\dfrac{1,133}{3,240}$ 배

(u) $\dfrac{136,930,319,878}{63}$ (우주의 단면적)

$\div \dfrac{25,660,800}{7}$ (일구의 단면적)

$=592\dfrac{104,788,739}{115,473,600}$ 배

(v) $\dfrac{547,721,279,512}{63}$ (우주의 표면적)

$\div \dfrac{102,643,200}{7}$ (일구의 표면적)

$=592\dfrac{104,788,739}{115,473,600}$ 배

(w) $\dfrac{43,211,374,904,540,216}{567}$ (우주의 부피)

$\div \dfrac{110,854,656,000}{21}$ (일구의 부피)

$=14,437\dfrac{42,606,299,527}{374,134,464,000}$ 배

* 첨자 ― U: 우주, S: 태양, E: 지구, M: 달

* 기호 ― R: 반경, D: 직경, l: 둘레길이, A: 단면적, S: 표면적, V: 체적

❖　(a) $R_{태양-지구} \times 2 = R_{우주}$; (b) $R_U \times 2 = D_U$; (c) $D_U \times \pi = l_U$

(d) $R_U^2 \times \pi = A_U$; (e) $R_U^2 \times 4\pi = S_U$; (f) $R_U^3 \times \pi = V_U$

(g) $D_U \div D_E = 730\frac{53}{108}$; (h) $l_U \div l_E = 730\frac{53}{108}$

(i) $A_U \div A_E = 533{,}616\frac{92{,}675}{128{,}304}$; (j) $S_U \div S_E = 533{,}616\frac{92{,}675}{128{,}304}$

(k) $V_U \div V_E = 389{,}802{,}074\frac{10{,}397{,}959}{13{,}856{,}832}$; (l) $D_U \div D_M = 121\frac{485}{648}$

(m) $A_U \div A_M = 14{,}822\frac{3{,}171{,}971}{4{,}618{,}944}$; (n) $S_U \div S_M = 14{,}822\frac{3{,}171{,}971}{4{,}618{,}944}$

(o) $V_U \div V_M = 1{,}804{,}639\frac{5{,}625{,}916{,}472}{23{,}944{,}605{,}696}$; (p) $D_U \div D_{MB} = 73\frac{53}{1{,}080}$

(q) $l_U \div l_{MB} = 73\frac{53}{1{,}080}$; (r) $A_U \div A_{MB} = 5{,}336\frac{2{,}145{,}539}{12{,}830{,}400}$

(s) $D_U \div D_S = 24\frac{1{,}133}{3{,}240}$; (t) $l_U \div l_S = 24\frac{1{,}133}{3{,}240}$

(u) $A_U \div A_S = 592\frac{104{,}788{,}739}{115{,}473{,}600}$; (v) $S_U \div S_S = 592\frac{104{,}788{,}739}{115{,}473{,}600}$

(w) $V_U \div V_S = 14{,}437\frac{42{,}606{,}299{,}527}{374{,}134{,}464{,}000}$

20. 日體 7倍의 質量을 有[1]한 星霧系
일체 배 질량 유 성무계

20. 일체 7배의 질량을 가진 성무계

日球는 宇宙의 中央에 處하고,
일구 우주 중앙 처

일구는 우주의 중앙에 자리잡고,

星霧[2]系[3]는 邊方[4]의 外壘[5]가 된다.
성무 계 변방 외루

성무계(성운계)는 변두리의 바깥 보루가 된다.

그리고, 日體 7倍의 質量으로써,
일체 배 질량

그리고, 일체 7배의 질량으로써,

極邊[6]에
극변

중심에서 가장 먼 변두리(극변極邊 : 한 우주 끝)

沿[7]하여 日球의 半徑에 相當한
연 일구 반경 상당

언저리에 일구의 반지름과 같은

距離의 두께(厚)를 갖는다.
거리 후

길이의 두께(후厚; 1,080)를 갖는다.

이를 三分하면, 極邊으로부터 216은
삼분 극변

이를 셋으로 나누면, 극변으로부터 216은

質身이 滅盡[8]한 곳이므로
질신 멸진

물질적인 몸체가 소멸(멸진滅盡)한 곳이므로

1 　유有; (있을 유) 1. 있다. 존재存在하다. 2. 있는 것. 존재存在하는 것. 3. 가지다, 소지所持하다. 소유하다. 4. 독獨차지하다. 5. 많다, 넉넉하다. 6. 친親하게 지내다. 7. 알다. 8. 소유所有. 자기自己의 것으로 하는 것. 9. 생기다. 나타나다. 10. 자재資財, 소유물所有物. 11. 경역境域(경계 안의 지역). 12. 어조사. 13. 혹, 또. 14. 어떤. 15. 12인연因緣의 하나. 미迷로서의 존재存在. 16. 성姓의 하나.

2 　성무星霧; 성운星雲. 구름 모양으로 퍼져 보이는 천체.

3 　계系; (맬 계) 1. 매다. 묶다. 채우다. 2. 이어매다. 3. 연결하다. 연계시키다. 맺다. 관련되다. 달려 있다. [주로 추상적인 사물에 쓰임]. 4. 잇다. 5. 얽다. 6. 매달다. 7. 매달리다. 8. 끈, 줄. 9. 혈통血統. 10. 핏줄. 11. 죄수罪囚. 12. 실마리. 13. 계사繫辭(주역의 괘의 설명) 14. 사무 구분區分에서 가장 하위 단위單位. 15. 일련의 관계를 갖는 조직; 계통系統. 16. 어떤 명제나 정리로부터 옳다는 것이 쉽게 밝혀지는(증명되는) 다른 명제나 정리. 계정리系定理. 17. 지질 시대 구분 단위의 하나인 기紀에 쌓인 지층. 기紀의 구칭舊稱. 18. 접미사(예裔). 19. 학과.

4 　변방邊方; 나라의 경계境界가 되는 변두리 땅.

5 　외루外壘; 바깥쪽에 있는 보루堡壘.

6 　극변極邊; 1. 지극至極히 먼 변두리. 2. 먼 변경邊境. 중심이 되는 곳에서 아주 멀리 떨어져 있는 변경.

7 　연沿; (물 따라갈 연, 따를 연) 1. 물을 따라가다. 2. 좇다. 3. 따르다. 4. 가장자리. 5. 언저리. 6. 내의 이름, 물의 이름. 6. 잇닿아 있다.

8 　멸진滅盡; 1. 모든 번뇌가 소멸됨. 마음속에 일어나는 번뇌를 제지하고 소멸시키는 것. 2. 여러 인연이 모여 생겼다가 그 인연이 흩어져 소멸함. 멸하여 없어지는 것. ▶멸진정滅盡定; 대승에서는 24불상응법不相應法의 하나. 소승에서는 14불상응법의 하나. 또는 2무심정無心定의 하나. 성자聖者가 모든 심상心想을 다 없애고 적정

滅盡界 또는 眞空[9]界[10]라 云하고,
멸 진 계　　진 공 계　운

멸진계 또는 진공계라 말하고,

그다음의 432는 日身[11] 두께(厚)의 $\frac{1}{2}$ 인
　　　　　　　일 신　　후

그다음의 432는 일신 두께(후厚; 864)의 $\frac{1}{2}$ 인

內輪[12]身[13]의 7倍에
내 륜　신　배

내륜신의 7배(182V$_M$ = $\frac{182}{125}$V$_S$ = 1$\frac{57}{125}$V$_S$

相當[14]한
상 당

; V$_M$=달의 부피, V$_S$=해의 부피)에 해당한

水塵이 充塡[15]되어 있을 뿐
수 진　충 전

수진이 채워져 있을 뿐,

寂靜하기를 바래서 닦는 선정. 소승에서 불환과不還果와 아라한과의 성자가 닦는 것은 유루정有漏定으로, 6식과 인집人執을 일으키는 말나末那만을 없애는 것. 대승의 보살이 이를 닦는 것은 무루정無漏定으로, 법집法執을 일으키는 말나까지 없앤다.

9　진공眞空; Skt. ākāśa; śūnyatā. 1. 모든 현상에는 불변하는 실체가 없다는 공空의 관념도 또한 공空이라는 뜻. 2. 공空에 치우치지 않고, 여러 인연의 일시적인 화합으로 존재하는 현상을 긍정하는 진실한 공空. 유有 아닌 유를 묘유妙有라 함에 대하여, 공 아닌 공을 진공이라 하니, 대승의 지극한 진공을 말함. 3. 모든 차별을 떠나 있는 그대로의 모습. 4. 모든 분별이 끊어진 마음 상태. 부처의 성품. 진여의 이성理性은 일체 미혹한 생각으로 보는 상相을 여의었으므로 진공. 곧 『기신론』에서 말한 공진여空眞如,『유식론』에서 말한 이공진여二空眞如,『화엄경』에서 말한 3관 중의 진공관眞空觀. 5. 소승의 열반. 거짓이 아니므로 진, 상相을 여의었으므로 공. 아무것도 없는 편진단공偏眞單空. 6. 충담忠湛의 시호.

10　계界; Skt. dhātu. 1. 요소, 구성 요소. 2. 부류. 무리. 집단. 동아리. 계층. 세계. 3. 경지. 4. 고유한 본성. 5. dhātu. 타도(馱都, dhātu)는 결부結付의 뜻을 가진 dhā에서 온 말. 층層·기초基礎·요소要素란 뜻. 뒤에는 임지任持·섭지攝持·인종因種 등의 뜻으로 풀이. 5. 율종에서는 불도를 수행하는데 장애가 없게 하기 위하여 의·식·주에 대해서 규정한 한계. ▶계界; (지경 계) 1. 지경地境(땅의 가장자리, 경계). 2. 경계境界. 지계地界. 3. 둘레. 4. 한계限界. 범위. 5. 경계境界 안, 세계世界. 6. 부근附近. 7. 경계境界를 삼다, 이웃하다. 8. 사이하다(사이에 두다). 9. 이간離間하다(헐뜯어 서로 멀어지게 하다). 10. 분야. 직업·업종·성별 등 구분된 범위.

11　일신日身; 일체日體에서 심공心空(중심의 진공 부분)을 뺀 나머지.

12　내륜內輪; 아치의 안쪽 둘레.

13　내륜신內輪身; 日體일체에서 심공心空을 뺀 일신日身을 안팎으로 이등분한 안쪽 반.

14　상당相當; 1. 일정一定한 액수額數나 수치數值 따위에 해당該當함. 2. 대단한 정도程度에 가까움. 3. 적지 않은 정도程度. [비슷한말] 비등比等, 상응, 적당.

15　충전充塡; 1. 메워서 채움. 빈 곳이나 공간空間 따위를 채움. 2. 교통 카드 따위의 결제 수단을 사용할 수 있게 돈이나 그것에 해당하는 것을 채움. 3. 채굴이 끝난 뒤에 갱의 윗부분을 받치기 위하여, 캐낸 곳을 모래나 바위로 메우는 일.

星體[16]가 없으므로 無星界 또는

假空界[17]라 하고, 그 다음의 432는

日球表輪身[18]의 7倍에

相當한

水塵이 成體하여 同界 水星群의

全體積이 되며, 通 十八階 四級別

5548788位의 水星[19]이 配布[20]되어 있어,

그 形이 모두 日球와 같으며,

個別 體積의 $\frac{5}{750}$ 는

心空이 되고,

$\frac{1}{750}$ 은 面隙으로 나타난다.

그리고, 日球와 같이 水塵體의

左旋球이므로 引力이

豊富하고 日球와 相俟[21]하여

별이 없으므로 무성계無星界 또는

가공계假空界라 하고, 그 다음의 432는

일구 표륜신의 7배(686V_M=$\frac{686}{125}V_S$=5$\frac{61}{125}V_S$

; V_M=달의 부피, V_S=해의 부피)에 해당한

수진이 채워져 이 구역 수성군群의

전체 부피가 되며, 통틀어 18계階 4급별級別

5,548,788개의 수성水星이 분포되어 있어,

그 모양이 모두 일구日球와 같으며,

각 수성 부피의 $\frac{5}{750}$ 는

그 중심의 진공(심공心空)이 되고,

$\frac{1}{750}$ 은 표면의 틈새(면극面隙)로 나타난다.

그리고, 일구와 같이 수진체體의

좌선하는 별(좌선구左旋球)이므로 인력이

풍부하고 일구와 상응相應(상사相俟)하여

16   성체星體; 천체天體. 우주에 존재하는 모든 물체.

17   가공계假空界; 별(성체星體)이 없어 빈 것처럼 보이나, 물질(수진水塵)이 있어 빈 것은 아니므로 '거짓 빈 부분' 이란 뜻으로 가공계假空界라는 용어를 사용함.

18   표륜신表輪身; 日體일체에서 심공心空을 뺀 일신日身을 안팎으로 이등분한 바깥쪽 반.

19   수성水星; 18계十八階 4급별四級別 5548788위位의 수성水星; 53항 (e) 참조.

20   배포配布; 두루 나눠 줌.

21   상사相俟; 서로 기다림. ▶사俟; (기다릴 사, 성씨 기) 1. 기다리다. 2. 대기待機하다. 3. 떼지어가다. 4. 가는 모 양. 5. 서행하는 모양. a. 성(姓)의 하나 (기).

서로 牽制²²하므로 列²³曜²⁴,²⁵
　　　견제　　　　　　열요

서로 견제하므로 각 별자리(열요列曜)

또는 萬物이 그 있을 바를 得하여
　　만물　　　　　　　　득

또는 만물이 그 있을 바를 얻어

安立²⁶하고
안립

편안히 자리잡고

日球 또한 中央에 處할 수 있게 됨은
일구　　　중앙　처

일구 또한 중앙에 자리잡을 수 있게 됨은

邊方이 一致하여 서로 牽制하는
변방　일치　　　　　견제

변방이 일치하여 서로 견제하는

힘의 釣合²⁷에 依한 것이며,
　　조합　　의

힘의 균형(조합釣合)에 의한 것이며,

內宙와 外宇와의
내주　외우

우주의 안쪽(내주內宙)과 바깥쪽(외우外宇)과의

界線인 地球의 軌道는 日球와
계선　지구　궤도　일구

경계선인 지구의 궤도는 일구와

水星間에 서로의 牽引力²⁸에 依한
수성간　　　　견인력　　의

수성水星 사이에 서로의 견인력에 의한

釣合線이므로,
조합선

균형선(조합선釣合線)이므로,

22　　견제牽制; 1. 일정한 작용을 가함으로써 상대편이 지나치게 세력을 펴거나 자유롭게 행동하지 못하게 억누름. 끌어당기어 자유自由로운 행동行動을 하지 못하게 함. 적을 자기自己 쪽에 유리有利한 지점地點으로 이끌어서 억누르고 자유自由 행동行動을 못 하게 방해妨害함. 2. 아군의 공격이 수월하도록 적의 일부를 다른 곳에 묶어 두는 전술적 행동. [비슷한말] 마크, 상제, 방해.

23　　열列; (벌일 렬, 벌일 열) 1. 벌이다. 2. 늘어서다. 3. 줄짓다. 4. 나란히 서다. 5. 분리分離하다. 6. 순서順序를 매기다. 7. 진열陳列하다. 8. 차례次例. 9. 등급等級. 10. 반열班列(품계나 신분, 등급의 차례) 11. 석차. 12. 줄길이로 죽 벌이거나 늘어 있는 것. 13. 행렬. 14. 여러.

24　　요曜; (빛날 요) 1. 빛나다 2. 비추다 3. 자랑하다 4. 햇빛, 햇살 5. 요일曜日 6. 일월성신日月星辰(해와 달과 별을 통틀어 이르는 말). 7. 칠요七曜(해와 달, 오성五星) ▶오성五星; 고대 중국에서부터 알려져 있던 세성歲星(목성)·형혹熒惑(화성)·태백太白(금성)·진성辰星(수성)·진성鎭星(토성)의 5개 행성을 말하며, 각각 동·남·서·북·중앙 방위에 위치한다.

25　　열요列曜; 별자리.

26　　안립安立; 1. 언어로 표현할 수 없는 것을 임시로 언어로써 분별하여 표현함. 방편으로 개념을 설정함. 2. 편안히 자리함.

27　　조합釣合; 균형均衡, 조화調和, 평형平衡.

28　　견인력牽引力; 1. 어떠한 사물을 끌어서 당기는 힘. 2. 차량을 움직이는 원동력이 되는, 끌어당기는 힘. 3. 사람의 마음을 끌어당기는 힘.

右旋의 月體 또는 火星의 斥力[29]과
우선 월체 화성 척력

相俟하여 地球가 左轉하지
상사 지구 좌전

않을 수 없는 事實이 된다.
사 실

우선右旋하는 달 또는 화성의 척력과

상응(상사相俟)하여 지구가 좌전하지

않을 수 없는 사실이 된다.

29 척력斥力; 같은 종류의 전기나 자기를 가진 두 물체가 서로 밀어 내는 힘.

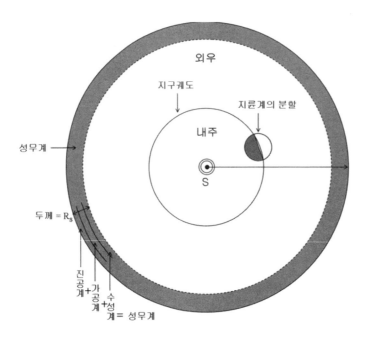

내주

지구케도

지른계의 분할

외우

성무계

두께 = R_s

진공계 + 가공계 + 수성계 = 성무계

S

<그림 11> 한 우주의 성무계

❖ $M_{성무계}=7M_{일체}$ (M;질량)

❖ 성무계

▶진공계(멸진계): $d_{진공계}=216$ (d; 거리), 질량이 멸진한 곳.(14항 그림7 참조)

 진공계의 부피 $=\dfrac{4}{3}\pi216^3\times7=7V_M=\dfrac{7}{125}V_S$

▶가공계(무성계): $d_{가공계}=432$, 일신 두께의 절반인 내륜신의 7배에 상당한 수진이 있을 뿐 성체가 없음.

 가공계의 부피 $=\dfrac{4}{3}\pi(216\times3)^3\times7-\dfrac{4}{3}\pi216^3\times7=[\dfrac{4}{3}\pi(216\times3)^3-\dfrac{4}{3}\pi216^3]\times7=$

 $[\dfrac{4}{3}\pi\times216^3\times3^3-\dfrac{4}{3}\pi216^3]\times7=[(\dfrac{4}{3}\pi216^3)\times(3^3-1)]\times7=[(\dfrac{4}{3}\pi216^3)\times26]\times7=$

 $[(\dfrac{4}{3}\pi216^3)\times26]\times7=182V_M=\dfrac{182}{125}V_S=1\dfrac{57}{125}V_S$

▶수성계: $d_{수성계}$=432, 태양표륜신 부피 7배의 수진이 있고 수성군의 전체적, 모습이 태양과 같고, 수성 개별 체적의 $\frac{5}{750}$ 는 심공이 되고, $\frac{1}{750}$ 은 면극으로 나타난다(일체日體도 일체적의 $\frac{5}{750}$ 는 심공이 되고, $\frac{1}{750}$ 은 면극으로 나타난다).

$$수성계의 \ 부피 = \frac{4}{3}\pi(216\times5)^3\times7 - \frac{4}{3}\pi(216\times3)^3\times7 = [\ \frac{4}{3}\pi(216\times5)^3 - \frac{4}{3}\pi(216\times3)^3\ ]\times7 = [\ \frac{4}{3}\pi$$

$$216^3\times5^3 - \frac{4}{3}\pi216^3\times3^3]\times7 = [\ \frac{4}{3}\pi216^3(5^3-3^3)\ ]\times7 = [\ \frac{4}{3}\pi216^3(125-27)\ ]\times7 = [\ \frac{4}{3}\pi216^3\times98]\times7$$

$$= 686V_M = \frac{686}{125}V_S = 5\frac{61}{125}V_S$$

▶수성체는 일체와 마찬가지로 좌선구이므로 인력이 풍부,

▶일체(태양)와 서로 상응하여 견제하므로 열요가 안립.

21. 月體 55倍의 質量을 有한 火星界
월체　　　배　　질량　유　　화성계

21. 월체 55배의 질량을 가진 화성계

$$\frac{3}{3^6-3^2},\ \frac{4}{3^7-3^3},\ \frac{5}{3^8-3^4},\ \frac{8}{3^9-3^5},\ \frac{9}{3^{10}-3^2},$$

$$\frac{10}{3^{11}-3^3},\ 等\ 六品의\ 火星\ 264960位[1]의$$
등　6품　　화성　　　　위

全體積이 月體의 39倍[2]에 相當하며
전체적　 월체　　　배　　 상당

모두가 各個 體積의 $\frac{1}{216}$이 下方에
각개 체적　　　　　　하방

空洞[3]이 開하고 또한 錐形[4]이 되어
공동　　개　　　　　추형

月體를 닮았으며, 月體와 같이
월체　　　　　　월체

右旋 右向의 火塵體이므로
우선 우향　화진체

斥力이 豊富하고, 日球 또는 水星群의
척력　풍부　　　일구　　　수성군

左旋 引力[5]과 相俟하여 宇宙의 風塵이
좌선 인력　　상사　　　우주　풍진

動[6]하므로 地球 또한 廻轉한다.
동　　　　　지구　　　회전

$$\frac{3}{3^6-3^2},\ \frac{4}{3^7-3^3},\ \frac{5}{3^8-3^4},\ \frac{8}{3^9-3^5},\ \frac{9}{3^{10}-3^2},$$

$$\frac{10}{3^{11}-3^3},\ 등\ 6품의\ 화성\ 264,960위의$$

전체 부피가 월체의 39배($39V_M$)에 해당하며

모두가 각각 부피의 $\frac{1}{216}$이 하방에

공동이 열려 있고 또한 원뿔모양이 되어

월체를 닮았으며, 월체와 같이

우선 우향右向의 화진체이므로

척력이 풍부하고, 일구 또는 수성군의

좌선 인력과 서로 작용하여 우주의 풍진이

움직이므로 지구 또한 회전한다.

1 　화성火星 264,960위位; 62항 (e) 참조.

2 　화성火星 264,960위位의 전체적全體積이 월체月體의 39배倍; 63항 (a)~(g) 참조.

3 　공동空洞; 1. 빈 굴. 텅 빈 굴. 아무것도 없이 텅 비어 있는 굴. 동굴洞窟. 2. 아무것도 없이 텅 빈 큰 골짜기. 2. 물체物體 속에 아무것도 없이 빈 것. 또는 그런 구멍. 속 빔. 3. 또는, 그 구멍. 4. 염증炎症이나 괴사壞死 등等으로 허물어진 몸의 조직組織이 배출排出되거나 흡수吸收된 자리에 생기는 빈 곳. 5. (말이나 문장에) 내용이 없다. 요지가 없다. 공허하다.

4 　추형錐形; 원추형圓錐形. 원뿔꼴. 원추圓錐 모양으로 된 형태形態.

5 　인력引力; 1. 물질物質이 서로 당기는 힘. 2. 공간적으로 떨어져 있는 물체끼리 서로 끌어당기는 힘. 질량을 가진 모든 물체 사이나 서로 다른 부호를 가진 전하들 사이에 작용하며, 핵력 때문에 소립자들 사이에서도 생긴다.

6 　동動하다; 1. 어떤 욕구나 감정 또는 기운이 일어나다. 2. 도지다(나아지거나 나았던 병이 도로 심해지다). 3. 마음이나 사물이 움직이다. 흔들리다. 4. (사물의 위치·순서·모양·상태 등을) 바꾸다. 5. (사람이) 움직이다. 행동하다. 동작하다. [비슷한말] 악화되다, 행동하다, 느끼다.

左旋하는 水塵體 等이 서로 牽引하는
좌선　　수진체 등　　　견인

釣合에 依하여 風塵이 動하는 空間
조합　의　　풍진　동　　공간

同樣[7]의 地軌를 中心으로 하고,
동양　　지궤　중심

右旋 右向하는 火塵體가 斥力을 發[8]하여
우선 우향　　화진체　척력　발

水平線上에 기울음(歪[9])을 生하므로
수평선상　　　왜　생

此 기울음에 依하여 水平的 作用이 相起[10]하여
차　　　의　　수평적 작용　상기

뒷整理를 다함과 同時에 浮萍[11]과 相等한
정리　　　동시　부평　상등

地球는 그 波紋[12]의 渦[13]에 말려서
지구　　파문　와

所謂 私轉이 되고, 月 또는 火星群의
소위 사전　　월　　화성군

좌선하는 수진체 등이 서로 견인하는

균형에 의하여 풍진이 움직이는 공간과

같은 모양의 지구 궤도를 중심으로 하고,

우선 우향右向하는 화진체가 척력을 발하여

수평선상에 왜곡이 생기므로

이 왜곡에 의하여 수평적 작용이 서로 일어나

뒷정리를 다함과 동시에 부평초와 같은

지구는 그 파문의 소용돌이에 말려서

소위 자전自轉이 되고, 달 또는 화성군의

7　동양同樣; 모양이 같음. 같은 모양.
8　발發; (필 발) 1. 피다. 2. 쏘다. 3. 일어나다. 4. 떠나다. 5. 나타나다. 6. 드러내다. 7. 밝히다. 8. 들추다. 9. 계발 啓發하다. 10. 베풀다(일을 차리어 벌이다. 도와주어서 혜택을 받게 하다). 11. 빠른 발 모양. 12. 어떤 곳에서 다른 곳을 향하여 떠나다. 13. 꽃 따위가 피다. 14. 빛, 소리, 냄새, 열, 기운, 감정 따위가 일어나다. 또는 그렇게 되게 하다. (빛·열이) 나다. 15. 어떤 내용을 공개적으로 펴서 알리다. 16. 보내다. 건네주다. 교부하다. 발급하다. 부치다. 발송하다. 치다. 내주다. 17. 쏘다. 발사하다. 18. 발생하다. 생기다. 생산하다.
9　왜歪; (기울 왜, 기울 외) 1. 기울다. 2. 비뚫다. 3. 바르지 아니하다. 4. 비스듬하다. 삐딱하다. 5. 정당하지 않다. 옳지 않다. 나쁘다. 바르지 못하다. 6. 비뚫게 하다. 비스듬히 하다. 기울이다. a. 기울다 (외). b. 비뚫다 (외). c. 바르지 아니하다 (외).
10　상기相起; 서로 일으킴.
11　부평浮萍; 부평초. 개구리밥. 개구리밥과의 여러해살이 수초水草.
12　파문波紋; 1. 수면水面에 이는 잔물결. 파륜波輪. 2. 물결 모양의 무늬. 물결무늬. 파상문波狀紋. 3. 어떤 일로 인因하여 다른 데에 문제問題를 일으키는 영향. 어떤 일이 다른 데에 미치는 영향. [비슷한말] 수문, 파상문, 영향.
13　와渦; (소용돌이 와, 강 이름 과) 1. 소용돌이. 2. 보조개. 3. 소용돌이치다. a. 강江의 이름 (과).

前進에 依하여 地軌 線上에
전진 의 지궤 선상

公轉[14]이란 齒車[15]의 跡[16]이 찍혀지면서
공전 치차 적

中心 塔인 日球를 軸으로 하여
중심 탑 일구 축

內宙 外宇의 界線을 밟아
내주 외우 계선

돌게 되므로 火塵體의 强力한 程度를
화진체 강력 정도

推察[17]할 수가 있다.
추찰

그리고, 火星界 5個層 中
화성계 개층 중

上 3個層이 火星群이 依據하는 곳이며
상 개층 화성군 의거

下 2個層이 月體 16倍의 火塵이
하 개층 월체 배 화진

잠겨 있는데 共[18]히 內宙 外宇의
공 내주 외우

界線을 넘을 수 없으나
계선

그 軌는 月과 함께 하므로 火星界는
궤 월 화성계

內界와 外界가 自然히 揀別[19]된다.
내계 외계 자연 간별

전진에 의하여 지구 궤도 선상에

공전이란 톱니바퀴의 흔적이 찍혀지면서

중심 탑인 일구를 축으로 하여

내주內宙와 외우外宇의 경계선을 밟아

돌게 되므로 화진체의 강력한 정도를

미루어 짐작할 수가 있다.

그리고, 화성계 5개 층 가운데

위 3개 층이 화성군이 의거하는 곳이며

아래 2개 층이 월체 16배(=55-39)의 화진이

잠겨 있는데 모두 내주內宙와 외우外宇의

경계선을 넘을 수 없으나

그 궤도는 달과 함께 하므로 화성계는

내계內界와 외계外界가 자연自然히 구분된다.

---

14 공전公轉; 행성行星이 일정一定한 주기를 가지고 태양太陽 둘레를 도는 일. 한 천체天體가 다른 천체의 둘레를 주기적으로 도는 일. 행성이 태양의 둘레를 돌거나 위성이 행성의 둘레를 도는 따위를 이른다.

15 치차齒車; 톱니바퀴(둘레에 일정한 간격으로 톱니를 내어 만든 바퀴).

16 적跡; (발자취 적) 1. 발자국. 발자취, 자취(어떤 것이 남긴 표시나 자리). 2. 업적業績, 공적功績. 3. 행적(行跡·行績·行蹟). 행동. 4. 관습慣習, 선례. 5. 길, 정도正道. 6. 왕래往來. 7. 명성名聲(세상에 널리 퍼져 평판 높은 이름). 8. 흔적. 자국.

17 추찰推察; 미루어서 살핌. 미루어 생각하여 살핌. 미루어 헤아림. 짐작.

18 공共; (한가지 공) 1. 한가지. 2. (은대의)나라의 이름. 3. 주대의 지명. 4. 함께, 같이, 하나로 합하여. 5. 같게 하다, 한가지로 하다. 6. 함께 하다, 여럿이 하다. 7. 공손恭遜하다, 정중鄭重하다. 8. 공경恭敬하다. 9. 함께[같이]하다. 공유하다. 10. 같은, 동일한. 공통의. 11. 전부. 모두. 통틀어. 도합.

19 간별揀別; 1. 가리다, 분간分揀하다. 2. 가려 뽑다. 3. 구별區別하다. 4. 분별分別하다. 5. 빼다.

또한 上記 六品의 火星 亦是
상기 6 품　　火 성 역 시

前 三品은 內界의 3個層을,
전 3 품　　내 계　　개 층

後 三品은 外界의 3個層을
후 3 품　　외 계　　개 층

所依[20]로 하며 火塵 또한
소 의　　　　화 진

內界는 下 1層에 月體의 1倍,
내 계　　하　 층　　월 체　　배

2層은 2倍이며, 外界의 下 1層은
　층　　배　　　외 계　　하　 층

月體의 6倍, 2層은 7倍가 된다.
월 체　　배　　층　　배

또한 위에 기술한 6품의 화성 역시

앞의 3품은 내계內界의 3개 층을,

뒤의 3품은 외계外界의 3개 층을

의거하는 곳으로 하며 화진 또한

내계內界는 아래 1층에 월체의 1배,

2층은 2배이며, 외계外界의 아래 1층은

월체의 6배, 2층은 7배가 된다.

20　　소의所依; 의거依據하는 곳. 의거하는 바.

❖ $\dfrac{3}{3^6-3^2}=\dfrac{1}{240}$, $\dfrac{4}{3^7-3^3}=\dfrac{1}{540}$, $\dfrac{5}{3^8-3^4}=\dfrac{1}{1,296}$, $\dfrac{8}{3^9-3^5}=\dfrac{1}{2,430}$, $\dfrac{9}{3^{10}-3^2}=\dfrac{1}{6,560}$,

$\dfrac{10}{3^{11}-3^3}=\dfrac{1}{17,712}$ 등 6품의 화성 264,960위의 전 체적이 월체의 39배에 상당

❖ 각개 체적의 $\dfrac{1}{216}$ 이 하방에 공동이 열려있고 추형이 되어 달을 닮았음.

(달도 달의 체적의 $\dfrac{1}{216}$ $(=V_E)$의 공동이 달 밑면에 있음)

❖ 달과 같이 우선우향의 화진체이므로 척력이 풍부.

❖ 태양 또는 수성군의 좌선 인력과 상사相俟(서로 기다림, 서로 의지함)하여 우주의 풍진이 움직여

지구 또한 회전.

❖ 좌선하는 수진체 등이 서로 견인하여 풍진이 움직이는 공간 동양(같은 모양)의 지궤를 중심으로 함.

❖ 우선 우향하는 화진체가 척력으로 수평선상에 기울어져 뒷정리를 다하고 지구는 그 파문의 소용돌이에

말려 사전私轉이 됨.

❖ 달 또는 화성군의 전진에 의하여 지궤 선상에 공전의 궤적이 찍혀지면서 중심 탑인 태양을 축으로 하여

내주 외우의 계선을 밟아 돌게 됨.

❖ 화성계 5개층 중 위 3개층이 화성군이 의거하는 곳이며, 아래 2개층이 달의 16배의 화진이 잠겨 있음.

❖ 내주 외우의 계선을 넘을 수 없으나 그 궤적은 달과 함께 하므로 화성계는 내계와 외계가 자연히

구분된다.

❖ 6품의 화성 역시 앞의 3품은 내계의 3개 층을, 뒤의 3품은 외계의 3개 층으로 이루어져 있음.

(내계의 3개 층; $\dfrac{3}{3^6-3^2}$, $\dfrac{4}{3^7-3^3}$, $\dfrac{5}{3^8-3^4}$. 외계의 3개 층; $\dfrac{8}{3^9-3^5}$, $\dfrac{9}{3^{10}-3^2}$, $\dfrac{10}{3^{11}-3^3}$)

❖ 화진 또한 내계는 아래 1층에 달의 1배, 2층은 2배이며, 외계의 아래 1층은 달의 6배, 2층은 7배가 됨.

$(1+2)+(6+7)=16$

22. 月體 9倍의 質量을 有한 月世界
월체 배 질량 유 월세계

月의 中心點으로부터 1080을
월 중심점

半徑으로 한 區宇[1]를 月世界라 하며,
반 경 구우 월세계

此 두께(厚)에서 月體의 半高인 360을
차 후 월체 반고

控除한 720의 사이에 8個段이 있는데
공제 개단

等距離의 一段마다 月體 一個에
등거리 일단 월체 일개

相當한 火塵이 月體를 떠나지 않고
상당 화진 월체

內外界를 通하여 그 行動을
내외계 통 행동

月과 함께 하므로 此를 月輪身이라 하며,
월 차 월륜신

이에 月區를 넣어서 9段이 있으므로
월구 단

月下 十界에 對하여
월하 십계 대

月上 九皞[2]라고 한다.
월상 구호

22. 달의 9배의 질량을 가진 월세계

달의 중심점으로부터 1,080을

반지름으로 한 구역을 월세계라 하며,

이 두께에서 월체의 반고半高인 360을

공제한 720의 사이에 8개 단段이 있는데

동일한 거리의 1단段마다 월체 한 개에

해당한 화진火塵이 월체를 떠나지 않고

내외계內外界를 통하여 그 행동을

달과 함께 하므로 이를 월륜신이라 하며,

이에 월구月區를 넣어서 9단段이 있으므로

월하下 십계十界에 대하여

월상上 구호九皞라고 한다.

---

1   구우區宇; 1. 구역區域(갈라놓은 지역). 경역境域(경계境界가 되는 구역區域, 경계境界 안의 땅), 천하天下. 2.
     전우殿宇(전당殿堂).

2   호皞; (밝을 호) 1. (깨끗하고)밝다. 2. 화락和樂하다(화평하게 즐기다), 쾌적快適하다. 3. 광대廣大하다. 4. 자적
     自適하다(편안하여 만족하다).

❖ 월세계: 달의 중심점으로부터 1,080을 반경으로 한 구우.

월상구호月上九皞
(월구月區 + 8개 단段)

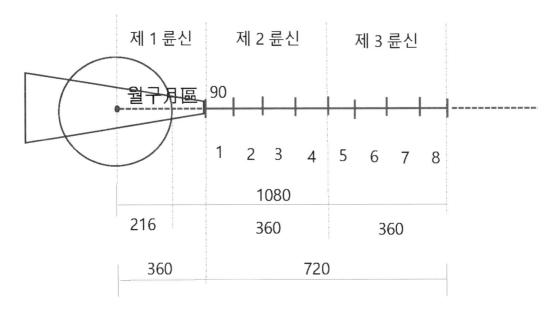

〈그림 12〉 월상구호月上九皞

❖ 두께에서 반고인 360을 공제한 720의 사이에 8개의 구역이 있으며 등거리의 구역마다 달 1개에 해당한 화진이 달을 떠나지 않고 내외계를 통하여 그 행동을 달과 함께 하므로 이를 월륜신이라 하며, 월하 십계에 대하여 월상 구호(월구月區+8개 단=9)라고 한다.

23. 月體 36倍의 質量을 有한 木星의 區宇

月上 九皜에 接하여 亦是 1080의 두께(厚)인

木星의 區宇가 있으며, 遊星[1] 全界를

一團[2]이 되게 하는 功能[3]의 主人公인

主星[4] 一位는 月 體積의 6倍를 有하나,

月體와 相反[5]해서 左旋體임과

同時에 陰性 火塵의 菱形[6]體이므로

各 尖端은 陰極이 되고 下方 一角은

陽極인 月頭의 尖端을 相對로 하여

서로 吸引[7]하며 背方의 三個角은

後方 三個 木星 때문에 同性

相排斥되어 左旋 右轉됨과 同時에

第三層 九位의 木星 또한 그러하다.

23. 월체 36배의 질량을 가진 목성의 구역

월상 구호에 접하여 역시 1,080의 두께인

목성의 구역이 있으며, 유성 전계全界를

한 덩어리가 되게 하는 작용의 주인공인

주성主星 한 개는 달 부피의 6배를 가지나,

월체와 서로 어긋나서 좌선체左旋體임과

동시에 음성陰性 화진火塵의 마름모꼴이므로

각 첨단은 음극陰極이 되고 하방 일각一角은

양극陽極인 월두月頭의 첨단을 상대로 하여

서로 끌어당기며 뒤 쪽의 3개각角은

후방 3개 목성木星 때문에 같은 성질끼리

서로 배척하여 좌선左旋 우전右轉됨과 동시에

제3층層 9위位의 목성 또한 그러하다.

1   유성遊星; 행성行星. 중심 별의 강한 인력의 영향으로 타원 궤도를 그리며 중심 별의 주위를 도는 천체.

2   일단一團; 1. 한 덩어리. 2. 한 집단이나 무리.

3   공능功能; 1. 공적과 재능을 아울러 이르는 말. 2. 공들인 보람을 나타내는 능력. 3. 기능. 작용. 효능.

4   주성主星; 1. 연성連星에 있어서 광도光度가 가장 밝은 항성恒星. 2. 쌍성雙星에서 동반성同伴星보다 밝은 별. 3. 점성술에서, 어떤 사람의 운명을 맡고 있는 별.

5   상반相反; 서로 반대되거나 어긋남. [비슷한말] 모순, 반대.

6   능형菱形; 마름모. 네 변이 같고 대각선의 길이가 다른 사변형斜邊形.

7   흡인吸引; 1. 빨아들이거나 끌어당김. 2. 흡인하다. 빨아당기다〔빨아들이다〕. 잡아끌다. 3. 끌어당기다. 유인하다. 매료(매혹)시키다.

그리고, 中層 三位 木星 때문에	그리고, 중층中層 3위位 목성 때문에
上 下層의 十位 木星이	상 하층層의 10위位 목성木星이
左旋 右轉됨에 따라	좌선左旋 우전右轉됨에 따라
月體와 火星의 右旋 右轉에	월체와 화성의 우선右旋 우전右轉에
馬力[8]을 加하게 된다.	힘(마력馬力)을 더하게 된다.
더욱이 同 區宇의 火塵 亦是	더욱이 같은 구역의 화진火塵 역시
陰性이므로 上方 火星界를	음성陰性이므로 상방上方 화성계火星界를
끌어들이는 데 助力하여 月로 하여금	끌어들이는 데 조력하여 달로 하여금
土星界와 그 力線을 끌어당겨	토성계와 그 역선力線을 끌어당겨
遊星 全界가 一團이 된다.	유성遊星 전계全界가 한 덩어리가 된다.
그리고 第二層 三位의 木星은 各各	그리고 제2층層 세 개의 목성은 각각
月體의 $\frac{7}{3}$倍이고 第三層의 九位는	월체의 $\frac{7}{3}$배이고 제3층層의 아홉 개 목성은
$\frac{8}{9}$倍이며 同區 8個層中	$\frac{8}{9}$배倍이며 같은 구역 8개층層 가운데
下 5個層의 質量은 順次와 如히	아래 5개층層의 질량은 순서대로
1, 2, 3, 4, 5倍이므로 合하여	1, 2, 3, 4, 5배이므로 합하여
月體의 15倍가 되고 主星 一位와	월체의 15배가 되고 주성主星 1위位와

8 　마력馬力; 동력이나 단위 시간당 일의 양을 나타내는 실용 단위. 말 한 마리의 힘에 해당하는 일의 양이다. 1마력은 1초당 746줄(joule)에 해당하는 노동량으로 746와트의 전력에 해당한다. 기호는 hp. 여기서는 '센 힘'의 뜻.

從星 十二位의
종 성 1 2 위

體積은 月體의 21倍이며 모두 合하여
체 적 월 체 배 합

36倍가 된다.
배

종성從星 12위位$(6+\dfrac{7}{3}\times 3+\dfrac{8}{9}\times 9=21)$의

부피는 월체의 21배이며 모두 합合하여

36배[15(하 5개층의 질량)+

21(상 3개층의 목성13위의 질량)]가 된다.

❖ 월상 구호에 접하여 역시 1,080의 두께인 목성의 구역이 있음.

❖ 유성 전계를 일단이 되게 하는 작용의 주인공인 주성 1위는 달 부피의 6배.

❖ 달과 상반해서 좌선체임과 동시에 음성 화진의 마름모꼴.

❖ 각 첨단은 음극, 하방 1각은 양극인 월두의 첨단을 상대로 하여 서로 끌어당기고 뒤쪽의 3위각은 후방 3위 목성 때문에 동성끼리 서로 배척하여 좌선 우전됨과 동시에 제3층 9위의 목성 또한 그러하다.

❖ 중층 3위 목성 때문에 상 하층의 10위 목성이 좌선 우전됨에 따라 달과 화성의 우선 우전에 마력을 가함.

❖ 구우의 화진 역시 음성이므로 상방 화성계를 끌어 들이는데 조력하여 달로 하여금 토성계와 그 역선을 끌어당김.

❖ 제2층 3위의 목성은 각각 월체의 $\frac{7}{3}$배이고 제3층의 9위는 $\frac{8}{9}$배이며 같은 구역 8개층 중 하 5개층의 질량은 순서대로 1, 2, 3, 4, 5배이므로 합하여 달의 15배가 되고 주성 1위와 종성 12위의 부피는 달의 21배이며 모두 합하여 36배가 된다. [15(=하下 5 개층個層의 음성 화진량; 1+2+3+4+5=15)+21(=상上 3개층 가운데 하층 주목성 6+중층 3개의 목성 합 7+상층 9개의 목성 합 8)]=36V_M]

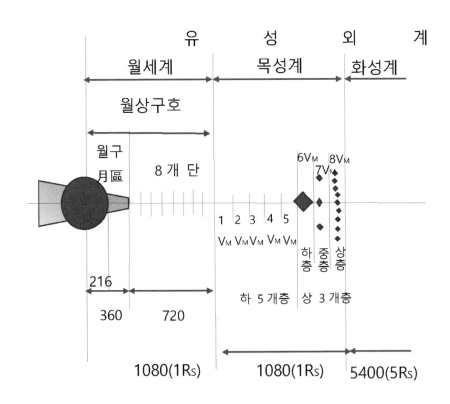

〈그림 13〉 목성의 구조

24. 月體 20倍인 四大 金星과
地體 128倍인 八位의 金星

月體 5倍의 體積을 有한 金星 四位가

日輪界에 沿하여

正 四方에 配位되어

日月의 中間을 守하며,

또한 地球 128倍인 八位의 金星이

月區와 土星界와의 中間을 護[1]한다.

그리고 宇宙 全界에 있어서의

總 金塵의 겨레(族)로서 나타나

一切 萬有가 萬有가 되게 하는

에너지를 맡으며 그 形態는 卵形이고

體積의 $\frac{1}{216}$ 이 心空이 되어 있다.

24. 월체 20배인 4대 금성과
지체 128배인 8위 금성

월체 5배의 부피를 가진 금성 4개가

일륜계日輪界 가장자리에 잇대어

정正 4방方에 배치되어

해와 달의 중간을 지키며,

또한 지구 128배인 8개의 금성이

월구月區와 토성계와의 중간을 지킨다.

그리고 우주 전계全界에 있어서의

총 금진金塵의 겨레(족族)로서 나타나

일체 만유가 만유가 되게 하는

에너지를 맡으며 그 형태는 계란형이고

부피의 $\frac{1}{216}$ 이 심공心空이 되어 있다.

---

1   호護; (도울 호) 1. 돕다. 2. 지키다. 3. 보호保護하다. 막다. 4. 통솔統率하다. 5. 편들다. 봐주다. 감싸다. 비호하다.

❖ 달의 5배 부피를 가진 금성 4위가 일륜계의 사방에 배치되어 태양과 달의 중간을 지킴.

($V_{G4}=5V_M$. $4V_{G4}=20V_M$. G4; 4대 금성의 금성)

❖ 지구 128배인 8위의 금성이 월구와 토성계와의 중간에 있음.

($V_{G8'}=16V_E$. $8\,V_{G8'}=128V_E$. G8; 8위 금성의 금성)

❖ 8위 금성이 우주 전계에 있어서 총 금진의 겨레로서 나타나 일체 만유가 만유가 되게 하는 에너지를 맡으며 그 형태는 계란모양이고 부피의 $\dfrac{1}{216}$이 심공.

25. 地體 944倍의 質量을 有한 四七星宿界

25. 지구의 944배 질량을 가진 4·7성수계

月體 5倍에 相當한,

월체 5배에 해당한,

地體의 1080倍 中

지체의 1,080배(V_M=216V_E ∴ 5V_M=1,080V_E) 중

八位 金星의 分 128과 地輪界 分 8을 控除한

8위位 금성의 분分 128과 지륜계 분分 8을 뺀

944가 四七星宿界를 構成하며

944가 4·7성수계를 구성하며

그 中 4가 四七 星宿 中

그중 4가 4·7 성수 중

第一의 四個星體積,

제1의 4개 별 부피(1V_E×4개별=4V_E),

8이 第二의 四個星,

8이 제2의 4개 별(2V_E×4개별=8V_E),

12가 第三의 四個星,

12가 제3의 4개 별(3V_E×4개별=12V_E),

16이 第四의 四個星,

16이 제4의 4개 별(4V_E×4개별=16V_E),

20이 第五의 四個星,

20이 제5의 4개 별(5V_E×4개별=20V_E),

24가 第六의 四個星,

24가 제6의 4개 별(6V_E×4개별=24V_E),

28이 第七의 四個星의

28이 제7의 4개 별(7V_E×4개별=28V_E)의

體積으로서 112가

부피로서 112가

全體積이며,

전체 부피[(1+2+3+4+5+6+7)V_E×4개별 =28V_E×4개별=112V_E]이며,

그 七倍인 784가 二十八宿 輪界 內의

그 7배인 784가 28수 윤계 안의

地塵量이고 48은 土星界의

지진량地塵量이고 48은 토성계土星界의

流通 地塵量이다.

유통 지진량이다.

二十八宿는 地球와 한 가지 土星으로서
輪界 內에는 반드시 地塵을 要[1]한다.

28수宿는 지구와 한 가지 토성으로서
윤계 내에는 반드시 지진을 필요로 한다.

---

1   요要하다; 필요로 하다. ▶요要; (요긴할 요) 1. 요긴要緊하다, 중요重要하다. 2. 요약要約하다. 3. 모으다, 합슴
치다. 4. 원願하다, 바라다, 요구要求하다. (청)구하다. 희망하다. 5. 맞히다, 적중的中하다. 6. 바루다. 7. 얻다,
취득取得하다. 8. 이루다, 성취成就하다. 9. 기다리다, 잠복潛伏하여 노리다. 10. 규찰糾察하다. 11. 조사調査하
다. 12. 언약言約하다, 맹세盟誓하다. 13. 책망責望하다. 14. (허리에)감다. 15. 통괄統括하다. 16. 으르다(무서
운 말이나 행동으로 위협하다), 협박脅迫하다. 강요하다. 강제하다. 위협하다. 압박하다. 억지로 시키다. 17. 막
다, 금禁하다, 말리다. 18. 누르다. 19. 굽히다. 20. 잡다. 21. 근본根本. 22. 생략省略, 간략簡略. 23. 회계會計 장
부(帳簿·賑簿). 24. 증권證券. 25. 허리(=요腰). 26. 허리띠. 27. 반드시, 꼭. 28. 요컨대. 29. 중요하다고 생각
되는 골자. 또는 요점이나 요지要旨. 30. 얻기(가지기)를 희망하다. 가지다. 소유하다. 31. 필요하다. 32. (받아
내려고) 독촉하다. (애써서) 받아(얻어) 내다.

- ❖ $V_{4 \cdot 7성수계} = 1,080V_E - 128V_E(8개 금성 부피) - 8V_E(지세계) = 944V_E = 112V_E + 112 \times 7V_E + 48V_E$

- ❖ $112V_E = 1V_E \times 4(제1 \ 4개별) + 2V_E \times 4(제2 \ 4개별) + 3V_E \times 4(제3 \ 4개별) + 4V_E \times 4(제4 \ 4개별) + 5V_E \times 4(제5 \ 4개별) + 6V_E \times 4(제6 \ 4개별) + 7V_E \times 4(제7 \ 4개별) = (1+2+3+4+5+6+7)V_E \times 4 = 28V_E \times 4$

  28수宿의 지진량

- ❖ $112V_E \times 7 = 784V_E = 28수宿의 윤계의 지진량$

- ❖ $48V_E = 토성土星계의 유통 지진량$

  ▶ 4·7성수계는 별 4개씩 7단계로 28개의 별이 있다. 이를 28수宿라 한다.

  ▶ 28수는 지구와 같은 토성이며, 그 윤계에 지진 (Ed)이 있다.

  ▶ 지진량과 체적은 같다. $Q^{Ed} = V^{Ed} = V$

  ▶ 토성계의 총 지진량; $1,080V_E = 128V_E(8개 금성 부피) + 8V_E(지세계 부피) + 944V_E(4 \cdot 7성수계 부피)$

- ❖ 4·7성수계 부피 ; $944V_E = 112V_E(28수의 부피) + 112 \times 7V_E(28수 윤계의 부피) + 48V_E(유통 지진량)$

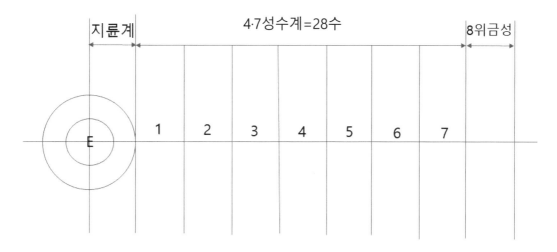

〈그림 14〉 지륜계, 4·7성수계와 8위 금성

26. 地體 8倍인 地輪界
지체 배 지륜계

1이 地球가 되고 7이 輪界 內의 地塵이다.
　　지구　　　　　　 륜계내　 지진

地球는 土星界의 中央을 占^{1}하고
지구　 토성계　 중앙　 점

나아가서는 全 遊星界의
　　　　　 전 유성계

繫^{2}橛^{3}이 되며 遊星界는 地球를
계 궐　　　　 유성계　 지구

中心으로 旋廻^{4}하면서 日球를 돌게 되므로
중심　　 선회　　　　 일구

地球는 實로 宇宙의 焦點^{5}이다.
지구　 실　 우주　 초점

地輪界는 地球 本位의 小宇宙로서
지륜계　 지구 본위　 소우주

地半徑 等距離의 길이를 延長한
지반경 등거리　　　　 연장

外宇가 輪界이므로 地球는 內宙에 類^{6}한다.
외우　 륜계　　　 지구　 내주　 류

26. 지체地體 8배인 지륜계

1이 지구가 되고 7이 윤계 내의 지진地塵이다.

지구는 토성계界의 중앙을 차지하고

나아가서는 전 유성계의

계궐繫橛(매는 말뚝)이 되며 유성계는 지구를

중심으로 선회하면서 일구를 돌게 되므로

지구는 실로 우주의 중심이다.

지륜계는 지구 본위의 소小우주로서

지구 반지름 등거리의 길이를 연장한

외우外宇가 윤계이므로 지구는 내주에 속한다.

1　점占; (점령할 점/점칠 점) 1. 점령占領하다. 점거하다. 점용하다. 차지하다. 보유하다. 2. (어떤 위치에) 처하다. 놓이다. (어떤 상황에) 속하다. 3. 점占치다. (고대의) 귀갑龜甲이나 시초蓍草로 길흉을 점치다. 4. 자세(仔細·子細)히 살피다. 5. 입으로 부르다. 6. 묻다. 7. 불러주다(구술하다). 8. 엿보다. 9. 지니다. 10. 헤아리다. 11. 보고報告하다. 12. 점占. 13. 징조. 14. 팔괘·육효·오행 따위를 살펴 과거를 알아맞히거나, 앞날의 운수·길흉 따위를 미리 판단하는 일. [비슷한말] 복술, 점복, 점술. ▶시초蓍草; 톱풀. 국화과菊花科의 여러해살이풀.

2　계繫; (맬 계) 1. 매다. 2. 이어매다. 3. 묶다. 4. 잇다. 5. 얽다. 6. 매달다. 7. 매달리다. 8. 끈, 줄. 9. 혈통血統. 핏줄. 10. 실마리. 11. 죄수罪囚 12. 계사繫辭(주역의 괘의 설명).

3　궐橛; (말뚝 궐) 1. 말뚝. 2. 문지방門地枋. 3. 나뭇등걸(나무를 베어 내고 남은 밑동). 4. 그루터기(풀이나 나무 따위의 아랫동아리).

4　선회旋回; 1. 둘레를 빙글빙글 돎. 돎, 빙빙 돎. 2. 항공기가 곡선을 그리듯 진로를 바꿈. [비슷한말] 선환, 윤선, 회전.

5　초점焦點; 1. 사람들의 관심이나 주의가 집중되는 사물의 중심 부분. 2.사진을 찍을 때 대상의 영상이 가장 똑똑하게 나타나게 되는 점. 3. 렌즈나 구면 거울 따위에서 입사 평행 광선이 한곳으로 모이는 점. 또는 어떤 점을 통과하여 모두 평행 광선으로 될 때의 점. 4. 타원, 쌍곡선, 포물선 따위의 위치 및 모양을 정하는 요소가 되는 점. 이들 곡선 위의 점으로부터 초점에 이르는 거리와 준선準線에 이르는 거리의 비는 일정하다. 5. 수정체가 원근에 따라 곡률曲率을 조절하여 대상을 가장 똑똑하게 볼 수 있도록 맞추는 점. [비슷한말] 중점, 중심, 핀트.

6　류類; (무리 류, 무리 유, 치우칠 뢰, 치우칠 뇌) 1. 무리(모여서 뭉친 한 동아리). 2. 동아리(같은 뜻을 가지고 모

此 地輪界의 引力에 依하여 차 지륜계 인력 의	이 지륜계의 인력에 의하여
遊星界의 中軸[7]에 그 力線을 끌어당겨 유성계 중축 력선	유성계의 중심축에 그 역선力線을 끌어당겨
一團이 되며 또한 地輪界의 斥力에 일단 지륜계 척력	한 무리가 되며 또한 지륜계地輪界의 척력에
依하여 光을 發하고 風이 起한다. 의 광 발 풍 기	의依하여 빛을 발하고 바람(풍風)이 일어난다.
地輪界 內의 小宇宙와 外界의 大宇宙를 지륜계 내 소우주 외계 대우주	지륜계 내의 소우주와 외계의 대大우주를
別途로 取扱하여 無理 없을 程度이며 별도 취급 무리 정도	따로 취급하여 무리 없을 정도이며
輪界線을 限度로 하여 륜계선 한도	윤계선을 한도限度로 하여
勢力圈을 달리하므로 세력권	세력권圈을 달리하므로
界外는 左旋力에 支配되고 계 외 좌선력 지배	윤계 밖은 좌선력左旋力에 지배되고
界內는 右旋力에 支配된다. 계 내 우선력 지배	윤계 안은 우선력右旋力에 지배된다.

여서 한패를 이룬 무리). 3. 제사祭祀의 이름. 4. 대개大槪(대부분). 5. 같다. 6. 비슷하다. 유사하다. 같다. 닮다. 7. (비슷한 것끼리)나누다. 8. 좋다. 9. 종류. 부류. 등급. a. 치우치다 (뢰). b. 편벽偏僻되다(생각 따위가 한쪽으로 치우쳐 있다) (뢰).

7   중축中軸; 1. 물건의 한가운데를 가로지르는 축. 물건의 중심을 꿰뚫은 축 심대. 2. 사물이나 사건의 중심이 되는 중요한 일 또는 그런 인물을 비유적으로 이르는 말. 사물의 중심(이 되는 사람).

❖ $V_{E'}=8V_E$

E'=지세계

=지구+지륜계

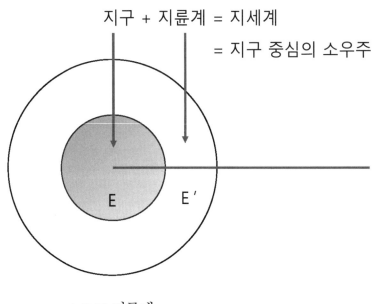

지구 + 지륜계 = 지세계

= 지구 중심의 소우주

E   E'

〈그림 15〉 지륜계

▶ 지구는 토성계(28수)의 중앙

▶ 지구는 유성계遊星界(달을 중심으로 도는 목성 및 화성계 별)의 계궐繫橛

▶ 유성계는 달과 함께 지구를 중심으로 돌고, 이들 전체가 태양을 돈다. 따라서 지구는 우주의 초점焦點

▶ 지세계는 지구 본위의 소우주로서 윤계는 외우外宇, 지구는 내주內宙

▶ 지륜계의 인력引力으로 유성계遊星界의 가운데 축에 그 역선力線을 끌어당겨 한 개의 덩어리가 된다.

▶ 지륜계의 척력으로 빛을 내고 바람(풍風)이 일어난다.

▶ 지륜계의 윤계輪界의 바같은 좌선력이, 내부는 우선력이 지배한다.

27. 列曜 空型의 樣相
열요 공형 양상

27. 별들에 나타나는 모양

日球의 空心[1]은 如來像,
일구 공심 여래상

일구의 빈 중심은 여래의 모양,

同表隙[2]은 龍形,
동 표극 용형

일구의 표면 빈틈은 용龍의 모양,

月의 空洞[3]은 獅子形,
월 공동 사자형

달의 공동은 사자 모양,

火星은 36獸를 비롯하여
화성 수

화성은 36가지 짐승을 비롯하여

昆蟲에 이르기까지 各種 各樣의
곤충 각종 각양

곤충에 이르기까지 각종 각양의

動物의 型이 모양 지어지고
동물 형

동물의 형型(거푸집)이 모양 지어지고

水星界 下 第1級星에는
수성계 하 제1급성

수성계 하下 제1급성級星에는

畸形的 人形으로서,
기형적 인형

기형적 사람 모양으로서,

牛頭人身 또는
우두인신

소머리 사람(우두인신牛頭人身) 또는

馬頭人身,
마두인신

말머리 사람(마두인신馬頭人身),

雙頭 或은 多頭,
쌍두 혹 다두

두 머리(쌍두雙頭) 또는 여러 머리(다두多頭),

多手, 多足,
다수 다족

여러 손(다수多手), 여러 발(다족多足),

合背 等의 畸形이 現하고
합배 등 기형 현

등이 붙은(합배합背) 등等의 기형이 나타나고

第二級星에는 正常的 人形이나
제2급성 정상적 인형

제2급성級星에는 정상적 사람 모양이나

1 　공심空心; 1. 공복空腹. 배 속이 비어 있는 상태狀態. 또는 그 배 속. 2. 물건의 빈 속.

2 　표극表隙; 표면 공극. ▶공극空隙; 1. 작은 구멍. 2. 빈틈. 비어 있는 틈. 틈. 간격. 공간. 3. 겨를. 짬. 4. 틈새. 여지. 기회.

3 　공동空洞; 1. 빈 굴. 텅 빈 굴. 아무것도 없이 텅 비어 있는 굴. 동굴洞窟. 2. 아무것도 없이 텅 빈 큰 골짜기. 2. 물체物體 속에 아무것도 없이 빈 것. 또는 그런 구멍. 속 빔. 3. 또는, 그 구멍. 4. 염증炎症이나 괴사壞死 등等으로 허물어진 몸의 조직組織이 배출排出되거나 흡수吸收된 자리에 생기는 빈 곳. 5. (말이나 문장에) 내용이 없다. 요지가 없다. 공허하다.

通俗⁴ 人形이며,
통속 인형

第三級星에는 僧形,
제 3 급 성 승형

第四級星에는 菩薩像이며,
제 4 급 성 보살상

木星의 中心에는 個個의 象形이고,
목성 중심 개개 상형

또한 四大 金星에는 菩薩像이며,
사대 금성 보살상

八位의 金星에는 刀杖⁵을 持한
8 위 금성 도장 지

力士像이 잠겨 있고 四七 星宿의 中心에는
역사상 4 7 성수 중심

王侯⁶의 像이며
왕후 상

地球의 心球는 僧形이다.
지구 심구 승형

그리고 假空界에는 體를 이루지 않고
가공계 체

紋彩⁷가 나타나 있는데
문채

各種 各樣의 植物이 그려져 있다.
각종 각양 식물

통속적인 사람 모양이며,

제3급성級星에는 스님 모양,

제4급성級星에는 보살 모습이며,

목성의 중심에는 낱낱의 코끼리 모양이고,

또한 4대大 금성에는 보살 모습이며,

8위位의 금성에는 무기를 지닌

역사상力士像이 잠겨 있고 4·7성수의 중심에는

왕과 제후(왕후王侯)의 상이며

지구의 심구心球는 스님 모양이다.

그리고 가공계에는 형체를 이루지 않고

무늬와 빛깔이 나타나 있는데

각종 각양의 식물이 그려져 있다.

---

4   통속通俗; 1. 세상에 널리 통하는 일반적인 풍속. 2. 비전문적이고 대체로 저속하며 일반 대중에게 쉽게 통할 수
     있는 일.

5   도장刀杖; 1. 칼과 몽둥이를 아울러 이르는 말. 2. 도검류를 통틀어 이르는 말.

6   왕후王侯; 제왕帝王과 제후諸侯.

7   문채紋彩; 무늬와 빛깔. ▶문紋; (무늬 문) 1. (직물의)무늬. 2. 문채文彩(아름다운 광채). 3. 주름, 주름살. ▶채
     彩; (채색 채) 1. 채색彩色, 고운 빛깔. 2. 무늬. 3. 빛, 윤기潤氣, 광택光澤. 4. 모양. 5. 도박賭博, 노름.

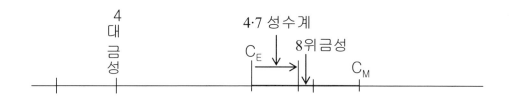

<그림 16> 4대 금성, 4·7성수계, 8위 금성

- 태양   빈 중심   : 여래상如來像

                   표면 빈틈 : 용형龍形

- 달의 빈공간   : 사자형獅子形

- 화성   : 36종 짐승(수獸)과 곤충 등 각종 동물상

- 수성   제1 급성 : 기형적 사람 모양 (소머리 사람, 말머리 사람, 머리 둘, 머리 여럿,

                              여러 개 손, 여러 개 발, 등이 붙은 것 등의 기형)

               제2 급성 : 정상적 또는 보통 사람 모양

               제3 급성 : 스님(승형僧形)

               제4 급성 : 보살

- 목성   : 코끼리

- 4대 금성   : 보살

- 8위 금성   : 칼을 가진 력사力士

- 4·7성수(28수)   : 왕과 제후(왕후王候)

- 지구의 중심   : 스님(승형僧形)

- 가공계   : 무늬와 빛깔이 나타나 각종 식물 그림

28. 內宙 外宇와 銀河水
내주 외우   은하수

地球 軌道의 內部를 內宙라 하고
지구 궤도   내부   내주

內宙 半徑의 等距離를 延長한 것이
내주 반경   등거리   연장

外宇이므로 外宇의 體積은
외우   외우   체적

內宙體積의 7倍이다. 그리고 日體의
내주체적   배   일체

7倍가 星霧系가 되어 日 半徑
배   성무계   일 반경

等距離의 두께(厚)를 가지고
등거리   후

邊方을 지키며 宇宙의 一氣[1]를
변방   우주   일기

水平케 하므로 內宙 水塵의 磁氣[2]는
수평   내주 수진   자기

日球를 向하려 하고 外宇 水塵의 磁氣는
일구   향   외우 수진   자기

邊方을 向하려 한다.
변방   향

따라서 그 分際[3]線인 軌道 위에
        분제 선   궤도

半橫이 된 地輪界
반 횡   지륜계

또한 그 氣에 乘[4]하여 所謂
        기 승   소위

---

28. 내주內宙 외우外宇와 은하수

지구 궤도의 내부를 내주內宙라 하고

내주 반지름의 등거리를 연장한 것이

외우外宇이므로 외우의 부피는

내주 부피의 7배이다. 그리고 일체의

7배가 성무계星霧系가 되어 해 반지름

등거리의 두께(후厚)를 가지고

변방을 지키며 우주의 일기一氣를

수평케 하므로 내주 수진水塵의 자기磁氣는

일구를 향하려 하고 외우 수진의 자기는

변방을 향하려 한다.

따라서 그 나누는 한계선인 (지구) 궤도 위에

반이 가로 잘린 지륜계地輪界

또한 그 기氣에 편승하여 소위

---

1 일기一氣; 1. 한 호흡呼吸. 또는 그만큼의 짧은 시간이나 동작. 2. 만물萬物의 원기元氣. 3. 천지가 나누어지기
   전의 우주에 가득 찬 혼돈한 기운.
2 자기磁氣; 에너지의 한 형태形態. 자석과 자석의 사이나 자석과 전류電流와의 사이에 작용作用하는 힘의 근원
   根源이 되는 것. 쇠붙이를 끌어당기거나 남북을 가리키는 등 자석이 갖는 작용이나 성질. 자하磁荷는 존재하지
   않고, 운동하는 전하가 자기장을 만들거나 반대로 자기장이 운동하는 전하에 힘을 미치게 함으로써 자기 현상
   이 일어난다. [비슷한말] 쇠끌이.
3 분제分際; 분한分限. 신분의 높낮이와 위아래의 한계.
4 승乘; 1.오르다. 2. (교통 수단 · 가축 등에) 타다. 3. 곱하다. 곱셈하다.

成層圈[5] 內에 있어서 單體[6]의 성층권 내에 있어서 단체單體의

孶[7](存在形態…譯者註)가 자孶(존재형태存在形態—청화 큰스님 주註)가

分齊되고 地球의 上下部가 나누어지고 지구의 상하부部가

左右 卽 內宙와 外宇와의 좌우左右 즉 내주內宙와 외우外宇와의

사이가 갈라진다. 그리고 邊方의 星霧系가 사이가 갈라진다. 그리고 변방의 성무계가

地上에서 바라보면 안개(霧)와 같이 지상地上에서 바라보면 안개(무霧)와 같이

認定되는데 이는 水星界의 인정認定되는데 이는 수성계水星界의

背後에 있는 假空界(銀河水)의 假面이며, 배후에 있는 가공계(은하수)의 가면이며,

星粟[8]은 5548788位나 되는 성속星粟은 5,548,788위나 되는

水星群의 모습이다. 수성水星 무리의 모습이다.

---

5   성층권成層圈; 1. 대류권對流圈과 중간권 사이에 있는 대기권大氣圈. 질소가 대부분이며, 온도나 기압의 변화
가 없고 습도가 낮으며, 바람과 구름도 거의 없다. 높이는 11~50km이다. 성층권의 하부에서는 기온이 높이에
따라 일정하다가 상부에서는 높이에 따라 기온이 증가하는데 그 이유는 오존층이 태양의 자외선을 흡수하기
때문이다. 대단히 안정하여 대류권과 달리 대류현상이 없으므로 일기변화 현상도 거의 없다. 성층권 내에는 특
히 고도 약 25km를 중심으로 오존이 많이 존재하는데 오존층은 지구상의 생물에게 유해한 강한 자외선을 거의
흡수하며 장기적인 기후변동과 밀접한 관계가 있어 대기과학에서 중요하게 다루어지고 있는 분야 중의 하나이
다. 2. 해면에서 약 500미터 이하에 있는 물의 층. 염분과 수온이 안정되어 있다.

6   단체單體; simple substance. 오직 한 종류의 원소만으로 된 물질. 예를 들면 순금속 · 유황 · 탄소 등. 넓은 뜻에
서는 단체도 그 원소의 원자 사이의 결합에 의한 화합물의 일종이나 두 가지 이상의 성분으로 나눌 수는 없다.
원자 사이의 결합 상태나 집합 · 배열 모양이 다름에 따라 같은 원소의 단체에서도 그 성질이 현저히 다른 경우
가 가끔 있으며 이러한 것을 동소체同素體라고 부른다.

7   자孶; (부지런할 자) 1. 부지런하다. 2. 불다. 3. 우거지다. 4. 낳다. 5. 새끼를 가지다. 번식(하다). 출산(하다). 6.
존재형태存在形態—청화 큰스님 주註

8   성속星粟; 좁쌀알 같은 별무리.

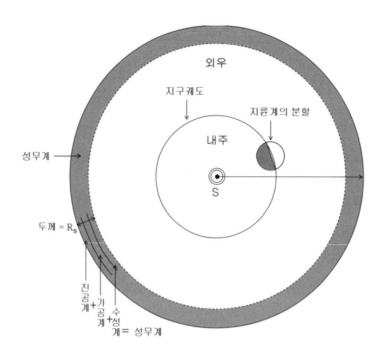

<그림 17> 한 우주의 외우 내주

▶ 지구 궤도 내부를 내주內宙, 바깥을 외우外宇라 한다.

▶ $V_{외우} = 7V_{내주}$

▶ $V_{성무계} = 7V_S$

　성무계는 우주 끝 쪽에 두께가 태양반경(R_S)으로 있으며, 변방을 지키며 우주의 기(일기一氣)를 수평 水平케 한다.

▶ 내주 수진(Hd)의 자기磁氣는 태양을 향한다.

　외우 수진의 자기는 우주 끝으로 향한다.

▶ 지륜계는 내주와 외우로 나뉘게 된다. 따라서 성층권의 단체자單體孳들도 나뉜다.

　지구의 상하부上下部가 좌우左右로 즉 내주와 외우와의 사이가 갈라진다.

▶ 지상에서 보면 성무계가 안개처럼 보인다.

　이는 수성계 뒤의 가공계(은하수)의 가면이다.

▶ 별들은 5,548,788개인 수성水星의 무리이다.

29. 恒星과 遊星
항성   유성

遊星界에 있어서 一定 場所에
유성계   일정 장소

恒在[1]하는 것과 같이 보이는 것을
항재

恒星[2]이라 云하며 그렇지 않음을
항성   운

遊星[3]이라 云하나, 實은 모두 다 遊星임을
유성   운   실   유성

認定하지 않을 수 없다. 恒星이라고 하면
인정   항성

日球와 水星을 말하나 此 亦是
일구   수성   차 역시

遊星界에 對해서만 恒星이 되며
유성계   대   항성

그 自身은 恒星이 아니기 때문이다.
  자신   항성

土星界의 南[4]北斗[5] 14星은
토성계   남 북두   성

地球와 함께 一日 一回 私轉[6]하나
지구   일일 일회 사전

東西斗 14星은 一日에 그 軌道를
동서두 성   일일   궤도

一周하고 이렇게 하기 7回로서,
일주   회

---

29. 항성과 유성

유성계에 있어서 일정 장소에

항상 존재하는 것과 같이 보이는 것을

항성恒星이라 말하며 그렇지 않은 것을

유성遊星이라 말하나, 실은 모두 다 유성임을

인정하지 않을 수 없다. 항성이라고 하면

일구와 수성을 말하나 이 역시

유성계에 대해서만 항성이 되며

그 자신은 항성이 아니기 때문이다.

토성계의 남북두南北斗 14성星은

지구와 함께 하루 1회 자전하나

동서두斗 14성은 하루에 그 궤도를

일주一周하고 이렇게 하기 7회로서,

---

1   항재恒在; 항상 존재함.
2   항성恒星; 1. 천구 위에서 서로의 상대 위치를 바꾸지 아니하고 별자리를 구성하는 별. 맨눈으로 볼 수 있는 별 가운데 행성, 위성, 혜성 따위를 제외한 별 모두가 해당되는데, 이들은 중심부의 핵융합 반응으로 스스로 빛을 내며, 고유 운동을 한다. 북극성, 북두칠성, 삼태성, 견우성, 직녀성 따위가 있다. [비슷한말] 붙박이별 · 정성定星. 2. 늘 같은 자리에 있는 것처럼 보이는 별. 3. 성좌星座를 이루는 별이나 태양太陽 · 북극성北極星 따위.
3   유성遊星; 행성行星. 중심 별의 강한 인력의 영향으로 타원 궤도를 그리며 중심 별의 주위를 도는 천체.
4   남두南斗; 1. 남두육성南斗六星. 28개 별자리 중의 하나. 모두 여섯 개의 별로, 국자 모양을 닮은 데서 유래한 이름임. 2. 여기서는 7성七星을 말해 현대천문학과 일치하지 않음.
5   북두北斗; 북두성北斗星·칠성七星·북두칠성北斗七星. 칠원성군七元星君. 큰곰자리에서 국자 모양을 이루며 가장 뚜렷하게 보이는 일곱 개의 별.
6   사전私轉; 자전自轉. 저절로 돎.

木星이 月頭를 잡아 당기며 月輪界를

一周하므로 月面이

地面의 場所에 따라서 照面을

달리하여 朔望[7]의 差가 있으며,

頭先의 向方에 依하여

月面의 緣[8]에 가리워서

上弦[9] 또는 下弦[10]이 되므로 月 自體는 何時도

盈虛[11]의 差가 없고, 또한 地球의

그림자에 말미암지 않은 事實이다.

그리고 또한 이렇게 하기 7回로서 火星이

自區를 一周하게 되므로써

遊星은 恒星에 對하여

文字 그대로 遊星인 것이다.

목성이 월두月頭를 잡아 당기며 월륜계를

일주一周하므로 월면月面이

지면地面의 장소에 따라서 비추는 면을

달리하여 초하루 보름의 차이가 있으며,

달머리(두선頭先)의 향방向方에 의하여

월면의 가장자리에 가리워서 상현上弦 또는

하현下弦이 되므로 달 자체는 언제나

차고 이지러지는 차이가 없고, 또한 지구의

그림자에 말미암지 않은 사실이다.

그리고 또한 이렇게 하기 7회로서 화성이

스스로의 구역을 일주一周하게 됨으로써

유성遊星은 항성에 대하여

문자 그대로 유성인 것이다.

---

7   삭망朔望; 1. 음력 초하룻날과 보름날을 아울러 이르는 말. 2. 삭망전朔望奠. 상중喪中에 있는 집에서 매달 초하룻날과 보름날 아침에 지내는 제사.

8   연緣; (인연 연, 부인 옷 이름 단) 1. 인연因緣, 연줄. 2. 연분緣分. 서로 관계를 맺게 되는 인연. 하늘이 베푼 인연. 부부가 되는 인연 3. 가장자리, 가선縇(의복의 가장자리를 딴 헝겊으로 가늘게 싸서 돌린 선) 4. 까닭, 이유理由. 5. 가설架設. 6. 장식裝飾. 7. 겉(물체의 바깥 부분). 8. 연유緣由하다. 인因하다(어떤 사실로 말미암다). 9. 말미암다. 10. 인지認知하다. 11. 꾸미다. 12. 두르다. 13. …을(를) 따르다. 14. …때문에. …을 위하여. [원인이나 목적을 나타내며, '인위因爲(…때문에)·위료爲了(…를 위하여)'에 상당함]. a. 부인 옷의 이름 (단).

9   상현上弦; 음력 매달 7~8일경에 나타나는 달의 형태. 둥근 쪽이 아래로 향한다. 초저녁에 남쪽 하늘에서 떠서 자정에 서쪽 하늘로 지는 달.

10   하현下弦; 음력 매달 22~23일에 나타나는 달의 형태. 활 모양의 현弦을 엎어 놓은 것 같은 모양이다. 자정에 동쪽 하늘에서 떠서 새벽에 남쪽 하늘로 지는 달.

11   영허盈虛; 영휴盈虧. 1. 차고 기욺. 차는 일과 이지러지는 일. 2. 충만充滿함과 공허空虛함. 3. 번영繁榮함과 쇠퇴衰退함.

❖ 유성계에서 일정한 곳에 있는 것을 항성, 그렇지 않은 것을 유성이라 하지만, 모두 유성이다.

   태양과 수성水星을 항성이라고 하나, 이는 유성계에 대한 상대적인 것이며, 그 자신은 항성이 아니다.

❖ 토성土星계＝28수＝4·7성수계

❖ 남북두南北斗 14개 별은 지구와 같이 매일 1회 자전

   동서두東西斗 14개 별은 매일 1회 공전(궤도를 한 바퀴)

   동서두가 7회 공전하면 목성이 달 윤계를 한 바퀴 돈다(목성은 월두月頭를 잡아당기며 돈다).

❖ 달면面이 지상의 장소에 따라 비추는 면이 달라져 초하루/보름이 생긴다.

   달의 두선頭先의 방향에 의하며 달면面의 가장자리(연緣)에 가리워 상현 하현이 된다.

   달 자체는 차고 기울지 않는다.

   초하루/보름이 생기는 것이 지구의 그림자와는 무관하다.

❖ 이것(목성이 월륜계를 일주하는 것)이 또 7회 하면 화성이 자기 구역을 한 바퀴 돈다.

   그러므로 유성은 항성에 대하여 글자 뜻대로 유성이다.

30. 七曜의 差別
칠요 차별

30. 칠요七曜의 차별

日球를 日曜, 月體를 月曜,
일구 일요 월체 월요

일구를 일요日曜, 월체를 월요月曜,

火星을 火曜, 水星을 水曜,
화성 화요 수성 수요

화성을 화요火曜, 수성을 수요水曜,

木星을 木曜, 金星을 金曜,
목성 목요 금성 금요

목성을 목요木曜, 금성을 금요金曜,

土星을 土曜라 云하며
토성 토요 운

토성을 토요土曜라 말하며

이것이 七이므로 七曜[1]라 謂한다.
7 7요 위

이것이 7이므로 7요曜라 말한다.

그리고 列曜[2]의 數가 幾多[3]
열요 수 기다

그리고 진열된 별들의 수가 꽤 많이

有할지라도 다만 七曜에 포섭되며
유 7요

있을지라도 다만 7요曜에 포섭되며

日·水 二曜의 全 質量과
일 수 2요 전 질량

일·수 2요曜의 전 질량과

土曜 質量의 $\frac{4}{5}$는 水塵의 系統이며,
토요 질량 수진 계통

토요 질량의 $\frac{4}{5}$는 수진水塵의 계통이며,

月·火·木 三曜의 全 質量과
월 화 목 삼요 전 질량

월·화·목 삼요曜의 전 질량과

土曜 質量의 $\frac{1}{5}$은 火塵의 系統이고,
토요 질량 화진 계통

토요 질량의 $\frac{1}{5}$은 화진火塵의 계통이고,

金星 또한 그 比率은 土曜와 等하나
금성 비율 토요 등

금성 또한 그 비율은 토요와 같으나

水·火 二塵의 自性 系統이 아니라
수 화 2진 자성 계통

수·화 2진塵의 자성自性 계통이 아니라

이것이 金塵의 本性[4]으로 되어 있는데
금진 본성

이것이 금진金塵의 본성本性으로 되어 있는데

1 　칠요七曜; 1. 칠요일. 2. 일日·월月과 오성五星(화·수·목·금·토).

2 　열요列曜; 진열陳列된 별들.

3 　기다幾多; 얼마쯤 되는 그 수량. 딱 밝혀 말하기는 어려워도 꽤 많음.

4 　금진金塵의 본성本性; 금진이 좌전하면 수진과 지진이 생기고, 금진이 우전하면 화진과 풍진이 생겨, 금진에서 지진, 수진, 화진, 풍진의 4대진이 생기므로, 금진은 4대진이 나오는 근본이므로 '금진의 본성'이라는 표현을 썼음.

그 差異가 있을 뿐이다.

日・水 二曜를 恒星의 系列,

月・火・木・土 四曜를 遊星의

系列로 한다면 金星은

絶對 恒星이라 할 것이며,

日・水・木・土 四曜와 八位 金星과

四大金星은 左旋體,

月・火 二曜는 右旋體이며,

日・水 二曜는 冷體,

月・火・木 三曜는 熱體,

金・土 二曜는 溫體가 된다.

그리고 恒星群은 守座班[5]이므로

座를 옮기지 않고 左旋하고

遊星群은 移動班으로서

右向 前進하면서 刻刻[6] 그 處所를

그 차이가 있을 뿐이다.

일・수 2요曜를 항성의 계열系列,

월・화・목・토 4요曜를 유성遊星의

계열系列로 한다면 금성은

절대 항성이라 할 것이며,

일・수・목・토 4요曜와 8위位 금성과

4대大금성은 좌선체左旋體,

월・화 2요는 우선체右旋體이며,

일・수 2요曜는 냉체冷體,

월・화・목 3요曜는 열체熱體,

금・토 2요曜는 온체溫體가 된다.

그리고 항성군群은 자리를 지키는 무리이므로

자리를 옮기지 않고 좌선左旋하고

유성군群은 이동하는 무리로서

우향右向 전진前進하면서 늘 그 자리를

---

5   수좌반守座班; 자리를 지키는 별무리.

6   각각刻刻; 1. 매 시각. 또는 낱낱의 시각. 2. 시간時間의 일각一刻. 3. 일각一刻마다. 4. 항상. 늘. 줄곧. 시시각각. ▶일각一刻; 1. 한 시의 첫째 시각時刻, 곧 15분. 2. 삽시간霎時間, 짧은 시간時間. 3. 기다리는 마음이 간절懇切하며 짧은 시간時間이 삼 년같이 길게 느껴짐. 일각여삼추.

變動한다. 그러나 恒星이 守座班[7]임은
遊星의 移動班[8]에 對해서만
그 軌를 달리하기 때문이다.

변동한다. 그러나 항성이 수좌반임은

유성의 이동반에 대해서만

그 궤軌를 달리하기 때문이다.

---

7   수좌반守座班; 자리를 지키는 그룹 곧 항성恒星.
8   이동반移動班; 자리를 이동하는 그룹 곧 유성遊星.

❖ 칠요=태양(일요日曜), 달(월요月曜), 화성(화요火曜), 수성(수요水曜), 목성(목요木曜), 금성(금요金曜), 토성(토요土曜)

❖ 수진水塵(Hydro dust) 계통=태양, 수성, 그리고 토요 질량의 $\dfrac{4}{5}$

❖ 화진火塵(Fire dust) 계통=달, 화성, 목성, 그리고 토요 질량의 $\dfrac{1}{5}$

❖ 금성은 토요와 비율이 같다. 그러나 수·화의 자성自性 계통이 아니고 금진金塵의 본성本性이다.

❖ 태양·수성=항성 계열. 달, 화목토성=유성 계열. 금성=절대 항성

❖ 좌선체=태양, 수, 목, 토, 8위 금성, 4대 금성

   우선체=달, 화성

❖ 냉체=태양, 수성

   열체=달, 화성, 목성

   온체=금성, 토성

❖ 항성군=수좌반守座班으로 자리(좌座)를 옮기지 않고 좌선

   유성군=이동반移動班. 우향 전진하면서 처소處所를 변동한다. 항성군의 수좌守座(자리지킴)는 유성의 이동에 대해서만 성립.

〈표 2〉 칠요의 항유恒遊, 선회방향旋回方向, 냉온冷溫, 진塵의 종류

칠요 七曜	일 日	수 水	월 月	화 火	목 木	토 土	금 金	
							4대 금성	8위 금성
항유 恒遊	항성	항성	유성	유성	유성	유성	절대항성	
좌우선 左右旋	좌선	좌선	우선	우선	좌선	좌선	좌선	
냉열온	냉	냉	열	열	열	온	온	
수진 水塵	0	0				$\dfrac{4}{5}$		
화진 火塵			0	0	0	$\dfrac{1}{5}$		
금진 金塵							0	

31. 四大 客塵
사 대 객 진

31. 4대大 객진客塵

日球 體積의 9倍(月의 1125倍,
일구 체적   배월   배

地의 243000倍)가 宇宙 全界에 있어서의
지   배   우주 전계

全質量(根金塵)의 體積에 相當하며,
전 질 량 근금진   체적   상당

그 內譯[1]의 $\frac{8}{9}$이 水塵 體積,
   내 역   수 진 체 적

$\frac{1}{9}$의 $\frac{4}{5}$가 火塵 體積, $\frac{1}{5}$이 地塵 體積이므로,
          화진체적   지진체적

水塵 體積은 月體의 1000倍,
수 진 체 적   월 체   배

火塵 體積은 月體의 100倍,
화 진 체 적   월 체   배

地塵 體積은 月體의 25倍가 되고,
지 진 체 적   월 체   배

다시 地塵 體積의 $\frac{4}{5}$가 水塵,
     지 진 체 적   수 진

$\frac{1}{5}$이 火塵이 된다.
       화 진

그리고 水塵 體積의 3倍가 冷量의 體積,
       수 진 체 적 배 냉 량   체 적

火塵 體積의 5倍가 熱量의 體積이 되고,
화 진 체 적 배 열 량   체 적

冷量 體積과 熱量 體積의 差인
냉 량 체 적   열 량 체 적 차

月體 2500倍는 이것이 冷量의 剩餘[2]가 아니라
월 체   배   냉 량   잉 여

風塵量이 된다.
풍 진 량

일구 부피의 9배(달의 1,125배,

지구의 243,000배)가 우주 전계全界에 있어서의

전체 질량(근금진根金塵)의 부피에 해당하며,

그 내용을 살피면 $\frac{8}{9}$이 수진 부피,

$\frac{1}{9}$의 $\frac{4}{5}$가 화진 부피, $\frac{1}{5}$이 지진 부피이므로,

수진 부피는 월체의 1,000배,

화진 부피는 월체의 100배,

지진 부피는 월체의 25배가 되고,

다시 지진 부피의 $\frac{4}{5}$(=월체의 20배)가 수진,

$\frac{1}{5}$(=월체의 5배)이 화진이 된다.

그리고 수진 부피의 3배가 냉량冷量의 부피,

화진 부피의 5배가 열량熱量의 부피가 되고,

냉량 부피와 열량 부피의 차인

월체 2,500배는 이것이 냉량의 나머지가 아니라

풍진량量이 된다.

---

1   내역內譯; 분명分明하고 자세仔細한 내용內容.

2   잉여剩餘; 1. 다 쓰고 난 나머지. 2. 나머지.

水塵이 冷性을 起하고
水진 냉성 기

火塵이 熱性을 發하므로
화진 열성 발

動하지 않을 수 없으며, 動함에는
동 동

風性을 빌지 않을 수 없으므로
풍성

冷·熱 兩性이 相殺[3]되면
냉 열 양성 상쇄

다 함께 없어져서 風塵만 남게 되는데,
풍진

地·水·火·風 四大의 客塵[4]이 이것이다.
지 수 화 풍 사대 객진

만약 溫量을 求하려면 地塵量의
온량 구 지진량

七倍를 要한다.
7배 요

수진이 냉성冷性을 일으키고

화진이 열성熱性을 발하므로

움직이지 않을 수 없으며, 움직임에는

풍성風性을 빌지 않을 수 없으므로

냉·열 양성兩性이 상쇄되면

다 함께 없어져서 풍진만 남게 되는데,

지·수·화·풍 4대大의 객진客塵이 이것이다.

만약 온량溫量을 구하려면 지진량量의

7배를 요要한다.

---

3   상쇄相殺; 1. 상반되는 것이 서로 영향을 주어 효과가 없어지는 일. 2. 상계相計. 채무자와 채권자가 같은 종류의 채무와 채권을 가지는 경우에, 일방적 의사 표시로 서로의 채무와 채권을 같은 액수만큼 소멸함.

4   객진客塵; 1. Skt. āgantuka. 객번뇌客煩惱·객유진客遊塵·객진번뇌客塵煩惱. 번뇌는 본래부터 마음에 있는 것이 아니라 외부에서 들어와 청정한 마음을 더럽힌다는 뜻. 티끌처럼 미세하고 수가 많으며, 나그네처럼 한곳에만 머무르지 않는 것이라는 뜻으로, '번뇌'를 이르는 말. 2. 객지에서 맞는 여러 가지 어려움.

❖ 우주 전질량(근금진)의 부피＝일구 부피의 9배＝달 부피의 1,125배＝지구 부피의 243,000배;
$V_U^{근금진}=9V_S=1,125V_M=243,000V_E$

❖ 수진 부피＝$\dfrac{8}{9}$우주 전질량＝달 부피의 1,000배; $V_U^{Hd}=\dfrac{8}{9}V_U^{근금진}=1,000V_M$,

　화진 부피＝$\dfrac{1}{9}\times\dfrac{4}{5}\times$우주 전질량＝달 부피의 100배; $V_U^{Fd}=\dfrac{1}{9}\times\dfrac{4}{5}V_U^{근금진}=100V_M$,

　지진 부피＝$\dfrac{1}{9}\times\dfrac{1}{5}\times$우주 전질량＝달 부피의 25배; $V_U^{Ed}=\dfrac{1}{9}\times\dfrac{1}{5}V_U^{근금진}=25V_M$

❖ 지진 부피＝수진 부피＋화진 부피＝$\dfrac{4}{5}$지진 부피＋$\dfrac{1}{5}$지진 부피; $V^{Ed}=V^{Hd}+V^{Fd}=\dfrac{4}{5}V^{Ed}+\dfrac{1}{5}V^{Ed}$

❖ 수진 부피의 3배＝냉량의 부피; $V^C=3V_U^{Hd}=3,000V_M$, (V^C; 냉체의 부피)

　화진 부피의 5배＝열량의 부피; $V^H=5V_U^{Fd}=500V_M$, (V^H; 열체의 부피)

❖ 냉량 부피－열량 부피＝월체 2,500배＝풍진량; $V^{Wd}=V^C-V^H=2,500V_M$ (V^{Wd}; 풍진의 부피)

❖ 수진이 냉성을 일으키고, 화진이 열성을 발생하여 움직이면 풍성, 냉,열 양성 상쇄의 차가 풍진

❖ 이것(수진, 화진, 지진, 풍진)이 지수화풍 4대의 객진

❖ 온량＝지진량의 7배

32. 列曜 輪界의 密度
열요 류계 밀도

列曜 自體 半徑의 길이를 延長하여
열요 자체 반경　　　　연장

自體積의 7倍를 增加한 것이
자체적　배　증가

自體의 質量 또는 다른 固定質量이
자체　질량　　　　고정질량

서로 融通하는 區域이므로 自體 質量의
　　융통　구역　　　자체 질량

密度와 輪界 內의 密度는 언제나 一致한다.
밀도　류계내　밀도　　　　　일치

日曜와 水曜는 水塵인 曜體 1과
일요　수요　수진　요체

冷量 3이 質量의 比가 되고, 輪界의
냉량　질량　비　　　류계

體積에 比하여 $\dfrac{4}{8}$ 곧 0.5의 密度를 보이며,
체적　비　　　　　　　밀도

月·火 二曜는 火塵인 曜體 1과 熱量 5가
월 화 2요　화진　요체　　열량

質量의 比가 되고 輪界의 體積에 比하여
질량　비　　　류계　체적　비

$\dfrac{6}{8}$ 곧 0.75의 密度를 보인다.
　　　　　밀도

그리고 金星 또한 地金塵인 曜體 1과
　　금성　　지금진　요체

溫量 7이 質量의 比가 되고
온량　질량　비

$\dfrac{8}{8}$ 곧 1이 그 密度이나, 地球와 四七 星宿는
　　　　밀도　　지구　4 7 성수

溫量의 代身으로 同性인 第二의 地塵을
온량　대신　동성　제2　지진

要하여 輪界를 成하므로 曜體 1과
요　류계　성　　요체

質의 7과가 質量이 된다.
질　　　질량

그런데 日.水 二曜는 球形으로서 輪相
　　일 수 2요　구형　　류상

또한 球形이며, 月.火 二曜는 錐形,
구형　　월 화 2요　추형

32. 열요列曜 윤계輪界의 밀도

열요 자체 반지름의 길이를 연장하여

자기 부피의 7배를 증가한 것이

자체自體의 질량 또는 다른 고정固定질량이

서로 융통하는 구역이므로 자체 질량의

밀도와 윤계 내의 밀도는 언제나 일치한다.

일요와 수요는 수진인 요체曜體 1과

냉량冷量 3이 질량의 비가 되고, 윤계의

부피에 비하여 $\dfrac{4}{8}$ 곧 0.5의 밀도를 보이며,

월·화 2요曜는 화진인 요체 1과 열량 5가

질량의 비가 되고 윤계의 부피에 비하여

$\dfrac{6}{8}$ 곧 0.75의 밀도를 보인다.

그리고 금성 또한 지금진地金塵인 요체 1과

온량溫量 7이 질량의 비가 되고

$\dfrac{8}{8}$ 곧 1이 그 밀도이나, 지구와 4·7 성수는

온량의 대신으로 동성同性인 제2의 지진을

요要하여 윤계를 이루므로 요체曜體 1과

(제2의 지진의) 질質의 7과가 질량이 된다.

그런데 일·수 2요曜는 구형으로서 윤상輪相

또한 구형이며, 월·화 2요는 추형錐形,

木曜는 菱形, 金·土 二曜는 輪相
목요 능형 금 토 2요 륜상

亦是 卵形이다. 그리고
역시 란형

色相 또한 曜體에 따라서 다르며,
색상 요체

月·火 二曜는 赤色
월 화 이요 적색

木曜는 瓦斯¹色,
목요 와사 색

土曜는 黃色을 多分히² 띠었는데,
토요 황색 다분

此 現象은 黃昏에 볼 수 있고
차 현상 황혼

또한 他에 六色이 있어서
타 6색

七色을 主色으로 하여 그 從色³이
7색 주색 종색

無數이며, 日·水 二曜는
무수 일 수 2요

淨白色으로서 雜色이 없으므로
정백색 잡색

紫·籃·靑·綠·黃·朱·
자 남 청 녹 황 주

紅인 所謂 太陽 "스펙트럼"은
홍 소위 태양

此 日球의 冷光으로 말미암은
차 일구 냉광

地輪界의 "스펙트럼"임을 알 수 있다.
지륜 계

목요는 마름모꼴, 금·토 2요는

윤상 역시 난형卵形이다. 그리고

색상色相 또한 요체曜體에 따라서 다르며,

월·화 2요曜는 적색

목요는 와사색瓦斯色(석탄가스등 불빛),

토요는 황색을 다분히 띠었는데,

이 현상은 황혼에 볼 수 있고

또한 다른 6색이 있어서

7색을 주된 빛깔로 하여 그 종색從色이

무수하게 많으며, 일·수 2요는

맑은 백색으로서 잡색이 없으므로

보라·남색·파랑·초록·노랑·주황·

빨강색인 소위 태양 "스펙트럼"은

이 일구의 냉광冷光으로 말미암은

지륜계地輪界의 "스펙트럼"임을 알 수 있다.

---

1   와사瓦斯; 가스. 기체 물질을 통틀어 이르는 말. ▶와사등瓦斯燈; 가스등. 석탄 가스를 도관導管에 흐르게 하여
     불을 켜는 등.

2   다분多分히; 그 비율이 어느 정도 많게.

3   종색從色; 주색主色에 따르는 색色.

❖ 열요 자체 반경+7배=자체의 질량 또는 다른 고정 질량이 융통하는 구역.

따라서 자체 질량의 밀도＝윤계 내의 밀도

❖ 일요와 수요; 수진인 요체1과 냉량 3이 질량의 비, 따라서 $\frac{(1+3)}{8}=0.5$의 밀도를 보임

❖ 월, 화 2요; 화진 요체 1과 열량 5가 질량의 비, 따라서 $\frac{(1+5)}{8}=0.75$의 밀도

❖ 금성; 지금진地金塵 요체 1과 온량 7이 질량의 비, 따라서 $\frac{(1+7)}{8}=1$이 밀도

❖ 지구와 4·7 성수; 온량 대신 동성인 제2의 지진을 요하여 윤계를 이루므로 요체 1과 (제2의 지진의) 질의 7과가 질량이 된다.

❖ **열요의 형태**

일·수 2구; 구형으로 윤상도 구형

월·화 2요; 원추형

목요; 마름모꼴

금·토 2요; 윤상이 난형

❖ **열요의 색상**

월·화 2요; 적색,

목요; 석탄가스등 불빛(와사색瓦斯色),

토요; 황색을 많이 띰(이들 현상은 황혼에 볼 수 있음), 또 다른 여섯 가지 색을 가져 7색을 주색으로 하여, 그에 따른 색의 배합이 무수,

일·수 2요; 맑은 백색으로서 잡색이 없음.

따라서 자·람·청·녹·황·주·홍의 무지개색의 이른바 태양 스펙트럼은 이 일구의 냉광으로 말미암은 지류계의 스펙트럼임을 알 수 있다.

〈표 3〉 7요의 밀도, 윤계 형태, 색상

7요	일요	수요	월요	화요	목요	금요	토요
밀도	0.5	0.5	0.75	0.75		1	1
윤계 형태	구형	구형	추형	추형	능형	난형	난형
색상	정백색	정백색	적색	적색	와사색		황색(7색)

33. 輪界와 光明
륜계   광명

列曜 어느 것이나 光明 없는 것이 없다.
열 요   광명

그리고 曜體의 大小를 不拘하고
　　　요체　대소　불구

그 光量이 各自의 輪界를 넘지 않음을
　광량　각자　륜계

原則으로 하며, 日·月 또한 그러하다.
원칙　　　　일 월

他界에 있어서 그 光體는 認定되나
타계　　　　　광체　인정

그 光量이 自輪界를 넘어서
　광량　자륜계

他界에 到한다 함은
타계　도

道理가 不許하므로 自界¹의 光明을
도리　불허　　　자계　　광명

自界가 받는 것이다.
자계

특히 冷體인 日·水 二曜는
　　냉체　일 수 2 요

靜光²인 동시에
정광

熱體에 比하여 微光³이다.
열체　비　　미광

그러나 熱體와 한가지
　　　열체

常光⁴으로서 起滅⁵이 없다.
상광　　　　기멸

그런데 土星界는 熱體인 月에 面하면
　　　토성계　열체　월　면

33. 윤계輪界와 광명

열요 어느 것이나 광명 없는 것이 없다.

그리고 요체曜體의 크기를 불구하고

그 광량光量이 각자의 윤계輪界를 넘지 않음을

원칙으로 하며, 일·월 또한 그러하다.

타계他界에 있어서 그 광체光體는 인정되나

그 광량이 자기 윤계輪界를 넘어서

다른 별의 윤계에 도달한다 함은

도리에 맞지 않으므로 자계自界의 광명을

자계自界가 받는 것이다.

특히 냉체冷體인 일·수 2요曜는

깨끗한 빛(정광靜光)인 동시에

열체熱體에 비比하여 희미한 빛이다.

그러나 열체熱體와 마찬가지로

항상한 광명으로서, 생기고 소멸함이 없다.

그런데 토성계는 열체인 달에 면하면

1　자계自界; 자기 윤계輪界.

2　정광靜光; 깨끗하고 맑은 빛.

3　미광微光; 아주 희미하고 약한 불빛.

4　상광常光; 1. 늘 비치는 빛. 2. 화신불化身佛의 몸에서 늘 비치고 있는 빛.

5　기멸起滅; 생겨남과 없어짐. 또는 시작함과 끝남.

自界의 冷體가 熱力에 誘發되어
冷光을 發하고, 冷體인 日球에
面하면 自界의 熱體가 反動해서
斥力이 許하는 限 이를 發하여
輪界線에 이르러 自界의 引力과 合流하여
되돌아오는데, 마치 水中에 있어서의
發光體의 全反射[6] 作用과 類似하므로
引喩[7]하기에 足하다.
특히 日球는 潔白色으로서 雜色이
없으므로 七色의 "스펙트럼"이 있을 道理가
없으며, 地輪界는 靑·黃·赤·白·黑의
五色이 混和[8]되어 있어 5自乘의 指數가
불어남에 따라 無量色이 있게 된다.
만약 日球가 地球에 對하여
光源이라고 한다면, 于先 地輪界에
晝夜의 別이 없을 것이다.

자계自界의 냉체冷體가 열력熱力에 유발誘發되어
냉광冷光을 발하고, 냉체冷體인 일구日球에
면하면 자계의 열체가 반동反動해서
척력斥力이 허용하는 한 이를 발하여
윤계선線에 이르러 자계의 인력과 합류하여
되돌아오는데, 마치 물속에서의
발광체의 전반사全反射 작용과 유사하므로
인용 비유할 만하다.
특히 일구는 깨끗한 백색으로서 잡색이
없으므로 7색色의 "스펙트럼"이 있을 도리가
없으며, 지륜계는 청·황·적·백·흑의
5색色이 섞여 있어 5자승自乘의 지수指數가
불어남에 따라 무량한 빛깔이 있게 된다.
만약 일구가 지구에 대하여
광원光源이라고 한다면, 우선 지륜계에
낮밤의 차별이 없을 것이다.

---

6 전반사全反射; 빛이 굴절률이 큰 매질에서 작은 매질로 입사할 때에, 입사각이 임계각보다 크면 굴절하지 아니하고 경계면境界面에서 전부 반사되는 현상. 빛이 물에서 공기空氣 중으로 나올 때에 일어남.

7 인유引喩; 1. 다른 예를 끌어다 비유(比喩·譬喩)함. 2. 인유법引喩法.

8 혼화混和; 1. 섞음. 한데 섞어 합쳐짐. 또는 한데 섞음. 2. 각각 소유자를 달리하는 물건이 혼합·융화하여 원물을 식별할 수 없게 됨. 혼화한 물건 중의 주된 물物의 소유자가 소유권을 취득하고, 주종의 구별이 곤란할 때는 물의 원가 비율에 의하여 그 혼화물을 공유한다. 곡물이나 석탄이 혼합하고, 술이나 간장이 융화하는 따위의 일이다.

그것은 "光源이 物體보다 小할 時는

本陰은 어디까지나, 널려지나

光源이 大할 時는 本陰은 物體의 背後

或은 어느 距離에 있어서 消滅한다" 함은

物理學上의 定義인데,

大量인 日球의 質量은 地球 質量의

324439倍[9]라고 云하기 때문이다.

그리고 日球가 地球에 對하여

熱源이라 한다면 地球는 火聚[10]가 되어서

그 一部도 冷却할 겨를이 없을 것이다.

그것은 "광원光源이 물체보다 작을 때는

그림자가 어디까지나, 널려지나

광원光源이 클 때는 그림자는 물체의 배후背後

혹은 어느 거리에 있어서 소멸한다" 함은

물리학상上의 정의인데,

커다란 일구의 질량은 지구 질량의

324,439배倍라고 말하기 때문이다.

그리고 일구가 지구에 대하여

열원熱源이라 한다면 지구는 열이 쌓여서

그 일부도 냉각할 겨를이 없을 것이다.

---

9   현대과학에서 태양의 질량은 지구질량의 332,946배(약 332,950배). 약간의 차이가 있으나 저술 당시의 당대 과
     학의 수치를 인용한 것으로 사료됨. ▶태양의 질량=$\frac{4\pi^2 \times (1AU)^3}{G \times (1yr)^2}$=$1.9891 \times 10^{30}$kg (G; 중력상수, 1AU; 일지 간
     거리, 1yr; 1년의 길이). ▶지구의 질량=5.97219×10^{24}kg (0.000003003 태양질량).

10   화취火聚; 열을 모음. 열이 쌓임.

❖ 열요; 모두 광명체

❖ 각 요체의 광량; 일월을 포함해, 요체의 대소를 막론하고 그 광량이 각자의 윤계를 넘지 않음.
각 요의 광체는 인정되나, 광량이 자륜계를 넘어 타계에 도달한다는 것은 도리상 허용되지 않으므로 자계自界의 광명을 자계가 받는 것이다.

❖ 모두 상광; 냉체와 열체 모두 상광常光(생기고 사라지는 것이 없이 항상함).
냉체인 일, 수 2요는 정광靜光인 동시에 열체熱體에 비해 미광微光

❖ 토성계; 열체인 달에 면하면 자계自界의 냉체가 열력에 유발되어 냉광을 발함. 냉체인 일구에 면하면 자계의 열체가 반동해서 척력斥力이 허용하는 한 이를 발하여 윤계선輪界線에 이르러 자계의 인력과 합류合流하여 돌아오는데 마치 물속의 발광체의 전반사작용과 유사하다.

❖ 일구; 깨끗한 백색으로 잡색이 없으므로 7색의 스펙트럼이 없으며, 지륜계는 청황적백흑의 5색이 혼화混和되어 5자승의 지수로 무량색이 된다.

❖ 일구가 지구의 광원이라면 지륜계에 밤낮이 있을 수 없다. 이유는 "광원이 물체보다 작으면 그림자가 지나, 광원이 크면 그림자는 물체의 뒷면에서 어느 거리가 지나면 사라진다"라 함은 물리학의 정의이므로, 큰 일구의 질량은 지구질량의 324,439배가 되니 그림자가 없어야 하기 때문이다.

❖ 일구가 지구의 열원이라면 지구는 뜨거워서 그 일부도 식을 겨를이 없을 것이다.

34. 左旋塵과 右旋塵
좌선진 우선진

地塵의 $\frac{4}{5}$는 水塵이며 $\frac{1}{5}$은 火塵이므로 이를
지진 수진 화진

解體할 경우는 地性을 얻을 수가 없다.
해체 지성

水塵 惑은 火塵의 塵體란 또한
수진 혹 화진 진체

地性을 帶[1]하므로 地性을 떠나서는
지성 대 지성

水・火 二塵을 認定할 수가 없다.
수 화 이진 인정

冷熱의 差가 風塵이므로 水・火 二塵을
냉열 차 풍진 수 화이진

認定하지 않고서는 風塵을 찾을 수가 없다.
인정 풍진

아무튼 四大塵이 一身이 되어
사대진 일신

떠날 수 없는 事實이므로 四大를 또한
사실 사대

客塵이라고 할 수 없으며
객진

다 같이 一金塵의 四大 作用이다.
일금진 사대 작용

左旋 金塵이 水塵이며
좌선 금진 수진

右旋 金塵이 火塵이다.
우선 금진 화진

그리고 그 塵體가 地性이며
진체 지성

左旋 或은 右旋이 風性으로서,
좌선 혹 우선 풍성

34. 좌선진과 우선진

지진 $\frac{4}{5}$는 수진이며 $\frac{1}{5}$은 화진이므로 이를

해체할 경우는 지성地性을 얻을 수가 없다.

수진 혹은 화진의 진체塵體란 또한

지성地性을 띠므로 지성을 떠나서는

수・화 2진塵을 인정할 수가 없다.

냉열의 차가 풍진이므로 수・화 2진塵을

인정하지 않고서는 풍진을 찾을 수가 없다.

아무튼 4대진大塵이 한 몸이 되어

떠날 수 없는 사실이므로 4대大를 또한

객진이라고 할 수 없으며

다 같이 1금진金塵의 4대大 작용이다.

좌선左旋 금진이 수진이며

우선右旋 금진이 화진이다.

그리고 그 진체塵體가 지성地性이며

좌선 혹은 우선이 풍성風性으로서,

---

1   대帶; (띠 대) 1. 띠(너비가 좁고 기다랗게 생긴 물건. 둘러매는 끈). 벨트. 끈. 밴드. 테이프. 리본. 2. 뱀. 3. 근처 近處. 4. 지구 표면을 구분區分한 이름. 5. 띠를 두르다. 6. 장식裝飾하다. 7. 꾸미다. 8. 두르다. 9. 차다. 10. 데 리고 있다. 11. 데리고 다니다. 12. 붙어 다니다. 13. '띠 모양의 공간' 또는 '일정한 범위의 부분'의 뜻을 더하는 접미사. 14. '띠 모양의 물건'의 뜻을 더하는 접미사. 15. 지대. 구역. 16. 지니다. 휴대하다. 가지다.

左旋은 右旋에 對해서만 左旋,

右旋은 左旋에 對해서만 右旋이다.

結局 左右의 名과 旋廻의 相이

남을 뿐으로서 名[2]·相[3]을 떠나면

空인 것이다.

그러나 다만 空(但空[4])이 아닌,

質身[5]의 窮竟[6]으로서 分析할 수 없는

하나의 主塵[7]을

이에 金塵이라 云한다.

그리고 左旋塵은

同性 相引,

異性 相斥의

特性이 있고,

좌선은 우선에 대해서만 좌선,

우선은 좌선에 대해서만 우선이다.

결국 좌우左右의 명칭과 선회旋廻의 모습이

남을 뿐으로서 명名·상相을 떠나면

공空인 것이다.

그러나 다만 공空(단공但空)이 아닌,

질신質身의 궁극으로서 분석할 수 없는

하나의 주요소(주진主塵)를

이에 금진이라 말한다.

그리고 좌선진은

동성同性끼리 서로 끌어당김(상인相引),

이성異性끼리 서로 밀쳐냄(상척相斥)의

특성이 있고,

---

2   명名; Skt./Pāli nāma. 1. 오온五蘊 가운데 수受·상想·행行·식識의 작용으로 대상에 붙여진 이름. 2. 명칭. 단어. 낱말.

3   명상名相; Skt. nāma-saṃsthāna. Name and form. Name and appearance. 망상을 일으키고 미혹하게 하는, 들리고 보이는 모든 것. 사물에는 명名과 상相이 있는데, 귀에 들리는 것을 명, 눈에 보이는 것을 상이라고 한다. 그러나 이름이나 형상은 본래부터 있는 것이 아니라 망령된 생각이 지어낸 것이며, 한때의 인연을 따라 생겨난 영원치 않은 상인 것이다.

4   단공但空; Only empty. 여러 인연의 일시적인 화합으로 존재하는 현상을 주시하지 못하고 오직 공空에만 치우침. ▶부단공不但空; Not only empty. not merely empty. 공空과, 여러 인연의 일시적인 화합으로 존재하는 현상을 함께 주시함으로써 공空에 치우치지 않음.

5   질신質身; 본질적인 몸체.

6   궁경窮竟; 궁극窮極. 구극究極.

7   주진主塵; 주요소.

右旋塵은 同性 相斥,
우선진　동성 상척

異性 相引의
이성 상인

特性이 있기 때문에 드디어 四性의 差別이
특성　　　　　　　4 성　　차별

起하므로 同性 相引을 水性,
기　　동성 상인　수성

異性 相斥을 地性,
이성 상척　지성

同性 相斥을 火性,
동성 상척　화성

異性 相引을 風性이라 云하므로,
이성 상인　풍성　　운

四塵이라 할지라도 一金塵이 左旋 或은
4 진　　　　　　일금진　좌선 혹

右旋으로 말미암아 四相을 呈[8]하는 것이다.
우선　　　　　　사 상　정

우선진은 동성同性끼리 서로 밀쳐냄(상척相斥),

이성異性끼리 서로 끌어당김(상인相引)의

특성이 있기 때문에 드디어 4성性의 차별이

일어나므로 동성同性상인相引을 수성水性,

이성異性상척相斥을 지성地性,

동성同性상척相斥을 화성火性,

이성異性상인相引을 풍성風性이라 말하므로,

4진塵이라 할지라도 1금진金塵이 좌선 혹은

우선으로 말미암아 4상相을 나타내는 것이다.

8　　정呈하다; 1. 어떤 모양이나 빛깔 따위를 나타내다. 2. 소장訴狀이나 원서願書 따위를 제출하다. ▶정呈; (드릴
　　정, 한도 정, 미칠 광) 1. 드리다. 2. 웃사람에게 바치다. 3. 나타내다. 4. 나타나다. 5. 드러내 보이다. 6. 뽐내다.
　　7. 상쾌爽快하다. 8. 한도限度. 9. 한정限定. 10. 청원서. a. 미치다(말과 행동이 보통 사람과 다르게 되다) (광).

좌전수지인동척이 左 轉 水 地 引 同 斥 異	(금진이) 좌편으로 돌면 수와 지가 되는데, 金 塵　　　　　　水　地 동류끼리 당겨서 수가 되고, 이류를 밀쳐서 지가 되며, 水　　　　　　地
우전풍화인이척동 右 轉 風 火 引 異 斥 同	(금진)이 우편으로 돌면 풍과 화가 되는데, 金 塵　　　　　　風　火 이류끼리 당겨서 풍이 되고, 동류끼리 밀쳐서 화가 되도다! 風　　　　　　火

좌선진左旋塵과 우선진右旋塵

지진地塵의 $\frac{4}{5}$ 는 수진水塵이며 $\frac{1}{5}$ 은 화진火塵이므로 이를 해체解體할 경우는 지성地性을 얻을 수가 없다. 수진水塵 혹或은 화진火塵의 진체塵體란 또한 지성地性을 대帶하므로 지성地性을 떠나서는 수水·화火 2진二塵을 인정認定할 수가 없다. 냉열冷熱의 차差가 풍진風塵이므로 수水·화火 2진二塵을 인정認定하지 않고서는 풍진風塵을 찾을 수가 없다. 아무튼 4대진四大塵이 일신一身이 되어 떠날 수 없는 사실事實이므로 4대四大를 또한 객진客塵이라고 할 수 없으며 다 같이 1금진一金塵의 4대四大 작용作用이다. 좌선左旋 금진金塵이 수진水塵이며 우선右旋 금진金塵이 화진火塵이다. 그리고 그 진체塵體가 지성地性이며 좌선左旋 혹或은 우선右旋이 풍성風性으로서, 좌선左旋은 우선右旋에 대對해서만 좌선左旋, 우선右旋은 좌선左旋에 대對해서만 우선右旋이다. 결국結局 좌우左右의 명명과 선회旋廻의 상相이 남을 뿐으로서 명명·상相을 떠나면 공空인 것이다.

그러나 다만 공(단공但空)이 아닌, 질신質身의 궁경窮竟으로서 분석分析할 수 없는 하나의 주진主塵을 이에 금진金塵이라 운云한다.

그리고 좌선진左旋塵은 동성상인同性相引, 이성상척異性相斥의 특성特性이 있고, 우선진右旋塵은 동성상척同性相斥, 이성상인異性相引의 특성特性이 있기 때문에 드디어 4성四性의 차별差別이 기起하므로 동성상인同性相引을 수성水性, 이성상척異性相斥을 지성地性, 동성상척同性相斥을 화성火性, 이성상인異性相引을 풍성風性이라 운云하므로, 4진四塵이

라 할지라도 1금진一金塵이 좌선左旋 혹或은 우선右旋으로 말미암아 4상四相을 정복하는 것이다.

앞에서 대강 윤곽을 말씀드렸으므로 짐작이 되시리라 믿습니다마는 지·수·화·풍 사대四大는 물질인데 그것이 시초에 어떻게 나왔는가 하는 것은 현대 과학 문명 시대에서는 굉장히 중요한 문제입니다. 그것은 일체 물질의 근원 문제이기 때문입니다.

34항 좌선진左旋塵과 우선진右旋塵은 그 대목입니다. 우주의 순수 에너지가 말하자면 금진金塵인데, 이 금진이 왼편으로 도는 것과 또는 오른편으로 도는 것에 따라 사대四大가 형성된다는 내용입니다.

지진地塵은 산소나 수소나 질소 등 지구나 대류권에 있는 물질들을 말합니다. 지진의 $\frac{4}{5}$는 수진水塵이며 $\frac{1}{5}$은 화진火塵이므로 이를 해체할 경우는 지성地性을 얻을 수가 없다. $\frac{4}{5}$의 수水와 $\frac{1}{5}$의 화火가 적당히 인연 화합되어서 지地가 되었으니 지地를 해체할 때에는 지地라는 성품은 없다는 말입니다. 마치 우리 몸뚱이가 지·수·화·풍 4대가 화합되어 몸이라고 하는데 지·수·화·풍 4대를 분석해버리면 우리 몸뚱이가 어디 있겠습니까? 그와 똑같은 이치입니다.

수진水塵 혹은 화진火塵의 진체塵體란 또한 지성地性을 띠므로, 지성이란 질료가 될 수 있는 하나의 요소를 말합니다. 지성地性을 떠나서는 수·화 2진塵을 인정할 수가 없다. 그러니까 화진이나 수진도 그 가운데 벌써 지성을 하나의 성품으로 갖추었다는 말입니다. 나 가운데 네가 있고, 너 가운데 내가 있고 일미진중함시방一微塵中含十方이라, 조그마한 티끌 가운데도 우주의 모든 성품이 들어 있는 것입니다. 다만 우리는 상相만 보니까 구분해 보는 것이지 본 성품으로 본다면 무장무애無障無碍라, 이것 가운데 저것이 들어 있고 저것 가운데 이것이 다 들어 있습니다.

냉열冷熱의 차가 풍진風塵이므로 수水·화火 2진塵을 인정하지 않고서는 풍진을 찾을 수가 없다.

냉은 수水적 성질이고 열은 화火적인 성질이 되므로 즉 수·화의 차가 풍진인데 풍은 에너지학에서 말하는 하나의 동력 이른바 운동 에너지로서 수·화 2진을 인정하지 않고서는 동력 즉 풍진을 얻을 수 없다는 말입니다. 수·화의 차가 있으니까 풍진이 나오는 것인데 수·화 2진이 먼저 선행적으로 인정되지 않고서는 풍진을 얻을 수 없겠지요.

아무튼, 지·수·화·풍 4대진四大塵이 한 몸이 되어 떠날 수 없는 사실이므로 사대四大를 또한 객진客塵이라고 할 수 없으며, 다 같이 한 금진金塵의 사대四大작용이다.

그러니까 원래는 우주의 순수 에너지, 순수의 정기인 금진인데, 금진이 인연 따라서 이렇게 움직이고 저렇게 움직이는 작용으로 4대가 나왔다는 말입니다.

좌선금진左旋金塵이 수진水塵이며 우선금진右旋金塵이 화진火塵이다. 그리고 그 진체塵體 즉 질료가 지성地性이며, 좌편으로 도는 것이나 혹은 우편으로 도는 동력이 풍성風性으로써 좌편으로 도는 것은 우편으로 도는 것에 대해서만 좌선左旋이고 오른편으로 도는 것은 왼편으로 도는 것에 대해서만 우선右旋이다. 결국 좌左, 우右의 이름과 도는 상相이 남을 뿐임으로서 이름과 상을 떠나면 공空이라, 그러나 다만 공(단공但空)이 아닌, 질신質身의 궁경窮竟으로서, 가장 미세한 끄트머리로서 분석할 수 없는 하나의 주진主塵을 이에 금진金塵이라고 말한다.

그리고 좌선진은, 좌편으로 도는 금진金塵은 동성同性끼리 서로 이끌고 이성異性끼리 서로 배척하는 특성이 있고, 또는 우편으로 도는 금진은 동성끼리 서로 배척하고 이성끼리 서로 이끄는 특성이 있기 때문에 드디어 지·수·화·풍 사성四性의 차별이 생기므로 동성끼리 서로 이끄는 것을 수성水性, 이성끼리 서로 배척하는 것을 지성地性, 동성끼리 서로 배척함을 화성火性, 이성끼리 서로 이끄는 것을 풍성風性이라 말하므로 지·수·화·풍 4진四塵이라 할지라도 한 금진이 좌편으로 도는가 혹은 우편으로 도는가에 따라서 사상四相을 보이는 것이 지·수·화·풍 4대四大라는 말입니다.

(『圓通佛法의 要諦』, 聖輪閣, 2003, 585~590)

❖ 1금진의 4대작용으로 지, 수, 화, 풍진의 4대진 현상이 나타난다.

▶ 지진$=\dfrac{4}{5}$수진$+\dfrac{1}{5}$화진 [이를 해체하면 지성地性을 얻을 수 없다.]

수진과 화진의 진체모습은 지성地性을 띤 것으로 지성을 떠나면 수화 2진도 없다.

▶ 수진; 좌선 금진,

▶ 화진; 우선 금진,

▷ 수진, 화진; 모두 진체塵體가 지성地性을 띰.   ▷ 좌우선회는 풍성風性임.

▶ 풍진; 냉열의 차(수화 2진이 있어야 냉열의 차가 생긴다.)

따라서 4대진은 서로 한몸(일신一身)과 같아 1금진의 4대작용이다. 즉 4대진이란 1금진의 좌우선회 작용으로 네 가지 모습을 보이는 것이다. [고정불변의 실체가 아니라 좌우라는 명칭(명名)과, 선회의 모습(잔상)(상相)이 남을 뿐으로, 명칭과 모습을 떠나면 공空인 것이다.]

❖ 금진(Gd)

▶ 삼천대천세계에는 금진으로 채워져 있다.

▶ 금진은 물질의 궁극으로서 더 이상 분석할 수 없는 하나의 주진主塵(주요소)이다.

[4대진(지수화풍 4요소)이 명상(名相;명칭과 모습)을 떠나면 공인 것과 대비; 아래 '금진의 좌선과 우선' 참조]

❖ 금진의 좌선과 우선

▶ 좌선의 금진; 같은 성질끼리 당기고(동성상인同性相引 즉 인동引同), 다른 성질끼리 배척(이성상척異性相斥 즉 척이斥異)하는 특성을 가짐.

▶ 우선의 금진; 같은 성질끼리 밀치고(동성상척同性相斥 즉 척동斥同), 다른 성질끼리 당기는(이성상인異性相引 즉 인이引異) 특성을 가짐.

▶ 위의 4가지 성질을 '동성상인(인동) → 수성水性, 이성상척(척이) → 지성地性, 동성상척(척동) → 화성火性, 이성상인(인이) → 풍성風性'이라 한다.

따라서 4대진이란 1금진의 좌우선회 작용으로 네 가지 모습을 보이는 것이다.

[고정불변의 실체가 아니라 좌우라는 명칭(명名)과, 선회의 모습(잔상)(상相)이 남을 뿐으로, 명칭과 모습을 떠나면 공空인 것이다.]

35. 磁金塵과 電金塵
자 금 진　전 금 진

35. 자금진磁金塵(좌선 금진)과

전금진電金塵(우선 금진)

左旋 金塵이 右旋 金塵에 對하여
좌 선 금 진　우 선 금 진　대

자기磁氣가 生하고, 右旋 金塵이
자 기　생　　우 선 금 진

左旋 金塵에 對하여 電氣[2]를 發하므로
좌 선 금 진　대　　전 기　발

左旋 金塵을 磁氣塵,
좌 선 금 진　자 기 진

右旋 金塵을 電氣塵이라 말한다.
우 선 금 진　전 기 진

그리고 日球와 水星은 左旋體이므로
　　　일 구　수 성　좌 선 체

右旋體인 月 또는 火星에 對하면
우 선 체　월　　화 성　대

磁氣가 生하여 이것이 引力이 되고,
자 기　생　　　　인 력

右旋體는 左旋體에 對하여 電氣를 發하여
우 선 체　좌 선 체　대　　전 기　발

이것이 斥力이 된다.
　　척 력

要컨대 磁氣는 左旋力에 伴하고,
요　　자 기　좌 선 력　반

좌선 금진이 우선 금진에 대하여

자기磁氣가 생기고, 우선 금진이

좌선 금진에 대하여 전기電氣를 발하므로

좌선 금진을 자기진磁氣塵,

우선 금진을 전기진電氣塵이라 말한다.

그리고 일구와 수성은 좌선체體이므로

우선체인 달 또는 화성에 대하면

자기가 생겨 이것이 인력이 되고,

우선체는 좌선체에 대하여 전기를 발하여

이것이 척력이 된다.

요컨대 자기는 좌선력左旋力에 수반하고,

1　자기磁氣; Magnetic energy. 에너지의 한 형태形態. 자석과 자석의 사이나 자석과 전류電流와의 사이에 작용作用하는 힘의 근원根源이 되는 것. 쇠붙이를 끌어당기거나 남북을 가리키는 등 자석이 갖는 작용이나 성질. 자하磁荷는 존재하지 않고, 운동하는 전하가 자기장을 만들거나 반대로 자기장이 운동하는 전하에 힘을 미치게 함으로써 자기 현상이 일어난다. [비슷한말] 쇠끌이.

2　전기電氣; Electricity. 1. 물질 안에 있는 전자 또는 공간에 있는 자유 전자나 이온들의 움직임 때문에 생기는 에너지의 한 형태. 음전기와 양전기 두 가지가 있는데, 같은 종류의 전기는 밀어내고 다른 종류의 전기는 끌어당기는 힘이 있다. 2. 저리거나 무엇에 부딪혔을 때 몸에 짜릿하게 오는 느낌을 비유적으로 이르는 말.

電氣는 右旋力에 伴³한다.
전기 우선력 반

따라서 宇宙의 平衡的 引力은 星霧系
우주 평형적 인력 성무계

左旋塵體의 磁氣에 말미암은
좌선진체 자기

左旋力이며, 기울음(歪)을 生하는 斥力은
좌선력 왜 생 척력

遊星界 右旋塵體의 電氣에
유성계 우선진체 전기

말미암은 右旋力이다.
우선력

전기는 우선력右旋力에 수반한다.

따라서 우주의 평형적 인력은 성무계星霧系

좌선진체塵體의 자기에 말미암은

좌선력이며, 기울음(왜歪)을 낳는 척력은

유성계遊星界 우선진체塵體의 전기에

말미암은 우선력右旋力이다.

---

3   반伴; (짝 반) 1. 짝. 2. 반려伴侶(짝이 되는 동무). 3. 동반자同伴者. 4. 벗(비슷한 또래로서 서로 친하게 사귀는
사람). 5. 동료同僚. 6. 큰 모양. 7. 한가로운 모양. 8. 모시다. 9. 동반同伴하다. 10. 의지依支하다. 11. 따르다.
수반隨伴하다. 12. 배반(背反・背叛)하다.

자금진磁金塵과 전금진電金塵

좌선左旋 금진金塵이 우선右旋 금진金塵에 대對하여 자기磁氣가 생생生生하고, 우선右旋 금진金塵이 좌선左旋 금진金塵에 대對하여 전기電氣를 발발發發하므로 좌선左旋 금진金塵을 자기진磁氣塵, 우선右旋 금진金塵을 전기진電氣塵이라 말한다.

그리고 일구日球와 수성水星은 좌선체左旋體이므로 우선체右旋體인 월月 또는 화성火星에 대對하면 자기磁氣가 생생生生하여 이것이 인력引力이 되고, 우선체右旋體는 좌선체左旋體에 대對하여 전기電氣를 발발發發하여 이것이 척력斥力이 된다.

요要컨대 자기磁氣는 좌선력左旋力에 반반伴하고, 전기電氣는 우선력右旋力에 반반伴한다. 따라서 우주宇宙의 평형적平衡的 인력引力은 성무계星霧系 좌선진체左旋塵體의 자기磁氣에 말미암은 좌선력左旋力이며, 기울음(왜歪)을 생생生生하는 척력斥力은 유성계遊星界 우선진체右旋塵體의 전기電氣에 말미암은 우선력右旋力이다.

그 다음은 자금진磁金塵과 전금진電金塵은 자기와 전기, 이른바 플러스(+) 마이너스(−)라는 말입니다.

좌편으로 도는 금진이 우편으로 도는 금진에 대해서 자기磁氣, 즉 플러스(+)가 생기고 우편으로 도는 금진이 좌편으로 도는 금진에 대하여 전기, 즉 마이너스(−)가 생기므로, 좌선左旋 금진을 자기진, 우선右旋 금진을 전기진이라 말합니다.

그다음은 전문적인 문제이기 때문에 생략하겠습니다.

(『圓通佛法의 要諦』, 聖輪閣, 2003, 586, 590)

❖ 자금진(자기진); 좌선 금진이 우선 금진에 대하여 자기발생/평형적 인력

▶ 우주인력총량; $3,000V_M \times 3^{10} = 3,000V_M \times 59,049 = 177,147,000V_M$ (전냉량; $3,000V_M$)

❖ 전금진(전기진); 우선 금진이 좌선 금진에 대하여 전기발생/기울음(왜죈)의 척력

▶ 우주척력총량; $500V_M \times 5^6 = 500V_M \times 15,625 = 7,812,500V_M$ (전열량; $500V_M$)

❖ 일구, 수성; 좌선체로 우선체인 달 또는 화성에 대해 자기 발생 즉 인력

❖ 달, 화성; 우선체로 좌선체에 대해 전기 발생 즉 척력

❖ 자기; 좌선력에 짝(반伴)함, 전기; 우선력에 짝함.

❖ 우주의 평형적 인력; 성무계 좌선진체의 자기에 연유한 좌선력,
기울음(왜죈)을 생하는 척력; 유성계 우선진체의 전기에 연유한 우선력

36. 宇宙의 原動力
우주 원동력

月體積의 3000倍에 相當한 全冷量의
월체적   배   상당   전냉량

$3^{10}=59049$倍인 月體積의 177147000倍가
배   월체적   배

引力 總量으로서 月體積의 500倍인
인력 총량   월체적   배

全熱量의 $5^6=15625$倍
전열량   배

곧 7812500倍가 斥力 總量이며,
배   척력 총량

兩者의 差인 169334500이
양자 차

左旋 風力이므로, 地球 또한
좌선 풍력   지구

이 左旋 風力으로 말미암아
좌선 풍력

左轉함을 알 수 있다.
좌전

그리고 日球의 引力量인 $125 \times 3 \times 59049$
일구 인력량

$=22143375$와 月體의 斥力量인 $1 \times 5 \times 15625$
월체 척력량

$=78125$와의 差인 22065250의 左旋 風力이
차   좌선 풍력

木星에 影響하여 木星이 全 宇宙의
목성 영향   목성   전 우주

左旋 風車가 되고 遊星界의
좌선 풍차   유성계

首班[1]인 月을 牽制하면서 土星界의
수반   월 견제   토성계

36. 우주宇宙의 원동력原動力

달부피의 3,000배에 해당한 전체 냉량冷量의

$3^{10}=59,049$배인 달부피의 177,147,000배가

인력 총량으로서 달부피의 500배인

전체 열량熱量의 $5^6=15,625$배

곧 7,812,500배가 척력 총량이며,

냉열량의 차인 169,334,500이

좌선 풍력風力이므로, 지구 또한

이 좌선 풍력으로 말미암아

좌전左轉함을 알 수 있다.

그리고 일구의 인력량인 $125 \times 3 \times 59,049$

$=22,143,375$와 달의 척력량인 $1 \times 5 \times 15,625$

$=78,125$와의 차 22,065,250의 좌선 풍력이

목성에 영향을 미쳐 목성이 전체 우주의

좌선 풍차風車가 되고 유성계遊星界의

우두머리인 달을 견제하면서 토성계의

---

1   수반首班; 1. 반열班列 가운데 으뜸가는 자리. 2. 우두머리. 행정부의 가장 높은 자리에 있는 사람.

左旋力과 合勢해서 中²을 得함으로써
좌 선 력　　합 세　　　중　　득

萬有³가 安立⁴할 수 있는 것이다.
만 유　　안 립

좌선력과 합세合勢해서 평형을 이룸으로써

우주만유가 편안히 자리할 수 있는 것이다.

2　중中; 1. 등급, 수준, 차례 따위에서 가운데. 2. 규모나 크기에 따라 큰 것, 중간 것, 작은 것으로 구분하였을 때에
　　중간 것을 이르는 말. 3. 여럿의 가운데. 4. 무엇을 하는 동안. [비슷한말] 중등, 가운데, 속. ▶중中; (가운데 중)
　　1. 가운데. 2. 안, 속. 3. 사이. 4. 진행進行. 5. 마음, 심중心中. 6. 몸, 신체身體. 7. 내장內臟. 8. 중도中途. 9. 절반
　　折半. 10. 장정壯丁. 11. 관아의 장부(帳簿 · 賬簿), 안건案件. 12. 가운데 등급等級.

3　만유萬有; All existences. All things. 우주에 존재하는 모든 것. 우주宇宙에 있는 온갖 물건物件. 우주만유 · 삼
　　라만상의 뜻. 우주 안에 존재하는 모든 것. 천지만물을 의미한다. [비슷한말] 만류, 만군, 만물.

4　안립安立; 1. 언어로 표현할 수 없는 것을 임시로 언어로써 분별하여 표현함. 방편으로 개념을 설정함. 2. 편안
　　히 자리함.

우주宇宙의 원동력原動力

〈원문 생략〉

다음 항은 우주의 원동력은 어떻게 나왔는가? 우주가 몇 년 뒤에 파괴가 될 것인가? 이런 것도 다 수치로 표현이 되어 있으니 원문을 보시고 참고하시기 바랍니다.

(『圓通佛法의 要諦』, 聖輪閣, 2003, 590)

❖ 우주인력 총량; $3,000V_M \times 3^{10} = 3,000V_M \times 59,049 = 177,147,000V_M$

        (전냉량; $3,000V_M$)

❖ 우주척력 총량; $500V_M \times 5^6 = 500V_M \times 15,625 = 7,812,500V_M$

        (전열량; $500V_M$)

❖ 좌선풍력=우주인력 총량−우주척력 총량=자금진 총량−전금진 총량

        $= 177,147,000V_M - 7,812,500V_M = 169,334,500V_M$

❖ 일구의 인력량−월체의 척력량=22,143,375−78,125=22,065,250

    ▶ 일구의 인력량=125×3×59,049=22,143,375

    ▶ 월체의 척력량=1×5×15,625=78,125

    (22,065,250의 좌선 풍력이 발생해 목성에 영향을 주어 목성이 전우주의 좌선 풍차가 되고 유성계의 우두머리인 달을 견제하면서 토성계의 좌선력과 합해 평형을 이루어 만유가 안립)

삼천대천세계와 금진

삼천대천세계(100항 참조)

소천; 1우주가 1,000개

중천; 소천이 1,000개

대천; 중천이 1,000개

각 우주는 우주를 포함하여 8배 체적의 윤계를 갖는다.

그러므로 1우주의 체적을 V_U라 하면

삼천대천세계 $=(소천)^3=(10^3)^3 V_U \times 8 = 80억 \times V_U$

금진에는 근금진根金塵과 경금진境金塵이 있다.(84항 참조)

근根금진; 우리가 물질로 인지할 수 있는 성체星體나 유질流質의 근본요소

       (현대과학의 물질 또는 입자적인 요소와 대응)

경境금진; 우리가 물질로 인지할 수 있는 성체星體나 유질流質 외의 에너지에 해당하는 근본요소

       (현대과학의 에너지 또는 파동적인 요소와 대응)

제2절

地塵世界와 地球
지 진 세 계　　지 구

37. 地下의 六級層과 地上의 六輪圈
지하 6급층 지상 6륜권

37. 지하의 6급층과 지상의 6륜권

(a) 6(地藏心珠의 半徑)
지장심주 반경

+6(地殼[1] 第一重의 두께)
지각 제1중

+6(地殼 第二重의 두께)
지각 제2중

+6(地殼 第三重의 두께)
지각 제3중

+6(地殼 第四重의 두께)
지각 제4중

+6(地殼 第五重의 두께 곧 地表殼의 두께)
지각 제5중 지표각

=36 地球의 半徑
지구 반경

(b) 6(地上 第一輪圈의 두께)
지상 제1륜권

+6(地上 第二輪圈의 두께)
지상 제2륜권

+6(地上 第三輪圈의 두께)
지상 제3륜권

+6(地上 第四輪圈의 두께)
지상 제4륜권

+6(地上 第五輪圈의 두께)
지상 제5륜권

+6(地上 第六輪圈 卽 地輪界 末圈의 두께)
지상 제6륜권 즉 지륜계 말권

=36 地上 六輪圈의 두께
지상 6륜권

(a) 6(지장심주地藏心珠의 반지름)

+6(지각地殼 제1중重의 두께)

+6(지각 제2중의 두께)

+6(지각 제3중의 두께)

+6(지각 제4중의 두께)

+6(지각 제5중의 두께 곧 지표각地表殼의 두께)

=36 지구의 반지름

(b) 6(지상地上 제1륜권輪圈의 두께)

+6(지상 제2륜권의 두께)

+6(지상 제3륜권의 두께)

+6(지상 제4륜권의 두께)

+6(지상 제5륜권의 두께)

+6(지상 제6륜권 즉 지륜계 말권末圈의 두께)

=36 지상 6륜권의 두께

---

1   지각地殼; 1. Earth crust. 지구의 바깥쪽을 차지하는 부분으로 토양과 암석으로 이루어진다. 지구 전체 부피의 약 1%를 차지하며 지구 전체 질량의 0.5% 미만을 차지한다. 지각을 구성하는 원소는 90종 이상이나, 가장 많은 비율을 차지하는 것은 산소(O), 규소(Si), 알루미늄(Al), 철(Fe), 칼슘(Ca), 나트륨(Na), 칼륨(K), 마그네슘(Mg)의 순서로서 위의 8가지 원소를 지각의 8대 원소라 한다. 지각의 8대 원소가 차지하는 비율은 전체의 98%이상이다. 대륙 지역에서는 평균 35km(20~70km), 대양 지역에서는 5~15km의 두께이다. [비슷한말] 땅껍질, 지반, 지표. 2. 여기서는 중심에서 지표까지를 6등분해서 중심층부터 시작해 지장심주 및 지각 제1중~지각 제5중의 6급층으로 나눔.

即 地面에서 地輪界까지의 距離로서
지면 지륜계 거리

地球 半徑과 等함.
지구 반경 등

(c) 36(地球의 半徑)＋36(地上 六輪圈의 두께)
지구 반경 지상 6 륜 권

＝72 地心에서 地輪界線까지의
지심 지륜계선

距離로서 이것이 地輪界의 半徑이다.
거리 지륜계 반경

(地球의 直徑과 等함.)
지구 직경 등

즉 지면에서 지륜계까지의 거리로서

지구 반지름과 같음.

(c) 36(지구의 반지름)＋36(지상 6륜권의 두께)

＝72 지심地心에서 지륜계선線까지의

거리로서 이것이 지륜계의 반지름이다.

(지구의 지름과 같음.)

❖ (a) $R_{지장심주} + \sum_{n=1}^{5} d_{지각n} = 6 + (6 \times 5) = 36 = R_E$

$R_{지장심주} = 6$: 지장심주 반경. $d_{지각n} = 6$: 지각 제n중의 두께(n=1, ⋯, 5)

❖ (b) $\sum_{n=1}^{6} d_{지상n} = 6 \times 6 = 36 = d_{지상의육륜권두께}$

$d_{지상n} = 6$: 지상 제n륜권의 두께(n=1, ⋯, 6)

❖ (c) $R_E + d_{지상6륜권} = 36 + 36 = 72$(지륜계의 반지름)

38. 地球의 解體
지구 해체

(a) $6(地藏心珠의 半徑)^3$
지장심주 반경

$\times \dfrac{88}{21}(球形立體率)=905\dfrac{1}{7}$
구형입체율

地藏心珠의 體積으로서
지장심주 체적

地球 體積의 $\dfrac{1}{216}$ 에 相當함.
지구 체적 상당

(b) $(12^3-6^3)\times\dfrac{88}{21}=6336$

地殼 第一重의 體積
지각 제1중 체적

(c) $(18^3-12^3)\times\dfrac{88}{21}=17197\dfrac{5}{7}$

地殼 第二重의 體積
지각 제2중 체적

(d) $(24^3-18^3)\times\dfrac{88}{21}=33490\dfrac{2}{7}$

地殼 第三重의 體積
지각 제3중 체적

(e) $(30^3-24^3)\times\dfrac{88}{21}=50451\dfrac{17}{21}$

地殼 第四重의 體積
지각 제4중 체적

(f) $(36^3-30^3)\times\dfrac{88}{21}=87129\dfrac{19}{21}$

地殼 第五重의 體積
지각 제5중 체적

(g) $36^3\times\dfrac{88}{21}=195510\dfrac{6}{7}$

地心과 地身이 一體가 된
지심 지신 일체

地球의 全體積
지구 전체적

---

38. 지구地球의 해부解剖

(a) $6(지장심주의 반지름)^3$

$\times \dfrac{88}{21}(구형입체율球形立體率)=905\dfrac{1}{7}$

지장심주의 부피로서

지구 부피의 $\dfrac{1}{216}$ 에 해당함.

(b) $(12^3-6^3)\times\dfrac{88}{21}=6,336$

지각 제1중의 부피

(c) $(18^3-12^3)\times\dfrac{88}{21}=17,197\dfrac{5}{7}$

지각 제2중의 부피

(d) $(24^3-18^3)\times\dfrac{88}{21}=33,490\dfrac{2}{7}$

지각 제3중의 부피

(e) $(30^3-24^3)\times\dfrac{88}{21}=50,451\dfrac{17}{21}$

지각 제4중의 부피

(f) $(36^3-30^3)\times\dfrac{88}{21}=87,129\dfrac{19}{21}$

지각 제5중의 부피

(g) $36^3\times\dfrac{88}{21}=195,510\dfrac{6}{7}$

지심地心과 지신地身이 일체가 된

지구의 전체 부피

(h) $\{36^3 - (35\frac{5}{6})^3\} \times \frac{88}{21} = 2702\frac{71}{81}$

地殼 第五重에 屬한 地表의 體積
지각 제5중 속 지표 체적

(i) $\{(35\frac{5}{6})^3 - (35\frac{4}{6})^3\} \times \frac{88}{21} = 2677\frac{482}{567}$

地殼 第五重에 屬한 內地表의 體積
지각 제5중 속 내지표 체적

(h) $\{36^3 - (35\frac{5}{6})^3\} \times \frac{88}{21} = 2,702\frac{71}{81}$

지각 제5중에 속한 지표地表의 부피

(i) $\{(35\frac{5}{6})^3 - (35\frac{4}{6})^3\} \times \frac{88}{21} = 2,677\frac{482}{567}$

지각 제5중에 속한 내지표內地表의 부피

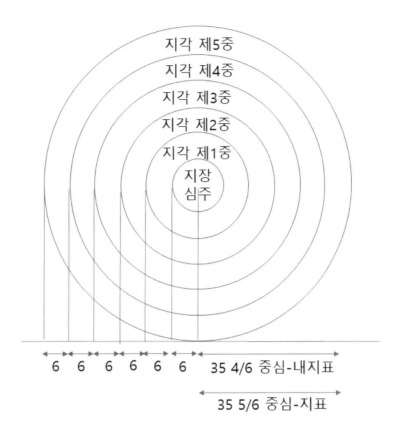

6 6 6 6 6 6 ↔ 35 4/6 중심-내지표

35 5/6 중심-지표

〈그림 18〉 지구의 해부

❖ (a) $(R_{지장심주})^3 \times \dfrac{88}{21} = 905\dfrac{1}{7} = V_{지장심주} = \dfrac{1}{216} V_E$: 지장심주의 체적

(b)~(f) $\left\{ \left(R_{지장심주} + \displaystyle\sum_{n=1}^{i+1} d_{지각n}\right)^3 - \left(R_{지장심주} + \displaystyle\sum_{n=1}^{i} d_{지각n}\right)^3 \right\} \times \dfrac{88}{21} =$ 지각 제i+1중의 체적

(i=0, …, 4일 때, 각각 6,336, $17,197\dfrac{5}{7}$, $33,490\dfrac{2}{7}$, $50,451\dfrac{17}{21}$, $87,129\dfrac{19}{21}$ 에 해당)

(g) $(R_E)^3 \times \dfrac{88}{21} = 36^3 \times \dfrac{88}{21} = 195,510\dfrac{6}{7} = V_E = V_{지구}$: 지구의 체적

(h) $\{(R_E)^3 - (R_E - d_{지표})^3\} \times \dfrac{88}{21} = 2,702\dfrac{71}{81} = -V_{지표}$ $(d_{지표} = \dfrac{1}{6}$; 지표의 두께)

(i) $\left[(R_E - d_{지표})^3 - (R_E - d_{지표} - d_{내지표})^3\right] \times \dfrac{88}{21} = 2,677\dfrac{482}{567} = V_{내지표}$ $(d_{내지표} = \dfrac{1}{6}$; 내지표의 두께)

39. 地上 六輪圈의 體積
지 상 6 륜 권   체 적

39. 지상 6륜권의 부피

(a) $(42^3 - 36^3) \times \dfrac{88}{21} = 114953\dfrac{1}{7}$

地上 第一輪圈의 體積
지 상 제 1 륜 권   체 적

(a) $(42^3 - 36^3) \times \dfrac{88}{21} = 114,953\dfrac{1}{7}$

지상地上 제1륜권輪圈의 부피

(b) $(48^3 - 42^3) \times \dfrac{88}{21} = 155350\dfrac{2}{21}$

地上 第二輪圈의 體積
지 상 제 2 륜 권   체 적

(b) $(48^3 - 42^3) \times \dfrac{88}{21} = 155,350\dfrac{2}{21}$

지상 제2륜권의 부피

(c) $(54^3 - 48^3) \times \dfrac{88}{21} = 194035\dfrac{1}{21}$

地上 第三輪圈의 體積
지 상 제 3 륜 권   체 적

(c) $(54^3 - 48^3) \times \dfrac{88}{21} = 194,035\dfrac{1}{21}$

지상 제3륜권의 부피

(d) $(60^3 - 54^3) \times \dfrac{88}{21} = 245293\dfrac{5}{7}$

地上 第四輪圈의 體積
지 상 제 4 륜 권   체 적

(d) $(60^3 - 54^3) \times \dfrac{88}{21} = 245,293\dfrac{5}{7}$

지상 제4륜권의 부피

(e) $(66^3 - 60^3) \times \dfrac{88}{21} = 299602\dfrac{2}{7}$

地上 第五輪圈의 體積
지 상 제 5 륜 권   체 적

(e) $(66^3 - 60^3) \times \dfrac{88}{21} = 299,602\dfrac{2}{7}$

지상 제5륜권의 부피

(f) $(72^3 - 66^3) \times \dfrac{88}{21} = 359341\dfrac{5}{7}$

地上 第六輪圈의 體積
지 상 제 6 륜 권   체 적

(f) $(72^3 - 66^3) \times \dfrac{88}{21} = 359,341\dfrac{5}{7}$

지상 제6륜권의 부피

(g) $72^3 \times \dfrac{88}{21} = 1564086\dfrac{6}{7}$

이것이 地球를 包含한 地輪界의
지 구   포 함   지 륜 계

全體積으로서 地球 體積의 8倍에 相當함
전 체 적   지 구 체 적   배   상 당

(g) $72^3 \times \dfrac{88}{21} = 1,564,086\dfrac{6}{7}$

이것이 지구를 포함한 지륜계의

전체 부피로서 지구 부피의 8배에 해당함

(h) $1564086\frac{6}{7}$ (地輪界의 全體積)

$-195510\frac{6}{7}$ (地球의 體積)＝1368576

地上 六輪圈의 全體積

(i) $\{(36\frac{1}{6})^3-36^3\}\times\frac{88}{21}=2728\frac{11}{567}$

地上 第一輪圈에 屬한 成層圈 體積

(j) $\{(36\frac{2}{6})^3-(36\frac{1}{6})^3\}\times\frac{88}{21}=2753\frac{158}{567}$

地上 第一輪圈에 屬한 第二成層圈 體積

※ 1368576 地上 六輪圈의 體積으로서

地球의 7倍에 相當한 等體積의

地塵이 充塡[1]된 區域이다.

(h) $1,564,086\frac{6}{7}$ (지륜계의 전체 부피)

$-195,510\frac{6}{7}$ (지구의 부피)＝1,368,576

지상 6륜권의 전체 부피

(i) $\{(36\frac{1}{6})^3-36^3\}\times\frac{88}{21}=2,728\frac{11}{567}$

지상 제1륜권에 속한 성층권 부피

(j) $\{(36\frac{2}{6})^3-(36\frac{1}{6})^3\}\times\frac{88}{21}=2,753\frac{158}{567}$

지상 제1륜권에 속한 제2성층권 부피

※ 1,368,576 지상 6륜권의 부피로서

지구의 7배에 해당한 같은 부피의

지진地塵이 채워진 구역이다.

---

1   충전充塡; 1. 메워서 채움. 빈 곳이나 공간空間 따위를 채움. 2. 교통 카드 따위의 결제 수단을 사용할 수 있게 돈이나 그것에 해당하는 것을 채움. 3. 채굴이 끝난 뒤에 갱의 윗부분을 받치기 위하여, 캐낸 곳을 모래나 바위로 메우는 일.

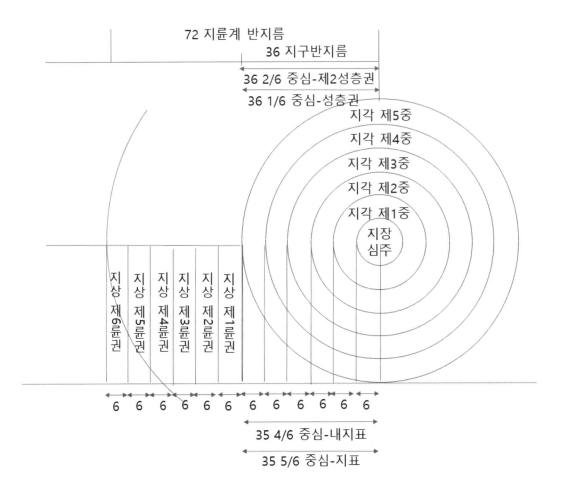

〈그림 19〉 지상 6륜권

❖　(a)~(f) $\left\{\left(R_E + \sum_{n=1}^{i} d_{지상n}\right)^3 - \left(R_E + \sum_{n=1}^{i-1} d_{지상n}\right)^3\right\} \times \dfrac{88}{21} =$ 지상 제i륜권의 체적

(i=1, ···, 6일 때, 각각 $114{,}953\dfrac{1}{7}$, $155{,}350\dfrac{2}{21}$, $194{,}035\dfrac{1}{21}$, $245{,}293\dfrac{5}{7}$, $299{,}602\dfrac{2}{7}$, $359{,}341\dfrac{5}{7}$ 에 해당)

R_E: 지구 반지름, $d_{지상n}$: 지상 제n륜권의 두께

(g) $(R_E + \displaystyle\sum_{n=1}^{i} d_{\text{지상}n})^3 \times \dfrac{88}{21} = V_{\text{지륜계}} = 1,564,086\dfrac{6}{7}$

(h) $V_{\text{지륜계}} - V_{\text{지구}} = 1,368,576$(지상 육륜권의 전체적)

(i) $[(R_E + d_{\text{성층권}})^3 - (R_E)^3] \times \dfrac{88}{21} = 2,728\dfrac{11}{567}$ 성층권의 체적 $\quad d_{\text{성층권}} = \dfrac{1}{6}$

(j) $[(R_E + d_{\text{성층권}} + d_{\text{제2성층권}})^3 - (R_E + d_{\text{성층권}})^3] \times \dfrac{88}{21} = 2,753\dfrac{158}{567}$ 제2성층권의 체적 $\quad d_{\text{제2성층권}} = \dfrac{1}{6}$

※ 1,368,576 지상 6륜권의 부피로서 지구의 7배에 해당한 같은 부피의 지진地塵이 충전充塡된 구역이다.

40. 輪圈 別 地塵의 分布
류권 별 지진 분포

40. 윤권 별 지진의 분포

(a) $905\frac{1}{7}$ (地藏心珠의 體積)×7=6336
지장심주 체적

第六輪圈의 地塵 體積
제 6 류 권 지 진 체 적

(b) 6336(地殼 第一重의 體積)×7=44352
지각 제 1 중 체적

第五輪圈의 地塵 體積
제 5 류 권 지 진 체 적

(c) $17197\frac{5}{7}$ (地殼 第二重의 體積)×7
지각 제 2 중 체적

=120384

第四輪圈의 地塵 體積
제 4 류 권 지 진 체 적

(d) $33490\frac{2}{7}$ (地殼 第三重의 體積)×7
지각 제 3 중 체적

=234432

第三輪圈의 地塵 體積
제 3 류 권 지 진 체 적

(e) $50451\frac{17}{21}$ (地殼 第四重의 體積)×7
지각 제 4 중 체적

=$353162\frac{2}{3}$

第二輪圈의 地塵 體積
제 2 류 권 지 진 체 적

(f) $87129\frac{19}{21}$ (地殼 第五重의 體積)×7
지각 제 5 중 체적

=$609909\frac{1}{3}$

第一輪圈의 地塵 體積
제 1 류 권 지 진 체 적

(a) $905\frac{1}{7}$ (지장심주의 부피)×7=6,336

제6류권의 지진地塵 부피

(b) 6,336(지각 제1중의 부피)×7=44,352

제5류권의 지진 부피

(c) $17,197\frac{5}{7}$ (지각 제2중의 부피)×7

=120,384

제4류권의 지진 부피

(d) $33,490\frac{2}{7}$ (지각 제3중의 부피)×7

=234,432

제3류권의 지진 부피

(e) $50,451\frac{17}{21}$ (지각 제4중의 부피)×7

=$353,162\frac{2}{3}$

제2류권의 지진 부피

(f) $87,129\frac{19}{21}$ (지각 제5중의 부피)×7

=$609,909\frac{1}{3}$

제1류권의 지진 부피

(g) $195510\frac{6}{7}$ (地球의 體積_{지구 체적})×7=1368576

六個 輪圈의 全地塵 體積
_{6개 륜권 전지진 체적}

(h) $2702\frac{71}{81}$ (地表의 體積_{지표 체적})×7=$18920\frac{11}{81}$

成層圈의 地塵 體積
_{성층권 지진체적}

(i) $18920\frac{11}{81}$ (成層圈의 地塵 體積_{성층권 지진체적})+$905\frac{1}{7}$

(地藏心珠의 體積과 等한 成層圈內의 單體量)
_{지장심주 체적 등 성층권내 단체량}

=$19825\frac{158}{567}$

이것이 成層圈內 全地塵 體積이며
_{성층권내 전지진 체적}

開闢 當時 地藏心珠의 體積과 等한
_{개벽 당시 지장심주 체적 등}

單體의 質이 그 法力點인 $\frac{1}{6}$에
_{단체 질 법력점}

相當한 成層圈의 두께를 限度로 하여
_{상당 성층권 한도}

加重 分布된 것이다.
_{가중 분포}

(j) $2677\frac{482}{567}$ (內地表의 體積_{내지표 체적})×7

=$18744\frac{77}{81}$

第二級 成層圈의 地塵 體積
_{제2급 성층권 지진 체적}

(g) $195,510\frac{6}{7}$ (지구의 부피)×7=1,368,576

6개 윤권의 전체 지진 부피

(h) $2,702\frac{71}{81}$ (지표地表의 부피)×7=$18,920\frac{11}{81}$

성층권의 지진 부피

(i) $18,920\frac{11}{81}$ (성층권의 지진 부피)+$905\frac{1}{7}$

(지장심주의 부피와 같은 성층권 내內의

단체량單體量)=$19,825\frac{158}{567}$

이것이 성층권 내內 전체 지진 부피이며

개벽開闢 당시 지장심주의 부피와 같은

단체單體의 질질이 그 법력점法力點인 $\frac{1}{6}$에

해당한 성층권의 두께를 한도限度로 하여

가중加重 분포分布된 것이다.

(j) $2,677\frac{482}{567}$ (내지표內地表의 부피)×7

=$18,744\frac{77}{81}$

제2급級 성층권의 지진 부피

❖　$\dfrac{22}{7}=\pi$, 체적×7=지진 체적

❖　(a) $V_{지장심주}$×7=6,336(제6륜권의 지진 체적)

　　(b)~(f) (지각 제i중의 체적)×7=$V_{제6-i륜권의지진체적}$(제6-i 륜권의 지진 체적)

　　(g) $V_{지구}$×7=1,368,576(6개륜권의 전체 지진 부피)

　　(h) $V_{지표}$×7=18,920$\dfrac{11}{81}$ (성층권의 지진 부피)

　　(i) 18,920$\dfrac{11}{81}$ (성층권의 지진 부피)+905$\dfrac{1}{7}$ (지장심주의 부피와 같은 성층권 내의 단체량)=19,825$\dfrac{158}{567}$

　　(성층권 내 전체 지진의 부피)

　　(j) $V_{내지표}$×7=18,744$\dfrac{77}{81}$ (제2급 성층권의 지진 부피)

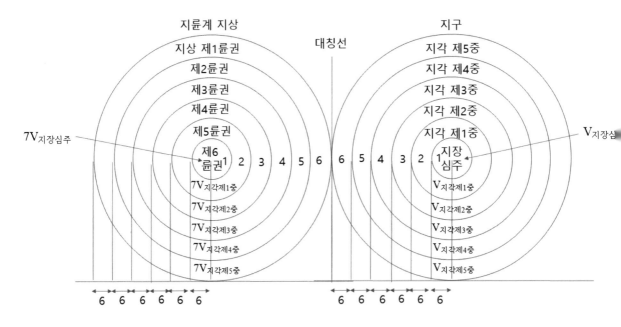

〈그림 20〉 지구의 각 윤권별 지진의 분포

❖　지륜계에서 지상 6륜권의 부피는 지구 부피의 7배로서 지구지진 부피의 7배가 충전된 구역이다. 그 지진량은 균등하게 분포한 것이 아니고, 지상 6륜권을 지륜계면의 접점을 중심점으로 하는 가상 원을 그렸을 때 지표면 접선을 대칭선으로 접힘 대칭이 되고, 지구 각층(지장심주+5중 지각)에 대칭(그림에서 같은 번호끼리)되는 지진량의 7배가 지상 6륜권에 분포한다. (단 성층권은 $7V_{지표}$에 지장심주 부피와 같은 단체량이 존재해, $7V_{지표} + V_{지장심주} = 18,920\frac{11}{81} + 905\frac{1}{7} = 19,825\frac{158}{567}$ 의 지진 부피를 가진다.)

41. 輪圈 別 地塵 體積의 比率
류 권 별 지 진 체 적 비율

(a) {609909$\frac{1}{3}$(第一輪圈의 地塵 體積)+905$\frac{1}{7}$
제 1 륜 권 지 진 체 적

(成層圈 內의 加重 分布된 單體量)}
성 층 권 내 가 중 분 포 단 체 량

÷114953$\frac{1}{7}$(第一輪圈의 體積)=5.3136
제 1 륜 권 체 적

第一輪 內 地塵 體積의 比率
제 1 륜 내 지 진 체 적 비 율

(b) 353162$\frac{2}{3}$(第二輪圈 內의 地塵 體積)
제 2 륜 권 내 지 진 체 적

÷155350$\frac{2}{21}$(同圈의 體積)=2.34393
동 권 체 적

第二輪圈 內 地塵 體積의 比率
제 2 륜 권 내 지 진 체 적 비 율

(c) 234432(第三輪圈 內의 地塵 體積)
제 3 륜 권 내 지 진 체 적

÷194035$\frac{1}{21}$(同圈의 體積)=1.20958
동 권 체 적

第三輪圈 內 地塵 體積의 比率
제 3 륜 권 내 지 진 체 적 비 율

(d) 120384(第四輪圈 內의 地塵 體積)
제 4 륜 권 내 지 진 체 적

÷245293$\frac{5}{7}$(同圈의 體積)=0.49077
동 권 체 적

第四輪圈 內 地塵 體積의 比率
제 4 륜 권 내 지 진 체 적 비 율

(e) 44532(第五輪圈 內의 地塵 體積)
제 5 륜 권 내 지 진 체 적

÷299602$\frac{2}{7}$(同圈의 體積)=0.14804
동 권 체 적

第五輪圈 內 地塵 體積의 比率
제 5 륜 권 내 지 진 체 적 비 율

41. 윤권 별 지진 부피의 비율

(a) {609,909$\frac{1}{3}$(제1륜권의 지진 부피)+905$\frac{1}{7}$

(성층권 내內의 가중加重 분포된 단체량單體量)}

÷114,953$\frac{1}{7}$(제1륜권의 부피)=5.3136

제1륜권 내 지진 부피의 비율

(b) 353,162$\frac{2}{3}$(제2륜권 내의 지진 부피)

÷155,350$\frac{2}{21}$(동권同圈의 부피)=2.34393

제2륜권 내 지진 부피의 비율

(c) 234,432(제3륜권 내의 지진 부피)

÷194,035$\frac{1}{21}$(동권의 부피)=1.20958

제3륜권 내 지진 부피의 비율

(d) 120,384(제4륜권 내의 지진 부피)

÷245,293$\frac{5}{7}$(동권의 부피)=0.49077

제4륜권 내 지진 부피의 비율

(e) 44,532(제5륜권 내의 지진 부피)

÷299,602$\frac{2}{7}$(동권의 부피)=0.14804

제5륜권 내 지진 부피의 비율

(f) 6336(第六輪圈 內의 地塵 體積)

$\div 359341\frac{5}{7}$(同圈의 體積)=0.01763

第六輪圈 內 地塵 體積의 比率

(g) $1564086\frac{6}{7}$(地輪界의 總 地塵 體積)

$\div 1564086\frac{6}{7}$(地輪界의 總 體積)=1

이와 같이 地輪界와 同一比率이 되나,

地性이 體를 成하여 差別의

輪層이 生함에 따라, 六個輪層이

平均 0.6에 가까운 過量의

數字를 보임으로써 第二性을 現한다.

이러한 第二性이 나타남이 成劫後의

住相으로서 이것이 自滅함을

壞劫의 滅相이라 云한다.

그리고 空劫에는 오로지 1이 된다.

(h) {$18920\frac{11}{81}$(成層圈 內의 地塵量)

$+905\frac{1}{7}$(同圈 內의 單體量)}

$\div 2278\frac{11}{567}$(同圈의 體積)=7.26728

成層圈 內 地塵 體積의 平均 比率

(f) 6,336(제6륜권 내의 지진 부피)

$\div 359,341\frac{5}{7}$(동권의 부피)=0.01763

제6륜권 내 지진 부피의 비율

(g) $1,564,086\frac{6}{7}$(지륜계의 총 지진 부피)

$\div 1,564,086\frac{6}{7}$(지륜계의 총 부피)=1

이와 같이 지륜계와 동일비율이 되나,

지성地性이 체體를 이루어 차별의

륜층輪層이 생김에 따라, 6개 륜층이

평균 0.6에 가까운 넘치는 양(과량過量)의

숫자를 보임으로써 제2성性을 나타낸다.

이러한 제2성性이 나타남이 성겁 후後의

주상住相으로서 이것이 자멸함을

괴겁의 멸상滅相이라 말한다.

그리고 공겁에는 오로지 1이 된다.

(h) {$18,920\frac{11}{81}$(성층권 내의 지진량)

$+905\frac{1}{7}$(동권 내의 단체량單體量)}

$\div 2,278\frac{11}{567}$(동권의 부피)=7.26728

성층권 내 지진 부피의 평균 비율

(i) $18744\frac{77}{81}$ (第二成層圈 內의 地塵 體積)

$\div 2753\frac{158}{567}$ (同圈의 體積)=6.80823

第二成層圈 內 地塵 體積의 平均 比率

(j) 7.26728(成層圈의 比率)

-6.80823(次級의 比率)=0.45905

이것이 成層圈 內外 密度의 差인데

數字의 差보다도 單體 有無가

重大한 差이다.

(i) $18,744\frac{77}{81}$ (제2성층권 내의 지진 부피)

$\div 2,753\frac{158}{567}$ (동권의 부피)=6.80823

제2성층권 내 지진 체적의 평균 비율

(j) 7.26728(성층권의 비율)

-6.80823(차급次級의 비율)=0.45905

이것이 성층권 내외 밀도의 차인데

숫자의 차보다도 단체單體 유무有無가

중대한 차이다.

❖ (a) {$V_{제1륜권의지진체적}$ $905\frac{1}{7}$ +(성층권 내의 가중 분포된 단체량)}÷$V_{제1륜권의체적}$=5.3136

제1륜권 내 지진 부피의 비율

(b)~(f) $V_{제i륜권내의지진체적}$÷$V_{제i륜권의체적}$=제i륜권 내 지진 부피의 비율

(g) $1,564,086\frac{6}{7}$ (지진계의 총 지진 부피)÷$1,564,086\frac{6}{7}$ (지진계의 총 부피)=1

[5.3136+(2.34393+1.20958+0.49077+0.14804+0.01763)=9.52355(6개륜권의 지진 부피 비율의

합), $\frac{9.52355}{6}$=1.58725833(각 륜권의 평균 지진 부피 비율), 1.58725833−1=0.58725833≒0.6(6개

륜층輪層의 지진 부피 비율 평균 과량過量)]

(h) {$18,920\frac{11}{81}$ (성층권의 지진량)+(동권내의 단체량)}÷(동권의 부피)=7.26728

(성층권 내 지진 부피의 평균 비율)

(i) (제2성층권 내의 지진 부피)÷$2,753\frac{158}{567}$ (동권의 부피)=6.80823(제2성층권 내 지진 부피의 평균 비율)

(j) (h)−(i)=0.45905(성층권 내외 밀도의 차)

42. 地輪界의 四大塵과 冷·熱量
지륜계 사대진 냉 열량

(a) $195510\frac{6}{7}$(地球의 體積)×8=$1564086\frac{6}{7}$
지구 체적

地輪界의 總 地塵 體積
지륜계 총 지진 체적

(b) $1564086\frac{6}{7}$(地輪界의 總 地塵 體積)×$\frac{4}{5}$
지륜계 총 지진 체적

=$1251269\frac{17}{35}$ 水塵 系統의 地塵 體積
수진 계통 지진 체적

(c) $1564086\frac{6}{7}$(地輪界의 總 地塵 體積)×$\frac{1}{5}$
지륜계 총 지진 체적

=$312817\frac{13}{35}$ 火塵 系統의 地塵 體積
화진 계통 지진 체적

(d) $1251269\frac{17}{35}$(地輪界의 水塵 體積)×7×3
지륜계 수진 체적

=$26276659\frac{1}{5}$ 同界 冷量
동계 냉량

(e) $312817\frac{13}{35}$(地輪界의 火塵 體積)×49×5
지륜계 화진 체적

=76640256 同界 熱量
동계 열량

(f) 76640256(同界 熱量)
동계 열량

−$26276659\frac{1}{5}$(同界 冷量)=$50363605\frac{4}{5}$
동계 냉량

地輪界의 右旋 風塵量
지륜계 우선 풍진량

(g) $1564086\frac{6}{7}$(地輪界의 總 地塵 體積)
지륜계 총 지진 체적

×343(7^3)=536481792

同界의 總 地塵量
동계 총 지진량

42. 지륜계의 사대진과 냉·열량

(a) $195,510\frac{6}{7}$(지구의 부피)×8=$1,564,086\frac{6}{7}$

지륜계의 총 지진 부피

(b) $1,564,086\frac{6}{7}$(지륜계의 총 지진 부피)×$\frac{4}{5}$

=$1,251,269\frac{17}{35}$ 수진 계통의 지진 부피

(c) $1,564,086\frac{6}{7}$(지륜계의 총 지진 부피)×$\frac{1}{5}$

=$312,817\frac{13}{35}$ 화진 계통의 지진 부피

(d) $1,251,269\frac{17}{35}$(지륜계의 수진 부피)×7×3

=$26,276,659\frac{1}{5}$ 동계 냉량

(e) $312,817\frac{13}{35}$(지륜계의 화진 부피)×49×5

=76,640,256 동계 열량

(f) 76,640,256(동계 열량)

−$26,276,659\frac{1}{5}$(동계 냉량)=$50,363,605\frac{4}{5}$

지륜계의 우선右旋 풍진량

(g) $1,564,086\frac{6}{7}$(지륜계의 총 지진 부피)

×343(=7^3)=536,481,792

동계의 총 지진량

(h) $536481792(\text{同界의 總 地塵量}) \times \dfrac{4}{5}$
동계　총　지진량

$= 429185433\dfrac{3}{5}$

同界 水塵 系統의 地塵量
동계　수진　계통　　지진량

(i) $536481792(\text{同界의 總 地塵量}) \times \dfrac{1}{5}$
동계　총　지진량

$= 107296358\dfrac{2}{5}$

同界 火塵 系統의 地塵量
동계　화진　계통　　지진량

(h) $536,481,792(\text{동계의 총 지진량}) \times \dfrac{4}{5}$

$= 429,185,433\dfrac{3}{5}$

동계 수진 계통의 지진량

(i) $536,481,792(\text{동계의 총 지진량}) \times \dfrac{1}{5}$

$= 107,296,358\dfrac{2}{5}$

동계 화진 계통의 지진량

❖ (a) $V_{지구} \times 8 = V_{지륜계의지진체적}$(지륜계의 총 지진 체적)

(b) $V_{지륜계의지진체적} \times \dfrac{4}{5} = V_{수진계통\cdot지진}$

(c) $V_{지륜계의지진체적} \times \dfrac{1}{5} = V_{화진계통\cdot지진}$

(d) $V_{수진계통\cdot지진} \times 7 \times 3 = M_{지륜계냉량}$[수진 체적$\times$7=수진량, 수진량$\times$3=(수진 체적$\times$7)$\times$3=냉량]

(e) $V_{화진계통\cdot지진} \times 49 \times 5 = M_{지륜계열량}$[화진 체적$\times$49=화진량, 화진량$\times$5=(화진 체적$\times$49)$\times$5=열량]

(f) $M_{지륜계열량} - M_{지륜계냉량} = M_{지륜계우선풍진량}$(열량$-$냉량=우선右旋 풍진량)

(g) $V_{지륜계의지진체적} \times 343 = M_{지륜계의총지진량}$(지진 체적$\times 7^3$=지진량)

(h) $M_{지륜계의총지진량} \times \dfrac{4}{5} = M_{지륜계의수진계통\cdot지진량}$

(i) $M_{지륜계의총지진량} \times \dfrac{1}{5} = M_{지륜계의화진계통\cdot지진량}$

43. 月下 十界[1]의 相距[2]와 地球 木星 間의 連絡線

(월하 십계의 상거와 지구 목성 간 연락선)

(a) 36(地心에서 地面까지의 距離)×2=72

地心에서 地輪界線까지의 距離로서

地藏心珠의 半徑인 6의 12倍다.

(b) 72(地心에서 地輪界線까지의 距離)

+10(四七星宿界와의 間隔 距離)=82

地心에서 第一 四星界의

內周까지의 距離

(c) 82+{36×3(第一 四星界의 두께)}=190

地心에서 第一 四星界 外周까지의 距離

(d) 190+5(間隔 距離)=195

地心에서 第二 四星界 內周까지의 距離

(e) 195+36×4=339

地心에서 第二 四星界 外周까지의 距離

(f) 339+5=344

地心에서 第三 四星界 內周까지의 距離

43. 월하 십계의 상거와 지구 목성 간의 연결선

(a) 36(지심地心에서 지면까지의 거리)×2=72

지심에서 지륜계선線까지의 거리로서

지장심주의 반지름인 6의 12배다.

(b) 72(지심에서 지륜계선까지의 거리)

+10(4·7성수계와의 간격 거리)=82

지심에서 제1 4성계星界의

내주內周까지의 거리

(c) 82+{36×3(제1 4성계의 두께)}=190

지심에서 제1 4성계 외주外周까지의 거리

(d) 190+5(간격 거리)=195

지심에서 제2 4성계 내주內周까지의 거리

(e) 195+36×4=339

지심에서 제2 4성계 외주까지의 거리

(f) 339+5=344

지심에서 제3 4성계 내주까지의 거리

---

1 월하 십계月下 十界; 지륜계(1)+4·7성수계의 7개 4성계(7)+8위 금성(1)+월구月區(1)의 10계.

2 상거相距; 1. 서로 떨어짐. 2. 떨어져 있는 두 곳의 거리.

(g) $344+36\times5=524$

地心에서 第三 四星界 外周까지의 距離
(지심) (제3) (4성계) (외주) (거리)

(h) $524+5=529$

地心에서 第四 四星界 內周까지의 距離
(지심) (제4) (4성계) (내주) (거리)

(i) $529+36\times6=745$

地心에서 第四 四星界 外周까지의 距離
(지심) (제4) (4성계) (외주) (거리)

(j) $745+5=750$

地心에서 第五 四星界 內周까지의 距離
(지심) (제5) (4성계) (내주) (거리)

(k) $750+36\times7=1002$

地心에서 第五 四星界 外周까지의 距離
(지심) (제5) (4성계) (외주) (거리)

(l) $1002+5=1007$

地心에서 第六 四星界 內周까지의 距離
(지심) (제6) (4성계) (내주) (거리)

(m) $1007+36\times8=1295$

地心에서 第六 四星界 外周까지의 距離
(지심) (제6) (4성계) (외주) (거리)

(n) $1295+5=1300$

地心에서 第七 四星界 內周까지의 距離
(지심) (제7) (4성계) (내주) (거리)

(o) $1300+36\times9=1624$

地心에서 第七 四星界 外周까지의 距離
(지심) (제7) (4성계) (외주) (거리)

(p) $1624+10($八位 金星界와의 間隔 距離$)=1634$
(8위) (금성계) (간격 거리)

地心에서 八位 金星界 內周까지의 距離
(지심) (8위) (금성계) (내주) (거리)

(q) $1634+36\times10=1994$

地心에서 八位 金星界 外周까지의 距離
(지심) (8위) (금성계) (외주) (거리)

(g) $344+36\times5=524$

지심에서 제3 4성계 외주까지의 거리

(h) $524+5=529$

지심에서 제4 4성계 내주까지의 거리

(i) $529+36\times6=745$

지심에서 제4 4성계 외주까지의 거리

(j) $745+5=750$

지심에서 제5 4성계 내주까지의 거리

(k) $750+36\times7=1,002$

지심에서 제5 4성계 외주까지의 거리

(l) $1,002+5=1,007$

지심에서 제6 4성계 내주까지의 거리

(m) $1,007+36\times8=1,295$

지심에서 제6 4성계 외주까지의 거리

(n) $1,295+5=1,300$

지심에서 제7 4성계 내주까지의 거리

(o) $1,300+36\times9=1,624$

지심에서 제7 4성계 외주까지의 거리

(p) $1,624+10($8위 금성계와의 간격 거리$)=1,634$

지심에서 8위 금성계 내주까지의 거리

(q) $1,634+36\times10=1,994$

지심地心에서 8위 금성계 외주까지의 거리

(r) 1994+108(月區와의 間隔 距離)
　　　　　　월구　　간격 거리

=2102 地心에서 月面까지의 距離
　　　지심　　월면　　　　거리

(s) 2102+4$\frac{19}{36}$(月面 凹處의 最深處)
　　　　　　　월면 요처　　최심처

=2106$\frac{19}{36}$

地心에서 月面의 最深處까지의 距離
지심　　　월면　최심처　　거리

(t) 2106$\frac{19}{36}$+84$\frac{34}{36}$(月面 深處에서
　　　　　　　　　　　월면 심처

力點까지의 距離)=2191$\frac{17}{36}$
역점　　거리

地의 中心에서 月의 力點까지의 距離로서,
지　중심　　월　역점　　　거리

月에 對한 地球 引力의 焦點이다.
월　대　지구 인력　초점

(u) 2191$\frac{17}{36}$+270$\frac{19}{36}$(月의 力點에서
　　　　　　　　　　　월　역점

中心까지의 距離)=2462
중심　　거리

地·月心 間의 距離
지　월심 간　거리

(v) 2462+360(月의 半高)=2822
　　　　　　월　반고

地心에서 月頭의 끝까지의 距離
지심　　월두　　　거리

(w) 2822+720(月上 九皞의 距離에서
　　　　　　월상 구호　거리

月의 半高를 減한 距離)=3542
월　반고 감　거리

地心에서 月世界의 外廓
지심　　월세계　외곽

卽 木星區宇의 內周 邊際까지의 距離
즉 목성구우　내주 변제　　거리

(r) 1,994+108(월구月區와의 간격間隔 거리)

=2,102 지심에서 월면까지의 거리

(s) 2,102+4$\frac{19}{36}$(월면 요처凹處의 최심처最深處)

=2,106$\frac{19}{36}$

지심에서 월면의 최심처까지의 거리

(t) 2,106$\frac{19}{36}$+84$\frac{34}{36}$(월면 심처深處에서

역점力點까지의 거리)=2,191$\frac{17}{36}$

지구의 중심에서 달의 역점까지의 거리로서,

달에 대한 지구 인력의 초점焦點이다.

(u) 2,191$\frac{17}{36}$+270$\frac{19}{36}$(달의 역점에서

중심까지의 거리)=2,462

지심·월심 간의 거리

(v) 2,462+360(달의 반고半高)=2,822

지심에서 월두月頭의 끝까지의 거리

(w) 2,822+720(월상 구호九皞의 거리에서

달의 반고를 뺀 거리)=3,542

지심에서 월세계의 외곽外廓

즉 목성 구우區宇의 내주 변제邊際까지의 거리

❖ $(36\times2)+10+(36\times3)+5+(36\times4)+5+(36\times5)+5+(36\times6)+5+(36\times7)+5+(36\times8)+5+(36\times$
$9)+10+(36\times10)+108+4\frac{19}{36}+84\frac{34}{36}+270\frac{19}{36}+360+720=3,542$ (지심에서 월세계의 외곽外廓 즉
목성 구우區宇의 내주 변제邊際까지의 거리)

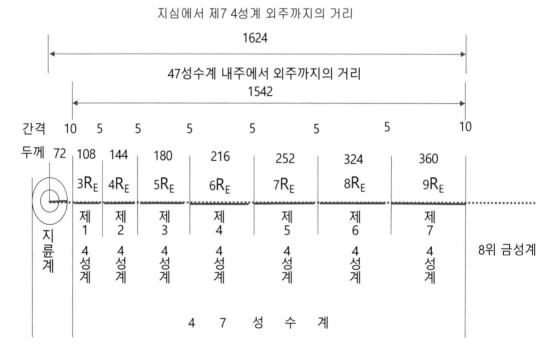

〈그림 21〉 **지륜계와 28수**

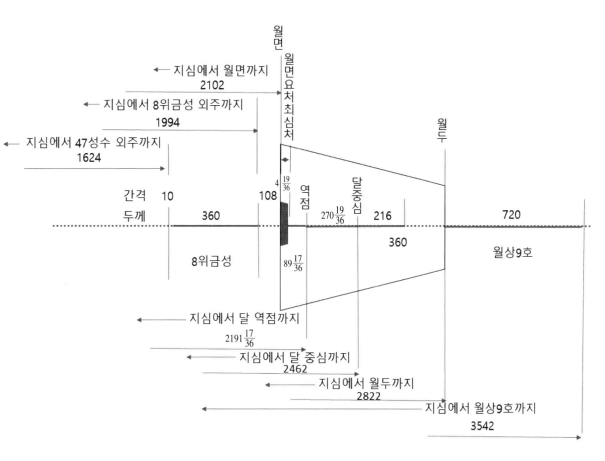

〈그림 22〉 8위 금성과 월세계

44. 四七 星宿界의 質量
4 7 성 수 계 질 량

(a) $195510\frac{6}{7}$ (地球의 體積으로서
지구 체적

第一 四星界 一位의 土星 體積과 等함)×4=
제 1 4성계 일위 토성 체적 등

$782043\frac{3}{7}$ 第一 四星의 體積
제 1 4성 체적

(b) $195510\frac{6}{7}$ (第一星의 體積)×2=$391021\frac{5}{7}$
제 1 성 체적

第二星의 體積
제 2 성 체적

(c) $391021\frac{5}{7}$ (第二星의 體積)×4=$1564086\frac{6}{7}$
제 2 성 체적

第二 四個星의 體積
제 2 4개 성 체적

(d) $195510\frac{6}{7}$ ×3=$586532\frac{4}{7}$

第三星의 體積
제 3 성 체적

(e) $586532\frac{4}{7}$ (第三星의 體積)×4=$2346130\frac{2}{7}$
제 3 성 체적

第三 四個星의 體積
제 3 4개 성 체적

(f) $195510\frac{6}{7}$ ×4=$782043\frac{3}{7}$

第四星의 體積
제 4 성 체적

(g) $782043\frac{3}{7}$ ×4=$3128173\frac{5}{7}$

第四 四個星의 體積
제 4 4개 성 체적

44. 4·7 성수계의 질량

(a) $195,510\frac{6}{7}$ (지구의 부피로서

제1 4성계 1위位의 토성 부피와 같음)×4

=$782,043\frac{3}{7}$ 제1 4개 성星의 부피

(b) $195,510\frac{6}{7}$ (제1성의 부피)×2=$391,021\frac{5}{7}$

제2성의 부피

(c) $391,021\frac{5}{7}$ (제2성의 부피)×4=$1,564,086\frac{6}{7}$

제2 4개 성의 부피

(d) $195,510\frac{6}{7}$ ×3=$586,532\frac{4}{7}$

제3성의 부피

(e) $586,532\frac{4}{7}$ (제3성의 부피)×4=$2,346,130\frac{2}{7}$

제3 4개 성의 부피

(f) $195,510\frac{6}{7}$ ×4=$782,043\frac{3}{7}$

제4성의 부피

(g) $782,043\frac{3}{7}$ ×4=$3,128,173\frac{5}{7}$

제4 4개 성의 부피

(h) $195{,}510\frac{6}{7}\times5=977554\frac{2}{7}$

第五星의 體積
제 5 성 체적

(i) $977554\frac{2}{7}\times4=3910217\frac{1}{7}$

第五 四個星의 體積
제 5 4개성 체적

(j) $195{,}510\frac{6}{7}\times6=1173065\frac{1}{7}$

第六星의 體積
제 6 성 체적

(k) $1173065\frac{1}{7}\times4=4692260\frac{4}{7}$

第六 四個星의 體積
제 6 4개성 체적

(l) $195{,}510\frac{6}{7}\times7=1368576$

第七星의 體積으로서 地輪界의 輪廻의
제 7 성 체적 지륜계 윤회

全地塵 體積과 相等함
전 지진 체적 상등

(m) $1368576(第七星의 體積)\times4=5474304$
제 7 성 체적

第七 四個星의 體積
제 7 4개성 체적

(n) $195{,}510\frac{6}{7}\times112=21897216$

二十八宿의 全體積
2 8 수 전체적

(o) $21897216\times7=153280512$

二十八宿 輪界 內의 地塵 體積
2 8 수 륜계 내 지진 체적

(p) $195510\frac{6}{7}\times48=9384521\frac{1}{7}$

全土星界 流通 地塵 體積
전 토성계 유통 지진 체적

(h) $195{,}510\frac{6}{7}\times5=977{,}554\frac{2}{7}$

제5성의 부피

(i) $977{,}554\frac{2}{7}\times4=3{,}910{,}217\frac{1}{7}$

제5 4개 성의 부피

(j) $195{,}510\frac{6}{7}\times6=1{,}173{,}065\frac{1}{7}$

제6성의 부피

(k) $1{,}173{,}065\frac{1}{7}\times4=4{,}692{,}260\frac{4}{7}$

제6 4개 성의 부피

(l) $195{,}510\frac{6}{7}\times7=1{,}368{,}576$

제7성의 부피로서 지륜계의 윤회의

전체 지진 부피와 같음

(m) $1{,}368{,}576(제7성의 부피)\times4=5{,}474{,}304$

제7 4개 성의 부피

(n) $195{,}510\frac{6}{7}\times112=21{,}897{,}216$

28수의 전체 부피

(o) $21{,}897{,}216\times7=153{,}280{,}512$

28수 윤계 내內의 지진 부피

(p) $195{,}510\frac{6}{7}\times48=9{,}384{,}521\frac{1}{7}$

전체 토성계 유통 지진 부피

(q) 21897216(二十八宿의 全體積)
　　　　　2 8 수　전 체 적

　+153280512(同星 輪界 內의
　　　　　　동 성 륜 계 내

全地塵 體積)
전 지 진 체 적

　+9384521$\frac{1}{7}$(流通 地塵의 體積)
　　　　　　　유 통 지 진 　체 적

　=184562249$\frac{1}{7}$

四七星宿界의 全地塵 體積
4 7 성 수 계 　전 지 진 체 적

(q) 21,897,216(28수의 전체 부피)

　+153,280,512(동성同星 윤계 내의

전체 지진 부피)

　+9,384,521$\frac{1}{7}$(유통 지진의 부피)

　=184,562,249$\frac{1}{7}$

4·7성수계의 전체 지진 부피

❖ (a) $V_{\text{제1사성계 1위의 토성}} \times 4 = V_{\text{제1 4개성}}$ ($V_{\text{제n사성계 1위의 토성}}$; 이하 $V_{\text{제n성}}$ 이라 약칭한다.)

(b) $V_{\text{제1성}} \times 2 = V_{\text{제2성}}$

(c) $V_{\text{제2성}} \times 4 = V_{\text{제2 4개성}}$

(d) $V_{\text{제1성}} \times 3 = V_{\text{제3성}}$

(e) $V_{\text{제3성}} \times 4 = V_{\text{제3 4개성}}$

(f) $V_{\text{제1성}} \times 4 = V_{\text{제4성}}$

(g) $V_{\text{제4성}} \times 4 = V_{\text{제4 4개성}}$

(h) $V_{\text{제1성}} \times 5 = V_{\text{제5성}}$

(i) $V_{\text{제5성}} \times 4 = V_{\text{제5 4개성}}$

(j) $V_{\text{제1성}} \times 6 = V_{\text{제6성}}$

(k) $V_{\text{제6성}} \times 4 = V_{\text{제6 4개성}}$

(l) $V_{\text{제1성}} \times 7 = V_{\text{제7성}}$

(m) $V_{\text{제7성}} \times 4 = V_{\text{제7 4개성}}$

(n) $V_{\text{제1성}} \times \{(1+2+3+4+5+6+7) \times 4\} = V_{\text{제1성}} \times (28 \times 4) = V_{\text{제1성}} \times 112 = V_{\text{28수}}$

(o) $V_{\text{28수}} \times 7 = V_{\text{28수 윤계내의 지진}}$

(p) $V_{\text{제1성}} \times 48 = V_{\text{전토성계 유통지진}}$

(q) $V_{\text{28수}} + V_{\text{28수 윤계내의지진}} + V_{\text{전토성계유통지진}} = V_{\text{사칠성수계의 전지진}}$

45. 四七 星宿界 質量의 差別
4 7 성수계 질량 차별

(a)$184562249\frac{1}{7}$ (四七 星宿界의 全地塵 體積)
4 7 성수계 전지진 체적

$\times \frac{4}{5} = 147649799\frac{11}{35}$

四七 星宿界의 水塵 體積
4 7 성수계 수진 체적

(b) $184562249\frac{1}{7}$ (四七 星宿界의 全地塵 體積)
4 7 성수계 전지진 체적

$\times \frac{1}{5} = 36912449\frac{29}{35}$

四七 星宿界의 火塵 體積
4 7 성수계 화진 체적

(c) $147649799\frac{11}{35} \times 7 = 1033548595\frac{1}{5}$

同界 水塵量
동계 수진량

(d) $36912449\frac{29}{35} \times 49 = 1808710005\frac{3}{5}$

同界 火塵量
동계 화진량

(e) $1033548595\frac{1}{5} \times 3 = 3100645785\frac{3}{5}$

同界 冷量
동계 냉량

(f) $1808710005\frac{3}{5} \times 5 = 9043550028$

同界 熱量
동계 열량

45. 4·7 성수계 질량의 차별

(a) $184,562,249\frac{1}{7}$ (4·7성수계의 전체 지진 부피)

$\times \frac{4}{5} = 147,649,799\frac{11}{35}$

4·7성수계의 수진 부피

(b) $184,562,249\frac{1}{7}$ (4·7성수계의 전체 지진 부피)

$\times \frac{1}{5} = 36,912,449\frac{29}{35}$

4·7성수계의 화진 부피

(c) $147,649,799\frac{11}{35} \times 7 = 1,033,548,595\frac{1}{5}$

동계同界 수진량

(d) $36,912,449\frac{29}{35} \times 49 = 1,808,710,005\frac{3}{5}$

동계 화진량

(e) $1,033,548,595\frac{1}{5} \times 3 = 3,100,645,785\frac{3}{5}$

동계 냉량

(f) $1,808,710,005\frac{3}{5} \times 5 = 9,043,550,028$

동계 열량

(g) $9043550028 - 3100645785\dfrac{3}{5}$

$= 5942904242\dfrac{2}{5}$

同界의 右旋 風塵量
동계 　우선 풍진량

(h) $184562249\dfrac{1}{7} \times 343(7^3) = 63304851456$

同界의 地塵 總量
동계 　지진 총량

(i) $63304851456 \times \dfrac{4}{5} = 50643881164\dfrac{4}{5}$

同界 水塵 系統의 地塵量
동계 수진 계통 　지진량

(j) $63304851456 \times \dfrac{1}{5} = 12660970291\dfrac{1}{5}$

同界 火塵 系統의 地塵量
동계 화진 계통 　지진량

(g) $9,043,550,028 - 3,100,645,785\dfrac{3}{5}$

$= 5,942,904,242\dfrac{2}{5}$

동계의 우선右旋 풍진량

(h) $184,562,249\dfrac{1}{7} \times 343(=7^3) = 63,304,851,456$

동계의 지진 총량

(i) $63,304,851,456 \times \dfrac{4}{5} = 50,643,881,164\dfrac{4}{5}$

동계 수진 계통의 지진량

(j) $63,304,851,456 \times \dfrac{1}{5} = 12,660,970,291\dfrac{1}{5}$

동계 화진 계통의 지진량

❖ (a) $V_{\text{사칠성수계의지진}} \times \dfrac{4}{5} = V_{\text{사칠성수계의수진}}$

(b) $V_{\text{사칠성수계의지진}} \times \dfrac{1}{5} = V_{\text{사칠성수계의화진}}$

(c) $V_{\text{사칠성수계의수진}} \times 7 = M_{\text{사칠성수계의수진}}$

(d) $V_{\text{사칠성수계의화진}} \times 49 = M_{\text{사칠성수계의화진}}$

(e) $M_{\text{사칠성수계의수진}} \times 3 = M_{\text{사칠성수계의냉량}}$

(f) $M_{\text{사칠성수계의화진}} \times 5 = M_{\text{사칠성수계의열량}}$

(g) $M_{\text{사칠성수계의열량}} - M_{\text{사칠성수계의냉량}} = M_{\text{사칠성수계의우선풍진}}$

(h) $V_{\text{사칠성수계의지진}} \times 7^3 = M_{\text{사칠성수계의지진}}$

(i) $M_{\text{사칠성수계의지진}} \times \dfrac{4}{5} = M_{\text{사칠성수계 수진계통의지진}}$

(j) $M_{\text{사칠성수계의지진}} \times \dfrac{1}{5} = M_{\text{사칠성수계 화진계통의 지진}}$

제3절

水塵世界와 日球
수 진 세 계   일 구

46. 日身의 八級 分開
일신   8급 분개

46. 일신의 팔급

(a) 216(宇宙의 極中인 日心의 半徑으로서
우주   극중   일심   반경

極邊의 區宇인 眞空界의 厚와 等함)
극변   구우   진공계   후   등

+108(日身 八重의 等差¹距離로서
일신 8중   등차 거리

假空界 四級의 區宇와 水星界 四級 區宇의
가공계 4급   구우   수성계 4급 구우

等差距離 等과 等함)=324
등차거리 등   등

日心에서 日身의 第一重까지의
일심   일신   제 1 중

距離로서 極邊際에서 假空界의
거리   극변제   가공계

第四級 區宇까지의 距離와 等함.
제 4 급 구우   거 리   등

(b) 324+108=432

日心에서 日身의 第二重까지의 距離로서
일심   일신   제 2 중   거 리

極邊際에서 假空界의 第三級 區宇까지의
극변제   가공계   제 3 급 구우

距離와 等함.
거 리   등

(c) 432+108=540

日心에서 日身의 第三重까지의 距離로서
일심   일신   제 3 중   거 리

極邊際에서 假空界의 第二級 區宇까지의
극변제   가공계   제 2 급 구우

距離와 等함.
거 리   등

(a) 216(우주의 극중極中인 일심의 반지름으로서

극변極邊의 구역인 진공계의 두께와 같음)

+108(일신日身 8중重의 등차等差거리로서

가공계 4급級의 구역과 수성계 4급 구역의

등차거리 등과 같음)=324

일심에서 일신의 제1중 (외주)까지의

거리로서 극변제極邊際에서 가공계의

제4급 구역까지의 거리와 같음.

(b) 324+108=432

일심에서 일신의 제2중까지의 거리로서

극변제에서 가공계의 제3급 구역까지의

거리와 같음.

(c) 432+108=540

일심에서 일신의 제3중까지의 거리로서

극변제에서 가공계의 제2급 구역까지의

거리와 같음.

---

1   등차等差; 1. a gradation, a grade. 등급에 따라 생기는 차이. 2. 대비 관계에서 나타나는 차이. 3. equal difference. 차差가 똑같음. 또는 그 차이. [비슷한말] 품계, 단계.

(d) 540＋108＝648

日心에서 日身의 第四重까지의 距離로서
일심　　　일신　　제4중　　　　거리

極邊際에서 假空界의 第一級 區宇까지의
극변제　　　가공계　제1급 구우

距離와 等함.
거리　　등

(e) 648＋108＝756

日心에서 日身의 第五重까지의 距離로서
일심　　　일신　　제5중　　　　거리

極邊際에서 水星界의 第四級 區宇까지의
극변제　　　수성계　제4급 구우

距離와 等함.
거리　　등

(f) 756＋108＝864

日心에서 日身의 第六重까지의 距離로서
일심　　　일신　　제6중　　　　거리

極邊際에서 水星界의 第三級 區宇까지의
극변제　　　수성계　제3급 구우

距離와 等함.
거리　　등

(g) 864＋108＝972

日心에서 日身의 第七重까지의 距離로서
일심　　　일신　　제7중　　　　거리

極邊際에서 水星界의 第二級 區宇까지의
극변제　　　수성계　제2급 구우

距離와 等함.
거리　　등

(h) 972＋108＝1080

日心에서 日身의 第八重의 界限인
일심　　　일신　　제8중　　계한

日面까지의 距離 卽 日球의 半徑으로서
일면　　　　거리즉 일구　반경

極邊際에서 水星界의 第一級 區宇
극변제　　　수성계　제1급 구우

內周까지의 距離이므로 이것이
내주　　　거리

全星霧系의 두께(厚)와 等함.
전성무계　　　　후　등

(d) 540＋108＝648

일심에서 일신의 제4중까지의 거리로서

극변제에서 가공계의 제1급 구역까지의

거리와 같음.

(e) 648＋108＝756

일심에서 일신의 제5중까지의 거리로서

극변제에서 수성계의 제4급 구역까지의

거리와 같음.

(f) 756＋108＝864

일심에서 일신의 제6중까지의 거리로서

극변제에서 수성계의 제3급 구역까지의

거리와 같음.

(g) 864＋108＝972

일심에서 일신의 제7중까지의 거리로서

극변제에서 수성계의 제2급 구역까지의

거리와 같음.

(h) 972＋108＝1,080

일심에서 일신의 제8중의 한계인

일면日面까지의 거리, 즉 일구의 반지름으로서

극변제에서 수성계의 제1급 구역

내주內周까지의 거리이므로 이것이

전체 성무계의 두께(후厚)와 같음.

❖ 일구는 일심, 내륜신, 표륜신으로 이루어져 있다.

　　성무계는 진공계眞空界(또는 멸진계滅盡界), 가공계假空界(또는 무성계無星界), 수성계水星界로 이루

　　어져 있다. 일구와 성무계의 대응구조는 〈그림 23〉 및 〈표 4〉와 같다.

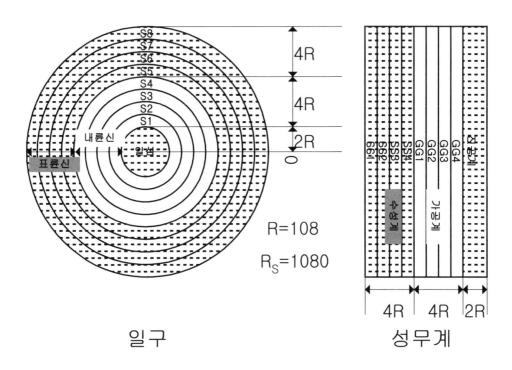

〈그림 23〉 일구와 성무계의 대응 구조

❖ 우주의 극중인 일심의 반경은 216이다. 우주의 극변인 진공계의 두께는 216이다. 일신은 내륜신 4중과

　　표륜신 4중으로 이루어져 있으며 각 중의 두께는 108이다. 가공계와 수성계는 각각 4급으로 이루어져 있

　　으며 각 급의 두께는 108이다. 일심과 진공계, 내륜신의 4중과 가공계의 4급, 표륜신의 4중과 수성계의 4

　　급은 각각 〈그림 23〉에서와 같이 대응된다. 〈그림 23〉에서 주의해서 볼 점은 일신 각 중의 일심으로부

　　터의 번호 순서와 가공계 및 수성계 각 급의 진공계로부터의 번호 순서의 대응관계(S8-SS1, S7-SS2, S6-

　　SS3, S5-SS4, S4-GG1, S3-GG2, S2-GG3, S1-GG4)이다. 일구의 반경은 1,080이다. 성무계 전체의 두께

　　는 1,080이다.

<표 4> 일구와 성무계의 대응

일구(10R;1,080)			성무계(10R;1,080)		두계
일심(2R;216)			진공계(2R;216)		2R;216
일신 (8R;864)	내륜신 (4R;432)	1중(S1)	가공계 (4R;432)	제4급(GG4)	1R;108
		2중(S2)		제3급(GG3)	1R;108
		3중(S3)		제2급(GG2)	1R;108
		4중(S4)		제1급(GG1)	1R;108
	표륜신 (4R;432)	5중(S5)	수성계 (4R;432)	제4급(SS4)	1R;108
		6중(S6)		제3급(SS3)	1R;108
		7중(S7)		제2급(SS2)	1R;108
		8중(S8)		제1급(SS1)	1R;108

(a) 1080(日球의 半徑)×2=2160
　　　　　일구　반경

日心에서 日輪界線까지의 距離로서
일심　　　일륜계선　　　　거리

極邊際에서 虛無界의 中段
극변제　　　허무계　중단

內周까지의 距離와 等함.
내주　　　거리　등

(b) $2160 + 966\frac{5}{6}$ (日輪界에 沿¹한
　　　　　　　　일륜계　연

四大金星의 두께(厚)로서 虛無界 下段의
사대금성　　　후　　　허무계 하단

厚와 等함)=$3126\frac{5}{6}$
후　등

日心에서 四大金星界의 外周 또는
일심　　사대금성계　　외주

遊星 內界의 外周까지의 距離로서,
유성 내계　외주　　　　거리

極邊際에서 虛無界의 內周 또는
극변　　　허무계　내주

遊星 外界의 外周까지의 距離와 等함.
유성 외계　외주　　　거리　등

(c) $3126\frac{5}{6} + 7560$(遊星 內界의 外周에서
　　　　　　　　유성 내계　외주

日 月 間 最近으로 되었을 경우의
일 월 간 최근

月心까지의 距離로서, 이것이 遊星界의
월심　　　거리　　　　　유성계

半徑이므로, 遊星 外界의 外周에서
반경　　　유성 외계　외주

---

47. 일심에서 지궤까지의 경유 구역

(a) 1,080(일구의 반지름)×2=2,160

일심에서 일륜계선線까지의 거리로서

극변제에서 허무계의 중단中段

내주內周까지의 거리와 같음.

(b) $2{,}160 + 966\frac{5}{6}$ (일륜계에 잇닿은

4대 금성의 두께(후厚)로서 허무계 하단의

두께와 같음)=$3{,}126\frac{5}{6}$

일심에서 4대 금성계의 외주外周 또는

유성 내계의 외주까지의 거리로서,

극변제에서 허무계의 내주 또는

유성 외계의 외주까지의 거리와 같음.

(c) $3{,}126\frac{5}{6} + 7{,}560$(유성 내계의 외주에서

일 · 월 간 최근으로 되었을 경우의

월심까지의 거리로서, 이것이 유성계의

반지름이므로, 유성 외계의 외주에서

1　연沿; (물 따라갈 연, 따를 연) 1. 물을 따라가다. 2. 좇다. 3. 따르다. 4. 가장자리. 5. 언저리. 6. 내의 이름, 물의 이름. ▶연沿하다; 잇닿아 있다.

日月間 最遠으로 되었을 경우의

月心까지의 距離와 等함)$=10686\frac{5}{6}$

日月心間 最近으로 되었을 경우의

距離로서 最遠으로 되었을 경우의 月心에서

極邊際까지의 距離와 等함.

(d) $10686\frac{5}{6}+270\frac{19}{36}$(月心에서 力點까지의 距離)

$=10957\frac{13}{36}$

最近으로 되었을 경우의 日心에서

月의 力點까지의 距離로서, 最遠의 경우

極邊際에서 月의 力點까지의 距離와 等함.

(e) $10957\frac{13}{36}+2191\frac{17}{36}$(地軌의 中心인

地心에서 月의 力點까지의 距離)

$=13148\frac{5}{6}$

이것이 日球의 中心에서 地軌 卽 地球

中心까지의 距離로서 極邊際에서

地心까지의 距離와 相等하므로 地軌가

宇宙의 極中과 極邊과의 間 切半인

內宙 外宇의 界線이다.

일·월 간 최원最遠으로 되었을 경우의

월심까지의 거리와 같음.)$=10,686\frac{5}{6}$

일·월심 간 최근으로 되었을 경우의

거리로서 최원으로 되었을 경우의 월심에서

극변제까지의 거리와 같음.

(d) $10,686\frac{5}{6}+270\frac{19}{36}$(월심에서 역점까지의 거리)

$=10,957\frac{13}{36}$

최근으로 되었을 경우의 일심에서

달의 역점까지의 거리로서, 최원의 경우

극변제에서 달의 역점까지의 거리와 같음.

(e) $10,957\frac{13}{36}+2,191\frac{17}{36}$(지구 궤도의 중심인

지심에서 달의 역점까지의 거리)

$=13,148\frac{5}{6}$

이것이 일구의 중심에서 지구 궤도

즉 지구 중심까지의 거리로서 극변제에서

지심까지의 거리와 같으므로 지구 궤도가

우주의 극중極中과 극변極邊과의 사이 절반인

내주內宙 외우外宇의 분계선分界線이다.

※ 註:
　　주

遊星界의 半徑:7560
유 성 계　　반 경

日球 半徑의 7倍
일 구 반 경　　　배

月世界 半徑의 7倍
월 세 계 반 경　　　배

木星 區宇 厚의 7倍
목 성 구 우 후　　　배

※ 주註:

유성계의 반지름:7,560

일구 반지름의 7배

월세계 반지름의 7배

목성 구역 두께의 7배

❖ 극중으로부터 극변제 사이에 존재하는 각 영역들의 위치와 거리는 아래의〈그림 24〉와 같다. 극중(일심의 중앙)으로부터 지구까지의 내주는 지구로부터 극변제까지의 외우와 대칭적인 관계가 있다. 지구의 중심이 극중과 극변제의 중앙에 위치한다.

▶ 일구반경 R_S=1,080[〈그림 24〉의 S에서 S1까지의 거리 d(S~S1)] 및 성무계 두께=1,080[d(Y~Z)]

▶ 일륜계 두께=1,080[d(S1~S2)], 및 허무계 중단과 상단까지 두께=1,080[(d(X~Y)]

▶ 4대 금성의 두께=$966\frac{5}{6}$[d(S2~G)] 및 허무계 하단의 두께=$966\frac{5}{6}$[d(W~X)]

▶ 유성내계의 두께=7,560[d(G~M0);일월 간의 거리가 최소일 때의 M0], 및 유성외계의 두께=7,560[d(M0~W); 일월 간의 거리가 최대일 때의 M0]

▶ 월심과 월 역점간의 거리=$270\frac{19}{36}$[d(M0~M)]

▶ 지구 중심(E)과 월의 역점(M) 사이의 거리를 지월 간의 거리라고 한다.

지월 간의 거리=$2,191\frac{17}{36}$[d(M~E)]

▶ 지구 중심(E)과 월의 중심(M0)과의 거리=2,462[d(M0~E)]

▶ 일심(S)과 지구 중심(E) 사이의 거리가 일지 간의 거리이다.

일지 간의 거리=$13,148\frac{5}{6}$[d(S~E)]=내주 반경

▶ 극변제(Z)와 지구 중심(E)사이의 거리가 외우 두께이다.

외우두께=$13,148\frac{5}{6}$[d(Z~E)]

▶ 일심(S)과 월의 역점(M) 사이의 거리를 일월 간 거리라 한다.

일월 간의 최근거리=$10,957\frac{13}{36}$[지일 간의 거리의 $\frac{5}{6}$]

일월 간의 최원거리=$15,340\frac{11}{36}$[지일 간의 거리의 $\frac{7}{6}$]

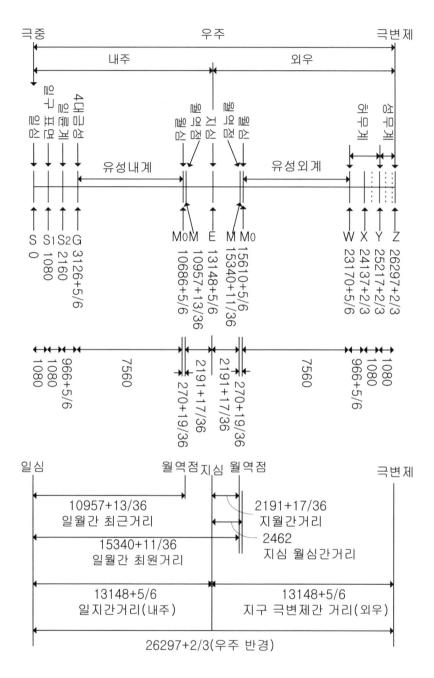

<그림 24> 지 · 월 · 일 간 거 리 및 우 주 거 리

48. 日心에서 虛無界까지의 距離

(a) $13148\frac{5}{6}$(日 地心 間의 距離)

　　$+2462$(地 月心 間의 距離)

　　$+7560$(月心에서 遊星 外界까지의 距離)

　　$=23170\frac{5}{6}$

日心에서 遊星 外界의 外周

即 虛無界의 內周까지의 距離

(b) $23170\frac{5}{6}+966\frac{5}{6}$(虛無界 下段의 厚로서

四大金星界의 厚와 等함)$=24137\frac{2}{3}$

日心에서 虛無界 下段까지의 距離

(c) $24137\frac{2}{3}+540$(虛無界 中段의 厚로서

日輪의 厚의 $\frac{1}{2}$ 과 等)$=24677\frac{2}{3}$

日心에서 虛無界 中段까지의 距離

(d) $24677\frac{2}{3}+540$(虛無界 上段의 厚로서

中段과 等함)$=25217\frac{2}{3}$

日心에서 水星界의 內周 即 虛無界

外周까지의 距離

48. 일심에서 허무계까지의 거리

(a) $13{,}148\frac{5}{6}$(일·지심 간의 거리)

　　$+2{,}462$(지·월심 간의 거리)

　　$+7{,}560$(월심에서 유성 외계까지의 거리)

　　$=23{,}170\frac{5}{6}$

일심에서 유성 외계의 외주

즉 허무계의 내주까지의 거리

(b) $23{,}170\frac{5}{6}+966\frac{5}{6}$(허무계 하단의 두께로서

4대 금성계의 두께와 같음)$=24{,}137\frac{2}{3}$

일심에서 허무계 하단까지의 거리

(c) $24{,}137\frac{2}{3}+540$(허무계 중단의 두께로서

일륜 두께의 $\frac{1}{2}$ 과 같음)$=24{,}677\frac{2}{3}$

일심에서 허무계 중단까지의 거리

(d) $24{,}677\frac{2}{3}+540$(허무계 상단의 두께로서

중단과 같음)$=25{,}217\frac{2}{3}$

일심에서 수성계의 내주 즉 허무계

외주까지의 거리

(e) $966\dfrac{5}{6}\div 1=966\dfrac{5}{6}$

虛無界 下段의 單層距離
허 무 계 하 단   단 층 거 리

(f) $540\div 2=270$

虛無界 中段 二個層의 等差距離
허 무 계 중 단   2 개 층   등 차 거 리

(g) $540\div 3=180$

虛無界 上段 三個層의 等差距離
허 무 계 상 단   3 개 층   등 차 거 리

(e) $966\dfrac{5}{6}\div 1=966\dfrac{5}{6}$

허무계 하단의 단층거리

(f) $540\div 2=270$

허무계 중단 2개층의 등차거리

(g) $540\div 3=180$

허무계 상단 3개층의 등차거리

〈그림 25〉 허무계의 층 구조와 두께

❖ 허무계虛無界는 상, 중, 하 3개 단段으로 이루어져 있다. 상단과 중단은 일륜日輪에 대응하고, 하단은 4대 금성계에 대응한다. 상단은 수성계에 접해 있고 하단은 유성외계에 접해 있다. 허무계 각 단의 두께는 다음과 같다.

$$d_{\text{허무계 상단}}=d_{\text{허무계 중단}}=\frac{1}{2}\,d_{\text{일륜}}=\frac{1}{2}\,R_S=540$$

$$d_{\text{허무계 하단}}=d_{\text{4대금성계}}=966\frac{5}{6}$$

허무계 전체 두께는 $2{,}046\frac{5}{6}$ 이다.

허무계 상단은 3개의 단층單層으로 나뉜다. 각 단층의 두께(180)는 균일하다. 허무계 중단은 2개의 단층單層으로 나뉜다. 각 단층의 두께(270)는 균일하다. 허무계 하단은 1개의 단층單層이 있다.

일심에서 허무계 시작점까지의 거리는 〈그림 24〉에서 볼 수 있듯이 $23{,}170\frac{5}{6}$ 이다. 따라서 일심으로부터 허무계 각 층까지의 거리는 〈그림 25〉로부터 자명하게 계산할 수 있다.

일심으로부터 허무계 끝까지의 거리는 $25{,}217\frac{2}{3}$ 이다.

49. 日心에서 水星界까지의 距離

(a) $25217\frac{2}{3}$ (日心에서 水星界의 內周까지의

距離)$+36$(水星界 四個級中 第一下段

三個階의 等差距離)$=25253\frac{2}{3}$

日心에서 水星界 四個級 十八階 中

第一 下階까지의 距離

(b) $25253\frac{2}{3}+36=25289\frac{2}{3}$

日心에서 水星界의 第二階까지의 距離

(c) $25289\frac{2}{3}+36=25325\frac{2}{3}$

日心에서 水星界의 第三階까지의 距離

(d) $25325\frac{2}{3}+27$(第二級 四個階의

等差距離)$=25352\frac{2}{3}$

日心에서 水星界의 第四階까지의 距離

(e) $25352\frac{2}{3}+27=25379\frac{2}{3}$

日心에서 水星界의 第五階까지의 距離

(f) $25379\frac{2}{3}+27=25406\frac{2}{3}$

日心에서 水星界의 第六階까지의 距離

49. 일심에서 수성계까지의 거리

(a) $25{,}217\frac{2}{3}$ (일심에서 수성계의 내주까지의

거리)$+36$(수성계 4개급級 중中 제1하단下段

3개계階의 등차거리)$=25{,}253\frac{2}{3}$

일심에서 수성계 4개급 18계階 중

제1 하계下階까지의 거리

(b) $25{,}253\frac{2}{3}+36=25{,}289\frac{2}{3}$

일심에서 수성계의 제2계까지의 거리

(c) $25{,}289\frac{2}{3}+36=25{,}325\frac{2}{3}$

일심에서 수성계의 제3계階까지의 거리

(d) $25{,}325\frac{2}{3}+27$(제2급級 4개계階의

등차거리)$=25{,}352\frac{2}{3}$

일심에서 수성계의 제4계階까지의 거리

(e) $25{,}352\frac{2}{3}+27=25{,}379\frac{2}{3}$

일심에서 수성계의 제5계階까지의 거리

(f) $25{,}379\frac{2}{3}+27=25{,}406\frac{2}{3}$

일심에서 수성계의 제6계階까지의 거리

(g) $25406\frac{2}{3}+27=25433\frac{2}{3}$

日心에서 水星界의 第七階까지의 距離
일심　　　　수성계　　제7계　　　　거리

(h) $25433\frac{2}{3}+21\frac{9}{15}$(第三級 五個階의
　　　　　　　　　　　제3급 5개계

等差距離)$=25455\frac{4}{15}$
등차거리

日心에서 水星界의 第八階까지의 距離
일심　　　　수성계　　제8계　　　　거리

(i) $25455\frac{4}{15}+21\frac{9}{15}=25476\frac{13}{15}$

日心에서 水星界의 第九階까지의 距離
일심　　　　수성계　　제9계　　　　거리

(j) $25476\frac{13}{15}+21\frac{9}{15}=25498\frac{7}{15}$

日心에서 水星界의 第十階까지의 距離
일심　　　　수성계　　제10계　　　　거리

(k) $25498\frac{7}{15}+21\frac{9}{15}=25520\frac{1}{15}$

日心에서 水星界의 第十一階까지의 距離
일심　　　　수성계　　제11계　　　　거리

(l) $25520\frac{1}{15}+21\frac{9}{15}=25541\frac{10}{15}$

日心에서 水星界의 第十二階까지의 距離
일심　　　　수성계　　제12계　　　　거리

(m) $25541\frac{10}{15}+18$(第四級 六個階의
　　　　　　　　　　제4급 6개계

等差距離)$=25559\frac{2}{3}$
등차거리

日心에서 水星界의 第十三階까지의 距離
일심　　　　수성계　　제13계　　　　거리

(g) $25,406\frac{2}{3}+27=25,433\frac{2}{3}$

일심에서 수성계의 제7계階까지의 거리

(h) $25,433\frac{2}{3}+21\frac{9}{15}$(제3급級 5개계階의

등차거리)$=25,455\frac{4}{15}$

일심에서 수성계의 제8계階까지의 거리

(i) $25,455\frac{4}{15}+21\frac{9}{15}=25,476\frac{13}{15}$

일심에서 수성계의 제9계階까지의 거리

(j) $25,476\frac{13}{15}+21\frac{9}{15}=25,498\frac{7}{15}$

일심에서 수성계의 제10계階까지의 거리

(k) $25,498\frac{7}{15}+21\frac{9}{15}=25,520\frac{1}{15}$

일심에서 수성계의 제11계階까지의 거리

(l) $25,520\frac{1}{15}+21\frac{9}{15}=25,541\frac{10}{15}$

일심에서 수성계의 제12계階까지의 거리

(m) $25,541\frac{10}{15}+18$(제4급級 6개계階의

등차거리)$=25,559\frac{2}{3}$

일심에서 수성계의 제13계階까지의 거리

(n) $25559\dfrac{2}{3}+18=25577\dfrac{2}{3}$

日心에서 水星界의 第十四階까지의 距離
일심　　　수성계　　제１４계　　　거리

(o) $25577\dfrac{2}{3}+18=25595\dfrac{2}{3}$

日心에서 水星界의 第十五階까지의 距離
일심　　　수성계　　제１５계　　　거리

(p) $25595\dfrac{2}{3}+18=25613\dfrac{2}{3}$

日心에서 水星界의 第十六階까지의 距離
일심　　　수성계　　제１６계　　　거리

(q) $25613\dfrac{2}{3}+18=25631\dfrac{2}{3}$

日心에서 水星界의 第十七階까지의 距離
일심　　　수성계　　제１７계　　　거리

(r) $25631\dfrac{2}{3}+18=25649\dfrac{2}{3}$

日心에서 水星界의 第十八階까지의 距離
일심　　　수성계　　제１８계　　　거리

(n) $25{,}559\dfrac{2}{3}+18=25{,}577\dfrac{2}{3}$

일심에서 수성계의 제14계階까지의 거리

(o) $25{,}577\dfrac{2}{3}+18=25{,}595\dfrac{2}{3}$

일심에서 수성계의 제15계階까지의 거리

(p) $25{,}595\dfrac{2}{3}+18=25{,}613\dfrac{2}{3}$

일심에서 수성계의 제16계階까지의 거리

(q) $25{,}613\dfrac{2}{3}+18=25{,}631\dfrac{2}{3}$

일심에서 수성계의 제17계階까지의 거리

(r) $25{,}631\dfrac{2}{3}+18=25{,}649\dfrac{2}{3}$

일심에서 수성계의 제18계階까지의 거리

❖ 수성계는 4급 18계 층으로 구성되어 있다.

각 층의 위치와 두께는 〈그림 26〉과 같다. 각 급의 두께는 R=108로서, 수성계 전체의 두께는 일구의 내륜신 두께와 같은 432이다(〈그림 23〉 참조).

제 1급에는 1부터 3까지 3개 계가 있고, 각 계의 두께는 $\frac{R}{3}$=36이다.

제 2급에는 4부터 7까지 4개 계가 있고, 각 계의 두께는 $\frac{R}{4}$=27이다.

제 3급에는 8부터 12까지 5개 계가 있고, 각 계의 두께는 $\frac{R}{5}$=$21\frac{3}{5}$이다.

제 4급에는 13부터 18까지 6개의 층이 있고, 각 층의 두께는 $\frac{R}{6}$=18이다.

제 1급 1계는 허무계에 접하여 있고, 제 4급 18계는 가공계에 접하여 있다. 일심부터 수성계 시작점까지의 거리는 〈그림 26〉에서 볼 수 있듯이 $25,217\frac{2}{3}$이다. 일심으로부터 수성계 각 급 각 계까지의 거리는 〈그림 26〉으로부터 자명하게 계산할 수 있다. 일심으로부터 수성계 끝점까지의 거리는 $25,649\frac{2}{3}$이다.

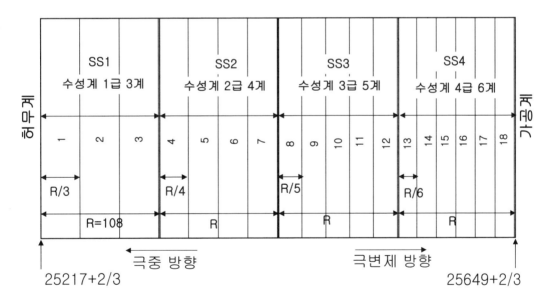

〈그림 26〉 수성계의 층 구조와 두께

50. 日心에서 假空界까지의 距離
일심 가공계 거리

(a) $25649\frac{2}{3}$(日心에서 水星界까지의
일심 수성계

距離)+108(假空界의 四個級의 等差 距離)
거리 가공계 4개급 등차 거리

$=25757\frac{2}{3}$

日心에서 假空界의
일심 가공계

第一 下段까지의 距離
제 1 하단 거리

(b) $25757\frac{2}{3}+108=25865\frac{2}{3}$

日心에서 假空界의 第二級까지의 距離
일심 가공계 제 2 급 거리

(c) $25865\frac{2}{3}+108=25973\frac{2}{3}$

日心에서 假空界의 第三級까지의 距離
일심 가공계 제 3 급 거리

(d) $25973\frac{2}{3}+108=26081\frac{2}{3}$

日心에서 假空界의 第四級까지의 距離
일심 가공계 제 4 급 거리

(e) $108\div7=15\frac{3}{7}$

第一級 七個階의 等差 距離
제 1 급 7 개 계 등 차 거리

(f) $108\div8=13\frac{1}{2}$

第二級 八個階의 等差 距離
제 2 급 8 개 계 등 차 거리

(g) $108\div9=12$

第三級 九個階의 等差 距離
제 3 급 9 개 계 등 차 거리

50. 일심에서 가공계까지의 거리

(a) $25,649\frac{2}{3}$(일심에서 수성계 외주까지의

거리)+108(가공계의 4개급級의 등차 거리)

$=25,757\frac{2}{3}$

일심에서 가공계의

제1 하단(곧 제1급級)까지의 거리

(b) $25,757\frac{2}{3}+108=25,865\frac{2}{3}$

일심에서 가공계의 제2급級까지의 거리

(c) $25,865\frac{2}{3}+108=25,973\frac{2}{3}$

일심에서 가공계의 제3급級까지의 거리

(d) $25,973\frac{2}{3}+108=26,081\frac{2}{3}$

일심에서 가공계의 제4급까지의 거리

(e) $108\div7=15\frac{3}{7}$

제1급 7개계階의 등차 거리

(f) $108\div8=13\frac{1}{2}$

제2급 8개계階의 등차 거리

(g) $108\div9=12$

제3급 9개계階의 등차 거리

(h) $108 \div 10 = 10\dfrac{4}{5}$

第四級 十個階의 等差 距離
제 4 급 1 0개계   등 차 거 리

(h) $108 \div 10 = 10\dfrac{4}{5}$

제4급 10개계階의 등차 거리

❖ 가공계는 4급 34계 층으로 구성되어 있다.

가공계 전체의 두께는 일구의 표류신 두께와 같은 432이다(46항 〈그림 23〉 참조).

제1급에는 1부터 7까지 7개 계가 있고, 각 계의 두께는 $\dfrac{R}{7}=15\dfrac{3}{7}$이다.

제2급에는 8부터 15까지 8개 계가 있고, 각 계의 두께는 $\dfrac{R}{8}=13\dfrac{1}{2}$이다.

제3급에는 16부터 24까지 9개 계가 있고, 각 계의 두께는 $\dfrac{R}{9}=12$이다.

제4급에는 25부터 34까지 10개의 층이 있고, 각 층의 두께는 $\dfrac{R}{10}=10\dfrac{4}{5}$이다.

제1급 1계는 수성계에 접하여 있고, 제4급 34계는 진공계에 접하여 있다. 일심부터 가공계 시작점까지의 거리는 〈그림 24〉에서 볼 수 있듯이 $25{,}649\dfrac{2}{3}$이다. 일심으로부터 가공계 각 급 각 계까지의 거리는 〈그림 27〉로부터 자명하게 계산할 수 있다. 일심으로부터 가공계 끝점까지의 거리는 $26{,}081\dfrac{2}{5}$이다.

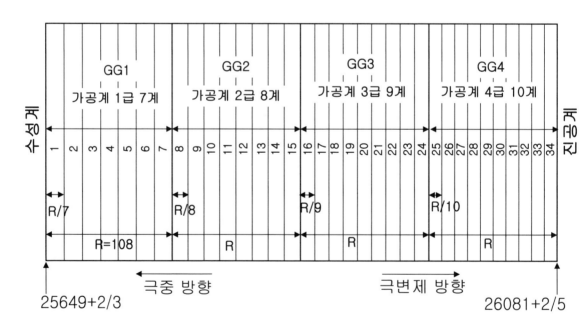

〈그림 27〉 가공계의 층 구조와 두께

51. 宇宙의 極中에서 極邊까지의 距離

(a) $13,148\frac{5}{6}$ (日 地心 間의 距離)

$+10022$ (地心에서 遊星 內外界 共 外周까지의 距離)

$+2046\frac{5}{6}$ (虛無界의 厚로서, 日球를 除한 日輪界의 厚와 四大金星界의 厚를 合한 것과 等함) $+432$ (水星의 厚)

$+432$ (假空界의 厚) $=26081\frac{2}{3}$

日心에서 假空界까지의 距離로서 極邊際에서 日身 內界까지의 距離와 等함

(b) $26081\frac{2}{3}+216$ (眞空界의 厚로서 日心의 半徑과 等함) $=26,297\frac{2}{3}$

宇宙의 極中인 日球의 中心에서 極邊인 眞空界의 斷際까지의 距離로서 이것이 我宇宙의 半徑임은 前述과 如함

(c) $26,297\frac{2}{3}-13,148\frac{5}{6}$ (內宙의 半徑)

$=13,148\frac{5}{6}$ 外宇의 厚

51. 우주의 극중에서 극변까지의 거리

(a) $13,148\frac{5}{6}$ (일·지심 간間의 거리)

$+10,022$ (지심에서 유성 내계의 외주, 또는 지심에서 유성외계의 외주까지의 거리)

$+2,046\frac{5}{6}$ (허무계의 두께로서, 일구를 제외한 일륜계의 두께와 4대 금성계의 두께를 합한 것과 같음) $+432$ (수성의 두께)

$+432$ (가공계의 두께) $=26,081\frac{2}{3}$

일심에서 가공계 외주까지의 거리로서 극변제에서 일신 내계 내주까지의 거리와 같음

(b) $26,081\frac{2}{3}+216$ (진공계의 두께로서 일심의 반지름과 같음) $=26,297\frac{2}{3}$

우주의 극중인 일구의 중심에서 극변인 진공계의 끝까지의 거리로서 이것이 우리 우주의 반지름임은 전술한 것과 같음

(c) $26,297\frac{2}{3}-13,148\frac{5}{6}$ (내주의 반지름)

$=13,148\frac{5}{6}$ 외우의 두께

❖   앞에서 서술한 가공계 끝으로부터 우주의 극변제까지에는 진공계가 있다. 진공계의 두께는 216으로서 일심의 반지름 또는 월의 반지름과 같다. 수성계, 가공계, 진공계가 합하여 성무계를 이룬다.

일심의 중앙인 극중으로부터 극변제까지의 거리는 〈그림 24〉에서 볼 수 있듯이 $26{,}297\frac{2}{3}$ 로서 이것이 우주의 반경이다. 지심으로부터 극변제까지가 외우이며 그 두께는 우주반경의 $\frac{1}{2}$ 인 $13{,}148\frac{5}{6}$ 이다.

외우의 각 구역의 두께는 〈그림 24〉와 앞의 제 47항에서 자세히 기술하였다.

52. 日球의 解體
일구   해체

(a) $42230345\frac{1}{7}$

日球의 空心量[1]으로서
일구   공심량

月의 體積과 等함
월   체적   등

(b) $100297069\frac{5}{7}$

日身 第一重의 體積으로서
일신 제 1 중   체적

假空界 第四級 水塵의 $\frac{1}{7}$
가 공 계 제 4 급 수 진

(c) $195315346\frac{2}{7}$

日身 第二重의 體積으로서
일신 제 2 중   체적

假空界 第三級 水塵의 $\frac{1}{7}$
가 공 계 제 3 급 수 진

(d) $321996381\frac{5}{7}$

日身 第三重의 體積으로서
일신 제 3 중   체적

假空界 第二級 水塵의 $\frac{1}{7}$
가 공 계 제 2 급 수 진

52. 일구의 해체

(a) $42,230,345\frac{1}{7}$

일구의 공심량(일심의 부피)으로서

달의 부피와 같음

(b) $100,297,069\frac{5}{7}$

일신日身 제1중의 부피로서

가공계 제4급 수진의 $\frac{1}{7}$

(c) $195,315,346\frac{2}{7}$

일신 제2중의 부피로서

가공계 제3급 수진의 $\frac{1}{7}$

(d) $321,996,381\frac{5}{7}$

일신 제3중의 부피로서

가공계 제2급 수진의 $\frac{1}{7}$

---

1   일구日球의 공심량空心量; 일구를 일심, 내륜신, 표륜신으로 구분할 때는 심공(지구 180배이고, 달 부피의 $\frac{5}{6}$) 과 면극(지구 36배이고, 달 부피의 $\frac{1}{6}$)을 합한 양(달 부피)을 일심의 부피로 한다.

(e) 480380176

日身 第四重의 體積으로서
일신 제 4 중　　체적

假空界 第一級 水塵의 $\frac{1}{7}$
가공계 제 1 급 수진

(f) 670406729 $\frac{1}{7}$

日身 第五重의 體積으로서
일신 제 5 중　　체적

水星界 第四級星 全體積의 $\frac{1}{7}$
수성계 제 4 급 성 전체적

(g) 892116041 $\frac{1}{7}$

日身 第六重의 體積으로서
일신 제 6 중　　체적

水星界 第三級星 全體積의 $\frac{1}{7}$
수성계 제 3 급 성 전체적

(h) 1145498112

日身 第七重의 體積으로서
일신 제 7 중　　체적

水星界 第二級星 全體積의 $\frac{1}{7}$
수성계 제 2 급 성 전체적

(i) 1430552941 $\frac{5}{7}$

日身 第八重의 體積으로서
일신 제 8 중　　체적

水星界 第一級星 全體積의 $\frac{1}{7}$
수성계 제 1 급 성 전체적

(j) 5278793142 $\frac{6}{7}$

日球의 全體積으로서
일구　전체적

星霧系 全 水塵 體積의 $\frac{1}{7}$ 임.
성무계 전 수진 체적

(e) 480,380,176

일신 제4중의 부피로서

가공계 제1급 수진의 $\frac{1}{7}$

(f) 670,406,729 $\frac{1}{7}$

일신 제5중의 부피로서

수성계 제4급성롤 전체 부피의 $\frac{1}{7}$

(g) 892,116,041 $\frac{1}{7}$

일신 제6중의 부피로서

수성계 제3급성 전체 부피의 $\frac{1}{7}$

(h) 1,145,498,112

일신 제7중의 부피로서

수성계 제2급성 전체 부피의 $\frac{1}{7}$

(i) 1,430,552,941 $\frac{5}{7}$

일신 제8중의 부피로서

수성계 제1급성 전체 부피의 $\frac{1}{7}$

(j) 5,278,793,142 $\frac{6}{7}$

일구의 전체 부피로서

성무계 전체 수진 부피의 $\frac{1}{7}$

❖ 금타의 우주론에서는 정수의 비로 이루어진 원주율이 적용된다.

금타우주 원주율 $\pi = \dfrac{22}{7}$

❖ 금타의 우주론에서 일, 월의 반경 및 부피는 다음과 같다.

$R_S = 1{,}080 \quad V_S = \dfrac{4}{3}\pi R_S{}^3 = 5{,}278{,}793{,}142\dfrac{6}{7}$

$R_M = 216 \quad V_M = \dfrac{4}{3}\pi R_M{}^3 = \dfrac{1}{125}V_S = 42{,}230{,}345\dfrac{1}{7}$

❖ 일구는 〈그림 23〉에서와 같이 층 구조를 가지고 있다.

❖ 일심의 반경과 부피는 다음과 같다.

$R_{일심} = R_M = \dfrac{1}{5}R_S \quad V_{일심} = V_M = \dfrac{1}{125}V_S$

❖ 일심의 중앙이 우주의 극중極中이다.

❖ 일신日身은 두께가 $\dfrac{1}{10}R_S(=108)$인 8개의 층(제1중重부터 제8중)으로 이루어져 있다. 일심으로부터 밖으로 향하여 제1중부터 제4중 층까지가 내륜신이고, 제4중부터 제8중이 표륜신을 이룬다.(〈그림 23〉참조)

❖ 각 층의 두께와 부피는 아래의 수식으로 계산된다.

$D_{S\,J}(=D_{일구\,J중})=R=\dfrac{1}{10}R_S \qquad J=1, \cdots, 8 \cdots$

$V_{S\,J}(=V_{일구\,J중})=\{(\dfrac{J+2}{10})^3-(\dfrac{J+1}{10})^3\}\times V_S$

$V_{일구내륜신}=V_{S1}+V_{S2}+V_{S3}+V_{S4}=\{(\dfrac{6}{10})^3-(\dfrac{2}{10})^3\}\times V_S=\dfrac{208}{1000}V_S$

$V_{일구표륜신}=V_{S5}+V_{S6}+V_{S7}+V_{S8}=\{(\dfrac{10}{10})^3-(\dfrac{6}{10})^3\}\times V_S=\dfrac{784}{1000}V_S$

❖ 일구 각 층과 성무계 각 대응 구조는〈그림 23〉에 있다. 일심과 진공계, 일구 1, 2, 3, 4중과 가공계 4, 3, 2, 1급, 일구 5, 6, 7, 8중과 수성계 4, 3, 2, 1급이 순서대로 대응된다. 진공계, 가공계와 수성계 각 급들의 수진 부피는 일구 대응 구조의 부피의 7배이다. 이에 대하여는 제 54, 55, 56항에서 자세히 기술된다.

53. 水星界 十八個階의 區宇에 있는

수성계 1 8 개 계　　구 우

全 水星의 位數

전 수 성　　위 수

(a) 2088960(第一階의 星數)
제 1 계　　성 수

　+1392640(第二階의 星數)
　　제 2 계　　성 수

　+696320(第三階의 星數로서 第一級
　　제 3 계　　성 수　　제 1 급

　三個階의 級差數[1])=4177920
　3 개 계　　급 차 수

　第一級 三個階의 全星數로서
　제 1 급　3 개 계　　전 성 수

　4^{11}−4^{7}한 것에 相當함.
　　　　　　상 당

(b) 417792(第四階의 星數)+313344
　　제 4 계　　성 수

　(第五階의 星數)+208896(第六階의 星數)
　제 5 계　　성 수　　　　제 6 계　　성 수

　+104448(第七階의 星數로서 第二級 四個階
　　제 7 계　　성 수　　제 2 급　4 개 계

　星數의 等差級數[2])=1044480
　성 수　　등 차 급 수

　第二級 四個階 區宇의 全星數로서
　제 2 급　4 개 계 구 우　　전 성 수

　4^{10}−4^{6}한 것과 等함.
　　　　　　등

53. 수성계 18개 계의

전체 수성의 별 개수

(a) 2,088,960[제1계階의 별 개수(성수星數)]

　+1,392,640(제2계의 성수)

　+696,320(제3계의 성수로서 제1급級

　3개계個階의 급차수級差數)=4,177,920

　제1급級 3개계個階의 전체 별 개수로서

　4^{11}−4^{7}한 것에 상당함.

(b) 417,792(제4계階의 성수)+313,344

　(제5계의 성수)+208,896(제6계의 성수)

　+104,448(제7계의 성수로서 제2급 4개계

　성수의 등차급수等差級數)=1,044,480

　제2급級 4개계 구역의 전체 별 개수로서

　4^{10}−4^{6}한 것과 같음.

1　제1급第一級 3개계三個階의 급차수級差數; 수성계 제1급은 3개의 계階(제1, 2, 3계)로 구성되는데 제3계의 별의 개수가 급차수(각 계마다 같은 차이가 나는 수의 기본수)가 되어 제2계는 제3계의 2배, 제1계는 제3계의 3배가 된다.

2　제2급第二級 4개계四個階 성수星數의 등차급수等差級數; 등차급수는 위의 급차수와 같은 뜻으로, 제2급은 4개의 계(제4, 5, 6, 7계)로 구성되는데 제7계의 별의 개수가 기본수가 되어, 제6계는 제7계의 2배, 제5계는 제7계의 3배, 제4계는 제7계의 4배가 된다.

(c) 87040(第八階의 星數)

　+69632(第九階의 星數)

　+52224(第十階의 星數)

　+34816(第十一階의 星數)

　+17408(第十二階의 星數로서 第三級

　五個階의 等差級數)＝261120

　第三級 五個階 區宇의 全星數로서

　4^9-4^5한 것과 等함.

(d) 18648(第十三階의 星數)

　+15540(第十四階의 星數)

　+12432(第十五階의 星數)

　+9324(第十六階의 星數)

　+6216(第十七階의 星數)

　+3108(第十八階의 星數로서 第四級

　六個階 星數의 等差級數)＝65268

　第四級 六個階의 全星數로서

　4^8-4^4-12와 等함.

(e) 4177920(第一級 三個階 區宇의 全星數)

　+1044480(第二級 四個階 區宇의 全星數)

　+261120(第三級 五個階 區宇의 全星數)

　+65268(第四級 六個階 區宇의 全星數)

(c) 87,040(제8계의 성수)

　+69,632(제9계의 성수)

　+52,224(제10계의 성수)

　+34,816(제11계의 성수)

　+17,408(제12계의 성수로서 제3급

　5개계의 등차급수)＝261,120

　제3급 5개계 구역의 전체 별 개수로서

　4^9-4^5한 것과 같음.

(d) 18,648(제13계의 성수)

　+15,540(제14계의 성수)

　+12,432(제15계의 성수)

　+9,324(제16계의 성수)

　+6,216(제17계의 성수)

　+3,108(제18계의 성수로서 제4급

　6개계 성수의 등차급수)＝65,268

　제4급 6개계의 전체 별 개수로서

　4^8-4^4-12와 같음.

(e) 4,177,920(제1급 3개계 구역의 전체 성수)

　+1,044,480(제2급 4개계 구역의 전체 성수)

　+261,120(제3급 5개계 구역의 전체 성수)

　+65,268(제4급 6개계 구역의 전체 성수)

=5548788 水星界 四個級 十八個階[3] 區宇의
수성계 4개급 18개계 구우

總星數로서 (4⁸+4⁹+4¹⁰+4¹¹)
총성수

$=5548788$ 水星界 四個級 十八個階[3] 區宇의 總星數로서 $(4^8+4^9+4^{10}+4^{11})$

$-(4^4+4^5+4^6+4^7)-12$ 한 것과 相當함.
상당

4⁴은 假空界의 第四級, 4⁵은 第三級,
가공계 제4급 제3급

4^4은 假空界의 第四級, 4^5은 第三級,

4⁶은 第二級, 4⁷은 第一級 等의 配分[4]이나
제2급 제1급 등 배분

4^6은 第二級, 4^7은 第一級 等의 配分[4]이나

當體[5]가 없으므로 이를 控除[6]하며,
당체 공제

十二는 四級星의 配位임과 同時에
1 2 4 급 성 배 위 동 시

木星 區宇 主星 外의
목성 구우 주성 외

從星 十二位의 分[7]이므로
종성 1 2 위 분

이것 또한 控除함.
공제

=5,548,788 수성계 4개급 18개계 구역의

전체 별 개수로서 $(4^8+4^9+4^{10}+4^{11})$

$-(4^4+4^5+4^6+4^7)-12$ 한 것과 상당함.

4^4은 가공계의 제4급, 4^5은 제3급,

4^6은 제2급, 4^7은 제1급 등에 배당되나

별의 몸체가 없으므로 이를 빼며,

12는 4급성에 배당된 별임과 동시에

목성 구역 주성主星 외의

종성從星 12개 별(12위位)의 몫이므로

이것 또한 뺌.

---

3 수성계水星界 4개급四個級 18개계十八個階; 수성계의 제1급(제1, 2, 3계의 3개 계), 제2급(제4, 5, 6, 7계의 4개 계), 제3급(제8, 9, 10, 11, 12계의 5개 계), 제4급(제13, 14, 15, 16, 17, 18계의 6개 계)를 말한다.

4 배분配分; 몫몫이 별러 나눔. [비슷한말] 배급, 배당, 분배.

5 당체當體; 직접적으로 그 본체를 가리켜 이르는 말. 여기서는 별의 본체(실체)

6 공제控除; 1. 뗌. 뺌. 받을 몫에서 일정한 금액이나 수량을 뺌. 2. [같은 말] 덤(바둑에서, 맞바둑의 경우 혹이 백에게 몇 집을 더 주는 일).

7 분分; (나눌 분, 푼 푼) 1. 나누다 2. 나누어 주다, 베풀어 주다. 3. 나누어지다, 몇 개의 부분部分으로 갈라지다. 4. 구별區別하다, 명백明白하게 하다. 5. 헤어지다, 떨어져 나가다. 6. 구별區別, 다름. 7. 나누어 맡은 것, 몫. 8. 분수分數. 9. 운명運命, 인연因緣. 10. 신분身分, 직분職分. 11. 길이, 무게, 시간時間, 각도角度, 화폐貨幣 따위의 단위單位. 12. 24절기節氣의 하나, 밤과 낮의 길이가 같을 때. a. 푼(엽전의 단위) (푼).

❖ 수성계 4급 18계에 있는 수성의 수를 그림으로 나타내면 아래의 〈그림 28〉과 같다.

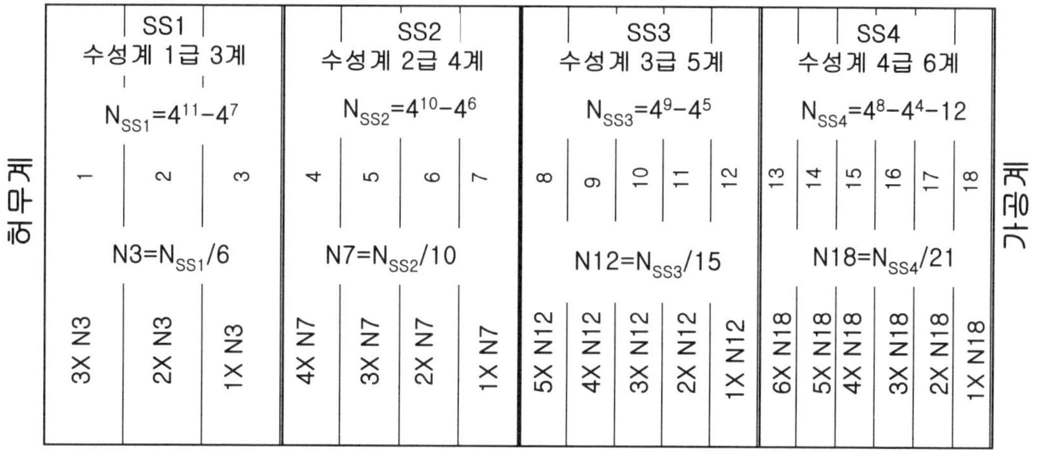

〈그림 28〉 수성계의 층 구조와 각 층의 수성 개수

❖ **수성의 모양**

수성계에 분포하는 수성은 그 모양이 일구와 동일하며, 개별 체적의 $\frac{5}{750}(=\frac{1}{125}\times\frac{5}{6})$에 해당하는 심공心空과 $\frac{1}{750}(=\frac{1}{125}\times\frac{5}{6})$에 해당하는 면극面隙을 갖는다.

❖ **수성의 개수**

수성계에 존재하는 수성의 총 개수는 다음과 같이 계산된다.

$$N_{\text{수성}}=(4^{11}+4^{10}+4^{9}+4^{8})-(4^{7}+4^{6}+4^{5}+4^{4})-12=5,548,788$$

$4^{7}, 4^{6}, 4^{5}, 4^{4}$는 순서대로 가공계 제1급부터 4급의 배분이나 별(당체)이 없으므로 이를 빼며, 12는 4급성의 배분임과 동시에 목성 구우 주성 외의 종성 12위의 몫이므로 뺀다.

수성계 각 급에 분포한 수성의 수와 급별 수성 한 개의 체적은 다음과 같이 계산된다.

▶ 수성 각 급에 있는 수성의 개수는 다음과 같다.

$N_{SS4}(=N_{\text{수성계 4급}})=4^{8}-4^{4}-12=65,268$(개)

$N_{SS3}(=N_{\text{수성계 3급}})=4^{9}-4^{5}=261,120$(개)

$N_{SS2}(=N_{\text{수성계 2급}})=4^{10}-4^{6}=1,044,480$(개)

$N_{SS1}(=N_{\text{수성계 1급}})=4^{11}-4^{7}=4,177,920$(개)

▶ 수성의 제1급(SS1)의 제1, 2, 3계에 있는 수성의 개수는 다음과 같다.

3계의 수성 개수; $N3 = \dfrac{N_{SS1}}{(1+2+3)} = \dfrac{(4^{11}-4^7)}{6} = 696,320$(개) [이것이 제1급의 급차수(등차급수)]

2계의 수성 개수; $N2 = 2 \times N3 = 1,392,640$ (3계의 성수에 등차급수를 더함)

1계의 수성 개수; $N1 = 3 \times N3 = 2,088,960$ (2계의 성수에 등차급수를 더함)

▶ 수성의 제2급(SS2)의 제4, 5, 6, 7계에 있는 수성의 개수는 다음과 같다.

7계의 수성 개수; $N7 = \dfrac{N_{SS2}}{(1+2+3+4)} = \dfrac{(4^{10}-4^6)}{10} = 104,448$ (이것이 제2급의 등차급수)

6계의 수성 개수; $N6 = 2 \times N7 = 208,896$ (7계의 성수에 등차급수를 더함)

5계의 수성 개수; $N5 = 3 \times N7 = 313,344$ (6계의 성수에 등차급수를 더함)

4계의 수성 개수; $N4 = 4 \times N7 = 417,792$ (5계의 성수에 등차급수를 더함)

▶ 수성의 제3급(SS3)의 제8, 9, 10, 11, 12계에 있는 수성의 개수는 다음과 같다.

12계의 수성 개수; $N12 = \dfrac{N_{SS3}}{(1+2+3+4+5)} = \dfrac{(4^9-4^5)}{15} = 17,408$

11계의 수성 개수; $N11 = 2 \times N12 = 34,816$

10계의 수성 개수; $N10 = 3 \times N12 = 52,224$

9계의 수성 개수; $N9 = 4 \times N12 = 69,632$

8계의 수성 개수; $N8 = 5 \times N12 = 87,040$

▶ 수성의 제4급(SS4)의 제13, 14, 15, 16, 17, 18계에 있는 수성의 개수는 다음과 같다.

18계의 수성 개수; $N18 = \dfrac{N_{SS4}}{(1+2+3+4+5+6)} = \dfrac{(4^8-4^4-12)}{21} = 3,108$

17계의 수성 개수; $N17 = 2 \times N18 = 6,216$

16계의 수성 개수; $N16 = 3 \times N18 = 9,324$

15계의 수성 개수; $N15 = 4 \times N18 = 12,432$

14계의 수성 개수; $N14 = 5 \times N18 = 15,540$

13계의 수성 개수; $N13 = 6 \times N18 = 18,648$

54. 水星群의 總體積과 別體積
수성군   총체적   별체적

54. 수성군의 총 부피와 각 별의 평균 부피

(a) 10013870592(一級星의 總體積)
1급성   총체적

$\div$4177920(第一級星의 總數)
제1급성   총수

$=2396\dfrac{3574272}{4177920}$

一級星 均別의 體積[1]
1급성 균별   체적

(b) 8018486784(二級星의 總體積)[2]
2급성   총체적

$\div$1044480(二級星의 總數)
2급성   총수

$=7677\dfrac{13824}{1044480}$

二級星 均別의 體積
2급성 균별   체적

(c) 6244812288(三級星의 總體積)
3급성   총체적

$\div$261120(三級星의 總數)
3급성   총수

$=23915\dfrac{127488}{261120}$

三級星 均別의 體積
3급성 균별   체적

(a) 10,013,870,592(1급성星의 총 부피)

$\div$4,177,920(제1급성의 총수)

$=2,396\dfrac{3,574,272}{4,177,920}$

1급성 각 별의 평균 부피

(b) 8,018,486,784(2급성의 총 부피)

$\div$1,044,480(2급성의 총수)

$=7,677\dfrac{13,824}{1,044,480}$

2급성 각 별의 평균 부피

(c) 6,244,812,288(3급성의 총 부피)

$\div$261,120(3급성의 총수)

$=23,915\dfrac{127,488}{261,120}$

3급성三級星 각 별의 평균 부피

---

1   균별均別의 체적體積; 각각의 평균 부피. 각각의 균등한 부피.

2   이급성二級星의 총 체적總體積; 52항 (h)참조.

(d) 4692847104(四級星의 總體積)
　　　　4 급 성　　총 체 적

　÷65268(四級星의 總數)
　　　　4 급 성　　총 수

　＝71901$\dfrac{12636}{65268}$

　四級星 均別의 體積
　4 급 성 균 별　체 적

(e) 10013870592(一級星의 總體積)
　　　　1 급 성　　총 체 적

　＋8018486784(二級星의 總體積)
　　　　2 급 성　　총 체 적

　＋6244812288(三級星의 總體積)
　　　　3 급 성　　총 체 적

　＋4692847104(四級星의 總體積)
　　　　4 급 성　　총 체 적

　＝28970016768

　水星 四個級의 總體積
　수 성 4 개 급　　총 체 적

(d) 4,692,847,104(4급성의 총 부피)

　÷65,268(4급성의 총수)

　＝71,901$\dfrac{12,636}{65,268}$

　4급성 각 별의 평균 부피

(e) 10,013,870,592(1급성의 총 부피)

　＋8,018,486,784(2급성의 총 부피)

　＋6,244,812,288(3급성의 총 부피)

　＋4,692,847,104(4급성의 총 부피)

　＝28,970,016,768

　수성 4개 급級의 총 부피(곧 수성군의 부피)

❖ 수성계 각 층의 수진 체적을 요약하면〈그림 29〉와 같다.

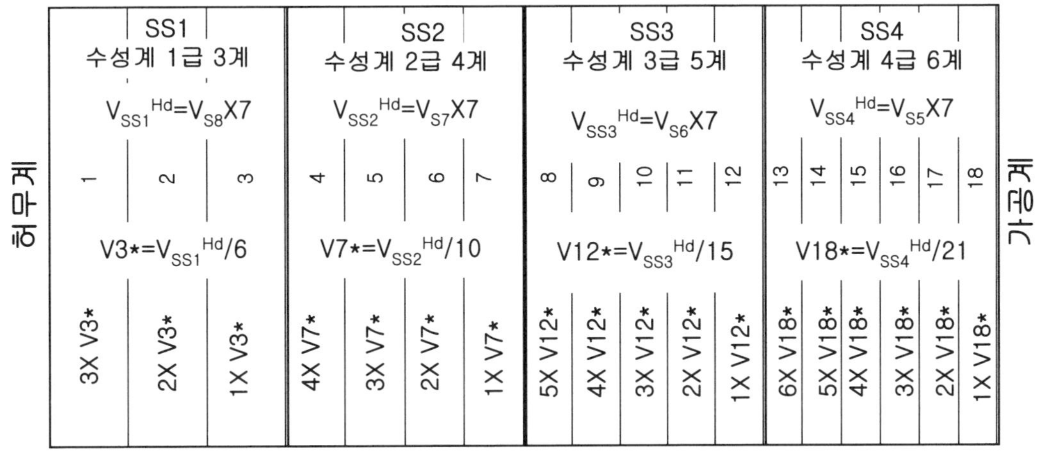

	SS1 수성계 1급 3계	SS2 수성계 2급 4계	SS3 수성계 3급 5계	SS4 수성계 4급 6계
허무계	$V_{SS1}^{Hd}=V_{S8}X7$	$V_{SS2}^{Hd}=V_{S7}X7$	$V_{SS3}^{Hd}=V_{S6}X7$	$V_{SS4}^{Hd}=V_{S5}X7$
	1 / 2 / 3	4 / 5 / 6 / 7	8 / 9 / 10 / 11 / 12	13 / 14 / 15 / 16 / 17 / 18
	$V3\star=V_{SS1}^{Hd}/6$	$V7\star=V_{SS2}^{Hd}/10$	$V12\star=V_{SS3}^{Hd}/15$	$V18\star=V_{SS4}^{Hd}/21$
	3X V3* / 2X V3* / 1X V3*	4X V7* / 3X V7* / 2X V7* / 1X V7*	5X V12* / 4X V12* / 3X V12* / 2X V12* / 1X V12*	6X V18* / 5X V18* / 4X V18* / 3X V18* / 2X V18* / 1X V18*

〈그림 29〉 수성계의 각 층의 수진 체적

❖ 수성계는 일구 표륜신의 7배에 달하는 수진이 성체成體하여 수성군水星君의 전체 부피가 되며 5,548,788 개의 수성이 분포되어 있다.

❖ 수성계의 총 두께와 수진 체적은 다음과 같이 표현된다.

$$d_{수성계}=d_{표륜신}=\frac{2}{5}R_S$$

$$V_{수성계}^{Hd}=7\times V_{표륜신}=7\times\frac{784}{1,000}V_S=28,970,016,768$$

여기서 R_S와 V_S는 일구의 반경과 부피이다.

❖ **수성계의 층 구조**

수성계는 크게 4개의 층(수성계 4급級)으로 이루어져 있다. 각 층은 일구 표륜신의 4개 층(제5중重, 6중, 7중, 8중)과 대응된다. 그리고 4개 층은〈그림 24〉에서와 같이 18개의 세부층으로 나누어진다.

❖ **수성계의 각 급별 수진 체적과 수성 체적**

▶ 수성계 제1급(SS1)

두께; $d_{SS1} = d_{S8}(d_{일구8중}) = \frac{1}{10}R_S$

수진 체적; $V_{SS1}^{Hd} = 7 \times V_{S8} = 7 \times \{(\frac{10}{10})^3 - (\frac{9}{10})^3\} \times V_S = 10,013,870,592$

수성 개수; $N_{SS1} = 4^{11} - 4^7 = 4,177,920$

수성 개별 체적; $V_{수성SS1} = \frac{V_{SS1}^{Hd}}{N_{SS1}}$

3계 수진 체적; $V_{SS1-3계} = V3^* = \frac{V_{SS1}^{Hd}}{6} = 696,320$ (제1급의 등차급수)

2계 수진 체적; $V_{SS1-2계} = 2 \times V3^*$

1계 수진 체적; $V_{SS1-1계} = 3 \times V3^*$

▶ 수성계 제2급(SS2)

두께; $d_{SS2} = d_{S7}(d_{일구7중}) = \frac{1}{10}R_S$

수진 체적; $V_{SS2}^{Hd} = 7 \times V_{S7} = 7 \times \{(\frac{9}{10})^3 - (\frac{8}{10})^3\} \times V_S$

수성 개수; $N_{SS2} = 4^{10} - 4^6 = 1,044,480$

수성 개별 체적; $V_{수성SS2} = \frac{V_{SS2}^{Hd}}{N_{SS2}}$

7계 수진 체적; $V_{SS2-7계} = V7^* = \frac{V_{SS2}^{Hd}}{10} = 104,448$ (제2급의 등차급수)

6계 수진 체적; $V_{SS2-6계} = 2 \times V7^*$

5계 수진 체적; $V_{SS2-5계} = 3 \times V7^*$

4계 수진 체적; $V_{SS2-4계} = 4 \times V7^*$

▶ 수성계 제3급(SS3)

두께; $d_{SS3}=d_{S6}(d_{일구6중})=\dfrac{1}{10}R_{S}$

수진 체적; $V_{SS3}^{Hd}=7\times V_{S6}=7\times\{(\dfrac{8}{10})^3-(\dfrac{7}{10})^3\}\times V_{S}=6,244,812,288$

수성 개수; $N_{SS3}=4^9-4^5=261,120$

수성 개별체적; $V_{수성SS3}=\dfrac{V_{SS3}^{Hd}}{N_{SS3}}$

12계 수진 체적; $V_{SS3-12계}=\text{V}12^*=\dfrac{V_{SS3}^{Hd}}{15}=17,408$ (제3급의 등차급수)

11계 수진 체적; $V_{SS3-11계}=2\times V12^*$

10계 수진 체적; $V_{SS3-10계}=3\times V12^*$

9계 수진 체적; $V_{SS3-9계}=4\times V12^*$

8계 수진 체적; $V_{SS3-8계}=5\times V12^*$

▶ 수성계 제4급(SS4)

두께; $d_{SS4}=d_{S5}(d_{일구5중})=\dfrac{1}{10}R_{S}$

수진 체적; $V_{SS4}^{Hd}=7\times V_{S5}=7\times\{(\dfrac{7}{10})^3-(\dfrac{6}{10})^3\}\times V_{S}=4,692,847,104$

수성 개수; $N_{SS4}=4^8-4^4-12=65,268$

수성 개별체적; $V_{수성SS4}=\dfrac{V_{SS4}^{Hd}}{N_{SS4}}$

18계 수진 체적; $V_{SS4-18계}=V18^*=\dfrac{V_{SS4}^{Hd}}{21}=3,108$ (제4급의 등차급수)

17계 수진 체적; $V_{SS4-17계}=2\times V18^*$

16계 수진 체적; $V_{SS4-16계}=3\times V18^*$

15계 수진 체적; $V_{SS4-15계}=4\times V18^*$

14계 수진 체적; $V_{SS4-14계}=5\times V18^*$

13계 수진 체적; $V_{SS4-13계}=6\times V18^*$

55. 假空界 四個級 三十四個階 別의
가공계 4개 급 삼십사개 계 별
總 水塵量
총 수 진 량

55. 가공계 4개 급 34개 계의
총 수진량

(a) 3362661232(第一級 七個階의 總 水塵 體積)
　　　　　제1급 7개계　총 수 진 체 적

　+2253974672(第二級 八個階의 總 水塵 體積)
　　　　　제2급 8개계　　총 수 진 체 적

　+1367207424(第三級 九個階의 總 水塵 體積)
　　　　　제3급 9개계　　총 수 진 체 적

　+702079488(第四級 十個階의 總 水塵 體積)
　　　　　제4급 10개계　　총 수 진 체 적

　=7685922816

(a) 3,362,661,232(제1급 7개계의 총 수진 부피)

　+2,253,974,672(제2급 8개계의 총 수진 부피)

　+1,367,207,424(제3급 9개계의 총 수진 부피)

　+702,079,488(제4급 10개계의 총 수진 부피)

　=7,685,922,816

假空界 四個級 三十四個階 區宇의
가 공 계 4개 급　3 4 개계 구우

總 水塵 體積으로서, 水塵의 系統인
총 수 진 체 적　　　수진　계통

오직 質만 있을 뿐 하나도 星體는
　　질　　　　　　　　성 체

없다고 할지라도 三十四 階段 別로
　　　　　　　　3 4　계 단 별

氣塊[1]의 孶體[2]가 成身[3]하여
기 괴　　자 체　　성 신

宇宙 全區域(日心과 眞空界를 除外)을
우 주 전 구 역 일 심　진 공 계　제 외

流通하면서 外壘[4]가 되므로,
유 통　　　　외 루

이를 階段別로 取扱하는 것이다.
　　계 단 별　취 급

가공계 4개 급 34개 계 구역의

총 수진 부피로서, 수진의 계통系統인

오직 질質만 있을 뿐 하나도 별(성체星體)은

없다고 할지라도 34계단별階段別로

에너지(기괴氣塊의 자체孶體)가

우주 전구역(일심日心과 진공계眞空界를 제외)을

유통流通하면서 바깥 보루가 되므로,

이를 계단별로 취급하는 것이다.

1　기괴氣塊; 1. 기단氣團. 2. 공기空氣의 작은 덩어리. 여기서는 물질物質에서 물物(Mass)이 없고 오직 질質만 있
　　는 것으로 에너지Energy에 해당함.

2　자체孶體; 존재형태存在形態(청화 큰스님 주註). [앞의 '제28항 내주 외우와 은하수' 참조].

3　성신成身; 여기서는 별을 이루지는 않지만 공기덩어리처럼 존재하는 것을 말함.

4　외루外壘; 바깥쪽에 있는 보루堡壘. ▶보루堡壘; 1. 적의 침입을 막기 위하여 돌이나 흙, 콘크리트 따위로 튼튼
　　하게 쌓은 구축물. 2. 지켜야 할 대상을 비유적으로 이르는 말. 3. 어떤 일을 하기 위한 튼튼한 발판을 비유(比
　　喩·譬喩)하여 이르는 말. [비슷한말] 성채, 채보. 보채堡砦.

(b) 840665308(假空界 第一階의 水塵 體積)
　　　　　가 공 계 　제 1 계 　 수 진 체 적

　+720570264(第二階의 水塵 體積)
　　　　　제 2 계 　 수 진 체 적

　+600475220(第三階의 水塵 體積)
　　　　　제 3 계 　 수 진 체 적

　+4803880176(第四階의 水塵 體積)
　　　　　제 4 계 　 수 진 체 적

　+360285132(第五階의 水塵 體積)
　　　　　제 5 계 　 수 진 체 적

　+240190088(第六階의 水塵 體積)
　　　　　제 6 계 　 수 진 체 적

　+1200995044(第七階의 水塵 體積으로서
　　　　　제 7 계 　 수 진 체 적

第一級 七個階의 級差數)=3362661232
제 1 급 　7개계 　 급 차 수

第一級 七個階 區宇의 全水塵 體積
제 1 급 　7개계 　구 우 　 전 수 진 체 적

(c) $500883260\frac{16}{36}$(第八階의 水塵 體積)
　　　　　제 8 계 　 수 진 체 적

　$+138272852\frac{32}{36}$(第九階의 水塵 體積)
　　　　　제 9 계 　 수 진 체 적

　$+375662445\frac{12}{36}$(第十階의 水塵 體積)
　　　　　제 10 계 　 수 진 체 적

　$+313052037\frac{28}{36}$(第十一階의 水塵 體積)
　　　　　제 11 계 　 수 진 체 적

　$+250441630\frac{8}{36}$(第十二階의 水塵 體積)
　　　　　제 12 계 　 수 진 체 적

　$+187831222\frac{24}{36}$(第十三階의 水塵 體積)
　　　　　제 13 계 　 수 진 체 적

　$+125220815\frac{4}{36}$(第十四階의 水塵 體積)
　　　　　제 14 계 　 수 진 체 적

　$+62610407\frac{20}{36}$(第十五階의 水塵 體積으로서
　　　　　제 15 계 　 수 진 체 적

第二級 八個階의 級差數)=2253974672
제 2 급 　8개계 　 급 차 수

第二級 八個階의 全水塵 體積
제 2 급 　8개계 　 전 수 진 체 적

(b) 840,665,308(가공계 제1계의 수진 부피)

　+720,570,264(제2계의 수진 부피)

　+600,475,220(제3계의 수진 부피)

　+4,803,880,176(제4계의 수진 부피)

　+360,285,132(제5계의 수진 부피)

　+240,190,088(제6계의 수진 부피)

　+1,200,995,044(제7계의 수진 부피로서

제1급 7개 계階의 급차수級差數)=3,362,661,232

제1급 7개 계 구역의 전체 수진 부피

(c) $500,883,260\frac{16}{36}$(제8계의 수진 부피)

　$+138,272,852\frac{32}{36}$(제9계의 수진 부피)

　$+375,662,445\frac{12}{36}$(제10계의 수진 부피)

　$+313,052,037\frac{28}{36}$(제11계의 수진 부피)

　$+250,441,630\frac{8}{36}$(제12계의 수진 부피)

　$+187,831,222\frac{24}{36}$(제13계의 수진 부피)

　$+125,220,815\frac{4}{36}$(제14계의 수진 부피)

　$+62,610,407\frac{20}{36}$(제15계의 수진 부피로서

제2급 8개 계의 급차수級差數)=2,253,974,672

제2급 8개 계階의 전체 수진 부피

(d) $273441484\frac{36}{45}$(第十六階의 水塵 體積)
제 1 6 계   수 진 체 적

$+243059097\frac{27}{45}$(第十七階의 水塵 體積)
제 1 7 계   수 진 체 적

$+212676710\frac{18}{45}$(第十八階의 水塵 體積)
제 1 8 계   수 진 체 적

$+182294323\frac{9}{45}$(第十九階의 水塵 體積)
제 1 9 계   수 진 체 적

$+159911936$(第二十階의 水塵 體積)
제 2 0 계   수 진 체 적

$+121529548\frac{36}{45}$(第二十一階의 水塵 體積)
제 2 1 계   수 진 체 적

$+91147161\frac{27}{45}$(第二十二階의 水塵 體積)
제 2 2 계   수 진 체 적

$+60764774\frac{18}{45}$(第二十三階의 水塵 體積)
제 2 3 계   수 진 체 적

$+30382387\frac{9}{45}$(第二十四階의 水塵 體積으로서
제 2 4 계   수 진 체 적

第三級 九個階의 級差數)=1367207424
제 3 급 9 개 계   급 차 수

第三級 九個階의 全水塵 體積
제 3 급 9 개 계   전 수 진 체 적

(e) 127650816(第二十五階의 水塵 體積)
제 2 5 계   수 진 체 적

$+114885734\frac{22}{55}$(第二十六階의 水塵 體積)
제 2 6 계   수 진 체 적

$+102120652\frac{44}{55}$(第二十七階의 水塵 體積)
제 2 7 계   수 진 체 적

$+89355571\frac{11}{55}$(第二十八階의 水塵 體積)
제 2 8 계   수 진 체 적

$+76590489\frac{33}{55}$(第二十九階의 水塵 體積)
제 2 9 계   수 진 체 적

$+63825408$(第三十階의 水塵 體積)
제 3 0 계   수 진 체 적

(d) $273,441,484\frac{36}{45}$(제16계의 수진 부피)

$+243,059,097\frac{27}{45}$(제17계의 수진 부피)

$+212,676,710\frac{18}{45}$(제18계의 수진 부피)

$+182,294,323\frac{9}{45}$(제19계의 수진 부피)

$+159,911,936$(제20계의 수진 부피)

$+121,529,548\frac{36}{45}$(제21계의 수진 부피)

$+91,147,161\frac{27}{45}$(제22계의 수진 부피)

$+60,764,774\frac{18}{45}$(제23계의 수진 부피)

$+30,382,387\frac{9}{45}$(제24계의 수진 부피로서

제3급 9개 계階의 급차수級差數)=1,367,207,424

제3급 9개 계의 전체 수진 부피

(e) $127,650,816$(제25계의 수진 부피)

$+114,885,734\frac{22}{55}$(제26계의 수진 부피)

$+102,120,652\frac{44}{55}$(제27계의 수진 부피)

$+89,355,571\frac{11}{55}$(제28계의 수진 부피)

$+76,590,489\frac{33}{55}$(제29계의 수진 부피)

$+63,825,408$(제30계의 수진 부피)

$+51060326\dfrac{22}{55}$ (第三十一階의 水塵 體積)
제 3 1 계 　 수 진 체 적

$+38295244\dfrac{44}{55}$ (第三十二階의 水塵 體積)
제 3 2 계 　 수 진 체 적

$+25530163\dfrac{11}{55}$ (第三十三階의 水塵 體積)
제 3 3 계 　 수 진 체 적

$+12765681\dfrac{33}{55}$ (第三十四階의 水塵 體積으로서)
제 3 4 계 　 수 진 체 적

第四級 十個階의 級差數)=702079488
제 4 급 1 0개 계 　 급 차 수

第四級 十個階 區宇의 全水塵 體積
제 4 급 1 0개계 구 우 　 전 수 진 체 적

$+51,060,326\dfrac{22}{55}$ (제31계의 수진 부피)

$+38,295,244\dfrac{44}{55}$ (제32계의 수진 부피)

$+25,530,163\dfrac{11}{55}$ (제33계의 수진 부피)

$+12,765,681\dfrac{33}{55}$ (제34계의 수진 부피로서)

제4급 10개 계의 급차수級差數)=702,079,488

제4급 10개 계 구역의 전체 수진 부피

❖ 가공계는 수진이 충전되어 있을 뿐 성체星體가 없으므로 무성계라고도 한다. 가공계 각 층의 수진 체적을 요약하면〈그림 30〉과 같다.

	GG1	GG2	GG3	GG4	
	가공계 1급 7계	가공계 2급 8계	가공계 3급 9계	가공계 4급 10계	
수성계	$V_{GG1}^{Hd}=V_{S4}X7$	$V_{GG2}^{Hd}=V_{S3}X7$	$V_{GG3}^{Hd}=V_{S2}X7$	$V_{GG4}^{Hd}=V_{S1}X7$	진공계
	1 2 3 4 5 6 7	8 9 10 11 12 13 14 15	16 17 18 19 20 21 22 23 24	25 26 27 28 29 30 31 32 33 34	
	V7#=V_{GG1}^{Hd}/28	V15#=V_{GG2}^{Hd}/36	V24#=V_{GG3}^{Hd}/45	V34#=V_{GG4}^{Hd}/55	
	7X V7# 6X V7# 5X V7# 4X V7# 3X V7# 2X V7# 1X V7#	8X V15# 7X V15# 6X V15# 5X V15# 4X V15# 3X V15# 2X V15# 1X V15#	9X V24# 8X V24# 7X V24# 6X V24# 5X V24# 4X V24# 3X V24# 2X V24# 1X V24#	10X V34# 9X V34# 8X V34# 7X V34# 6X V34# 5X V34# 4X V34# 3X V34# 2X V34# 1X V34#	

〈그림 30〉 가공계의 각 층의 수진 체적

❖ 가공계는 일구의 내륜신과 대응관계가 있다. 가공계의 두께와 수진 체적은 다음과 같다.

$$d_{가공계}=d_{내륜신}=\frac{2}{5}R_S$$

$$V_{가공계}^{Hd}=7\times V_{내륜신}=7\times\frac{28}{1,000}V_S$$

❖ **가공계의 층 구조**

가공계는 크게 4개의 층(가공계 4급級)으로 이루어져 있다. 각 층은 일구 내륜신의 4개 층(제 1중重, 2중, 3중, 4중)과 대응된다. 그리고 4개 층은〈그림 30〉에서와 같이 34개의 세부층으로 나누어진다.

❖ **가공계의 각 급별 수진 체적과 수성 체적**

▶**가공계 제1급(GG1)**

두께; $d_{GG1}=d_{S4}(=d_{일구 4중})=\frac{1}{10}R_S$

수진 체적; $V_{GG1}^{Hd}=7\times V_{S4}=7\times\{(\frac{6}{10})^3-(\frac{5}{10})^3\}\times V_S=3,362,661,232$

7계 수진 체적; $V_{\text{GG1}-7\text{계}}=V7\#=\dfrac{V_{GG1}^{Hd}}{28}=1{,}200{,}995{,}044$ (제1급의 등차급수)

6계 수진 체적; $V_{\text{GG1}-6\text{계}}=2\times V7\#$

5계 수진 체적; $V_{\text{GG1}-5\text{계}}=3\times V7\#$

4계 수진 체적; $V_{\text{GG1}-4\text{계}}=4\times V7\#$

3계 수진 체적; $V_{\text{GG1}-3\text{계}}=5\times V7\#$

2계 수진 체적; $V_{\text{GG1}-2\text{계}}=6\times V7\#$

1계 수진 체적; $V_{\text{GG1}-1\text{계}}=7\times V7\#$

▶ 가공계 제2급(GG2)

두께; $d_{\text{GG2}}=d_{\text{S3}}(=d_{\text{일구 3중}})=\dfrac{1}{10}R_{\text{S}}$

수진 체적; $V_{GG2}^{Hd}=7\times V_{\text{S3}}=7\times\{(\dfrac{5}{10})^3-(\dfrac{4}{10})^3\}\times V_{\text{S}}=2{,}253{,}974{,}672$

15계 수진 체적; $V_{\text{GG2}-15\text{계}}=V15\#=\dfrac{V_{GG2}^{Hd}}{36}=62{,}610{,}407\dfrac{20}{36}$ (제2급의 등차급수)

14계 수진 체적; $V_{\text{GG2}-14\text{계}}=2\times V15\#$

13계 수진 체적; $V_{\text{GG2}-13\text{계}}=3\times V15\#$

12계 수진 체적; $V_{\text{GG2}-12\text{계}}=4\times V15\#$

11계 수진 체적; $V_{\text{GG2}-11\text{계}}=5\times V15\#$

10계 수진 체적; $V_{\text{GG2}-10\text{계}}=6\times V15\#$

9계 수진 체적; $V_{\text{GG2}-9\text{계}}=7\times V15\#$

8계 수진 체적; $V_{\text{GG2}-8\text{계}}=8\times V15\#$

▶ 가공계 제3급(GG3)

두께; $d_{\text{GG3}}=d_{\text{S2}}(=d_{\text{일구 2중}})=\dfrac{1}{10}R_{\text{S}}$

수진 체적; $V_{GG3}^{Hd}=7\times V_{\text{S2}}=7\times\{(\dfrac{4}{10})^3-(\dfrac{3}{10})^3\}\times V_{\text{S}}=1{,}367{,}207{,}424$

24계 수진 체적; $V_{\text{GG3}-24\text{계}}=V24\#=\dfrac{V_{GG3}^{Hd}}{45}=30{,}382{,}387\dfrac{9}{45}$ (제3급의 등차급수)

23계 수진 체적; $V_{\text{GG3}-23\text{계}}=2\times V24\#$

22계 수진 체적; $V_{\mathrm{GG3-22계}} = 3 \times V24\#$

21계 수진 체적; $V_{\mathrm{GG3-21계}} = 4 \times V24\#$

20계 수진 체적; $V_{\mathrm{GG3-20계}} = 5 \times V24\#$

19계 수진 체적; $V_{\mathrm{GG3-19계}} = 6 \times V24\#$

18계 수진 체적; $V_{\mathrm{GG3-18계}} = 7 \times V24\#$

17계 수진 체적; $V_{\mathrm{GG3-17계}} = 8 \times V24\#$

16계 수진 체적; $V_{\mathrm{GG3-16계}} = 9 \times V24\#$

▶ **가공계 제4급(GG4)**

두께; $d_{\mathrm{GG4}} = d_{\mathrm{S1}}(=d_{\mathrm{일구1중}}) = \dfrac{1}{10}R_{\mathrm{S}}$

수진 체적; $V_{GG4}^{Hd} = 7 \times V_{\mathrm{S1}} = 7 \times \{(\dfrac{3}{10})^3 - (\dfrac{2}{10})^3\} \times V_{\mathrm{S}} = 702{,}079{,}488$

34계 수진 체적; $V_{\mathrm{GG4-34계}} = V34\# = \dfrac{V_{GG4}^{Hd}}{55} = 12{,}765{,}681\dfrac{33}{55}$ (제4급의 급차수)

33계 수진 체적; $V_{\mathrm{GG4-33계}} = 2 \times V34\#$

32계 수진 체적; $V_{\mathrm{GG4-32계}} = 3 \times V34\#$

31계 수진 체적; $V_{\mathrm{GG4-31계}} = 4 \times V34\#$

30계 수진 체적; $V_{\mathrm{GG4-30계}} = 5 \times V34\#$

29계 수진 체적; $V_{\mathrm{GG4-29계}} = 6 \times V34\#$

28계 수진 체적; $V_{\mathrm{GG4-28계}} = 7 \times V34\#$

27계 수진 체적; $V_{\mathrm{GG4-27계}} = 8 \times V34\#$

26계 수진 체적; $V_{\mathrm{GG4-26계}} = 9 \times V34\#$

25계 수진 체적; $V_{\mathrm{GG4-25계}} = 10 \times V34\#$

56. 眞空界의 水塵量과 星霧系의 總質量
(진공계 수진량 / 성무계 총질량)

56. 진공계의 수진 부피와 성무계의 총 질량

(a) $42230345\frac{1}{7}$ (月의 體積과 等한 日球 表裡空間[1]의 體積)$\times 7$
(월 체적 등 / 일구 표리공간 체적)

$=295612416$ 眞空界의 水塵 體積
(진공계 수진 체적)

(b) 295612416(眞空界의 水塵 體積)
(진공계 수진 체적)

$+7685922816$(假空界의 水塵 體積)
(가공계 수진 체적)

$+28970016768$(水星界의 水塵 體積)
(수성계 수진 체적)

$=36951552000$ 星霧系의 總 水塵 體積
(성무계 총 수진 체적)

(c) 36951552000×7

$=258660864000$ 星霧系의 總 水塵量
(성무계 총 수진량)

(d) 258660864000×3

$=775982592000$ 星霧系의 總 冷量
(성무계 총 냉량)

(e) 258660864000(星霧系의 總 水塵量)
(성무계 총 수진량)

$+775982592000$(同冷量)
(동냉량)

$=1034643456000$

星霧系의 總 質量
(성무계 총 질량)

(a) $42,230,345\frac{1}{7}$ [달 부피와 같은 일구 표리表裡공간(심공과 면극)의 부피]$\times 7$

$=295,612,416$ 진공계眞空界의 수진 부피

(b) $295,612,416$(진공계의 수진 부피)

$+7,685,922,816$(가공계의 수진 부피)

$+28,970,016,768$(수성계의 수진 부피)

$=36,951,552,000$ 성무계의 총 수진 부피

(c) $36,951,552,000\times 7$

$=258,660,864,000$ 성무계의 총 수진량량

(d) $258,660,864,000\times 3$

$=775,982,592,000$ 성무계의 총 냉량冷量

(e) $258,660,864,000$(성무계의 총 수진량)

$+775,982,592,000$(동냉량同冷量)

$=1,034,643,456,000$

성무계星霧系의 총總 질량質量

---

1 일구日球 표리공간表裡空間; 심공心空(입인상入人相; 지구의 180배)과 표극表隙(용형龍形; 지구의 36배)을 합한 공간(지구의 216배 곧 달의 부피와 같음)

❖ **진공계의 수진 체적**

진공계는 질신質身이 멸진한 곳이다. 따라서 멸진계라고도 한다. 진공계는 일구의 일심과 대응관계가 있다.

$$R_{진공계} = R_{일심} = \frac{1}{5} R_S$$

$$V_{진공계}^{Hd} = 7 \times V_{일심} = 7 \times \frac{8}{1,000} V_S = 295,612,416$$

❖ **성무계의 총 수진 체적, 수진량, 냉량, 질량**

성무계星霧系는 진공계眞空界(또는 멸진계滅盡界), 가공계假空界(또는 무성계無星界), 수성계水星界로 이루어져 있다. 제54, 55항에서 자세히 서술한 바와 같이 수성계와 가공계의 수진 체적은 아래와 같다.

$$V_{수성계}^{Hd} = 7 \times V_{일구표륜신} = 7 \times \frac{784}{1,000} V_S = 28,970,016,768$$

$$V_{가공계}^{Hd} = 7 \times V_{일구내륜신} = 7 \times \frac{208}{1,000} V_S = 7,685,922,816$$

따라서 성무계의 총 수진 체적은 일구 수진 체적의 7배이다.

$$V_{성무계}^{Hd} = V_{수성계}^{Hd} + V_{가공계}^{Hd} + V_{진공계}^{Hd} = 7 \times V_S = 36,951,552,000$$

성무계의 총 수진량은 성무계 수진 체적의 7배이다.

$$Q_{성무계}^{Hd} = 7 \times V_{성무계}^{Hd} = 7^2 \times V_S = 258,660,864,000$$

성무계의 총 냉량은 성무계 총 수진량의 3배이다.

$$Q_{성무계}^{C} = 3 \times Q_{성무계}^{Hd} = 3 \times 7^2 \times V_S = 775,982,592,000$$

성무계의 총 질량은 성무계 총 수진량과 총 냉량의 합이다.

$$M_{성무계} = Q_{성무계}^{Hd} + Q_{성무계}^{C} = 4 \times 7^2 \times V_S = 1,034,643,456,000$$

수진세계水塵世界와 일구日球

1. 일구日球와 성무계星霧系의 대응 구조

일구日球는 일심日心, 내륜신內輪身, 표륜신表輪身으로 이루어져 있다.

성무계星霧系는 진공계眞空界(또는 멸진계滅盡界), 가공계假空界(또는 무성계無星界), 수성계水星界로
이루어져 있다.

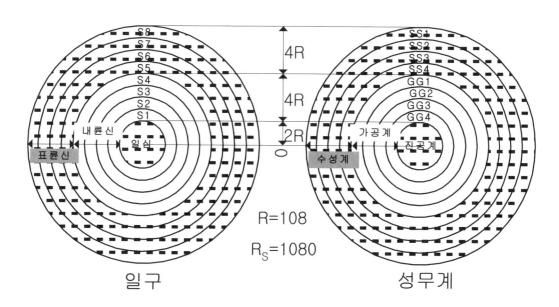

〈그림 23〉 일구와 성무계의 대응 구조

일심과 진공계, 내륜신과 가공계, 표륜신과 수성계가 서로 대응관계에 있다.

일구의 중심이 우주의 극중極中이고 성무계 중심이 우주의 극변제極邊際이다.

2. 일구日球의 구조

(2-1) 금타 원주율과 해와 달 크기

금타우주론에서 정수비로 이루어진 원주율의 정의 및 해와 달의 크기는 다음과 같다.

금타우주 원주율 $\pi = \dfrac{22}{7}$

$$R_S = 1,080 \qquad V_S = \frac{4}{3}\pi R_S{}^3 = 5,278,793,142\frac{6}{7}$$

$$R_M = 216 \qquad V_M = \frac{4}{3}\pi R_M{}^3 = \frac{1}{125}V_S = 42,230,345\frac{1}{7}$$

(2-2) 일심日心의 구조

일심의 반경과 부피는 다음과 같다.

$$R_{일심} = R_M = \frac{1}{5}R_S \qquad V_{일심} = V_M = \frac{1}{125}V_S$$

"해의 중심부에는 달의 용적 V_M의 $\dfrac{5}{6}$(지구 용적 V_E의 180배)에 해당하는 공간이 있어서 입인상立人相의 주형鑄型에 유사한데 이는 지구 용적의 216배가 되는 달이 지구를 안고 나온 공적으로서 공적의 $\dfrac{5}{6}$가 일심[1]이 되고 $\dfrac{1}{6}$이 면극(표극)이 되어버린 형업이다."

입인상 공간의 부피는 다음과 같다.

$$V_{입인상} = \frac{5}{6}V_M = \frac{5}{6}V_{일심} = \frac{5}{750}V_S$$

일심의 중심이 우주의 극중極中이다.

---

1   입인상은 달부피의 $\dfrac{5}{6}$의 공간으로서 일심에 위치한다. 달 부피의 $\dfrac{1}{6}$의 공간은 용형으로 면극에 해당한다. 입인상과 용형을 합하면 달 부피가 된다. 그러나 일구를 일심, 내륜신, 표륜신으로 구분할 때는 심공(입인상)과 면극(용형)을 합한 달 부피가 일심인 것으로 계산한다.(경주 주註)

(2-3) 일신日身의 층구조

일신은 두께가 $\frac{1}{10}R_S(108)$인 8개의 층(제1중重부터 제 8중)으로 이루어져 있다.

일심으로부터 밖으로 향하여 제1중부터 제4중 층까지가 내륜신이고, 제4중부터 제8중이 표륜신을 이룬다.(〈그림 23〉참조)

각 층의 두께와 부피는 아래의 수식으로 계산된다.

$$D_{SJ}(=D_{일구 J중})=R=\frac{1}{10}R_S \qquad J=1, \cdots, 8 \cdots$$

$$V_{SJ}(=V_{일구 J중})=\{(\frac{J+2}{10})^3-(\frac{J+1}{10})^3\}\times V_S$$

$$V_{일구내륜신}=V_{S1}+V_{S2}+V_{S3}+V_{S4}=\{(\frac{6}{10})^3-(\frac{2}{10})^3\}\times V_S=\frac{208}{1,000}V_S$$

$$V_{일구표륜신}=V_{S5}+V_{S6}+V_{S7}+V_{S8}=\{(\frac{10}{10})^3-(\frac{6}{10})^3\}\times V_S=\frac{784}{1,000}V_S$$

3. 성무계星霧系의 구조

성무계星霧系는 진공계眞空界(또는 멸진계滅盡界), 가공계假空界(또는 무성계無星界), 수성계水星界로 이루어져 있다.

(3-1) 진공계(멸진계)[2]

진공계는 질신質身이 멸진한 곳이다. 따라서 멸진계라고도 한다. 진공계는 일구의 일심과 대응관계 가 있다.

$$R_{진공계}=R_{일심}=\frac{1}{5}R_S$$

$$V_{진공계}^{Hd}=7\times V_{일심}=7\times \frac{8}{1,000}V_S=295,612,416$$

---

[2] 진공계의 반경은 일심의 반경과 같다. 그러나 진공계의 수진 체적은 일심 체적의 7배이다. 이는 수진 체적(水塵 體積, V^{Hd})이 일반적인 공간의 부피와 다름을 뜻하는 것으로 생각된다. (금타우주론 강독회 주註)

(3-2) 가공계(무성계)

가공계는 수진이 충전되어 있을 뿐 성체星體가 없으므로 무성계라고도 한다. 가공계는 일구의 내륜

신과 대응관계가 있다. 가공계의 두께와 수진 체적은 다음과 같다.

$$d_{가공계}=d_{내륜신}=\frac{2}{5}R_S$$

$$V_{가공계}^{Hd}=7\times V_{내륜신}=7\times\frac{208}{1,000}V_S=7,685,922,816$$

(3-2-1) 가공계의 층구조

가공계는 크게 4개의 층(가공계 4급級)으로 이루어져 있다. 각 층은 일구 내륜신의 4개 층

(제1중重, 2중, 3중, 4중)과 대응된다. 그리고 4개 층은 아래의 〈그림 31〉에서와 같이 34개의

세부층으로 나누어진다.

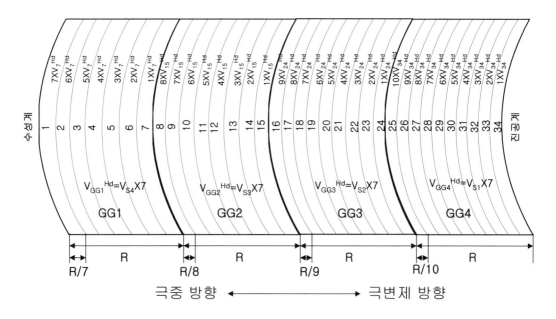

〈그림 31〉 가공계의 층 구조; 4급 34계

(3−2−2) 가공계의 4급

가공계 4급(GG4, GG3, GG2, GG1) 각 급의 두께와 수진 체적은 다음과 같다.

$$d_{GGk}(T_{가공계k급})=d_{S,5-k}(=d_{일구,(5-k)중})=\frac{1}{10}R_S, \qquad k=1,\cdots,4$$

$$V_{GGk}^{Hd}=7\times V_{S,5-k}$$

$$=7\times\{(\frac{5-k+2}{10})^3-(\frac{5-k+1}{10})^3\}\times V_S$$

(3−2−3) 가공계의 34계階

가공계 제4급(GG4)은 제 34계階부터 제25계까지 10개의 계로 나누어져 있으며 각 계의 두께와 수진 체적은 다음과 같다. $J=25,\cdots,34$

$$d_{GG4,j}(d_{가공계\,4급,j계})=\frac{1}{10}d_{GG4}=\frac{1}{100}R_S \qquad J=25,\cdots,34$$

$$V_{GG4,j}^{Hd}=(34-j+1)\times\frac{\frac{1}{10}V_{GG4}^{Hd}}{\sum_{i=1}^{10}i}$$

$$=(34-j+1)\times\frac{1}{55}\times V_{GG4}^{Hd}, \qquad j=25,\cdots,34$$

가공계 제 3급(GG3)은 제 24계階부터 제 16계까지 9개의 계로 나누어져 있으며 각 계의 두께와 수진 체적은 다음과 같다.

$$d_{GG3,j}(d_{가공계\,3급,j계})=\frac{1}{9}d_{GG3}=\frac{1}{90}R_S \qquad J=16,\cdots,24$$

$$V_{GG3,j}^{Hd}=(24-j+1)\times\frac{\frac{1}{9}V_{GG3}^{Hd}}{\sum_{i=1}^{9}i}$$

$$=(24-j+1)\times\frac{1}{45}\times V_{GG3}^{Hd}, \qquad j=16,\cdots,24$$

가공계 제2급(GG2)은 제15계階부터 제8계까지 8개의 계로 나누어져 있으며 각 계의 두께와 수진 체적은 다음과 같다.

$$d_{GG2,j}(d_{가공계\,2급,\,j계})=\frac{1}{8}d_{GG2}=\frac{1}{80}R_{\mathrm{S}} \qquad J=8,\,\cdots,\,15$$

$$V_{GG2,j}^{Hd}=(15-j+1)\times\frac{1}{\displaystyle\sum_{i=1}^{8}i}V_{GG2}^{Hd}$$

$$=(15-j+1)\times\frac{1}{36}\times V_{GG2}^{Hd}, \qquad j=8,\,\cdots,\,15$$

가공계 제 1급(**GG1**)은 제 7계階부터 제 1계까지 7개의 계로 나누어져 있으며 각 계의 두께와 수진 체적은 다음과 같다.

$$d_{GG1,j}(d_{가공계\,1급,\,j계})=\frac{1}{7}d_{GG1}=\frac{1}{70}R_{\mathrm{S}} \qquad J=1,\,\cdots,\,7$$

$$V_{GG1,j}^{Hd}=(7-j+1)\times\frac{1}{\displaystyle\sum_{i=1}^{7}i}V_{GG1}^{Hd}$$

$$=(7-j+1)\times\frac{1}{28}\times V_{GG1}^{Hd}, \qquad j=1,\,\cdots,\,7$$

(3-3) 수성계

수성계는 일구 표륜신의 7배에 달하는 수진이 성체成體하여 수성군水星君의 전체적이 되며 5,548,788개의 수성이 분포되어 있다.

수성계의 두께와 수진 체적 및 수성의 수는 다음과 같이 표현된다.

$$d_{수성계}=d_{표륜신}=\frac{2}{5}R_{\mathrm{S}}$$

$$V_{수성계}^{Hd}=7\times V_{표륜신}=7\times\frac{784}{1,000}V_{\mathrm{S}}=28,970,016,768$$

(3-3-1) 수성의 모양과 개수

수성계에 분포하는 수성은 그 모양이 일구와 동일하며, 개별 체적의 $\frac{5}{750}(=\frac{1}{125}\times\frac{5}{6})$에 해당하는 심공心空과 $\frac{1}{750}(=\frac{1}{125}\times\frac{1}{6})$에 해당하는 면극面隙을 갖는다. 수성계에 존재하는 수성의 총 개수는 다음과 같이 계산되어진다.

$$N_{수성}=(4^{11}+4^{10}+4^9+4^8)-(4^7+4^6+4^5+4^4)-12=5,548,788$$

4^7, 4^6, 4^5, 4^4는 순서대로 가공계 제1급부터 4급의 배분이나 별이 없으므로 이를 제거하며, 12는 4급성의 배분임과 동시에 목성 구우 주성 외의 종성 12위의 몫이므로 제거한다.

(3-3-2) 수성계의 층구조

수성계는 크게 4개의 층(수성계 4급級)으로 이루어져 있다. 각 층은 일구 표륜신의 4개 층(제 5중重, 6중, 7중, 8중)과 대응된다. 그리고 4개 층은 아래의 〈그림 32〉에서와 같이 18개의 세부층으로 나누어진다.

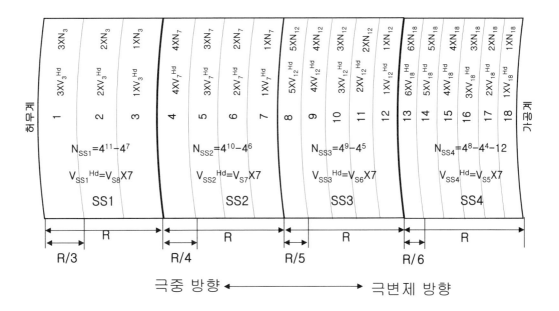

〈그림 32〉 수성계의 층구조; 4급 18계

(3-3-3) 수성계의 4급

수성계 각 급(SS4, SS3, SS2, SS1)의 두께와 수진 체적은 다음과 같다.

$$d_{SSk}(d_{t수성계k급})=d_{S,\,9-k}(=d_{일구,(9-k)중})=\frac{1}{10}R_S, \quad k=1,\cdots,4$$

$$V_{SSk}^{Hd}=7\times V_{S,\,9-k}$$

$$=7\times\{(\frac{9-k+2}{10})^3-(\frac{9-k+1}{10})^3\}\times V_S$$

수성계 각 급에 분포한 수성의 수와 급별 수성 한 개의 체적은 다음과 같이 계산된다.

수성 개수

$$N_{SS4}(=N_{수성계\,4급})=4^8-4^4-12=65,268$$

$$N_{SS3}(=N_{수성계\,3급})=4^9-4^5=261,120$$

$$N_{SS2}(=N_{수성계\,2급})=4^{10}-4^6=1,044,480$$

$$N_{SS1}(=N_{수성계\,1급})=4^{11}-4^7=4,177,920$$

수성 개별 체적

$$V_{수성SSk}(V_{수성k급})=\frac{V_{SSk}^{Hd}}{N_{SSk}} \qquad k=1,\cdots,4$$

(3-3-4) 수성계의 18계階

수성계 제 4급(SS4)은 제 18계階부터 제 13계까지 6개의 계로 나누어져 있으며 각 계의 두께와 수진 체적 및 수성의 수는 다음과 같다.

$$d_{SS4,j}(d_{수성계\,4급,\,j계})=\frac{1}{6}d_{SS4}=\frac{1}{60}R_S \qquad J=13,\cdots,18$$

$$V_{SS4,j}^{Hd}=(18-j+1)\times\frac{1}{\sum_{i=1}^{6}i}V_{SS4}^{Hd}$$

$$=(18-j+1)\times\frac{1}{21}\times V_{SS4}^{Hd}, \qquad j=13,\cdots,18$$

$$N_{SS4,j} = (18-j+1) \times \frac{1}{\sum\limits_{i=1}^{6} i} N_{SS4}$$

$$= (18-j+1) \times \frac{1}{21} \times N_{SS4}$$

$$= (18-j+1) \times \frac{1}{21} \times (4^8 - 4^4 - 12), \qquad j=13, \cdots, 18$$

수성계 제 3급(SS3)은 제 12계階부터 제 8계까지 5개의 계로 나누어져 있으며 각 계의 두께와 수진 체적 및 수성의 수는 다음과 같다.

$$d_{SS3,j}(d_{\text{수성계 3급},j계}) = \frac{1}{5} d_{SS3} = \frac{1}{50} R_S \qquad J=8, \cdots, 12$$

$$V_{SS3,j}^{Hd} = (12-j+1) \times \frac{1}{\sum\limits_{i=1}^{5} i} V_{SS3}^{Hd}$$

$$= (12-j+1) \times \frac{1}{15} \times V_{SS3}^{Hd}, \qquad j=8, \cdots, 12$$

$$N_{SS3,j} = (12-j+1) \times \frac{1}{\sum\limits_{i=1}^{5} i} N_{SS3}$$

$$= (12-j+1) \times \frac{1}{15} \times N_{SS3}$$

$$= (12-j+1) \times \frac{1}{15} \times (4^9 - 4^5), \qquad j=8, \cdots, 12$$

수성계 제 2급(SS2)은 제 7계階부터 제 4계까지 4개의 계로 나누어져 있으며 각 계의 두께와 수진 체적 및 수성의 수는 다음과 같다.

$$d_{SS2,j}(d_{\text{수성계 2급},j계}) = \frac{1}{4} d_{SS2} = \frac{1}{40} R_S \qquad J=4, \cdots, 7$$

$$V_{SS2,j}^{Hd} = (7-j+1) \times \frac{1}{\sum\limits_{i=1}^{4} i} V_{SS2}^{Hd}$$

$$= (7-j+1) \times \frac{1}{10} \times V_{SS2}^{Hd}, \qquad j=4, \cdots, 7$$

$$N_{SS2,j} = (7-j+1) \times \dfrac{1}{\displaystyle\sum_{i=1}^{4} i} N_{SS2}$$

$$= (7-j+1) \times \dfrac{1}{10} \times N_{SS2}$$

$$= (7-j+1) \times \dfrac{1}{10} \times (4^{10} - 4^6), \qquad j = 4, \cdots, 7$$

수성계 제 1급(SS1)은 제 3계階부터 제 1계까지 3개의 계로 나누어져 있으며 각 계의 두께와 수진 체적 및 수성의 수는 다음과 같다.

$$d_{SS1,j}(d_{\text{수성계 1급},j계}) = \dfrac{1}{3} d_{SS1} = \dfrac{1}{30} R_S \qquad J = 1, \cdots, 3$$

$$V_{SS1,j}^{Hd} = (3-j+1) \times \dfrac{1}{\displaystyle\sum_{i=1}^{3} i} V_{SS1}^{Hd}$$

$$= (3-j+1) \times \dfrac{1}{6} \times V_{SS1}^{Hd}, \qquad j = 1, \cdots, 3$$

$$N_{SS1,j} = (3-j+1) \times \dfrac{1}{\displaystyle\sum_{i=1}^{3} i} N_{SS1}$$

$$= (3-j+1) \times \dfrac{1}{6} \times N_{SS1}$$

$$= (3-j+1) \times \dfrac{1}{6} \times (4^{11} - 4^7), \qquad j = 1, \cdots, 3$$

(3-4) 허무계

허무계虛無界는 상, 중, 하 3개 단段으로 이루어져 있다. 상단과 중단은 일륜日輪에 대응하고, 하단은 4대 금성계에 대응한다. 상단은 수성계에 접해 있고 하단은 유성외계에 접해 있다. 허무계 각 단의 두께는 다음과 같다.

$$d_{허무계 \, 상단} = d_{허무계 \, 중단} = \frac{1}{2} d_{일륜} = \frac{1}{2} R_S = 540$$

$$d_{허무계 \, 하단} = d_{4대금성계} = 966\frac{5}{6}$$

허무계 상단은 3개의 단층單層으로 나뉜다. 각 단층의 두께(180)는 균일하다.

허무계 중단은 2개의 단층單層으로 나뉜다. 각 단층의 두께(270)는 균일하다.

허무계 하단은 1개의 단층單層이 있다.

제4절

火塵世界와 月曜
화 진 세 계 월 요

57. 九個皞의 距離와 質量
9 개 호 거 리 질 량

(a) 360(月의 中心에서 下底[1]
월 중심 하 저

또는 上底[2]까지의 距離로서
상 저 기 리

이것이 第一皞[3])+90(第二皞의 厚로서
제 1 호 제 2 호 후

이것이 餘他 八個皞의 等距離의 厚)
여 타 8 개 호 등 거 리 후

=450

月心에서 第二皞까지의 距離
월 심 제 2 호 거 리

(b) 450+90=540

月心에서 第三皞까지의 距離
월 심 제 3 호 거 리

(c) 540+90=630

月心에서 第四皞까지의 距離
월 심 제 4 호 거 리

(d) 630+90=720

月心에서 第五皞까지의 距離
월 심 제 5 호 거 리

(第二에서 第五까지가 第二輪)
제 2 제 5 제 2 륜

---

57. 9개호의 거리와 질량

(a) 360(달의 중심에서 달의 밑면

또는 달의 윗면까지의 거리로서

이것이 제1호皞)+90(제2호皞의 두께로서,

제2호에서 제9호까지 8개호皞의 두께는

모두 90임)=450

월심에서 제2호까지의 거리

(b) 450+90=540

월심에서 제3호까지의 거리

(c) 540+90=630

월심에서 제4호까지의 거리

(d) 630+90=720

월심에서 제5호까지의 거리

(제2에서 제5까지가 제2륜輪)

---

1   하저下底; 반지름이 360인 달의 밑면.

2   상저上底; 반지름이 36인 달의 윗면.

3   호皞; (밝을 호) 1. (깨끗하고)밝다. 2. 화락和樂하다(화평하게 즐기다), 쾌적快適하다. 3. 광대廣大하다. 4. 자적
自適하다(편안하여 만족하다). ▶월상구호月上九皞; 달의 중심에서 목성 구우區宇와 접하는 곳까지의 거리에
해당하는 구역은 월세계에 속하며 달 중심에서 목성 구우 내주內週까지 사이를 9개로 나누어 1~9호皞로 명명
하고, 이 9개 호皞의 구역을 월상구호月上九皞라 한다.

(e) $720+90=810$

月心에서 第六嶹까지의 距離
(월심 / 제6호 / 거리)

(f) $810+90=900$

月心에서 第七嶹까지의 距離
(월심 / 제7호 / 거리)

(g) $900+90=990$

月心에서 第八嶹까지의 距離
(월심 / 제8호 / 거리)

(h) $990+90=1080$

月心에서 第九嶹까지의 距離
(월심 / 제9호 / 거리)

(第六에서 第九까지가 第三輪[4])
(제6 / 제9 / 제3륜)

(i) $42230345\frac{1}{7}$ (月의 體積과 等한
(월 체적 등)

九個嶹別의 火塵 體積)×9=$380073106\frac{2}{7}$
(9개 호 별 / 화진 체적)

九個嶹 三輪身의 火塵 體積으로서
(9개 호 삼륜신 / 화진 체적)

$\frac{1}{9}$이 第一輪身인 月體임.
(제1륜신 / 월체)

(e) $720+90=810$

월심에서 제6호까지의 거리

(f) $810+90=900$

월심에서 제7호까지의 거리

(g) $900+90=990$

월심에서 제8호까지의 거리

(h) $990+90=1,080$

월심에서 제9호까지의 거리

(제6에서 제9까지가 제3륜)

(i) $42,230,345\frac{1}{7}$ (달 부피와 같은

9개호별 화진 부피)×9=$380,073,106\frac{2}{7}$

9개 호嶹 3륜신輪身의 화진 부피로서

$\frac{1}{9}$이 제1륜신輪身인 달 자체임.

4 제6第六에서 제9第九까지가 제3륜第三輪; 금강심론 내의 번역본과 일본 동양대학 영인본 모두 第七로 되어 있으나, 이에 의하면 월세계를 3개 륜신輪身으로 나눌 때 제6호嶹는 빠지게 되므로, 원리상 第七은 第六의 오자로 여겨져 역자(경주)가 바로잡음. 이로써 각 륜신의 두께가 360으로 균일하게 된다.

(j) $380073106\frac{2}{7} \times 49 = 18623582208$

月世界의 火塵量
월세계 화진량

$18623582208 \times 5 = 93117911040$

月世界의 熱量
월세계 열량

(k) $18623582208(火質^{5)}$
화질

$+93117911040(熱量) = 111741493248$
열량

月世界의 質量
월세계 질량

(j) $380,073,106\frac{2}{7} \times 49 = 18,623,582,208$

월세계月世界의 화진량量

$18,623,582,208 \times 5 = 93,117,911,040$

월세계의 열량

(k) $18,623,582,208(화질火質)$

$+93,117,911,040(열량) = 111,741,493,248$

월세계의 질량

5   화질火質; 화진질량火塵質量, 곧 화진량火塵量.

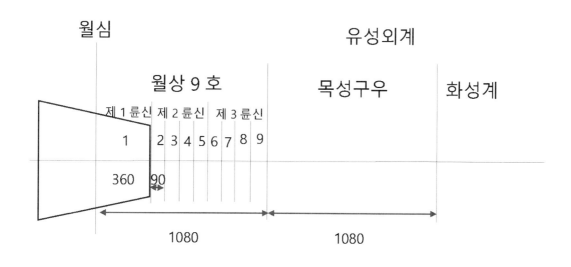

〈그림 33〉 월상 구호

〈표 5〉 월세계: 9개 호^縞의 두께와 거리

호	1	2	3	4	5	6	7	8	9
두께	360(월반고)	90	90	90	90	90	90	90	90
월심거리	360	450	540	630	720	810	900	990	1,080
	제1륜신		제2륜신			제3륜신			

❖ **화진火塵량**

월세계의 화진火塵 부피 : 달 부피(각 호의 화진 부피)×9=$380,073,106\frac{2}{7}$

월세계의 화진량=월세계 화진 부피×49=18,623,582,208

월세계의 열량=화진량×5=93,117,911,040

월세계의 질량=화진량+열량=6×월세계 화진량=111,741,493,248

58. 月世界에서 木星의 區宇를 넘어 火星界까지의 距離

(월세계) (목성) (구우)
(화성계) (거리)

(a) 1080(月世界의 半徑)
(월세계) (반경)

　　+1080(木星區宇의)=2160
　　　　　(목성구우)

月世界에서 木星의 區宇를 넘어서
(월세계) (목성) (구우)

火星界 內周[1] 邊際[2]까지의 距離
(화성계)(내주)(변제) (거리)

(b) 2160+38$\frac{4}{7}$(火星界 第一層
　　　　　　(화성계)(제1층)

七個段의 級差 距離로서
(7개단) (급차)(거리)

이것이 第一段의 厚)=2198$\frac{4}{7}$
　　　(제1단)(후)

月心에서 火星界 五個層 二十五個段 中
(월심) (화성계)(5개층)(2 5 개단 중)

第一下段까지의 距離
(제1하단) (거리)

(c) 2198$\frac{4}{7}$+38$\frac{4}{7}$×2=2275$\frac{5}{7}$

月心에서 火星界 第二段까지의 距離
(월심) (화성계)(제2단) (거리)

(d) 2275$\frac{5}{7}$+38$\frac{4}{7}$×3=2391$\frac{3}{7}$

月心에서 火星界 第三段까지의 距離
(월심) (화성계)(제3단) (거리)

58. 월세계에서 화성火星계까지 거리

(a) 1,080(월세계의 반지름)

　　+1,080(목성 구역의 두께)=2,160

월세계에서 목성 구역을 넘어서

화성계火星界 안쪽 둘레 가장자리까지의 거리

(b) 2,160+38$\frac{4}{7}$(화성계 제1층層

7개단個段의 급차級差 거리로서

이것이 제1단段의 두께)=2,198$\frac{4}{7}$

월심月心에서 화성계 5개층個層 25개단個段 중

제1하단까지의 거리

(c) 2,198$\frac{4}{7}$+38$\frac{4}{7}$×2=2,275$\frac{5}{7}$

월심에서 화성계 제2단段까지의 거리

(d) 2,275$\frac{5}{7}$+38$\frac{4}{7}$×3=2,391$\frac{3}{7}$

월심에서 화성계 제3단까지의 거리

1　　내주內周; 안쪽 둘레.

2　　변제邊際; 시간, 공간, 정도 따위에서 그 이상이 없는 한계. 끝 간 데. 가장자리. 가.

(e) $2391\frac{3}{7} + 38\frac{4}{7} \times 4 = 2545\frac{5}{7}$

月心에서 火星界 第四段까지의 距離
월심　　　화성계 제 4 단　　　거리

(f) $2545\frac{5}{7} + 38\frac{4}{7} \times 5 = 2738\frac{4}{7}$

月心에서 火星界 第五段까지의 距離
월심　　　화성계 제 5 단　　　거리

(g) $2738\frac{4}{7} + 38\frac{4}{7} \times 6 = 2970$

月心에서 火星界 第六段까지의 距離
월심　　　화성계 제 6 단　　　거리

(h) $2970 + 38\frac{4}{7} \times 7 = 3240$

月心에서 火星界 第七段까지의 距離
월심　　　화성계 제 7 단　　　거리

(i) $3240 + 51\frac{3}{7}$ (第二層 六個段의
　　　　　　　　　제 2 층 6 개 단

級差 距離로서 이것이 同界
급 차 거 리　　　　　　동 계

第八段의 厚)=$3291\frac{3}{7}$
제 8 단 　후

月心에서 火星界 第八段까지의 距離
월심　　　화성계 제 8 단　　　거리

(j) $3291\frac{3}{7} + 51\frac{3}{7} \times 2 = 3394\frac{2}{7}$

月心에서 火星界 第九段까지의 距離
월심　　　화성계 제 9 단　　　거리

(k) $3394\frac{2}{7} + 51\frac{3}{7} \times 3 = 3548\frac{4}{7}$

月心에서 火星界 第十段까지의 距離
월심　　　화성계 제 1 0 단　　　거리

(l) $3548\frac{4}{7} + 51\frac{3}{7} \times 4 = 3754\frac{2}{7}$

月心에서 火星界 第十一段까지의 距離
월심　　　화성계 제 1 1 단　　　거리

(e) $2,391\frac{3}{7} + 38\frac{4}{7} \times 4 = 2,545\frac{5}{7}$

월심에서 화성계 제4단까지의 거리

(f) $2,545\frac{5}{7} + 38\frac{4}{7} \times 5 = 2,738\frac{4}{7}$

월심에서 화성계 제5단까지의 거리

(g) $2,738\frac{4}{7} + 38\frac{4}{7} \times 6 = 2,970$

월심에서 화성계 제6단까지의 거리

(h) $2,970 + 38\frac{4}{7} \times 7 = 3,240$

월심에서 화성계 제7단

(화성계 제1층 외주)까지의 거리

(i) $3,240 + 51\frac{3}{7}$ (제2층 6개단個段의

급차 거리로서 이것이 동계同界

제8단段의 두께)=$3,291\frac{3}{7}$

월심에서 화성계 제8단까지의 거리

(j) $3,291\frac{3}{7} + 51\frac{3}{7} \times 2 = 3,394\frac{2}{7}$

월심에서 화성계 제9단까지의 거리

(k) $3,394\frac{2}{7} + 51\frac{3}{7} \times 3 = 3,548\frac{4}{7}$

월심에서 화성계 제10단까지의 거리

(l) $3,548\frac{4}{7} + 51\frac{3}{7} \times 4 = 3,754\frac{2}{7}$

월심에서 화성계 제11단까지의 거리

(m) $3754\frac{2}{7} + 51\frac{3}{7} \times 5 = 4011\frac{3}{7}$

月心에서 火星界

第十二段까지의 距離

(n) $4011\frac{3}{7} + 51\frac{3}{7} \times 6 = 4320$

月心에서 火星界

第十三段까지의 距離

(o) $4320 + 72$(第三層 五個段의

級差 距離로서 이것이 同界

第十四段의 厚$) = 4392$

月心에서 火星界 第十四段까지의 距離

(p) $4392 + 72 \times 2 = 4536$

月心에서 火星界 第十五段까지의 距離

(q) $4536 + 72 \times 3 = 4752$

月心에서 火星界 第十六段까지의 距離

(r) $4752 + 72 \times 4 = 5040$

月心에서 火星界 第十七段까지의 距離

(s) $5040 + 72 \times 5 = 5400$

月心에서 火星界

第十八段까지의 距離

(m) $3,754\frac{2}{7} + 51\frac{3}{7} \times 5 = 4,011\frac{3}{7}$

월심月心에서 화성계火星界

제12단第十二段까지의 거리距離

(n) $4,011\frac{3}{7} + 51\frac{3}{7} \times 6 = 4,320$

월심에서 화성계

제13단(제2층 외주)까지의 거리

(o) $4,320 + 72$(제3층 5개단個段의

급차級差 거리距離로서 이것이 동계同界

제14단의 두께$) = 4,392$

월심에서 화성계 제14단까지의 거리

(p) $4,392 + 72 \times 2 = 4,536$

월심에서 화성계 제15단까지의 거리

(q) $4,536 + 72 \times 3 = 4,752$

월심에서 화성계 제16단까지의 거리

(r) $4,752 + 72 \times 4 = 5,040$

월심에서 화성계 제17단까지의 거리

(s) $5,040 + 72 \times 5 = 5,400$

월심에서 화성계

제18단(제3층 외주)까지의 거리

(t) $5400+108$(第四層 四個段의

級差 距離로서 이것이 同界

第十九段의 厚)$=5508$

月心에서 火星界 第十九段까지의 距離

(u) $5508+108\times2=5724$

月心에서 火星界 第二十段까지의 距離

(v) $5724+108\times3=6048$

月心에서 火星界 第二十一段까지의 距離

(w) $6048+108\times4=6480$

月心에서 火星界

第二十二段까지의 距離

(x) $6480+180$(第五層 三個段의

級差 距離로서 이것이 同界

第二十三段의 厚)$=6660$

月心에서 火星界 第二十三段까지의 距離

(y) $6660+180\times2=7020$

月心에서 火星界 第二十四段까지의 距離

(z) $7020+180\times3=7560$

月心에서 火星界 第二十五段까지의 距離

(t) $5,400+108$(제4층 4개단個段의

급차級差 거리距離로서 이것이 동계同界

제19단의 두께)$=5,508$

월심에서 화성계 제19단까지의 거리

(u) $5,508+108\times2=5,724$

월심에서 화성계 제20단까지의 거리

(v) $5,724+108\times3=6,048$

월심에서 화성계 제21단까지의 거리

(w) $6,048+108\times4=6,480$

월심에서 화성계

제22단(제4층 외주)까지의 거리

(x) $6,480+180$(제5층 3개단個段의

급차 거리로서 이것이 동계同界

제23단의 두께)$=6,660$

월심에서 화성계 제23단까지의 거리

(y) $6,660+180\times2=7,020$

월심에서 화성계 제24단까지의 거리

(z) $7,020+180\times3=7,560$

월심에서 화성계 제25단(화성계 제5층

외주이면서 유성 외계 외주)까지의 거리

〈표 6〉 월세계에서 화성까지의 거리

		목성계	화성계				
			제1층	제2층	제3층	제4층	제5층
월심부터의 거리			외주변제까지				
		2,160	3,240	4,320	5,400	6,480	7,560
층두께		1,080	1,080	1,080	1,080	1,080	1,080
			$38\frac{4}{7}\times28$	$51\frac{3}{7}\times21$	72×15	108×10	180×6
단계	수		7	6	5	4	3
	급차 거리		$38\frac{4}{7}$	$51\frac{3}{7}$	72	108	180

59. 火星 內界 下 二個層 十三個段의 火塵量

59. 화성 내계內界 하下 2개충個層 13개個 단段의 화진량

(a) $1508226\frac{120}{196}$ (內界 第一層 七個段 火塵 體積의 級差로서 이것이 第一段의 火塵 體積)

$+3016453\frac{44}{196}$ (內 第二段의 火塵 體積)

$+4524679\frac{164}{196}$ (內 第三段의 火塵 體積)

$+6032906\frac{88}{196}$ (內 第四段의 火塵 體積)

$+7541134\frac{12}{196}$ (內 第五段의 火塵 體積)

$+9049359\frac{132}{196}$ (內 第六段의 火塵 體積)

$+10557586\frac{56}{196}$ (內 第七段의 火塵 體積)

$=42230345\frac{1}{7}$ 內界 第一下層 七個段 區宇의 火塵 體積으로서 月의 體積과 等함.

(b) $42230345\frac{1}{7}$ (內界 第一層의 火塵 體積)

$\times 49=2069286912$ 火星 內界 第一層의 火塵量으로서 月의 火塵量과 等함.

(a) $1{,}508{,}226\frac{120}{196}$ (내계內界 제1층 7개 단段 화진火塵 부피의 급차級差로서 이것이 제1단段의 화진 부피)

$+3{,}016{,}453\frac{44}{196}$ (내內 제2단의 화진 부피)

$+4{,}524{,}679\frac{164}{196}$ (내 제3단의 화진 부피)

$+6{,}032{,}906\frac{88}{196}$ (내 제4단의 화진 부피)

$+7{,}541{,}134\frac{12}{196}$ (내 제5단의 화진 부피)

$+9{,}049{,}359\frac{132}{196}$ (내 제6단의 화진 부피)

$+10{,}557{,}586\frac{56}{196}$ (내 제7단의 화진 부피)

$=42{,}230{,}345\frac{1}{7}$ 내계 제1하층下層 7개 단段 구역의 화진 부피로서 달의 부피와 같음.

(b) $42{,}230{,}345\frac{1}{7}$ (내계 제1층의 화진 부피)

$\times 49=2{,}069{,}286{,}912$ 화성 내계 제1층의 화진량量으로서 달의 화진량과 같음.

(c) $4021937\frac{93}{147}$ (內界 第二層 六個段
내계 제2층 6개 단

火塵 體積의 級差로서 이것이
화진 체적 급차

內 第八段의 火塵 體積)
내 제8단 화진 체적

$+8043875\frac{39}{147}$ (內 第九段의 火塵 體積)
내 제9단 화진 체적

$+12065812\frac{132}{147}$ (內 第十段의 火塵 體積)
내 제10단 화진 체적

$+16087750\frac{78}{147}$ (內 第十一段의 火塵 體積)
내 제11단 화진 체적

$+20109688\frac{24}{147}$ (內 第十二段의 火塵 體積)
내 제12단 화진 체적

$+24131625\frac{117}{147}$ (內 第十三段의 火塵 體積)
내 제13단 화진 체적

$=84460690\frac{2}{7}$ 火星 內界 第二層 區宇
화성 내계 제2층 구우

火塵의 體積으로서 月體의 2倍
화진 체적 월체 배

(d) $84460690\frac{2}{7}$ (內 第二層의 火塵 體積)
내 제2층 화진 체적

$\times49=4138573824$ 火星 內界 第二層
화성 내계 제2층

區宇의 火塵量으로서 月體 火塵量의 2倍
구우 화진량 월체화진량 배

(e) $126691035\frac{3}{7}$ (火星 內界 下 二個層의
화성 내계 하 2개 층

月體 3倍와 等한 火塵 體積)$\times49$
월체 배 등 화진체적

$=6207860736$ 火星 內界 下 二個層의
화성 내계 하 2개 층

火塵量으로서 月의 3倍
화진량 월 배

(c) $4{,}021{,}937\frac{93}{147}$ (내계 제2층 6개 단段

화진 부피의 급차級差로서 이것이

내 제8단의 화진 부피)

$+8{,}043{,}875\frac{39}{147}$ (내 제9단의 화진 부피)

$+12{,}065{,}812\frac{132}{147}$ (내 제10단의 화진 부피)

$+16{,}087{,}750\frac{78}{147}$ (내 제11단의 화진 부피)

$+20{,}109{,}688\frac{24}{147}$ (내 제12단의 화진 부피)

$+24{,}131{,}625\frac{117}{147}$ (내 제13단의 화진 부피)

$=84{,}460{,}690\frac{2}{7}$ 화성 내계 제2층 구역

화진 부피로서 달 부피의 2배

(d) $84{,}460{,}690\frac{2}{7}$ (내 제2층의 화진 부피)

$\times49=4{,}138{,}573{,}824$ 화성 내계 제2층

구역의 화진량으로서 달 화진량의 2배

(e) $126{,}691{,}035\frac{3}{7}$ (화성 내계 하 2개 층의

달 3배와 같은 화진 부피)$\times49$

$=6{,}207{,}860{,}736$ 화성 내계 하 2개 층의

화진량으로서 달의 3배

〈표 7〉 화성 내계 하 2개층 13개단의 화진량

층	제1층							
단	1	2	3	4	5	6	7	합
화진 부피	$1,508,226\frac{120}{196}$	×2	×3	×4	×5	×6	×7	×28 달 부피의 1배
화진량	화진 부피×49=2,069,286,912=달 화진량의 1배							

층	제2층							총계
단	8	9	10	11	12	13	합	(하 2개 층)
화진 부피	$4,021,937\frac{93}{147}$	×2	×3	×4	×5	×6	×21 달 부피 2배	달 부피의 3배
화진량	화진 부피×49=4,138,573,824=달 화진량의 2배							달 화진량의 3배

▶ 2개층 총 화진량=2,069,286,912＋4,138,573,824=6,207,860,736

60. 火星 外界 下 二個層
화 성 외 계 하 2 개 층
十三個段의 火塵量
1 3 개 단 　 화 진 량

(a) $9049359\frac{132}{196}$ (外 第一 下層
　　　　　　　　　 외 제 1 하층

七個段 火塵 體積의 級差로서
7 개 단 화 진 체 적　 급 차

이것이 外 第一段의 火塵 體積)
　　 외 제1단 　 화 진 체 적

$+18098719\frac{68}{196}$ (外 第二段의 火塵 體積)
　　　　　　　 외 제 2 단 　 화 진 체 적

$+27148079\frac{4}{196}$ (外 第三段의 火塵 體積)
　　　　　　 외 제 3 단 　 화 진 체 적

$+36197438\frac{136}{196}$ (外 第四段의 火塵 體積)
　　　　　　　 외 제 4 단 　 화 진 체 적

$+45246798\frac{72}{196}$ (外 第五段의 火塵 體積)
　　　　　　　 외 제 5 단 　 화 진 체 적

$+54296158\frac{8}{196}$ (外 第六段의 火塵 體積)
　　　　　　 외 제 6 단 　 화 진 체 적

$+63345517\frac{140}{196}$ (外 第七段의 火塵 體積)
　　　　　　　 외 제 7 단 　 화 진 체 적

$=253382070\frac{6}{7}$

火星外界 第一下層 區宇
화 성 외 계 제 1 하 층 구 우

火塵의 體積(月의 6倍)
화 진 　 체 적 월 　 배

60. 화성 외계 하 2개층
13개 단段의 화진량

(a) $9,049,359\frac{132}{196}$ (외外 제1 하층下層

7개단個段 화진 부피의 급차級差로서

이것이 외 제1단의 화진 부피)

$+18,098,719\frac{68}{196}$ (외 제2단의 화진 부피)

$+27,148,079\frac{4}{196}$ (외 제3단의 화진 부피)

$+36,197,438\frac{136}{196}$ (외 제4단의 화진 부피)

$+45,246,798\frac{72}{196}$ (외 제5단의 화진 부피)

$+54,296,158\frac{8}{196}$ (외 제6단의 화진 부피)

$+63,345,517\frac{140}{196}$ (외 제7단의 화진 부피)

$=253,382,070\frac{6}{7}$

화성 외계 제1 하층 구역

화진 부피(달의 6배)

(b) $14076781\frac{5}{7}$ (外界 第二層 六個段의
외계 제 2 층 6 개 단

級差인 火塵의 體積으로서 이것이
급 차   화 진   체 적

外 第八段 火塵의 體積)
외 제 8 단 화 진   체 적

$+28153563\frac{3}{7}$ (外 第九段의 火塵 體積)
외 제 9 단   화 진 체 적

$+42230345\frac{1}{7}$ (外 第十段의 火塵 體積)
외 제 1 0 단   화 진 체 적

$+56307126\frac{6}{7}$ (外 第十一段의 火塵 體積)
외 제 1 1 단   화 진 체 적

$+70383908\frac{4}{7}$ (外 第十二段의 火塵 體積)
외 제 1 2 단   화 진 체 적

$+84460690\frac{2}{7}$ (外 第十三段의 火塵 體積)
외 제 1 3 단   화 진 체 적

$=295612416$

火星 外界 第二層 區宇
화 성 외 계 제 2 층 구 우

火塵의 體積으로서 月體의 7倍
화 진   체 적   월 체   배

(c) $548994486\frac{6}{7}$ (月體 13倍와 等한
월 체   배   등

火星 外界 下 二個層 區宇의 火塵 體積)
화 성 외 계 하 2 개 층 구 우   화 진 체 적

$\times49=26900729856$

火星 外界 下 二個層 火塵量으로서
화 성 외 계 하 2 개 층 화 진 량

月의 13倍
월   배

(b) $14,076,781\frac{5}{7}$ (외계 제2층 6개 단段의

급차級差인 화진 부피로서 이것이

외 제8단 화진 부피)

$+28,153,563\frac{3}{7}$ (외 제9단의 화진 부피)

$+42,230,345\frac{1}{7}$ (외 제10단의 화진 부피)

$+56,307,126\frac{6}{7}$ (외 제11단의 화진 부피)

$+70,383,908\frac{4}{7}$ (외 제12단의 화진 부피)

$+84,460,690\frac{2}{7}$ (외 제13단의 화진 부피)

$=295,612,416$

화성 외계 제2층 구역

화진 부피로서 달의 7배

(c) $548,994,486\frac{6}{7}$ (달 13배와 같은

화성 외계 하 2개 층 구역의 화진 부피)

$\times49=26,900,729,856$

화성 외계 하 2개층 화진량으로서

달의 13배

〈표 8〉 화성 외계 하 2개층 13개단의 화진량

층	제1층							
단	1	2	3	4	5	6	7	합
화진 부피	$9,049,359\frac{132}{196}$	×2	×3	×4	×5	×6	×7	×28 달 부피의 6배
화진량	화진 부피×49＝12,415,721,472 달 화진량의 6배							

층	제2층							총계 (하 2개 층)
단	8	9	10	11	12	13	합	
화진 부피	$14,076,781\frac{5}{7}$	×2	×3	×4	×5	×6	×21 달 부피의 7배	달 부피의 13배
화진량	화진 부피×49＝14,485,008,384 달 화진량의 7배							달 화진량의 13배

▶ 2개층 총 화진량＝12,415,721,472＋14,485,008,384＝26,900,729,856

61. 火星 內界 上 三個層 十二個段의
화성 내계 상 3개 층 1 2 개 단
區宇에 있어서의 火星의 位數
구 우　　　　　화 성　　위 수

(a) 48(內界 第三層 五個段 星數의
　　　　내 계 제 3 층 5 개 단 성 수

　　級差로서 이것이 內 第十四段의 火星數)
　　급 차　　　　　내 제 1 4 단　화 성 수

　　+96(內第十五段의 星數)
　　　　　내 제 1 5 단 　성 수

　　+144(內 第十六段의 星數)
　　　　　내 제 1 6 단 　　성 수

　　+192(內 第十七段의 星數)
　　　　　내 제 1 7 단 　　성 수

　　+240(內 第十八段의 星數)=720
　　　　　내 제 1 8 단 　　성 수

　　火星 內界 第三層 五個段에 있어서의
　　화 성 내 계 제 3 층 5 개 단

　　火星數로서 3^6-3^2과 等함.
　　화 성 수　　　　　　　　　등

(b) 216(內界 第四層 四個段 星數의
　　　　내 계 제 4 층 4 개 단 성 수

　　級差로서 이것이 內 第十九段의 星數)
　　급 차　　　　　내 제 1 9 단　성 수

　　+432(內 第二十段의 星數)
　　　　　내 제 2 0 단 　성 수

　　+648(內 第二十一段의 星數)
　　　　　내 제 2 1 단 　성 수

　　+864(內 第二十二段의 星數)=2160
　　　　　내 제 2 2 단 　성 수

　　火星 內界 第四層 區宇
　　화 성 내 계 제 4 층 구 우

　　全星數로서 3^7-3^3과 等함.
　　전 성 수　　　　　　　　등

(c) 1080(內界 第五層 三個段 星數의
　　　　내 계 제 5 층 3 개 단 성 수

　　級差로서 이것이 內 第二十三段의 星數)
　　급 차　　　　　내 제 2 3 단　　성 수

　　+2160(內 第二十四段의 星數)
　　　　　내 제 2 4 단 　　성 수

　　+3240(內 第二十五段의 星數)=6480
　　　　　내 제 2 5 단 　　성 수

61. 화성 내계 상 3개 층 12개 단
구역의 화성 수

(a) 48(내계 제3층 5개 단段 성수의

　　급차級差로서 이것이 내 제14단의 화성수)

　　+96(내 제15단의 성수)

　　+144(내 제16단의 성수)

　　+192(내 제17단의 성수)

　　+240(내 제18단의 성수)=720

　　화성 내계 제3층 5개단個段에 있어서의

　　화성수로서 3^6-3^2과 같음.

(b) 216(내계 제4층 4개 단 성수의

　　급차級差로서 이것이 내 제19단의 성수)

　　+432(내 제20단의 성수)

　　+648(내 제21단의 성수)

　　+864(내 제22단의 성수)=2,160

　　화성 내계 제4층 구역

　　전체 성수로서 3^7-3^3과 같음.

(c) 1,080(내계 제5층 3개 단 성수의

　　급차級差로서 이것이 내 제23단의 성수)

　　+2,160(내 제24단의 성수)

　　+3,240(내 제25단의 성수)=6,480

火星 內界 第五層의
화성 내계 제5층

全星數로서 $3^8 - 3^4$과 等함.
전 성 수   등

(d) 720(內 第三層의 星數)
내 제3층 성수

  +2160(內 第四層의 星數)
내 제4층 성수

  +6480(內 第五層의 星數)=9360
내 제5층 성수

火星 內界 上 三個層
화성 내계 상 3개층

十二個段에 있어서의 全星數
1 2 개 단   전 성 수

화성 내계 제5층의

전체 성수星數로서 $3^8 - 3^4$과 같음.

(d) 720(내 제3층의 성수)

  +2,160(내 제4층의 성수)

  +6,480(내 제5층의 성수)=9,360

화성 내계 상 3개 층

12개 단段에 있어서의 전체 성수星數

〈표 9〉 화성 내계 상 3개층 12개단 구역의 화성수

층	3층						4층					5층				총합
단	14	15	16	17	18	합	19	20	21	22	합	23	24	25	합	
성수	48 ×1	96 ×2	144 ×3	192 ×4	240 ×5	720 ×15	216 ×1	432 ×2	648 ×3	864 ×4	2,160 ×10	1,080 ×1	2,160 ×2	3,240 ×3	6,480 ×6	9,360
	$(3^6-3^2)=720$						$(3^7-3^3)=2,160$					$(3^8-3^4)=6,480$				
	$(3^6+3^7+3^8)-(3^2+3^3+3^4)=9,477-117=9,360$															

62. 火星 外界 上 三個層 十二個段의 (화성 외계 상 3개층 12개단) 區宇에 있어서의 火星의 位數 (구우 화성 위수)

(a) 1296(外界 第三層 五個段 星數의 (외계 제3층 5개단 성수)

級差로서 이것이 外 第十四段의 火星數) (급차 외 제14단 화성수)

+2592(外 第十五段의 星數) (외 제15단 성수)

+3888(外 第十六段의 星數) (외 제16단 성수)

+5184(外 第十七段의 星數) (외 제17단 성수)

+6480(外 第十八段의 星數)=19440 (외 제18단 성수)

火星 外界 第三層 五個段 區宇에 있어서의 (화성 외계 제3층 5개단 구우)

全火星數로서 3^9-3^5과 等함 (전 화성수 등)

(b) 5904(外界 第四層 四個段 星數의 (외계 제4층 4개단 성수)

級差로서 이것이 外 第十九段의 星數) (급차 외 제19단 성수)

+11808(外 第二十段의 星數) (외 제20단 성수)

+17712(外 第二十一段의 星數) (외 제21단 성수)

+23616(外 第二十二段의 星數)=59040 (외 제22단 성수)

火星 外界 第四層 區宇의 (화성 외계 제4층 구우)

全星數로서 $3^{10}-3^2$과 等함. (전 성수 등)

(c) 29520(外界 第五層 三個段 星數의 (외계 제5층 3개단 성수)

級差로서 이것이 第二十三段의 星數) (급차 제23단 성수)

+59040(外 第二十四段의 星數) (외 제24단 성수)

+88560(外 第二十五段의 星數)=177120 (외 제25단 성수)

---

62. 화성 외계 상 3개층 12개 단 구역의 화성 수

(a) 1,296(외계 제3층 5개 단段 성수의

급차級差로서 이것이 외外 제14단의 화성수)

+2,592(외 제15단의 성수)

+3,888(외 제16단의 성수)

+5,184(외 제17단의 성수)

+6,480(외 제18단의 성수)=19,440

화성 외계 제3층 5개 단段 구역의

전체 화성수로서 3^9-3^5과 같음.

(b) 5,904(외계 제4층 4개 단段 성수의

급차級差로서 이것이 외 제19단의 성수)

+11,808(외 제20단의 성수)

+17,712(외 제21단의 성수)

+23,616(외 제22단의 성수)=59,040

화성 외계 제4층 구역의

전체 성수星數로서 $3^{10}-3^2$과 같음.

(c) 29,520(외계 제5층 3개 단段 성수의

급차級差로서 이것이 제23단의 성수)

+59,040(외 제24단의 성수)

+88,560(외 제25단의 성수)=177,120

火星 外界 第五層 區宇의
全星數로서 $3^{11}-3^3$과 等함

(d) 19440(外第三層의 全星數)

+59040(外 第四層의 全星數)

+177120(外 第五層의 全星數)=255600

火星 外界 上 三個層의 全火星數

(e) 9360(火星 內界 上 三個層의 全星數)

+255600(火星 外界 上 三個層의 全星數)

=264960

火星 內外界 上 三個層 十二個段의

總星數로서 $(3^6-3^2)+(3^7-3^3)$

$+(3^8-3^4)+(3^9-3^5)+(3^{10}-3^2)$

$+(3^{11}-3^3)$과 等함.

그리고 $-(3^2+3^3+3^4+3^5)$는

無星 區宇로서 實數가 없으므로

이를 控除해야 하며 後의$-(3^2+3^3)=-36$은

土星界의 二十八宿와 八位 星金이 된다.

화성 외계 제5층 구역의

전체 성수星數로서 $3^{11}-3^3$과 같음.

(d) 19,440(외外 제3층의 전체 성수)

+59,040(외 제4층의 전체 성수)

+177,120(외 제5층의 전체 성수)=255,600

화성 외계 상 3개층의 전체 화성 수

(e) 9,360(화성 내계 상 3개층의 전체 성수)

+255,600(화성 외계 상 3개 층의 전체 성수)

=264,960

화성 내외계內外界 상 3개층 12개 단의

총總 성수星數로서 $(3^6-3^2)+(3^7-3^3)$

$+(3^8-3^4)+(3^9-3^5)+(3^{10}-3^2)$

$+(3^{11}-3^3)$과 같음.

그리고 $-(3^2+3^3+3^4+3^5)$는

무성無星 구역으로서 실수實數가 없으므로

이를 공제해야 하며 뒤의$-(3^2+3^3)=-36$은

토성계界의 28수와 8위位 금성金星이 된다.

〈표 10〉 화성 외계 상 3개층 12개단 구역의 화성수

층	3층						4층					5층				총합
단	14	15	16	17	18	합	19	20	21	22	합	23	24	25	합	
성수	1,296	×2	×3	×4	×5	×15	5,904	×2	×3	×4	×10	29,520	×2	×3	×6	255,600
	$(3^9-3^5)=19,440$						$(3^{10}-3^2)=59,040$					$(3^{11}-3^3)=177,120$				
	$(3^9+3^{10}+3^{11})-(3^5+3^2+3^3)=255,879-279=255,600$															

▶화성火星 내외계 상 3개층 12개단 총 성수星數＝9,360＋255,600＝264,960＝$(3^6-3^2)+(3^7-3^3)+(3^8-3^4)+(3^9-3^5)+(3^{10}-3^2)+(3^{11}-3^3)=(3^6+3^7+3^8+3^9+3^{10}+3^{11})-(3^2+3^3+3^4+3^5)-(3^2+3^3)$

▶$-(3^2+3^3+3^4+3^5)$: 무성無星 구역으로서 실수實數가 없으므로 이를 공제

▶$-(3^2+3^3)=-36$: 토성계의 28수와 8위 금성에 해당하므로 이를 공제

63. 火星의 總別 體積과 總 火塵量
화성　총별 체적　총 화진량

(a) $126691035\frac{3}{7}$ (月體 3倍와 等한
월체　　　배　등

火星 內界[1] 第三層 區宇의 全星 體積[2])
화성 내계　제3층 구우　전성 체적

÷720(同區宇의 全星數)
동구우　전성수

$=175959\frac{27}{35}$

內界 三層星의 均別 體積[3]
내계 3층성　균별 체적

(b) $337842761\frac{1}{7}$ (月體 8倍와 等한
월체　　　배　등

火星 外界 第三層 區宇의 全星 體積)
화성 외계 제3층 구우　전성 체적

÷19440(同區宇의 全星數)
동구우　전성수

$=17378\frac{101088}{136080}$

外界 三層星의 均別 體積
외계 3층성　균별 체적

63. 화성의 총별總別 부피와 총 화진량

(a) $126,691,035\frac{3}{7}$ (달 3배와 같은

화성 내계 제3층 구역의 전체 별 부피)

÷720(동일 구역의 전체 성수)

$=175,959\frac{27}{35}$

내계 3층성層星의 평균 개별 부피

(b) $337,842,761\frac{1}{7}$ (달 8배와 같은

화성 외계 제3층 구역의 전체 별 부피)

÷19,440(동일 구역의 전체 성수)

$=17,378\frac{101,088}{136,080}$

외계 3층성의 평균 개별 부피

1　화성火星 내계內界; 유성계는 월상구호月上九暭, 목성계, 화성계로 이루어져 있고, 이 유성계는 유성내계와 유성외계가 있으므로, 그 구성체인 화성계도 유성 내계의 화성계와 유성 외계의 화성계로 구분될 수 있다. 유성 내계의 화성계를 화성 내계라 하고, 유성 외계의 화성계를 화성 외계라 한다.

2　제3층第三層 구우區宇의 전성全星 체적體積; 화성계 제3층 구역의 모든 별(성체星體)의 전체 부피. 화성계는 5개 층으로 구성되며, 상하上下로 대분하여, 하 2개 층(제1층, 제2층)과 상 3개층(제3층, 제4층, 제5층)으로 나눈다. 하 2개층에는 성체星體가 없으며, 상 3개 층에는 성체星體가 있다.

3　균별均別 체적體積; 각 별(성체星體)의 평균 부피.

(c) $168921380\frac{4}{7}$ (月體 4倍와 等한

火星 內界 第四層 區宇의 全星 體積)

÷2160(同區宇의 全星數)

$=782043\frac{648}{15120}$

內界 四層星의 均別 體積

(d) $380073106\frac{2}{7}$ (月體 9倍와 等한

火星 外界 第四層 區宇의 全星 體積)

÷59040(同區宇의 全星數)

$=6437\frac{228384}{413280}$

外界 四層星의 均別 體積

(e) $211151725\frac{5}{7}$ (月體 5倍와 等한

火星 內界 第五層 區宇의 全星 體積)

÷6480(同區宇의 全星數)

$=32585\frac{6480}{45360}$

內界 五層星의 均別 體積

(c) $168,921,380\frac{4}{7}$ (달 4배와 같은

화성 내계 제4층 구역의 전체 별 부피)

÷2,160(동일 구역의 전체 성수)

$=782,043\frac{648}{15,120}$

내계 4층성의 평균 개별 부피

(d) $380,073,106\frac{2}{7}$ (달 9배와 같은

화성 외계 제4층 구역의 전체 별 부피)

÷59,040(동일 구역의 전체 성수)

$=6,437\frac{228,384}{413,280}$

외계 4층성의 평균 개별 부피

(e) $211,151,725\frac{5}{7}$ (달 5배와 같은

화성 내계 제5층 구역의 전체 별 부피)

÷6,480(동일 구역의 전체 성수)

$=32,585\frac{6,480}{45,360}$

내계 5층성의 평균 개별 부피

(f) $422303451\frac{3}{7}$ (月體 10倍와 等한
　　월체　　배 등

火星 外界 第五層 區宇의 全星 體積)
화성 외계 제 5 층 구 우　전 성 체 적

÷177120(同區宇의 全星數)
　　　　동 구 우　전 성 수

$=2384\dfrac{34560}{123984}$

外界 五層星의 均別 體積
외 계 5 층 성　균 별 체 적

(g) $126691035\frac{3}{7}$ (內 三層의 全星 體積)
　　　　　　　　내 3 층　전 성 체 적

$+337842761\frac{1}{7}$ (外 三層의 全星 體積)
　　　　　　　　외 3 층　전 성 체 적

$+168921380\frac{4}{7}$ (內 四層의 全星 體積)
　　　　　　　　내 4 층　전 성 체 적

$+380073106\frac{2}{7}$ (外 四層의 全星 體積)
　　　　　　　　외 4 층　전 성 체 적

$+211151725\frac{5}{7}$ (內 五層의 全星 體積)
　　　　　　　　내 5 층　전 성 체 적

$+422303451\frac{3}{7}$ (外 五層의 全星 體積)
　　　　　　　　외 5 층　전 성 체 적

$=1,646,983,460\frac{4}{7}$

月體 39倍와 等한 火星 264960位의 全體積
월체　배 등　　화성　　　　위　전 체 적

(h) $1646983460\frac{4}{7}$ (火星 全體積)
　　　　　　　　　화 성 전 체 적

×49=80702189568

火星 全體의 總火塵量
화 성 전 체　총 화 진 량

(f) $422,303,451\frac{3}{7}$ (달 10배와 같은

화성 외계 제5층 구역의 전체 별 부피)

÷177,120(동일 구역의 전체 성수)

$=2,384\dfrac{34,560}{123,984}$

외계 5층성의 평균 개별 부피

(g) $126,691,035\frac{3}{7}$ (내 3층의 전체 별 부피)

$+337,842,761\frac{1}{7}$ (외 3층의 전체 별 부피)

$+168,921,380\frac{4}{7}$ (내 4층의 전체 별 부피)

$+380,073,106\frac{2}{7}$ (외 4층의 전체 별 부피)

$+211,151,725\frac{5}{7}$ (내 5층의 전체 별 부피)

$+422,303,451\frac{3}{7}$ (외 5층의 전체 별 부피)

$=1,646,983,460\frac{4}{7}$

달 39배와 같은 화성 264,960위位의 전체 부피

(h) $1,646,983,460\frac{4}{7}$ (화성 전체 부피)

×49=80,702,189,568

화성 전체의 총 화진량總火塵量

〈표 11〉 화성의 총별 부피와 총 화진량

층	전체 별 부피		전체 별 수 (全 星數)	별의 평균 개별 부피 (星의 均別 체적)
	달 부피와의 비율	부피		
내계 3층	달 부피 3배	$126{,}691{,}035\frac{3}{7}$	720	$175{,}959\frac{27}{35}$
내계 4층	달 부피 4배	$168{,}921{,}380\frac{4}{7}$	2,160	$782{,}043\frac{648}{15{,}120}$
내계 5층	달 부피 5배	$211{,}151{,}725\frac{5}{7}$	6,480	$32{,}585\frac{6{,}480}{45{,}360}$
외계 3층	달 부피 8배	$337{,}842{,}761\frac{1}{7}$	19,440	$17{,}378\frac{101{,}088}{136{,}080}$
외계 4층	달 부피 9배	$380{,}073{,}106\frac{2}{7}$	59,040	$6{,}437\frac{228{,}384}{413{,}280}$
외계 5층	달 부피 10배	$422{,}303{,}451\frac{3}{7}$	177,120	$2{,}384\frac{34{,}560}{123{,}984}$
합	달 부피 39배	$1{,}646{,}983{,}460\frac{4}{7}$	264,960	

▶ 화성 전체의 총 화진량＝화성 전체 부피×49

$$=1{,}646{,}983{,}460\frac{4}{7}\times 49=80{,}702{,}189{,}568$$

64. 電子의 量과 電波가 미치는 區域   64. 전자電子의 양과 전파가 미치는 구역

(a) 2069286912(月體의 火塵)

  +16554295296(月의 8倍와 等한

月世界의 散火塵量[1, 2])

  +6207860736(月의 3倍와 等한

火星 內界 下 二個層의 火塵量)

  +26900729856(月의 13倍와 等한

火星 外界 下 二個層의 火塵量)

  +80702189568(月의 39倍와 等한

火星 全體의 火塵量[3])=132434362368

月의 64倍와 等한 月世界와

火星界의 總 火塵量으로서 이것이 곧

(a) 2,069,286,912(달의 화진)

  +16,554,295,296(달의 8배와 같은

월세계의 산散화진량)

  +6,207,860,736(달 3배와 같은

화성 내계 하 2개층의 화진량)

  +26,900,729,856(달 13배와 같은

화성 외계 하 2개층의 화진량)

  +80,702,189,568(달 39배와 같은

화성(별) 전체의 화진량)=132,434,362,368

달 64배와 같은 월세계와

화성계의 총 화진량으로서 이것이 곧

---

1   월月의 8배倍와 등等한 월세계月世界의 산화진량散火塵量; 지구의 경우 지륜계는 지구 반지름만큼 밖으로 연장한, 지구 반지름 2배의 길이를 반지름으로 하는 구역이며, 지륜계의 부피는 지구 부피의 8배가 되고, 지구를 뺀 윤계輪界의 부피는 지구 부피의 7배이다. 그러나 월세계는 달을 포함하여 월상9호喇로 되어 있으며, 월세계의 두께(월심에서 월세계 경계까지)는 1,080이며, 달의 반고半高(360)까지가 제1호喇이고, 이를 뺀 720을 8등분한 90이 제2호喇~제9호喇까지 각 호喇의 두께(=90)가 되며, 각 호喇의 화진 부피는 달의 화진 부피와 같으므로 달을 뺀 월세계의 화진 부피는 달의 8배가 되어 화진량도 달 화진량의 8배가 된다. 57항 (i) 및 (j)를 참조.

2   산화진량散火塵量; 별(성체星體)을 이루지 않고 흩어져 분포되어 있는 화진량. 월상9호喇 중 제1호喇는 달의 성체星體가 있으나, 제2호喇~제9호喇의 8개 호喇에는 성체星體가 없다. 다르게 륜신輪身으로 표현하면 제1륜신~제3륜신은 각각 두께가 360이며, 제1륜신(제1호喇)은 성체星體가 있고, 제2륜신(제2호喇~제5호喇)과 제3륜신(제6호喇~제9호喇)에는 성체星體가 없다.

3   월月의 39배倍와 등等한 화성火星 전체全體의 화진량火塵量; 화성 내계 상 3개층 12배(3+4+5)와 화성외계 상 3개층 27배(8+9+10)를 더해 39배가 됨. 하 2개층과 달리 상 3개층에는 별(성체星體)이 존재하여 달의 39배에 해당하는 별(화성)의 부피 및 달의 39배에 해당하는 별(화성)의 화진량을 가진다.

兩界[4]의 電子量[5]이다.
양계 전자량

火塵이란 電子[6]의 本名인 것이다.
화진 전자 본명

(b) 43455025152(月의 21倍와 等한
월 배 등

木星 13位의 火塵量)
목성 위 화진량

+31039303680(月의 15倍와 等한
월 배 등

木星 區宇 下 五個層의 火塵量)
목성 구우 하 5개 층 화진량

=74494328832

月의 36倍와 等한 木星 區宇의
월 배 등 목성 구우

火塵量 곧 電子量
화진량 전자량

(c) 132434362368(月의 64倍와 等한
월 배 등

月世界와 火星界의 火塵量)
월세계 화성계 화진량

×5=662171811840

陽性熱量으로서
양성 열량

卽 陽電量$(\frac{4}{5})^2$
즉 양전량

양계(월세계+화성계)의 전자량電子量이다.

화진이란 전자電子의 본명本名인 것이다.

(b) 43,455,025,152(달 21배와 같은

목성 13위位의 화진량)

+31,039,303,680(달 15배와 같은

목성 구역 하下 5개 층層의 화진량)

=74,494,328,832

달 36배와 같은 목성 구역의

화진량 곧 전자량量

(c) 132,434,362,368(달 64배와 같은

월세계와 화성계의 화진량)

×5=662,171,811,840

양성 열량陽性熱量으로서

즉 양전량陽電量[화진량$;(\frac{4}{5})^2=\frac{16}{25}$]

---

4 양계兩界; 여기서는 월세계와 화성계의 양계임.

5 전자량電子量; 전자電子와 화진火塵이 동의어로, 따라서 전자량電子量은 화진량火塵量과 동의어로 사용.

6 전자電子; 음전하를 가지고 원자핵의 주위를 도는 소립자의 하나. 질량은 $9.1090×10-31$kg이며, 약 0.511MeV 이다. 원자의 전자 수는 그 원자 번호와 같다. 19세기 말, 진공 방전에 의한 음극선 입자로서 발견되었다. 기호는 e. 여기서는 화진火塵과 동의어.

(d) 74494328832(月의 36倍와 等한 木星 區宇의 火塵量)$\times 3 = 223482986496$ 陰性熱量으로서 即 陰電量$(\frac{3}{5})^2$

(e) $211151725\frac{5}{7}$(月體 5倍와 等한 土星界 地塵의 體積과 八位 金星의 體積)$\times \frac{1}{5} \times 49 = 2069286912$ 月과 等한 火塵量[7]

(f) 2069286912(土星界와 八位 金星界의 火塵量)$\times (\frac{4}{5})^2 = 1324343623\frac{17}{25}$ 陽電量[8]

(g) $2069286912 \times (\frac{3}{5})^2 = 744943288\frac{8}{25}$ 陰電量[9]

(d) $74,494,328,832$(달 36배와 같은 목성 구역의 화진량)$\times 3 = 223,482,986,496$ 음성 열량陰性熱量으로서 즉 음전량陰電量$[$화진량$;(\frac{3}{5})^2 = \frac{9}{25}]$

(e) $211,151,725\frac{5}{7}$(달 5배와 같은 토성계 지진의 부피와 8위位 금성의 부피)$\times \frac{1}{5} \times 49 = 2,069,286,912$ 달과 같은 화진량

(f) $2,069,286,912$(토성계와 8위位 금성계의 화진량)$\times (\frac{4}{5})^2 = 1,324,343,623\frac{17}{25}$ 양전량陽電量

(g) $2,069,286,912 \times (\frac{3}{5})^2 = 744,943,288\frac{8}{25}$ 음전량陰電量

---

7 월月과 등等한 화진량火塵量; 달과 같은 화진량. 달의 5배 부피의 지진에서 지진의 1/5이 화진이므로 5배의 1/5 이면 1배가 되어 달의 (화진) 부피와 같아진다. 화진량은 화진 부피에 49를 곱하면 되므로, 이에 49를 곱하면 달의 화진량과 같은 화진량이 된다.

8 양전량陽電量; 화진량의 (4/5)² 곧 16/25가 양전량.

9 음전량陰電量; 화진량의 (3/5)² 곧 9/25가 음전량.

(h) 1080(月世界의 半徑 또는 木星의 區宇 또한 火星界 五個層과 等距離인 厚)×7=7560 月을 中心으로 한 遊星界의 半徑으로서 此 半徑인 一圓[10]이 언제나 電波[11]가 미치는 區域이므로 地面에서의 最遠[12]이 7560+2462(地月心 間의 距離) −36(地半徑)=9986으로서 最近[13]이 7560−2462+36=5134[14]이다

(h) 1,080(월세계의 반지름 또는 목성의 구역 또한 화성계 5개층個層과 등거리等距離인 두께)×7=7,560 달을 중심으로 한 유성계遊星界의 반지름으로서 이 반지름인 일원一圓이 언제나 전파電波가 미치는 구역이므로 지면에서의 최원最遠이 7,560+2,462(지地 · 월심 간의 거리) −36(지구 반지름)=9,986으로서 최근最近이 7,560−2,462+36=5,134이다

---

10   일원一圓; 일정한 범위의 지역. 어느 지역地域의 전부全部. [비슷한말] 일판. 일대.

11   전파電波; 도체 중의 전류가 진동함으로써 방사되는 전자기파. 특히 전기 통신에서 쓰는 것을 가리킨다. 주파수는 3KHz부터 3THz까지 있다. ▶대류권전파對流圈傳播; tropospheric propagation. 전파電波가 대류권의 영향을 받으면서 전파되는 현상. 일반적으로 전파의 전달은 매질에 의해서 큰 영향을 받는다. 지구상에서 전파되는 전파도 대지大地의 영향을 크게 받으면서 전파되면 지상파라 하고, 대류권 대기의 영향을 받으면 대류권파, 전리층의 특성에 지배되면서 전파되면 이온층파(전리층파)라고 한다. 이 중에서 대류권파로서 전파되는 것을 대류권 전파라고 한다. 대류권 전파에 영향을 미치는 물리적 요인으로는 대기 중의 굴절, 라디오덕트에 의한 페이딩, 비 · 안개 등에 의한 감쇠, 대류권 대기의 국부적인 불안정에 따른 산란 등을 들 수 있다.

12   최원最遠; 제일 먼 거리.

13   최근最近; 제일 가까운 거리.

14   최근最近이 7560−2462+36=5134; 이는 달과 면한 지면까지의 최근거리이고, 달의 반대편 지면까지의 최근거리는 7,560−2,462−36=5,062로 사료됨.

(ⅰ) $7560^3 \times \dfrac{88}{21} = 1810626048000$

此가 遊星界의 全體積으로서

電波가 미치는 區域이므로 此 區域 外에는

電子가 없다. 電子가 없는 區域에도

이-자[15](水塵의 極性)는 있으나

電波는 미치지 못한다.

이와 같이 電子가 없으면[16]

電波는 미치지 못하는 것이다.

이-자는 水塵의 極性이므로

水塵이 布陣된 假空界 以內가

그의 區域으로서 識光力[17]이

미치는 限度이다.

오직 大千世界를 一圓으로

할 수 있음은 智光力[18]에 限한다.

(ⅰ) $7,560^3 \times \dfrac{88}{21} = 1,810,626,048,000$

이것이 유성계遊星界의 전체 부피로서

전파가 미치는 구역이므로 이 구역 외에는

전자電子가 없다. 전자가 없는 구역에도

이-자(수진水塵의 극성極性)는 있으나

전파는 미치지 못한다.

이와 같이 전자가 없으면

전파는 미치지 못하는 것이다.

이-자는 수진의 극성이므로

수진이 포진布陣된 가공계 이내以內가

그의 구역으로서 식광력識光力이

미치는 한도이다.

오직 대천세계를 일원一圓으로

할 수 있음은 지광력智光力에 한한다.

15 이-자; Ether. 에테르. 여기에서는 '수진水塵의 극성極性'을 뜻하는 말로 사용되었다. ▶에테르; 빛을 파동으로 생각했을 때 이 파동을 전파하는 매질로 생각되었던 가상적인 물질이다. 간섭계 실험을 통해 에테르의 존재는 완전히 부정되었고, 현대과학에서는 더 이상 논의되지 않는다.

16 이와 같이 전자電子가 없으면; 『금강심론』에는 '이와 같이 이-자가 없으면'으로 되어 있으나, 앞뒤 문맥으로 보아 '이와 같이 전자電子가 없으면'으로 교정함.

17 식광력識光力; 뒤의 96, 97항 참조.

18 지광력智光力; 뒤의 96, 97항 참조.

❖ (a) 화진火塵: 전자

월세계와 화성계의 화진량=달의 화진량+달의 8배와 같은 월세계의 산散화진량+달의 3배인 화성 내계 하 2개 층의 화진량+달의 13배인 화성 외계 하 2개 층의 화진량+달의 39배인 화성火星(별) 전체의 화진량

=달의 64배와 같은 월세계와 화성계의 총 화진량=양계兩界의 전자량

(b) 목성 구역의 화진량

달의 21배인 목성 13位의 화진량+달의 15배인 목성 구역 하 5개층의 화진량=달의 36배인 목성 구역의 화진량(전자량)

(c) 달의 64배인 월세계와 화성계의 화진량×5=양성 열량[양전량=$(\frac{4}{5})^2$; 곧 전체 화진량(달의 64배인 양계 화진량+달의 36배인 목성 구역 화진량) 중 양계 화진량(달의 64배)

$=\dfrac{64}{64+36}=\dfrac{64}{100}=\dfrac{16}{25}=(\dfrac{4}{5})^2$]

(d) 달의 36배인 목성 구역의 화진량×3=음성 열량[음전량=$(\frac{3}{5})^2$; 곧 전체 화진량(달의 64배인 양계 화진량+달의 36배인 목성 구역 화진량) 중 목성 구역 화진량(달의 36배)=$\dfrac{36}{64+36}=\dfrac{36}{100}=\dfrac{9}{25}=(\dfrac{3}{5})^2$]

(e) 달 5배인 토성계 지진의 체적과 8위 금성의 체적$\times\dfrac{1}{5}\times$49=2,069,286,912 달과 같은 화진량

(f) 토성계와 8위 금성의 화진량$\times(\dfrac{4}{5})^2$=1,324,343,623$\dfrac{17}{25}$ 양전량

(g) 토성계와 8위 금성의 화진량$\times(\dfrac{3}{5})^2$=744,943,288$\dfrac{8}{25}$ 음전량

(h) 달을 중심으로 한 유성계의 반경 : 1,080(월세계의 반지름 또는 목성 구역의 두께)×7=7,560

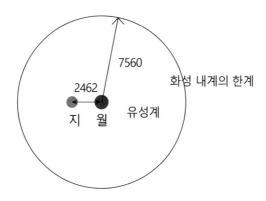

<그림 34> 지면에서 유성계 외주까지의 거리

유성계 반지름은 전파가 미치는 영역

지면에서 최원거리=2,462+7,560−36=9,986

지면에서 최근거리=7,560−2,462+36=5,134(달을 면한 지면일 경우이고,

달 반대편 지면에서 최근거리=7,560−2,462−36=5,062〈경주 주註〉)

(i) 전파가 미치는 구역=$7,560^3 \times \dfrac{88}{21} = 1,810,626,048,000$: 이 구역 외에는 전자가 없다.

전자가 없는 구역에서도 이-자(수진의 극성)는 있으나 전파는 미치지 못함.

제5절

風塵世界와 木星
풍 진 세 계 　 목 성

65. 木星 區宇 下 五個層의 陰性火塵量
목성 구우 하 5개층 음성화진량

65. 목성 구역 하부 5개층의 음성 화진량

(a) $42230345\frac{1}{7}$ (月의 體積과 等한
월 체적 등

木星 區宇[1] 第一層의 火塵 體積으로서
목성 구우 제1층 화진 체적

이것이 同區 八個層의 級差다)
동구 8개층 급차

$+84460690\frac{2}{7}$ (月體의 2倍와 等한
월체 배 등

同 第二層의 火塵 體積)
동 제2층 화진 체적

$+126691035\frac{3}{7}$ (月體의 3倍와 等한
월체 배 등

同 第三層 火塵의 體積)
동 제3층 화진 체적

$+168921380\frac{4}{7}$ (月體의 4倍와 等한
월체 배 등

同 第四層 火塵의 體積)
동 제4층 화진 체적

$+211151725\frac{5}{7}$ (月體의 5倍와 等한
월체 배 등

同 第五層 火塵의 體積)
동 제5층 화진 체적

$=633455177\frac{1}{7}$

(a) $42,230,345\frac{1}{7}$ (달 부피와 같은

목성 구역 제1층의 화진 부피로서

이것이 동일 구역 8개 층의 급차級差다)

$+84,460,690\frac{2}{7}$ (달 부피 2배와 같은

동일 구역 제2층의 화진 부피)

$+126,691,035\frac{3}{7}$ (달 부피 3배와 같은

동일 구역 제3층 화진 부피)

$+168,921,380\frac{4}{7}$ (달 부피 4배와 같은

동일 구역 제4층 화진 부피)

$+211,151,725\frac{5}{7}$ (달 부피 5배와 같은

동일 구역 제5층 화진 부피)

$=633,455,177\frac{1}{7}$

---

1 목성木星 구우區宇; 목성 구역은 8개 층으로 구성되어 있고, 하 5개 층에는 별(성체星體)이 없고, 제1, 2, 3, 4, 5층에 각각 달의 1, 2, 3, 4, 5배의 화진 부피를 가지고 있다. 상 3개 층은 제6층에 주성主星 1개, 제7층에 크기가 균일한 자종성子從星 3개, 제8층에 크기가 균일한 손종성孫從星 9개가 있으며, 제6, 7, 8층에 각각 달 부피의 6, 7, 8배의 화진 부피를 가지고 있다. 따라서 하 5개층의 총 화진 부피는 달 부피의 15배이고, 상 3개층의 총 화진 부피는 달 부피의 21배이다.

月體의 15倍와 等한

木星 區宇 下 五個層 火塵의 體積

(b) $633455177\frac{1}{7}$ (月體의 15倍와 等한

木星 區宇 下 五個層 火塵의 體積)

×49＝31039303680

木星 區宇 下 五個層 火塵量[2]

(c) 31039303680×3＝93117911040

同陰性 熱量[3](陰電量[4])

달 부피의 15배와 같은

목성 구역 하 5개 층 화진 부피

(b) $633,455,177\frac{1}{7}$ (달 부피의 15배와 같은

목성 구역 하 5개 층 화진 부피)

×49＝31,039,303,680

목성 구역 하 5개 층 화진량

(c) 31,039,303,680×3＝93,117,911,040

동일 구역 음성 열량(음전량)

2 화진량火塵量; 화진량은 화진 부피의 7^2배이다.

3 동음성同陰性 열량熱量; 목성 구역은 음성 열량을 가지며 화진량의 3배이다.

4 음전량陰電量; 음성 열량이 곧 음전량이다.

❖ **기호; U 우주**

S 태양, S' 태양세계; E 지구, E' 지세계; M 달; G 4대 금성; K 8위 금성; W 수성; T 화성; J 목성; A 토성

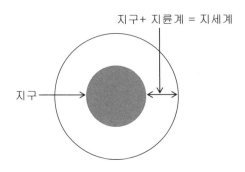

지구+ 지륜계 = 지세계

지구

〈그림 35〉 **지구와 지륜계**

Hd 수진, Fd 화진, Ed 지진, Wd 풍진, Gd 금진

V=부피, Q=량, F=힘; Q^H=열량; Q^C=냉량

❖ **기호복합**

V^{Ed}=지진 부피, $V^{Ed}_{E'}$=지세계의 지진 부피,

Q^{Fd}=화진량, $Q^{Fd}_{화성계}$=화성계의 화진량 등; $Q^{\pm Fd}$=(양,음)성 화진량, $Q^{\pm H}$=(양,음)성 열량,

$\;$; $Q^{Gd}_{냉화}$=냉화 금진, $Q^{Gd}_{열화}$=열화 금진, $Q^{Gd}_{중성화}$=중성화 금진

$F^{인력}_{E'}$=지세계의 인력량. F^C=식력, F^M=신력

❖ **규칙**

$Q^{Hd}=V^{Hd}\times7, Q^{Fd}=V^{Fd}\times7^2, Q^{Ed}=V^{Ed}\times7^3$

$Q^C=Q^{Hd}\times3, Q^H=Q^{Fd}\times5, Q^{+H}=Q^{+Fd}\times5, Q^{-H}=Q^{-Fd}\times3,$

$$Q^{+Fd}=Q^{Fd}\times(\frac{4}{5})^2, Q^{-Fd}=Q^{Fd}\times(\frac{3}{5})^2$$

$Q^{Gd}_{냉화}=Q^{Hd}_{총}\times3, Q^{Gd}_{열화}=Q^{+H}+Q^{-H}=Q^{+Fd}_{총}\times5+Q^{-Fd}_{총}\times3=Q^{Fd}_{총}\times(\frac{4}{5})^2\times5+Q^{Fd}_{총}\times(\frac{3}{5})^2\times3$

$Q^{Gd}_{중성화}=Q^{Ed}\times7$

모든 량 (V,Q,F)는 숫자대신 V_S, V_E, V_M 을 단위로 하면 더 편리함.

❖ (a) 목성 구역 하부 5개 층의 화진 부피(V^{Fd})

$$V^{Fd}_{목성\ 하5층} = V^{Fd}_{목성\ 1층} + V^{Fd}_{목성\ 2층} + \cdots + V^{Fd}_{목성\ 5층}$$

$$= V_M + 2V_M + \cdots + 5V_M$$

$$= 15V_M$$

(b) 화진량

$$Q^{Fd}_{목성\ 하5층} = V^{Fd}_{목성\ 하5층} \times 7^2 = (15V_M) \times 7^2$$

(c) 음성 열량(음전량)

$$Q^{-H}_{목성\ 하5층} = Q^{Fd}_{목성\ 하5층} \times 3 = (15V_M) \times 7^2 \times 3$$

66. 木星 區宇 上 三個層에 있어서의 三品 木星의 體積과 그 陰性 火塵

66. 목성 구역 상부 3개 층에서 3品품 목성의 부피와 그 음성 화진

(a) $253382070\frac{6}{7}$

月體의 6倍와 等한 木星 區宇의 第六層에 있어서의 主星 體積

(a) $253,382,070\frac{6}{7}$

달 부피의 6배와 같은 목성 구역의 제6층에 있어서의 주성主星 부피

(b) 295612416(月體의 7倍와 等한 同 第七層에 있어서의 子從星의 3位의 體積)

÷3=98537472

子從星인 一位의 體積[1]

(b) 295,612,416[달 부피의 7배와 같은 동일 구역 제7층에 있어서의 아들 종성(자종성子從星) 3위位의 부피]

÷3=98,537,472

아들 종성인 1위位의 부피

(c) $337842761\frac{1}{7}$ (月體의 8倍와 等한 同 第八層에 있어서의 孫從星 9位의 體積)

÷9=37538084

孫從星인 一位의 體積[2]

(c) $337,842,761\frac{1}{7}$ [달 부피의 8배와 같은 동일 구역 제8층에 있어서의 손자 종성(손종성孫從星) 9위位의 부피]

÷9=37,538,084

손자 종성인 1위位의 부피

---

1   자종성子從星인 일위一位의 체적體積; 목성 구역 제7층에는 화진 부피가 균일한 3개의 자종성이 있으므로, 제7층의 총 화진 부피를 3등분하면 1개의 자종성의 부피가 된다.

2   손종성孫從星인 1위一位의 체적體積; 목성 구역 제8층에는 화진 부피가 균일한 9개의 손종성이 있으므로, 제8층의 총 화진 부피를 9등분하면 1개의 손종성의 부피가 된다.

(d) $253382070\frac{6}{7}$ (主星 一位의 體積)
　　　　　　　　　주 성　1 위　　체 적

　　+295612416(子從星 三位의 體積)
　　　　　　　　　자 종 성　3 위　　체 적

　　+$337842761\frac{1}{7}$ (孫從星 九位의 體積)
　　　　　　　　　손 종 성　9 위　　　체 적

　　=886837248

　　月體의 21倍와 等한
　　월 체　　　　배　　등
　　木星 十三位의 全體積[3]
　　목 성　1 3 위　　전 체 적

(e) 886837248(月體의 21倍와 等한
　　　　　　　　월 체　　　　배　　등

　　木星 十三位의 全體積)
　　목 성　1 3 위　　전 체 적
　　×49=43455025152

　　木星 13位의 火塵量(電子量)
　　목 성　　위　　화 진 량 전 자 량
(f) 43455025152×3=130365075456

　　陰性 熱量(陰電量)
　　음 성 열 량 음 전 량

(d) $253,382,070\frac{6}{7}$ (주성 1위位의 부피)

　　+295,612,416(아들 종성 3위位의 부피)

　　+$337,842,761\frac{1}{7}$ (손자 종성 9위位의 부피)

　　=886,837,248

　　달 부피의 21배와 같은

　　목성 13위位의 전체 부피

(e) 886,837,248(달 부피의 21배와 같은

　　목성 13위位의 전체 부피)

　　×49=43,455,025,152

　　목성 13위位의 화진량(전자량)

(f) 43,455,025,152×3=130,365,075,456

　　음성 열량(음전량)

3　　목성木星 13위十三位의 전체적全體積; 목성 구역 13개 별의 전체 화진 부피는 제6, 7, 8층의 화진 부피의 총합(6
　　배+7배+8배)과 같으며 달 부피의 21배이다.

❖ (a) 제6층 주성主星 부피

$$V_{\text{목성 6층 주성}}=6V_M=253{,}382{,}070\frac{6}{7}$$

(b) 제7층 아들 종성 (자종성子從星)의 부피 (3개의 같은 크기 별이 있음)

$$V_{\text{목성 7층 자종성 하나}}=7V_M\times\frac{1}{3}=98{,}537{,}472$$

(c) 제8층 손자 종성 (손종성孫從星)의 부피 (9개의 같은 크기 별이 있음)

$$V_{\text{목성 8층 손종성 하나}}=8V_M\times\frac{1}{9}=37{,}538{,}084$$

(d) 목성 상부 13개별의 총 체적

$$V_{\text{목성 상부 13위 전성}}=(6V_M+7V_M+8V_M)=21V_M$$

(e) 목성 상부 13개별의 화진량 (전자량)

$$Q^{Fd}_{\text{목성 13개별}}=(21V_M)\times7^2=43{,}455{,}025{,}152$$

(f) 음성 열량 (음전량)

$$Q^{-H}_{\text{목성상부}}=Q^{Fd}_{\text{목성상부}}\times3=(21V_M)\times7^2\times3=130{,}365{,}075{,}456$$

67. 日球의 冷量과 引力量
(일구　냉량　인력량)

(a) $5278793142\frac{6}{7}$ (月體 125倍와 等한
(월체　배　등)

　日球의 體積[1])×7＝36951552000
　(일구　체적)

　日球의 水塵量[2]
　(일구　수진량)

(b) 36951552000×3＝110854656000

　日球의 冷量
　(일구　냉량)

(c) 110854656000×59049(3^{10})

　＝6545856582144000

　日球의 引力量[3]
　(일구　인력량)

67. 태양의 냉량과 인력량

(a) $5,278,793,142\frac{6}{7}$ (달 부피 125배와 같은

　일구의 부피)×7＝36,951,552,000

　일구의 수진량

(b) 36,951,552,000×3＝110,854,656,000

　일구의 냉량

(c) 110,854,656,000×59,049(＝3^{10})

　＝6,545,856,582,144,000

　일구의 인력량

1　일구日球의 체적體積; 4항 (l) 참조.

2　수진량水塵量; 수진 부피의 7배.

3　인력량引力量; 냉량의 3^{10}배. [냉량은 수진량의 3배, 수진량은 수진 부피의 7배임. 따라서 일구의 인력량을 수식으로 표현하면 $F_S^{인력}=Q_S^C \times 3^{10}=V_S \times 7 \times 3 \times 3^{10}=125V_M \times 7 \times 3 \times 3^{10}=6,545,856,582,144,000$. 그런데 36항의 일구의 인력량($=125V_M \times 3 \times 3^{10}=V_S \times 3 \times 3^{10}=22,143,375V_M=935,122,368,877,714\frac{2}{7}$)은 '수진량이 수진 부피의 7배'인 부분이 누락된 것으로 사료되며, ×7을 해야 이곳의 일구의 인력량과 일치됨.]

❖ (a) 태양의 수진량

$$Q_S^{Hd} = V_S \times 7 = 125V_M \times 7 = 36,951,552,000$$

(b) 태양의 냉량

$$Q_S^C = Q_S^{Hd} \times 3 = V_S \times 7 \times 3 = 110,854,656,000$$

(c) 태양의 인력량

$$F_S^{인력} = Q_S^C \times 3^{10} = V_S \times 7 \times 3 \times 3^{10} = 6,545,856,582,144,000$$

68. 星霧系의 冷量과 引力量
성무계 　 냉량 　 인력량

(a) 28970016768(水星 5548788位의
수성 　　　　위

全體積$^{1)}$)+7685922816(假空界 四個級
전체적 　　　　　가공계 4개급

全水塵의 體積$^{2)}$)+295612416(眞空界
전수진 　체적 　　　　　진공계

稀水塵$^{3)}$의 全體積$^{4)}$)=36951552000
회수진 　　전체적

星霧系 全水塵의 體積^{5}
성무계 전수진 　체적

(b) 36951552000×7=258660864000

星霧系의 總水塵量^{6}
성무계 　총수진량

(c) 258660864000×3=775982592000

星霧系의 總冷量$^{7, 8}$
성무계 　총냉량

(d) 775982592000×59049(3^{10})

=45820996075008000

星霧系의 總引力으로서 日球 引力量의 7倍
성무계 　총인력 　　　일구 인력량 　배

---

68. 성무계의 냉량과 인력량

(a) 28,970,016,768(수성 5,548,788위位의

전체 부피)+7,685,922,816(가공계 4개 급級

전체 수진의 부피)+295,612,416(진공계

회수진稀水塵의 전체 부피)=36,951,552,000

성무계 전체 수진의 부피

(b) 36,951,552,000×7=258,660,864,000

성무계의 총 수진량

(c) 258,660,864,000×3=775,982,592,000

성무계의 총 냉량

(d) 775,982,592,000×59,049(=3^{10})

=45,820,996,075,008,000

성무계의 총 인력으로서 일구 인력량의 7배

1　수성水星 5548788위位의 전체적全體積; 54항 (e) 참조.
2　가공계假空界 4개급四個級 전수진全水塵의 체적體積; 55항 (a) 참조.
3　회수진稀水塵; 수진이 희박하므로 회수진이라 표현.
4　진공계眞空界 회수진稀水塵의 전체적全體積; 56 항 (a) 참조.
5　성무계星霧系 전수진全水塵의 체적體積; 56항 (b) 참조.
6　성무계星霧系의 총 수진량總水塵量; 56항 (c) 참조.
7　총 냉량總冷量; 총 수진량의 3배.
8　성무계星霧系의 총 냉량總冷量; 56항 (d) 참조.

❖ (a) 성무계 전수진의 부피(V^{Hd})

$$V^{Hd}_{성무계} = V^{Hd}_{수성} + V^{Hd}_{가공계} + V^{Hd}_{진공계} = V^{Hd}_S \times 7 = Q^{Hd}_S$$

(b) 성무계 총 수진량(Q^{Hd})

$$Q^{Hd}_{성무계} = V^{Hd}_{성무계} \times 7 = 7 \times Q^{Hd}_S$$

(c) 성무계 총 냉량(Q^C)

$$Q^C_{성무계} = Q^{Hd}_{성무계} \times 3 = V^{Hd}_{성무계} \times 7 \times 3 = 7 \times Q^C_S$$

(d) 성무계 총 인력량($F^{인력}$)

$$F^{인력}_{성무계} = Q^C_{성무계} \times 3^{10} = V^{Hd}_{성무계} \times 7 \times 3 \times 3^{10} = 7 \times F^{인력}_S$$

69. 宇宙의 左旋塵에 말미암은 水平力量

(a) 654585682144000(日球의 引力量[1])

   +45820996075008000(星霧系의 引力量[2])

   =52366852657152000

宇宙 中央의 左旋日球와

邊方 左旋 星體 또는 左旋塵 間에서

同性相引[3]하는

左旋의 原則으로 말미암아

서로 牽引[4]하는 水塵의

水平力量[5]이 이것이다.

69. 우주의 좌선진에 말미암은 수평 역량

(a) 6,545,856,582,144,000(일구의 인력량)

   +45,820,996,075,008,000(성무계의 인력량)

   =52,366,852,657,152,000

우주 중앙의 좌선左旋 일구와

변방 좌선 성체星體 또는 좌선진塵 사이에서

동성同性끼리 서로 끌어당기는(상인相引)

좌선의 원칙으로 말미암아

서로 견인牽引하는 수진水塵의

수평 역량水平力量이 이것이다.

1 　일구日球의 인력량引力量; 67항 (c) 참조.

2 　성무계星霧系의 인력량引力量; 68항 (d) 참조.

3 　동성상인同性相引; 같은 성질끼리 서로 끌어당김.

4 　견인牽引; 끌어서 당김.

5 　수진水塵의 수평력량水平力量; 인력총량引力總量(=일구의 인력량+성무계의 인력량)을 말함. [36항에서 인력총량=전냉량(=달 부피의 3,000배)×3^{10}(=59,049). 이는 냉량=수진량×3=(수진 부피×7)×3에서 ×7이 누락된 것으로 사료되며, ×7을 해서 '전냉량(달 부피의 21,000배)×3^{10}(=59,049)'으로 정정되어야 이곳의 수진의 수평 역량과 일치됨.]

❖ (a) $F_U^{수평} = F_S^{인력} + F_{성무계}^{인력} = 8 \times F_S^{인력} = 8 \times V_S \times 7 \times 3 \times 3^{10} = 52,366,852,657,152,000$

▶ 우주의 중앙에 있는 좌선 태양

▶ 우주의 끝에 있는 좌선의 성무계 및 좌선진

▶ 동성상인同性相引(같은 성질끼리 서로 끌어당김)하는 좌선의 원칙으로 수진의 견인력이 수평 역량으로 작용한다.

70. 火星界의 熱量과 動力量
화성계   열량   동력량

(a) $2322668982\frac{6}{7}$ (月體의 39倍와 等한
월체   배   등

火星 264960位의 全體積과
화성   위   전체적

月體의 16倍와 等한 火塵의 全體積)
월체   배   등   화진   전체적

$\times 49 = 113810780160$

火星界의 火塵量[1]
화성계   화진량

(b) $113810780160 \times 5 = 569053900800$

火星界의 熱量[2]
화성계   열량

(c) $569053900800 \times 15625(5^6)$

$= 8891469200000000$

火星界의 總 動力量[3]
화성계   총 동력량

70. 화성계의 열량과 동력량

(a) $2,322,668,982\frac{6}{7}$ (달 부피 39배와 같은

화성 264,960위位의 전체 부피와

달 부피의 16배와 같은 화진의 전체 부피)

$\times 49 = 113,810,780,160$

화성계의 화진량

(b) $113,810,780,160 \times 5 = 569,053,900,800$

화성계의 열량

(c) $569,053,900,800 \times 15,625(=5^6)$

$= 8,891,469,200,000,000$

화성계의 총 동력량

---

1   화진량火塵量; 화진 부피의 7^2배.

2   열량熱量; 화진량의 5배.

3   동력량動力量; 열량의 5^6배.

❖ (a) 화성계 화진량

$$Q^{Fd}_{화성계} = (55V_M) \times 7^2 = 113,810,780,160$$

$$55V_M = 39V_M\,(264,960개\ 화성의\ 부피) + 16V_M\,(화진의\ 전체\ 부피)$$

$$= 1,646,983,460\frac{4}{7} + 675,685,522\frac{2}{7}$$

$$= 2,322,668,982\frac{6}{7}$$

(b) 화성계 열량

$$Q^{H}_{화성계} = Q^{Fd}_{화성계} \times 5 = (55V_M) \times 7^2 \times 5$$

(c) 화성계 동력량

$$F^{동력량}_{화성계} = Q^{H}_{화성계} \times 5^6 = (55V_M) \times 7^2 \times 5 \times 5^6 = 8,891,469,200,000,000$$

71. 月世界의 熱量과 動力量
월세계 열량 동력량

(a) $380073106\frac{2}{7}$ (月의 體積과,
월 체적

月體의 8倍와 等한 第二,
월체 배 등 제2

第三輪身의 體積)$\times49=18623582208$
세3륜신 체적

月世界의 火塵量[1]
월세계 화진량

(b) $18623582208\times5=93117911040$

同界 熱量[2]
동계 열량

(c) $93117911040\times15625(5^6)$

$=1454967360000000$

月世界의 總動力量
월세계 총동력량

71. 월세계의 열량과 동력량

(a) $380,073,106\frac{2}{7}$ (달 부피와,

달부피의 8배와 같은 제2,

제3륜신의 부피)$\times49=18,623,582,208$

월세계의 화진량

(b) $18,623,582,208\times5=93,117,911,040$

월세계의 열량

(c) $93,117,911,040\times15,625(=5^6)$

$=1,454,967,360,000,000$

월세계의 총 동력량

---

1 월세계月世界의 화진량火塵量; 57항 (i), (j) 참조.

2 동계同界 열량熱量; 57항 (j) 참조.

❖ (a) 월세계 화진량

$$Q_{월세계}^{Fd} = (9V_M) \times 7^2 = 18,623,582,208$$

$9V_M = V_M(달의 부피) + 8V_M(월세계의 제2륜신과 제3륜신 부피의 합)$

(b) 월세계 열량

$$Q_{월세계}^{H} = Q_{월세계}^{Fd} \times 5 = (9V_M) \times 7^2 \times 5$$

(c) 월세계 동력량

$$F_{월세계}^{동력량} = Q_{월세계}^{H} \times 5^6 = (9V_M) \times 7^2 \times 5 \times 5^6 = 1,454,967,360,000,000$$

72. 木星 區字의 陰性熱量과 靜力量
목성 구우 음성열량 정력량

72. 목성 구역의 음성 열량과 정력량

(a) $1520292425\frac{1}{7}$ (月體의 21倍와 等한
월체 배 등

木星 13位의 體積과,
목성 위 체적

月體의 15倍와 等한 火塵의 體積)
월체 배 등 화진 체적

$\times 49 = 74494328832$

同區 火塵量[1]
동구 화진량

(b) $74494328832 \times 3 = 223482986496$

同區의 陰性熱量[2]
동구 음성열량

(c) $223482986496 \times 15625(5^6)$

$= 3491921664000000$

同區의 靜力量[3]
동구 정력량

(a) $1{,}520{,}292{,}425\frac{1}{7}$ (달 부피의 21배와 같은

목성 13위位의 부피와,

달 부피의 15배와 같은 화진의 부피)

$\times 49 = 74{,}494{,}328{,}832$

목성 구역 화진량

(b) $74{,}494{,}328{,}832 \times 3 = 223{,}482{,}986{,}496$

목성 구역의 음성 열량

(c) $223{,}482{,}986{,}496 \times 15{,}625(=5^6)$

$= 3{,}491{,}921{,}664{,}000{,}000$

목성 구역의 정력량靜力量

1 　동구同區 화진량火塵量; 65항 (b), 66항 (e) 참조.
2 　동구同區의 음성열량陰性熱量; 65항 (c), 66항 (f) 참조.
3 　정력량靜力量; 음성 열량의 5^6배는 정력량이 되고, 양성 열량의 5^6배는 동력량이 됨. 목성 구역의 화진량의 열량은 음성 열량이고, 월세계와 화성계의 화진량의 열량은 양성 열량임.

❖ (a) 목성 구역 화진량

$$Q_{목성구우}^{Fd}=(36V_M)\times 7^2=74{,}494{,}328{,}832$$

$$36V_M=21V_M(목성\ 13개의\ 부피)+15V_M(목성\ 구역의\ 화진\ 부피)$$

(b) 목성 구역 음성 열량

$$Q_{목성구우}^{-H}=Q_{목성구우}^{Fd}\times 3=(36V_M)\times 7^2\times 3=223{,}482{,}986{,}496$$

(c) 목성 구역 정력량

$$F_{목성구우}^{정력량}=Q_{목성구우}^{-H}\times 5^6=(36V_M)\times 7^2\times 3\times 5^6=3{,}491{,}921{,}664{,}000{,}000$$

73. 全宇宙에 있어서의 右旋 斥力量

(a) 8891469200000000(火星界의 動力量[1])

　　 +1454967360000000(月世界의 動力量[2])

　　 =10346436560000000

　　 遊星界의 總動力量

(b) 10346436560000000(遊星界의 總動力量)

　　 −3491921664000000(木星 區宇의 靜力量[3])

　　 =6854514896000000

遊星界의 剩餘動力이 全宇宙에 있어서의 斥力量이다. 木星의 區宇가 火星界와 月世界와의 中間에 끼어 있어

$\frac{1}{4}$은 月世界에서, $\frac{3}{4}$은 火星界에서

그 斥力을 吸收하고

73. 전 우주의 우선 척력량

(a) 8,891,469,200,000,000(화성계의 동력량)

　　 +1,454,967,360,000,000(월세계의 동력량)

　　 =10,346,436,560,000,000

　　 유성계遊星界의 총 동력량

(b) 10,346,436,560,000,000(유성계의 총 동력량)

　　 −3,491,921,664,000,000(목성 구역의 정력량)

　　 =6,854,514,896,000,000

유성계의 잉여 동력이 전체 우주에 있어서의 척력량斥力量이다. 목성의 구역이 화성계와 월세계와의 중간에 끼어 있어

$\frac{1}{4}$은 월세계에서, $\frac{3}{4}$은 화성계에서

그 척력을 흡수하고

1　화성계火星界의 동력량動力量; 70항 (c) 참조.

2　월세계月世界의 동력량動力量; 71항 (c) 참조.

3　목성木星 구우區宇의 정력량靜力量; 72항 (c) 참조.

畢竟 月體의 28倍에 等한
필 경 월 체   배 등

火星의 斥力만 存在한다[4].
화 성   척 력   존 재

필경 달의 28배와 같은

화성의 척력만 존재한다.

---

4 목성木星의 구우區字가 화성계火星界와 월세계月世界와의 중간中間에 끼어 있어 $\frac{1}{4}$은 월세계月世界에서, $\frac{3}{4}$은 화성계火星界에서 그 척력斥力을 흡수吸收하고 필경畢竟 월체月體의 28배倍에 등等한 화성火星의 척력斥力만 존재存在한다; "월세계의 화진량은 달(월체) 화진량의 9배, 목성 구역의 화진량은 달 화진량의 36배, 화성계의 화진량은 달 화진량의 55배이다. 목성의 음성 화진량(달 화진량의 36배) 중 $\frac{1}{4}$(달 화진량의 9배)은 월세계의 양성 화진량을 완전히 흡수하고, $\frac{3}{4}$(달 화진량의 27배)은 화성계 화진량(달 화진량의 55배) 중 $\frac{27}{55}$(달 화진량의 27배)을 흡수하고 나머지 $\frac{28}{55}$(달 화진량의 28배)이 잉여화진량으로서 척력으로 작용한다."라는 내용은 성립될 수 있으나, {동력량(화진량×5×5⁶)−정력량(화진량×3×5⁶)}을 실제 존재 척력량이라 할 때, 동력량의 바탕이 되는 양성 열량(화진량×5)과 정력량의 바탕이 되는 음성 열량(화진량×3)이 화진량에 같은 수를 곱하는 것이 아니고, 각각 5와 3의 다른 수를 곱하므로 상기의 관계가 성립되지 않는다. 따라서 {동력량−정력량=6,854,512,896×10⁶(실제 척력 존재량)}의 계산은 맞지만 "월체月體의 28배倍에 등等한 화성火星의 척력斥力만 존재存在한다"라는 기술은 맞지 않는 것으로 사료된다.

❖ (a) 유성계 총 동력량

$$F_{유성계}^{동력} = F_{화성계}^{동력} + F_{월세계}^{동력} = (55V_M + 9V_M) \times 7 \times 5 \times 5^6 = 10{,}346{,}436{,}560{,}000{,}000$$

(b) 전 우주 척력량

$$F_U^{척력} = F_{유성계}^{동력} - F_{목성구우}^{정력} = 6{,}854{,}514{,}896{,}000{,}000$$

$$= 유성계 \ 잉여 \ 동력 = (55V_M + 9V_M) \times 7 \times 5 \times 5^6 - 36V_M \times 7 \times 3 \times 5^6$$

$$= \{(55V_M + 9V_M) \times 5 - (27V_M + 9V_M) \times 3\} \times 7^2 \times 5^6$$

$$= (320V_M - 108V_M) \times 7^2 \times 5^6$$

$$= 212V_M \times 7^2 \times 5^6$$

$$= 212 \times 49 \times 15{,}625V_M$$

$$= 162{,}312{,}500 \times 42{,}230{,}345\frac{1}{7}$$

$$= 162{,}312{,}500 \times \frac{295{,}612{,}416}{7}$$

$$= 6{,}854{,}514{,}896 \times 10^6$$

목성 구역의 정력량이 $\frac{1}{4}$ 은 월세계, $\frac{3}{4}$ 은 화성계에서 동력량을 흡수하고, 달 28배의 화성의 척력만 존재한다. ($6{,}854{,}512{,}896 \times 10^6$ 은 이 기술의 내용을 충족하지 않는 것으로 사료된다. 주4 참조)

74. 全宇宙에 있어서의 左旋 引力量
전우주   좌선 인력량

(a) 52366852657152000(日球를
일구

釣合[1]點으로 하는 星霧系의
조합 점   성무계

水平力量[2])-6854514896000000
수평력량

(遊星動力의 剩餘斥力量[3])
유성동력   잉여척력량

=45512337761152000

水平力量 의 剩餘 그대로가
수평력량   잉여

宇宙의 全引力量으로 나타난다.
우주   전인력량

74. 전 우주 좌선 인력량

(a) 52,366,852,657,152,000(일구를

균형점(조합점釣合點)으로 하는 성무계의

수평 역량)-6,854,514,896,000,000

(유성동력의 잉여 척력량)

=45,512,337,761,152,000

수평 역량의 잉여 그대로가

우주의 전체 인력량으로 나타난다.

---

1   조합釣合; 균형均衡, 조화調和, 평형平衡.

2   일구日球를 조합점釣合點으로 하는 성무계星霧系의 수평력량水平力量; 69항 참조.

3   유성동력遊星動力의 잉여척력량剩餘斥力量; 73항 (b) 참조.

❖ (a) 우주의 인력량

$$F_U^{인력} = 태양 \cdot 성무계 \ 수평 \ 역량 - 유성계 \ 잉여 \ 척력량$$
$$= (8V_S) \times 7 \times 3 \times 3^{10} - (212V_M) \times 7^2 \times 5^6$$
$$= V_M (2^3 \times 5^3 \times 7 \times 3^{11} - 2^2 \times 7^2 \times 5^6 \times 53)$$
$$= 45,512,337,761,152 \times 10^3$$

75. 月로 하여금 木星과 力線을
월   목성   력선

連繫[1]시키는 地輪界의
연계   지륜계

引力量과 冷量
인력량   냉량

(a) $1251269\frac{17}{35}$ (地輪界의 水塵 體積[2])
　　　　　　지륜계　　수진 체적

$$\times 7 = 8758886\frac{2}{5}$$

地輪界의 水塵量
지륜계　　수진량

(b) $8758886\frac{2}{5} \times 3 = 26276659\frac{1}{5}$

地輪界의 冷量
지륜계　　냉량

(c) $26276659\frac{1}{5} \times 59049(3^{10})$

$$= 1551610449100\frac{4}{5}$$

同界의 引力量
동계　　인력량

---

75. 달로 하여금 목성과 역선力線을

연계토록 하는 지세계의

인력량과 냉량

(a) $1,251,269\frac{17}{35}$ (지륜계의 수진 부피)

$$\times 7 = 8,758,886\frac{2}{5}$$

지륜계의 수진량

(b) $8,758,886\frac{2}{5} \times 3 = 26,276,659\frac{1}{5}$

지륜계의 냉량

(c) $26,276,659\frac{1}{5} \times 59,049(=3^{10})$

$$= 1,551,610,449,100\frac{4}{5}$$

지륜계의 인력량

1 　연계連繫/聯繫; 1. 잇따라 맴. 2. 어떤 일이나 사람과 관련하여 관계를 맺음. 또는 그 관계. 3. 예전에, 다른 사람의 죄에 관련되어 옥에 매는 일을 이르던 말. [비슷한말] 연결, 연관, 연합.

2 　지륜계地輪界의 수진水塵 체적體積; 42항 (b) 참조.

❖ (a) 지세계 수진량

$$Q_{E'}^{Hd} = V_{E'}^{Hd} \times 7 = (V_{E'} \times \frac{4}{5}) \times 7 = 8V_E \times \frac{4}{5} \times 7 = 8,758,886\frac{2}{5}$$

(b) 지세계 냉량

$$Q_{E'}^{C} = Q_{E'}^{Hd} \times 3 = 8V_E \times \frac{4}{5} \times 7 \times 3 = 26,276,659\frac{1}{5}$$

(c) 지세계 인력량

$$F_{E'}^{인력} = Q_{E'}^{C} \times 3^{10} = 8V_E \times \frac{4}{5} \times 7 \times 3^{11} = 1,551,610,449,100\frac{4}{5}$$

76. 地輪界의 陽性 火塵과
지륜계 양성 화진

陰性 火塵의 分量
음성 화진 분량

(a) $312817\frac{13}{35}$ (地輪界의 火塵 體積[1])
지륜계 화진 체적

$\times 49 = 15328051\frac{1}{5}$

地輪界의 火塵量
지륜계 화진 량

(b) $15328051\frac{1}{5} \times (\frac{4}{5})^2 = 9809952\frac{96}{125}$

地輪界의 陽性火塵量
지륜계 양성화진량

(c) $15328051\frac{1}{5} \times (\frac{3}{5})^2 = 5518098\frac{54}{125}$

地輪界의 陰性火塵量
지륜계 음성화진량

76. 지륜계 양성 화진과

음성 화진의 분량

(a) $312,817\frac{13}{35}$ (지륜계의 화진 부피)

$\times 49 = 15,328,051\frac{1}{5}$

지륜계의 화진량

(b) $15,328,051\frac{1}{5} \times (\frac{4}{5})^2 = 9,809,952\frac{96}{125}$

지륜계의 양성 화진량

(c) $15,328,051\frac{1}{5} \times (\frac{3}{5})^2 = 5,518,098\frac{54}{125}$

지륜계의 음성 화진량

---

1   지륜계地輪界의 화진火塵체적體積; 42항 (c) 참조.

❖ (a) 지세계 화진량

$$Q_{E'}^{Fd} = V_{E'}^{Fd} \times 7^2 = (V_{E'} \times \frac{1}{5}) \times 7^2 = 8V_E \times \frac{1}{5} \times 7^2 = 15,328,051\frac{1}{5}$$

(b) 지세계 양성 화진량

$$Q_{E'}^{+Fd} = Q_{E'}^{Fd} \times (\frac{4}{5})^2 = 8V_E \times \frac{1}{5} \times 7^2 \times (\frac{4}{5})^2 = 9,809,952\frac{96}{125}$$

(c) 지세계 음성 화진량

$$Q_{E'}^{-Fd} = Q_{E'}^{Fd} \times (\frac{3}{5})^2 = 8V_E \times \frac{1}{5} \times 7^2 \times (\frac{3}{5})^2 = 5,518,098\frac{54}{125}$$

77. 地輪界의 風塵量과 冷熱의 體積
지륜계 풍진량 냉열 체적

77. 지세계의 풍진량과 냉열의 부피

(a) $9809952\dfrac{96}{125}\times5=49049763\dfrac{105}{125}$

同界의 陽性 熱量[1]
동계 양성 열량

(a) $9,809,952\dfrac{96}{125}\times5=49,049,763\dfrac{105}{125}$

지세계의 양성 열량

(b) $5518098\dfrac{54}{125}\times3=16554295\dfrac{37}{125}$

同界의 陰性 熱量[2]
동계 음성 열량

(b) $5,518,098\dfrac{54}{125}\times3=16,554,295\dfrac{37}{125}$

지세계의 음성 열량

(c) $65604059\dfrac{17}{125}$ (同界 陰陽性의 熱量)
동계 음양성 열량

$-26276659\dfrac{1}{5}$ (同界의 冷量[3])
동계 냉량

$=39327399\dfrac{117}{125}$

同界 右旋 風塵量
동계 우선 풍진량

(c) $65,604,059\dfrac{17}{125}$ (지세계 음양성의 열량)

$-26,276,659\dfrac{1}{5}$ (지세계의 냉량)

$=39,327,399\dfrac{117}{125}$

지세계 우선右旋 풍진량

(d) $1251269\dfrac{17}{35}$ (同界 水塵의 體積[4])
동계 수진 체적

$\times3=3753808\dfrac{16}{35}$

同界의 冷體積
동계 냉체적

(d) $1,251,269\dfrac{17}{35}$ (지세계 수진의 부피)

$\times3=3,753,808\dfrac{16}{35}$

지세계의 냉부피

---

1   동계同界의 양성陽性 열량熱量; 지륜계의 양성 화진량의 5배. 76항 (b) 참조.
2   동계同界의 음성陰性 열량熱量; 지륜계의 음성 화진량의 3배. 76항 (c) 참조.
3   동계同界의 냉량冷量; 42항 (d) 참조.
4   동계同界 수진水塵의 체적體積; 42항 (b) 참조.

(e) $312817\frac{13}{35}$ (同界 火塵의 體積[5])
同界 火塵 體積

$\times 5 = 1564086\frac{6}{7}$

同界의 熱體積
同界 熱體積

(f) $3753808\frac{16}{35} - 1564086\frac{6}{7}$

$= 2189721\frac{3}{5}$

地輪界를 汎濫[6]하는 左旋 風塵의 體積
地輪界 汎濫 左旋 風塵 體積

(g) $2189721\frac{3}{5} \div 1564086\frac{6}{7}$ (同界의
同界

熱體積 卽 界內右旋 風塵의 體積)
熱體積 卽 界內右旋 風塵 體積

$= \frac{7}{5}$ 地輪界의 冷熱로 말미암은
地輪界 冷熱

界外左旋의 風塵과
界外左旋 風塵

界內의 比는 $\frac{5}{7}$ 다.
界內 比

(e) $312,817\frac{13}{35}$ (지세계 화진의 부피)

$\times 5 = 1,564,086\frac{6}{7}$

지세계의 열부피

(f) $3,753,808\frac{16}{35} - 1,564,086\frac{6}{7}$

$= 2,189,721\frac{3}{5}$

지륜계를 범람하는 좌선左旋 풍진의 부피

(g) $2,189,721\frac{3}{5} \div 1,564,086\frac{6}{7}$ (지세계의

열부피 즉 지륜계 내 우선右旋 풍진의 부피)

$= \frac{7}{5}$ 지륜계의 냉열冷熱로 말미암은

지륜계 외 좌선左旋의 풍진과

지륜계 내의 비는 $\frac{5}{7}$ 다.

---

5 동계同界 화진火塵의 체적體積; 42항 (c) 참조.

6 범람汎濫/氾濫; 1. 범일汎溢. 큰물이 흘러넘침. 물이 넘쳐 흐름. 2. 바람직하지 못한 것들이 마구 쏟아져 돌아다
님. 바람직하지 못한 것들이 크게 나돎. 3. 제 분수에 넘침.

❖ (a) 지세계 양성 열량

$$Q_{E'}^{+H} = Q_{E'}^{+Fd} \times 5 = 8V_E \times \frac{1}{5} \times 7^2 \times (\frac{4}{5})^2 \times 5 = 49,049,763\frac{105}{125}$$

(b) 지세계 음성 열량

$$Q_{E'}^{-H} = Q_{E'}^{-Fd} \times 3 = 8V_E \times \frac{1}{5} \times 7^2 \times (\frac{3}{5})^2 \times 3 = 16,554,295\frac{37}{125}$$

(c) 지세계 우선 풍진량

$$Q_{E'}^{우선Wd} = Q_{E'}^{H} - Q_{E'}^{C} = 8V_E \times \frac{1}{5} \times 7^2 \times \{(\frac{4}{5})^2 \times 5 + (\frac{3}{5})^2 \times 3\} = 39,327,399\frac{117}{125}$$

(d) 지세계 냉부피

$$V_{E'}^{C} = V_{E'}^{Hd} \times 3 = 8V_E \times \frac{4}{5} \times 3 = 3,753,808\frac{16}{35}$$

(e) 지세계 열부피

$$V_{E'}^{H} = V_{E'}^{Fd} \times 5 = 8V_E \times \frac{1}{5} \times 5 = 1,564,086\frac{6}{7}$$

(f) 지세계에 넘치는 좌선 풍진 부피

$$V_{E'}^{좌선Wd} = V_{E'}^{C} - V_{E'}^{H} = 8V_E \times (\frac{4}{5} \times 3 - \frac{1}{5} \times 5) = 8V_E \times \frac{7}{5} = 2,189,721\frac{3}{5}$$

(g) 지세계의 냉열로 말미암은 지류계 외의 좌선 풍진과 지류계 내의 비

$$\frac{V_{E'}^{좌선Wd}}{V_{E'}^{H}} = \frac{V_{E'}^{C} - V_{E'}^{H}}{V_{E'}^{H}} = \frac{8V_E \times \frac{7}{5}}{8V_E} = \frac{2,189,721\frac{3}{5}}{1,564,086\frac{6}{7}} = \frac{7}{5}$$

78. 地輪界의 動力과 靜力
지륜계 동력 정력
또는 右旋 風力量과 斥力量
우선 풍력량 척력량

(a) $49049763\frac{105}{125}$ (同界의 陽性熱量[1])
동계 양성 열량

$\times 15625(5^6) = 766402560000$

地輪界 內의 動力量으로서
지륜계 내 동력량

同界 火塵量의 五萬倍에 相當함
동계 화진량 5만배 상당

(b) $16554295\frac{37}{125}$ (同界의 陰性熱量[2])
동계 음성 열량

$\times 15625(5^6) = 258860864000$

同界의 靜力量
동계 정력량

(c) 766402560000(同界의 動力)
동계 동력

-258660864000(同界의 靜力)
동계 정력

$=507741696000$

同界의 斥力量으로서 이것이 바로
동계 척력량

右旋 風力量이므로 雷霆[3]風雨[4]
우선 풍력량 뢰정 풍우

또는 地輪界에 있어서의
지륜계

萬物의 生滅을 맡은 原動力이다.
만물 생멸 원동력

78. 지세계의 동력, 정력,
또는 우선 풍력량과 척력량

(a) $49,049,763\frac{105}{125}$ (지세계의 양성 열량)

$\times 15,625(=5^6) = 766,402,560,000$

지륜계 내의 동력량으로서

지세계 화진량의 5만배에 상당함

(b) $16,554,295\frac{37}{125}$ (지세계의 음성 열량)

$\times 15,625(=5^6) = 258,860,864,000$

지세계의 정력량

(c) 766,402,560,000(지세계의 동력)

$-258,660,864,000$(지세계의 정력靜力)

$=507,741,696,000$

지세계의 척력량으로서 이것이 바로

우선右旋 풍력량이므로 천둥벼락 및 비바람

또는 지륜계에 있어서의

만물의 생멸을 맡은 원동력이다.

---

1   동계同界의 양성 열량陽性熱量; 77항 (a) 참조.

2   동계同界의 음성 열량陰性熱量; 77항 (b) 참조.

3   뇌정雷霆; 뇌정벽력. 벽력. 천둥과 벼락이 격렬하게 침. 세찬 천둥 소리. 심한 우레.

4   풍우風雨; 1. 바람과 비를 아울러 이르는 말. 2. 바람과 함께 내리는 비. [비슷한말] 바람비, 비바람.

❖ (a) 지세계 동력량

$$F_{E'}^{동력} = Q_{E'}^{+H} \times 5^6 = (Q_{E'}^{+Fd} \times 5) \times 5^6 = Q_{E'}^{Fd} \times (\frac{4}{5})^2 \times 5 \times 5^6 = Q_{E'}^{Fd} \times 50,000$$

$$= 766,402,560,000$$

(b) 동계 정력량

$$F_{E'}^{정력} = Q_{E'}^{-H} \times 5^6 = (Q_{E'}^{-Fd} \times 3) \times 5^6 = Q_{E'}^{Fd} \times (\frac{3}{5})^2 \times 3 \times 5^6 = 258,860,864,000$$

(c) 동계 척력량

$$F_{E'}^{척력} = F_{E'}^{동력} - F_{E'}^{정력} = 507,741,696,000 = Q_{E'}^{Fd}(5 \times 10^4 - 3^3 \times 5^4)$$

$$= F_{E'}^{우선풍력} = 뇌정풍우雷霆風雨 = 지세계에서 만물의 생멸을 맡은 원동력$$

79. 四七 星宿界의 冷量과 引力量
4 7 성수계   냉량   인력량

(a) 21897216(四七星宿의 全體積[1]으로서
4 7 성수   전체적
地球 體積의 112倍)
지구 체적   배

+153280512(四七星 輪界 內의
4 7 성 륜계내
地塵 體積[2]으로서 地球 體積의 784倍)
지진 체적   지구 체적   배

+9384521$\frac{1}{7}$(同界 流通
동계 유통
地塵의 體積[3]으로서 地球 體積의 48倍)
지진   체적   지구 체적   배

=184562249$\frac{1}{7}$

同界 地塵의 全體積[4](地球의 944倍)
동계 지진   전체적 지구   배

(b) 184562249$\frac{1}{7}$×343(7^3)

=63304851456

同界의 地塵量[5](質量)
동계   지진량 질량

(c) 63304851456×$\frac{1}{49}$=1291935744

同界의 水塵量[6]
동계   수진량

---

79. 4·7성수계의 냉량과 인력량

(a) 21,897,216(4·7성수의 전체 부피로서

지구 부피의 112배)

+153,280,512(4·7성수 윤계 내의

지진 부피로서 지구 부피의 784배)

+9,384,521$\frac{1}{7}$ (4·7성수계 유통

지진 부피로서 지구 부피의 48배)

=184,562,249$\frac{1}{7}$

4·7성수계 지진의 전체 부피(지구의 944배)

(b) 184,562,249$\frac{1}{7}$×343(=7^3)

=63,304,851,456

4·7성수계의 지진량(질량質量)

(c) 63,304,851,456×$\frac{1}{49}$=1,291,935,744

4·7성수계의 수진량

---

1   47四七성수星宿의 전체적全體積; 44항 (n) 참조.
2   47성四七星 륜계내輪界內의 지진地塵체적體積; 44항 (o) 참조.
3   동계同界 유통流通 지진地塵의 체적體積; 44항 (p) 참조.
4   동계同界 지진地塵의 전체적全體積; 44항 (q) 참조.
5   동계同界의 지진량地塵量; 45항 (h) 참조
6   동계同界의 수진량水塵量; 여기에서는 '지진량(지진 부피의 7^3배)의 $\frac{1}{49}$ (=$\frac{1}{7^2}$)'을 수진량으로 계산해 결국 '지

(d) 1291935744×3=3875807232

同界의 冷量[7]
동 계   냉 량

(e) 3875807232×59049(3^{10})

=228882541242368

同界의 引力量[8]
동 계   인 력 량

(d) 1,291,935,744×3=3,875,807,232

4·7성수계의 냉량

(e) 3,875,807,232×59,049(=3^{10})

=228,882,541,242,368

4·7성수계의 인력량

진 부피의 7배($7^3 × \frac{1}{7^2} = 7$) (곧 지진 부피×7)'가 수진량이 되는 셈인데, 45항 (a)와 (c)에 의한 '수진 부피(지진 부피$× \frac{4}{5}$)의 7배(곧 지진 부피$× \frac{4}{5} ×7$)'와 일치하지 않는다. 수진량은 수진 부피의 7배이지 지진 부피의 7배가 될 수 없는 것으로 사료되므로, 45항 (a)와 (c)의 계산법이 합당한 것으로 사료된다.

7   동계同界의 냉량冷量; 냉량은 수진량의 3배. [이곳의 수진량과 45항 (c)의 수진량이 일치하지 않으므로, 이곳의 냉량과 45항 (e)의 냉량도 일치하지 않는다.]

8   동계同界의 인력량引力量; 인력량은 냉량의 3^{10}배(=59,049). [이곳의 냉량과 45항 (e)의 냉량이 일치하지 않으므로, 이곳의 인력량과 45항에 의거해 계산한 인력량은 일치하지 않는다.]

❖ (a) 4·7성수계 지진의 전체 부피

$$V^{Ed}_{4\cdot7성수}=944V_E=184,562,249\frac{1}{7}$$

$$=112V_E\,(V_{4\cdot7성수})+784V_E\,(4\cdot7성수\ 류계\ 내\ 지진\ 부피)+48V_E(4\cdot7성수계\ 유통\ 지진\ 부피)$$

(b) 4·7성수계 지진량(질량);

$$Q^{Ed}_{4\cdot7성수}=V^{Ed}_{4\cdot7성수}\times7^3=944\,V_E\times7^3=63,304,851,456$$

(c) 4·7성수계 수진량

$$Q^{Hd}_{4\cdot7성수}=Q^{Ed}_{4\cdot7성수}\times\frac{1}{7^2}=V^{Ed}_{4\cdot7성수}\times7=944V_E\times7=1,291,935,744$$

[45항 (a) (c)에 의하면, $Q^{Hd}_{4\cdot7성수}=V^{Hd}_{4\cdot7성수}\times7=(\frac{4}{5}\times V^{Ed}_{4\cdot7성수})\times7=\frac{4}{5}\times944V_E\times7$

$=\frac{28}{5}\times944=1,033,548,595\frac{1}{5}$로 일치하지 않는다.]

(d) 4·7성수계 냉량

$$Q^{C}_{4\cdot7성수}=Q^{Hd}_{4\cdot7성수}\times3=V^{Ed}_{4\cdot7성수}\times7\times3=944V_E\times7\times3=3,875,807,232$$

[45항 (c)의 수진량에 의거하면 $Q^{C}_{4\cdot7성수}=Q^{Hd}_{4\cdot7성수}\times3=V^{Hd}_{4\cdot7성수}\times7\times3=(\frac{4}{5}\times944V_E)\times7\times3$

$=3,100,645,785\frac{3}{5}$ (45항 (e)의 값)]

(e) 4·7성수계 인력량

$$F^{인력}_{4\cdot7성수}=Q^{C}_{4\cdot7성수}\times3^{10}=V^{Ed}_{4\cdot7성수}\times7\times3\times3^{10}=944V_E\times7\times3^{11}$$

$$=228,882,541,242,368$$

[45항 (e)의 냉량에 의거하면 $3,100,645,785\frac{3}{5}\times59,049=183,090,032,993,894\frac{2}{5}$]

80. 四七 星宿界의 兩性 熱量과 風塵量   80. 4·7성수계의 열량과 풍진량
4 7 성 수 계   양 성 열 량   풍 진 량

(a) 63304851456(同界의 地塵量)   **(a)** 63,304,851,456(4·7성수계의 지진량)
            동 계   지 진 량

$\times \dfrac{1}{7} = 9043550208$ $\times \dfrac{1}{7} = 9,043,550,208$

同界의 火塵量[1]   4·7성수계의 화진량
동 계   화 진 량

(b) $9043550208 \times (\dfrac{4}{5})^2 = 5787872133\dfrac{3}{25}$ **(b)** $9,043,550,208 \times (\dfrac{4}{5})^2 = 5,787,872,133\dfrac{3}{25}$

陽性火塵[2]   양성 화진
양 성 화 진

(c) $9043550208 \times (\dfrac{3}{5})^2 = 3255678074\dfrac{22}{25}$ **(c)** $9,043,550,208 \times (\dfrac{3}{5})^2 = 3,255,678,074\dfrac{22}{25}$

陰性火塵[3]   음성 화진
음 성 화 진

(d) $5787872133\dfrac{3}{25} \times 5 = 28939360665\dfrac{3}{5}$ **(d)** $5,787,872,133\dfrac{3}{25} \times 5 = 28,939,360,665\dfrac{3}{5}$

陽性熱量[4]   양성 열량
양 성 열 량

---

1   동계同界의 화진량火塵量; 이곳에서는 '지진량(지진 부피의 7^3배)의 $\dfrac{1}{7}$'을 화진량으로 계산해 결국 '지진 부피의 $7^2(=49)$배($7^3 \times \dfrac{1}{7} = 7^2$)(곧 지진 부피$\times 7^2$)'인 9,043,550,208가 4·7성수계의 화진량이 되는 셈인데, 45항 (b)와 (d)에 의한 화진 부피(지진 부피$\times \dfrac{1}{5}$)의 $49(=7^2)$배인 $1,808,710,005\dfrac{3}{5}$의 화진량과 일치하지 않는다. 화진량은 화진 부피의 $49(=7^2)$배이지 지진 부피의 $49(=7^2)$배가 될 수 없는 것으로 사료되므로, 45항 (b)와 (d)의 계산법이 합당한 것으로 사료된다.

2   양성 화진陽性火塵; 화진량의 $(\dfrac{4}{5})^2$이 양성 화진. 45항 (d)의 화진량과 이곳의 화진량이 일치하지 않으므로, 45항 (d)에 의거해 계산한 양성 화진량과 일치하지 않는다.

3   음성 화진陰性火塵; 화진량의 $(\dfrac{3}{5})^2$이 음성 화진. 45항 (d)의 화진량과 이곳의 화진량이 일치하지 않으므로, 45항 (d)에 의거해 계산한 음성 화진량과 일치하지 않는다.

4   양성 열량陽性熱量 ; 양성 화진의 5배. 45항 (d)의 화진량과 이곳의 화진량이 일치하지 않으므로, 45항 (d)에 의거해 계산한 양성 열량과 일치하지 않는다.

(e) $3255678074\frac{22}{25} \times 3 = 9767034224\frac{16}{25}$

陰性熱量[5]
음 성 열 량

(f) $38706394890\frac{6}{25}$(同界의 兩性熱量)
　　　　　　　　　　 동 계　 양 성 열 량

-3875807232(同界의 冷量)
　　　　　　　　 동 계　　 냉 량

$= 34830587658\frac{6}{25}$

同界의 右旋風塵量
동 계　　 우 선 풍 진 량

(e) $3,255,678,074\frac{22}{25} \times 3 = 9,767,034,224\frac{16}{25}$

음성 열량

(f) $38,706,394,890\frac{6}{25}$(4·7성수계의 양성 열량)

$-3,875,807,232$(4·7성수계의 냉량)

$= 34,830,587,658\frac{6}{25}$

4·7성수계의 우선右旋 풍진량

5　　음성 열량陰性熱量; 음성 화진의 3배. 45항 (d)의 화진량과 이곳의 화진량이 일치하지 않으므로, 45항 (d)에 의거해 계산한 음성 열량과 일치하지 않는다.

❖ (a) 동계 화진량

$$Q^{Fd}_{4\cdot7성수}=Q^{Ed}_{4\cdot7성수}\times\frac{1}{7}=944\,V_E\times7^2=9,043,550,208$$

[45항 (b), (d) 에서는 $Q^{Fd}_{4\cdot7성수}=V^{Fd}_{4\cdot7성수}\times7^2=(V^{Ed}_{4\cdot7성수}\times\frac{1}{5})\times7^2=1,808,710,041\frac{3}{5}$]

(b) 양성 화진

$$Q^{+Fd}_{4\cdot7성수}=Q^{Fd}_{4\cdot7성수}\times(\frac{4}{5})^2=944V_E\times7^2\times(\frac{4}{5})^2=5,787,872,133\frac{3}{5}$$

[45항 (d)의 화진량에 의거하면, $Q^{+Fd}_{4\cdot7성수}=Q^{Fd}_{4\cdot7성수}\times(\frac{4}{5})^2=(944V_E\times\frac{1}{5})\times7^2\times(\frac{4}{5})^2=944V_E\times\frac{1}{5}\times7^2$

$\times(\frac{4}{5})^2=944V_E\times\frac{49\times16}{125}=\frac{740,096}{125}V_E=1,157,574,426\frac{546}{875}$]

(c) 음성 화진

$$Q^{-Fd}_{4\cdot7성수}=Q^{Fd}_{4\cdot7성수}\times(\frac{3}{5})^2=944V_E\times7^2\times(\frac{3}{5})^2=3,255,678,074\frac{22}{25}$$

[45항 (d)의 화진량에 의거하면, $Q^{-Fd}_{4\cdot7성수}=Q^{Fd}_{4\cdot7성수}\times(\frac{3}{5})^2=(944V_E\times\frac{1}{5})\times7^2\times(\frac{3}{5})^2=944V_E\times\frac{1}{5}\times7^2$

$\times(\frac{3}{5})^2=944V_E\times\frac{49\times9}{125}=944V_E\times\frac{441}{125}=\frac{416,304}{125}V_E=651,135,614\frac{854}{875}$]

(d) 양성 열량

$$Q^{+H}_{4\cdot7성수}=Q^{+Fd}_{4\cdot7성수}\times5=944V_E\times7^2\times(\frac{4}{5})^2\times5=28,939,360,665\frac{3}{5}$$

[45항 (d)의 화진량에 의거하면, $Q^{+H}_{4\cdot7성수}=Q^{+Fd}_{4\cdot7성수}\times5=(944V_E\times\frac{1}{5})\times7^2\times(\frac{4}{5})^2\times5$

$=5,787,872,133\frac{3}{25}$]

(e) 음성 열량

$$Q^{-H}_{4\cdot7성수}=Q^{-Fd}_{4\cdot7성수}\times3=944V_E\times7^2\times(\frac{3}{5})^2\times3=9,767,034,224\frac{16}{25}$$

[45항 (d)의 화진량에 의거하면, $Q^{-H}_{4\cdot7성수}=Q^{-Fd}_{4\cdot7성수}\times3=(944V_E\times\frac{1}{5})\times7^2\times(\frac{3}{5})^2\times3=1,953,406,844\frac{116}{125}$]

(f) 우선 풍진량

$$Q_{4\cdot7성수}^{우선 Wd} = Q_{4\cdot7성수}^{+H} + Q_{4\cdot7성수}^{-H} - Q_{4\cdot7성수}^{C} = 944V_E \times 7^2 \times \{(\frac{4}{5})^2 \times 5 + (\frac{3}{5})^2 \times 3 - \frac{3}{7}\} = 34,830,587,658\frac{6}{25}$$

[45항 (d)의 화진량에 의거하여 계산한 양兩성 열량과 45항 (e)의 냉량에 의하면,

$$Q_{4\cdot7성수}^{우선 Wd} = Q_{4\cdot7성수}^{+H} + Q_{4\cdot7성수}^{-H} - Q_{4\cdot7성수}^{C} = 944V_E \times 7^2 \times \{\frac{1}{5} \times (\frac{4}{5})^2 \times 5 + \frac{1}{5} \times (\frac{3}{5})^2 \times 3 - \frac{4}{5} \times \frac{3}{7}\}$$

$$= 944V_E \times 7^2 \times (\frac{16}{25} + \frac{27}{125} - \frac{12}{35}) = 944V_E \times 7^2 \times \frac{560 + 189 - 300}{875} = 944V_E \times 7^2 \times \frac{449}{875}$$

$$= \frac{944 \times 49 \times 449}{875}V_E = \frac{20,768,944}{875}V_E = 4,640,633,192\frac{56}{125} \text{]}$$

81. 四七 星宿界의 動力과 靜力 또는 風力量
(四七 성수계 動力 靜力 風力量)

(a) $28939360665\frac{15}{25}$(同界 陽性의 熱量[1])×15625(5⁶)=452177510400000

同界의 動力量[2]

(b) $9767034224\frac{16}{25}$(同界 陰性의 熱量[3])×15625(5⁶)=152609909760000

同界의 靜力量[4]

(c) 452177510400000(動力)

−152609909760000(靜力)

=299567600640000

同界의 風力量[5]

81. 4·7성수계의 동력, 정력, 풍력량

(a) $28,939,360,665\frac{15}{25}$(4·7성수계 양성의 열량)×15,625(=5⁶)=452,177,510,400,000

4·7성수계의 동력량

(b) $9,767,034,224\frac{16}{25}$(4·7성수계 음성의 열량)×15,625(=5⁶)=152,609,909,760,000

4·7성수계의 정력량

(c) 452,177,510,400,000(동력)

−152,609,909,760,000(정력)

=299,567,600,640,000

4·7성수계의 풍력량

---

1 동계同界 양성陽性의 열량熱量; 80항 (d) 참조

2 동계同界의 동력량動力量; 양성 열량의 15,625(=5⁶)배. [45항 (d)의 화진량에 의거하면, $F_{4·7성수}^{동력} = Q_{4·7성수}^{+H} \times 5^6 = (944V_E \times \frac{1}{5}) \times 7^2 \times (\frac{4}{5})^2 \times 5 \times 5^6 = 90,435,502,080,000$]

3 동계同界 음성陰性의 열량熱量; 80항 (e) 참조

4 동계同界의 정력량靜力量; 음성 열량의 15,625(=5⁶)배. [45항 (d)의 화진량에 의거하면, $F_{4·7성수}^{정력} = Q_{4·7성수}^{-H} \times 5^6 = (944V_E \times \frac{1}{5}) \times 7^2 \times (\frac{3}{5})^2 \times 3 \times 5^6 = 30,521,981,937,500$]

5 동계同界의 풍력량風力量; [45항 (d)의 화진량에 의거하면, $F_{4·7성수}^{풍력} = F_{4·7성수}^{동력} - F_{4·7성수}^{정력} = (944V_E \times \frac{1}{5}) \times 7^2 \times (\frac{80-27}{25}) \times 5^6 = 944V_E \times 7^2 \times 53 \times 5^3 = 59,913,520,128,000$]

❖ (a) 동력량

$$F_{4\cdot7성수}^{동력} = Q_{4\cdot7성수}^{+H} \times 5^6 = 944V_E \times 7^2 \times (\frac{4}{5})^2 \times 5 \times 5^6 = 452,177,510,400,000$$

[45항 (d)의 화진량에 의거하면, $F_{4\cdot7성수}^{동력} = Q_{4\cdot7성수}^{+H} \times 5^6 = (944V_E \times \frac{1}{5}) \times 7^2 \times (\frac{4}{5})^2 \times 5 \times 5^6$
$= 90,435,502,080,000$]

(b) 정력량

$$F_{4\cdot7성수}^{정력} = Q_{4\cdot7성수}^{-H} \times 5^6 = 944V_E \times 7^2 \times (\frac{3}{5})^2 \times 3 \times 5^6 = 152,609,909,760,000$$

[45항 (d)의 화진량에 의거하면, $F_{4\cdot7성수}^{정력} = Q_{4\cdot7성수}^{-H} \times 5^6 = (944V_E \times \frac{1}{5}) \times 7^2 \times (\frac{3}{5})^2 \times 3 \times 5^6$
$= 30,521,981,937,500$]

(c) 풍력량

$$F_{4\cdot7성수}^{풍력} = F_{4\cdot7성수}^{동력} - F_{4\cdot7성수}^{정력} = 944V_E \times 7^2 \times (\frac{80-27}{25}) \times 5^6 = 944V_E \times 7^2 \times 53 \times 5^4$$

$$= 299,567,600,640,000$$

[45항 (d)의 화진량에 의거하면, $F_{4\cdot7성수}^{풍력} = F_{4\cdot7성수}^{동력} - F_{4\cdot7성수}^{정력} = (944V_E \times \frac{1}{5}) \times 7^2 \times (\frac{80-27}{25}) \times 5^6$
$= 944V_E \times 7^2 \times 53 \times 5^3 = 59,913,520,128,000$]

풍진세계風塵世界와 목성木星

I. V(부피)

(A) $V_E = \dfrac{4\pi}{3}(36)^3$, $V_{E'}=8V_E$; $R_E=36$ 지구의 반지름, $R_{E'}=2R_E$ 지세계의 반지름

$V_S=(30)^3 V_E$, $V_{S'}=8V_S$,

$V_M=6^3 V_E=216V_E$, $V_{월세계}=9V_M$

$V_{목성구우}=V_{상부}+V_{하부}=21V_M+15V_M=36V_M=6^5V_E$

$V_{화성 전성}=39V_M$, $V_{화성계}=55V_M$

$V_{4\cdot7성수계}=112V_E$, $V_{4\cdot7성수 륜계}=8\times112V_E$, $V_{유통지진}=48V_E$,

$V_{4\cdot7성수계 전체적}=8\times112V_E+48V_E=944V_E$

$V_{성무계}^{수진}=V_{수성계}+V_{가공계}+V_{진공계}=7V_S$

$(V_{진공계}=7V_M)$

(B) $V_{E'}^{Fd}=V_E\times\dfrac{1}{5}$ (지세계 화진 부피$=\dfrac{1}{5}\times$지세계 부피)

$V_{E'}^{Hd}=V_E\times\dfrac{4}{5}$ (지세계 수진 부피$=\dfrac{4}{5}\times$지세계 부피)

$V_{목성하부}^{Fd}=V_{목성하부}=15V_M$

$V_{목성상부}^{Fd}=V_{목성상부}=21V_M$

$$V_{\text{화성계}}^{Fd}=(39+16)V_M=V_{\text{화성 전성}}+V_{\text{유통화진}}$$

$$V_{4\cdot7\text{성수계}}^{Ed}=944V_E=(8\times112V_E)+48V_E=(4\cdot7\text{성수 윤계})+\text{유통 지진}$$

(C) $V_{E'}^{C}=V_{E'}^{Hd}\times3(\text{냉량}=\text{수진 부피}\times3),\ \ V_{E'}^{H}=V_{E'}^{Fd}\times5(\text{열량}=\text{화진 부피}\times5)$

$$V_{E'}^{\text{좌선}Wd}=V_{E'}^{C}-V_{E'}^{H}=(V_{E'}\times\frac{4}{5})\times3-(V_{E'}\times\frac{1}{5})\times5=V_{E'}\times\frac{7}{5}$$

$$\frac{V_{E'}^{\text{좌선}Wd}}{V_{E'}^{H}}=\frac{7}{5}\ (Wd=\text{풍진})$$

II. Q(량)&F(힘)

(A) 수진 (Hd); S, 성무계, 지세계(지진 부피$\times\dfrac{4}{5}$), $4\cdot7$성수계[45항 (a)에는 지진 부피$\times\dfrac{4}{5}$]

$$Q_S^{Hd}=V_S\times7\,(\text{일구 수진량});\ \ Q_S^{C}=Q_S^{Hd}\times3(\text{일구 냉량});\ \ F_S^{\text{인력}}=Q_S^{C}\times3^{10}(\text{일구 인력})$$

$$Q_{\text{성무계}}^{Hd}=V_{\text{성무계}}^{Hd}\times7=7\,V_S\times7(\text{성무계 수진량});\ \ Q_{\text{성무계}}^{C}=Q_{\text{성무계}}^{Hd}\times3(\text{성무계 냉량});$$

$$F_{\text{성무계}}^{\text{인력}}=Q_{\text{성무계}}^{C}\times3^{10}=7\,F_S^{\text{인력}}(\text{성무계 인력})$$

$$Q_{E'}^{Hd}=V_{E'}^{Hd}\times7=\frac{4}{5}V_{E'}\times7(\text{지세계 수진량});\ \ Q_{E'}^{C}=Q_{E'}^{Hd}\times3;\ \ F_{E'}^{\text{인력}}=Q_{E'}^{C}\times3^{10}(\text{지세계 냉량})$$

$$Q_{4\cdot7\text{성수}}^{Hd}=V_{4\cdot7\text{성수}}^{Ed}\times7=944V_E\times7\ [4\cdot7\text{성수계 수진량};\ 45\text{항(c)에는}\ Q_{4\cdot7\text{성수}}^{Hd}=(V_{4\cdot7\text{성수}}^{Ed}\times\frac{4}{5})\times7$$

$$=(944V_E\times\frac{4}{5})\times7];\ \ Q_{4\cdot7\text{성수}}^{C}=Q_{4\cdot7\text{성수}}^{Hd}\times3(4\cdot7\text{성수계 냉량});$$

$$F_{4\cdot7\text{성수}}^{\text{인력}}=Q_{4\cdot7\text{성수}}^{C}\times3^{10}(4\cdot7\text{성수계 인력})$$

(B) 화진 (Fd); 목성 구우, 화성계, 지세계(지진 부피$\times\dfrac{1}{5}$), $4\cdot7$성수계 [45항 (b)에는 지진 부피$\times\dfrac{1}{5}$)]

$$Q_{\text{목성구우}}^{Fd}=V_{\text{목성구우}}^{Fd}\times7^2=36\,V_M\times7^2,\ \ Q_{\text{목성구우}}^{-H}=Q_{\text{목성구우}}^{Fd}\times3=36\,V_M\times7^2\times3;$$

$$F_{\text{목성구우}}^{\text{정력}}=Q_{\text{목성구우}}^{-H}\times5^6=36\,V_M\times7^2\times3\times5^6$$

$$Q_{\text{화성계}}^{Fd}=V_{\text{화성계}}^{Fd}\times7^2=55V_M\times7^2;\ \ Q_{\text{화성계}}^{H}=Q_{\text{화성계}}^{Fd}\times5=55V_M\times7^2\times5;$$

$$F_{\text{화성계}}^{\text{동력}} = Q_{\text{화성계}}^{H} \times 5^6 = 55V_M \times 7^2 \times 5 \times 5^6$$

$$Q_{\text{월세계}}^{Fd} = (9V_M) \times 7^2 = 9V_M \times 7^2; \quad Q_{\text{월세계}}^{H} = Q_{\text{월세계}}^{Fd} \times 5 = 9V_M \times 7^2 \times 5;$$

$$F_{\text{월세계}}^{\text{동력}} = Q_{\text{월세계}}^{H} \times 5^6 = 9V_M \times 7^2 \times 5 \times 5^6$$

$$Q_{E'}^{Fd} = V_{E'}^{Fd} \times 7^2 = (V_E \times \frac{1}{5}) \times 7^2;$$

$$Q_{E'}^{+Fd} = Q_{E'}^{Fd} \times (\frac{4}{5})^2; \quad Q_{E'}^{+H} = Q_{E'}^{+Fd} \times 5; \quad F_{E'}^{\text{동력}} = Q_{E'}^{+H} \times 5^6$$

$$Q_{E'}^{-Fd} = Q_{E'}^{Fd} \times (\frac{3}{5})^2; \quad Q_{E'}^{-H} = Q_{E'}^{-Fd} \times 3; \quad F_{E'}^{\text{정력}} = Q_{E'}^{-H} \times 5^6$$

$$F_{E'}^{\text{척력}} = F_{E'}^{\text{동력}} - F_{E'}^{\text{정력}} = \text{우선 동력량}$$

$$Q_{4\cdot7\text{성수계}}^{Fd} = V_{4\cdot7\text{성수계}}^{Fd} \times 7^2 = 944V_E \times 7^2; \quad [45\text{항 (b)와 (d)에 의하면,}$$

$$Q_{4\cdot7\text{성수계}}^{Fd} = V_{4\cdot7\text{성수계}}^{Fd} \times 7^2 = (944V_E \times \frac{1}{5}) \times 7^2 \,]$$

$$Q_{4\cdot7\text{성수계}}^{+Fd} = Q_{4\cdot7\text{성수계}}^{Fd} \times (\frac{4}{5})^2; \quad Q_{4\cdot7\text{성수계}}^{+H} = Q_{4\cdot7\text{성수계}}^{+Fd} \times 5; \quad F_{4\cdot7\text{성수계}}^{\text{동력}} = Q_{4\cdot7\text{성수계}}^{+H} \times 5^6$$

$$Q_{4\cdot7\text{성수계}}^{-Fd} = Q_{4\cdot7\text{성수계}}^{Fd} \times (\frac{3}{5})^2; \quad Q_{4\cdot7\text{성수계}}^{-H} = Q_{4\cdot7\text{성수계}}^{-Fd} \times 3; \quad F_{4\cdot7\text{성수계}}^{\text{정력}} = Q_{4\cdot7\text{성수계}}^{-H} \times 5^6$$

$$F_{4\cdot7\text{성수계}}^{\text{풍력}} = F_{4\cdot7\text{성수계}}^{\text{동력}} - F_{4\cdot7\text{성수계}}^{\text{정력}}$$

(C) 지진 (*Ed*)

$$Q_{4\cdot7\text{성수계}}^{Ed} = V_{4\cdot7\text{성수계}}^{Ed} \times 7^3$$

(D) 풍진 (*Wd*)

$$Q_{E'}^{\text{우선}Wd} = Q_{E'}^{H} - Q_{E'}^{C} = (Q_{E'}^{+H} + Q_{E'}^{-H}) - Q_{E'}^{C} = \begin{cases} V_{E'} \cdot \frac{1}{5} \cdot 7^2 \cdot \left(\frac{4}{5}\right)^2 \cdot 5 \\ V_{E'} \cdot \frac{1}{5} \cdot 7^2 \cdot \left(\frac{3}{5}\right)^2 \cdot 3 \\ V_{E'} \cdot \frac{4}{5} \cdot 7 \cdot \qquad 3 \end{cases} = \frac{V_{E'} \times 7 \times 449}{5^3}$$

$$V_{E'}^{\text{좌선}Wd} = V_{E'}^{C} - V_{E'}^{H}$$

III. F

(A) $F_U^{척력} = F_{유성계}^{동력} - F_{목성구우}^{정력}$

$\quad\quad = F_{화성계}^{동력} + F_{월세계}^{동력} - F_{목성구우}^{정력}$

$F_U^{좌선인력} = F_S^{인력} + F_{성무계}^{인력} - F_U^{척력} = 8 F_S^{인력} - F_U^{척력}$

(B) V_S, M, V_E 단위로 F의 계산

$F_S^{인력} = V_S \cdot 7 \cdot 3 \cdot 3^{10}$

$F_{성무계}^{인력} = 7 \cdot F_S^{인력}$

$F_{E'}^{인력} = \frac{4}{5} V_{E'} \cdot 7 \cdot 3 \cdot 3^{10}$

$F_{4\cdot7수성계}^{인력} = 944 V_E \cdot 7 \cdot 3 \cdot 3^{10}$ [45항 (a) (c) (e)에 의거하면, $(944 V_E \cdot \frac{4}{5}) \cdot 7 \cdot 3 \cdot 3^{10}$]

$F_{목성구우}^{정력} = 36 V_M \cdot 7^2 \cdot 3 \cdot 5^6 = 3{,}491{,}921{,}664{,}000{,}000$

$F_{화성계}^{동력} = 55 V_M \cdot 7^2 \cdot 5 \cdot 5^6 = F_{목성구우}^{정력} \times \frac{55 \times 5}{36 \times 3} = F_{월세계}^{동력} \times \frac{55}{9} = 88{,}914{,}672 \times 10^8$

$F_{월세계}^{동력} = 9\, V_M \cdot 7^2 \cdot 5 \cdot 5^6 = \frac{1}{4} \times \frac{5}{3} \times F_{목성구우}^{정력} = 145{,}496{,}736 \times 10^7$

$F_{E'}^{동력} = \frac{1}{5} V_{E'} \cdot 7^2 \cdot (\frac{4}{5})^2 \cdot 5 \cdot 5^6$

$F_{E'}^{정력} = \frac{1}{5} V_{E'} \cdot 7^2 \cdot (\frac{3}{5})^2 \cdot 3 \cdot 5^6$

$F_{E'}^{척력} = F_{E'}^{동력} - F_{E'}^{정력}$

$F_{4\cdot7수성계}^{동력} = 944 V_{E'} \cdot 7^2 \cdot (\frac{4}{5})^2 \cdot 5 \cdot 5^6$ [45항 (b) (d) 에 의거하면, $(944 V_E \cdot \frac{1}{5}) \cdot 7^2 \cdot (\frac{4}{5})^2 \cdot 5 \cdot 5^6$]

$F_{4\cdot7수성계}^{정력} = 944 V_{E'} \cdot 7^2 \cdot (\frac{3}{5})^2 \cdot 3 \cdot 5^6$ [45항 (b) (d) 에 의거하면, $(944 V_E \cdot \frac{1}{5}) \cdot 7^2 \cdot (\frac{3}{5})^2 \cdot 3 \cdot 5^6$]

$F_{4\cdot7수성계}^{척력} = F_{4\cdot7수성계}^{동력} - F_{4\cdot7수성계}^{정력}$

$$F_U{}^{척력}=55V_M \cdot 7^2 \cdot 5 \cdot 5^6+9V_M \cdot 7^2 \cdot 5 \cdot 5^6-36V_M \cdot 7^2 \cdot 3 \cdot 5^6$$

$$=212V_M \cdot 7^2 \cdot 5^6=53V_M \cdot 7^2 \cdot 5^4\times100=(7V_M) \cdot 5^4\times7\times53\times10^2$$

$$=(\frac{7}{4^2}V_M)\times7\times53\times10^6=129,330,432\times53\times10^6=6,854,512,896\times10^6$$

$$F_U{}^{좌선인력}=8V_S \cdot 7 \cdot 3 \cdot 3^{10}-F_U{}^{척력}=8\times5^3V_M \cdot 7 \cdot 3 \cdot 3^{10}-F_U{}^{척력}$$

$$=V_M \cdot (2^3 \cdot 3^{11} \cdot 5^3 \cdot 7-2^2 \cdot 5^6 \cdot 7^2 \cdot 53)$$

$$=V_M \cdot 2^2 \cdot 5^3 \cdot 7 \cdot (3^{11}\times2-5^3 \cdot 7 \cdot 53)$$

金塵世界와 金星

금 진 세 계 　 금 성

82. 四大金星과 八位金星의 總別 體積
4 대 금성 8 위 금성 총 별 체 적

82. 4대 금성과 8위 금성의 총별 체적

(a) $42230345\frac{1}{7}$ (月의 體積)×20
월 체 적

(a) $42,230,345\frac{1}{7}$ (달 부피)×20

$=844606902\frac{6}{7}$ 四大金星의 總 體積[1]
4 대 금성 총 체적

$=844,606,902\frac{6}{7}$ 4대 금성의 총 부피

(b) $844606902\frac{6}{7}÷4=211151725\frac{5}{7}$

(b) $844,606,902\frac{6}{7}÷4=211,151,725\frac{5}{7}$

同均別의 體積(月體의 5倍)[2]
동 균 별 체 적 월 체 배

4대 금성 각 별의 평균 부피(달 부피의 5배)

(c) $195510\frac{6}{7}$ (地球의 體積)×128
지 구 체 적

(c) $195,510\frac{6}{7}$ (지구의 부피)×128

$=25025389\frac{5}{7}$ 八位金星의 總 體積[3]
8 위 금 성 총 체 적

$=25,025,389\frac{5}{7}$ 8위 금성의 총 부피

(d) $25025389\frac{5}{7}÷8=3128173\frac{5}{7}$

(d) $25,025,389\frac{5}{7}÷8=3,128,173\frac{5}{7}$

同均別의 體積(地體의 16倍)[4]
동 균 별 체 적 지 체 배

8위 금성 각 별의 평균 부피(지구 부피의 16배)

(e) $844606902\frac{6}{7}+25025389\frac{5}{7}$

(e) $844,606,902\frac{6}{7}+25,025,389\frac{5}{7}$

$=869632292\frac{4}{7}$

$=869,632,292\frac{4}{7}$

四, 八金星의 總 體積
4 8금 성 총 체 적

4대 금성 및 8위 금성의 총 부피

(地球 體積의 4448倍)
지 구 체 적 배

(지구 부피의 4,448배)

---

1   4대四大금성金星의 총總 체적體積; 24항 참조.
2   동同 균별均別의 체적體積(월체月體의 5배倍); 24항 참조.
3   8위八位금성金星의 총總 체적體積; 24항 참조.
4   동균별同均別의 체적體積(지체地體의 16배倍); 24항 참조.

❖ **기호**: U 우주

S 태양, S' 태양륜계; E 지구, E' 지륜계; M 달; G 4대 금성, K 8위 금성

W 수성; T 화성; J 목성; A 토성;

Hd 수진, Fd 화진, Ed 지진, Wd 풍진, Gd 금진

V＝부피, Q＝량, F＝힘;

Q^H＝열량, Q^C＝냉량

❖ **기호복합**

V^{Ed}＝지진 부피, $V_{E'}^{Ed}$＝지륜계의 지진 부피

Q^{Fd}＝화진량, $Q_{화성계}^{Fd}$＝화성계의 화진량 등

$Q^{\pm Fd}$＝(양,음)성 화진량, $Q^{\pm H}$＝(양,음)성 열량

$F_{E'}^{인력}$＝지륜계의 인력량

$Q_{냉화}^{Gd}$＝냉화 금진, $Q_{열화}^{Gd}$＝열화 금진, $Q_{중성화}^{Gd}$＝중성화 금진

F^C＝식력, F^M＝신력,

❖ **규칙**

$Q^{Hd}=V^{Hd}\times 7,\ Q^{Fd}=V^{Fd}\times 7^2,\ Q^{Ed}=V^{Ed}\times 7^3$

$Q^C=Q^{Hd}\times 3,\ Q^H=Q^{Fd}\times 5,\ Q^{+H}=Q^{+Fd}\times 5,\ Q^H=Q^{Fd}\times 3,\ Q^{+Fd}=Q^{Fd}\times(\frac{4}{5})^2,\ Q^{-Fd}=Q^{Fd}\times(\frac{3}{5})^2,$

$Q_{냉화}^{Gd}=Q_{총}^{Hd}\times 3,$

$Q_{열화}^{Gd}=Q^{+H}+Q^H=Q_{총}^{+Fd}\times 5+Q_{총}^{Fd}\times 3=Q_{총}^{Fd}\times(\frac{4}{5})^2\times 5+Q_{총}^{Fd}\times(\frac{3}{5})^2\times 3,$

$Q_{중성화}^{Gd}=Q^{Ed}\times 7$

모든 량 (V, Q, F)는 숫자대신 V_S, V_E, V_M을 단위로 하면 더 편리함.

❖   (a, b) $20 \times V_M = 4 \times V_G$

    ; $5V_M = V_G$

❖   (c, d) $128V_E = 8 \times V_K$

    ; $16V_E = V_K$

❖   (e) $V_{4G+8K} = 20V_M + 128V_E = 4V_G + 8V_K$

    $= 20 \times (6^3 \times V_E) + 128V_E = 4,448V_E$

83. 列曜 또는 流質 根據의 全體積

(a) $5278793142\frac{6}{7}$ (日球의 體積[1])

+28970016768(水星의 總數 5548788位의 全體積[2])+7685922816(假空界 四個級 區宇 總水塵 根據의 體積[3])+295612416 (眞空界 稀水塵의 根據 體積[4])

$=42230345142\frac{6}{7}$

水塵根據의 總體積으로서 이것이

水根인 第一種子의 全體積

(日體의 8倍로서 月體의 1000倍)

(b) $42230345\frac{1}{7}$ (月의 體積[5])

+$1646983460\frac{4}{7}$(火星 總數 264960位의 全體積[6])+$675685522\frac{2}{7}$(火星界 流通

83. 열요 또는 유질流質 근거의 전체 부피

(a) $5,278,793,142\frac{6}{7}$ (일구의 부피)

+28,970,016,768(수성의 총수 5,548,788위位의 전체 부피)+7,685,922,816(가공계 4개 급 구역 총 수진 근거의 부피)+295,612,416 (진공계 희稀수진의 근거 부피)

$=42,230,345,142\frac{6}{7}$

수진 근거의 총 부피로서 이것이

수진 근거인 제1종자種子의 전체 부피

(일구의 8배로서 달 부피의 1,000배)

(b) $42,230,345\frac{1}{7}$ (달 부피)

+$1,646,983,460\frac{4}{7}$ (화성 총수 264,960위의 전체 부피)+$675,685,522\frac{2}{7}$ (화성계 유통

---

1 일구日球의 체적體積; 4항 (l)참조.
2 수성水星의 총수總數 5548788위位의 전체적全體積; 54항 (e) 참조.
3 가공계假空界 4개급四個級 구우區宇 총 수진總水塵 근거根據의 체적體積; 55항 (a) 참조.
4 진공계眞空界 희수진稀水塵의 근거根據 체적體積; 56항 (a) 참조.
5 월月의 체적體積; 5항 (p) 참조.
6 화성火星총수總數 264960위位의 전체적全體積; 63항 (g)참조.

火塵의 根據 體積[7])+337842761$\frac{1}{7}$
(화진 근거 체적)

(月世界火塵의 根據 體積[8])=2702742089$\frac{1}{7}$
(월세계화진 근거 체적)

陽性火塵 根據의 總體積[9]으로서
(양성화진 근거 총체적)

이것이 陽性火根[10]인 第一種子의
(양성화근 제1종자)

全體積(月體 64倍)
(전체적 월체 배)

(c) 886837248(木星 13位의 全體積[11])
(목성 위 전체적)

+633,455,177$\frac{1}{7}$(木星區宇 陰性火塵의
(목성구우 음성화진)

根據 體積[12])=1520292425$\frac{1}{7}$
(근거 체적)

陰性火塵 根據의 總體積[13]으로서 이것이
(음성화진 근거 총체적)

陰性火根[14]인 第一種子의
(음성화근 제1종자)

全體積(月體의 36倍)
(전체적 월체 배)

화진의 근거 부피) +33,784,2761$\frac{1}{7}$

(월세계 화진의 근거 부피)=2,702,742,089$\frac{1}{7}$

양성 화진 근거의 총 부피로서

이것이 양성 화진 근거인 제1종자種子의

전체 부피(달 부피의 64배)

(c) 886,837,248(목성 13위의 전체 부피)

+633,455,177$\frac{1}{7}$(목성 구역 음성 화진의

근거 부피)=1,520,292,425$\frac{1}{7}$

음성 화진 근거의 총 부피로서 이것이

음성 화진 근거인 제1종자種子의

전체 부피(달 부피의 36배)

7 화성계火星界 유통流通화진火塵의 근거根據 체적體積; 59항 (e)과 60항 (c) 참조.
8 월세계月世界 화진火塵의 근거체적根據體積; 57항 (i)에서 월상9호에서 달 부피인 제1륜신(제1호, 월체)을 제외한 제2륜신 및 제3륜신의 화진 부피
9 양성 화진陽性火塵 근거根據의 총 체적總體積; 21항 및 57항 (i) 참조.
10 양성화근陽性火根; 양성 화진의 근거.
11 목성木星 13위位의 전체적全體積; 66항 (e) 참조.
12 목성구우木星區宇 음성 화진陰性火塵의 근거根據 체적體積; 65항 (a) 참조.
13 음성 화진陰性火塵 근거根據의 총 체적總體積; 72항 (a) 참조.
14 음성화근陰性火根; 음성 화진의 근거.

(d) $195510\frac{6}{7}$ (地球의 體積[15])
　　　　지구　체적

　+1368576(地輪界 地塵 根據의 總體積[16])
　　　　　　지륜계 지진 근거　　총체적

　+21897216(四七星宿의 全體積[17])
　　　　　　4 7성수　　전체적

　+153280512(四七星 輪界 內
　　　　　　4 7 성 륜계 내

地塵 根據의 全體積[18])+$9384521\frac{1}{7}$
지진 근거　전체적

(土星界 流通 地塵의 根據 體積[19])
토성계 유통 지진　근거 체적

=186126336

地塵 根據의 總體積으로서 이것이
지진 근거　총체적

地根[20]인 第一種子의 體積
지근　　제1종자　체적

(地體의 952倍)
지체　배

(e) $869632292\frac{4}{7}$ (四, 八金星[21]의 全體積[22])
　　　　　　4 8금성　전체적

　+186126336(地塵 根據의 全體積)
　　　　　　지진 근거　전체적

　=$1055758628\frac{4}{7}$

(d) $195{,}510\frac{6}{7}$ (지구의 부피)

　+1,368,576(지륜계 지진 근거의 총 부피)

　+21,897,216(4·7성수의 전체 부피)

　+153,280,512(4·7성 윤계輪界 내

지진 근거의 전체 부피)+$9{,}384{,}521\frac{1}{7}$

(토성계 유통 지진의 근거 부피)

=186,126,336

지진 근거의 총 부피로서 이것이

지진 근거(지근地根)인 제1종자種子의 부피

(지구의 952배)

(e) $869{,}632{,}292\frac{4}{7}$ (4, 8금성의 전체 부피)

　+186,126,336(지진 근거의 전체 부피)

　=$1{,}055{,}758{,}628\frac{4}{7}$

15　지구地球의 체적體積; 4항 (f) 참조.

16　지륜계地輪界 지진地塵 근거根據의 총 체적總體積; 39항 ※ 참조.

17　47성수四七星宿의 전체적全體積; 44항 (n) 참조.

18　47성四七星 륜계輪界 내內 지진地塵 근거根據의 전체적全體積; 44항 (o) 참조.

19　토성계土星界 유통流通 지진地塵의 근거根據 체적體積; 44항 (p) 참조.

20　지근地根; 지진 근거.

21　4, 8금성 四, 八金星; 4대 금성과 8위 금성.

22　4, 8금성 四, 八金星의 전체적全體積; 82항 (e) 참조.

水火二塵[23]의 中性塵 根據의
수 화 이 진　　중 성 진 근 거

全體積으로서 이것이 水火不二根[24]인
전 체 적　　　　　　수 화 불 이 근

第一種子의 體積(月體의 25倍)
제 1 종 자　체 적 월 체　　　배

(f) $47509138285\dfrac{5}{7}$

이것이 宇宙 全質量 根據의 體積으로서
우 주 전 질 량 근 거　체 적

質의 依據가 되는 第一種子인
질　의 거　　　　제 1 종 자

等體金塵[25]의 一部分이다.
등 체 금 진　　일 부 분

※ $47509138285\dfrac{5}{7}$

= $42230345142\dfrac{5}{7}$ (水根[26])
수 근

+ $2702742089\dfrac{1}{7}$ (陽火根[27])
양 화 근

+ $1520292425\dfrac{1}{7}$ (陰火根[28])
음 화 근

+ $1055758628\dfrac{4}{7}$ (水火不二根[29])
수 화 불 이 근

수화2진의 중성진中性塵 근거의

전체 부피로서 이것이 수화불이근인

제1종자種子의 부피(달 부피의 25배)

(f) $47,509,138,285\dfrac{5}{7}$

이것이 우주 전체 질량 근거의 부피로서

질질의 의거依據가 되는 제1종자種子인

등체금진等體金塵의 일부분이다.

※ $47,509,138,285\dfrac{5}{7}$

= $42,230,345,142\dfrac{5}{7}$ (수근水根)

+ $2,702,742,089\dfrac{1}{7}$ (양화근陽火根)

+ $1,520,292,425\dfrac{1}{7}$ (음화근陰火根)

+ $1,055,758,628\dfrac{4}{7}$ (수화불이근水火不二根)

23　수화이진水火二塵; 수진과 화진.

24　수화불이근水火不二根; 수진과 화진의 근거가 둘이 아님(불이不二).

25　등체금진等體金塵; 우주의 평등한 근본체성인 금진.

26　수근水根; 본항 (a) 참조.

27　양화근陽火根; 본항 (b) 참조.

28　음화근陰火根; 본항 (c) 참조.

29　수화불이근水火不二根; 본항 (e) 참조.

❖ (a) $V_S + V_{5,548,788W} + V^{Hd}_{가공계} + V^{Hd}_{진공계} = 8V_S = 8 \times 125V_M$

$= 1,000V_M = V^{Hd}_{총} \,(수진 근거의 총 부피)$

(b) $V_M + V_{264,960T} + V_{유통화진} + V_{월세계-M}$

$= V_{월세계} + V_{화성계} = 9V_M + (39+16)V_M = 64V_M = V^{+Fd}_{총} \,(양성 화진 근거의 총 부피)$

(c) $V_{13j목성상부} + V_{목성하부}$

$= 21V_M + 15V_M = 36V_M = V^{-Fd}_{총} \,(음성 화진 근거의 총 부피)$

(d) $V_E + V_{E'-E} + V^{Fd}_{28A} + V^{Fd}_{28성수계-28A} + V^{Fd}_{28성수유통지진}$

$= V_E + 7V_E + 112V_E + 784V_E + 48V_E = 952V_E$

(e) $V_{4G+8K} + 952V_E = 4,448V_E + 952V_E = 5,400V_E = 25 \times 216V_E = 25V_M$

(수화2진의 중성진 근거 부피=수화불이근 전체 부피)

(f) $Q^{근Gd}_{총} = V^{Hd}_{총} + V^{+Fd}_{총} + V^{-Fd}_{총} + 25V_M$

$= 1,000V_M + 64V_M + 36V_M + 25V_M = 1,125V_M = 1,125 \times 216V_E = 243,000V_E$

$= 9V_S$

(수근+양화근+음화근+수화불이근=우주 전질량 근거 부피=등체금진의 일부분)

84. 宇宙의 金塵量
우주 금진량

(a) $76210537750511\frac{479}{567}$ (我宇宙의
아 우주

全體積[1]으로서 이것이 等體金塵의 總量)
전체적 등체금진 총량

$-47509138285\frac{5}{7}$ (列曜 또는 流質
열요 유질

根據의 全體積[2])=$76163028612226\frac{74}{567}$
근거 전체적

我宇宙의 總金塵量에서
아우주 총금진량

總 質根[3]의 第一種子인
총질근 제1종자

根金塵[4]을 除한 이것이 純粹에너지를
근금진 제 순수

供給하는 境金塵[5]의 總量이다.
공급 경금진 총량

(b) $76163028612226\frac{74}{567}$ (境金塵의 總量)
경금진 총량

$\div76210537750511\frac{479}{567}$ (根境
근경

二具의 總 金塵量)$\times100=99.938\%$
2구 총 금진량

境金塵의 百分比
경금진 백분비

---

84. 우주의 금진량

(a) $76,210,537,750,511\frac{479}{567}$ (우리 우주의

전체 부피로서 이것이 등체금진의 총량)

$-47,509,138,285\frac{5}{7}$ (열요 또는 유질流質

근거의 전체 부피)=$76,163,028,612,226\frac{74}{567}$

우리 우주의 총 금진량에서

총 유질근거(질근質根)의 제1종자種子인

근금진根金塵을 뺀 이것이 순수 에너지를

공급하는 경금진境金塵의 총량이다.

(b) $76,163,028,612,226\frac{74}{567}$ (경금진의 총량)

$\div76,210,537,750,511\frac{479}{567}$ (근경根境

두 가지를 갖춘 총 금진량)$\times100=99.938\%$

경금진의 백분율

---

1   우주宇宙의 전체적全體積; 반지름 $26,297\frac{2}{3}$ (=일·지간 평균 거리의 2배)인 우주의 부피. 19항 (f) 참조.

2   열요列曜 또는 유질流質 근거根據의 전체적全體積; 83항 (f) 및 ※ 참조.

3   질근質根; 유질流質 근거根據. 여기서는 열요도 포함됨.

4   근금진根金塵; 열요列曜와 유질流質 부피의 합.

5   경금진境金塵; 우주의 전체 부피에서 근금진의 부피를 제외한 부분으로 순수에너지를 공급함.

(c) $47509138285\frac{5}{7}$ (根金塵의 總量)
　　　　　　　　　　근금진　　총량

$\div 76,210,537,750,511\frac{479}{567}$

(根境二具의 總金塵量)×100
　근경 2 구　　총 금진량

=0.062%

根金塵의 百分比
근 금 진　　백 분 비

(c) $47,509,138,285\frac{5}{7}$ (근금진의 총량)

$\div 76,210,537,750,511\frac{479}{567}$

(근경根境 두 가지를 갖춘 총 금진량)×100

=0.062%

근금진의 백분율

❖ (a) $Q_{총}^{등체Gd} - Q_{총}^{근Gd} = Q_{총}^{등체Gd} - 1,125\,V_M = Q_{총}^{경Gd}$

[등체금진 총량＝근금진 총량＋경금진(순수에너지공급) 총량]

$$[Q_{총}^{등체Gd} = V_U = \frac{4}{3}\pi R_U^{\,3} = \frac{4}{3} \times \frac{22}{7} \times (\frac{78,893}{3})^3 = \frac{88}{21} \times \frac{491,038,351,187,957}{27}$$

$$= 76,210,537,750,511\frac{479}{567},\ Q_{총}^{등체Gd}\ ;\ 등체금진 총량,\ V_U\ ;\ 우주의 전체 부피,\ R_U\ ;\ 우주 반지름]$$

❖ (b) $\dfrac{Q_{총}^{경Gd}}{Q_{총}^{등체Gd}} \times 100 = 99.938\,\%$ (경금진의 백분비)

❖ (c) $\dfrac{Q_{총}^{근Gd}}{Q_{총}^{등체Gd}} \times 100 = 0.062\%$ (근금진의 백분비)

$(Q_{총}^{등체Gd}\ ;\ 약\ 1,804,639.235\,V_M,\ Q_{총}^{경Gd}\ ;\ 약\ 1,803,514\,V_M)$

금륜도金輪圖 해설

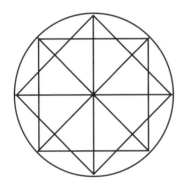

천상천하 온누리에서 가장 귀중한 보배는 부처님(불佛)과 불법佛法과 불제자(승僧) 곧 불법승 삼보三寶입니다. 그리고 삼보의 구체적인 체성이 바로 금강륜金剛輪 곧 금륜金輪입니다.

따라서, 금륜은 일체만유의 근본 바탕이 되는 단단한 기운인 지地(□)와 물 기운인 수水(○)와 불 기운인 화火(△)와 움직이는 기운인 풍風(◠)과 장애 없는 기운인 공空(◊) 등 5대大 곧, 5륜輪의 본질로서, 정신과 물질이 원융하게 융합된 형이상학적인 존재 자체이며, 물리적으로 표현하면 가장 순수한 에네르기Energie입니다.

그래서, 경經에는 천하를 다스리는 전륜성왕轉輪聖王이 등장할 때는 먼저 이 금륜을 감득하고 금륜을 굴려서 4천하를 다스린다고 상징적으로 표현하였으며, 범부 중생이 모든 번뇌를 소멸하고 금강삼매金剛三昧에 들게 되면 금강륜을 현전에 보고 증험하여 범부를 여의고 성자가 된다고 하였습니다.

따라서, 금륜은 과거 현재 미래를 통하여 영원히 소멸되지 않고 온누리에 털끝만한 빈틈도 없이 두루 존재한 우주의 실상이니, 일체 만유는 바로 금륜으로 이루어진 찬란한 광명세계입니다.

비록, 우주가 생성하여 생물이 발생하고 또한 파괴되어 드디어는 허무가 되어버리는, 이른바 성주괴공成住壞空 4겁劫을 되풀이하고, 일체존재가 생주이멸生住異滅과 생로병사生老病死를 영겁토록 거듭한다 할지라도 근본 바탕인 금륜은 호리도 변함이 없는 영원한 실체입니다.

이러한, 금륜의 상징이 바로 금륜도金輪圖(⊕)인데, 이는 지대地大의 (□), 수대水大의 (○), 화대火大의 (△), 풍대風大의 (▽), 공대空大의 (◊) 등의 5대大 곧 5륜輪을 종합한 도식으로서, 우리의 근본 자성인 불심佛心을 상징하는 의미에서 불심인佛心印이요, 또한 부처님의 일체 지혜 공덕인 5지智를 관찰하여 자신이 바로 5지여래智如來되는 5지 총관도總觀圖, 또는 5륜관도輪觀圖라고도 하며, 일체만덕을 갖춘 卍(만)자를 비롯하여 우리 한글이나 동서 모든 문자의 근본 골격이 되므로 자륜字輪이라고도 합니다.

그래서, 밀교密敎 계통의 절에서는 대일여래大日如來 곧 법신法身 부처님의 상징으로 5륜탑輪塔을 조성하여 숭앙하기도 합니다.

(『正統禪의 香薰』, 聖輪閣, 2003, 55~56)

색色(물질物質)의 근본구조根本構造

불교의 교리에서 나온 물질의 구조를 알아보겠습니다. 현대 물리학에서 물질의 가장 미세한 소립자인 광량자光量子의 본질이 불교에서 물질의 근본으로 삼는 금진金塵이라고 생각하면 되겠습니다.

金塵의 構造

宇宙의 本質인 物心一如의 心體에는 本來로 地·水·火·風 四大의 四性과 四相이 갖추어 있는데 그 四性과 四相이 和融하여 一極微를 이루어 서로 分離할 수 없으므로 八事俱生하여 隨一不滅이라 稱한다.

이 極微를 四方·上下의 六方과 中心의 七微가 合成되어 처음으로 天眼所見의 阿耨色이 되는데 바로 金塵이다.

이 金塵은 天眼과 輪王眼과 佛果를 得한 菩薩眼에만 見得할 수 있다. 金塵 곧 一阿耨色은 金中에서 往來하여도 無障 無碍하며 百四十의 事體功德을 갖추고 있다. 또한 圓常하여 다시 生滅이 없고 空劫 時에는 離散하여 空中에 浮遊하나 體法은 恒有하며 그 作用에 있어서 生滅 無常하다. (大日經疏一·俱舍論光記·勝論)

우주의 본질인 물심일여物心一如의 심체心體에는 지地 · 수水 · 화火 · 풍風 4 대大의 네 가지 성품과 사상四相이 본래로 갖추어 있습니다. 우리는 우주의 본체에 있는 근본적인 본성품을 생각해야 합니다. 근본 성품에는 지수화풍 4대를 비롯한 일체 만덕이 본래로 원만히 갖추어 있습니다. 그 성품은 인연 따라서 상相으로 나오는데 지수화풍 4대의 4성性과 4상相이 서로 원융무애하여, 거리낌없이 섞이어서 일극미一極微를 이루어 서로 분리할 수 없으므로 팔사구생八事俱生한다는 것입니다.

팔사구생이란 『구사론』 등에 나오는 말로 여덟 가지 기운이 한번에 화융和融하게 뭉쳐서 나온다는 말입니다. 팔사구생의 여덟 가지란 앞에 든 지수화풍 4대의 네 가지 성품과 4대의 상인 네 가지 상이 함께 어울려서 나오므로 팔사구생입니다. 그래서 수일불멸隨一不滅이라, 뭉쳐진 그 하나가 멸하지 않는다고 하는 것입니다.

사방四方과 상하上下의 육방六方과 가운데 중심中心을 합하면 일곱 군데인데 불교에서는 일체가 역동적인 생명력이므로 사방과 상하 그리고 중심의 7이란 수치를 생명 활동의 중요한 수치로 중요시하는 것입니다.

일극미一極微인, 물질도 아닌 하나의 기운, 에너지가 사방 상하 중심의 칠미七微 합성이 되어 처음으로 천안소견天眼所見이라, 중생의 오욕의 때문은 눈으로 볼 수 있는 것이 아니라 천안통으로 볼 수 있는 아누(Anu, 阿耨)색이 되는데 이것이 바로 금진金塵이라고 합니다.

아누다라삼먁삼보리에서도 나오는 그런 개념 하나하나가 모두가 다 의미심중합니다. 우리 인간이 알고 있는 원자핵이나 그런 물질적인 존재가 아니라 그보다 더 훨씬 더 저편에 있는 즉 생명 에너지의 근본 구성체라고 할 수 있는 것이 바로 금진인 것입니다.

이 금진은 천안天眼과 전륜성왕轉輪聖王의 안목과 또는 견성오도見性悟道해서 삼매에 들어가 불과佛果를 얻은 보살의 눈에만 견득見得이라, 보아서 얻을 수가 있다는 것입니다. 따라서 벌써 견성오도를 확실히 했다면 금진인 한량없는 금색광명을 훤히 현관現觀이라, 현전現前하게 체험하게 되겠습니다.

금진 곧 일아누색一阿樗色은 금金 가운데서 왕래하여도 무장무애하여 거리 낌이 없으며 140의 사체공덕事體功德을 갖추고 있다 합니다. 불성공덕佛性功德은 무량공덕이나 편의에 따라서 법수로서 140의 공덕으로 구분하여 일일이 말씀한 법문이 불경에 나와 있습니다. 티끌만도 못하고 원자핵보다 한결 근원적인 미세한 에너지로 응집된 그 가운데에 벌써 140의 부처님의 무량공덕을 다 갖추고 있다는 말입니다. 그렇기 때문에 일미진중함시방一微塵中含十方이라는 말씀이 성립되지 않겠습니까.

또한 원만하고 항상하여 다시 생멸이 없고 공겁空劫시에도 금진은 존재하는 것입니다. 공중에 흩어져 있기는 하지만 체體는 소멸이 안되어 체법體法은 항유洹有하며 그 작용에 있어서는 생멸무상生滅無常입니다.

또는 유식론唯識論에는 일체 현상을 아뢰야식阿賴耶識 종자의 변현變現이라고 합니다. 모두가 다 유식唯識이라, 만법이 유식이요, 일체가 유심조唯心造라는 사상에서 본다면 물질은 체體가 있는 것이 아니며 금진도 또한 마음의 묘유妙有 현상이니 물질의 체성體性이 있는 것이 아니라는 말입니다.

금진은 금강金剛 또는 금륜金輪이라고도 하며 묘유妙有의 본질이라는 말입니다.

(『圓通佛法의 要諦』, 聖輪閣, 1993, 431~434)

물질의 분석(석공관析空觀)

물체物體 ─────────────┐
극유진隙遊塵(성분成分) ─────┤
우모진牛毛塵(분자分子) ─────┤
양모진羊毛塵(원소元素) ─────┤ 욕계진欲界塵
토모진兎毛塵(전자電子) ─────┤
수진水塵(양핵陽核) ───────┘
금진金塵(핵核의 본질本質) ──── 색계진色界塵
미微(식립識粒) ─────────┐
극미極微(색구경色究竟) ─────┤ 무색계진無色界塵
인허隣虛(염심근染心根) ─────┘

　불교에서 『구사론』 등 근본 논장論藏 가운데 석공관析空觀이 있습니다. 우리 중생들이 공空을 느끼기가 어려운 것이니까 색(물질)을 분석하는 방편을 써서 공을 느끼게 하는 것입니다.
　물체를 분석하여 우선 극유진隙遊塵이라 하는데, 날씨가 좋을 때 문틈으로 태양 광선이 비춰오는 것을 보면 그 광선 속에 헤아릴 수 없는 티끌이 떠 놀고 있어 보이지 않습니까. 그런 정도의 작은 것을 말합니다. 현대적인 말로 표현한다면 물질의 성분成分이라고 할 수 있습니다.

보다 더 미세한 것이 우모진牛毛塵입니다. 마치 소터럭 끄트머리 같은 그 정도로 작다는 말입니다. 이런 말은 그와 꼭 같다는 것이 아니고 옛날 사람이 비유로 표현한 것입니다. 현대적인 술어로는 분자分子 정도가 되고 더 작은 것은 양모진羊毛塵으로 양털 끄트머리 정도로 눈에 안 보이는 원소元素 정도입니다. 그 다음에 토모진兎毛塵으로 토끼털 끄트머리 정도로 전자電子 정도에 비유됩니다. 그 다음은 수진水塵으로 양성자陽性子, 중성자中性子 정도이고, 앞에서 말한 금진金塵은 원자핵原子核의 본질本質을 의미합니다.

이런 불교적인 분석은 옛날에 도인들이 중생들이 물질에 대해서 너무 집착을 하니까 '분석하면 모든 존재들이 다 허망하게 비어버린다'고 하기 위한 법문을 시설하여 이른바 석공관析空觀이라, 물질을 분석해서 공으로 돌아가는 관법觀法을 제시하였던 것입니다. 그래서 금진金塵은 미微로 구성되고, 미微는 극미極微로 구성되고, 극미極微는 인허隣虛라는 공간성이 있는지 없는지 잘 모르는 기운으로 구성되었다고 분석을 했습니다.

따라서 금진金塵은 핵의 본질이지요. 미微는 식의 알갱이(식립識粒)요, 또는 극미極微는 색구경色究竟, 즉 색色의 가장 끄트머리고 인허隣虛는 염심근染心根이라, 우리 마음이 오염되어 있는 가장 시초인 것입니다.

물체에서 수진水塵까지는 욕계에 있는 티끌, 욕계진欲界塵이라 하고, 또 금진은 광명체 즉 광명이 본질이기 때문에 이것은 색계진色界塵이라 하고, 또 우리 의식의 헤아림의 흔적들은 무색계진無色界塵이니까 내나 우리의 식識도 물질화될 수가 있고 물질도 결국은 식이고 마음이라는 것입니다.

지수화풍地水火風 4대四大의 구조構造

    앞에서 물질의 구조 같은 것은 대강 살펴본 셈입니다만 불교에서 말하는 '지수화풍 4대四大가 어떻게 구성이 되었는가?' 하는 문제입니다.

    순수한 우주의 기운인 금진金塵이 좌선左旋 곧 좌편으로 진동하면 수진水塵이 되고 우편으로 진동하면 화진火塵이 된다는 것입니다. 화진은 현대적으로 대비해서 말하면 전자電子고 수진은 이른바 양자陽子가 되는 것입니다. 원자핵, 즉 양성자·중성자는 불교에서 말하면 수진이라는 것입니다.

    따라서 전자라든가 또는 이 양성자·중성자가 어떻게 나왔는가 하는 원리를 현대 물리학자들은 거의 비슷하게 말을 합니다. 가사 라듐radium을 분석하면 전자의 흐름은 오른쪽으로 구부러지고 양성자의 흐름은 왼쪽으로 굽어지고 또는 감마gamma선은 구부러지지 않는다는 것입니다. 이와 같이 어렴풋이나마 현대 물리학에서도 좌선左旋과 우선右旋의 도리를 말합니다.

    불교 가르침 가운데서 금진이란 말은 원래 있으나 좌선진, 우선진이나 수진은 양자와 같고 화진은 전자와 같다는 이런 말씀을 한 것은 금타 스님이 처음입니다. 현대에 태어난 분이기 때문에 현대 물리학과 대비 회통會通을 시킨다는 의미에서 필수적으로 밝혀야겠지요.

아무튼, 우리 마음의 싫어하는 기운은 금진을 오른쪽으로 돌려서 전자를 창조한다고 할 수 있고, 또 좋아하는 마음은 그 반대로 금진을 왼쪽으로 돌려서 양성자 등을 창조하는 것입니다. 이렇듯 우주에너지인 금진金塵은 우리 심리 여하에 따라서 전자화電子化되고 양자화陽子化되어 형상화되는 것입니다.

저명한 의학자들 말도 성을 내면 몸에 해로운 요소인 아드레날린adrenalin이 더 증가되고, 웃고 기분 좋으면 우리를 건강하게 해주는 엔도르핀endorphin이 생긴다고 합니다. 그런 것이 모두가 다 부처님 원리에서 본다면 수긍이 가는 것입니다.

앞서 말씀드린 바와 같이 성겁成劫 초기初期에 광음천光音天이라든가 더 위의 무색계無色界에 있는 중생들이 좋다 궂다 하는 분별이 시초 동력動力이 되는 이른바 중생들의 공업력共業力이 쌓이고 모이니까 전자가 되고 양자가 되어 우주를 구성하게 되는 것입니다.

또한, 모든 것들이 생명이니까 의당 역동성力動性이 있어야겠지요. 따라서 양자인 수진은 같은 성질끼리는 서로 이끌고 또 다른 성질과는 서로 배척하는데, 수진 즉 양자에 있어서 같은 성질끼리 이끈 것은 수水라고 하고 다른 성질을 배척한 것은 지地라고 합니다. 가사, 중성자와 양성자가 서로 어우러져서 원자핵이 되는 것도 서로 이끌어서 된 것입니다. 또 우편으로 도는 금진인 화진火塵, 즉 전자는 성질이 수진水塵과는 반대로 동성끼리는 서로 배척하고 또는 이성끼리는 서로 이끄는데 동성끼리 서로 배척하는 것은 화火라고 하고 이성끼리 이끄는 것은 풍風이라고 합니다.

지수화풍 사대四大가 이렇게 하여 이루어지는 것입니다. '지수화풍 사대가 어디서 나왔는가?' 하는 것도 역시 금타 스님이 처음으로 발설을 했습니다. 옛날에야 이렇게 할 필요가 없었겠지요.

물질이란 그 근본이 어떻게 나왔는가 하는 문제는 우리 불교인들이 꼭 풀어야 할 문제입니다. 세속인인 물리학자들이 푸는 우주의 근본 문제를 풀지 못하면 그마만치 불교를 불신하는 것입니다. 마땅히 그들이 아는 것보다도 훨씬 더 앞서서 이끌어야 할 과제가 현대 불교가 당면한 문제이기도 합니다. 또한 물질의 근원이 본래 공空하다는 도리를 분별 지혜인 간혜乾慧로라도 알고 있으면 우리들의 상相을 여의는 데도 크게 조도助道가 될 것입니다.

(『圓通佛法의 要諦』, 聖輪閣, 1993, 434~438)

물리학物理學의 발전發展

과학에 있어서 지위 있는 학설을 인용하여 소개하겠습니다.

물질物質과 에너지energy

물질物質과 에너지는 대립對立되는 것이라는 고전물리적古典物理的인 생각(뉴턴Newton, Isaac)은 아인슈타인(Einstein, Albert)의 상대성相對性 이론理論으로써 물질物質과 에너지는 하나의 장場의 양면兩面으로 생각하게 되었다.

입자粒子나 파동波動이 고전물리학古典物理學에서는 아주 다른 대립對立된 것으로 생각되어 왔는데 사실事實은 전자電子가 그 측정수단測定手段 여하如何에 따라 파동波動이나 입자粒子로 나타남을 알게 되었다.

고전 물리학은 앞서 말씀드린 바와 같이 절대 물질, 절대 시간, 절대 공간이 있다고 보는 것입니다. 또 물질과 에너지energy가 대립된다고 생각하는 뉴우턴 적인 고전 물리학은, 아인슈타인의 상대성 이론으로써 물질과 에너지는 하나의 장場, field의 양면으로 생각하게 되었습니다. 또는 입자粒子나 파동波動이 고전 물리학에서는 아주 다른 대립된 것으로 생각되어 왔는데 사실은 전자電子

같은 소립자素粒子는 그 측정수단 여하에 따라서 파동이나 입자로 나타남을 알게 된 것입니다.

전자電子 등의 소립자는 고유한 존재로 있는 것이 아니라 장場 에너지가 진동하는 양상에 불과한 것입니다. 따라서 물질의 근본요소가 되어 있는 산소나 수소나 탄소나 질소나 또는 라듐radium이나 그런 것을 물질의 원소元素라 하는데, 물질의 각 원소도 고유하게 가만히 있는 것이 아닌 것입니다. 그러면 어떠한 것인가?

대체로 물리학을 배워서 알겠지만 배울 때 뿐이지 우리가 현실적으로 부딪치는 것이 내가 있고 네가 있고 물질이 그대로 실제로 있어 보이니까 다 잊어버리기 쉽습니다.

가사, 수소는 물이나 지구 덩어리나 우리 몸뚱이나 어디에나 안 들어 있는 데가 없지 않습니까. 그러한 수소도 고유한 수소가 있는 것이 아니라 양성자陽性子를 중심핵中心核으로 해서 전자 하나가 도는 것입니다. 원자핵을 중심으로 전자 두 개가 돌면 헬륨helium이고 전자가 여섯 개가 돌면 탄소입니다.

그런 때는 전자만 수가 많아지는 것이 아니라 원자핵(양성자)도 전자수와 똑같이 더해집니다. 또 대부분 다 중성자도 같은 수가 핵 가운데에 있습니다. 그러니까 (+)전기를 갖는 양성자와 중성을 갖는 중성자가 항시 같은 수로 해서 이루어진다는 것입니다. 따라서 그 수가 많아짐에 따라서, 산소, 수소, 질소, 탄소 등의 차이가 생기는 것입니다. 플루토늄plutonium은 전자가 242개가, 라듐radium은 226개의 전자가 원자핵의 주위를 돈다고 합니다. 그러니까 파괴하기가 쉽겠지요.

따라서 그와 같이 고유한 산소고 수소고 그런 것이 있는 것이 아니라 모두 다 양성자나 중성자나 또는 전자나 그런 것이 어떻게 모여 있는가, 그 모여 있는 결합 여하에 따라 산소나 수소 등 원소가 결정되는 것입니다.

그러면 양성자나 또는 중성자나 또는 전자는 무엇인가? 그런데 소립자를 측정하려 해도 정확히 측정을 할 수가 없다는 것입니다. 가사, 운동량運動量을 측정하려면 위치位置를 잴 수 없고 위치를 정확히 재려고 할 때는 운동을 하는 진동량振動量을 잴 수 없다는 것입니다. 그러한 데서 이른바 불확정성不確定性 원리原理라, 확정한다는 것은 원리적으로 불가능하다, 물질이란 궁극적으로 끄트머리에 가면 확실한 것이 없다는 것입니다.

물질의 근본 장場을 구성하는 기본적인 입자粒子요, 더 이상 분할할 수 없는 가장 미세한 소립자素粒子는 무엇인가? 이것이 파동波動인가? 입자粒子인가? 모두가 저 궁극에 가면 결국은 다 빛인데 그 빛이 입자(알갱이)인가? 또는 파동으로 연결되어 있는가? 그것은, 정밀을 자랑하는 현대 물리학도 모르는 것입니다. 모든 물질이나 빛이 입자임과 동시에 파동적인 성격을 띠고 있기 때문입니다. 그것이 이른바 현대 물리학의 불확정성 원리입니다. 확실할 수가 없다는 말입니다.

따라서 물질은 궁극에는 전기도 없고 또는 질량質量도 없고 따라서 공간성이 없는, 결국 물질은 비물질非物質인 에너지만 남게 됩니다.

현대물리학現代物理學은 아인슈타인이 광속불변성光速不變性을 공리公理로 하여 상대성이론相對性理論을 발전發展시켰으며 이 상대성이론相對性理論과 양자물리학量子物理學을 두 기둥으로 하여 발전發展한 것이다.

그 다음에 현대 물리학은 아인슈타인이 광속불변성光速不變性을 공리公理로 하였는데 즉, 일초一秒 동안에 30만km 광속도는 변할 수가 없다는 광속불변성을 공리公理로 하여 상대성이론을 발전시켰으며 이 상대성이론과 양자물리학을 두 기둥으로 하여 발전된 것이 현대 물리학입니다.

따라서 고전 물리학과 현대 물리학의 차이는 무엇인고 하면, 고전 물리학은 뉴턴이나 또는 맥스웰Maxwell, James Clerk(1831~1879)등에 의해 창도되었는데 이것은 절대 시간도, 절대 공간도 있고 절대 물질도 있다고 보는 것입니다. 그러나 현대 물리학은 아인슈타인의 상대성 이론이나 양자물리학의 두 학설을 기둥으로 하여 된 것이기 때문에 이것은 절대 시간도 없고 절대 공간도 없고 절대 물질도 없다는 것입니다. 이렇듯 모든 물질이란 결국 비물질인 에너지의 운동 양상에 불과한 것이며 따라서 고유한 물질이 없거니, 공간성도 시간성도 존재할 수가 없는 것입니다.

양자量子물리학의 양자量子는 물질량의 최소 단위라는 뜻이고 양자陽子 곧 양성자陽性子는 양(+) 전기를 가진 소립자로 중성자와 함께 원자핵의 구성 요소입니다. 따라서 양자물리학은 모든 물질을 더 이상 나눌 수 없는 가장 미세한 알갱이, 물질인가 물질이 아닌가 알 수 없는 불가시적不可視的인 그 자리, 그런 것을 문제로 해서 이루어진 물리학이 양자물리학입니다.

이와 같이 현대 물리학의 중요한 계기인 '모든 존재는 상대다' 하는 상대성 원리는 따지고 보면 불교의 연기법緣起法의 부분적인 해석입니다. 인연 따라서 이것이 있으니까 저것이 있고 이것이 멸하면 저것도 멸한다는 연기법의 사상과 상대성의 이론과는 서로 상응되는 도리입니다. 이러한 상대성 이론과 양자 물리학을 기둥으로 이루어진 현대 물리학이 어떤 것이라는 개념을 알아두는 것은 굉장히 필요합니다. 이것은 절대 시간도 없고 절대 공간도 없고 절대 물질도 없다는 것이니 바로 제법諸法이 공空하다는 도리와 같습니다.

따라서 내 수명壽命이 50세다 또는 몇 세다 하는 것은 상식적 분야인 것이지 현대 물리학적으로 본다면 이 몸뚱이도 고유한 물질이 아닌 허무한 현상이니, 인간 수명이 몇 년이라는 이른바 불법佛法의 수자상壽者相이 있을 수가 없습니다. 따라서 과거도 없고 미래도 없고 현재도 없다 하는 삼세심불가득三世心不可得의 부처님 말씀들을 다행히도 현대 물리학이 점차로 밝혀 나가고 있는 것입니다.

우리 인간들은 불교인이 아니더라도, 우리가 장차 어떻게 태어나든 다른 종교를 믿든 간에 종당從當에는 어느 누구나 불자가 안될 수가 없을 것입니다. 왜냐하면 현대 물리학이라든가 현대 철학인 실존철학이라든가 모든 분야에서 인간의 지혜는 날로 불교와 가까워 오고 있기 때문입니다. 예술이나 문학이나 어떤 분야에서나 모두가 다 근본적인 문제에 있어서는 생명의 실상을 밝히는 부처님 사상으로까지 들어가지 않으면 참다운 것이 못됩니다. 그것은 진眞 · 선善 · 미美의 근본성품이 바로 진여불성眞如佛性이기 때문입니다. 상대성을 초월한 영원한 피안彼岸의 세계에 대한 간절한 그리움과 수행修行이 없이 참다운 창조적인 걸작이 이루어질 수는 없습니다.

물질의 형성形成과 기본 구조構造

물질物質의 형성形成은 전하電荷의 결합작용結合作用에 불과不過하며 전하電荷는 접착제接着劑와 같은 작용作用을 한다. 음전하陰電荷와 양전하陽電荷는 서로 결합結合하며 같은 전하電荷는 서로 반발 분리分離한다.

그 다음에 물질의 형성은 전하電荷 곧 음(-)전하와 양(+)전하의 결합 작용에 불과하며 따라서 원자핵은 양(+)전하인 것이고 그 밖을 도는 전자는 음(-)전하입니다. 따라서 음(-), 양(+)이 어떻게 결합되었는가에 따라서 산소, 수소 등 물질의 원소가 형성되는 것입니다. 전하는 마치 접착제와 같은 작용을 합니다. 음전하와 양전하는 서로서로 이끌고 결합하며 같은 전하인 음(-)끼리 또는 양(+)끼리는 서로 반발하고 분리합니다.

현대물리학現代物理學이 물질物質의 기본基本 구조構造를 탐구한 결과結果 허망하게도 물질物質이란 본래本來부터 존재存在하지 않으며 다만 장場(전자기장電磁氣場)만이 실재實在한다는 결론結論에 도달하였다. 장場만이 근본적根本的인 물리적物理的 실체實體이며 소립자素粒子는 장場의 국부적局部的인 응결체凝結體에 불과不過하다. 장場은 공간空間 어느 곳에나 존재存在하는 연속체連續體이다. 광속光速이 초속秒速 30만km이니 지극히 작은 입자粒子라도 그 안에는 엄청난 큰 에너지가 농축되어 있음을 알 수 있다. 우라늄 원자핵原子核을 중성자中性子로 쏘아 분열分裂시키면 폭발하는 것이 원자탄原子彈이며 수소원자핵水素原子核의 융합融合에서 나오는 위력偉力이 수소水素폭탄이다.

그 다음에 현대물리학이 물질의 기본 구조를 탐구한 결과 허망하게도 물질이란 본래부터 존재하지 않으며 다만 전자기電磁氣가 충만한 장場만이 실재한다는 것입니다. 따라서 우주에 있는 가장 미세한 알갱이가 어디서 나왔는가 하면 전자기를 띠고 있는 하나의 근본 바탕 즉, 장場인 근본 바탕에서 나왔다는 것입니다. 근본 바탕에서 인연 따라서 이렇게 뛰고 저렇게 뛰는 것이 즉 말하자면 전자이고 양자이고 한다는 말입니다. 전문적인 얘기는 될수록 피하겠습니다만 이런 정도는 꼭 알아두어야 합니다.

우주란 것은 전자기장電磁氣場, 곧 전기(−)와 자기(＋)를 띤 무엇인가가 우주에 충만해 있다는 것입니다. 이렇듯 무한의 에너지를 갖춘 빛이 우주에는 가득 차 있습니다.

우리 마음이 기분 나쁘다 좋다 하는 사소한 마음만 품어도 우리 몸을 구성한 전자나 양자의 구조가 바뀌어지는 것입니다. 그러기에 기분 나쁠 때 음식을 먹으면 소화가 잘 안되고 기분 좋을 때에 먹으면 소화가 잘 되지 않습니까?

우리 생각 하나하나가 우리 몸을 구성하는 것입니다. 따라서 그 역으로 우리 몸을 함부로 행동해 버리면 그만치 마음도 오염되는 것입니다. 근본 성품은 오염이 안되지만 무명無明에 따른 행위로 어둡고 흐린 업業이 형성되는 것입니다.

그런 전자기장場만이 근본적인 물리적 실체이며, 진정한 만유萬有의 실상은 진여불성眞如佛性이지만 우선 물리학적으로는 전자기장이 물리적 실체라고 알 뿐입니다. 공간성을 초월한 형이상形而上적인 물物 자체를 밝히지 못하는데 물리학의 한계가 있습니다. 가장 작은 알갱이인 소립자는 장場의 국부적인 응결, 장이 엉겨서 모인 것에 불과하고 장場은 공간 어느 곳에나 존재하는 연속체라는 것입니다.

불성佛性이 삼천대천 세계에 없는 데가 없이, 삼천대천 세계가 바로 불성으로 되었듯이 장도 역시 언제 어디에나 존재하는데 사실은 장場만이 존재하는 것입니다. 지금 우리가 사는 대류권對流圈은 물론이고 성층권成層圈에 올라가도 장은 있고 온도권溫度圈, 전리권電離圈, 자기권磁氣圈에 올라가도 장은 있다는 말입니다. 어느 곳이나 장은 꽉 차 있다는 것입니다. 따라서 이런 전자기장이 모든 물질과 공간에 충만해 있다는 이런 이론만 가지고도 '부처님의 진여불성이 천지 우주에 충만해 있다. 또는 비로자나불毘盧遮那佛이 광명변조光明遍照라, 우주에 진여불성의 광명이 두루 해 있다' 이런 법문들을 현대 과학에서도 하나 하나 증명하고 있는 것입니다.

우리가 공부 안하면 결국은 과학도에게 점차로 뒤지고 맙니다. 저는 아인슈 타인과 어느 저명한 신학자와 대담하는 기록을 보았는데 아인슈타인의 말이 신학자의 말보다 종교 철학적으로 한결 더 깊게 생각되기도 하였습니다. 부처 님의 가르침으로 조명하니까 그렇게 생각이 되었겠지요.

광속光速은 빛의 속도인데 초속 30만km, 일초 동안에 30만km 속도니까 얼 마나 엄청난 에너지입니까? 눈에 보이지도 않는 그런 빛의 알갱이 하나 속에 갖추어져 있는 것이 이른바 일초 동안 30만km 가는 힘이라는 말입니다. 그러 기에 일미진중함시방一微塵中含十方이라, 한 티끌 가운데 시방세계 모든 힘이 다 들어 있다는 말입니다. 어디에만 있는 것이 아니라 우주에는 그런 힘이 꽉 차 있는 것입니다. 지극히 작은 입자라도 그 안에는 엄청난 큰 에너지가 농축 되어 있음을 알 수 있습니다.

우라늄uranium(전자電子 238개) 원자핵을 중성자로 쏘아 분열시키면 폭발하는 것이 바로 원자탄이며, 그렇게 무서운 원자력이 어디서 오는 것인가 하면 원자 력도 역시 내나 불성佛性으로 구성되었습니다. 또 수소hydrogen 원자핵의 융합 에서 나오는 위력이 수소폭탄입니다. 따라서 진여불성이 소중한 것을 잘 모르 니까, 그런 것을 만들어서 사람도 살생하고 무서운 무기가 되지 않습니까? 마 땅히 우리가 할 수 있는 지상명령은 '오직 진여불성을 깨닫는 길 뿐이다' 이렇 게만 알아도 얼마나 큰 공덕이겠습니까?

에너지는 곧 입자粒子이며 또한 장場이며, 장場이 곧 공空이다. 공空은 입자粒子가 생성 生成 소멸消滅의 율동律動을 끊임없이 계속하고 있는 살아있는 능력能力인 생명生命의 장場이다. 그러므로 현대물리학現代物理學은 색色은 곧 공空이며 진공묘유眞空妙有라는 생명生命에 한 걸음 더 다가선 셈이다.

또한, 에너지는 곧 입자이며, 또한 장場이며, 장은 곧 공空이라는 것입니다. 물질로서의 질량質量이 없다면 바로 공 아닙니까? 질량이 있다고 해야 공간성이 있고 또 시간성이 있는 물질인데 시간성, 공간성이 없다면 결국은 공일 수밖에 없습니다. 공空은 입자가 이루어지고 또는 소멸되는 율동을 끊임없이 계속하고 있는, 살아있는 능력인 생명의 장場인 것입니다. 공은 다만 비어있는 것이 아니라 무량한 에너지가 충만해 있는 공이라는 말입니다.

이러한 (-), (+) 에너지가 부처님의 생명관生命觀으로 풀이하면 자비와 지혜입니다. 또 이것이 바로 지止요 관觀이요, 정定이요 혜慧인 것입니다. 우주에는 이와 같이 근원적으로 음, 양이 들어있는 것입니다. 따라서 우리가 자비와 지혜를 구한다면 우리 마음이 자기도 모르는 가운데 저절로 진여법성에 가까워지는 것입니다. 그러므로 현대 물리학은 색은 곧 공이며, 진공묘유眞空妙有라는 생명에 한 걸음 더 다가선 셈입니다.

(『圓通佛法의 要諦』, 聖輪閣, 2003, 413~422)

85. 冷化 金塵
냉화 금진

(a) $42230345142\dfrac{6}{7}$ (水塵이 依據한

第一種子量[1])×7＝295612416000

一實에 依하여 水性化된

第二種子量으로서 이것이 總水塵量

(b) 295612416000(水性인 第二種子量)

×3＝886837248000

第二性인 水塵의 冷量으로서

이것이 冷化金塵이다.(冷性의 에너지)

85. 냉화 금진

(a) $42,230,345,142\dfrac{6}{7}$ (수진이 의거한

제1종자량)×7＝295,612,416,000

일실一實에 의하여 수성화水性化된

제2종자량種子量으로서 이것이 총 수진량

(b) 295,612,416,000(수성水性인 제2종자량

곧 총 수진량)×3＝886,837,248,000

제2성性인 수진의 냉량으로서

이것이 냉화 금진이다.(냉성冷性의 에너지)

---

1   수진水塵이 의거依據한 제1종자량第一種子量; 일체의 8배(월체의 1,000배). 83항 (a) 참조.

❖ (a) $Q_{총}^{HD} = V_{총}^{Hd} \times 7 = 7,000V_M$ (총 수진량; 일실一實에 의해 수성화된 제2종자량)

(b) $Q_{냉화}^{Gd} = Q_{총}^{HD} \times 3 = V_{총}^{Hd} \times 7 \times 3 = 21,000V_M$

(냉화 금진; 제2성인 수진의 냉량, 냉성 에너지)

86. 熱化 金塵
열 화 금 진

86. 열화 금진

(a) $4223034514\frac{2}{7}$ (火塵이 依據한
화진 의거

第一種子量[1])×49=206928691200
제 1 종 자 량

一實에 依하여 火性化된
일실 의 화성화

第二種子量으로서 이것이 總火塵量
제 2 종 자 량 총 화 진 량

(b) 206928691200(火性인 第二種子量)
화성 제 2 종 자 량

$\times(\frac{4}{5})^2$=132434362368

陽性火塵
양 성 화 진

(c) $206928691200\times(\frac{3}{5})^2$

=74494328832

陰性火塵
음 성 화 진

(d) 132434362368(陽性火塵)×5
양 성 화 진

=662171811840

陽性熱量
양 성 열 량

(e) 74494328832(陰性火塵)×3
음 성 화 진

=223482986496

陰性熱量
음 성 열 량

(a) 4,223,034,514$\frac{2}{7}$ (화진이 의거한

제1종자량)×49=206,928,691,200

일실一實에 의하여 화성화된

제2종자량으로서 이것이 총 화진량

(b) 206,928,691,200(화성인 제2종자량)

$\times(\frac{4}{5})^2$=132,434,362,368

양성 화진

(c) $206,928,691,200\times(\frac{3}{5})^2$

=74,494,328,832

음성 화진

(d) 132,434,362,368(양성 화진)×5

=662,171,811,840

양성 열량

(e) 74,494,328,832(음성 화진)×3

=223,482,986,496

음성 열량

---

1   화진火塵이 의거依據한 제1종자량第一種子量; 월체의 100배. 83항 (b)와 (c)의 합.

(ｆ) 662171811840(陽火²)
　　　　　　　　　　양 화

　＋223482986496(陰火³)
　　　　　　　　　　음 화

　＝885654798336

第二性인 陰陽의 熱量으로서
제 2 성　음 양　열 량

이것이 熱化金塵(熱性의 에너지)
　　　　열 화 금 진　열 성

(ｆ) 662,171,811,840(양성 열량)

　＋223,482,986,496(음성 열량)

　＝885,654,798,336

제2성인 음양陰陽의 열량으로서

이것이 열화 금진(열성熱性의 에너지)

2　　양화陽火; 여기에서는 '양성 열량'임.

3　　음화陰火; 여기에서는 '음성 열량'임.

❖ (a) $Q_{총}^{Fd} = V_{총}^{Fd} \times 7^2 = (V_{총}^{+Fd} + V_{총}^{-Fd}) \times 7^2 = 4{,}900 V_M$ (총 화진량; 일실에 의해 화성화된 제2종자량)

(b) $Q_{총}^{+Fd} = Q_{총}^{Fd} \times (\frac{4}{5})^2 = 3{,}136 V_M$ (양성 화진)

(c) $Q_{총}^{-Fd} = Q_{총}^{Fd} \times (\frac{3}{5})^2 = 1{,}764 V_M$ (음성 화진)

(d) $Q^{+H} = Q_{총}^{+Fd} \times 5 = Q_{총}^{Fd} \times (\frac{4}{5})^2 \times 5 = 15{,}680 V_M$ (양성 열량)

(e) $Q^{-H} = Q_{총}^{-Fd} \times 3 = Q_{총}^{Fd} \times (\frac{3}{5})^2 \times 3 = 5{,}292 V_M$ (음성 열량)

(f) $Q_{열화}^{Gd} = Q^{+H} + Q^{-H} = Q_{총}^{+Fd} \times 5 + Q_{총}^{-Fd} \times 3 = Q_{총}^{Fd} \times (\frac{4}{5})^2 \times 5 + Q_{총}^{Fd} \times (\frac{3}{5})^2 \times 3$

$= 20{,}972 V_M$ (열화 금진; 제2성인 음양 화진의 열량, 열성 에너지)

87. 中和 金塵
중화 금진

87. 중화 금진

(a) $1055758628\frac{4}{7}$ (中性塵이

依據한 第一種子量[1])$\times 343(7^3)$

$=362125209600$

一實에 依하여 水火 兩性의

中性이 된 地塵 總量

(b) 362125209600(水火 中性의 地塵量)

$\times\frac{4}{5}=289700167680$

水塵 系統의 中性金塵[2]

(c) $362125209600\times\frac{1}{5}=72425041920$

火塵 系統의 中性金塵[3]

(d) 362125209600(中性地塵)$\times 7$

$=2534876467200$

水火 中性化 金塵

(a) $1,055,758,628\frac{4}{7}$ (중성진中性塵이

의거한 제1종자량)$\times 343(=7^3)$

$=362,125,209,600$

일실一實에 의하여 수화水火 양성兩性의

중성中性이 된 지진 총량

(b) $362,125,209,600$(수화 중성의 지진량)

$\times\frac{4}{5}=289,700,167,680$

수진 계통의 지진량

(c) $362,125,209,600\times\frac{1}{5}=72,425,041,920$

화진 계통의 지진량

(d) $362,125,209,600$(중성지진량)$\times 7$

$=2,534,876,467,200$

수화水火 중성화中性化 금진

---

1   중성진中性塵이 의거依據한 제1종자량第一種子量; 월체의 25배. 83항 (e) 참조.

2   수진水塵 계통系統의 중성中性 금진金塵; 85항과 86항에 의거 유추해보거나, 45항(h), (i) 의 계산법에 의거하면, 본항 (a)가 지진 총량이므로 그 $\frac{4}{5}$는 '수진水塵 계통系統의 중성中性 금진金塵'이 아닌 '수진水塵 계통系統의 지진량地塵量'이라 표현해야 할 것으로 사료된다.

3   화진火塵 계통系統의 중성中性 금진金塵; 85항과 86항에 의거 유추해보거나, 45항(h), (j)의 계산법에 의거하면, 본항 (a)가 지진 총량이므로 그 $\frac{1}{5}$은 '화진火塵 계통系統의 중성中性 금진金塵'이 아닌 '화진火塵 계통系統의 지진량地塵量'이라 표현해야 할 것으로 사료된다.

❖ (a) $Q^{Ed}=25V_M\times343(=7^3)=8,575V_M$

(지진 총량; 일실에 의해 수화양성이 중성이 된 지진 총량)

(b) $Q^{Ed}\times(\dfrac{4}{5})=6,860V_M$ (수진계통의 지진량)

(c) $Q^{Ed}\times(\dfrac{1}{5})=1,715V_M$ (화진계통의 지진량)

(d) $Q^{Gd}_{중성화}=Q^{Ed}\times7=60,025V_M$ (수화중성화 금진)

88. 冷力化 金塵
냉력화 금진

(a) 886837248000(冷化金塵[1])×59049(3^{10})
냉 화 금 진

=52366852657152000

我宇宙의 冷力化 金塵(冷力 에너지)[2]
아 우 주　냉 력 화 금 진 냉 력

88. 냉력화 금진

(a) 886,837,248,000(냉화 금진)×59,049(=3^{10})

=52,366,852,657,152,000

우리 우주의 냉력화 금진(냉력冷力 에너지)

1　냉화금진冷化金塵; 85항 (b) 참조.
2　냉력화冷力化 금진金塵(냉력冷力 에너지); 냉화 금진(냉량, 냉성 에너지)의 59,049(=3^{10})배

❖　(a) $Q_{냉력화}^{Gd} = Q_{냉화}^{Gd} \times 59,049(=3^{10}) = 1,240,029,000 V_M$

(냉력 에너지; 우주의 냉력화 금진)

[냉화 금진(냉량, 냉성 에너지)의 $59,049(=3^{10})$배가 냉력화 금진(냉력 에너지)]

$Q_{냉화}^{Gd} = Q_{총}^{Hd} \times 3 = V_{총}^{Hd} \times 7 \times 3 = 21,000 V_M$

(냉화 금진; 제2성인 수진의 냉량, 냉성 에너지)

89. 熱力化 金塵
열 력 화 금 진

(a) 885654798336(熱化金塵[1]) × 15625(5⁶)
　　　　　　　열 화 금 진

　= 13838356224000000

熱力化 金塵(熱力 에너지)[2]
열 력 화 금 진 열 력

89. 열력화熱力化 금진金塵

(a) 885,654,798,336(열화 금진) × 15,625($=5^6$)

　= 13,838,356,224,000,000

열력화 금진(열력熱力 에너지)

1　열화熱化금진金塵; 86항 (f) 참조.

2　열력화熱力化 금진金塵(열력熱力 에너지); 열화 금진(열량, 열성 에너지)의 15,625($=5^6$)배.

❖ (a) $Q^{Gd}_{열력화} = Q^{Gd}_{열화} \times 15{,}625(=5^6) = 327{,}687{,}500 V_M$

(열력 에너지; 우주의 열력화 금진)

[열화 금진(열량, 열성 에너지)의 15,625(=5⁶)배가 열력화 금진(열력 에너지)]

$Q^{Gd}_{열화} = Q^{+H} + Q^{-H} = Q^{+Fd}_{총} \times 5 + Q^{-Fd}_{총} \times 3 = Q^{Fd}_{총} \times (\frac{4}{5})^2 \times 5 + Q^{Fd}_{총} \times (\frac{3}{5})^2 \times 3$

$= 20{,}972 V_M$(열화 금진; 제2성인 음양 화진의 열량, 열성 에너지)

90. 月의 熱力으로 말미암은
월   열력

土星界의 冷光化 金塵
토 성 계   냉 광 화 금 진

(a) 289700167680(水塵 系統의 中性金塵[1])
                    수 진 계 통   중 성 금 진

$$\times \frac{1}{49} = 5912248320$$

四, 八金星과 土星界의 水塵量[2]
4 8금성   토성계   수진량

(b) $5912248320 \times 3 \times 5 \times 7$

$$= 620786073600$$

月의 熱力에 由한 金星界 또는
월   열력   유   금성계

土星界의 冷光化 金塵[3] 卽 月光量
토 성 계   냉 광 화 금 진 즉 월 광

(c) $620786073600 \times \dfrac{1}{4} = 155196518400$

八位金星 또는 土星界의 月光量[4]
8 위 금 성   토 성 계   월 광 량

---

90. 달의 열력으로 말미암은

토성계의 냉광화 금진

(a) 289,700,167,680(수진 계통의 지진량)

$$\times \frac{1}{49} = 5,912,248,320$$

4대 금성과 8위 금성과 토성계의 수진량

(b) $5,912,248,320 \times 3 \times 5 \times 7$

$$= 620,786,073,600$$

달의 열력熱力에 말미암은 금성계 또는

토성계의 냉광화冷光化 금진 즉 월광량月光量

(c) $620,786,073,600 \times \dfrac{1}{4} = 155,196,518,400$

8위 금성과 토성계를 합한 월광량

---

1   수진水塵 계통系統의 중성中性금진金塵; 87항 (b) 참조. 87항 (b)의 주에 의거하면 '수진 계통의 지진량'.

2   4四, 8금성八金星과 토성계土星界의 수진량水塵量; 동 지진 부피(달 부피의 25배=$25V_M$)의 $\dfrac{4}{5}$ 가 수진계통 지진의 부피, 이의 7배가 수진량이므로 $25V_M \times \dfrac{4}{5} \times 7 = 140V_M = 5,912,248,320$.

3   냉광화冷光化 금진金塵; 수진량의 3배가 냉량(냉화 금진, 냉성의 에너지), 이의 5×7배

4   8위 금성八位金星 또는 토성계土星界의 월광량月光量; 4대 금성:(8위 금성+토성계)=$20V_M : 5V_M = 4 : 1$이므로 '8위 금성+토성계'를 $\dfrac{1}{4}$로 한 것으로 사료됨. 전체는 4+1이므로 $\dfrac{1}{5}$로 하는 것이 일반적일 것으로 사료됨.

(d) $155196518400 \times \dfrac{119}{135} = 136802856960$

土星界의 月光量[5]
토 성 계 　 월 광 량

(e) $136802856960 \times \dfrac{1}{119} = 1149603840$

地輪界의 月光量[6]
지 륜 계 　 월 광 량

(d) $155,196,518,400 \times \dfrac{119}{135} = 136,802,856,960$

토성계의 월광량月光量

(e) $136,802,856,960 \times \dfrac{1}{119} = 1,149,603,840$

지륜계의 월광량

5　토성계土星界의 월광량月光量; 8위 금성($128V_E$)＋토성계($952V_E$)＝$1,080V_E$이므로 토성계($952V_E$)：{8위 금성 ($128V_E$)＋토성계($952V_E$)}＝952：1,080＝119：135 따라서 토성계의 월광량은 '토성계＋8위 금성'의 월광량의 $\dfrac{119}{135}$임.

6　지륜계地輪界의 월광량月光量; 지륜계($8V_E$)：토성계($952V_E$)＝8：952＝1：119 따라서 지륜계는 토성계의 $\dfrac{1}{119}$임.

❖ (a) $Q^{Hd}_{금+토성계}=(Q^{Ed}_{금+토성계}\times\dfrac{4}{5})\times\dfrac{1}{49}=6,860V_M\times\dfrac{1}{49}=140V_M=5,912,248,320$

또는 $Q^{Hd}_{금+토성계}=(Q^{Ed}\times\dfrac{4}{5})\times\dfrac{1}{49}=\{(V^{Ed}_{금+토성계}\times7^3)\times\dfrac{4}{5}\}\times\dfrac{1}{7^2}$

$\qquad\qquad =(V^{Ed}_{금+토성계}\times\dfrac{4}{5})\times(7^3\times\dfrac{1}{7^2})=V^{Hd}_{금+토성계}\times7=(25V_M\times\dfrac{4}{5})\times7=140V_M$

(4, 8 금성과 토성계의 수진량)

$Q^{Ed}\times\dfrac{4}{5}=(V^{Ed}\times7^3)\times\dfrac{4}{5}=6,860V_M$(수진 계통의 지진량)

(b) $Q^{냉광화Gd}_{금+토성계}=Q^{Hd}_{금+토성계}\times3\times5\times7=(Q^{Ed}\times\dfrac{4}{5}\times\dfrac{1}{49})\times3\times5\times7=14,700V_M=620,786,073,600$

　(달 세력에 의한 금성계와 토성계의 냉광화 금진; 월광량)

(c) $Q^{냉광화Gd}_{8금+토성계}=Q^{냉광화Gd}_{금+토성계}\times\dfrac{1}{4}=Q^{냉광화Gd}_{금+토성계}\times\dfrac{1}{4}=14,700\times\dfrac{1}{4}V_M=3,675V_M=155,196,518,400$

　(8위 금성과 토성계를 합한 냉광화 금진; 월광량)

(d) $Q^{냉광화Gd}_{토성계}=Q^{냉광화Gd}_{8금+토성계}\times\dfrac{119}{135}=3,239\dfrac{60}{135}V_M=136,802,856,960$

　(토성계의 냉광화 금진; 월광량)

(e) $Q^{냉광화Gd}_{지륜계}=Q^{냉광화Gd}_{토성계}\times\dfrac{1}{119}=27\dfrac{34}{153}V_M=1,149,603,840$

　(지륜계의 냉광화 금진; 월광량)

91. 日의 冷力에 由한 土星界의 熱光化 金塵
(일 냉력 유 / 토성계 열광화 금진)

91. 태양의 냉력으로 말미암은 토성계의 열광화 금진

(a) 72425041920(火塵 系統의 中性金塵[1])$\times \dfrac{1}{7}$
(화진 계통 중성금진)

$=10346434560$

四, 八金星과 土星界의 火塵量
(4 8금성 토성계 화진량)

(b) $10346434560 \times 5 \times 3^2 \times 7^7$

$=383433019058073600$

日의 冷力에 由한
(일 냉력 유)

金星界 또는 土星界의 熱光化 金塵
(금성계 토성계 열광화 금진)

卽 日光量[2]
(즉 일광량)

(c) $383433019058073600 \times \dfrac{1}{4}$

$=95858254764518400$

八位金星 또는 土星界의 日光量[3]
(8 위 금 성 토성계 일광량)

(a) 72,425,041,920(화진 계통의 지진량)$\times \dfrac{1}{7}$

$=10,346,434,560$

4대 금성과 8위 금성과 토성계의 화진량

(b) $10,346,434,560 \times 5 \times 3^2 \times 7^7$

$=383,433,019,058,073,600$

태양의 냉력冷力에 말미암은

'금성계+토성계'의 열광화熱光化 금진

즉 일광량日光量

(c) $383,433,019,058,073,600 \times \dfrac{1}{4}$

$=95,858,254,764,518,400$

'8위 금성+토성계'의 일광량

---

1   화진火塵 계통系統의 중성 금진中性金塵; 87항 (c) 참조. 87항 (c)의 주에 의거하면 '화진 계통의 지진량'.
2   열광화熱光化 금진金塵 즉卽 일광량日光量; 열량$\times 3^2 \times 7^7$
3   8위 금성八位金星 또는 토성계土星界의 일광량日光量; 4대 금성:(8위 금성+토성계)=$20V_M$:$5V_M$=4:1이므로 '8위 금성+토성계'를 $\dfrac{1}{4}$로 한 것으로 사료됨. 전체는 4+1이므로 $\dfrac{1}{5}$로 하는 것이 일반적일 것으로 사료됨.

(d) $95858254764518400 \times \dfrac{119}{135}$

$\quad = 84497276422056960$

土星界의 日光量[4]
토 성 계   일 광 량

(e) $84497276422056960 \times \dfrac{1}{119}$

$\quad = 710061146403840$

地輪界의 日光量[5]
지 륜 계   일 광 량

(d) $95,858,254,764,518,400 \times \dfrac{119}{135}$

$\quad = 84,497,276,422,056,960$

토성계의 일광량

(e) $84,497,276,422,056,960 \times \dfrac{1}{119}$

$\quad = 710,061,146,403,840$

지륜계의 일광량

---

4   토성계土星界의 일광량日光量; 8위 금성($128V_E$)+토성계($952V_E$)=$1,080V_E$이므로 토성계($952V_E$):{8위 금성 ($128V_E$)+토성계($952V_E$)}=952:1,080=119:135 따라서 토성계의 일광량은 '토성계+8위 금성'의 일광량의 $\dfrac{119}{135}$임.

5   지륜계地輪界의 일광량日光量; 지륜계($8V_E$):토성계($952V_E$)=8:952=1:119 따라서 지륜계는 토성계의 $\dfrac{1}{119}$임.

❖ (a) $Q^{Fd}_{금+토성계} = (Q^{Ed} \times \frac{1}{5}) \times \frac{1}{7} = (V^{Ed} \times 7^3) \times \frac{1}{5} \times \frac{1}{7} = (V^{Ed} \times \frac{1}{5}) \times (7^3 \times \frac{1}{7}) = V^{Fd} \times 7^2$

$\qquad = 245 V_M$

(4, 8금성과 토성계의 화진량)

$Q^{Ed} \times \frac{1}{5} = (V^{Ed} \times 7^3) \times \frac{1}{5} = 1,715 V_M$ (화진 계통의 지진량)

(b) $Q^{열광화 Gd}_{금+토성계} = Q^{Fd}_{금+토성계} \times 5 \times 3^2 \times 7^7 = 9,079,561,575 V_M$

(해의 냉력에 의한 금성계와 토성계의 열광화 금진; 일광량)

(c) $Q^{열광화 Gd}_{8금+토성계} = Q^{열광화 Gd}_{금+토성계} \times \frac{1}{4} = 2,269,890,393 \frac{3}{4} \times V_M$

(8위 금성 또는 토성계의 열광화 금진; 일광량)

(d) $Q^{열광화 Gd}_{토성계} = Q^{열광화 Gd}_{8금+토성계} \times \frac{119}{135} = 2,000,866,347 \frac{1}{12} \times V_M$

(토성계의 열광화 금진; 일광량)

(e) $Q^{열광화 Gd}_{지륜계} = Q^{열광화 Gd}_{토성계} \times \frac{1}{119} = 16,814,002 \frac{11}{12} \times V_M$

(지륜계의 열광화 금진; 일광량)

92. 金星 또는 土星界에 있어서의 日光과 月光의 比量
금성 토성계 일광 월광 비량

92. 금성과 토성계의 일광과 월광의 비량

(a) 383433019058073600(金星 또는 土星界에 있어서의 日光總量[1])÷620786073600

금성 토성계 일광 총량

$(同月光總量^{2})=617657\frac{1}{4}$ 倍,

동 월 광 총 량 배

곧 月光力을 1로 할 때 이에 대한

월 광 력

日光力의 倍數

일 광 력 배 수

(a) 383,433,019,058,073,600('금성계+토성계'의 일광총량)÷620,786,073,600('금성계+토성계'의 월광총량)$=617,657\frac{1}{4}$ 배,

곧 월광력을 1로 할 때 이에 대한

일광력의 배수

---

1   금성金星 또는 토성계土星界에 있어서의 일광총량日光總量; 91항 (b) 참조.
2   동同 월광총량月光總量; 90항 (b) 참조.

❖ (a) $Q^{열광화Gd}_{금+토성계}$ / $Q^{냉광화Gd}_{금+토성계}$ = 9,079,561,575V_M / 14,700V_M = 617,657$\dfrac{1}{4}$ 배

(월광력을 1로 할 때의 일광력의 배수)

93. 에테르와 金塵
금 진

(a) 295612416000(我宇宙에 있어서의
아 우 주

總水塵 卽 水性金塵量[1])
총 수 진 즉 수 성 금 진 량

+206928691200(同總火塵
동 총 화 진

卽 火性金塵量[2])=502541107200
즉 화 성 금 진 량

我宇宙에 있어서의 水火 兩性 金塵의 總量
아 우 주　　　　　　　수 화 양 성 금 진　　총 량

(b) 502541107200×3×5

=7538116608000

水火 兩性의 調和金塵인 에테르[3]의 總量
수 화 양 성　　　조 화 금 진　　　　　　　총 량

93. 에테르와 금진

(a) 295,612,416,000(우리 우주의

총 수진 즉 수성水性 금진량)

+206,928,691,200(우리 우주의 총 화진

즉 화성 금진량)=502,541,107,200

우리 우주의 수화 양성兩性 금진의 총량

(b) 502,541,107,200×3×5

=7,538,116,608,000

수화 양성의 조화금진인 에테르의 총량

1 　아我 우주宇宙에 있어서의 총 수진總水塵 즉卽 수성水性금진량金塵量; 총 수진량. 85항 (a) 참조.

2 　동총 화진同總火塵 즉卽 화성火性 금진량金塵量; 총 화진량. 86항 (a) 참조.

3 　에테르; 빛을 파동으로 생각했을 때 이 파동을 전파하는 매질로 생각되었던 가상적인 물질이다. 간섭계 실험을 통해 에테르의 존재는 완전히 부정되었고, 현대과학에서는 더 이상 논의되지 않는다. 여기서는 [수화水火 양성兩性 금진金塵의 총량總量×3×5]를 말한다.

❖ (a) $Q^{HD}_{총} + Q^{Fd}_{총} = 7{,}000 V_M + 4{,}900 V_M = 11{,}900 V_M$

  [우주 수화 양성 금진 총량= 총 수진(＝수성 금진량)+총 화진(＝화성 금진량)]

  $Q^{HD}_{총} = V^{Hd}_{총} \times 7 = 7{,}000 V_M$ (총 수진량; 일실에 의해 수성화된 제2종자량)

  $Q^{Fd}_{총} = V^{Fd}_{총} \times 7^2 = (V^{+Fd}_{총} + V^{-Fd}_{총}) \times 7^2 = 4{,}900 V_M$ (총 화진량; 일실에 의해 화성화된 제2종자량)

 (b) $(Q^{HD}_{총} + Q^{Fd}_{총}) \times 3 \times 5 = 11{,}900 V_M \times 3 \times 5 = 178{,}500 V_M$

  [수화水火 양성兩性의 조화금진調和金塵인 에테르의 총량總量]

94. "이-자"와 金塵

(a) 295612416000(水性金塵의 總量[1])

$\times 3 \times 5 \times 7^7 = 3651743048648320000$

我宇宙에 있어서의 이-자[2]의 總量

(b) 3651743048648320000

$\div 76210537750511\dfrac{479}{567}$ (이-자의 根據인

宇宙 等體金塵의 總量[3])$=47916.48$

이-자의 强度

94. "이-자"와 금진金塵

(a) 295,612,416,000(수성 금진의 총량)

$\times 3 \times 5 \times 7^7 = 3,651,743,048,648,320,000$

우리 우주의 이-자의 총량

(b) 3,651,743,048,648,320,000

$\div 76,210,537,750,511\dfrac{479}{567}$ (이-자의 근거인

우주 등체금진의 총량)$=47,916.48$

이-자의 강도强度

---

1   수성水性금진金塵의 총량總量; 85항 (a) 또는 93항 (a) 참조.

2   이-자; Ether. 에테르. 여기에서는 '수진水塵의 극성極性[=(수성水性금진金塵의 총량總量×3×5×7⁷)]'을 뜻하는 말로 사용되어, 이곳의 '이-자'와 93항 (b)의 '에테르[=(수화水火 양성兩性 금진金塵의 총량總量×3×5)]'를 다른 뜻의 용어로 사용하였다. ▶에테르; 빛을 파동으로 생각했을 때 이 파동을 전파하는 매질로 생각되었던 가상적인 물질이다. 간섭계 실험을 통해 에테르의 존재는 완전히 부정되었고, 현대과학에서는 더 이상 논의되지 않는다.

3   이-자의 근거根據인 우주宇宙 등체等體금진金塵의 총량總量; 84항 (a) 참조.

❖ (a) $Q_{총}^{Id} = Q_{총}^{HD} \times 3 \times 5 \times 7^7 = 7,000V_M \times 3 \times 5 \times 7^7 = 86,472,015,000V_M$

(이-자의 총량; 총 수진량×3×5×7^7)

$Q_{총}^{HD} = V_{총}^{Hd} \times 7 = 7,000V_M$ (총 수진량; 일실에 의해 수성화된 제2종자량)

(b) $\dfrac{Q_{총}^{Id}}{Q_{총}^{등체Gd}} = 86,472,015,000V_M$ / 약 1,804,639.235V_M＝약 47,916.48

(이-자의 강도)

95. 識力과 神力
식력   신력

(a) $76210537750511\dfrac{479}{567}$ (宇宙 等體의
우주 등체

金塵量[1])×5×7=$2667368821267914\dfrac{46}{81}$
금 진 량

我宇宙에 있어서의 神力量
아 우 주   신 력 량

(b) $2667368821267914\dfrac{46}{81} \times 3$

$=8002106463803743\dfrac{57}{81}$

我宇宙에 있어서의 識力量
아 우 주   식 력 량

95. 식력과 신력

(a) $76,210,537,750,511\dfrac{479}{567}$ (우주 등체의

금진량)×5×7=$2,667,368,821,267,914\dfrac{46}{81}$

우리 우주의 신력량神力量

(b) $2,667,368,821,267,914\dfrac{46}{81} \times 3$

$=8,002,106,463,803,743\dfrac{57}{81}$

우리 우주의 식력량識力量

---

1   우주宇宙 등체等體의 금진량金塵量; 84항 (a) 참조.

❖　(a) $F^M = Q_{총}^{등체\,Gd} \times 5 \times 7 = 약\ 1,804,639 V_M \times 5 \times 7 = 약\ 63,162,365 V_M$

　　(신력 F^M; $Q_{총}^{등체\,Gd} \times 5 \times 7$)

　　(b) $F^C = 3 \times F^M = 3 \times (Q_{총}^{등체\,Gd} \times 5 \times 7) = 189,487,095 V_M$

　　(식력 F^C; $3 \times F^M$)

96. 識光과 智光
식 광   지 광

(a) $76210537750511\frac{479}{567}$ (宇宙 等體의
우주 등체

金塵量[1]$)\times3\times5=1143158066257677\frac{381}{567}$
금 진 량

我宇宙에 있어서의 識光量
아 우 주   식 광 량

(b) $1143158066257677\frac{381}{567}$ (識光)
식 광

$\times7\times10=80021064638037437\frac{1}{27}$

我宇宙에 있어서의 智光量
아 우 주   지 광 량

96. 식광과 지광

(a) $76,210,537,750,511\frac{479}{567}$ (우주 등체의

금진량$)\times5=1,143,158,066,257,677\frac{381}{567}$

우리 우주의 식광량識光量

(b) $1,143,158,066,257,677\frac{381}{567}$ (식광량)

$\times7\times10=80,021,064,638,037,437\frac{1}{27}$

우리 우주의 지광량智光量

---

1   우주宇宙 등체等體의 금진량金塵量; 84항 (a) 참조.

❖ (a) $Q^{Lc} = Q_{\text{총}}^{\text{등체}Gd} \times 3 \times 5 = $ 약 $1{,}804{,}639 V_M \times 3 \times 5 = $ 약 $27{,}069{,}585 V_M$

(식광량 Q^{Lc}; $Q_{\text{총}}^{\text{등체}Gd} \times 3 \times 5$)

(b) $Q^{Lw} = Q^{Lc} \times 7 \times 10 = $ 약 $27{,}069{,}585 V_M \times 7 \times 10 = $ 약 $1{,}894{,}870{,}950 V_M$

(지광량; $Q^{Lc} \times 7 \times 10$)

열반진색涅槃眞色(1)

열반진색涅槃眞色

1. 열반涅槃은 색色, 성聲, 향香, 미味, 촉觸, 생生, 주住, 괴壞, 남男, 여女의 십상十相이 무無함《열반경涅槃經》

2. 색시무상色是無常이나, 인멸시색因滅是色하여 획득해탈상주색獲得解脫常住色이라 《열반경涅槃經》

3. 여래장중如來藏中에 성색진공性色眞空이요 성공진색性空眞色이라 청정본연淸淨本然하여 주변법계周邊法界라《능엄경楞嚴經》

4. 일모공중一毛孔中에 무량불찰無量佛刹이 장엄청정莊嚴淸淨하여 광연안립曠然安立이라 《화엄경華嚴經》

5. 찰찰진진刹刹塵塵이 구설구청俱說俱聽하여 설청說聽을 동시同時하니 묘재妙哉라 차경此境이여!《사명교행록四明敎行錄》

6. 묘색잠연상안주妙色湛然常安住 불이생로병사천不移生老病死遷《명의집名義集》

이제 열반진색涅槃眞色에 대해서 말씀드리겠습니다.

전에도 말씀을 드렸습니다마는, 부처님께서 말씀하신 법문을 부처님 일대시교一代時教라 곧 부처님께서 말씀하신 법문을 체계를 세워서 본다면, 유有 · 공空 · 중中 삼교三敎라고 합니다.

맨 처음에는, 우리 중생 차원에서 '선善도 있고 악惡도 있고 너도 있고 나도 있다' 그러한 정도의 낮은 법문을 하셨습니다. 이것을 유교有敎라 합니다.

그러나 이런 것은 실은 있지가 않습니다. 선악善惡이나 자타自他, 이런 것은 우리 범부가 보아 있는 것이지, 원래 있지가 않은 것입니다. 따라서 '원래 자타가 없다, 원래 본질에서 보면 선악이 없다' 이러한 자타와 선악을 초월한 법문이 공교空敎입니다.

그다음에는 '다만 비어 있지 않고 천지우주는 바로 부처님의 광명뿐이다. 다만 부처님의 불성뿐이다' 이런 가르침이 중도교中道敎입니다.

따라서 부처님 법문의 요지要旨는, 목적은 역시 중도中道에 있습니다.

맨 처음에는 중생 차원에서 '있다 없다' 하는 법문 곧, 인과因果 법문이나 그런 법문이 되겠지요. 그다음은 '이런 것은 모두가 다 공空이다. 제법공諸法空이다' 이러한 공空에서 보는 법문이고, 가장 높은 차원이 중도교中道敎로 본질에 바로 들어선 법문입니다. 이것이 '모두가 다 부처뿐이다. 불성뿐이다' 하는 법문입니다.

그러면, 그러한 불성에서 본다고 생각할 때는 어떻게 보이는 것인가?

우리가 말씀을 더 깊이 해야만이 이제 실감이 좀 나겠기에, 경전經典 가운데서는 불성광명佛性光明을 어떻게 보는가, 하는 것을 살펴서, 우리한테 인식을 더 깊이 하기 위해서 말씀을 하는 것입니다.

열반경涅槃經에서는 '열반涅槃은 색色 · 성聲 · 향香 · 미味 · 촉觸 또는 생生 · 주住 · 괴壞 · 남男 · 여女의 십상十相이 없다'고 합니다.

열반은 우리가 닦아서 성불成佛한 단계가 열반 아니겠습니까. 우리가 열반 든다 하지만 그것은 죽는다는 의미가 아니라, 참다운 열반의 뜻은 '번뇌를 다 없애버린 단계 곧, 번뇌가 멸진滅盡한 단계' 이것이 열반입니다. 즉 말하자면 성자의 단계라는 말씀입니다. 그러한 성자의 단계는 십상十相이 없다는 말입니다.

아까 선정禪定을 말씀드렸습니다만, 선정에 올라가면 올라갈수록 그런 것은 다 끊어지는 것입니다. 맨 처음에는 그냥 맛도 못 보고, 또는 냄새도 못 맡고, 차근차근 올라가면 그때는 보아도 안 보이는 것입니다. 나중에는 의식意識만 남다가, 가장 맨 나중에는 의식마저 끊어지는 것입니다. 의식이 끊어져 버려야 비로소 참다운 부처 곧, 대아大我가 되어서 성불한다는 것입니다.

그와 마찬가지로 열반도 역시 번뇌를 다 끊어버린 단계이니까 마땅히 이런 상이 없어야 하는 것입니다. 나라는 상 곧, 물질이란 색色의 상·소리·향기·맛·촉감 또는 낳는다는 생기는 상·머무르는 상·부서지는 상, 또는 남자 상, 여자 상, 이런 것이 없어져야 비로소 열반인 것입니다.

아까 말씀드린 법문 가운데, 욕계欲界에만 남녀의 구분이 있고 색계色界 이상에는 남녀가 없다는 것입니다. 따라서 마땅히 열반 가운데도 남녀의 상이 없는 것입니다. 우리 욕계에 있는 중생이 보아서 남녀가 있는 것이지, 더 올라가서 참다운 불성佛性 자리에 올라가면 남녀나 색성향미촉 또는 낳는다, 부서진다, 이런 것이 없는 것입니다. 오직 평등무차별平等無差別의, 하나의 영원한 불성佛性뿐입니다. 영원히 존재하는 부처뿐인 것입니다.

그 다음에 열반경涅槃經에 있는 법문으로,

'색시무상色是無常이나, 색은 항상이 없으나, 인멸시색因滅是色하여, 이 색이 곧 우리가 보는 물질이 없어짐으로 말미암아서 그때는, 획득해탈상주색獲得解脫常住色이라, 항시 머무는 영생의 색, 해탈상주색을 얻는다'는 법문입니다.

이 법문은 일승법문一乘法門입니다. 따라서, 어려운 법문이지만 이런 법문을 외워두시면 참 편리하실 것입니다.

우리가 보는 물질은 허망한 것인데, 허망하다는 관념이 익어져서 이걸 우리가 부정함에 따라서, 허망한 것이 없어짐에 따라서 참다운 해탈상주색解脫常住色인 항시 머무는 영생의 색을 우리가 얻는다는 말입니다.

나라는 색色, 너라는 색色, 그런 상相이 있을 때는 아직은 영원히 해탈색解脫色은 우리가 얻을 수가 없습니다. 자타自他의 색色이나 이런 것을 없애므로 해서 비로소 영원한 해탈의 색色을 얻을 수가 있는 것입니다.

불교에는 이런 법문이 있습니다. '일락서산월출동日落西山月出東이라' 해가 떨어진 뒤에야 비로소 달이 솟아오른다는 말입니다. 그와 마찬가지로, 우리 번뇌가 안 떨어지면 영원의 해탈색은 우리한테 올 수가 없습니다.

우리 중생이 보는 물질의 색色, 이것은 비록 무상無常이나, 이것이 없음에 따라서, 이것을 부정함에 따라서, 비로소 영원적인 항시 머무는 해탈의 색을 우리가 얻을 수가 있다는 말입니다.

또, 그다음 능엄경楞嚴經에는 '여래장중如來藏中에, 부처님의 깨달은 경계 가운데는, 성색진공性色眞空이요, 불성佛性 가운데에 있는 색色은 바로 진공眞空이 되는 것이고, 성공진색性空眞色이라, 부처님의 불성佛性은 텅 비었지마는 또 역시 참다운 색(진색眞色)이 있다'고 합니다.

너무 깊이 들어가면 복잡하니까 그냥 대강만 말씀드리겠습니다. 그래서 '청정본연淸淨本然 주변법계周遍法界라, 청정미묘淸淨微妙한 광명光明이 법계法界에 충만해 있다'는 법문입니다.

우리 중생의 번뇌에서는 안 보이나, 참다운 안목으로 본다고 하면 청정한 광명이 법계에, 온 우주에 충만해 있는 것입니다. 온 우주는 부처님 광명으로 충만해 있는 것이기 때문에 무량광불無量光佛인 것입니다. 천지우주가 바로 무량광불인 것입니다. 이것은 능엄경楞嚴經에 있는 법문입니다.

그다음 화엄경華嚴經에는 '일모공중一毛孔中에, 한 터럭 구멍 속에, 무량불찰無量佛刹이, 한량없는 부처님의 나라가, 장엄청정莊嚴淸淨하여, 장엄스럽게 청정해서, 광연안립曠然安立이라, 조금도 줄어지지 않고서 광활하게 편안히 있다'는 법문입니다.

우리는 이러한 미묘법문微妙法門을 새기기가 참 어렵습니다. 우리가 생각해 본다고 할 때, 터럭 구멍이라는 것이 굉장히 작은 것인데, 이런 가운데에 부처님의 무량세계인 큰 세계가 조금도 안 줄어지고서 거기에 편안히 있다는 것입니다.

물방울 하나나, 태평양 물 전부나 물이란 점에서는 똑같습니다. 물론 농도는 차이가 있을런가 모르지마는 물이란 점에서는 똑같습니다. 그와 마찬가지로 우리가 불성佛性에 한번 들어가면, 천지를 다 통합한 불성이나 또는 불성의 한쪽이나 그때는 똑같은 것입니다. 그 성질은 조금도 차이가 없습니다. 그것이 원융무애圓融無碍라는 말입니다.

석가모니한테 있는 불성이나 나한테 있는 불성이나 차이가 없습니다. 개미한테 있는 불성 또는 사람한테 있는 불성이 차이가 없습니다. 따라서, 불성에 한번 들어가면 우주는 모두가 다 불성뿐인 것입니다. 불성 위에서 우주가 그때 그때 이루어져 있는 것입니다. 비록 한 터럭의 조그마한 구멍 속이라 하더라도, 의미로 보아서는 천지가 거기에 다 포함되어 있다는 말입니다.

이런 것은 우리가 다 공부해서 차근차근 스스로 납득하여야 할 것입니다.

한 터럭 구멍 가운데 무량의 부처님 세계가, 장엄청정莊嚴淸淨해서 조금도 크기가 줄어지지 않고 있다는 말은 이치가 아닌 말 같으나 이것이 원융무애圓融無碍입니다.

또 '찰찰진진刹刹塵塵이, 어떤 물질이나 모든 것이, 구설구청俱說俱聽하여, 함께 설법하고 함께 들어서, 설청동시說聽同時하니, 설법과 듣는 것을 같이 동시에 하니, 묘재妙哉라 차경此境이여, 묘하구나 이런 경계여!' 하는 말씀이 있습니다.

우리는 지금 설법을 저만 한다고 생각합니다. 그러나 여러분도 저한테 지금 설법을 하시고 계신 것입니다. 무언 중에 말입니다. 나무나 소나 또는 공기나 모두가 다 설법을 하고 있는 것입니다. 다만 중생이 어두워서, 중생의 귀가 한정되어서 미처 못 듣는 것입니다.

천지우주는 모두가 다, 모든 제법諸法이 다, 방식만 차이가 있지 서로 피차 설법하고 서로 피차 듣는다는 말입니다. 이렇게 서로 피차 설법과 듣는 것을 동시에 하는 것이니 이런 경계가 참 묘하구나! 이런 경계는 깨달은 뒤에만 비로소 알 수가 있는 것이니까 이제 묘하다고 했겠지요.

그다음 또 '묘색잠연상안주妙色湛然常安住요' 묘색妙色이란 일반색이 아니라 청정미묘한 불성의 색을 말한 것입니다. 청정미묘한 불성의 색이 고요히 우주에 가득차게 안주安住해 있다는 말입니다.

그래서 '불이생로병사천不移生老病死遷이라' 우리가 죽고 살고 늙고 병들고 한다 하더라도 이런 묘색妙色은 조금도 옮기지 않고 변치 않는다는 말입니다.

아무튼, 이런 것은 일승一乘 경전에 있는 법문이니까, 앞으로 수십 번 외우시고 생각하면 차근차근 열반의 참다운 색인 열반진색涅槃眞色을 더 깊이 인식하고 느끼시게 될 것입니다.

이렇게 해서, 혜해탈慧解脫을 얻으시고 가행加行 정진으로 사선정四禪定에 들고, 나아가 멸진정滅盡定을 통과하여 삼계三界를 초탈超脫하고, 선정해탈禪定解脫로 기필코 성불成佛하시기를 간절히 바라면서 오늘 법문을 마칩니다.

(『正統禪의 香薰』, 聖輪閣, 2003, 270∼277)

청화 큰스님 법문

열반진색涅槃眞色(2)

涅槃眞色

· 涅槃은 色·聲·香·味·觸·生·住·壞·男·女의 十相이 無함.《涅槃經》

· 色是無常이나 因滅是色하여 獲得解脫常住色《涅槃經》

· 如來藏中 性色眞空 性空眞色 淸淨本然 周遍法界《楞嚴經》

· 一毛孔中에 無量佛刹이 莊嚴淸淨하여 曠然安立이라《華嚴經》

· 刹刹塵塵이 俱說俱聽하여 說聽을 同時하니 妙哉라 此境이여《四明敎行錄》

· 妙色湛然常安住 不移生老病死遷《名義集》

　우리는 색色이라 하면 색즉공色卽空인 허망한 색이 아닌가? 이렇게만 생각하고 진색眞色 또는 묘색妙色을 보통 무시하기 쉽습니다. 그러나 우리가 색즉공 제법공하는 그러한 색과 묘색과 진색은 경을 보면 엄연히 구분되어 있습니다. 이른바 진공묘유眞空妙有는 공空의 실체로 나타나는 실존적인 실상實相의 색 곧, 진색眞色이요 묘색妙色인데 이것을 부정하면 대승불법大乘佛法이 성립이 안 되는 것입니다.

　열반涅槃은 색色·성聲·향香·미味·촉觸·생生·주住·괴壞·남男·여女의 십상十相이 없습니다. 그러니까 열반은 무상無相이라, 상을 여읜 영생永生의 자리요 번뇌가 멸해버린 자리 아니겠습니까. 그래서 열반은 현상적이고 물질적인 색이나, 소리나, 향기나, 맛이나, 촉감이나, 또는 우주가 생기고 사람이 생기고 무엇이 생겼다는 생상生相이나, 또는 머물러 산다는 그런 머무름(주住)이나, 머물다가 다시 파괴되는 괴상壞相이나, 또는 남자다, 여자다, 하는 상相도 열반 경계에는 없는 것입니다. 남, 여가 뚜렷이 구분이 있는 것은 욕계의 범주 내에서 뿐입니다. 욕계를 떠나면 벌써 남, 여의 상이 없는 것입니다. 따라서 십상十相이 없는 것이 열반상이라는 말입니다.

열반경에서는 '색시무상色是無常이나' 물질적인 색은 덧없지마는, '인멸시색因滅是色하여' 이 무상한 색이 멸함으로 말미암아 '획득해탈상주색獲得解脫常住色이라' 변함없이 영원히 존재하는 모든 번뇌를 해탈한 진실한 색色, 곧 무량무변한 청정광명을 얻을 수 있다는 법문입니다. 현대 물리학에서 증명하는 바와 같이 저 물질의 끄트머리, 물질의 근원에는 광명만 남습니다. 따라서 일체의 존재란 것은 사실은 광명 위에 이루어진 광명의 파동입니다. 색이 비록 무상하나 이 무상한 색色이 멸함으로 말미암아서 해탈상주색, 즉 성・주・괴・공에도 상관없고 또는 생・주・이・멸에 상관없고, 인간의 생・로・병・사에도 상관이 없이 항시 영원히 머무는 해탈상주색인 묘색, 진색인 무량광명을 성취하는 것입니다.

능엄경에는 '여래장중如來藏中에 성색진공性色眞空이요 성공진색性空眞色이라' 무량공덕을 갖춘 불성佛性 성품의 묘색妙色은 바로 진공이요 여래장중에는 성품 곧 본체가 비어 있는 공空한 자리가 그대로 실상인 진색眞色이라는 것입니다. 그래서 '청정본연淸淨本然 주변법계周遍法界라' 본래 청정한 진여불성이 우주에 두루해 있는 것입니다.

화엄경에는 '일모공중一毛孔中에 무량불찰無量佛刹이' 미소微少한 터럭 구멍 속에 한량없는 부처님의 나라가, '장엄청정莊嚴淸淨하여 광연안립曠然安立이라' 장엄하고 청정하게 조금도 줄어지지 않고 그대로 광활하게 보존돼 있다는 법문인데 능엄경, 화엄경, 유마경 등에 있는 법문입니다.

상대를 초월한 세계에는 크다, 작다, 많다, 적다 할 수가 없습니다. 따라서 일즉일체一卽一切 일체즉일一切卽一이라, 하나가 일체요 일체가 하나입니다. 삼천대천 세계가 즉 나요, 내가 즉 삼천대천 세계이고, 하나의 티끌이 삼천대천 세계요, 삼천대천 세계가 바로 한 티끌입니다. 이런 심심미묘한 가운데서는 하나의 터럭 구멍 가운데 무량불찰無量佛刹이, 삼천대천 세계가 장엄청정히 들어 있지마는 그것이 조금도 축소도 안 되고 그대로라는 말입니다.

'진진찰찰塵塵刹刹이 구설구청俱說俱聽하여' 우주의 헤아릴 수 없이 많은 이 땅이나 저 땅이나, 적광토나 사바세계나 극락세계나, 또는 이것이나 저것이나 일체 모두가 다 함께 설법하고 함께 듣는다는 말입니다.

저 영국의 18세기 시인 윌리엄 블레이크William Blake(1757~1827) 시詩에도 모래알 한 톨에서 우주를 보고 장미꽃에서 천지 조화를 본다는 시 구절이 있지 않습니까마는 도인이 아니더라도 위대한 시인은 이와 같이 신비한 우주의 조화를 느낍니다. 어느 국토 어느 나라, 사바세계나 극락정토나, 또는 나무나 풀 한 포기를 보더라도 그렇게 범연히 보아 넘기지 않는 것입니다. 이런 것들을 바로 보면 모두가 진여불성 아님이 없기 때문에 서로서로 설법하고 설법을 듣고 있는 것입니다. 모든 존재는 본래로 유기적有機的인 원융무애한 생명체입니다.

자연을 훼손하지 말라고 여러 모로 캠페인을 하는 것은 좋으나 철학적으로 모든 존재의 동일同一한 생명관을 가르치는 것이 가장 근본적인 대책입니다. 중국의 황하黃河를 저 하류下流에서 제아무리 맑히려 해도 맑힐 수가 있겠습니까? 저 황토 층에서 황토가 내려오니 상류上流를 맑혀야 하는데 무슨 일이나 근원을 맑히는 데는 철학적 종교가 있어야 하는 것입니다. 근본 원리를 파악해 버리면 저절로 자연 훼손을 하지 말라고 안해도 일체가 동일한 생명이라고 생각할 때 어떻게 함부로 파괴하겠습니까? 지금 사회 운동권에서 고생하는 분들은 더러는 헛고생, 서투른 짓을 많이 합니다.

찰찰진진 두두물물이 모두가 서로 설법하고 서로 듣고 있습니다. 풀도 설법하고 풀도 듣고 있고, 돌멩이 하나도 설법하고 같이 듣고 있는 것입니다.

그리고 '설청說聽을 동시同時하니' 먼저고 나중이 있는 것이 아니라 서로서로 동시에 설법說法하고 청법聽法한다는 말입니다. '묘재妙哉라 차경此境이여!' 이 경계가 얼마나 신묘한 것인고! 이 게송은 사명(사명지례四明知禮, 송시대宋時代) 존자라고 하는 분의 게송입니다. 천태교의 위대한 분이라서 존자라고까지 이름을 붙인 것입니다.

'묘색잠연상안주妙色湛然常安住하여' 묘색이 고요하고 맑게 항시 안주한다는 말인데 신묘한 진공묘유의 색, 청정미묘한 생명의 광명이 항시 안주해서 '불이생로병사천不移生老病死遷이라' 생로병사에 따라서 옮기지 않는다. 생로병사야 있든 말든 일체 차별 경계를 초월하여 영원 불멸하게 빛나는 청정광불淸淨光佛 바로 아미타불입니다.

(『圓通佛法의 要諦』, 聖輪閣, 2003, 447~451)

97. 智力과 神通力
지력   신통력

(a) $8002106463803743\frac{57}{81}$(識力量[1])

$\times 10 = 80021064638037437\frac{1}{27}$

我宇宙에 있어서의 智力量(智光量[2]과 等함)

(b) $80021064638037437\frac{1}{27}$(智光力)

$\times \frac{1}{30} = 2667368821267914\frac{46}{81}$

神通力[3]

97. 지력과 신통력

(a) $8,002,106,463,803,743\frac{57}{81}$(식력량識力量)

$\times 10 = 80,021,064,638,037,437\frac{1}{27}$

우리 우주의 지력량智力量(지광량智光量과 같음)

(b) $80,021,064,638,037,437\frac{1}{27}$(지광력智光力)

$\times \frac{1}{30} = 2,667,368,821,267,914\frac{46}{81}$

신통력神通力

---

1   식력량識力量; 95항 (b) 참조.

2   지광량智光量; 96항 (b) 참조.

3   신통력神通力; 95항 (a) 참조.

❖   (a) $F^C \times 10 = F^W = Q^{Lw} = Q^{Lc} \times 7 \times 10 =$ 약 $1,894,870,950 V_M$

   (b) $F^W \times \dfrac{1}{30} = F^M =$ 약 $63,162,365 \times V_M$

98. 菩薩 十力과 如來 十力
보살 십력   여래 십력

98. 보살 십력과 여래 십력

(a) $80021064638037437\frac{1}{27}$

(我宇宙에 있어서의 智光力[1] 그대로가
아우주   지광력

華嚴 神力으로서 이것이 菩薩十力[2])
화엄 신력   보살 십력

$\times 10 = 8002106463803743 70\frac{10}{27}$

이것이 一宇宙에 있어서의 如來의 十力[3]으로서
일우주   여래 십력

大千世界에 通하여 如來의
대천세계 통   여래

妙光 또한 同一하다.
묘광   동일

(a) $80,021,064,638,037,437\frac{1}{27}$

(우리 우주의 지광력 그대로가

화엄華嚴 신력神力으로서 이것이 보살10력)

$\times 10 = 800,210,646,380,374,370\frac{10}{27}$

이것이 1우주의 여래의 10력으로서

대천세계에 통하여 여래의

묘광妙光 또한 동일하다.

1 아우주我宇宙에 있어서의 지광력智光力; 화엄華嚴 신력神力. 보살십력菩薩十力. 97항 (a)의 지력량智力量(지광량智光量)과 같음.

2 보살십력菩薩十力; 보살이 갖추고 있는 열 가지 능력. 1) 직심력直心力. 모든 현상에 물들지 않는 능력. 2) 심심력深心力. 부처의 가르침을 깨뜨리지 않는 능력. 3) 방편력方便力. 중생을 구제하기 위해 그 소질에 따라 모든 수단과 방법을 행하는 능력. 4) 지혜력智慧力. 중생의 마음과 행위를 아는 능력. 5) 원력願力. 중생의 소원을 이루게 해주는 능력. 6) 행력行力. 끊임없이 실천하는 능력. 7) 승력乘力. 중생에게 가르침을 설하여 깨달음에 이르게 하는 능력. 8) 유희신통력遊戲神通力. 자유자재로 중생을 구제하는 능력. 9) 보리력菩提力. 깨달을 수 있는 능력. 10) 전법륜력轉法輪力. 번뇌를 부수는 가르침을 설할 수 있는 능력.

3 여래如來의 십력十力; 여래십력如來十力. 여래如來의 묘광妙光. 부처만이 갖추고 있는 열 가지 지혜의 능력. 1) 처비처지력處非處智力. 이치에 맞는 것과 맞지 않는 것을 분명히 구별하는 능력. 2) 업이숙지력業異熟智力. 선악의 행위와 그 과보를 아는 능력. 3) 정려해탈등지등지지력靜慮解脫等持等至智力. 모든 선정禪定에 능숙함. 4) 근상하지력根上下智力. 중생의 능력이나 소질의 우열을 아는 능력. 5) 종종승해지력種種勝解智力. 중생의 여러 가지 뛰어난 판단을 아는 능력. 6) 종종계지력種種界智力. 중생의 여러 가지 근성을 아는 능력. 7) 변취행지력遍趣行智力. 어떠한 수행으로 어떠한 상태에 이르게 되는지를 아는 능력. 8) 숙주수념지력宿住隨念智力. 중생의 전생을 기억하는 능력. 9) 사생지력死生智力. 중생이 죽어 어디에 태어나는지를 아는 능력. 10) 누진지력漏盡智力. 번뇌를 모두 소멸시키는 능력.

(b) $800210646380374370\frac{10}{27}$ (如來의 十力)
여래 십력

$\times\frac{1}{100}=8002106463803743\frac{57}{81}$

一宇宙에 있어서의 識力[4] 그대로가
일 우 주 　 　 　 　 식 력

天神 地祇[5]의 力用이다.
천 신 지 지 　 　 력 용

(b) $800,210,646,380,374,370\frac{10}{27}$ (여래의 10력)

$\times\frac{1}{100}=8,002,106,463,803,743\frac{57}{81}$

1우주의 식력識力 그대로가

천신天神 지지地祇의 역용力用이다.

4　일우주一宇宙에 있어서의 식력識力; 95항 (b)의 식력량識力量과 같음.

5　지지地祇; 지기地祇. 1. 제사祭祀 지내는 의전에서 사직社稷을 이르던 말. 중춘仲春과 중추仲秋의 첫째 무일戊日과 납향臘享(동지 뒤 셋째 미일未日)에 제향祭享을 올리던 일. 2. 지신地神. 곧 땅의 신령神靈을 이르는 말.

❖ (a) $10\,F^{W} = 10\,F^{B10} = F^{T10}$

(지력=보살십력; $F^{W} = F^{B10}$)

(b) $F^{T10} \times \dfrac{1}{10^2} = F^{C}$

99. 識神의 力量과 業力
식신 역량 업력

99. 식신의 역량과 업력

(a) $8002106463803743\frac{57}{81}$ (天神
천신

地祇의 力用이 識力[1]이므로
지지 역용 식력

이것이 바로 識神의 力量이다)
식신 역량

$\times\frac{1}{3}=2667368821267914\frac{46}{81}$

一宇宙에 있어서의 神通力[2] 그대로가
일우주 신통력

業力[3]이다.
업력

(b) $2667368821267914\frac{46}{81}$ (神力 卽
신력 즉

神通力[4]$)\times30=80021064638037437\frac{1}{27}$
신통력

菩薩의 十力[5]
보살 십력

(a) $8,002,106,463,803,743\frac{57}{81}$ (천신天神

지지地祇의 역용力用이 식력識力이므로

이것이 바로 식신識神의 역량力量이다)

$\times\frac{1}{3}=2,667,368,821,267,914\frac{46}{81}$

1우주의 신통력 그대로가

업력業力이다.

(b) $2,667,368,821,267,914\frac{46}{81}$ (신력 즉

신통력$)\times30=80,021,064,638,037,437\frac{1}{27}$

보살의 10력

---

1   식력識力; 95항 (b)의 식력량識力量 및 98항 (b)의 천신 지지의 역용力用과 같음.

2   일우주一宇宙에 있어서의 신통력神通力; 업력業力. 95항 (a)의 신력량神力量과 같음.

3   업력業力; 과보果報를 가져오는 업인의 큰 힘. 선업에는 낙과樂果를 일으키는 힘이 있고, 악업에는 고과苦果를 일으키는 힘이 있다.

4   신력神力 즉卽 신통력神通力; 95항(a)의 '신력량', 97항 (b)의 '신통력神通力'과 같음.

5   보살菩薩의 십력十力; 96항 (b)의 '지광량智光量', 97항 (a)의 '지력량(지광량)'과 같음.

❖   (a) $\frac{1}{3}F^C = F^M$
(식신의 역량=식력; 식신의 업력=신통력)

(b) $30F^M = F^W = F^{B10}$

100. 金塵과 大千世界
금진 대천세계

(a) $76210537750511\frac{479}{567}$ (一宇宙의

體積[1]으로서 이것이 一切의 根據인 等體의

金塵量) $\times 1000000000(1000^3)$

$=7621053775051184479 7178\frac{74}{567}$

三千大千世界의 根據인 十億 宇宙의

全體積으로서 이것이 無量 無邊의

世界海에 浮漚[2]가 되어

我宇宙와 成·住·壞·空 四劫의

期間을 함께한다.

(b) $7621053775051184479 7178\frac{74}{567} \times 7$

$=53347376425358291358 0246\frac{518}{567}$

十億宇宙에 따른 輪界의 體積

---

100. 금진과 대천세계

(a) $76,210,537,750,511\frac{479}{567}$ (1우주의

부피로서 이것이 일체의 근거인 등체의

금진량) $\times 1,000,000,000(=1,000^3)$

$=76,210,537,750,511,844,797,178\frac{74}{567}$

삼천대천세계의 근거인 10억 우주의

전체 부피로서 이것이 무량 무변의

세계해海에 뜬거품(부구浮漚)이 되어

우리 우주와 성·주·괴·공 4겁劫의

기간을 함께한다.

(b) $76,210,537,750,511,844,797,178\frac{74}{567} \times 7$

$=533,473,764,253,582,913,580,246\frac{518}{567}$

10억 우주에 따른 윤계輪界의 부피

---

1   일우주一宇宙의 체적體積; 19항 (f) 참조. 84항 (a) 참조. 반지름 $26,297\frac{2}{3}$ (=일·지 간 평균 거리의 2배)인 우주의 부피.

2   부구浮漚; 뜬거품.

(c) $76210537750511844797178\frac{74}{567}$

$+5334737642535829135 80246\frac{518}{567}$

$=60968430200409475837 7425\frac{25}{567}$

이것이 여기에 取扱하는 三千大千世界이다.
_{취급} _{삼천대천세계}

마치 無量無邊의 金海³에
_{무량무변} _{금해}

十億의 金漚⁴가 浮遊⁵하고
_{십억} _{금구} _{부유}

있는 中에, 또한 無量의 金漚가
_중 _{무량} _{금구}

因陀羅網⁶을 이루고 있는 것과 같다.
_{인다라망}

實際는 一宇宙의 八十億 倍이나 大數⁷로써
_{실제} _{일우주} _{80억 배} _{대수}

百億 世界라 云한다.
_{100억 세계} _운

(c) $76,210,537,750,511,844,797,178\frac{74}{567}$

$+533,473,764,253,582,913,580,246\frac{518}{567}$

$=609,684,302,004,094,758,377,425\frac{25}{567}$

이것이 여기에 취급하는 삼천대천세계이다.

마치 무량무변의 금빛 바다(금해金海)에

10억의 금색 거품(금구金漚)이 떠다니고

있는 중에, 또한 무량의 금색 거품이

인드라망을 이루고 있는 것과 같다.

실제는 1우주의 80억 배이나 대수大數로써

100억 세계라 말한다.

---

3   금해金海; 금빛 바다.
4   금구金漚; 금빛 거품.
5   부유浮遊/浮游; 1. 물 위나 물속, 또는 공기 중에 떠다님. 2. 행선지를 정하지 아니하고 이리저리 떠돌아다님.
6   인다라망因陀羅網; Skt. indra-jāla. Indra's Net. 제망帝網. 제석천에 있는 보배 그물. 낱낱의 그물코마다 보배구슬을 달았고, 그 보배구슬의 한 개 한 개마다 각각 다른 낱낱의 보배구슬의 영상影像을 나타내고, 그 한 보배구슬의 안에 나타나는 일체 보배구슬의 영상마다 또 다른 일체 보배구슬의 영상이 나타나서 중중무진重重無盡하게 되었다 함. 화엄에서는 일一과 다多가 상즉상입相卽相入하는 예로써 이 용어를 사용하고 있음.
7   대수大數; 1. 큰 수. 2. 대운大運(아주 좋은 운수). 3. 물건의 수가 많음. 여기에서는 어림수. 대강 짐작으로 잡은 수.

❖ (a) $(10^3)^3 \, V_U = V_{\text{대천세계}}$ (10억 우주의 전체 부피)

$(Q_{\text{총}}^{\text{등체}\,Gd} = V_U$; 일체 등체의 금진량=1우주의 부피)

(b) $7 \times V_{\text{대천세계}} = V_{\text{대천세계}'-\text{대천세계}}$ (10억 우주에 따른 윤계의 부피)

(c) $V_{\text{대천세계}} + V_{\text{대천세계}'-\text{대천세계}} = V_{\text{대천세계}'}$ [10억 우주와 7배의 윤계를 포함하는 80억(약 100억) 우주]

卷末
권말

권말

華嚴偈[1]
화 엄 게

화엄게

若人欲了知 三世[2]一切佛
약 인 욕 료 지 삼 세 일 체 불

應觀法界性[3] 一切唯心造[4]
응 관 법 계 성 일 체 유 심 조

만일 어떤 사람이 삼세의 일체 부처님을 알고자 한다면

마땅히 법계法界의 성품을 관찰할지니,

일체 모든 것은 마음이 지어낸 것이다.

---

1 《화엄경華嚴經》〈야마천궁게찬품제20夜摩天宮偈讚品第二十〉각림보살게覺林菩薩偈 중中.

2 삼세三世; Skt. trayodhvānaḥ. 삼제三際. 과거·현재·미래. 또는 전세前世·현세現世·내세來世, 전제前際·중제中際·후제後際. 세世는 격별隔別·천류천류遷流의 뜻이니, 현상계의 사물은 잠깐도 정지하지 않고, 생기면 반드시 멸한다. 이 사물의 천류하는 위에 삼세를 가假로 세운 것. 곧 불교에서는 인도철학의 방方 논사論師와 같이, 시간의 실체를 인정하지 않고, 법法이란 위에 세운 것. 1) 현재. 어떤 법이 생겨서 지금 작용하고 있는 동안. 2) 과거. 법이 멸했거나 또 그 작용을 그친 것. 3) 미래. 법이 아직 나지 않고, 작용을 하지 않는 것. Three times. Three periods: of past(과과, 과거過去), present(현현, 현재現在), and future(미未, 미래未來) (Skt. traiyadhvika, try-adhvan, try-adhvahak, loka-traya).

3 법계성법界性; 법계법界 또는 법성法性을 말하며, 이 둘을 합해 법계성법界性이라고도 함. 법계法界가 곧 법성法性임. 원각경圓覺經에 이르기를, "법계 성품과 같아서 궁극적으로 원만하여 시방에 두루한 까닭이니라[여법계성如法界性. 구경원만변시방고究竟圓滿遍十方故]." 화엄경華嚴經 19十九에 이르기를, "만일 어떤 이가 삼세 일체의 부처를 알고자 한다면, 마땅히 법계의 성품을 관할지니 모든 것은 오로지 마음이 지어내는 것이다[약인욕요지삼세일체불若人欲了知三世一切佛, 응관법계성應觀法界性, 일체유심조一切唯心造.]." 사종법계四種法界와 십법계十法界 등 법계法界에 대해 더 자세히 알고자 하는 분은 『금강심론 주해 Ⅱ』의 '제9장 법계'를 참조.

4 일체유심조一切唯心造; All things are created by the mind alone. 모든 것은 오로지 마음이 지어내는 것임. 《화엄경華嚴經》의 중심 사상으로, 일체의 제법諸法은 그것을 인식하는 마음의 나타남이고, 존재의 본체는 오직 마음이 지어내는 것일 뿐이라는 뜻이다. 곧 일체의 모든 것은 오로지 마음에 있다는 것을 일컫는다. 실차난타實叉難陀가 번역한 《80화엄경》〈보살설게품菩薩設偈品〉에 다음과 같은 4구의 게송이 나온다. "약인욕요지若人欲了知 삼세일체불三世一切佛 응관법계성應觀法界性 일체유심조一切唯心造(만일 어떤 사람이 삼세 일체의 부처를 알고자 한다면, 마땅히 법계의 본성을 관하라. 모든 것은 오로지 마음이 지어내는 것이다.)"《화엄경》에서 가장 중요하게 여기는 게송으로, 삼세불은 과거불·현재불·미래불을 가리킨다. 이 일체유심조의 경계는 모든 것이 마음으로 통찰해 보이는 경계로, 마음을 통해 생명이 충만함을 깨닫는 경계이다. 곧 유심은 절대 진리인 참 마음(진여眞如)과 중생의 마음(망심妄心)을 포괄하는 것으로, 일심一心과 같은 뜻이다. 일체유심조와 관련해 자주 인용되는 것이 신라의 고승 원효元曉와 관련된 얘기이다. 원효는 661년(문무왕 1) 의상義湘과 함께 당나라 유학길에 올라, 당항성唐項城(남양南陽)에 이르러 어느 무덤 앞에서 잠을 잤다. 잠결에 목이 말라 물을 마셨는데, 날이 새어서 깨어 보니 잠결에 마신 물이 해골에 괸 물이었음을 알고, 사물 자체에는 정淨도 부정不淨도 없고 모든 것은 오로지 마음에 달렸음을 깨달아 대오大悟했다는 이야기이다. 원효는 그 길로 유학을 포기하고 돌아왔다.

般若偈[5]
반야게

凡所有相 皆是虛妄
범 소 유 상   개 시 허 망

若見諸相非相[6] 卽見如來[7]
약 견 제 상 비 상   즉 견 여 래

반야게

무릇 형상 있는 것은 모두가 다 허망하니

만약 모든 형상(색色)을 형상이 아닌 것(공空)으로 보면,

곧 여래를 보리라.

涅槃偈[8]
열 반 게

諸行無常 是生滅[9]法
제 행 무 상 시 생 멸 법

生滅滅已 寂滅[10]爲樂[11]
생 멸 멸 이 적 멸   위 락

열반게

모든 현상과 사물은 항상하지 않고

변화하는 생멸(의 고통)을 겪는 것이요,

생멸이 멎으면 적멸의 즐거움이 있다.

---

5   《금강경金剛經》〈여리실견분如理實見分 제5第五〉

6   제상비상諸相非相; 색공色空. 현상과 본질. 묘유妙有와 진공眞空.

7   범소유상凡所有相 개시허망皆是虛妄 약견제상비상若見諸相非相 즉견여래卽見如來; 무릇 존재하는 바 모든 현상(상相)은 다 허망하니 만약 모든 현상이 진실상이 아닌(비상非相) 줄을 안다면 곧 여래(부처)를 보느니라. 《금강경》사구게 중 하나. 자세한 내용은 『금강심론 주해 Ⅱ』의 '제4장 금강삼매 제4절 사상四相' 참조.

8   《대반열반경大般涅槃經》(T0374 담무참역曇無讖譯) 권제14卷第十四

9   생멸生滅; Skt. utpāda-nirodha, utpāda-bhaṅga. arising and ceasing. 생겨남과 소멸함. 모임과 흩어짐. 나타남과 사라짐. 변화함.

10   적멸寂滅; Skt. vyupaśama, nirvṛta, nirvāṇa, nirodha. to become tranquil. 1. 번뇌의 세상을 완전히 벗어난 높은 경지. 생멸生滅이 함께 없어져 무위적정無爲寂靜하게 되는 것. 번뇌 망상의 세계를 떠난 열반의 경지. 2. '사라져 없어짐'의 뜻으로, 승려의 죽음을 이르는 말.

11   제행무상諸行無常 시생멸법是生滅法 생멸멸이生滅滅已 적멸위락寂滅爲樂;《열반경涅槃經》무상게無常偈. 《대반열반경》(T0374 담무참역曇無讖譯) 권제14卷第十四와 《대반열반경》(T0007 석법현역釋法顯譯) 권하卷下에 나오는 4구게四句偈. All things are impermanent(제행무상諸行無常) this is the law of arising and passing away(시생멸법是生滅法). When arising and passing away are extinguished(생멸멸이生滅滅已) that extinction is ease(적멸위락寂滅爲樂). 처음의 2구句는 생사법生死法을 설설說說한 것이고, 뒤의 2구句는 열반법涅槃法을 설한 것이다. 적멸寂滅은 열반涅槃과 같은 말이고, 생사生死의 고苦와 열반涅槃의 락樂이 대구對句를 이루고 있다. 《대반열반경》(T0374 담무참역曇無讖譯) 권제14卷第十四에 의하면, 부처님께서 과거세에 설산동자雪山童子로 보살행을 닦으실 때 나찰에게 몸을 보시하신 적이 있다. 이는 오로지 '제행무상諸行無常 시생멸법是生滅法 생멸멸이生滅滅已 적멸위락寂滅爲樂'이라는 사구게四句偈의 게송 중 뒤의 2구(후반게後半偈)를 듣기 위함이었다. 이때 나찰은 부처님께 더운 피와 살을 요구했는데, 부처님께서는 기꺼이 몸을 보시하여 그때 이 게송을 들으셨다는 것이다. 더 자세한 내용은 『금강심론 주해 Ⅱ』의 '서분의 명구문' 참조.

화엄게의 출전과 번역

(1) 就事相現法
취 사 상 현 법

(1) 현상(사상事相)**에 따라 법을 나타내다**

爾時覺林菩薩 承佛威力
이 시 각 림 보 살 승 불 위 력

遍觀十方 而說頌言
변 관 시 방 이 설 송 언

그때 각림보살이 부처님의 위신력을 받들어

시방을 두루 관찰하고 게송으로 말했다.

譬如工畫師 分布諸彩色
비 여 공 화 사 분 포 제 채 색

虛妄取異相 大種無差別
허 망 취 이 상 대 종 무 차 별

마치 그림 (잘) 그리는 화가가 여러 가지 채색을 칠해가면서

허망하게 여러 모양 그리지마는 지수화풍 4대大의 종자種子는

차별이 없으며

大種中無色 色中無大種
대 종 중 무 색 색 중 무 대 종

亦不離大種 而有色可得
역 불 리 대 종 이 유 색 가 득

4대의 종자 가운데 형상이 없고 형상 중에 4대의 종자가 없지만

또한(그러나) 4대의 종자를 떠나서 형상을 찾을 수도 없느니라.

(2) 就心現法
취 심 현 법

(2) 마음에 따라 법을 나타내다

心中無彩畫 彩畫中無心
심 중 무 채 화 채 화 중 무 심

然不離於心 有彩畫可得
연 불 리 어 심 유 채 화 가 득

마음 속에 그림 없고 그림 속에 마음이 없지만

그러나 마음을 떠나서 그림을 찾을 수도 없나니

彼心恒不住 無量難思議
피 심 항 부 주　무 량 난 사 의

저 마음 항상 머물지 않고 한량없고 헤아릴 수도 없어

示現一切色 各各不相知
시 현 일 체 색　각 각 불 상 지

온갖 빛깔 나타내지만 각각 서로서로 알지 못하나니

譬如工畫師 不能知自心
비 여 공 화 사　불 능 지 자 심

마치 화가가 자기의 마음은 알지 못하지만

而由心故畫 諸法性如是
이 유 심 고 화　제 법 성 여 시

마음으로 그림을 그리니 모든 법의 성품도 그러하네.

(3) 譬喩와 法合
비 유　　법 합

(3) 비유와 법의 합치

心如工畫師 能畫諸世間
심 여 공 화 사　능 화 제 세 간

마음이 화가와 같아서 능히 모든 세간을 그려내는데

五蘊悉從生 無法而不造
오 온 실 종 생　무 법 이 부 조

오온이 모두 (마음) 따라 생겨서 무슨 현상(법)이나 못 짓는 것 없네.

如心佛亦爾 如佛衆生然
여 심 불 역 이　여 불 중 생 연

마음 같이 부처도 또한 그러하고, 부처 같이 중생도 그러하니

應知佛與心 體性皆無盡
응 지 불 여 심　체 성 개 무 진

마땅히 알라, 부처나 마음이나 그 성품 모두 다함 없네.

若人知心行 普造諸世間
약 인 지 심 행　보 조 제 세 간

마음이 널리 모든 세간 짓는 줄을 아는 이가 있다면

是人則見佛 了佛眞實性
시 인 즉 견 불　료 불 진 실 성

이 사람 곧 부처를 보아 부처의 참되고 실다운 성품 알게 되리.

心不住於身 身亦不住心
심 부 주 어 신　신 역 부 주 심

마음이 몸에 있지 않고 몸도 마음에 있지 않지만

而能作佛事 自在未曾有
이 능 작 불 사　자 재 미 증 유

모든 부처님 일(불사佛事)을 능히 지어 자재함을 일찍이 들은 적 없네.

若人欲了知 三世一切佛
약 인 욕 료 지　삼 세 일 체 불

만일 어떤 이가 삼세의 일체 부처님을 알고자 한다면

應觀法界性 一切唯心造
응 관 법 계 성　일 체 유 심 조

마땅히 법계法界의 성품을 관찰할지니 모두가 마음이 짓는 것이네.

《신수대장경新脩大藏經》T0279_.10.0102a09~T0279_.10.0102b01)

大乘大集地藏十輪經
대 승 대 집 지 장 십 륜 경

卷第二 十輪品 第二
권 제 이 십 륜 품 제 이

『금강심론 주해 II』의 「제8장 십불이문十不二門」 '제3절 지장십륜地藏十輪'의 근거가 되는 《지장십륜경地藏十輪經》〈십륜품十輪品〉의 경문(삼장법사현장봉조역三藏法師玄奘奉詔譯) 원문과 번역문을 싣는다. 불교의 핵심 교리가 망라되어 있고, '지장십륜地藏十輪' 곧 '십종불륜十種佛輪'을 자세히 알 수 있어 필독할 필요가 있다고 사료된다.

爾時地藏菩薩摩訶薩。從座而起整理衣服。頂禮佛足偏袒一肩。
이 시 지 장 보 살 마 하 살　　종 좌 이 기 정 리 의 복　　정 례 불 족 편 단 일 견

右膝著地合掌恭敬。而白佛言。
우 슬 착 지 합 장 공 경　　이 백 불 언

我今問世尊 無量功德海 唯願賜開許 爲解釋除疑。
아 금 문 세 존　무 량 공 덕 해　유 원 사 개 허　위 해 석 제 의

그때 지장보살마하살은 자리에서 일어나 옷매무새를 바로 하고, 부처님 발에 이마를 대고 예배하였다. 그리고 한쪽 어깨를 드러내고 오른쪽 무릎을 땅에 꿇고 합장하여 공경하면서 부처님께 아뢰었다.

"저는 지금, 무량한 공덕의 바다이신 세존世尊께 여쭈옵니다. 원컨대 세존께서는 허락하시고, 설명하시어 의심을 걷어내어 주소서."

世尊告曰。汝眞善士。於一切法智見無礙。爲欲饒益他有情故請問如來。隨汝意問。
세 존 고 왈　　여 진 선 사　　어 일 체 법 지 견 무 애　　위 욕 요 익 타 유 정 고 청 문 여 래　　수 여 의 문

吾當爲汝分別解說令汝心喜。
오 당 위 여 분 별 해 설 령 여 심 희

세존께서 말씀하셨다.

"그대는 참으로 뛰어난 장부다. 일체의 법에 있어 걸림없는 지견智見을 갖추고도, 저 중생들을 이롭게 하기 위하여, 여래如來에게 묻는구나. 그대는 마음대로 물어라. 나는 마땅히 그대를 위하여 분별하고 해설하여, 그대의 마음을 기쁘게 하리라."

於是地藏菩薩摩訶薩 以頌問曰。
어 시 지 장 보 살 마 하 살　　이 송 문 왈

我曾十三劫 已勤修苦行 爲一切有情 除三災[1]五濁[2]。
아 증 십 삼 겁　이 근 수 고 행　위 일 체 유 정　제 삼 재 오 탁

多俱胝[3]佛所 已設無邊供 曾見大集會 淸信衆和合。
다 구 지 불 소　이 설 무 변 공　증 견 대 집 회　청 신 중 화 합

聰哲勤精進 皆來同會集 未曾見如是 無諸雜穢衆。
총 철 근 정 진　개 래 동 회 집　미 증 견 여 시　무 제 잡 예 중

이때에 지장보살마하살은 게송으로 물었다.

"저는 일찍이 13겁 동안 부지런히 고행苦行을 닦아,

일체의 유정들을 위하여 3재災와 5탁濁을 다 없애려 하였나이다.

수많은 부처님 계시는 곳에서 한량없는 공양을 베풀 때,

그 큰 모임을 보았는데 청정한 믿음을 가진 대중들의 화합이었습니다.

부지런히 정진하는 지혜로운 그들의 모임에 찾아와 모였는데,

조금도 잡되거나 더러움 없는 그러한 대중을 일찍이 본 일 없습니다.

云何此佛國 穢惡損淨善 智者皆遠離 惡行者同居
운 하 차 불 국 예 악 손 정 선 지 자 개 원 리 악 행 자 동 거

多造無間罪 誹謗於正法 毀聖起惡見 妄說斷常論。
다 조 무 간 죄 비 방 어 정 법 훼 성 기 악 견 망 설 단 상 론

具造十惡業 不畏後世苦 多遠離三乘 臭穢向惡趣。
구 조 십 악 업 불 외 후 세 고 다 원 리 삼 승 취 예 향 악 취

無明蔽⁴其目 貪嫉多姦矯 云何轉佛輪 度此衆生類。
무 명 폐 기 목 탐 질 다 간 교 운 하 전 불 륜 도 차 중 생 류

云何破相續 如金剛煩惱 云何得總持⁵ 果能如是忍。
운 하 파 상 속 여 금 강 번 뇌 운 하 득 총 지 과 능 여 시 인

1   삼재三災; 1. 사람에게 닥치는 세 가지 재해. 도병刀兵, 기근饑饉, 질역疾疫이 있으며 십이지十二支에 따라 든
     다. 소삼재小三災. 2. 화재, 수재, 풍재의 세 가지 재앙. 대삼재大三災.

2   오탁五濁; Skt. pañca-kaṣāya. five turbidities. 주겁 중에 인간 수명이 20,000세 이하로 내려올 때 시작됨. 세상의
     다섯 가지 더러움. 명탁命濁, 중생탁衆生濁, 번뇌탁煩惱濁, 견탁見濁, 겁탁劫濁을 이른다.

因 인	果 과	時期 시 기
見濁 dṛṣṭi-kaṣāya 견 탁	衆生濁 sattva-kaṣāya 중 생 탁	劫濁 kalpa-kaṣāya 겁 탁
煩惱濁 kleśa-kaṣāya 번 뇌 탁	命濁 āyus-kaṣāya 명 탁	

3   구지俱胝; Skt. koṭī, koṭi. 과추戈追 · 구치俱致 · 구치拘致. 인도에서 쓰는 큰 수의 하나. 일천만(80권본 화엄경)
     또는 일억을 뜻한다.

4   폐蔽; (덮을 폐, 닦을 별) 1. 가리다. 덮어 씌우다. 막다. 2. 총괄하다. 개괄하다.

5   총지總持; 다라니陀羅尼. ▶다라니陀羅尼; Skt. saṃgṛhīta · dhṛti · dhāraṇa · ādhāraṇa. to hold to the good. 1. 선
     법善法을 갖추어 악법을 막는다는 뜻을 번역하여, 총지總持 · 능지能持 · 능차能遮라고도 이른다. ≒ 진언眞
     言 · 다라니. 2. 다라니주(범문으로 된 비밀스러운 주문).

今我見導師 大集甚希有 未曾見餘處 具如是衆德。
금 아 견 도 사 대 집 심 희 유 미 증 견 여 처 구 여 시 중 덕

具杜多功德 勤修菩提道 云何處愚衆 能開示佛輪。
구 두 다 공 덕 근 수 보 리 도 운 하 처 우 중 능 개 시 불 륜

어째서 이 부처님 국토에는 더럽고 악한 것이 (많아) 깨끗하고 착함을 해치며,

지혜로운 사람은 모두 멀리 떠나고 악행하는 사람들이 함께 살며

무간지옥에 떨어질 죄를 많이 짓고 정법을 비방하며,

성인을 헐뜯으며 나쁜 소견 일으켜, 망녕되이 단견과 상견을 주장하는 것입니까.

열 가지 악업惡業 모두 지으면서, 저승에서 받을 고통 두려워하지 않고

많은 사람들 3승乘을 멀리 여의고 냄새나고 더러운 나쁜 세계 향해 가는 것입니까.

무명無明이 유정들의 눈을 가리고 탐욕과 질투와 간사함이 많나니,

어떻게 하면 부처님의 법륜法輪을 굴려 이 중생의 무리들을 구제할 수 있겠습니까.

어떻게 하면 끊임없이 이어지는 금강金剛 같은 번뇌를 깨뜨릴 수 있으며,

어떻게 하면 총지總持를 얻어 과연 그와 같이 참을 수 있겠습니까.

저는 지금 보았습니다. 큰 도사導師의 이 큰 모임은 참으로 희유하여,

이처럼 많은 덕을 갖춘 대중의 모임을 다른 곳에서는 일찍이 본 적이 없습니다.

두타의 공덕을 갖추고 보리의 도를 부지런히 닦아서,

어떻게 하면 어리석은 대중 속에서, 능히 부처님의 수레바퀴를 열어 보일 수 있겠습니까."

世尊告日。善哉善哉善男子。汝於過去殑伽沙等諸佛世界五濁惡時。
세 존 고 왈　　선 재 선 재 선 남 자　　여 어 과 거 긍 가 사 등 제 불 세 계 오 탁 악 시

已曾請問殑伽沙等諸佛世尊如是法義。汝於如是所問法義 已作劬勞[6] 已善通達
이 증 청 문 긍 가 사 등 제 불 세 존 여 시 법 의　　여 어 여 시 소 문 법 의 이 작 구 로　이 선 통 달

已到圓滿衆行彼岸。已得善巧方便妙智。
이 도 원 만 중 행 피 안　　이 득 선 교 방 편 묘 지

6　　구로劬勞; 1. 병으로 고생함. 2. (어머니가 자기自己를 낳느라)힘들어 수고함. 3. 자식子息을 낳아 기르는 수고.

세존께서 말씀하셨다.

"착하고 착하다. 선남자여, 그대는 과거 항하의 모래알 수만큼 많은 부처님의 세계가 다섯 가지로 혼탁해진(오탁五濁) 나쁜 시절에도, 항하의 모래알 수만큼 많은 부처님께 그런 법의 뜻을 이미 물었었느니라. 그대는 그러한 법의 뜻을 묻기 위하여 이미 수고하였고 잘 통달하였으며, 온갖 행을 원만히 성취하여 이미 피안彼岸에 이르렀고, 훌륭한 방편과 묘한 지혜를 이미 얻었느니라.

今爲成熟一切有情 令得利益安樂事故。爲令一切菩薩摩訶薩
금 위 성 숙 일 체 유 정 령 득 리 익 안 락 사 고   위 령 일 체 보 살 마 하 살

善巧方便 聖行伏藏[7]施等六種波羅蜜多 成熟一切有情勝行 一切智智[8]功德大海速圓滿故。
선 교 방 편 성 행 복 장 시 등 육 종 바 라 밀 다 성 숙 일 체 유 정 승 행 일 체 지 지 공 덕 대 해 속 원 만 고

爲轉一切刹帝利[9]王諸暴[10]惡行 使不墮落三惡趣[11]故。爲令此土三寶種姓[12] 威德熾盛久住世故。
위 전 일 체 찰 제 리 왕 제 포 악 행 사 불 타 락 삼 악 취 고   위 령 차 토 삼 보 종 성   위 덕 치 성 구 주 세 고

復問如來如是法義。諦聽諦聽善思念之。吾當爲汝分別解說。
부 문 여 래 여 시 법 의   체 청 체 청 선 사 념 지   오 당 위 여 분 별 해 설

7   복장伏藏; 1. 엎드려 숨음. 2. 깊이 감추어 둠. 3. 땅속에 묻혀 있는 보물. 4. 땅속 깊이 묻혀 있는 보물을 알려 주어 부자가 되게 한다는 뜻으로, 불성을 갖고 있으나 깨닫지 못하는 중생에게 불법을 가르쳐 그것을 깨닫게 함을 비유적으로 이르는 말. 5. 불상佛像의 가슴속에 금金·은銀·칠보七寶 따위의 보물寶物을 넣는 일.

8   일체지지一切智智; 1. 일체의 지혜 가운데 가장 뛰어난 지혜. 일체를 알 뿐 아니라 일체의 궁극의 진실을 더하지도 빼지도 않고 금강金剛 같이 아는 지혜를 이르는 말이다. 2. 부처의 지혜는 모든 것을 다 아는 일체지一切智 중에서도 가장 뛰어난 지혜라는 뜻.

9   찰제리刹帝利; 찰리刹利. 크샤트리아(Skt. kṣatriya). 인도印度 사성四姓 가운데서 둘째의 계급階級인 왕王, 왕족王族과 무사계급.

10   포暴; (사나울 폭, 쬘 폭, 사나울 포, 앙상할 박) 1. 사납다. 2. 난폭亂暴하다. 흉악하다. 잔학하다. 흉포하다. 포악하다. 3. 해롭치다. 4. 모질다, 모질게 굴다. 5. 세차다. 6. 맨손으로 치다. 7. 불끈 일어나다. 8. 업신여기다. 9. 조급躁急하다. 10. 갑자기. 갑작스럽고 맹렬한, 급격한. 11. 쬐다. 12. 따뜻하게 하다. 13. 햇볕에 말리다. 14. 나타내다. 15. 드러나다, 알려지다. a. 사납다 (포). b. 난폭亂暴하다 (포). c. 해롭치다 (포). d. 모질다, 모질게 굴다 (포). e. 세차다 (포). f. 맨손으로 치다 (포). g. 불끈 일어나다 (포). h. 업신여기다 (포). i. 조급躁急하다 (포). j. 갑자기 (포). k. 앙상하다 (박). l. 성기다(물건의 사이가 뜨다) (박). m. 희다 (박).

11   삼악취三惡趣; 삼악도三惡道. 악인이 죽어서 가는 세 가지(지옥, 아귀, 축생)의 괴로운 세계.

12   종성種姓; 카스트. 인도의 세습적 계급 제도. 여기에서는 불법승 3보를 말함.

(그것은) 지금 일체 유정들을 성숙시켜 모두가 이익과 안락함을 얻게 하기 위함이며, 일체의 보살마하살로 하여금 좋고 묘한 방편과 거룩한 행을 갖추고 보시 등, 6바라밀다로 일체 유정들의 훌륭한 행을 성숙시키고, 일체지지一切智智와 공덕의 대해大海를 빨리 원만하게 하기 위해서이며, 모든 찰제리刹帝利왕을 교화하여 그가 온갖 포악한 행을 지어 3악취惡趣에 떨어지지 않게 하기 위해서이며, 이 국토의 불법승 3보寶의 종성種姓으로 하여금 그 위덕威德이 왕성하여 오랫동안 세상에 머무르게 하기 위해서였는데, 그러한 까닭으로 다시 내게 그러한 법의 뜻을 묻는구나. 자세히 듣고 잘 명심하여라. 나는 그대를 위하여 분별하고 해설하리라."

唯¹³然世尊 願樂欲聞。 爾時佛告地藏菩薩摩訶薩言。
유 연세존 원요욕문   이시불고지장보살마하살언

善男子。 如來由本願力成就十種佛輪。 居此佛土五濁惡世。 一切有情退沒一切白淨善法。
선 남 자   여래유본원력성취십종불륜   거차불토오탁악세   일체유정퇴몰일체백정선법

匱乏所有七聖財寶¹⁴。 遠離一切聰敏智者。 斷常羅網之所覆蔽。 常好乘馭¹⁵諸惡趣車。
궤 핍 소 유 칠 성 재 보   원 리 일 체 총 민 지 자   단 상 나 망 지 소 부 폐   상 호 승 어   제 악 취 거

於後世苦不見怖畏。 常處遍重無明黑闇。 具足十種不善業道。
어 후 세 고 불 견 포 외   상 처 편 중 무 명 흑 암   구 족 십 종 불 선 업 도

"예. 세존이시여, 즐겁게 듣고자 하나이다."
그리하여 부처님께서는 지장보살마하살에게 말씀하셨다.
"선남자여, 나는 본원력本願力으로 말미암아 열 가지 불륜佛輪을 성취해 가지고 이 부처님 국토에 머무는 것이니라. 5탁악세濁惡世의 모든 유정들은 맑고 밝은 선법善法에서 물러나고, 가지고 있는 일곱 가지 거룩한 재보財寶가 모자라며, 슬기롭고 민첩한 모든 지혜를 멀리 떠난 자들

---

13   유唯; (오직 유, 누구 수) 1. 오직, 다만. 2. 비록 ~하더라도. 3. 때문에. 4. 바라건대. 5. 이(어조사). 6. 예, 공손恭遜하게 대답對答하는 말. 7. 생각하다. a. 누구 (수).

14   칠성재보七聖財寶; 칠성재七聖財・칠덕재七德財・칠재七財. 불도佛道를 이루는 데 필요한 신신信・계戒・참慚・괴愧・문聞・시施・혜慧의 일곱 가지를 재물에 비유한 말.

15   어馭; (말 부릴 어) 1. 말을 부리다. (마차를) 몰다〔부리다〕. 2. 말을 부리는 방법方法. 3. 타는 것. 4. 마부馬夫 (말을 부려 마차나 수레를 모는 사람). 5. 어거馭車(수레를 메운 말을 부리어 모는 일). 6. 통제하다. 지배하다. 부리다. 다스리다.

로서, 단견斷見과 상견常見의 그물에 덮여, 언제나 온갖 나쁜 세계로 나아가는(악취惡趣) 수레를 타기 좋아하면서 후세의 고통을 두려워하지 않고, 항상 두루 겹친 무명의 어둠 속에 살면서 열 가지 악업을 갖추고 있다.

造五無間[16, 17]。誹謗正法。毀呰[18]賢聖。離諸善法具諸惡法。我住如是雜惡土中。
조 오 무 간   비 방 정 법   훼 자 현 성   이 제 선 법 구 제 악 법   아 주 여 시 잡 악 토 중

得安隱住得無驚恐得無所畏。自稱我處大仙尊位轉於佛輪。降諸天魔外道邪論。
득 안 온 주 득 무 경 공 득 무 소 외   자 칭 아 처 대 선 존 위 전 어 불 륜   항 제 천 마 외 도 사 론

摧滅一切諸衆生類猶如金剛堅固煩惱。隨其所樂安置一切有力衆生令住三乘不退轉位。
최 멸 일 체 제 중 생 류 유 여 금 강 견 고 번 뇌   수 기 소 요 안 치 일 체 유 력 중 생 령 주 삼 승 불 퇴 전 위

아비(무간)지옥에 떨어질 오역죄를 지으며 바른 법을 비방하고 성현을 헐뜯으면서 모든 선법을 버리고 온갖 악법만을 갖추고 있다. 나는 이런 잡되고 나쁜 국토에 살면서도 편안하며 놀라지 않고 두려움이 없으므로 '나는 대선大仙의 높은 자리에서 불륜佛輪을 굴려 모든 천마天魔와 외도外道의 삿된 주장을 항복받고, 일체 중생들의 금강金剛같이 견고한 번뇌를 깨뜨리며, 그 바라는 바를 따라 역량力量이 있는 모든 중생들을 3승乘의 물러나지 않는 자리(불퇴전위不退轉位)에 머무르게 한다'고 스스로 말하느니라.

---

16   무간無間; 서로 허물없이 가까움. 간살이 없음. 여기에서는 무간나락無間奈落(무간지옥無間地獄)을 가리킴.
      ▶무간지옥無間地獄; 팔열지옥八熱地獄의 하나. 오역죄를 짓거나, 절이나 탑을 헐거나, 시주한 재물을 축내거나 한 사람이 가는데, 한 겁劫 동안 끊임없이 고통을 받는다는 지옥이다.

17   오무간五無間; 오무간죄五無間罪. 오역죄五逆罪. ▶오역죄五逆罪; 다섯 가지 지극히 무거운 죄. 다섯 가지의 내용에 대해서는 여러 설이 있으나 대표적인 것은 다음과 같음. 1) 아버지를 죽임. 2) 어머니를 죽임. 3) 아라한을 죽임. 4) 승가의 화합을 깨뜨림. 5) 부처의 몸에 피를 나게 함. 이 다섯 가지는 무간지옥에 떨어질 지극히 악한 행위이므로 오무간업五無間業이라고도 함.

18   자呰; (흠 자) 1. 흠, 흠집, 하자瑕疵. 2. 헐뜯다. 3. 약弱하다, 서투르다. 4. 게으르다.

善男子。譬如有國時虚君位。其中所有一切人民。自軍他軍更相侵害。
선 남 자　　비 여 유 국 시 허 군 위　　기 중 소 유 일 체 인 민　　자 군 타 군 갱 상 침 해

憂愁擾亂人衆不安。有無量種鬪訟違諍互相欺凌。諂言妄語麁惡乖離誣調矯亂。
우 수 요 란 인 중 불 안　　유 무 량 종 투 송 위 쟁 호 상 기 릉　　첨 언 망 어 추 악 괴 리 무 망 교 란

種種疾病盲瞖昏闇寒熱瘧疾溫氣疫癘¹⁹癲癇²⁰乾枯²¹飮食不消。
종 종 질 병 맹 예 혼 암 한 열 학 질 온 기 역 려　전 간　건 고　음 식 불 소

其心狂亂諸根不具支體缺減。乏少種種衣食資具。一切所有皆不可樂。
기 심 광 란 제 근 불 구 지 체 결 감　　핍 소 종 종 의 식 자 구　　일 체 소 유 개 불 가 락

諸有情類歸依種種外道邪神。惡見惡心及惡意樂皆悉熾盛。迷失正道臨墮惡趣。
제 유 정 류 귀 의 종 종 외 도 사 신　　악 견 악 심 급 악 의 락 개 실 치 성　　미 실 정 도 임 타 악 취

선남자여, 어떤 나라에 임금의 자리가 비어 있을 때, 모든 인민人民을 아군과 적군이 서로 해치면, 사람들은 근심하고 소요騷擾하고 불안하고, 여러 가지 수없는 다툼이 벌어지고, 서로 속이며 아첨하는 말과 망령된 말과 추악한 말을 해서 서로 이간질을 하고 무고誣告하여 어지러워지느니라.

(또) 온갖 병이 생기는데 눈은 가려져 어둡고, 추웠다 더웠다 하는 학질瘧疾과 온역과 간질癇疾, 마름병 등이 생기며, 음식이 소화되지 않는다.

그 마음이 어지러우며, 감관이 갖추어지지 않아 몸에 결함이 생기며, 갖가지 의복과 음식과 생활 필수품은 모자라고, 어느 것 하나 즐거운 것이 없다. (그리하여) 유정들은 온갖 외도와 사신邪神에 귀의하여 나쁜 견해와 나쁜 마음과 나쁜 뜻을 즐겨함이 모두 치성하여, 바른 길을 잃고 나쁜 세계에 떨어지게 되느니라.

19　온기역려溫氣疫癘; 온역溫疫. 봄철에 유행流行하는 돌림병의 한 가지. 허리가 아프고 뻣뻣해지며, 다리가 펴지지 않고, 눈알이 잘 움직이지 않으며, 오한惡寒과 열熱이 심甚함.

20　전간癲癇; 간질癇疾. '뇌전증腦電症'의 전 용어. 뇌전증腦電症; 경련을 일으키고 의식 장애를 일으키는 발작 증상이 되풀이하여 나타나는 병. 유전적인 경우도 있으나 외상外傷, 뇌종양 따위가 원인이 되어 나타나기도 한다.

21　건고乾枯; 생물의 물기가 마름. 또는 생물의 물기를 말림.

時彼國中有諸耆舊聰明多智博學平恕威嚴整肅。相與謀議運諸籌策。
시 피 국 중 유 제 기 구 총 명 다 지 박 학 평 서 위 엄 정 숙　　상 여 모 의 운 제 주 책

卽便召集國邑人民。共所薦推取一王子。
즉 변 소 집 국 읍 인 민　　공 소 천 추 취 일 왕 자

先具多種布施調伏寂靜尸羅[22]精進勇猛。難行苦行一切備滿。具諸殊勝福德之相。
선 구 다 종 보 시 조 복 적 정 시 라　정 진 용 맹　　난 행 고 행 일 체 비 만　　구 제 수 승 복 덕 지 상

諸根圓滿支體無缺。身形長大相好端嚴。成就最勝美妙容色。常爲一切尊重恭敬。
제 근 원 만 지 체 무 결　　신 형 장 대 상 호 단 엄　　성 취 최 승 미 묘 용 색　　상 위 일 체 존 중 공 경

率土人民無不親愛。稟性淳質常懷慈悲。博學多才備諸伎藝。柔和忍辱莊嚴其心。
솔 토 인 민 무 불 친 애　　품 성 순 질 상 회 자 비　　박 학 다 재 비 제 기 예　　유 화 인 욕 장 엄 기 심

그때 그 나라의 노인들, 즉 총명하고 지혜가 많고 널리 배우고 공평하며 용서할 줄 알고 위엄이 있고 정숙한 이들이 서로 의논하여 온갖 계획을 세워서, 곧 그 나라의 인민들을 불러 왕자王子 한 사람을 왕으로 추대하게 한다 하자.

(그 왕자는) 먼저 보시와 조복調伏과 선정과 계율과 용맹스러운 정진과 난행難行과 고행苦行 등, 일체를 원만히 갖추어야 하고, 또 온갖 뛰어난 복덕福德의 상을 갖추고, 모든 감관이 원만하여 몸에 결함이 없으며, 몸은 장대하고 상호는 단정하고 엄숙하며, 가장 아름답고 묘한 얼굴과 생김새여서 언제나 모든 사람의 존경을 받고, 온 나라 인민들의 사랑을 받으며, 그 성품은 순박하고 언제나 자비심을 지니며, 배운 것이 많고 재주도 많아 온갖 기예技藝를 갖추고 부드러운 마음과 인내하는 마음을 가진 사람이어야 한다.

22　시라尸羅; Skt./Pāli śīla. 1. 신라. 우리나라 삼국 시대의 삼국 가운데 기원전 57년 박혁거세가 지금의 영남 지방을 중심으로 세운 나라. 2. 계戒라고 번역. 육바라밀六波羅密의 하나. 부처님이 제정한 법을 지켜 허물이 없도록 하고, 악惡을 멀리 여의는 것. 불교에 귀의한 자가 선善을 쌓기 위해 지켜야 할 규범.

是大后妃所生嫡子。以諸妙香熏清淨水調和冷暖沐浴其身。著於種種上妙香熏衆寶莊嚴鮮淨衣服。
시 대 후 비 소 생 적 자　이 제 묘 향 훈 청 정 수 조 화 냉 난 목 욕 기 신　착 어 종 종 상 묘 향 훈 중 보 장 엄 선 정 의 복

末尼珠寶[23]置在鬐中。金寶華鬘[24]冠飾其首。素練輕繒束於髮際。
말 니 주 보　치 재 계 중　금 보 화 만　관 식 기 수　소 련 경 증 속 어 발 제

又以種種末尼眞珠金銀等寶共所合成珥璫[25]瓔珞[26]環[27]玔[28]印等衆妙寶飾莊嚴其身。
우 이 종 종 말 니 진 주 금 은 등 보 공 소 합 성 이 당　영 락　환　천　인 등 중 묘 보 식 장 엄 기 신

織成寶履下承其足衆寶傘蓋上覆其頂。安置古昔一切天仙所護持座。
직 성 보 리 하 승 기 족 중 보 산 개 상 부 기 정　안 치 고 석 일 체 천 선 소 호 지 좌

이는 대비大妃의 적자嫡子로서 온갖 묘한 향을 깨끗한 물에 풀고는, 차고 뜨거움을 잘 조절하여 거기서 목욕한 뒤에, 갖가지 훌륭한 향수를 뿌리고 온갖 보배로 장엄한 곱고 깨끗한 옷을 입고, 마니보주摩尼寶珠를 상투에 꽂고 금보화만金寶華鬘으로 그 머리를 꾸미고, 희고 엷은 비단으로 그 머리털을 묶는다.

또 갖가지 마니진주와 금·은 등의 보배로 된 귀걸이와 영락瓔珞과 반지, 팔찌 등 온갖 보배 장식으로 그 몸을 장엄하고, 보배로 된 신을 발에 신고 보배로 된 일산을 머리에 쓰고는, 옛날 모든 천선天仙들이 보호하는 자리에 앉는다.

23　말니주보末尼珠寶; 마니보주摩尼寶珠·마니주摩尼珠·말니末尼·마니摩尼. ▶마니摩尼; Skt./Pāli maṇi. 주珠·보주寶珠라고 번역. 보배 구슬을 통틀어 일컬음. 불행과 재난을 없애 주고 더러운 물을 깨끗하게 하며, 물을 변하게 하는 따위의 덕이 있다.

24　화만華鬘; 만화鬘華. 1. 옛날 인도 사람들이 몸을 꾸미던 제구. 많은 꽃을 실로 꿰거나, 또는 묶어서 목이나 몸을 장식裝飾하는 인도印度의 풍속風俗. 주主로 향기香氣가 많은 꽃을 사용使用함. 2. 생화生花 또는 금은의 조화造花를 달아 늘어뜨리는 장식구裝飾具로 승방이나 불전佛前을 장식하는 장신구의 하나. 본디 인도의 풍속이다.

25　이당珥璫; 귀고리.

26　영락瓔珞; 1. 구슬을 꿰어 만든 장신구. 목이나 팔 따위에 두른다. 2. 달개. 금관 따위에 매달아 반짝거리도록 한 얇은 쇠붙이 장식.

27　환環; (고리 환) 1. 고리. 2. 둥근 옥玉. 3. 고리 모양의 옥. 4. 둘레. 5. 두르다. 6. 돌다, 선회旋回하다. 7. 두루 미치다(영향이나 작용 따위가 대상에 가하여지다). 8. 물러나다.

28　천玔; (옥고리 천) 1. 옥고리. 2. 옥팔찌.

趣入一切天帝同許共所護持善巧營搆²⁹殊妙大殿。登自先王所昇尊座。紹王位已。
취 입 일 체 천 제 동 허 공 소 호 지 선 교 영 구　수 묘 대 전　　등 자 선 왕 소 승 존 좌　　소 왕 위 이

扣擊一切天帝龍帝藥叉³⁰神帝阿素洛³¹帝鳩畔茶³²帝各所護持廣大鍾鼓。其聲振響周遍國界。
구 격 일 체 천 제 용 제 약 차　신 제 아 소 락　제 구 반 다　제 각 소 호 지 광 대 종 고　　기 성 진 향 주 변 국 계

(그리고) 모든 천제天帝들이 함께 보호하는 잘 지어진, 뛰어나고 묘한 큰 궁전으로 들어가 스스로 선왕先王이 올랐던 높은 자리에 오른다.

(그리하여) 왕위를 이어받은 뒤에 일체의 천제天帝·용제龍帝·약차신제藥叉神帝·아소락제阿素洛帝·구반다제鳩畔茶帝 등이 각기 지닌 광대한 종과 북을 치면, 그 소리는 온 나라에 울려 퍼진다.

29　구搆; (얽을 구, 이해 못 할 구) 1. 얽다. 2. (집을)짓다. 3. 이루어지다. 4. 구상構想하다, 창작創作하다. 5. 차리다, 꾸미다, 얽어 만들다. 6. 화친和親하다. 7. 이해理解 못 하다. 8. 사리를 깨닫지 못하다. 9. 헐뜯다. 10. 끌다, 이끌다, 끌어당기다. 11. 일으키다.

30　약차藥叉; 야차夜叉. ▶야차夜叉; Skt. yakṣa. 용건勇健이라 번역. 1. 팔부중八部衆의 하나. 수미산 중턱의 북쪽을 지키는 비사문천왕毘沙門天王의 권속으로, 땅이나 공중에 살면서 여러 신神들과 불법佛法을 수호한다는 신神. 2. 사람을 괴롭히거나 해친다는 사나운 귀신.

31　아소락阿素洛; 아수라阿修羅. ▶아수라阿修羅; Skt. asura. 아수라도阿修羅道·수라도修羅道. 육도六道의 하나. 인간과 축생의 중간에 위치한 세계로, 수미산과 지쌍산 사이의 바다 밑에 있다고 함. 늘 싸움만을 일삼는 아수라들의 세계.

32　구반다鳩畔茶; Skt. Kumbhâṇḍa. 구반다鳩槃茶·구반다究槃茶·구반다鳩盤茶. 팔부의 하나. 사람의 정기를 빨아먹는다는 귀신으로, 사람의 몸에 머리는 말의 모양을 하고 있는 남방 증장천왕의 부하이다.

刹帝利等四大種姓無量人衆。 沐浴其身著淨衣服。 執持種種妙寶繪綵[33]傘蓋幢幡[34]
찰 제 리 등 사 대 종 성 무 량 인 중　목 욕 기 신 착 정 의 복　집 지 종 종 묘 보 증 채　산 개 당 번

末尼眞珠金銀螺貝璧玉[35]珊瑚莜琉璃[36]等生色可染無量珍奇。 奉獻新王以呈嘉瑞。
말 니 진 주 금 은 라 패 벽 옥　산 호 패 유 리　등 생 색 가 염 무 량 진 기　봉 헌 신 왕 이 정 가 서

貴族淨行博學多才諸婆羅門。 以無量種微妙讚頌歌詠帝德。 種種善事呪願於王。
귀 족 정 행 박 학 다 재 제 바 라 문　이 무 량 종 미 묘 찬 송 가 영 제 덕　종 종 선 사 주 원 어 왕

以諸吉祥散灑王頂。
이 제 길 상 산 쇄 왕 정

(그때) 찰제리刹帝利 등, 4대종성種姓의 한량없는 사람들은 목욕을 하고 깨끗한 옷을 입고 갖가지 묘하고 보배로운 비단일산·당번幢幡·마니진주·금·은·소라·자개·구슬·산호·유리 등, 빛나는 무량한 보배를 새 왕에게 바쳐 기쁨을 기리며, 행실이 깨끗하고 널리 배우고 재주가 많은 귀족인 바라문들은 한량없는 미묘한 찬송으로 새 왕의 덕을 노래하고, 갖가지 좋은 일로 왕을 축원하며, 온갖 길상吉祥한 것을 왕의 정수리에 흩뿌린다.

先王所重宿望貴族。 博學多藝性直賢明。 隨其所應授以種種職位官僚理諸王事。
선 왕 소 중 숙 망 귀 족　박 학 다 예 성 직 현 명　수 기 소 응 수 이 종 종 직 위 관 료 이 제 왕 사

先於國境自軍他軍更相侵害。 今皆令息。 亦令一切怨敵惡友能爲害者皆悉殄滅。
선 어 국 경 자 군 타 군 갱 상 침 해　금 개 령 식　역 령 일 체 원 적 악 우 능 위 해 자 개 실 진 멸

33 증채繪綵; 비단.

34 당번幢幡; 1. 당과 번을 아울러 이르는 말. 2. 당과 번을 겹쳐 만든 기旗. ▶당幢; 1. 법회 따위의 의식이 있을 때에, 절의 문 앞에 세우는 기. 장대 끝에 용머리를 만들고, 깃발에 불화佛畫를 그려 불보살의 위엄을 나타내는 장식 도구이다. 2. 헌천화獻天花 춤에 쓰는 기. 빛깔에 따라 청룡당, 현무당, 주작당, 백호당이 있다. 3. 신라 때에 둔 군대 단위 가운데 하나. 귀당, 구서당, 대당 따위가 있다. ▶번幡; 1. 부처와 보살의 성덕盛德을 나타내는 깃발. 꼭대기에 종이나 비단 따위를 가늘게 오려서 단다. 2. (수직으로 거는) 좁고 긴 깃발.

35 벽옥璧玉; 1. 벽과 옥을 아울러 이르는 말. 벽은 납작한 구슬이고, 옥은 둥근 구슬이다. 2. 품질이 좋고 아름다운 옥이라는 뜻으로, 고상한 인품을 비유적으로 이르는 말.

36 패유리莜琉璃; 유리[琉璃, 瑠璃]. ▶유리琉璃; Skt. vaiḍūrya. 검푸른 빛이 나는 보석. 그리스어의 히알로스(hyalos, 투명한 작은 돌), 라틴어의 비트룸(vitrum, 글라스)과 연관이 있다. 한대漢代에는 벽유리璧流離라고 음역된 이래, 비두리鞞頭梨, 비류리毘琉璃, 폐류리吠琉璃 등의 명칭이 불전 번역과 함께 들어왔으나 얼마 후 단축되어 유리(流離, 琉璃)로 되었다. 원래 라피스 라줄리, 에머럴드 등의 보석을 뜻하였으나, 비슷한 외관을 갖는 구슬에도 적용되어 육조시대 이후는 전적으로 유리를 가리키게 되었다.

損除自國一切黑品[37]增益自國一切白品[38]。
손 제 자 국 일 체 흑 품　증 익 자 국 일 체 백 품

善男子。利帝利種灌頂[39]大王。成就如是**第一王輪**。由此輪故於自國土得安樂住。
선 남 자　찰 제 리 종 관 정　대 왕　성 취 여 시 제일왕륜　유 차 륜 고 어 자 국 토 득 안 락 주

能伏一切怨敵惡友。善守護身令增壽命。
능 복 일 체 원 적 악 우　선 수 호 신 령 증 수 명

(그리고) 선왕先王이 존중하던 명망이 있는 귀족으로서 박학다예博學多藝하고 성질이 곧고 현명한 이에게는 그에 합당한 직위를 주고 그 관리로 하여금 나라의 일을 처리하게 한다.

(그러면) 전에 국경에서 아군我軍과 적군敵軍이 서로 다투던 일도 당장 모두 중단될 것이다. 또 해치고자 하는 일체의 원수와 나쁜 벗을 다 멸망시키고 내 나라의 모든 어두운 부분(흑품)을 없애고 모든 밝은 부분(백품)을 더욱 늘릴 것이니라.

선남자여, 이같이 찰제리 종성으로서 관정灌頂을 한 대왕은 이와 같은 **제1의 왕륜**王輪을 성취하고, 이 왕륜으로 말미암아 그 나라에서 안락하게 살면서 일체의 원수와 나쁜 벗을 항복받고, 그 몸을 잘 수호하고 수명을 더욱 길게 하느니라.

---

37 흑품黑品; Skt. kṛṣṇa-pakṣa. dark elements. 어두운 요소.

38 백품白品; Skt. śukla-pakṣa, śukla-pakṣya. light/pure elements. 밝은 요소.

39 관정灌頂; Skt. abhiṣeka. 1. 아비전좌阿鼻詮左라 음사. 물을 정수리에 붓는다는 뜻. 본래 인도에서 임금의 즉위식이나 입태자식을 할 때 바닷물을 정수리에 붓는 의식. 2. 여러 부처님이 대자비의 물로써 보살의 정수리에 붓는 것. 등각等覺 보살이 묘각위妙覺位에 오를 때에 부처님이 그에게 관정하여 불과佛果를 증득케 함. 여기에는 여러 부처님이 정수리를 만져 수기하는 마정관정摩頂灌頂, 말로 수기하는 수기관정授記灌頂, 광명을 놓아 이롭게 하는 방광관정放光灌頂의 3종이 있다. 또 내용에 따른 관정의 종류에는, 불연佛緣을 맺는 결연관정結緣灌頂, 진언眞言의 수행자를 위한 학법관정學法灌頂, 그리고 대일여래大日如來의 심오한 비법을 전하는 전법관정傳法灌頂 등이 일반적이다. 3. (561~632) 천태종 스님. 중국 임해臨海의 장안章安 사람. 성 오吳. 자는 법운法雲. 7세에 장안 섭정사攝靜寺 혜증慧拯에게 출가. 20세에 비구계를 받고, 25세 때 천태天台 지자대사智者大師를 뵙고 모시기를 13년.『법화문구法華文句』・『법화현의法華玄義』등을 듣고, 이를 편찬하여 1백여 권에 달한다. 천태종의 종지宗旨에 대한 지자智者의 논설이 후세에 전하게 된 것은 그의 공적이다. 지자가 죽은 뒤에는 국청사國清寺・칭심정사稱心精舍 등에서 강설. 가상사嘉祥寺의 길장吉藏도 그의 가르침을 받았다. 632년(당나라 정관 6) 8월 국청사에서 나이 72세로 입적함. 세상에서 일컫기를 장안대사章安大師・장안존자라 함. 오월왕吳越王은 총지존자總持尊者라 시호. 후세에 다시 높이어 동토東土 천태종의 제5조라 함. 저서는『열반현의涅槃玄義』2권・『열반경소』20권・『관심론소』2권・『국청백록國清百錄』5권 등 10여 부가 있다.

善男子。如是雜染五濁惡世索訶[40]佛土空無佛時。其中所有一切衆生。爲自心中隨眠纏垢[41]。
선남자   여시잡염오탁악세색가   불토공무불시   기중소유일체중생   위자심중수면전구

自軍他軍惱害侵逼。愁憂擾亂愚冥不安。起無量種執著斷常。鬪訟違諍互相輕蔑。
자군타군뇌해침핍   수우요란우명불안   기무량종집착단상   투송위쟁호상경멸

起貪瞋癡諂誑言等。具足十種不善業道。
기탐진치첨광언등   구족십종불선업도

선남자여, 이같이 오염된 5탁악세의 사바세계에 부처님께서 계시지 않아 불국토가 비어 있을 때에는, 거기 있는 일체 중생들은 그 마음속의 번뇌 때문에 아군과 적군의 군사가 서로 괴롭히고 해치며, 침노하고 핍박하므로 근심하고 소요하며 어리석고 불안하여, 단견斷見과 상견常見에 대해 한량없는 집착을 일으켜 싸우고 다투면서 서로 경멸하고, 탐욕스럽고 성내고 어리석으며 아첨과 거짓말을 해서 열 가지의 악업을 갖추어 짓느니라.

執著有情紛擾世界。成就種種煩惱疾病。闕正法眼忿恨燒惱。常不思惟眞實正法。
집착유정분요세계   성취종종번뇌질병   궐정법안분한소뇌   상부사유진실정법

棄正法味譏毀善行。乏少所受憙樂滋味。常爲種種煩惱羅網之所覆蔽。歸依六種外道邪師。
기정법미기훼선행   핍소소수희락자미   상위종종번뇌라망지소부폐   귀의육종외도사사

迷失聖道向三惡趣。
미실성도향삼악취

요란한 유정의 세계에 집착하여 갖가지 번뇌와 질병을 이루고, 바른 법의 눈이 없어 분노와 원한에 타고 괴로워하면서 항상 진실하고 바른 법은 생각하지 않으며, 바른 법의 맛(법미法味)을 버리고 선행善行을 비방하며, 기쁨과 즐거움의 맛은 적게 받으면서 언제나 갖가지 번뇌의 그물에 덮여 있다. (그리하여) 여섯 외도의 삿된 스승에게 귀의하여 성인의 길을 잃고 3악취惡趣를 향해 가고 있다.

---

40   색가索訶; Skt. sahā. 사바娑婆. 감인堪忍.

41   전구纏垢; Skt. paryavasthāna. active, manifest defilements. 근본번뇌와 수번뇌.〈본혹명전본惑名纏, 수혹명구隨惑名垢(『불지경론佛地經論』)〉

於此土中有諸菩薩摩訶薩。已於過去親近供養無量諸佛。
어 차 토 중 유 제 보 살 마 하 살   이 어 과 거 친 근 공 양 무 량 제 불

已入諸佛功德大海。已住諸佛本所行道。皆共集會來至我所。同謂我言。
이 입 제 불 공 덕 대 해   이 주 제 불 본 소 행 도   개 공 집 회 래 지 아 소   동 위 아 언

汝於過去已修無量布施調伏寂靜尸羅精進勇猛。難行苦行一切備滿。
여 어 과 거 이 수 무 량 보 시 조 복 적 정 시 라 정 진 용 맹   난 행 고 행 일 체 비 만

是諸微妙福慧方便大慈悲等共所莊嚴大功德藏。是一切定總持安忍諸地功德圓滿大海。
시 제 미 묘 복 혜 방 편 대 자 비 등 공 소 장 엄 대 공 덕 장   시 일 체 정 총 지 안 인 제 지 공 덕 원 만 대 해

이 국토에는 여러 보살마하살이 있어 과거에 이미 한량없는 부처님께 친근하여 공양하였고, 이미 모든 부처님의 공덕의 큰 바다에 들어 있으며, 모든 부처님께서 본래 행한 도에 머물러 사는 이들인데 그들은 내게로 모여 와서 한결같이 말한다.

"여래께서는 과거에 한량없는 보시와 조복調伏과 선정과 계율과 용맹정진과 난행고행難行苦行을 이미 다 닦아서 갖추었습니다. 온갖 미묘한 복덕과 지혜와 방편과 큰 자비 등으로 장엄한 대공덕의 창고요, 일체의 선정과 총지와 안인安忍과 모든 지위와 공덕이 원만한 큰 바다입니다.

無諂無誑。身形長大相好圓滿。忍辱柔和端正殊妙。不復依他修菩提道。
무 첨 무 광   신 형 장 대 상 호 원 만   인 욕 유 화 단 정 수 묘   불 복 의 타 수 보 리 도

一切智海已得圓滿。成就最勝美妙容色。能爲一切聲聞獨覺作大導師。
일 체 지 해 이 득 원 만   성 취 최 승 미 묘 용 색   능 위 일 체 성 문 독 각 작 대 도 사

亦能安慰一切生死怖畏衆生與作親友。大慈悲等無量功德共所莊嚴。
역 능 안 위 일 체 생 사 포 외 중 생 여 작 친 우   대 자 비 등 무 량 공 덕 공 소 장 엄

아첨도 없고 속임도 없으며, 몸은 장대하고 상호는 원만하며, 욕됨을 참고 부드러우며, 단정하고 뛰어나게 묘하며, 남을 의지해 보리의 도를 닦지 않고 일체지一切智의 바다가 원만하며 가장 훌륭하고 미묘한 얼굴과 생김새를 성취하고 일체 성문과 독각을 위하여 큰 길잡이가 되며, 또 생사를 두려워하는 중생들을 위로하면서 그들의 친한 벗이 되어주고, 큰 자비 등 한량없는 공덕으로 장엄하였습니다.

是羯洛迦孫馱[42]・羯諾迦牟尼[43]・迦葉波如來[44]等父之眞子。於此賢劫當得作佛。
시 갈 락 가 손 타　　갈 락 가 모 니　　가 섭 파 여 래 등 부 지 진 자　　어 차 현 겁 당 득 작 불

一切菩薩摩訶薩中最爲上首。以諸功德種種妙香熏奢摩他・毘鉢舍那淸淨之水而自沐浴。
일 체 보 살 마 하 살 중 최 위 상 수　　이 제 공 덕 종 종 묘 향 훈 사 마 타　　비 발 사 나 청 정 지 수 이 자 목 욕

著慚愧衣。淸淨法界爲髻中珠。冠飾諸佛所行境界廣大華鬘。束以解脫殊妙素練。
착 참 괴 의　　청 정 법 계 위 계 중 주　　관 식 제 불 소 행 경 계 광 대 화 만　　속 이 해 탈 수 묘 소 련

42 갈락가손타羯洛迦孫馱; 구류손불拘留孫佛. ▶구류손불拘留孫佛; Skt./Pāli Krakucchanda/Kakucandha, 구루
진불拘樓秦佛・구류손불俱留孫佛・구루손불拘樓孫佛・가라구타迦羅鳩馱・가라가손제迦羅迦孫提・가라
구촌타迦羅鳩忖馱・가라구손타迦羅鳩飡陀・갈라가촌타羯羅迦迦寸他・구손나拘孫那. 번역하여 성취미묘成
就美妙・정결頂結・소응단이단所應斷已斷. 석가의 전생에 있어서의 과거칠불七佛 중 한 부처. 현겁賢劫 천
불千佛의 하나. 본디 바라문 종족으로 성姓은 가섭迦葉이고, 아버지는 예득禮得이며, 어머니는 선지善枝인
데, 인수人壽 4만 세 때에 안화성安和城에서 태어나 시리수尸利樹(시리사수尸利沙樹; Skt. śirīṣa) 아래서 성불
成佛하였다. 그리고 제1회 설법에서 4만 명의 비구를 교화하였다고 전한다.

43 갈락가모니羯諾迦牟尼; 구나함모니불拘那含牟尼佛. ▶구나함모니불拘那含牟尼佛; Skt./Pāli Kanakamuni/
Konāgamana. 나함那含・구나함拘那含・가나가迦那伽・가나가모니迦那伽牟尼・가락가모니迦諾迦牟尼・
갈락가모니羯諾迦牟尼・갈야가모니羯若迦牟尼・가나함모니迦那含牟尼・구나모니拘那牟尼. 과거칠불 중 다
섯 번째 부처이며, 현겁賢劫 천불千佛 중 두 번째 부처. 번역하여 금선인金仙人・금적정金寂靜・금색선金色
仙・금유金儒・금적金寂. 바라문 종족, 성은 가섭迦葉. 아버지는 야섬발다耶睒鉢多, 어머니는 울다라鬱多羅.
오잠바라烏暫婆羅(Skt. udumbara) 나무 아래서 성도. 제1회 설법에 3만의 비구・아라한을 제도하였음.《혜원
음의慧苑音義》에 따르면 구나는 금金, 모니는 선仙의 뜻이며, 몸이 진금색인 까닭에 금색선이라 한다고 되어
있다. 이 부처에 관하여《장아함》제1권〈대본경〉에 다음과 같은 글이 있다. "현겁 중에 구나함모니불이 출현하
시니 당시 인간의 수명은 3만 세였다. 아버지 이름은 대덕大德이며 브라만 출신이고, 어머니 이름은 선승善勝
이다. 출가 전에 아들을 두었는데 이름은 사師였다. 당시 국왕의 이름은 청정淸淨이요, 다스리는 도성을 또한
청정이라 하였다. 오잠바라나무 아래에서 성도하고 한 번 설법에 3만 명을 제도하였다." 구나함모니불은 현겁
중에 출현하였으므로 인도에는 이 부처의 유적으로 알려진 것이 상당히 많다. 중국의 서역구법승 법현法顯(337
~422)이 지은『불국기佛國記』에 따르면, 슈라바스티에서 동남쪽으로 12유순 거리에 있는 나비가에 구류손불
의 유적이 있고, 그곳에서 다시 북쪽으로 1유순 거리에 구나함모니불이 태어난 곳이 있다고 한다.

44 가섭파여래迦葉波如來; 가섭불迦葉佛. ▶가섭불迦葉佛; Skt./Pāli Kāśyapa/Kassapa. 과거칠불 중 여섯번째 부
처이고 현겁賢劫 천불千佛 중 세번째 부처. 의역은 음광불飮光佛. 인간의 평균수명이 2만 세일 때 출현한 부
처이며, 이 때부터 백년마다 평균수명이 한 살씩 줄어 100세가 될 때 석가가 태어났으므로, 지금부터 약 200만
년 전의 부처.《불조통기佛組統紀》와《장아함》제1권〈대본경〉에 따르면, 가섭불은 키키왕[급비왕汲毗王]이
다스리던 바라나시(Baranasi: 파라나波羅奈)에서 태어났다. 브라만 출신으로 아버지 이름은 브라흐마다타[범
덕梵德], 어머니 이름은 다나바티[재주財主]이다. 출가 전에 집군集軍이라는 아들을 두었다. 니그로다나무[니
구루다수尼拘樓陀樹; Skt. nyagrodhārāma] 아래에서 깨달음을 얻었고, 2만 명의 제자를 두었는데, 그 중 티싸
와 바라드바가 큰제자이고 사바미타가 집사제자이다.《열반경》에서는 각덕비구가 수행하여 성불한 뒤 가섭
불이 되었다고 한다. 또 본래 다라多羅 마을 사람으로 브라만 종족인데, 어린 나이임에도 불구하고 신통력으
로 자리에서 일어나 합장하며 석가를 향하여 '세존이시여 제가 지금 자문咨問하고자 합니다'라고 말한 보살마
하살菩薩摩訶薩이 곧 가섭이라고도 한다.《사분율비구계본》에 이 부처에 대한 게송이 나온다. (경상북도 경
주시 황룡사지皇龍寺址에는 가섭불이 좌선했다는 바위가 남아 있다.)

당신은 갈락가손타羯洛迦孫馱 · 갈락가모니羯諾迦牟尼 · 가섭파여래迦葉波如來 등을 아버지로 삼은 참다운 아들로서 이 현겁賢劫에서 부처가 되어 모든 보살마하살의 제일의 우두머리가 되었습니다. 온갖 공덕과 갖가지 묘한 향을 품고, 사마타奢摩他(지止) · 비발사나毘鉢舍那(관觀)의 청정한 물로써 목욕하고, 참괴慚愧의 옷을 입고, 청정한 법계法界로 정상의 보물구슬(계중주髻中珠)을 삼고, 모든 부처님께서 행하신 광대한 경계로 화만華鬘을 삼아 머리에 쓰고, 해탈의 뛰어나고 묘한 흰 비단으로 그것을 묶었습니다.

又以種種一切智智無生忍等功德珍寶而自莊嚴。慈悲喜捨以爲寶履能覆三界。
우 이 종종 일 체 지 지 무 생 인 등 공 덕 진 보 이 자 장 엄　　자 비 희 사 이 위 보 리 능 부 삼 계

三種妙行圓滿聖因以爲傘蓋。安置古昔諸佛天仙共所護持金剛定座。
삼 종 묘 행 원 만 성 인 이 위 산 개　　안 치 고 석 제 불 천 선 공 소 호 지 금 강 정 좌

趣入一切聲聞獨覺恭敬護持四種念住。坐先諸佛所敷之座。證得無上正等菩提一切智位。
취 입 일 체 성 문 독 각 공 경 호 지 사 종 념 주　　좌 선 제 불 소 부 지 좌　　증 득 무 상 정 등 보 리 일 체 지 위

또 부처님의 일체지혜와 무생의 진리를 깨달은 평안함 등, 공덕의 보배로 스스로 장엄하고, 자慈 · 비悲 · 희喜 · 사捨(의 4무량심으)로 보배의 신을 삼아 능히 삼계를 덮고, 세 가지 묘행妙行을 원만하게 하는 성인聖因으로 일산을 삼아, 옛날 부처님과 천선天仙들이 다 보호하던 금강정金剛定의 자리에 편히 앉고, 일체의 성문과 독각들이 공경하고 보호하는 4념주念住에 들어가 과거 부처님께서 펴놓은 자리에 앉아 위없는 정등각正等覺과 일체지一切智의 지위를 증득하였습니다.

爲令一切三寶種姓不斷絶故。轉於法輪擊法鍾鼓。妙法音聲遍滿三界。令諸天 · 龍 ·
위 령 일 체 삼 보 종 성 부 단 절 고　　전 어 법 륜 격 법 종 고　　묘 법 음 성 변 만 삼 계　　령 제 천　용 ·

藥叉 · 羅刹 · 阿素洛 · 揭路荼 · 緊捺洛 · 莫呼洛伽 · 鳩畔荼 · 彌荔多[45] · 畢舍遮 · 布怛那 ·
약 차　나 찰　아 소 락　게 로 다　긴 날 락　막 호 락 가　구 반 다　미 려 다　필 사 차　포 달 나 ·

羯吒布怛那 · 人 · 非人等於四聖諦皆得明解。
갈 타 포 달 나　인　비 인 등 어 사 성 제 개 득 명 해

45　미려다彌荔多; Skt. preta, Pāli peta. 폐려薜荔 · 폐려다閉戾多 · 폐려다薜荔多. 1. 아귀餓鬼. 귀신. 2. 죽은 조상, 또는 그 혼령.

삼보의 종성이 끊어지지 않게 하기 위하여 법륜을 굴리고 법의 종과 북을 치면, 그 묘한 법의 소리는 삼계에 두루 가득하여 모든 하늘·용·약차·나찰·아소락·게로다·긴날락·막호라가·구반다·미려다·필사차·포달나·갈타포달나·인人·비인非人 등으로 하여금 4성제聖諦를 밝게 알게 하였습니다.

三轉十二行相法輪。一切世間所有沙門若婆羅門諸天魔梵人非人等所不能轉。
삼 전 십 이 행 상 법 륜   일 체 세 간 소 유 사 문 약 바 라 문 제 천 마 범 인 비 인 등 소 불 능 전

爲欲利益安樂世間無量天人。令得殊勝廣大義利。昔所未轉而今轉之。
위 욕 이 익 안 락 세 간 무 량 천 인   령 득 수 승 광 대 의 리   석 소 미 전 이 금 전 지

善男子。我成如是**第一佛輪**。由此輪故如實了知此世他世是處非處。
선 남 자   아 성 여 시 제 일 불 륜   유 차 륜 고 여 실 료 지 차 세 타 세 시 처 비 처

得安隱住得無驚恐得無所畏。降諸天魔外道邪論。**轉大梵輪**成大梵行。
득 안 온 주 득 무 경 공 득 무 소 외   항 제 천 마 외 도 사 론   전 대 범 륜 성 대 범 행

我應住此雜染世界五濁惡時。處大衆中正師子吼。滅諸有情五無間業。
아 응 주 차 잡 염 세 계 오 탁 악 시   처 대 중 중 정 사 자 후   멸 제 유 정 오 무 간 업

일체 세간의 모든 사문이나, 혹은 바라문과 모든 천마天魔·범천梵天·인人·비인非人 등으로는 굴릴 수 없는 삼전십이행상三轉十二行相의 법륜은 세간의 무량한 하늘과 사람들을 이롭고 안락하게 하며, 뛰어나고 훌륭하고 광대한 의리義利를 얻게 하기 위해 옛날에 굴리지 않았던 것을 지금 굴리게 되었습니다.”

“선남자여, 나는 이와 같은 **제1의 불륜佛輪**을 성취하고, 이 불륜으로 말미암아 이승과 저승, 옳고 그른 것을 다 환히 알고 안온하게 살며 놀랄 것도 없고 두려워할 것도 없어, 모든 천마와 외도들의 삿된 주장을 항복받고 **큰 범륜梵輪(법륜)을 굴려** 큰 범행梵行을 이루었다.

그러므로 나는 이 잡되고 더러운 사바세계의 오탁악세에 살면서, 대중 가운데서 바른 사자후로 저 유정들의 다섯 가지 무간업無間業(무간지옥에 떨어질 죄업)을 없앤다.

廣說乃至諸不善根[46]。摧滅一切諸衆生類堅如金剛相續煩惱。建立一切永盡諸漏解脫妙果。
광설내지제불선근　최멸일체제중생류건여금강상속번뇌　건립일체영진제루해탈묘과

隨其所樂安置一切有力衆生令住三乘不退轉位。
수기소요안치일체유력중생령주삼승불퇴전위

善男子。如刹帝利灌頂[47]大王。初登王位受帝職已。觀察過去未來現在諸王法道。
선남자　여찰제리관정　대왕　초등왕위수제직이　관찰과거미래현재제왕법도

於其種種王業輪中。以善觀察因果報智。隨其所應建立一切輔臣僚佐。
어기종종왕업륜중　이선관찰인과보지　수기소응건립일체보신료좌

普及國邑愚智人民三種業輪。由此業輪率土衆生長夜受用。所有種種適意資具喜樂增長。
보급국읍우지인민삼종업륜　유차업륜솔토중생장야수용　소유종종적의자구희락증장

能滅一切怨敵惡友。
능멸일체원적악우

자세히 말하면 모든 불선근을 없애고, 일체 중생들이 상속相續하는 금강과 같이 견고한 번뇌를 무찔러 없애고, 온갖 번뇌가 아주 다한 해탈의 오묘한 결과를 세우고, 역량이 있는 모든 중생을 그들이 바라는 바에 따라 안치安置하고 삼승의 물러나지 않는 자리에 머무르게 하는 것이다.

선남자여, 저 찰제리의 관정대왕灌頂大王은 처음으로 왕위에 올라 임금의 직책을 받은 뒤, 과거와 미래와 현재의 모든 왕의 법도法道를 관찰하고, 왕의 갖가지 업륜業輪 중에서 인과응보를 잘 관찰하는 지혜로써 합당한 대신과 관료를 임명하며, 널리 나라와 고을의 지혜롭고 어리석은 백성들의 세 가지 업륜을 세우고 영향을 미치나니, 이 업륜으로 말미암아 나라 안의 온 중생들은 오랫동안 갖가지 마음에 맞는 필수품을 활용하면서 기쁨과 즐거움이 더욱 늘어나 능히 일체의 원수와 나쁜 벗을 멸하느니라.

46 불선근不善根; Skt. akuśala-mūla. unwholesome roots. 탐貪·진瞋·치癡의 3가지 번뇌를 말한다. 이들 3가지 번뇌는 모든 불선不善, 즉 악惡을 생기게 하고 북돋우는 근본이 되므로 '불선不善의 뿌리(근根)'라는 뜻에서 불선근이라고 한다.

47 관정灌頂; Skt. abhiṣeka. 1. 아비전좌阿鼻詮左라 음사. 물을 정수리에 붓는다는 뜻. 본래 인도에서 임금의 즉위식이나 입태자식을 할 때 바닷물을 정수리에 붓는 의식. 2. 여러 부처님이 대자비의 물로써 보살의 정수리에 붓는 것. 등각等覺 보살이 묘각위妙覺位에 오를 때에 부처님이 그에게 관정하여 불과佛果를 증득케 함. 여기에는 여러 부처님이 정수리를 만져 수기하는 마정관정摩頂灌頂, 말로 수기하는 수기관정授記灌頂, 광명을 놓아 이롭게 하는 방광관정放光灌頂의 3종이 있다. 또 내용에 따른 관정의 종류에는, 불연佛緣을 맺는 결연관정結緣灌頂, 진언眞言의 수행자를 위한 학법관정學法灌頂, 그리고 대일여래大日如來의 심오한 비법을 전하는 전법관정傳法灌頂 등이 일반적이다.

何等名爲三種業輪。　一者建立帝王業輪。　謂善敎習軍陣鬪戰。　降他兵衆撫育人民。
하 등 명 위 삼 종 업 륜　일 자 건 립 제 왕 업 륜　위 선 교 습 군 진 투 전　항 타 병 중 무 육 인 민

二者建立田宅業輪。　謂善敎習造舍營農。　令得安隱飮食充足。
이 자 건 립 전 택 업 륜　위 선 교 습 조 사 영 농　령 득 안 온 음 식 충 족

三者建立財寶業輪。　謂善敎習工商雜藝。　令得種種珍玩資財隨意受用增諸快樂。
삼 자 건 립 재 보 업 륜　위 선 교 습 공 상 잡 예　령 득 종 종 진 완 자 재 수 의 수 용 증 제 쾌 락

세 가지 업륜이란 어떤 것인가? 첫째는 제왕帝王을 건립建立하는 업륜이니, 이른바 싸우는 군인들을 잘 가르쳐 남의 군사를 항복받고 백성을 사랑하여 보살피는 것이다.

둘째는 전택田宅을 건립하는 업륜이니, 이른바 집을 짓고 농사를 경영하는 법을 잘 가르쳐 모두가 안온하고 음식이 풍족하게 하는 것이다.

셋째는 재보財寶를 건립하는 업륜이니, 이른바 공업과 상업의 기술을 잘 가르쳐, 갖가지 보물과 재산을 얻어 마음대로 쓰도록 함으로써 온갖 즐거움을 더하게 하는 것이다.

善男子。　刹帝利種灌頂大王。　成就如是第二王輪。　由此輪故。
선 남 자　찰 제 리 종 관 정 대 왕　성 취 여 시 제 이 왕 륜　유 차 륜 고

於自國土得安樂住。　能伏一切怨敵惡友。　善守護身令增壽命。
어 자 국 토 득 안 락 주　능 복 일 체 원 적 악 우　선 수 호 신 령 증 수 명

善男子。　如是如來。　初成佛果得無上智。　觀察過去未來現在諸佛法眼。
선 남 자　여 시 여 래　초 성 불 과 득 무 상 지　관 찰 과 거 미 래 현 재 제 불 법 안

以善觀察諸業法受因果報智。　建立一切所化有情三種業輪。
이 선 관 찰 제 업 법 수 인 과 보 지　건 립 일 체 소 화 유 정 삼 종 업 륜

선남자여, 찰제리 종족의 관정대왕은 이와 같은 **제2의 왕륜**을 성취하고, 이 왕륜으로 말미암아 자기 나라에서 안락하게 살 수 있고, 일체의 원수와 나쁜 벗을 항복받아 그 몸을 잘 보호하고, 수명을 더욱 길게 하느니라.

선남자여, 이와 같이 여래도 처음으로 불과를 이루어 위없는 지혜를 얻으면 과거 · 미래 · 현재의 모든 부처님의 법안을 관찰하고, 모든 업보의 인과를 잘 관찰하는 지혜로써 교화할 일체 유정을 위한 세 가지 업륜業輪을 건립한다.

由此業輪能令三寶種姓法眼 長夜不滅無上正法熾盛流通。
유차업륜능령삼보종성법안 장야불멸무상정법치성유통

令諸有情長受種種生天涅槃安隱快樂。 及令一切外道邪論不能降伏我正法眼。
령제유정장수종종생천열반안온쾌락　급령일체외도사론불능항복아정법안

而能如法摧彼邪論。
이능여법최피사론

그리하여 이 업륜으로 말미암아, 삼보의 종성과 법안法眼이 길이 멸하지 않도록 위없는 정법으로 하여금 왕성하게 유통되게 하며, 일체 유정으로 하여금 갖가지 천상에 나서 열반의 안온한 즐거움을 길이 받게 하며, 일체 외도의 삿된 주장이 나의 바른 법안을 억누르지 못하게 하며, (나의 법안이) 능히 법답게 저들의 삿된 주장을 꺾어 없애게 하느니라.

善男子。 何等名爲三種業輪。 一者建立修定業輪。 二者建立習誦業輪。 三者建立營福業輪。
선남자　하등명위삼종업륜　일자건립수정업륜　이자건립습송업륜　삼자건립영복업륜

善男子。 云何如來修定業輪。 定有十種何等爲十。 謂正觀察諸有識身六種境界。
선남자　운하여래수정업륜　정유십종하등위십　위정관찰제유식신육종경계

我我所執以爲其因。 業爲良田。 無明覆蓋。 愛爲滋潤。 無有自在依他而立繫屬衆緣。
아아소집이위기인　업위양전　무명부개　애위자윤　무유자재의타이립계속중연

선남자여, 세 가지 업륜이란 어떤 것인가? 첫째는 선정을 닦는(수정修定) 업륜이요, 둘째는 익히고 외우는(습송習誦) 업륜이며, 셋째는 복을 짓는(영복營福) 업륜이다.

선남자여, 여래의 선정을 닦는 업륜이란 어떤 것인가? 선정에는 열 가지가 있다. 열 가지란 무엇인가? 유정의 의식과 몸(식신)에 있는 여섯 가지의 경계를 바르게 관찰한다. 나(我我)와 내 것(아소我所)이라는 집착이 인因이 되고 업이 그 좋은 밭이 되며 무명이 덮개가 되고 애욕이 그 자양분이 되며, 아무런 자유가 없고 남을 의지해서만이 설 수 있고 온갖 연緣에 얽매어 있다고 관찰한다.

爲欲斷滅業煩惱苦[48]三種流故。如是觀察。云何業流。謂諸有情所行諸行。
위 욕 단 멸 업 번 뇌 고　삼 종 류 고　　여 시 관 찰　운 하 업 류　위 제 유 정 소 행 제 행

若此諸行所由無明及愛爲因能生諸有。名煩惱流。若由煩惱識爲其因衆緣和合名色生起。
약 차 제 행 소 유 무 명 급 애 위 인 능 생 제 유　명 번 뇌 류　약 유 번 뇌 식 위 기 인 중 연 화 합 명 색 생 기

名色爲因衆緣和合六處生起。六處爲因衆緣和合觸受。後有生老死等次第生起。是名苦流。
명 색 위 인 중 연 화 합 육 처 생 기　육 처 위 인 중 연 화 합 촉 수　후 유 생 노 사 등 차 제 생 기　시 명 고 류

(이는) 업과 번뇌와 고통의 세 가지 흐름을 끊어 없애기 위해서 이와 같이 관찰하는 것이다.

(첫째,) 업류業流란 어떤 것인가? 이른바 일체 유정이 행하는 바의 모든 행이다.

(둘째,) 만일 이 모든 행의 근원(이하 12인연을 차례로 관찰함)인, 무명과 애욕이 인因이 되어 모든 존재를 내면 그것(무명과 애愛의 인因)을 번뇌류煩惱流라 한다.

(셋째,) 만일 번뇌로 말미암아 식識이 그 인因이 되어 온갖 연緣이 화합하면 명색名色이 생기며, 명색을 인으로 해서 온갖 연이 화합하면 6처處가 생기며, 6처가 인이 되어 온갖 연이 화합하면 촉觸·수受가 생기고, 이어서(애愛·취取의 인으로 인해서 유有·생生·) 노사老死 등이 차례로 생기나니 그것을 고류苦流라 하느니라.

如是三流。業爲良田。無明爲因。愛爲滋潤而得生長。
여 시 삼 류　업 위 양 전　무 명 위 인　애 위 자 윤 이 득 생 장

爲欲枯涸業爲良田無明爲因愛爲滋潤三種流故。於五取蘊觀爲無常及苦無我。
위 욕 고 학 업 위 양 전 무 명 위 인 애 위 자 윤 삼 종 류 고　어 오 취 온 관 위 무 상 급 고 무 아

愚鈍無動如幻如焰如水中月如夢所見。空無所有無相無願。
우 둔 무 동 여 환 여 염 여 수 중 월 여 몽 소 견　공 무 소 유 무 상 무 원

無所造作無生無起無出無像寂靜遠離無所出生。
무 소 조 작 무 생 무 기 무 출 무 상 적 정 원 리 무 소 출 생

48　업번뇌고業煩惱苦; 혹업고惑業苦 3도三道. ▶혹업고惑業苦; 미迷의 인과因果를 나타내는 말. 탐·진·치 등의 번뇌는 혹, 이 혹에 의하여 선악의 행위를 짓는 것은 업, 이 업에 의하여 받게 되는 생사는 고과苦果. 이것을 3도道라고 함. 1) 혹도. 또는 번뇌도煩惱道. 우주의 진리를 알지 못하는 것과 낱낱 사물의 진상을 알지 못하는 데서 일어나는 망심妄心. 2) 업도. 망심으로 일어나는 몸·입·뜻으로 짓는 업. 3) 고도. 3계 6도의 과보를 받는 것. 이리하여 도道에 윤전輪轉의 뜻이 있다 함은 혹惑·업業·고苦의 셋이 바퀴 돌 듯하여 끊임이 없는 것을 나타낸 것. 능통能通의 뜻이 있다 함은 혹에서 업을, 업에서 고를 불러내어 전전 상통하여 생사를 되풀이한다는 뜻.

이와 같이 이 3류流는 업이 그 좋은 밭이 되고 무명이 그 인因이 되며 애욕이 그 자양분이 되어 생장한다.

업이 좋은 밭이 되고 무명이 인이 되고 애욕이 자양분이 되는 이 3류를 말려 없애기 위하여, 5 취온取蘊을 관찰하되, 그것은 덧없는 것, 괴로운 것, 나(아我)가 없는 것으로서, 우둔하여 움직임이 없고 허깨비와 같으며, 불꽃과 같고 물속의 달과 같으며, 꿈에서 본 것과 같고, 공空하여 아무것도 없으며(무소유無所有), 모습도 없고(무상無相), 소원도 없기(무원無願) 때문에 조작도 없고 나고 일어남도 없으며, 나감(출出)도 없고 형상도 없으며, 고요하고 멀리 떠나 출생出生함이 없는 것이라고 관찰한다.

於五取蘊如是觀察。能順空忍順無相忍順無願忍[49]。爲欲隨順觀五取蘊。
어 오 취 온 여 시 관 찰　　능 순 공 인 순 무 상 인 순 무 원 인　　위 욕 수 순 관 오 취 온

復方便修入出息觀。卽是修習持來去念。云何由念如實觀察入息出息。
부 방 편 수 입 출 식 관　　즉 시 수 습 지 래 거 념　　운 하 유 념 여 실 관 찰 입 식 출 식

謂正觀察。數[50]故。隨故。止故。觀故。轉故。淨故。
위 정 관 찰　　수 고　　수 고　　지 고　　관 고　　전 고　　정 고

---

49 무원인無願忍; 무원해탈문無願解脫門. 삼해탈문三解脫門의 하나. ▶삼해탈문三解脫門; Skt. trīni vimoksa-mukhāni. 또는 3해탈三解脫・3탈문三脫門・3문三門・3공문三空門・3공관문三空觀門・3삼매三三昧・3공三空・3삼매문三三昧門. 해탈을 얻는 세 가지 방법. 3계의 고통의 원인이 되는 번뇌에서 해탈하여 열반을 득하는 방편[문門]인 공해탈문空解脫門・무상해탈문無相解脫門・무원해탈문無願解脫門의 3가지 선정. 공空(공적空寂, 실체가 없음)・무상無相(차별이 없음)・무원無願(원함 즉 의식적인 노력이 필요 없음)을 관조하는 3가지 선정이 해탈 즉 열반에 들어가는 문門(방법, 방편)이 되기 때문에 3해탈문이라고 이름함. 1) 공해탈문空解脫門. Skt. śūnyatā vimoksa-mukhāni. 공삼매空三昧・공삼마지空三摩地. 일체법이 공하다는 것 즉 실체[자성自性]가 없다는 것을 관조하는 선정, 2) 무상해탈문無相解脫門. Skt. animitta vimoksa-mukhāni. 무상삼매無相三昧・무상심삼매無相心三昧・무상정無相定. 일체법에 차별[상相]이 없다는 것을 관조하는 선정, 3) 무원해탈문無願解脫門. Skt. apranihita vimoksa-mukhāni. 무작해탈문無作解脫門・무원삼매無願三昧・무원삼마지無願三摩地・무원심삼마지無願心三摩地. 공용功用(원원)이 필요하지 않다는 것을 관조하는 선정, 즉 무공용無功用(무원無願)을 성취하는 선정. 이 가운데 무상해탈문의 다른 말인 무상정無相定(Skt. ānimitta)은 무상정無想定(Skt. asaṃjñi-samāpatti)과 혼동하지 않아야 한다. 또한 무상해탈문의 다른 말인 무상삼매無相三昧(skt. ānimitta-samādhi)는 힌두교의 무상삼매無想三昧(Skt. nirvikalpa samādhi)와 혼동하지 않아야 한다.

50 수식문數息門; 육묘문六妙門의 하나. 들숨과 날숨을 헤아리면서 마음을 평온하게 하는 수행법. ▶육묘문六妙門; six excellent approaches for practicing meditation. 수선육묘문修禪六妙門. 육행관六行觀. 열반에 이르기 위한 여섯 가지 수행법. 1) 수식문數息門. 들숨과 날숨을 헤아리면서 마음을 평온하게 함. 2) 수식문隨息門.

5취온을 이렇게 관찰하면, 능히 공함(공인空忍), 차별 없음(무상인無相忍), 바라는 바 없음(무원인無願忍)(의 삼해탈문三解脫門)에 순응할 수 있느니라. 5취온을 관찰하여 수순하고자 하는 까닭에 다시 방편으로 입출식관入出息觀을 닦는다. 곧 오고가는 산란한 생각을 주시하는 것이다. 들고 나는 숨길을 어떻게 생각으로 여실히 관찰하는가?

이른바 바르게 관찰하는 것이니, (숨의) 수를 세기(수數; 수식문數息門) 때문이요 (숨을) 따르기(수隨; 수식문隨息門) 때문이며, (산란스러운 분별을) 그치기(지止) 때문이요 (있는 그대로) 주시하기(관觀) 때문이며, (불변의 실체 없음을) 돌이켜보기(전轉; 환還) 때문이요 (망상의 본체가 없어) 깨끗하기(정淨) 때문이다.

應知此中數能造作二種事業。一能爲依伏諸尋伺。二能取於入出息相。
응 지 차 중 수 능 조 작 이 종 사 업　일 능 위 의 복 제 심 사　이 능 취 어 입 출 식 상

隨能造作二種事業。一依出離捨諸尋伺。二能善取入出息相。
수 능 조 작 이 종 사 업　일 의 출 리 사 제 심 사　이 능 선 취 입 출 식 상

止能造作二種事業。一能示現入出息滅。二能安住勝三摩地。
지 능 조 작 이 종 사 업　일 능 시 현 입 출 식 멸　이 능 안 주 승 삼 마 지

觀能造作二種事業。一能示現入出息盡。二能安住心及心法。別異觀察。
관 능 조 작 이 종 사 업　일 능 시 현 입 출 식 진　이 능 안 주 심 급 심 법　별 이 관 찰

轉能造作二種事業。一能方便捨諸取蘊。二能方便趣入聖地。
전 능 조 작 이 종 사 업　일 능 방 편 사 제 취 온　이 능 방 편 취 입 성 지

淨能造作二種事業。一能捨結[51]。二能淨見。
정 능 조 작 이 종 사 업　일 능 사 결　이 능 정 견

들숨과 날숨에 집중하여 마음을 평온하게 함. 3) 지문止門. 마음을 한곳에 집중하여 산란을 멈추고 평온하게 함. 4) 관문觀門. 지혜로써 대상을 있는 그대로 자세히 주시함. 5) 환문還門. 대상을 관조하는 마음을 돌이켜 살펴 마음은 허망하고 불변하는 실체가 없다고 분명히 앎. 6) 정문淨門. 마음에 집착이 없어져 망상이 일어나지 않는 청정한 상태에 이름.

51　결結; 1. Skt. saṃyojana, bandhana. 번뇌를 뜻함. 번뇌는 중생을 결박하여 해탈하지 못하게 하므로 이와 같이 말함. 2. Skt. nigamana. 인명因明의 오지작법五支作法에서, 주장 명제인 종宗이 결론으로 확정된 것을 나타냄. 예를 들면, 다음과 같음. '말은 무상하다〔종宗〕', '지어낸 것이기 때문이다〔인因〕', '예를 들면, 병甁과 같다〔유喩〕', '병과 같이, 말도 지어낸 것이다〔합合〕', '그러므로 말은 무상하다〔결結〕'.

마땅히 알아야 한다. 수를 셈(수數)은 두 가지 일을 짓는다. 첫째는 능히 모든 심사尋伺를 항복받는 의지처가 되는 것이요, 둘째는 능히 들숨날숨의 모습을 잡(살피)는 것이다.

숨을 따름(수隨)도 두 가지 일을 짓는다. 첫째는 벗어남(출리出離)에 의하여 모든 심사를 버리는 것이요, 둘째는 능히 들숨날숨의 모습을 잘 잡(살피)는 것이다.

그침(지止)도 두 가지 일을 짓는다. 첫째는 능히 들숨날숨의 사라짐(멸滅)을 나타내 보이는 것이요, 둘째는 훌륭한 삼매에 잘 머무는 것이다.

주시함(관觀)도 두 가지 일을 짓는다. 첫째는 들숨날숨의 다함을 나타내 보이는 것이요, 둘째는 마음과 마음의 법에 편히 머물러 (범부의 눈과) 다르게 (있는 그대로) 관찰하는 것이다.

돌이킴(전轉; 환還)도 두 가지 일을 짓는다. 첫째는 능히 방편으로 모든 취온을 버리는 것이요, 둘째는 능히 방편으로 성인聖人의 자리에 들어가는 것이다.

깨끗함(정淨)도 두 가지 일을 짓는다. 첫째는 맺음(결結; 번뇌)을 버리는 것이요, 둘째는 견해를 깨끗이 하는 것이다.

如是六種方便。　修習入出息觀。　便能隨順觀五取蘊。　所以者何。　如是入息出息自性。
여 시 육 종 방 편　　수 습 입 출 식 관　　변 능 수 순 관 오 취 온　　소 이 자 하　　여 시 입 식 출 식 자 성

名色取蘊。　如是入息出息領納。　名受取蘊。　如是入息出息取相。　名想取蘊。
명 색 취 온　　여 시 입 식 출 식 영 납　　명 수 취 온　　여 시 입 식 출 식 취 상　　명 상 취 온

如是入息出息造作。　名行取蘊。　如是入息出息了別。　名識取蘊。
여 시 입 식 출 식 조 작　　명 행 취 온　　여 시 입 식 출 식 료 별　　명 식 취 온

이렇게 여섯 가지 방편으로 들숨날숨을 관하는 수행을 닦아서 5취온을 관찰하는 일에 수순한다. 왜냐하면 이와 같은 들숨날숨의 자성自性을 색色취온이라 하고, 이와 같이 들숨날숨을 받아들이는 것을 수受(감수感受)취온이라 하며, 이같이 들숨날숨의 모양을 취하는 것을 상想취온이라 하고, 이같이 들숨날숨을 짓는 것을 행行취온이라 하며, 이같이 들숨날숨을 분별하는 것을 식識취온이라 하기 때문이다.

如是所說五種取蘊。 各各別異互不相似。 新新非故無住無積不可言說。
여시소설오종취온   각각별이호불상사   신신비고무주무적불가언설

如是觀察五種取蘊能除三行。 若能如是究竟隨觀三種行盡。
여시관찰오종취온능제삼행   약능여시구경수관삼종행진

便能於此諸有識身六種境界究竟隨觀。 我我所執業於無明愛因田覆潤一切皆盡。
변능어차제유식신육종경계구경수관   아아소집업어무명애인전부윤일체개진

이와 같은 다섯 가지 취온은 각기 달라 서로 같지 않으며 나날이 새로워 옛것이 아니어서, 머무름도 쌓임도 없고 뭐라 말할 수도 없느니라. 이와 같이 5취온을 관찰하면 능히 몸·말·뜻의 세 가지 행行을 제거할 수 있으며, 만약 세 가지 행이 다할 때까지 끝까지 수순하여 관찰하면, 곧 모든 유정의 의식과 몸(식신)의 여섯 가지 경계에 있어서 끝까지 수순하여 관찰하면, 나(아我)와 내 것(아소我所)에 대한 집착과 업과 무명과 애욕의 인因·밭(전田)·덮개(부覆)·자양분 등 일체가 모두 없어지느니라.

如是修習四種念住[52]皆得圓滿。 乃至修習八支聖道[53]皆得圓滿。 如是乃至修習十八不共佛法[54]
여시수습사종념주   개득원만   내지수습팔지성도   개득원만   여시내지수습십팔불공불법

皆得圓滿。 如是乃至修一切種無生法忍 首楞伽摩三摩地等皆得圓滿。
개득원만   여시내지수일체종무생법인 수릉가마삼마지등개득원만

---

52   사종념주四種念住; 사념처四念處. ▶사념처四念處; Skt. catvāri smṛty-upasthānāni, Pāli cattāri sati-paṭṭhānāni. 사념주四念住·사의지四意止·사념四念. 깨달음에 이르기 위한 네 가지 마음챙김. 마음을 깨어 있게 하는 네 가지 수행법. 불교에서 깨달음을 얻고 지혜를 얻기 위한 37조도품三十七助道品 가운데 첫 번째 수행 방법이다. 자신의 몸(신身)과 감각(수受)과 마음(심心)과 법法에서 일어나는 여러 가지 변화를 관찰함으로써 제행무상諸行無常·제법무아諸法無我·일체개고一切皆苦의 세 가지 진리를 깨닫고자 하는 것이다. 여기에는 신념처身念處·수념처受念處·심념처心念處·법념처法念處의 네 가지 방법이 있다. 경전에서는 '중생을 깨끗하게 하여 괴로움을 없애고, 나쁜 법을 없애고, 바른 법의 이익을 얻게 하니, 그것이 곧 사념처'라 하였다. 석가모니가 개발한 비파사나 수행법의 한 부류로서, 주로 남방불교 승려들이 사용한다. 1) 신념처身念處. kāya-smṛty-upasthāna. 신체를 있는 그대로 통찰하여 마음챙김. 자신의 몸과 관련된 현상, 즉 호흡·동작 등을 관찰하여 몸의 세계에서 일어나는 탐욕과 혐오를 극복하는 수행법이다. 정신을 집중하여 몸 안팎의 움직임을 관찰함으로써 육신은 죽어서 썩을 부정不淨한 것임을 깨닫는 것이다. 2) 수념처受念處. vedanā-smṛty-upasthāna. 느낌이나 감정을 있는 그대로 통찰하여 마음챙김. 느낌의 세계에 대한 탐욕과 혐오를 극복하는 수행법이다. 감각의 실체를 있는 그대로 깨달아 음행·자녀·재물 등의 즐겁다고 느껴지는 것들이 실은 즐거움이 아니라 고통(고苦)이라는 사실을 깨닫는 것이다. 3) 심념처心念處. citta-smṛty-upasthāna. 마음을 있는 그대로 통찰하여 마음챙김. 마음의 세계에 대한 탐욕과 혐오를 극복하는 수행법이다. 마음은 늘 대상에 따라

변화하고 생멸하는 무상한 것이다. 따라서 마음에 욕심이 있다면 욕심이 있는 참뜻을 알고, 욕심이 없다면 욕심이 없는 참뜻을 알아 모든 마음의 참뜻을 깨닫는 것을 말한다. 4) 법념처法念處. dharma-smṛty-upasthānāna. 모든 현상을 있는 그대로 통찰하여 마음챙김. 정신적 대상에 대한 탐욕과 혐오를 극복하는 수행법이다. 앞의 세 가지 외에는 자아라고 할 실체가 없고, 자아가 없으므로 소유도 없다는 진리를 파악하는 것이다. 그리하여 눈을 통하여 생기는 번뇌의 생멸에 대하여 깨닫는 것을 말한다.

53　팔지성도八支聖道; 팔정도八正道. ▶팔정도八正道; Skt. āryāṣṭāṅgika-mārga, Pāli ariya-aṭṭhaṅgika-magga. 팔정도분八正道分, 팔도선八道船, 팔정문八正門, 팔유행八由行, 팔유행八游行, 팔성도지八聖道支, 팔도행八道行, 팔직행八直行, 팔직도八直道. 괴로움의 소멸에 이르는 여덟 가지 바른 길. 1) 정견正見. 바른 견해. 연기緣起와 사제四諦에 대한 지혜. 2) 정사유正思惟. 바른 생각. 곧, 번뇌에서 벗어난 생각, 노여움이 없는 생각, 남에게 해를 끼치지 않는 생각 등. 3) 정어正語. 바른 말. 거짓말, 남을 헐뜯는 말, 거친 말, 쓸데없는 잡담 등을 삼감. 4) 정업正業. 바른 행위. 살생이나 도둑질 등 문란한 행위를 하지 않음. 5) 정명正命. 바른 생활. 정당한 방법으로 적당한 의식주를 구하는 생활. 6) 정정진正精進. 바른 노력. 이미 생긴 악은 없애려고 노력하고, 아직 생기지 않은 악은 미리 방지하고, 아직 생기지 않은 선은 생기도록 노력하고, 이미 생긴 선은 더욱 커지도록 노력함. 7) 정념正念. 바른 마음챙김. 신체, 느낌이나 감정, 마음, 모든 현상을 있는 그대로 통찰하는 마음챙김. 8) 정정正定. 바른 집중. 마음을 하나의 대상에 집중・통일시킴으로써 마음을 가라앉힘.

54　십팔불공법十八不共法; Skt. aṣṭādaśâveṇika-buddha-dharma. eighteen distinctive characteristics of the Buddha. 삼육독법三六獨法 ▶십팔불공불법十八不共佛法. 부처만이 갖추고 있는 열여덟 가지 특징. 1. 부파 불교에서 설함. 십력十力+사무외四無畏+삼념처三念處+대비大悲. In Indian Buddhism these are the ten powers 십력十力, the four fearlessnesses 사무외四無畏, the three bases of mindfulness 삼념처三念處, and great compassion 대비大悲. the eighteen distinctive characteristics as defined by Hīnayāna are his 십력十力, 사무외四無畏, 삼념주三念住 and his 대비大悲. [구사론俱舍論]. 1) 처비처지력處非處智力. 이치에 맞는 것과 맞지 않는 것을 분명히 구별하는 능력. 2) 업이숙지력業異熟智力. 선악의 행위와 그 과보를 아는 능력. 3) 정려해탈등지등지지력靜慮解脫等持等至智力. 모든 선정禪定에 능숙함. 4) 근상하지력根上下智力. 중생의 능력이나 소질의 우열을 아는 능력. 5) 종종승해지력種種勝解智力. 중생의 여러 가지 뛰어난 판단을 아는 능력. 6) 종종계지력種種界智力. 중생의 여러 가지 근성을 아는 능력. 7) 변취행지력遍趣行智力. 어떠한 수행으로 어떠한 상태에 이르게 되는지를 아는 능력. 8) 숙주수념지력宿住隨念智力. 중생의 전생을 기억하는 능력. 9) 사생지력死生智力. 중생이 죽어 어디에 태어나는지를 아는 능력. 10) 누진지력漏盡智力. 번뇌를 모두 소멸시키는 능력. 11) 정등각무외正等覺無畏. 바르고 원만한 깨달음을 이루었으므로 두려움이 없음. 12) 누영진무외漏永盡無畏. 모든 번뇌를 끊었으므로 두려움이 없음. 13) 설장법무외說障法無畏. 끊어야 할 번뇌에 대해 설하므로 두려움이 없음. 14) 설출도무외說出道無畏. 미혹을 떠나는 수행 방법을 설하므로 두려움이 없음. 15) 제일염주第一念住. 중생의 공경을 받아도 기뻐하지 않고 바른 기억과 바른 지혜에 안주함. 16) 제이염주第二念住. 중생의 공경을 받지 않아도 근심하지 않고 바른 기억과 바른 지혜에 안주함. 17) 제삼염주第三念住. 어떤 중생에게는 공경받고 어떤 중생에게는 공경받지 않아도 기뻐하거나 근심하지 않고 바른 기억과 바른 지혜에 안주함. 18) 대비大悲. 항상 중생의 고통을 덜어주려고 함. 2. 대승에서 설함. Skt. daśa aveṇika buddha dharmah. In East Asian Buddhism, the Mahāyāna eighteen are: 1) unmistaken action 신무실身無失(몸으로 짓는 행위에 허물이 없음); (perfection of body). 2) unmistaken word 구무실口無失(입에서 비롯되는 말에 허물이 없음); (perfection of speech). 3)

이와 같이 4념처를 원만하게 닦아 익히고, 내지 8정도正道를 원만하게 닦아 익힌다. 이와 같이 부처님만이 지니고 있는 열여덟 가지 특징(십팔불공불법十八不共佛法)을 닦아 익혀 완성한다. 이와 같이 일체의 무생법인無生法忍과 수릉가마삼마지首楞伽摩三摩地 등을 닦아 익혀 완성하느니라.

如是修習持來去念入諸靜慮。　名住正法勝義有情。　名爲眞實修習靜慮。
여 시 수 습 지 내 거 념 입 제 정 려　　명 주 정 법 승 의 유 정　　명 위 진 실 수 습 정 려

名爲眞實供養三世諸佛世尊。　名一切佛心中之子從佛口生。是法所成是法所化。
명 위 진 실 공 양 삼 세 제 불 세 존　　명 일 체 불 심 중 지 자 종 불 구 생　　시 법 소 성 시 법 소 화

unmistaken thought 념무실념無失(기억이나 생각에 허물이 없음); (perfection of memory). 4) mind of equality toward all beings 무이상無異想(모든 중생에 대해 평등한 마음을 가짐); (impartiality or universality). 5) stable mind in meditation 무부정심無不定心(중생의 산란한 마음을 없애 줌); (ever in samādhi). 6) all-embracing mind which rejects nothing 무부지기사심無不知己捨心(중생을 모른 체 내버려 두지 않고 구제함); (entire self-abnegation). 7) the power of not-backsliding in terms of aspiration 욕무감欲無減(중생을 구제하려는 의지가 줄어들지 않음); [never diminishing will (to save)]. 8) the power of not-backsliding in terms of diligence 정진무감精進無減(수행에 퇴보가 없음); (zeal). 9) the power of not-backsliding in terms of mindfulness 념무감念無減(기억력이 감퇴하지 않음); (thought). 10) the power of not-backsliding in terms of wisdom towards the salvation of all beings 혜무감慧無減(지혜가 쇠퇴하지 않음); (wisdom). 11) the power of not falling back from freedom into bondage 해탈무감解脫無減(모든 집착을 떠난 해탈의 경지에서 퇴보하지 않음); (salvation). 12) not falling back from the vision attained in liberation 해탈지견무감解脫知見無減(모든 해탈을 명료하게 알아 부족함이 없음); (insight into salvation). 13) the manifestation of wisdom power in thought 일체의업수지혜행一切意業隨智慧行(모든 행위는 지혜를 수반함); (mind accordant with wisdom). 14) the manifestation of wisdom power in word 일체구업수지혜행一切口業隨智慧行(모든 말은 지혜를 수반함); (speech accordant with wisdom). 15) the manifestation of wisdom power in deed 일체신업수지혜행一切身業隨智慧行(모든 생각은 지혜를 수반함); (deeds accordant with wisdom). 16) immediate total knowledge of all affairs of present 지혜지견현재세무애무장智慧知見現在世無閡無障(현재세의 모든 것을 알아 막힘이 없음); (omniscience in regard to the present). 17) immediate total knowledge of all affairs of the past 지혜지견과거세무애무장智慧知見過去世無閡無障(과거세의 모든 것을 알아 막힘이 없음); (omniscience in regard to the past). 18) immediate total knowledge of all affairs of future 지혜지견미래세무애무장智慧知見未來世無閡無障(미래세의 모든 것을 알아 막힘이 없음); (omniscience in regard to the future). 〔화엄경華嚴經〕

이같이 지속적으로 오가는 산란한 생각을 닦아 익혀 정려靜慮에 들어가는 것을 바른 법의 가장 높은 진리에 머무는 유정이라 하고, 진실로 정려를 닦아 익히는 것이라 하며, 진실로 삼세 모든 부처님께 공양하는 것이라 하고, (또) 모든 부처님 마음속의 아들로서 부처님 입에서 태어났다고 한다. 이것은 진리의 성취이며 진리에 의해 교화되는 것이니라.

或有菩薩如是修習漸漸退轉。乃至漏盡成阿羅漢[55]具六神通。
혹 유 보 살 여 시 수 습 점 점 퇴 전　내 지 누 진 성 아 라 한　구 육 신 통

或有菩薩如是修習漸漸增長功德圓滿成大菩薩。乃至十八不共佛法。
혹 유 보 살 여 시 수 습 점 점 증 장 공 덕 원 만 성 대 보 살　내 지 십 팔 불 공 불 법

一切種智[56]修習圓滿。此人不久當得無上正等菩提[57]。
일 체 종 지　수 습 원 만　차 인 불 구 당 득 무 상 정 등 보 리

55　아라한阿羅漢; Skt. arhat, arahat, arhan, arahan. 아로한阿盧漢·아라하阿羅訶·아라가阿羅呵·아리가阿梨呵·아려가阿黎呵·나가羅呵·나한羅漢. 응공應供·응진應眞·무학無學(불학不學)·이악離惡·살적殺賊·불생不生이라 번역. 마땅히 공양받아야 하므로 응공, 진리에 따르므로 응진, 더 닦을 것이 없으므로 무학, 악을 멀리 떠났으므로 이악, 번뇌라는 적을 죽였으므로 살적, 미혹한 마음을 일으키지 않으므로 불생이라 함. 1. 성문聲聞들 가운데 최고의 성자. 욕계·색계·무색계의 모든 번뇌를 완전히 끊어 열반을 성취한 성자. 이 경지를 아라한과阿羅漢果, 이 경지에 이르기 위해 수행하는 단계를 아라한향阿羅漢向이라 함. 2. 존경받을 만한 불제자. 3. 고대 인도의 여러 학파에서, 존경받을 만한 수행자를 일컫는 말.

56　일체종지一切種智; 종지種智. 1. 모든 현상의 있는 그대로의 평등한 모습과 차별의 모습을 두루 아는 부처의 지혜. 2. 삼지三智의 하나. 모든 현상의 전체와 낱낱을 아는 부처의 지혜. ▶삼지三智; Skt. tri-jñāna. three kinds of cognition. 지혜를 세 가지로 나눈 것. 1. 1) 일체지一切智. 모든 현상을 두루 아는 성문聲聞·연각緣覺의 지혜. 2) 도종지道種智. 깨달음에 이르게 하는 모든 수행을 두루 아는 보살의 지혜. 3) 일체종지一切種智. 모든 현상의 전체와 낱낱을 아는 부처의 지혜. 2. 1) 세간지世間智. 세속의 일을 아는 지혜. 2) 출세간지出世間智. 모든 현상을 분별하는 성문聲聞·연각緣覺의 지혜. 3) 출세간상상지出世間上上智. 모든 현상의 참모습을 관조하여 분별을 떠난 부처와 보살의 지혜. 3. 1) 외지外智. 바깥으로 물질적 현상계를 대상으로 하여 관찰하는 지혜. 2) 내지內智. 안으로 번뇌를 대상으로 하여 이를 끊고, 해탈경에 이르는 지혜. (3) 진지眞智. 열반 적정의 경지에 이르러 나타나는 지혜.

57　무상정등보리無上正等菩提; 무상정등정각無上正等正覺. ▶무상정등정각無上正等正覺; Skt. anuttarā-samyak-saṃbodhi. 아뇩다라삼먁삼보리·무상정등각無上正等覺·무상등정각無上等正覺·무상정각無上正覺·무상정변도無上正遍道·무상정변지無上正遍知·무상정진도無上正眞道. 부처의 깨달음의 경지를 나타내는 말. anuttarā는 무상無上, samyak은 정正·정등正等, saṃbodhi는 각覺·등각等覺·정각正覺·변지遍知·변도遍道·진도眞道라고 번역. 곧, 위없는 바르고 원만한 깨달음이라는 뜻.

혹 어떤 보살이 이같이 수행하여 점점 3류流(뇌류惱流 · 고류苦流 · 업류業流)가 퇴전退轉하고 나아가 번뇌가 다하여 아라한이 되면, 6신통을 갖춘다.

혹 어떤 보살이 이같이 수행하여 공덕을 차츰 증장하여 완성하면 큰 보살이 되며, 내지 부처님만이 지니고 있는 열여덟 가지 특징과 일체종지一切種智를 닦아 익혀 완성하게 되리니, 그는 오래지 않아 마땅히 위없는 정등각正等覺을 얻는다.

善男子。我以如是諸業法受因果報智。觀察三世諸佛法眼安立有情。
선 남 자 　 아 이 여 시 제 업 법 수 인 과 보 지 　 관 찰 삼 세 제 불 법 안 안 립 유 정

於此十種修定業輪令其修習。善男子。是名如來修定業輪。
어 차 십 종 수 정 업 륜 령 기 수 습 　 선 남 자 　 시 명 여 래 수 정 업 륜

善男子。云何如來習誦業輪。謂諸芯芻或芯芻尼鄔波索迦鄔波斯迦。
선 남 자 　 운 하 여 래 습 송 업 륜 　 위 제 필 추 혹 필 추 니 오 파 색 가 오 파 사 가

或復淨信諸善男子或善女人。善根微薄依世俗諦根機未熟。
혹 부 정 신 제 선 남 자 혹 선 녀 인 　 선 근 미 박 의 세 속 제 근 기 미 숙

我當安置如是有情令其習誦初夜後夜精勤無怠。
아 당 안 치 여 시 유 정 령 기 습 송 초 야 후 야 정 근 무 태

선남자여, 나는 이와 같은 모든 업법業法이 받는 인과因果의 지혜로써 삼세 부처님의 법안法眼을 관찰하여 유정을 안립시키며, 이 열 가지 선정을 닦는 업륜을 수행하게 하나니, 선남자여, 이것을 여래의 선정을 닦는 업륜이라 하느니라.

선남자여, 여래의 익히고 외우는(습송習誦) 업륜이란 어떤 것인가? 이른바 비구와 비구니와 우파사카(청신사; 남신도)와 우파시카(청신녀; 여신도)와, 혹은 깨끗한 믿음을 가진 선남자와 선여인이 아직 선근이 박약하여 세속적인 진리에 의지하여 그 근기가 성숙하지 못했더라도, 나는 그런 유정을 평안하게 해서 익히고 외우게 하되, 초저녁에서 새벽까지 정근하여 게으르지 않게 한다.

若諸有情求無上智。我當安置純淨大乘令其自讀或教他讀 令其自誦或教他誦
약 제 유 정 구 무 상 지 　 아 당 안 치 순 정 대 승 령 기 자 독 혹 교 타 독 　 령 기 자 송 혹 교 타 송

令其自說或教他說 於大乘中令其自習或教他習。爲令自身及他身中大煩惱衆皆除滅故。
령 기 자 설 혹 교 타 설 　 어 대 승 중 령 기 자 습 혹 교 타 습 　 위 령 자 신 급 타 신 중 대 번 뇌 중 개 제 멸 고

爲令證得無上智故。爲除一切有情苦故。爲令趣入無畏城故。
위 령 증 득 무 상 지 고 　 위 제 일 체 유 정 고 고 　 위 령 취 입 무 외 성 고

만약 모든 유정이 위없는 지혜(무상지)를 구하면, 나는 순수하고 깨끗한 대승을 굳게 세워, 스스로 읽고 남으로 하여금 읽도록 하며, 스스로 외우고 남도 외우게 하며, 스스로 설하고 남도 설하게 하며, 대승 가운데서 스스로 익히고 남도 익히도록 하게 하나니, 그것은 자신이나 남의 큰 번뇌들을 다 제거하기 위해서요, 위없는 지혜를 증득하게 하기 위해서이며, 일체 유정의 고통을 제거하기 위해서요, 두려움이 없는 성(무외성無畏城: 열반의 세계)에 들어가게 하기 위해서이니라.

若諸有情求緣覺乘。我當安置諸緣起法令其習誦。若諸有情求聲聞乘。
약 제 유 정 구 연 각 승   아 당 안 치 제 연 기 법 령 기 습 송   약 제 유 정 구 성 문 승

我當安置百千文頌四阿笈摩[58]。百千文頌毘奈耶藏百千文頌阿毘達磨及毘婆沙[59]令其習誦。
아 당 안 치 백 천 문 송 사 아 급 마   백 천 문 송 비 나 야 장 백 천 문 송 아 비 달 마 급 비 바 사   령 기 습 송

善男子。是名如來習誦業輪。
선 남 자   시 명 여 래 습 송 업 륜

---

58 사아급마四阿笈摩; 사아함四阿含 ▶사아함경四阿含經. ▶사아함경四阿含經; Skt. Catur-āgama. 아함阿含은 Skt./pāli āgama의 음사로, 전해 온 가르침이라는 뜻. 초기 불교시대에 성립된 수천의 경전들을 통틀어 이르는 말. 팔리(pāli) 어로 된 니카야(nikāya)가 있고, 여기에 해당하는 산스크리트(sanskrit) 본본이 아가마(āgama) 임. 이 아가마를 한문으로 번역한 것이 아함경으로 여기에는 네 가지가 있음. 1) 장아함경長阿含經. 22권 30경. 문장의 길이가 긴 경전을 모은 것. 2) 중아함경中阿含經. 60권 222경. 문장의 길이가 중간 정도인 것을 모은 것. 3) 잡아함경雜阿含經. 50권 1,362경. 짧은 경전을 모은 것. 4) 증일아함경增一阿含經. 51권 471경. 사제四諦・육도六度・팔정도八正道 등과 같이 법수法數를 순서대로 분류하여 엮은 것. 이에 해당하는 니카야는 다음과 같음. ▶니카야; 1) 디가 니카야(dīgha-nikāya, 장부長部). 내용이 긴 34경을 모은 것으로 3편으로 분류되어 있음. 한역 장아함경에 해당함. 2) 맛지마 니카야(majjhima-nikāya, 중부中部). 중간 정도 길이의 152경을 모은 것으로 약 50경씩 3편으로 분류되어 있으며, 다시 각 편은 5품으로, 각 품은 대개 10경 단위로 구성되어 있음. 한역 중아함경에 해당함. 3) 상윳타 니카야(saṃyutta-nikāya, 상응부相應部). 짧은 경전 2,875경을 주제에 따라 분류하여 배열한 것으로 전체가 5품으로 되어 있음. 한역 잡아함경에 해당함. 4) 앙굿타라 니카야(aṅguttara-nikāya, 증지부增支部). 2,198경이 법수法數에 따라 1법에서 11법까지 순서대로 배열되어 있음. 한역 증일아함경에 해당함. 5) 쿳다카 니카야(khuddaka-nikāya, 소부小部). 법구경・경집・본생담 등 15경으로 구성되어 있음.

59 비바사毘婆沙; Skt. vibhāṣā. 바사婆沙. 광설廣說・승설勝說이라 번역. 주석서註釋書.

만약 연각승緣覺乘을 구하는 유정이 있으면 나는 모든 연기법緣起法을 안치하여 그것을 익혀 외우게 하고, 또 성문승聲聞乘을 구하는 유정이 있으면 나는 백천 문송文頌의 네 가지 아급마阿笈摩(4아함)와 백천문송의 비나야장毗奈耶藏(율장)과 백천문송의 아비달마阿毗達磨(논장) 및 비바사毗婆沙(주석)를 안치하여 그것을 외워 익히게 하나니, 선남자여, 이것을 여래의 익히고 외우는 업륜이라 하느니라.

善男子。 云何如來營福[60]業輪。 謂諸有情根機愚鈍未種善根
선 남 자　　운 하 여 래 영 복　　업 륜　　위 제 유 정 근 기 우 둔 미 종 선 근

智慧微劣懈怠失念染著種種受用資具遠離善友。 我當安置如是有情使營福業。
지 혜 미 열 해 태 실 념 염 착 종 종 수 용 자 구 원 리 선 우　　아 당 안 치 여 시 유 정 사 영 복 업

謂令修作佛法僧事及親教師軌範師事。 善男子。 是名如來營福業輪。
위 령 수 작 불 법 승 사 급 친 교 사 궤 범 사 사　　선 남 자　　시 명 여 래 영 복 업 륜

선남자여, 여래의 복을 짓는(영복營福) 업륜이란 어떤 것인가?

근기가 우둔하여 아직 선근을 심지 못하고 지혜가 미약하고 용렬하며 게으르고 정신이 없으며 갖가지 필수품에 집착하여 좋은 벗을 멀리 떠난 유정을 평안하게 하여 복업福業을 짓게 하는데, 그것은 불·법·승의 일과 친교사親教師(화상和尙) 및 궤범사軌範師(아사리阿闍梨)의 일을 수행하고 짓게 하는 것이다. 선남자여, 이것을 여래의 복을 짓는 업륜이라 하느니라.

善男子。 我成如是第二佛輪。 由此輪故。 以其無上三世業智。
선 남 자　　아 성 여 시 제 이 불 륜　　유 차 륜 고　　이 기 무 상 삼 세 업 지

如實了知一切有情諸業法受因及果報。 隨其所應立三業輪。 成熟一切所化有情得安隱住。
여 실 요 지 일 체 유 정 제 업 법 수 인 급 과 보　　수 기 소 응 입 삼 업 륜　　성 숙 일 체 소 화 유 정 득 안 온 주

得無驚恐。 得無所畏。 摧諸天魔外道邪論。 轉大梵輪成大梵行。 如實了知衆生因報。
득 무 경 공　　득 무 소 외　　최 제 천 마 외 도 사 론　　전 대 범 륜 성 대 범 행　　여 실 요 지 중 생 인 보

60　　영복營福: 복을 구함.

선남자여, 나는 이와 같이 **제2의 불륜**을 성취하고 이 불륜으로 말미암아 그 위없는 3세업지^世業智로써 일체 유정이 그 업법業法으로 받는 인과因果를 여실히 알고, 그 응함을 따라 세 가지 업륜을 세워 교화해야 할 일체 중생을 성숙시켜 안온하게 살면서 놀람도 없고 두려움도 없게 하였으며, 천마天魔와 외도들의 삿된 주장을 꺾고 큰 범륜梵輪을 굴리고 큰 범행梵行을 이루었으며 중생들의 인과를 여실하게 아느니라.

善男子。如刹帝利灌頂大王。成善巧智。 觀察一切沙門婆羅門。
선 남 자   여 찰 제 리 관 정 대 왕   성 선 교 지   관 찰 일 체 사 문 바 라 문

刹帝利茷舍成達羅等種種功德多聞勇健工巧伎藝。 若諸衆生富有功德成巧便智。
찰 제 리 벌 사 수 달 라 등 종 종 공 덕 다 문 용 건 공 교 기 예   약 제 중 생 부 유 공 덕 성 교 편 지

精進勇猛堅固不退。種種福德而自莊嚴。此刹帝利灌頂大王。
정 진 용 맹 견 고 불 퇴   종 종 복 덕 이 자 장 엄   차 찰 제 리 관 정 대 왕

隨彼所應給施珍寶財穀田宅奴婢僕使。
수 피 소 응 급 시 진 보 재 곡 전 택 노 비 복 사

선남자여, 저 찰제리의 관정대왕은 방편의 지혜(선교지善巧智)를 성취하여 모든 사문 바라문과 찰제리(크샤트리아)와 벌사(바이샤)와 수달라(수드라) 등의 갖가지 공덕과 가르침을 많이 듣는 것과 용맹과 교묘한 기예 등을 관찰한다.

만일 그 중생들이 공덕이 많고 선교방편의 지혜를 이루고 정진하고 용맹하고 견고하여 물러나지 않으면서 갖가지 복덕으로 스스로 장엄하였으면, 이 찰제리의 관정대왕은 그 응한 바를 따라 보배와 재물·곡식·밭·집·종·하인을 제공해 주느니라.

於自國土若諸衆生德藝輕微功業尠[61]薄。此利帝利灌頂大王隨彼所應微加賑恤[62]。
어 자 국 토 약 제 중 생 덕 예 경 미 공 업 선 박　　차 찰 제 리 관 정 대 왕 수 피 소 응 미 가 진 휼

於自國土若諸衆生。功德薄劣少於精進。懈怠懶惰忘失正念。無慈悲心不知恩報。
어 자 국 토 약 제 중 생　공 덕 박 열 소 어 정 진　해 태 나 타 망 실 정 념　무 자 비 심 부 지 은 보

於後世苦不見怖畏。沒居家泥積諸惡行。此利帝利灌頂大王隨彼所應種種謫[63]罰。
어 후 세 고 불 견 포 외　몰 거 가 니 적 제 악 행　차 찰 제 리 관 정 대 왕 수 피 소 응 종 종 적 벌

或以言教苦切呵責或奪種種珍寶資財 或奪受用如意產業 或罰鞭杖或禁牢獄
혹 이 언 교 고 절 가 책 혹 탈 종 종 진 보 자 재 혹 탈 수 용 여 의 산 업 혹 벌 편 장 혹 금 뇌 옥

或斷支節或斬身首。如是無量隨應謫罰。
혹 단 지 절 혹 참 신 수　여 시 무 량 수 응 적 벌

善男子。利帝利種灌頂大王。成就如是**第三王輪**。由此輪故。
선 남 자　찰 제 리 종 관 정 대 왕　성 취 여 시 제 삼 왕 륜　유 차 륜 고

令自國土增長安樂能伏一切怨敵惡友善守護身令增壽命。
령 자 국 토 증 장 안 락 능 복 일 체 원 적 악 우 선 수 호 신 령 증 수 명

또 만일 그 나라의 중생으로서, 덕과 기예가 경미하고 공덕이 박약하면, 이 찰제리의 관정대왕은 거기에 응해 조금만 구휼해 주느니라. (또) 만일 그 나라의 중생으로서, 공덕이 박약하고 정진함이 적고 게으르며, 바른 생각을 잃고 자비심이 없으며, 은혜를 갚을 줄 모르고 후세의 고통을 두려워하지 않으며, 집안이 수렁에 빠지도록 갖은 악행을 쌓으면, 이 찰제리의 관정대왕은 그에 응당한 갖가지 벌을 주되, 혹은 말로 몹시 꾸짖고, 혹은 갖가지 보배와 재물을 빼앗으며, 혹은 그가 경영하는 생업을 빼앗고, 혹은 채찍으로 때리며, 혹은 감옥에 가두고, 혹은 사지를 끊으며, 혹은 목을 베는 등, 이렇게 그에 알맞게 한량없는 벌을 주느니라.

선남자여, 찰제리 종족의 관정대왕은 이렇게 **제3의 왕륜**을 성취하고, 이 왕륜으로 말미암아 그 나라의 안락을 증장시키고 일체의 원수와 나쁜 벗을 항복받아 그 몸을 잘 보호하고 그 수명을 더욱 길게 하느니라.

---

61 선尠; (적을 선) 1. 적다. 2. 드물다. 3. 희소하다.

62 진휼賑恤; 흉년을 당하여 가난한 백성을 도와줌.

63 적謫; (귀양 갈 적) 1. 귀양 가다. 관리가 좌천되다. 2. 꾸짖다. 책망責望하다. 견책하다. 탓하다. 4. 벌罰하다. 5. 결점缺點. 6. 운기, 기상氣象의 변화變化. 7. 재앙災殃. 8. 허물. 9. 신선이 처벌을 받아 인간 세계로 쫓겨 내려오다. 적선謫仙당하다.

善男子。如是如來成就善巧知根機智。若諸弟子。遠離福慧巧方便智及以布施調伏寂靜。
선 남 자　　여 시 여 래 성 취 선 교 지 근 기 지　　약 제 제 자　　원 리 복 혜 교 방 편 지 급 이 보 시 조 복 적 정

失念心亂。來至我所歸依於我。而我善知彼根意樂隨眠勝解。隨其所應爲說治罰毘奈耶法。
실 념 심 란　　래 지 아 소 귀 의 어 아　　이 아 선 지 피 근 의 요 수 면 승 해　　수 기 소 응 위 설 치 벌 비 나 야 법

若諸衆生其性很戾於諸學處不能奉持。爲令久住我之聖敎多有所作。或爲制立憶念治罰。
약 제 중 생 기 성 한 려 어 제 학 처 불 능 봉 지　　위 령 구 주 아 지 성 교 다 유 소 작　　혹 위 제 립 억 념 치 벌

或以言敎恐怖呵責 或暫驅⁶⁴擯⁶⁵。或令折伏歸誠禮拜。或不與語不共同利。
혹 이 언 교 공 포 가 책 혹 잠 구　빈　　혹 령 절 복 귀 성 예 배　　혹 불 여 어 불 공 동 리

或如草布或復滅擯⁶⁶。
혹 여 초 포 혹 부 멸 빈

선남자여, 여래도 그와 같이 선교한 방편과 근기를 아는 지혜를 성취하여, 만일 내 제자로서, 복과 지혜와 교묘한 방편의 지혜 및 보시와 조복調伏과 선정을 멀리 떠나고 생각을 잃고 마음이 어지러워도 내게 와서 귀의하면, 나는 그 근기와 좋아함과 나쁜 습성과 뛰어난 이해력을 알아 그에 따라 죄를 다스리는 비나야毘奈耶의 법을 설해 주느니라.

만일 중생으로서 그 성품이 비뚤어 있어 모든 배움의 자리에서 (계율을) 받들 수 없으면, 나의 성스러운 가르침에 오랫동안 머물게 하기 위하여 여러 가지로 다스린다.

(곧) 혹은 억념憶念의 법을 제정하여 벌을 주거나, 혹은 말로써 겁을 주거나 몹시 꾸짖으며, 혹은 잠깐 거주하는 곳에서 몰아내고, 혹은 굴복시켜 정성껏 예배하게 하며, 혹은 더불어 말하지 않고 이익을 함께 하지 않으며, 혹은 풀로 덮어서 감추듯이 하고, 혹은 그들을 물리쳐 없애(멸빈하)느니라.

---

64   구驅; (몰 구) 1. (말을 타고)몰다. 2. 빨리 달리다. 3. 내좇다. 4. 내보내다. 5. 몰아내다. 6. 축출逐出하다. 7. 내침. 8. 대열隊列(줄을 지어 늘어선 행렬). 9. 앞잡이.

65   빈擯; (물리칠 빈) 1. 물리치다. 2. 인도引導하다. 3. 배척排斥하다. 4. 인도引導하는 사람.

66   멸빈滅擯; 비구가 죄를 짓고도 뉘우치지 않을 때, 승려의 신분을 없애고 다시 속인이 되게 함. 또는 그런 일.

我以妙智知諸有情補特伽羅根機意樂隨眠勝解。如應譴罰。
아 이 묘 지 지 제 유 정 보 특 가 라 근 기 의 요 수 면 승 해   여 응 적 벌

爲令皆破廣大積聚無義黑闇 枯竭煩惱諸瀑流故。
위 령 개 파 광 대 적 취 무 의 흑 암 고 갈 번 뇌 제 폭 류 고

令得生天涅槃樂故。爲行惡道補特伽羅得調伏故。隨其所應說治罰法。觀察黑說大說差別。
령 득 생 천 열 반 락 고   위 행 악 도 보 특 가 라 득 조 복 고   수 기 소 응 설 치 벌 법   관 찰 흑 설 대 설 차 별

隨其所應授與治罰行惡道法。我以妙智知諸有情具足成就增上信敬純淨意樂。
수 기 소 응 수 여 치 벌 행 악 도 법   아 이 묘 지 지 제 유 정 구 족 성 취 증 상 신 경 순 정 의 요

隨其所應爲說種種善品差別令其修學。乃至令彼一切善根皆得圓滿入無畏城。
수 기 소 응 위 설 종 종 선 품 차 별 령 기 수 학   내 지 령 피 일 체 선 근 개 득 원 만 입 무 외 성

내가 오묘한 지혜로 모든 유정과 그 개인의 근기와 좋아하는 것과 나쁜 습성과 뛰어난 이해력 등을 알고 그에 따라 꾸짖고 벌주는 것은, 그들로 하여금 다 광대하게 쌓인 의롭지 않은 어둠을 부수고 번뇌의 온갖 사나운 흐름을 말리게 하기 위해서요, 천상에 나서 열반의 즐거움을 얻게 하기 위해서이며, 악도惡道를 행하는 개인을 조복하기 위해서이다.

그리하여 그에 합당한 벌을 주어 다스리며, 또 삿된 가르침과 부처의 가르침의 차이를 관찰하고서 그에 따라 악도를 행하는 자에 대한 치벌治罰의 법을 제정하여 주느니라.

나는 오묘한 지혜로 저 유정의 높은 신심과 공경함과 순수하고 깨끗한 뜻과 원하는 것을 구족하게 성취할 것을 알며, 그에 따라 갖가지 선善한 일의 차별을 설명하여 그로 하여금 닦고 배우게 하고, 내지 그로 하여금 선근이 다 원만하여 두려움이 없는 성城(열반)에 들어가게 하느니라.

善男子。我成如是**第三佛輪**。由此輪故。知諸有情補特伽羅[67]種種根機意樂隨眠。
선 남 자   아 성 여 시 제 삼 불 륜   유 차 륜 고   지 제 유 정 보 특 가 라   종 종 근 기 의 요 수 면

及與勝解諸業法受。隨其所應利益安樂。得安隱住得無驚恐得無所畏。
급 여 승 해 제 업 법 수   수 기 소 응 이 익 안 락   득 안 온 주 득 무 경 공 득 무 소 외

自稱我處大仙尊位轉於佛輪摧諸天魔外道邪論 處大衆中正師子吼
자 칭 아 처 대 선 존 위 전 어 불 륜 최 제 천 마 외 도 사 론 처 대 중 중 정 사 자 후

67 　보특가라補特伽羅; Skt. pudgala. 부특가라富特伽羅 · 복가라福伽羅 · 보가라補伽羅 · 불가라弗伽羅 · 부특가야富特伽耶라고도 쓰며, 인人 · 중생衆生 · 삭취취數取趣라 번역. 사람. 중생. 자아自我. 영혼. 유정有情 또는 중생의 아我를 말함. 중생은 번뇌와 업의 인연으로 자주 6취에 왕래하므로 삭취취라고 함.

선남자여, 나는 이렇게 **제3의 불륜佛輪**을 성취하고 이 불륜으로 말미암아, 모든 유정과 보특가라補特伽羅의 갖가지 근기와 그가 바라는 것과 그 나쁜 습성과 뛰어난 이해력과 모든 업의 과보를 알고 그에 따라 이롭고 안락하게 하며, 안온히 살면서 놀람도 없고 두려움도 없게 하였고, '나는 대선大仙의 높은 자리에서 불륜을 굴려 모든 천마와 외도의 삿된 주장을 꺾는다' 고 스스로 말하면서 대중 가운데서 바르게 사자후師子吼를 하느니라.

善男子。如刹帝利灌頂大王。知自國土有無量有情補特伽羅 歸依種種邪神外道
선 남 자   여 찰 제 리 관 정 대 왕   지 자 국 토 유 무 량 유 정 보 특 가 라 귀 의 종 종 사 신 외 도

起於邪信及起邪見 學邪禁戒 執著修治邪吉凶相 具受種種無利益苦。大王知已數數召集。
기 어 사 신 급 기 사 견 학 사 금 계 집 착 수 치 사 길 흉 상 구 수 종 종 무 이 익 고   대 왕 지 이 삭 삭 소 집

以其先王治國正法開悟示現教習誡勅。令其捨除倒信倒見。修學先王正直舊法。
이 기 선 왕 치 국 정 법 개 오 시 현 교 습 계 칙   령 기 사 제 도 신 도 견   수 학 선 왕 정 직 구 법

令自國土一切有情一趣一歸一意一欲一切和合同依先王正法
령 자 국 토 일 체 유 정 일 취 일 귀 일 의 일 욕 일 체 화 합 동 의 선 왕 정 법

而轉聽受詔命隨順奉行率土和同作所應作。
이 전 청 수 조 명 수 순 봉 행 솔 토 화 동 작 소 응 작

선남자여, 저 찰제리의 관정대왕은 그 나라의 무량한 유정과 그 개개인이 온갖 삿된 신과 외도들에 귀의하여, 삿된 믿음과 삿된 견해를 일으키고 삿된 금계禁戒를 배우고 삿된 길흉상吉凶相에 집착하여, 그것을 닦고 다스리느라고 갖가지 무익한 고통을 받으면 대왕은 그것을 알고 자주 그들을 불러, 선왕先王이 나라를 다스리던 바른 법으로써 깨우치고, 선왕의 법을 시현示現하고 가르치고 경계하여 그들로 하여금 그 그릇된 믿음과 견해를 버리고 선왕의 정직한 옛 법을 배워 닦게 한다.

(그리하여) 그 나라 모든 유정으로 하여금 한 번 나아가고 한 번 돌아오며 한 번 마음먹고 한 번 욕심내는 데 있어서도, 모두 화합하여 다 같이 선왕의 바른 법을 의지하게 한다. 그러면 그 유정들은 모두가 그 명령을 받들어 그대로 행하게 되어 온 나라가 화합하여 각기 제 의무를 다 수행하느니라.

時刹帝利灌頂大王。常與群臣數數集會。共味嘉餚受諸快樂嬉戱遊行不相猜貳。
시 찰 제 리 관 정 대 왕　　상 여 군 신 삭 삭 집 회　　공 미 가 효 수 제 쾌 락 희 희 유 행 불 상 시 이

咸共疇咨[68]理諸王務。
함 공 주 자　리 제 왕 무

善男子。刹帝利種灌頂大王。成就如是**第四王輪**。由此輪故。
선 남 자　　찰 제 리 종 관 정 대 왕　　성 취 여 시 제 사 왕 륜　　유 차 륜 고

令自國土增長安樂。能伏一切怨敵惡友。善守護身令增壽命。
령 자 국 토 증 장 안 락　　능 복 일 체 원 적 악 우　　선 수 호 신 령 증 수 명

그때 찰제리의 관정대왕은 항상 신하들과 자주 모여 맛난 음식을 먹으면서 갖가지로 즐기고
유행遊行하며, 서로 시기하지 않고 마음이 맞아 서로 물어 가면서 갖가지 왕의 일을 처리한다.
선남자여, 찰제리의 관정대왕은 이렇게 **제4의 왕륜王輪**을 성취하고 이 왕륜으로 말미암아, 그
나라의 안락을 증진시키고 일체의 원수와 나쁜 벗을 항복받으며, 그 몸을 잘 보호하여 수명을
더욱 길게 하느니라.

善男子。如是如來成就善巧知勝解智。見諸世間種種邪歸邪見邪意樂著邪法行邪業行
선 남 자　　여 시 여 래 성 취 선 교 지 승 해 지　　견 제 세 간 종 종 사 귀 사 견 사 의 요 착 사 법 행 사 업 행

由是因緣受無量苦。如來見已。數數召集於大衆前。以其過去諸佛世尊三寶種姓
유 시 인 연 수 무 량 고　　여 래 견 이　　삭 삭 소 집 어 대 중 전　　이 기 과 거 제 불 세 존 삼 보 종 성

因果六種波羅蜜多 瑜伽依因三律儀[69]等諸因果法。開悟示現慶慰誡勅一切衆會。
인 과 육 종 바 라 밀 다　유 가 의 인 삼 율 의　등 제 인 과 법　　개 오 시 현 경 위 계 칙 일 체 중 회

令其解脫諸顚倒見建立正見。
령 기 해 탈 제 전 도 견 건 립 정 견

68　자즘; (물을 자) 1. 묻다. 2. 상의(相議·商議)하다. 자문하다. 의논하다. 3. 꾀하다. 4. 탄식(歎息·嘆息)하다.
　　　5. 자문. 상의. 의논.

69　삼율의三律儀; 세 가지의 율의. 1. 의도 여부에 따른 세 가지. 1) 율의律儀. 의도적으로 허물이나 악을 방지함.
　　　2) 불율의不律儀. 의도적으로 저지르는 악한 행위. 3) 비율의비불율의非律儀非不律儀. 별 생각 없이 때때로
　　　일으키는 선악의 행위. 2. 율의律儀에 세 가지가 있음. 1) 별해탈율의別解脫律儀. 별해율의別解律儀. 계戒를
　　　받고 행위와 말로 저지르는 살생殺生·투도偸盜·망어妄語·악구惡口 등의 허물을 각각 방지하여 거기에
　　　서 벗어남. 2) 정려율의靜慮律儀. 마음을 한곳에 집중시켜 산란하지 않게 함으로써 저절로 허물이나 악을 방
　　　지함. 3) 무루율의無漏律儀. 번뇌의 더러움에 물들지 않음으로써 저절로 허물이나 악을 방지함. ▶율의律儀;
　　　Skt./Pāli saṃvara. 계戒를 받고 몸과 말과 생각으로 짓는 허물이나 악을 방지함.

선남자여, 이와 같이 여래도 교묘한 방편과 뛰어난 지혜를 성취하여, 세간의 갖가지 삿된 귀의와 삿된 소견과 삿된 뜻으로 삿된 법을 즐기며 집착하고 삿된 업을 행하여 그로 말미암아 갖은 고통을 받는 것을 보아왔으며, 여래는 이것을 보고는 자주 대중을 앞에 불러 놓고, 과거 부처님들에 의해 이어온 삼보의 종성種姓과 인과와 6바라밀과 마음을 통일하기 위해 의지하는 인因(유가의인瑜伽依因)과 3율의律儀 등 모든 인과법으로써 모인 대중을 깨우치고, 진리를 시현하고 위로하며 경계하여 그 대중들로 하여금 그릇된 모든 견해를 벗어나 바른 견해를 세우게 한다.

安置十善正直舊道。共諸有情數數同修法隨法行。方便引攝因果等流。
안 치 십 선 정 직 구 도　　공 제 유 정 삭 삭 동 수 법 수 법 행　　방 편 인 섭 인 과 등 류

爲諸有情四衆和合同修一切殊勝善行。便共遊戲四種念住。
위 제 유 정 사 중 화 합 동 수 일 체 수 승 선 행　　변 공 유 희 사 종 념 주

於三摩地解脫智見諸道品中歡娛受樂。
어 삼 마 지 해 탈 지 견 제 도 품 중 환 오 수 락

爲令聖教久住世故。紹三寶種不斷絕故。便共遊戲四正勤四神足[70]五根五力七等覺支八聖道支。
위 령 성 교 구 주 세 고　　소 삼 보 종 부 단 절 고　　변 공 유 희 사 정 근 사 신 족　　오 근 오 력 칠 등 각 지 팔 성 도 지

於其種種勝三摩地解脫智見諸道品中歡娛受樂。
어 기 종 종 승 삼 마 지 해 탈 지 견 제 도 품 중 환 오 수 락

70　사신족四神足; Skt. catvāra ṛddhi-pādāḥ. Pāli cattāro iddhi-pādā. four supernormal powers. 사여의족四如意足 · 사여의분四如意分. 신통神通을 얻기 위한 뛰어난 선정禪定에 드는 네 가지 기반. 삼십칠조도품三十七助道品 중에 속함. 1) 욕신족欲神足. 욕여의족欲如意足. chanda-ṛddhi-pāda. desire power. 신통을 얻기 위한 뛰어난 선정에 들기를 원함. 2) 정진신족精進神足. 근신족勤神足 · 진여의족進如意足. vīrya-ṛddhi-pāda. effort power. 신통을 얻기 위한 뛰어난 선정에 들려고 노력함. 3) 심신족心神足. 염여의족念如意足. citta-ṛddhi-pāda. concentration power. 신통을 얻기 위한 뛰어난 선정에 들려고 마음을 가다듬음. 4) 사유신족思惟神足. 관신족觀神足 · 혜여의족慧如意足. mīmāṃsa-ṛddhi-pāda. wisdom power. 신통을 얻기 위한 뛰어난 선정에 들려고 사유하고 주시함. ▶삼십칠조도품三十七助道品; Skt. saptatriṃśad-bodhi-pakṣikā-dharmāḥ. Pāli sattatiṃsa-bodhi-pakkhiyā dhammā. thirty-seven factors of enlightenment. 삼십칠각지三十七覺支 · 삼십칠보리분三十七菩提分 · 삼십칠보리분법三十七菩提分法 · 삼십칠품조보리법三十七品助菩提法 · 삼십칠조도법三十七助道法 · 삼십칠품도법三十七品道法 · 삼십칠도품三十七道品 · 삼십칠과도품三十七科道品 · 삼십칠품三十七品 · 삼십칠품경三十七品經. 열반에 들기 위해 실천해야 할 37개 항목을 이르는 말. 도품은 실천하는 방법의 종류를 뜻하고, 삼십칠은 사념처四念處, 사정근四正勤, 사여의족四如意足, 오근五根, 오력五力, 칠각지七覺支, 팔정도八正道 등 일곱 가지 수행방법을 합친 것이다. 1)사념처四念處. 네 가지 마음을 두는 곳으로 신념처身念處 · 수념처受念處 · 심념처心念處 · 법념처法念處를 이른다. 이것은 범부가 지닌 상常과 낙樂 · 아我 ·

(그리하여) 그들을 10선善의 정직한 옛 도에 편안히 있게 하고, 중생들과 함께 닦으며 자주 법을 따르고 법을 행하며, 방편으로 중생을 불도에 이끌어 들여 인과에 상응한 수행을 하게 하며, 모든 유정을 위해 사중四衆이 화합하여 함께 뛰어나고 훌륭한 일체의 선행을 닦아 4념주念住에 함께 유희하며, 삼매와 해탈지견解脫智見과 모든 도품道品 가운데서 기뻐하고 즐거워하게 한다.

또 부처의 가르침이 오랫동안 세상에 머무르게 하고 삼보의 종성을 이어 끊어지지 않게 하기 위하여, 4정근正勤·4신족神足·5근根과 5력力·7각지覺支·8정도正道에서 함께 유희하고, 갖가지 훌륭한 삼매와 해탈지견과 모든 도품道品 가운데서 기뻐하고 즐거워하느니라.

善男子。我成如是**第四佛輪**。由此輪故。知諸有情補特伽羅種種勝解歸趣意樂諸業法受。
선 남 자   아 성 여 시 제 사 불 륜   유 차 륜 고   지 제 유 정 보 특 가 라 종 종 승 해 귀 취 의 요 제 업 법 수

隨其所應利益安樂。得安隱住。得無驚恐得無所畏。自稱我處大仙尊位。
수 기 소 응 이 익 안 락   득 안 온 주   득 무 경 공 득 무 소 외   자 칭 아 처 대 선 존 위

轉於佛輪摧諸天魔外道邪論。處大衆中正師子吼。
전 어 불 륜 최 제 천 마 외 도 사 론   처 대 중 중 정 사 자 후

정淨의 치우친 견해를 깨뜨리는 것을 말한다. 몸은 부정한 것이고, 받아들이는 모든 인식은 고통이며, 마음은 무상한 것이고, 법은 무아관無我觀으로 통찰하라는 것이다. 2)사정근四正勤. 선을 키우고 악을 버리는 네 가지의 바른 노력을 말한다. 율의단律儀斷(아직 나타나지 않은 악을 방지하기 위해 노력함), 단단斷斷(이미 생긴 악을 끊기 위해 노력함), 수호단隨護斷(아직 나타나지 않은 선이 나타나도록 노력함), 수단修斷(이미 나타난 선을 키우기 위해 노력함)을 말한다. 3)사여의족四如意足. 신통神通을 얻기 위한 뛰어난 선정禪定에 드는 네 가지 기반. 욕慾(신통을 얻기 위한 뛰어난 선정에 들기를 원함), 염念(신통을 얻기 위한 뛰어난 선정에 들려고 마음을 가다듬음), 진進(신통을 얻기 위한 뛰어난 선정에 들려고 노력함), 사유思惟(신통을 얻기 위한 뛰어난 선정에 들려고 사유하고 주시함)를 말한다. 4)오근五根. 다섯 가지 감각기관인 눈·코·귀·혀·몸을 닦는 것으로, 감각기관의 감성력을 키우는 것을 말하며, 신근信根(무너지지 않는 깨끗한 믿음)과 근근勤根(사정근)·염근念根(사념처)·정근定根(사선四禪)·혜근慧根(사성제四聖諦)이 있다. 5)오력五力. 오근을 닦을 때 얻어지는 힘으로, 능력이 확고하게 성장한 상태이며 악을 쳐부수는 신信·진進·염念·정定·혜慧의 다섯 가지가 있다. 6)칠각지七覺支. 각지라고도 하며, 지혜로서 진眞·망忘·선善·악惡을 분별하는 일곱 가지 방법을 이르는 말이다. 염지念支, 택법지擇法支, 정진지精進支, 희지喜支, 경안지輕安支, 정지定支, 사지捨支가 있다. 7)팔정도八正道. 열반에 이르는 여덟 가지 수행법을 이르는 말로 바른 견해(정견正見), 바른 사유(정사正思), 바른 말(정어正語), 바른 행동(정업正業), 바른 생활(정명正命), 바른 노력(정정진正精進), 바른 새김(정념正念), 바른 정신통일(정정正定)이 있다.

선남자여, 나는 이와 같이 **제4의 불륜**을 성취하고 이 불륜으로 말미암아, 모든 유정과 그 개개인의 온갖 뛰어난 이해력(승해勝解)과 귀취歸趣와 바라는 것 등, 모든 업으로 받는 것을 알며, 그에 따라 이롭고 안락하게 하며 편히 머물면서 어떠한 놀람도 없고 두려움도 없게 하였고, '나는 대선大仙의 높은 자리에서 불륜을 굴려 모든 천마와 외도들의 삿된 주장을 꺾는다'고 자칭하면서 대중 가운데서 바르게 사자후하느니라.

善男子。如刹帝利灌頂大王。知自國土或他國土有無量有情補特伽羅 於自財色耽染無厭
선 남 자　　여 찰 제 리 관 정 대 왕　　지 자 국 토 혹 타 국 토 유 무 량 유 정 보 특 가 라　어 자 재 색 탐 염 무 염

於他財色貪求追愛。 卽便安置堅固城郭村坊成[71]邏[72]國邑王宮。廣說乃至舍羅鸚鵡
어 타 재 색 탐 구 추 애　　즉 변 안 치 견 고 성 곽 촌 방 수　라　국 읍 왕 궁　　광 설 내 지 사 라 앵 무

防守衆具令無損失。
방 수 중 구 령 무 손 실

善男子。刹帝利種灌頂大王。成就如是**第五王輪**。由此輪故 令自國土增長安樂。
선 남 자　　찰 제 리 종 관 정 대 왕　　성 취 여 시 제 오 왕 륜　　유 차 륜 고　령 자 국 토 증 장 안 락

能伏一切怨敵惡友。善守護身令增壽命。
능 복 일 체 원 적 악 우　　선 수 호 신 령 증 수 명

선남자여, 저 찰제리의 관정대왕은 자기 나라나 남의 나라의 한량없는 유정과 그 개인이 자기 재물과 색色에 빠져 싫어하는 일이 없고 남의 재물과 색을 사랑하여 구하면, 그는 곧 마을에 견고한 성곽을 쌓고 서울과 왕궁에 파수를 세운다. 자세히 말하면 사라舍羅새·앵무鸚鵡새 등 방위에 필요한 장비를 갖추어 손실이 없게 한다.

선남자여, 찰제리 종족의 관정대왕은 이렇게 **제5의 왕륜**을 성취하고, 이 왕륜으로 말미암아 그 나라의 안락을 증진시키고 일체의 원수와 나쁜 벗을 항복받아 그 몸을 잘 보호하고 수명을 더욱 길게 하느니라.

71　　수成; (수자리 수) 1. 수자리. 2. 경비하다. 3. 국경을 지키다.

72　　라邏; (순라 라, 순라 나) 1. 순라巡邏(순찰하는 사람). 2. 돌다. 3. 순찰巡察하다. 4. 순행巡行하다. 5. (연하煙霞 따위가 산에)끼다, 두르다. 6. 막다. 7. 차단遮斷하다.

善男子。如是如來成就善巧知諸性智。知諸惡魔及九十五衆邪外道
선남자　여시여래성취선교지제성지　지제악마급구십오중사외도

幷餘無量衆魔外道所惑有情。於自財色耽染無厭於他財色貪求追愛。
병여무량중마외도소혹유정　어자재색탐염무염어타재색탐구추애

於我自身及我徒衆。深生憎嫉。爲害我故假設珍饌雜以毒藥。闇置火坑僞敷床座
어아자신급아도중　심생증질　위해아고가설진찬잡이독약　암치화갱위부상좌

或推山石或放狂象拔劍追逐散坌塵穢謗行婬欲 毁是不男或謂非人或言幻化。
혹추산석혹방광상발검추축산분진예방행음욕 훼시불남혹위비인혹언환화

以是諸惡而相誹毁。於佛法僧亦起無量種種誹謗罵詈毁辱。
이시제악이상비훼　어불법승역기무량종종비방매리훼욕

於我近住聲聞弟子。嫉妬因緣起諸毁謗。
어아근주성문제자　질투인연기제훼방

선남자여, 여래도 이와 같이 교묘한 방편의 지혜와 모든 성품에 대한 지혜를 성취하여 모든 악마와 95부류의 삿된 외도와, 또 다른 한량없는 악마와 외도들에게 미혹된 유정이 자기 재색財色을 탐닉하고 오염되어 싫증을 내지 않고 남의 재색을 사랑하여 탐내고, 나와 내 제자들을 깊이 미워하고 질투하여 나를 해치기 위해서 거짓으로 음식을 차려 독약을 섞고, 남 모르게 불덩이를 만들어 그 위에 자리를 펴서 위장을 하고, 혹은 산의 돌을 굴리거나, 혹은 미친 코끼리를 풀어놓고, 칼을 빼어 들고 쫓아오고, 티끌을 뿌려 음행을 한다고 비방하면서, 한편으로는 고자라고도 헐뜯거나, 혹은 사람이 아니라 하거나, 혹은 허깨비라 하는 등, 온갖 악惡으로써 비방하며, 불佛·법法·승僧에 대해서도 역시 한량없이 비방하고 욕하고 헐뜯으며, 나와 가까이 있는 성문 제자들에 대해서도 질투하기 때문에 갖가지로 헐뜯고 비방함을 안다.

如來知已善守六根。 依四梵住⁷³具四辯才⁷⁴。 爲諸聲聞宣說法要。 安立淸淨三解脫門。
여 래 지 이 선 수 육 근　　의 사 범 주　 구 사 변 재　　 위 제 성 문 선 설 법 요　　 안 립 청 정 삼 해 탈 문

我以如是世出世間知諸性智。 如實了知一切衆生種種無量諸性差別。 隨其所應爲作饒益。
아 이 여 시 세 출 세 간 지 제 성 지　 여 실 요 지 일 체 중 생 종 종 무 량 제 성 차 별　　 수 기 소 응 위 작 요 익

여래는 이것을 알기 때문에 6근根을 잘 단속하고, 4무량심無量心에 의지하며 네 가지 변재(사무
애해四無礙解)를 갖추어 여러 성문들을 위해 법의 중요한 뜻을 설명하여 그들을 청정한 3해탈문
解脫門에 편히 머무르게 하느니라. 나는 이와 같이 세간지와 출세간지와 모든 성품에 대한 지
혜로 일체 중생의 한량없는 온갖 성품의 차별을 여실히 알므로, 응당 그에 따라 그들을 모두
이롭게 하느니라.

73　사범주四梵住; 사무량심四無量心을 말함. 범梵은 청정을 뜻함. ▶사무량심四無量心; Skt. catvāri-apramāṇāṇa-
cittāni. Pāli catasso appamaññāyo. 사범주四梵住 · 사범당四梵堂 · 사범행四梵行. 수행 방법으로서, 한량없는
중생을 어여삐 여겨 일으키는 네 가지 마음. 1) 자무량심慈無量心. Skt. maitrī. 한량없는 중생에게 즐거움을 주
려는 마음. 무진無瞋을 체體로 하고 한량없는 중생에게 즐거움을 주려는 마음. 처음은 자기가 받는 낙樂을 남
도 받게 하기로 뜻을 두고, 먼저 친한 이부터 시작하여 널리 일체 중생에게까지 미치게 하는 것. 2) 비무량심悲
無量心. Skt. karuṇā. 한량없는 중생의 괴로움을 덜어 주려는 마음. 무진無瞋을 체體로 하여, 남의 고통을 벗겨
주려는 마음. 처음은 친한 이의 고통을 벗겨주기로 하고, 점차로 확대하여 다른 이에게까지 미치는 것. 3) 희
무량심喜無量心. Skt. muditā. 한량없는 중생이 괴로움을 떠나 즐거움을 얻으면 기뻐하려는 마음. 희수喜受를
체로 하여 다른 이로 하여금 고통을 여의고, 낙을 얻어 희열喜悅케 하려는 마음. 처음은 친한 이부터 시작하여
점점 다른 이에게 미치는 것은 위와 같다. 4) 사무량심捨無量心. Skt. upekṣa. 한량없는 중생을 평등하게 대하
려는 마음. 무탐無貪을 체로 하여 중생을 평등하게 보며 원怨 · 친親의 구별을 두지 않으려는 마음. 처음은 자
기에게 아무런 관계가 없는 이에 대하여 일으키고, 점차로 친한 이와 미운 이에게 평등한 마음을 일으키는 것.
무량이란 것은 무량한 중생을 상대相對로 하며, 또 무량한 복과福果를 얻으므로 이렇게 이름함.

74　사변재四辯才; 사무애해四無礙解. ▶사무애해四無礙解; 사무애四無礙 · 사무애변四無礙辯 · 사무애지四無礙
智 · 사무애변재四無礙辯才 · 사변재四辯才. 막힘없이 명료하게 이해하고 말하는 네 가지 능력. 1) 법무애해
法無礙解. 가르침을 표현한 글귀나 문장을 막힘없이 명료하게 이해하고 말함. 2) 의무애해義無礙解. 글귀나
문장으로 표현된 가르침의 의미를 막힘없이 명료하게 이해하고 말함. 3) 사무애해詞無礙解. 여러 가지 언어를
막힘없이 명료하게 이해하고 말함. 4) 변무애해辯無礙解. 바른 이치에 따라 막힘없이 가르침을 설함.

善男子。我成如是**第五佛輪**。由此輪故。以世出世知諸性智 知諸有情補特伽羅
선 남 자　　아 성 여 시 제 오 불 륜　　유 차 륜 고　　이 세 출 세 지 제 성 지 지 제 유 정 보 특 가 라

種種無量諸性差別。隨其所應利益安樂。得安隱住得無驚恐得無所畏。自稱我處大仙尊位
종 종 무 량 제 성 차 별　　수 기 소 응 이 익 안 락　　득 안 온 주 득 무 경 공 득 무 소 외　　자 칭 아 처 대 선 존 위

轉於佛輪摧諸天魔外道邪論。處大衆中正師子吼
전 어 불 륜 최 제 천 마 외 도 사 론　　처 대 중 중 정 사 자 후

선남자여, 나는 이런 **제5의 불륜**을 성취하고 이 불륜으로 말미암아, 세간지와 출세간지와 온
갖 성품에 대한 지혜로, 모든 유정과 그 개인의 한량없는 갖가지 성품의 차별을 알며, 응당 그
에 따라 이롭고 안락하게 하며, 안온하게 살면서 어떠한 놀라움도 두려움도 없게 하였고 '나는
대선大仙의 높은 자리에서 불륜을 굴려 모든 천마와 외도들의 삿된 주장을 꺾는다'고 자칭하면
서 대중 가운데서 바르게 사자후하느니라.

善男子。如刹帝利灌頂大王。安置一切堅固城郭村坊戍邏國邑王宮
선 남 자　　여 찰 제 리 관 정 대 왕　　안 치 일 체 견 고 성 곽 촌 방 수 라 국 읍 왕 궁

廣說乃至舍羅鸚鵡防守具已。處自宮中與諸眷屬后妃媒女而自圍遶。
광 설 내 지 사 라 앵 무 방 수 구 이　　처 자 궁 중 여 제 권 속 후 비 채 녀 이 자 위 요

遊戱五欲種種樂具放恣六根受諸喜樂。
유 희 오 욕 종 종 락 구 방 자 육 근 수 제 희 락

善男子。刹帝利種灌頂大王。成就如是**第六王輪**。由此輪故 令自國土增長安樂。
선 남 자　　찰 제 리 관 정 대 왕　　성 취 여 시 제 육 왕 륜　　유 차 륜 고 령 자 국 토 증 장 안 락

能伏一切怨敵惡友。善守護身令增壽命。
능 복 일 체 원 적 악 우　　선 수 호 신 령 증 수 명

선남자여, 저 찰제리의 관정대왕은 일체의 견고한 성곽과 촌락·국경·서울, 왕궁에 사라새
와 앵무새 등 방위에 필요한 장비를 갖춘 뒤에야, 그의 궁중에서 왕비와 권속들과 궁녀들에게
둘러싸여 갖가지 5욕欲을 즐기며, 6근根의 쾌락을 마음대로 누리느니라.
선남자여, 찰제리 종족의 관정대왕은 이런 **제6의 왕륜**을 성취하여 이 왕륜으로 말미암아 그
나라의 안락을 증진시키고 일체의 원수와 나쁜 벗을 항복받아, 그의 몸을 잘 보호하고 그의 수
명을 더욱 길게 하느니라.

善男子。如是如來與諸菩薩摩訶薩衆及大聲聞 安置一切堅固聖教防守之事。
선 남 자   여 시 여 래 여 제 보 살 마 하 살 중 급 대 성 문 안 치 일 체 견 고 성 교 방 수 지 사

卽便現入最初靜慮乃至現入第四靜慮[75] 現入無邊虛空處定[76]廣說乃至現入非想非非想定。
즉 변 현 입 최 초 정 려 내 지 현 입 제 사 정 려   현 입 무 변 허 공 처 정   광 설 내 지 현 입 비 상 비 비 상 정

如是乃至現入一切佛所行定。
여 시 내 지 현 입 일 체 불 소 행 정

선남자여, 여래도 그와 같이, 모든 보살마하살 및 큰 성문들과 함께 성교聖教를 지키는 견고한 모든 시설을 다 갖춘 다음에는 바로 최초의 선정에 들고, 나아가 제4정려靜慮에 들고 무변허공처정無邊虛空處定에 들어가며 또한 비상비비상정非想非非想定에 들어가고 나아가 모든 부처님께서 행하신 선정에 들어간다.

---

75   제사정려第四靜慮; 제사선정第四禪定. 사선四禪의 네 번째 단계. ▶사선四禪; 사선정四禪定·사정려四靜慮. 1. 색계의 네 선정禪定. 1) 초선初禪. 모든 탐욕과 악을 여의고, 개괄적으로 사유하는 마음 작용〔각覺〕과 세밀하게 고찰하는 마음 작용〔관觀〕이 있고, 욕계를 떠난 기쁨과 즐거움이 있는 선정. 2) 제2선第二禪. 개괄적으로 사유하는 마음 작용과 세밀하게 고찰하는 마음 작용이 소멸되고, 마음이 청정하여 기쁨과 즐거움을 느끼는 선정. 3) 제3선第三禪. 기쁨을 소멸하여 마음이 평온하고, 몸으로 즐거움을 느끼는 선정. 4) 제4선第四禪. 즐거움과 괴로움이 소멸되어 괴롭지도 즐겁지도 않으며, 마음이 평온하여 생각이 청정한 선정. 2. 깨달음의 경지에 이르는 네 단계의 선정禪定. 대상을 명료하게 관조하여 탐욕을 떠나는 관선觀禪, 청정한 지혜로써 번뇌를 점점 정화시키는 연선練禪, 모든 선정禪定을 스며들게 하고 성숙시켜 걸림 없는 경지에 이르는 훈선熏禪, 모든 경지를 자유 자재로 드나드는 수선修禪.

76   무변허공처정無邊虛空處定; 공무변처空無邊處. 사무색정四無色定의 첫 번째. ▶사무색정四無色定; Skt. catasraārūpya-samāpattayaḥ, catvāraārūpyāḥ; Pāli catasso āruppa-samāpattiyo. 사무색四無色·사공정四空定. 무색계의 네 가지 선정禪定. 1) 공무변처정空無邊處定. 허공은 무한하다고 주시하는 선정. 2) 식무변처정識無邊處定. 마음의 작용은 무한하다고 주시하는 선정. 3) 무소유처정無所有處定. 존재하는 것은 없다고 주시하는 선정. 4) 비상비비상처정非想非非想處定. 생각이 있는 것도 아니고 생각이 없는 것도 아닌 경지의 선정. 욕계·색계의 거친 생각은 없지만 미세한 생각이 없지 않은 경지의 선정.

入此定已。無量百千俱胝[77]那由多[78]天龍藥叉[78]羅刹[79]
입 차 정 이 무 량 백 천 구 지 나 유 다 천 룡 약 차 나 찰

健達縛阿素洛揭路茶緊捺洛莫呼洛伽彌荔多畢舍遮[80]布怛那[81]羯吒布怛那[82]等
건 달 박 아 소 락 게 로 다 긴 날 락 막 호 락 가 미 려 다 필 사 차 포 달 나 갈 타 포 달 나 등

於諸衆生常懷毒惡損害之心無慈無悲 於後世苦不見怖畏。
어 제 중 생 상 회 독 악 손 해 지 심 무 자 무 비 어 후 세 고 불 견 포 외

而彼見我入於一切佛所行定 皆於我所生大歡喜起淨信心 於三寶中皆生最勝歡喜淨信。
이 피 견 아 입 어 일 체 불 소 행 정 개 어 아 소 생 대 환 희 기 정 신 심 어 삼 보 중 개 생 최 승 환 희 정 신

尊重恭敬得未曾有。於一切惡慚愧發露深心悔過誓願永斷。
존 중 공 경 득 미 증 유 어 일 체 악 참 괴 발 로 심 심 회 과 서 원 영 단

77 구지俱胝; Skt. koṭī, koṭi. 과추戈追▶구치俱致▶구치拘致. 인도에서 쓰는 큰 수의 하나. 일천만(10⁷; 80권본 화
    엄경) 또는 일억을 뜻한다.

78 나유다那由多; 나유타那由他. ▶나유타那由他; Skt. nayuta. 고대 인도의 수량 단위. 니유타(niyuta)라고도 한
    다. 아유타(ayuta)의 100배, 코티(koti)의 1만 배이다. 코티가 1000만(10⁷) 또는 억億으로 불리기 때문에 나유타
    는 10¹¹또는 10¹²이 된다. 1나유타=100아유타=10000코티=10¹¹ᵒʳ¹²=천억 또는 조. (1아유타=10⁹, 1코티=10⁷)

79 약차藥叉; 야차夜叉. 팔부중八部衆의 하나. ▶팔부중;八部衆; eight kinds of beings Skt. aṣṭa-gatyaḥ,
    aṣṭauparṣadaḥ. 팔부신중八部神衆 · 천룡팔부天龍八部 · 팔부팔부. 불법佛法을 수호하는 여덟 신神. 불법佛
    法을 수호하고, 대중을 교화하는 신장神將(하늘의 장수). These come from Indian mythology. Formerly they
    were evil, but now having been enlightened by the Buddha, they protect his dharma. They are: 1) 천天; gods.
    Skt. devas. 욕계의 육욕천六欲天과 색계의 여러 천天에 있는 신神들. 2) 용龍; snake kings. Skt. nāgas. 바닷속
    에 살며 구름을 모아 비를 내리고 광명을 발하여 천지를 비춘다고 함. 3) 야차夜叉; spirits of the dead who fly
    about in the night. Skt. yaksas. 용건勇健이라 번역. 수미산 중턱의 북쪽을 지키는 비사문천왕毘沙門天王의 권
    속으로, 땅이나 공중에 살면서 여러 신神들을 보호한다고 함. 4) 건달바乾闥婆; half-ghost music masters. Skt.
    gandharvas. 식향食香 · 심향尋香이라 번역. 제석帝釋을 섬기며 음악을 연주하는 신神으로 향기만 먹고 산다
    함. 5) 아수라阿修羅; demigods of evil disposition. Skt. asuras. 비천非天 · 부단정不端正이라 번역. 늘 싸움만
    을 일삼는 귀신. 6) 가루라迦樓羅; golden-winged birds which eat dragons. Skt. garuda. 금시조金翅鳥 · 묘시
    조妙翅鳥라고 번역. 조류鳥類의 왕으로 용을 잡아먹고 산다는 거대한 상상의 새. 7) 긴나라緊那羅; heavenly
    music masters who are neither human nor not human. Skt. kiṃnara. 의인疑人 · 인비인人非人이라 번역. 노
    래하고 춤추는 신神으로 형상은 사람인지 아닌지 애매하다고 함. 8) 마후라가摩睺羅迦; snake spirits. Skt.
    mahoraga. 대망신大蟒神 · 대복행大腹行이라 번역. 몸은 사람과 같고 머리는 뱀과 같은 형상을 한 음악의 신
    神. 또는 땅으로 기어다닌다는 거대한 용龍.〔유가론瑜伽論〕《법화경法華經》·《무량수경無量壽經》·《대반
    야경大般若經》등 중요한 대승경전에는 예외없이 이 팔부신중이 등장한다. 특히 경전의 끝머리 부분에는 어
    김없이 "팔부중이 부처님의 가르침을 듣고 환희하며 용약踊躍한다."고 표현하고 있다. 즉 팔부중은 모든 부처
    의 가르침을 듣는 삼라만상, 부처의 위덕威德을 진심으로 사모하는 군중을 상징한다. ▶사천왕四天王의 권속
    으로서의 팔부중; 건달바 · 비사사毘舍闍 · 구반다鳩槃茶 · 벽협다薜荔多 · 용 · 부단나富單那 · 야차 · 나찰
    羅刹.《인왕호국반야경仁王護國般若經》에는 이 팔부중이 각 방위를 수호하는 신중神衆이라고 하였다. 동
    쪽에는 제두라탁천왕提頭賴吒天王의 지시를 받는 건달바와 비사사, 남쪽에는 비류륵차천왕毘留勒叉天王 휘

이 선정에 들면, 헤아릴 수 없이 많은 하늘·용·약차·나찰·건달바·아소락·게로다·긴날락·막호락가·미려다·필사차·포달나·갈타포달라 등은 중생을 해칠 악독한 마음을 항상 품고 자비가 없어 후세의 고통을 두려워하지 않았으나 내가 일체 부처님께서 행하시는 선정에 드는 것을 보고는, 모두가 나에 대해 크게 기뻐하여 깨끗한 신심을 내며, 삼보에 대해서는 최고의 기쁨과 깨끗한 신심을 내어 존중하고 공경하였는데 그것은 일찍이 없었던 희유한 일이었다. (그리하여) 일체의 악을 부끄러워하여 다 털어놓고, 깊은 마음으로 허물을 뉘우치면서 (중생을 해칠 악독한 마음을) 영원히 끊기로 맹세하였다.

하의 구반다와 벽협다, 서쪽에는 비류박차천왕毘留博叉天王의 권속인 용과 부단나, 북쪽에는 비사문천왕毘沙門天王의 시종인 야차와 나찰이 있다고 한다. 또《금색공작왕주경金色孔雀王呪經》에는 이 팔부중이 각각 무리를 지어서 불교를 수호한다고 하였다.

80 나찰羅刹; Skt. rākṣasa. 원래 고대 인도의 신으로, 불교에서 악귀惡鬼의 총칭. 남성신은 나찰사羅刹娑(여성신은 나찰사羅刹斯) 또는 나차사羅叉娑(여성신은 나차사羅叉私)라고도 음사하며, 식인귀食人鬼·속질귀速疾鬼·가외可畏·호자護者 등으로 번역된다. 원래 악귀로서, 통력通力에 의해 사람을 매료시켜 잡아먹는 것으로 알려졌다. 악귀나찰惡鬼羅刹이라고 불리는 까닭도 여기에 있다. 나중에는 불교의 수호신이 되어 십이천十二天의 하나로 꼽혀 남서방南西方을 지킨다고 하며, 갑옷을 걸치고 백사자白獅子에 올라탄 모습으로 표현된다.《법화경法華經》에는 십나찰녀十羅刹女에 대한 설명이 나오는데, 이는 남파藍婆·비람파毘藍婆·곡치曲齒·흑치黑齒·화치花齒·다발多髮·무염족無厭足·지영락持瓔珞·고제皐帝·탈일체중생정기奪一切衆生精氣 등 열 가지 나찰을 가리킨다.

81 필사차畢舍遮; Skt. piśāca. 비사차毘舍遮·비사자臂奢柘·비사사毘舍闍·비필필毘畢畢·비필사毘畢闍. 식혈육귀食血肉鬼·전광귀癲狂鬼라고 번역. 수미산 중턱의 동쪽을 지키는 지국천왕持國天王의 권속으로, 사람의 정기나 피를 먹는다는 귀신.

82 포달나布怛那; 부단나富單那; ▶부단나富單那; Skt. pūtana. 포달나布怛那·부다나富多那·포단나布單那·포단낭布單囊·보달나補呾橡·부루다나富樓多那·부타나富陀那. 취귀臭鬼라고 번역. 몸에서 나쁜 냄새가 나고 사람과 축생을 괴롭힌다는 귀신.

83 갈타포달나羯吒布怛那; 가타부단나迦吒富單那 가타포단나迦吒布單那. ▶가타부단나迦吒富單那; Skt. kaṭa-pūtana. 극취귀極臭鬼 또는 작기취귀作奇臭鬼라 번역. 악한 귀신 이름. kaṭa는 시체, 화장장火葬場의 뜻. 크샤트리아가 악행을 하면 사후에 이로 태어난다고 하며, 하계下界에 머물며 아귀餓鬼의 고통을 받는다.

由是因緣一剎那頃無量無數諸煩惱障[84]業障[85]法障[86]皆得銷滅。 無量無數福慧資糧皆得成滿。
유시인연일찰나경무량무수제번뇌장 업장 법장 개득소멸 무량무수복혜자량개득성만

背離生死趣向涅槃。 護持如來無上正法。
배리생사취향열반 호지여래무상정법

이 인연으로 말미암아 한 찰나 사이에 무량 무수한 모든 번뇌장煩惱障과 업장業障과 법장法障이 다 소멸되고, 무량 무수한 복과 슬기와 자량資糧을 다 원만히 이룩하여 생사를 떠나 열반으로 나아가며, 여래의 위없는 바른 법을 보호하고 지니느니라.

善男子。 我成如是**第六佛輪**。 由此輪故 如來遊戲靜慮解脫等持[87]等至[88]無量百千微妙深定。
선남자 아성여시제육불륜 유차륜고 여래유희정려해탈등지 등지 무량백천미묘심정

以淨智隨轉滅諸有情無量煩惱。 隨其所應利益安樂得安隱住。 得無驚恐得無所畏。
이정지수전멸제유정무량번뇌 수기소응이익안락득안온주 득무경공득무소외

自稱我處大仙尊位。 轉於佛輪摧諸天魔外道邪論。 處大衆中正師子吼。
자칭아처대선존위 전어불륜최제천마외도사론 처대중중정사자후

84	번뇌장煩惱障 1. 청정한 지혜가 일어나는 것을 방해하여 무지의 속박에서 벗어나지 못하게 하는 번뇌. 2. 자아에 집착하는 아집我執에 의해 일어나 끊임없이 인식 주관을 산란하게 하고 어지럽혀 열반涅槃을 방해하는 번뇌. ▶소지장所知障; 인식된 차별 현상에 집착하는 법집法執에 의해 일어나 보리菩提를 방해하는 번뇌.
85	업장業障; 악한 행위를 저지른 과보로 받는 장애.
86	법장法障; 법집法執에 따라 일어나는 장애. 곧 소지장所知障. ▶아장我障; 아집我執에 따라 일어나는 장애. 곧 번뇌장煩惱障.
87	등지等持; 삼매三昧. ▶삼매三昧; Skt. Samadhi. 신칭신칭新稱 삼마지三摩地, 정定·등지等持·심일경성心一境性·정수正受·조직정조직정直心行處·식려응심息慮凝心·현법락주現法樂住 등等. 심념心念이 정지定止하므로 정정定이라 하고, 도거도거掉擧를 여의므로 등等이라 하며 심심이 산란散亂치 않으므로 지지라 함. 정심定心과 산심散心에 통하고 다만 유심有心으로 평등보지平等保持함. 대론운大論云 선심일체처善心一切處에 주住하여 부동不動함을 시명是名 삼매三昧라 함. (대론大論은 지도론智度論)
88	등지等至; 삼마발제三摩鉢提. ▶삼마발제三摩鉢提; Skt. samapatti. 삼마발저三摩鉢底·삼마발제三摩拔提. 의역으로는 등지等至, 정수正受, 정정현전正定現前 등이 있다. 여기서 '지至'를 쓰는 것은 등지等持의 상태가 진전되어 더 깊은 경지에 이르렀음을 의미한다. ▶삼마희다三摩呬多; Skt./Pāli samāhita. tranquil. 등인等引이라 번역. 마음이 들뜨거나 침울하지 않고 한결같이 평온하게 된 상태. 등인 외에 뛰어난 선정이라는 뜻에서 승정勝定으로 의역하기도 한다. 선정에 의해 심신이 평온한 상태를 말한다. 등인의 등等은 같다, 평등하다는 의미로서 마음이 침체되거나(혼침昏沈) 들뜬 상태(도거掉擧)에 치우쳐 있지 않고 평정심으로 여일하다는 의미이다. 그리고 인引은 글자 그대로 삼매가 모든 지혜와 공덕을 이끌어낸다는 의미이며, 동시에 선정이 삼매의 즐거움을 이끌어낸다는 의미가 함께 있다. 삼매의 즐거움은 오욕과 감관의 욕구를 충족시키는 데에서 오는 쾌락과는 다르므로 감각적 욕망을 벗어나지 못한 욕계의 선정과는 다르다.

선남자여, 나는 이와 같은 **제6의 불륜**을 성취하고 이 불륜으로 말미암아 선정·해탈·등지 等持·등지等至의 한량없는 온갖 미묘하고 깊은 선정에 유희하면서 깨끗한 지혜를 굴려 유정들의 한량없는 번뇌를 멸하고, 응당 그에 따라 이롭고 안락하게 하며, 안온하게 살면서 아무런 놀람도 없고 두려움도 없게 하였고, '나는 대선의 존귀한 자리에서 불륜을 굴려 모든 천마와 외도의 삿된 주장을 꺾는다'고 자칭하며 대중 가운데서 바르게 사자후하느니라.

善男子。如刹帝利灌頂大王。與諸群臣領四兵衆。
선 남 자   여 찰 제 리 관 정 대 왕   여 제 군 신 령 사 병 중

周巡觀察一切自國城邑聚落山川谿澗園苑田澤陂河池沼曠野叢林鎭邏。
주 순 관 찰 일 체 자 국 성 읍 취 락 산 천 계 간 원 원 전 택 파 하 지 소 광 야 총 림 진 라

隨彼所在國界諸方嶮阻多難不任營理有疑有怖堪容外境怨敵惡友投竄[89]藏伏[90]。
수 피 소 재 국 계 제 방 험 조 다 난 불 임 영 리 유 의 유 포 감 용 외 경 원 적 악 우 투 찬   장 복

此刹帝利灌頂大王。隨其力能方便安置種種修理堅固防守。
차 찰 제 리 관 정 대 왕   수 기 력 능 방 편 안 치 종 종 수 리 건 고 방 수

令彼諸方平坦無難堪任營理無疑無怖 遮其外境怨敵惡友投竄藏伏。
령 피 제 방 평 탄 무 난 감 임 영 리 무 의 무 포 차 기 외 경 원 적 악 우 투 찬 장 복

安撫自國一切人民皆離衆苦受諸快樂。
안 무 자 국 일 체 인 민 개 이 중 고 수 제 쾌 락

선남자여, 저 찰제리의 관정대왕은 대신들과 함께 네 가지 군대[4병兵: 마馬·차車·상象·보병步 兵]를 거느리고, 그 나라의 도시와 촌락과 산천·계곡·동산·밭·늪·언덕비탈·내·못·광야·숲·국경지대 등을 순찰할 때, 국경이 험난하고 관리가 잘 되지 않아, 국경 밖의 원수와 나쁜 벗들이 숨어 있을 우려가 있으면, 이 찰제리의 관정대왕은 그 능력에 따라 방편을 다하여 갖가지 방비를 수리하여 튼튼히 하고, 여러 곳을 평탄하게 해서 어려움이 없게 하고, 잘 관리하여 근심이 없게 하며, 그 경계 밖의 원수와 나쁜 벗이 숨어 있지 못하게 하여 그 나라 백성들을 모두 편안하게 어루만지고 뭇 고통을 떠나 모든 즐거움을 받게 하느니라.

89 　찬竄; (숨을 찬) 1. 숨다. 2. 달아나다. 3. 숨기다. 4. 내치다. 5. 고치다. 6. 들여놓다. 7. 훈薰하다(약 기운을 쐬어 병을 치료하다).

90 　장복藏伏; 숨다, 감추다, 잠복潛伏하다.

善男子。 剎帝利種灌頂大王。 成就如是**第七王輪**。 由此輪故 令自國土增長安樂。
선 남 자   찰 제 리 종 관 정 대 왕   성 취 여 시 제칠왕륜   유 차 륜 고 령 자 국 토 증 장 안 락

能伏一切怨敵惡友。 善守護身令增壽命。
능 복 일 체 원 적 악 우   선 수 호 신 령 증 수 명

善男子。 如是如來以其佛眼。 如實了知一切有情補特伽羅 有貪有瞋有癡心等。
선 남 자   여 시 여 래 이 기 불 안   여 실 료 지 일 체 유 정 보 특 가 라 유 탐 유 진 유 치 심 등

如實了知是諸有情種種煩惱病行差別。 如來知已便起無量精進勇猛方便勢力。
여 실 료 지 시 제 유 정 종 종 번 뇌 병 행 차 별   여 래 지 이 변 기 무 량 정 진 용 맹 방 편 세 력

隨其所宜授以種種修定妙藥。 令諸有情精勤修學除煩惱病。
수 기 소 의 수 이 종 종 수 정 묘 약   령 제 유 정 정 근 수 학 제 번 뇌 병

선남자여, 찰제리 종족의 관정대왕은 이와 같이 **제7의 왕륜**을 성취하고 이 왕륜으로 말미암아 그 나라의 안락을 증진시키고 모든 원수와 나쁜 벗을 항복받아 그 몸을 잘 수호하고 그 수명을 더욱 길게 하느니라.

선남자여, 여래도 이와 같이 부처의 눈으로 일체 유정과 그 개인의 탐욕·분노·어리석음 등의 마음을 여실히 알고, 그 유정들의 갖가지 번뇌의 병과 행의 차별을 여실히 알고는, 곧 무량한 정진과 용맹과 방편의 힘을 일으키고, 마땅히 그에 따라 갖가지 선정을 닦는 묘약을 주어, 그 유정들로 하여금 부지런히 수행하여 번뇌의 병을 제거하게 하느니라.

若諸有情宜修不淨[91]除煩惱病。 卽便授以修不淨藥。 若諸有情宜修梵住除煩惱病
약 제 유 정 의 수 부 정   제 번 뇌 병   즉 변 수 이 수 부 정 약   약 제 유 정 의 수 범 주 제 번 뇌 병

卽便授以修梵住藥。 若諸有情宜修緣起除煩惱病 卽便授以修緣起藥。
즉 변 수 이 수 범 주 약   약 제 유 정 의 수 연 기 제 번 뇌 병 즉 변 수 이 수 연 기 약

若諸有情宜修息念[92]除煩惱病 卽便授以修息念藥。
약 제 유 정 의 수 식 념   제 번 뇌 병 즉 변 수 이 수 식 념 약

---

91 부정不淨; 부정관不淨觀. ▶부정관不淨觀; Skt. aśubhā-smṛti. meditation on impurity. 오정심관五停心觀의 하나. 탐욕을 버리기 위해 육신의 더러움을 주시하는 수행법.

92 식념息念; 수식관數息觀. ▶수식관數息觀; Skt. ānâpāna-smṛti. Pāli ānâpāna-sati. breath counting meditation. 오정심관五停心觀의 하나. 산란한 마음을 집중시키기 위해 들숨과 날숨을 헤아리는 수행법. ▶오정심관五停心觀; Skt. pañca-smṛti. five approaches to meditation. 오도관문五度觀門·오도문五度門·오문선五門禪·오문五門·오관五觀·오념五念. 마음의 다섯 가지 허물을 정지시키는 5종의 관법. 부정관不淨觀·자비관慈悲觀·인연관因緣觀·계분별관界分別觀·수식관數息觀. 혹은 계분별관은 인연관과 서로 같으므로 이를 없애

만일 모든 유정이 마땅히 부정관不淨觀을 닦아 번뇌의 병을 고칠 수 있으면 곧 그에게 부정관을 닦는 묘약을 주고, 만일 모든 중생이 4무량심을 닦아 번뇌의 병을 고칠 수 있으면 곧 그에게 4무량심을 닦는 약을 주며, 마땅히 연기緣起를 닦아 번뇌의 병을 고칠 수 있으면 곧 그에게 연기를 닦는 약을 주고, 마땅히 수식관數息觀을 닦아 번뇌의 병을 고칠 수 있으면 곧 그에게 수식관을 닦는 약을 주느니라.

若諸有情宜可修於三解脫門[93]除煩惱病 即便授以修於三種解脫門藥。
약 제 유 정 의 가 수 어 삼 해 탈 문　제 번 뇌 병 즉 변 수 이 수 어 삼 종 해 탈 문 약

若諸有情宜修靜慮除煩惱病 即便授以修靜慮藥。若諸有情宜修無色除煩惱病
약 제 유 정 의 수 정 려 제 번 뇌 병 즉 변 수 이 수 정 려 약　　약 제 유 정 의 수 무 색 제 번 뇌 병

即便授以修無色藥。若諸有情乃至宜修首楞伽摩諸三摩地除煩惱病
즉 변 수 이 수 무 색 약　　약 제 유 정 내 지 의 수 수 릉 가 마 제 삼 마 지 제 번 뇌 병

即便授以首楞伽摩三摩地[94]藥。
즉 변 수 이 수 릉 가 마 삼 마 지　약

고 관불관觀佛觀을 더하여 5관이라고도 함.

93　삼해탈문三解脫門; Skt. trīni vimoksa-mukhāni. 또는 3해탈三解脫 · 3탈문三脫門 · 3문三門 · 3공문三空門 · 3공관문三空觀門 · 3삼매三三昧 · 3공三空 · 3삼매문三三昧門. 해탈을 얻는 세 가지 방법. 3계의 고통의 원인이 되는 번뇌에서 해탈하여 열반을 득하는 방편[문門]인 공해탈문空解脫門 · 무상해탈문無相解脫門 · 무원해탈문無願解脫門의 3가지 선정. 공空(공적空寂, 실체가 없음) · 무상無相(차별이 없음) · 무원無願(원함 즉 의식적인 노력이 필요 없음)을 관조하는 3가지 선정이 해탈 즉 열반에 들어가는 문門(방법, 방편)이 되기 때문에 3해탈문이라고 이름함. 1) 공해탈문空解脫門. Skt. śūnyatā vimoksa-mukhāni. 공삼매空三昧 · 공삼마지空三摩地. 일체법이 공하다는 것 즉 실체[자성自性]가 없다는 것을 관조하는 선정, 2) 무상해탈문無相解脫門. Skt. animitta vimoksa-mukhāni. 무상삼매無相三昧 · 무상심삼매無相心三昧 · 무상정無相定. 일체법에 차별[상相]이 없다는 것을 관조하는 선정, 3) 무원해탈문無願解脫門. Skt. apranihita vimoksa-mukhāni. 무작해탈문無作解脫門 · 무원삼매無願三昧 · 무원삼마지無願三摩地 · 무원심삼마지無願心三摩地. 공용功用(원願)이 필요하지 않다는 것을 관조하는 선정, 즉 무공용無功用(무원無願)을 성취하는 선정. 이 가운데 무상해탈문의 다른 말인 무상정無相定(Skt. ānimitta)은 무상정(無想定, Skt. asamjñi-samāpatti)과 혼동하지 않아야 한다. 또한 무상해탈문의 다른 말인 무상삼매無相三昧(skt. ānimitta-samādhi)는 힌두교의 무상삼매無想三昧(Skt. nirvikalpa samādhi)와 혼동하지 않아야 한다.

94　수릉가마삼마지首楞伽摩三摩地; 수릉엄삼매首楞嚴三昧. ▶수릉엄삼매首楞嚴三昧; Skt. śūramgama-samādhi. 수릉가마삼마제首楞伽摩三摩提. 수릉엄삼마지首楞嚴三摩地. 능엄삼매楞嚴三昧. 수릉엄정首楞嚴定. 건상삼매健相三昧 · 견고삼매堅固三昧 · 건행정健行定 · 용건정勇健定 · 용복정勇伏定 · 대근본정大根本定 · 일체사경一切事竟이라 뜻번역. 다부지고 군세어 번뇌를 부수어 버리는 부처의 삼매. 제불諸佛 및 10지보살十地菩薩 소득所得의 선정禪定. 대개 10지의 보살을 건사健士로 하고서, 그들이 닦는 정이란 뜻. 이 정은 장군이 군대

또 만일 유정이 3해탈문을 닦아 번뇌의 병을 고칠 수 있으면 곧 그에게 3해탈문을 닦는 약을 주고, 정려靜慮를 닦아 번뇌의 병을 고칠 수 있으면 곧 그에게 정려를 닦는 약을 주며, 사무색정四無色定을 닦아 번뇌의 병을 고칠 수 있으면 곧 그에게 사무색정을 닦는 약을 주고, 나아가 수릉가마삼매를 닦아 번뇌의 병을 고칠 수 있으면 곧 그에게 수릉가마삼매를 닦는 약을 주느니라.

所以如來授諸有情如是法藥。不令一切所化有情爲四魔怨之所繫攝。
소 이 여 래 수 제 유 정 여 시 법 약 　 불 령 일 체 소 화 유 정 위 사 마 원 지 소 계 섭

不令一切所化有情背人天乘向諸惡趣。不令如來無上法眼三寶稱姓速疾壞滅。
불 령 일 체 소 화 유 정 배 인 천 승 향 제 악 취 　 불 령 여 래 무 상 법 안 삼 보 칭 성 속 질 괴 멸

由是如來授諸有情如是法藥。
유 시 여 래 수 제 유 정 여 시 법 약

여래가 저 유정들에게 이런 법의 약을 주는 까닭은, 그 교화받을 일체 중생들로 하여금 원수인 4마魔에게 붙들리지 않게 하기 위해서요, 또 그들로 하여금 인천人天의 길을 등지고 나쁜 세계로 나아가지 않게 하기 위해서이며, 여래의 무상의 법안法眼과 삼보의 종성이 빠르게 무너지지 않게 하기 위해서이니, 이 때문에 여래는 저 유정들에게 이런 가르침(법의 약)을 주는 것이니라.

를 이끌어 적을 무찔러 항복받는 것처럼 번뇌의 마군을 파멸破滅하는 것이라 함. 108삼매 가운데 최고의 삼매. 요즈음 표현으로 Well-being(복지·안녕·행복; 육체적·정신적 건강의 조화를 통해 행복한 삶을 추구하는 삶의 유형이나 문화)이나 LOHAS(Lifestyles of health and sustainability; 건강과 지속성의 삶, 곧 건상健相과 건행健行)과 뜻이 통한다고 할 수 있다. Śūraṃgama means 'firmly maintaining all dharmas.' Bodhisattvas who abide in this state of concentration are able, in all states of concentration, no matter how shallow or deep, to fully analyze all things. There are no afflictions that cannot be overcome by this samādhi. 『대지도론』 제47권에, "운하명수릉엄삼매云何名首楞嚴三昧? 지제삼매행처知諸三昧行處, 시명수릉엄삼매是名首楞嚴三昧. (무엇을 수릉엄首楞嚴삼매라 하느냐? 모든 삼매를 다 꿰뚫어 아나니, 이것을 수릉엄삼매라 하느니라.)"라고 되어 있고, 또 "수릉엄삼매자首楞嚴三昧者, 진언건상秦言健相, 분별지제삼매행상다소심천分別知諸三昧行相多少深淺, 여대장지제병력다소如大將知諸兵力多少. 부차復次, 보살득시삼매菩薩得是三昧, 제번뇌마급마인무능괴자諸煩惱魔及魔人無能壞者; 비여전륜성왕주병보장譬如轉輪聖王主兵寶將, 소왕지처무불항복所往至處無不降伏. (수릉엄首楞嚴삼매란, 중국 말로 "강건한 모습[건상健相]"이라고 한다. 모든 삼매의 행상行相의 많고 적고 깊고 얕은 것을 분별하여 아는 것이 마치 큰 장수가 병사들의 힘이 많고 적음을 아는 것과 같다. 또한 보살이 이 삼매를 얻으면 모든 번뇌마와 마의 백성이 능히 파괴할 수 없나니, 비유컨대 마치 전륜성왕의 주력부대의 장수가 가는 곳마다, 항복하지 않는 자가 없는 것과 같다.)라고 되어 있다.

善男子。我成如是**第七佛輪**。由此輪故 以其無上遍行行智授諸衆生種種法藥。
선 남 자　아 성 여 시 제 칠 불 륜　유 차 륜 고 이 기 무 상 변 행 행 지 수 제 중 생 종 종 법 약

令勤修學除煩惱病。得安隱住得無驚恐得無所畏。
령 근 수 학 제 번 뇌 병　득 안 온 주 득 무 경 공 득 무 소 외

自稱我處大仙尊位。轉於佛輪摧諸天魔外道邪論。處大衆中正師子吼
자 칭 아 처 대 선 존 위　전 어 불 륜 최 제 천 마 외 도 사 론　처 대 중 중 정 사 자 후

선남자여, 나는 이와 같이 **제7의 불륜**을 성취하고 이 불륜으로 말미암아, 모든 곳에 두루 미치는 위없는 행과 지혜로 저 중생들에게 갖가지 법의 약을 주어, 그들로 하여금 부지런히 수행하여 번뇌의 병을 고치게 하며, 안온하게 살면서 아무런 놀람도 없고 두려움도 없게 하였고, '나는 대선의 높은 자리에서 불륜을 굴려 모든 천마와 외도들의 삿된 주장을 꺾는다'고 자칭하면서 대중 가운데서 바르게 사자후하느니라.

善男子。如刹帝利灌頂大王。憶念自他本昔種姓初生童子嬉戲等事。
선 남 자　여 찰 제 리 관 정 대 왕　억 념 자 타 본 석 종 성 초 생 동 자 희 희 등 사

謂憶自他於如是處。初生沐浴懷抱乳哺按摩支節乃至戲笑
위 억 자 타 어 여 시 처　초 생 목 욕 회 포 유 포 안 마 지 절 내 지 희 소

或弄灰土或與侍從種種遨遊 或習伎藝或復修營種種事業 或遊他國夙夜栖泊或奉事王
혹 농 회 토 혹 여 시 종 종 종 오 유　혹 습 기 예 혹 부 수 영 종 종 사 업　혹 유 타 국 숙 야 서 박 혹 봉 사 왕

或理王務或爲太子或登王位得大自在受諸快樂廣大名稱遍諸方維[95]。
혹 리 왕 무 혹 위 태 자 혹 등 왕 위 득 대 자 재 수 제 쾌 락 광 대 명 칭 변 제 방 유

선남자여, 저 찰제리의 관정대왕은 자타의 전생의 종성과 처음 태어났을 때, 동자童子로서 기쁘게 놀던 일들을 기억한다. 자타를 기억한다는 것은 처음 태어나서 목욕하고 품에 안겨 젖을 먹고 4지肢에 안마를 받고, 또한 유희하고 웃고, 혹은 흙장난을 하고 혹은 시종들과 마음껏 놀며 혹은 기예를 배우고, 혹은 또 갖가지 사업을 경영하며, 혹은 타국에 가서 놀면서 아침저녁으로 묵고, 혹은 왕을 섬기며, 혹은 왕의 일을 처리하고, 혹은 태자太子가 되며, 혹은 왕위王位에 올라 자재함을 얻어 마음대로 향락하고, 이름이 4방과 4유維에 두루 퍼지는 것들을 말한다.

95 　방유方維; 사방사유四方四維. 동서남북 사방과 동남·동북·서남·서북의 사유.

念是事已安立先王所遵正法。撫育一切國土人民。守護自國不侵他境。
염시사 이안립선왕소준정법　　무육일체국토인민　　수호자국불침타경

善男子。刹帝利種灌頂大王。成就如是**第八王輪**。由此輪故 令自國土增長安樂。
선남자　　찰제리종관정대왕　　성취여시 제팔왕륜　　유차륜고 령자국토증장안락

能伏一切怨敵惡友。善守護身令增壽命。
능복일체원적악우　　선수호신령증수명

이런 일들을 생각하고는, 선왕先王이 준수하던 바른 법을 굳게 세워 일체 국민들을 어루만져
기르고 자기 나라를 수호하면서 남의 나라를 침노하지 않는다.

선남자여, 찰제리 종족의 관정대왕은 이런 **제8의 왕륜**을 성취하고 이 왕륜으로 말미암아 그
나라의 안락을 증진시키고 일체의 원수와 나쁜 벗을 항복받으며, 그 몸을 잘 수호하고 그 수명
을 더욱 길게 하느니라.

善男子。如是如來處大衆會憶念自他宿世所經無量種事。
선남자　　여시여래처대중회억념자타숙세소경무량종사

謂憶一生或二或三乃至無量百千生事。或憶成劫或憶壞劫或憶無量成劫壞劫。
위억일생혹이혹삼내지무량백천생사　　혹억성겁혹억괴겁혹억무량성겁괴겁

曾於過去住如是處如是名字 如是種姓如是種類如是飮食如是領納苦受樂受
증어과거주여시처여시명자　여시종성여시종류여시음식여시령납고수락수

如是壽量如是久住如是極於壽量邊際從彼處沒來生此間復從此沒往生彼處。
여시수량여시구주여시극어수량변제종피처몰래생차간부종차몰왕생피처

선남자여, 그와 같이 여래도 대중의 모임에 있으면서, 자타가 전생에 지내온 무량한 일들을
생각한다. 즉 1생生·2생·3생, 나아가 무량한 백천 생의 일을 생각한다. 혹은 성겁成劫을 생
각하고, 혹은 괴겁壞劫을 생각하며, 혹은 무량한 성겁成劫과 괴겁壞劫을 생각한다. 이전 과거
에 어떤 곳에 살았고, 성은 무엇이었으며, 이름은 무엇이었고, 어떤 종성이었으며, 어떤 종류
였으며, 어떤 음식을 먹었고, 어떤 고통과 즐거움을 받았으며, 수명壽命은 어떠했고, 얼마나
오래 살았으며, 그 수명이 다해서는 저기서 죽어 여기서 났고, 여기서 죽어 저곳에 난 것을
생각한다.

憶念宿世如是等事無量無邊。隨諸衆生根性差別建立正法爲作饒益。
억 념 숙 세 여 시 등 사 무 량 무 변　　수 제 중 생 근 성 차 별 건 립 정 법 위 작 요 익

善男子。我成如是**第八佛輪**。由此輪故 利益安樂無量有情得安隱住得無驚恐得無所畏。
선 남 자　　아 성 여 시 제 팔 불 륜　　유 차 륜 고 이 익 안 락 무 량 유 정 득 안 온 주 득 무 경 공 득 무 소 외

自稱我處大仙尊位。轉於佛輪摧諸天魔外道邪論。處大衆中正師子吼。
자 칭 아 처 대 선 존 위　　전 어 불 륜 최 제 천 마 외 도 사 론　　처 대 중 중 정 사 자 후

전생의 이런 무량무변한 일들을 다 기억하며 저 중생들의 근성根性의 차별을 따라 바른 법을
세워 그들을 이롭게 하느니라.

선남자여, 나는 이런 **제8의 불륜**을 성취하고 이 불륜으로 말미암아, 무량무변한 유정들을 이
롭고 안락하게 하며 안온하게 살면서 놀라지도 않게 하고 두려움도 없게 하였으며, '나는 대선
의 높은 자리에서 불륜을 굴려 저 천마와 외도들의 삿된 주장을 꺾는다'고 스스로 말하면서 대
중 가운데서 바르게 사자후하느니라.

善男子。如刹帝利灌頂大王。
선 남 자　　여 찰 제 리 관 정 대 왕

隨念觀察自國有情種姓伎藝及諸事業死此生彼因果勝劣差別不同。
수 념 관 찰 자 국 유 정 종 성 기 예 급 제 사 업 사 차 생 피 인 과 승 렬 차 별 부 동

知彼有情生如是家。其身勇健或復怯弱。於諸伎藝已學未學。所有事業善作惡作。
지 피 유 정 생 여 시 가　　기 신 용 건 혹 부 겁 약　　어 제 기 예 이 학 미 학　　소 유 사 업 선 작 악 작

富貴貧賤端正醜陋。
부 귀 빈 천 단 정 추 누

선남자여, 저 찰제리의 관정대왕은 자기 나라 유정들의 종성과 기예와 모든 사업과, 여기서 죽
어 저기서 나는 그 인과의 우열優劣과 차별을 관찰하고, 그 유정들이 어떤 집에서 태어났으며,
그 유정의 용맹함과 겁약怯弱함과, 모든 기예를 다 배우고 못 배움과, 사업을 잘하고 못함과,
부귀하고 빈천함과, 얼굴이 단정하고 누추한 것 등을 다 안다.

如是等類乃至命終。　或有自業未盡而死。　或有自業已盡而死。　或犯王法刑戮而死。
여시등류내지명종　　　혹유자업미진이사　　　혹유자업이진이사　　　혹범왕법형륙이사

或有遞相殘害而死。　或因鞭杖捶楚而死。　或因囹圄幽繫而死。　或因習學伎藝而死。
혹유체상잔해이사　　　혹인편장추초이사　　　혹인영어유집이사　　　혹인습학기예이사

或因戰陣傷殺而死。　或因鬪諍毆擊而死。　或因財寶貪恪而死。　或因色欲耽湎而死。
혹인전진상살이사　　　혹인투쟁구격이사　　　혹인재보탐인이사　　　혹인색욕탐면이사

或因忿恨結憤而死。　或因勞倦頓弊而死。　或因飢渴乏絶而死。　或有過死或無過死。
혹인분한결분이사　　　혹인노권돈폐이사　　　혹인기갈핍절이사　　　혹유과사혹무과사

或耆年死或壯年死或幼年死。　或作種種善業而死。　或作種種惡業而死。
혹기년사혹장년사혹유년사　　　혹작종종선업이사　　　혹작종종악업이사

이들이 나아가서는 목숨을 마치되, 혹은 자기 업이 다하지 않았는데도 죽고, 혹은 자기 업이 다하여 죽은 자도 있으며, 혹은 왕법王法을 어겨 형刑을 받아 죽으며, 혹은 서로 다투어 상해傷害해서 죽고, 혹은 매를 맞아 죽으며, 혹은 감옥에 갇혀서 죽고, 혹은 기예를 배우다가 죽으며, 혹은 전장에 나가서 죽고, 혹은 싸우다 맞아 죽으며, 혹은 재보財寶를 인색하게 탐하다 죽고, 혹은 색욕色欲에 빠져 죽으며, 혹은 원한이 맺혀 죽고, 혹은 과로하여 지쳐서 죽으며, 혹은 배고프고 목말라 죽으며, 혹은 허물이 있어서 죽고, 혹은 허물 없이 죽으며, 혹은 아주 늙어서 죽고, 혹은 장년의 나이에 죽고, 혹은 어린 나이에 죽으며, 혹은 온갖 선업을 짓다가 죽고, 혹은 갖가지 악업을 짓다가 죽는다는 것을 안다.

知諸有情行善行者身壞命終當往善趣。　知諸有情行惡行者身壞命終當往惡趣。
지제유정행선행자신괴명종당왕선취　　　지제유정행악행자신괴명종당왕악취

知是事已復自思惟。　我當正勤修身善行修語善行修意善行。
지시사이부자사유　　　아당정근수신선행수어선행수의선행

我當施設種種方便修行布施調伏寂靜。　身壞命終當往善趣勿墮惡趣。
아당시설종종방편수행보시조복적정　　　신괴명종당왕선취물타악취

또 선행을 행한 모든 유정은 몸이 무너지고 목숨이 끝난 뒤에 좋은 세계에 가고, 악행을 행한 유정은 몸이 무너지고 목숨이 끝난 뒤에 나쁜 세계에 갈 것을 안다.

이런 일을 다 알고서 다시 스스로 생각한다. '나는 마땅히 부지런히 몸과 말과 뜻의 선행을 닦으리라. 나는 마땅히 갖가지 방편을 베풀고 보시와 조복調伏과 선정을 수행하여 몸이 무너지고 목숨이 끝난 뒤에는 좋은 세계에 가고 나쁜 세계에는 떨어지지 않으리라.'

此刹帝利灌頂大王。思惟是已勇猛精進。修身語意三種善行。常行布施。
차 찰 제 리 관 정 대 왕　　사 유 시 이 용 맹 정 진　　수 신 어 의 삼 종 선 행　　상 행 보 시

一切所有飲食衣服象馬騎⁹⁶乘臥具醫藥房舍燈明及餘資具奴婢僮僕種種珍財頭目手足乃至⁹⁷
일 체 소 유 음 식 의 복 상 마 기　승 와 구 의 약 방 사 등 명 급 여 자 구 노 비 동 복 종 종 진 재 두 목 수 족 내 지

身命無所悋惜。及離殺生離不與取離欲邪行離虛誑語 離麁惡語離離間語
신 명 무 소 인 석　　급 이 살 생 이 불 여 취 이 욕 사 행 이 허 광 어 이 추 악 어 이 이 간 어

離雜穢語離諸貪欲離諸瞋恚離諸邪見⁹⁸。
이 잡 예 어 이 제 탐 욕 이 제 진 에 이 제 사 견

이 찰제리의 관정대왕은 이렇게 생각하고는 용맹스럽게 정진하여 몸과 말과 뜻의 세 가지 선행을 잘 수행하고 항상 보시를 행하되, 그가 가진 일체의 음식·의복·코끼리·말·탈 수 있는 동물·수레·침구·약품·집·등불 및 다른 필수품과 남녀의 종과 갖가지 재보財寶와 머리·눈·손·발, 심지어 목숨까지도 아끼지 않는다. 그리하여 살생을 떠나고 도둑질과 음행을 떠나며, 거짓말·추악한 말·이간질하는 말·잡되고 더러운 말 등을 떠나고, 탐욕과 분노와 삿된 소견 등(십악十惡)을 모두 떠나느니라.

由是因緣此刹帝利灌頂大王。當獲十種功德勝利。
유 시 인 연 차 찰 제 리 관 정 대 왕　　당 획 십 종 공 덕 승 리

何等爲十。一者具大名稱。二者具大財寶。三者具妙色相。四者具多眷屬。
하 등 위 십　　일 자 구 대 명 칭　　이 자 구 대 재 보　　삼 자 구 묘 색 상　　사 자 구 다 권 속

五者少病少惱。六者朋友眷屬聰慧多聞。七者正至正行親近供養。八者廣美聲譽流振十方。
오 자 소 병 소 뇌　　육 자 붕 우 권 속 총 혜 다 문　　칠 자 정 지 정 행 친 근 공 양　　팔 자 광 미 성 예 류 진 시 방

九者大威德天神常隨衛護。十者身壞命終當生天上常居善趣安樂國土。
구 자 대 위 덕 천 신 상 수 위 호　　십 자 신 괴 명 종 당 생 천 상 상 거 선 취 안 락 국 토

96　기騎; (말 탈 기) 1. 말을 타다. 2. 걸터앉다. 3. 기병騎兵, 기사騎士. 4. 기마騎馬. 5. 말을 탄 사람. 6. 타는 말. 7. 필(말을 세는 단위). 8. 사람이 탈 수 있는 동물.

97　내지乃至; 1. '얼마에서 얼마까지'의 뜻을 나타내는 말. 2. 또는(그렇지 않으면). 3. 더 나아가서. 심지어.

98　사견邪見; 그릇된 견해. 십악十惡의 하나. ▶십악十惡; 몸과 말과 뜻으로 짓는 열 가지 죄악. 1) 살생殺生. 사람이나 동물 따위, 살아 있는 것을 죽임. 2) 투도偸盜. 남의 재물을 훔침. 3) 사음邪婬. 남녀 간에 저지르는 음란한 짓. 4) 망어妄語. 거짓말이나 헛된 말. 5) 악구惡口. 남을 괴롭히는 나쁜 말. 6) 양설兩舌. 이간질하는 말. 7) 기어綺語. 진실이 없는, 교묘하게 꾸민 말. 8) 탐욕貪欲. 탐내어 그칠 줄 모르는 욕심. 9) 진에瞋恚. 성냄. 10) 사견邪見. 그릇된 견해. [비슷한 말] 십불선도十不善道, 십악업도十惡業道, 십흑업도十黑業道, 십악업도十惡業道. 신삼구사의삼身三口四意三.

이 인연으로 이 찰제리의 관정대왕은 마땅히 열 가지 공덕의 훌륭한 이익을 얻느니라.

그 열 가지란, 첫째 큰 명예를 갖추고, 둘째 많은 재보를 갖추며, 셋째 오묘한 색상色相을 갖추고, 넷째 많은 권속을 갖추며, 다섯째 병과 고민이 적고, 여섯째 벗과 권속들이 총명하고 슬기롭고 불법의 가르침을 많이 들으며, 일곱째 바르게 이르러야 할 곳에 이른(정지正至) 바른 행이 있는 이를 가까이하고 공양하며, 여덟째 크고 아름다운 명성이 시방에 퍼져 떨치고, 아홉째 큰 위덕威德이 있는 천신天神이 항상 호위하며, 열째 몸이 무너지고 목숨이 끝난 뒤에 천상에 나거나 항상 좋은 세계에 나서 안락한 국토에 사는 것이니라.

善男子。利帝利種灌頂大王。成就如是**第九王輪**。由此輪故 令自國土增長安樂。
선 남 자   찰 제 리 종 관 정 대 왕   성 취 여 시 제 구 왕 륜   유 차 륜 고 령 자 국 토 증 장 안 락

能伏一切怨敵惡友。善守護身令增壽命。
능 복 일 체 원 적 악 우   선 수 호 신 령 증 수 명

善男子。如是如來如實了知一切有情死生等事。
선 남 자   여 시 여 래 여 실 료 지 일 체 유 정 사 생 등 사

謂如實知若諸有情成身惡行成語惡行成意惡行誹謗賢聖具足邪見邪見業因
위 여 실 지 약 제 유 정 성 신 악 행 성 어 악 행 성 의 악 행 비 방 현 성 구 족 사 견 사 견 업 인

身壞命終墮諸惡趣或生地獄或生傍生或生餓鬼。
신 괴 명 종 타 제 악 취 혹 생 지 옥 혹 생 방 생 혹 생 아 귀

선남자여, 찰제리 종족의 관정대왕은 이런 **제9의 왕륜**을 성취하고 이로 말미암아 자기 나라의 안락을 증진시키고 일체의 원수와 나쁜 벗을 항복받아 그 몸을 잘 수호하고 그 수명을 더욱 길게 하느니라.

선남자여, 여래도 이와 같이 저 모든 유정들의 생사 등에 관한 일을 여실히 잘 아나니, 이른바 만일 어떤 유정이 몸과 말과 뜻으로 악행을 지어 성현을 비방하고 삿된 견해와 삿된 견해의 업인業因을 모두 갖추면, 그는 몸이 무너지고 목숨이 끝난 뒤에 온갖 나쁜 세계에 떨어지되, 혹은 지옥에 나고, 혹은 축생에 나며, 혹은 아귀에 나는 것을 여실히 잘 아느니라.

若諸有情成身善行成語善行成意善行不謗賢聖具足正見正見業因
약 제 유정 성 신 선행 성 어 선행 성 의 선행 불 방 현 성 구 족 정 견 정 견 업 인

身壞命終昇諸善趣或生天上或生人中或盡諸漏。如來如是如實知已。於彼衆生起大慈悲。
신 괴 명 종 승 제 선 취 혹 생 천 상 혹 생 인 중 혹 진 제 루 여 래 여 시 여 실 지 이 어 피 중 생 기 대 자 비

勇猛精進現三神變。令彼衆生歸趣佛法教誡安置成立世間出世間信。
용 맹 정 진 현 삼 신 변 령 피 중 생 귀 취 불 법 교 계 안 치 성 립 세 간 출 세 간 신

何等爲三。一者神通變現。二者記說變現。三者教誡變現。由是三種變現威力。
하 등 위 삼 일 자 신 통 변 현 이 자 기 설 변 현 삼 자 교 계 변 현 유 시 삼 종 변 현 위 력

勸發有情教誡安置成立世間出世間信。令於一切有趣死生皆得解脫。
권 발 유 정 교 계 안 치 성 립 세 간 출 세 간 신 령 어 일 체 유 취 사 생 개 득 해 탈

또 만일 어떤 유정이 몸과 말과 뜻으로 선행을 성취하여, 성현을 비방하지 않고 바른 견해와 바른 견해의 업인을 모두 갖추면, 그는 몸이 무너지고 목숨이 끝난 뒤에 모든 좋은 세계에 오르되, 혹은 천상에 나고, 혹은 인간에 나며, 혹은 모든 번뇌를 다 없애는 것을 여실히 잘 아느니라.

여래는 이렇게 여실히 다 알고서 저 중생들에 대해 큰 자비심을 일으키고 용맹정진하여 세 가지 신변神變을 나타내어 저 중생들로 하여금 불법의 가르침으로 돌아와 세간과 출세간의 믿음을 이루게 하느니라.

세 가지 신변이란, 첫째는 신통神通의 신변이요, 둘째는 설법說法의 신변이며, 셋째는 교계教誡의 신변이니, 이 세 가지 신변의 위력으로 유정을 격려하고 가르쳐 세간과 출세간의 믿음을 이루게 하며 일체 유정이 생사에서 벗어나게 하느니라.

善男子。我成如是第九佛輪。由此輪故 利益安樂無量有情。得安隱住得無驚恐得無所畏。
선 남 자 아 성 여 시 제구불륜 유 차 륜 고 이 익 안 락 무 량 유 정 득 안 온 주 득 무 경 공 득 무 소 외

自稱我處大仙尊位。轉於佛輪摧諸天魔外道邪論。處大衆中正師子吼。
자 칭 아 처 대 선 존 위 전 어 불 륜 최 제 천 마 외 도 사 론 처 대 중 중 정 사 자 후

선남자여, 나는 이런 **제9의 불륜**을 성취하고 이 불륜으로 말미암아, 무량한 유정들을 이롭고 안락하게 하며, 안온하게 살면서 놀람도 없고 두려움도 없게 하였고, '나는 대선의 높은 자리에서 불륜을 굴려 모든 천마와 삿된 외도들의 삿된 주장을 꺾는다' 고 하며 스스로 대중 가운데서 바르게 사자후하느니라.

善男子。如刹帝利灌頂大王。爲除四洲無量有情種種身病棄捨王位。
선 남 자   여 찰 제 리 관 정 대 왕   위 제 사 주 무 량 유 정 종 종 신 병 기 사 왕 위

以諸香湯沐浴身首著鮮淨衣端坐思惟。於諸衆生其心平等慈悲護念。
이 제 향 탕 목 욕 신 수 착 선 정 의 단 좌 사 유   어 제 중 생 기 심 평 등 자 비 호 념

爲令解脫一切病故以其種種香花伎樂及餘供具供養一切大威德天神。
위 령 해 탈 일 체 병 고 이 기 종 종 향 화 기 락 급 여 공 구 공 양 일 체 대 위 덕 천 신

선남자여, 찰제리의 관정대왕은 4주洲의 무량한 유정들의 갖가지 신병身病을 제거하기 위하여 왕위를 버리고, 갖은 향탕香湯에 몸을 씻고 머리를 감고 정결한 옷을 입고 단정히 앉아 사유한다. (그리하여) 저 중생들에 대해 그 마음이 평등하고 자비로 보살피며, 그 모든 병에서 벗어나게 하기 위하여 갖가지 향과 꽃과 음악과 그 밖의 공양거리로써 저 큰 위덕이 있는 일체 천신天神에게 공양한다.

爾時一切天帝龍帝乃至莫呼洛伽神帝。知是事已各相謂言。
이 시 일 체 천 제 용 제 내 지 막 호 락 가 신 제   지 시 사 이 각 상 위 언

此刹帝利灌頂大王。具諸功德有大威神應作輪王統四洲渚[99]。
차 찰 제 리 관 정 대 왕   구 제 공 덕 유 대 위 신 응 작 륜 왕 통 사 주 저

我等宜應共往建立令復王位統四洲渚令諸衆生無病安樂。
아 등 의 응 공 왕 건 립 령 부 왕 위 통 사 주 저 령 제 중 생 무 병 안 락

그때 일체의 천신天神·용왕龍王에서부터 마후라가왕에 이르기까지 이런 일을 알고 저희들끼리 의논하여 말한다.

'이 찰제리의 관정대왕은 온갖 공덕을 갖추고 큰 위신력威神力이 있으므로, 응당 전륜왕이 되어 이 4주洲를 통솔해야 할 것이다. 그러므로 우리는 모두 마땅히 가서 그를 왕위에 복귀시켜 세우고 4주를 통솔하게 하여 중생들로 하여금 병이 없이 안락하게 하자.'

---

99   저渚; (물가 저) 1. 물가(물이 있는 곳의 가장자리). 2. 강江의 이름. 3. 하천 가운데 있는 작은 섬. 사주沙洲. 모래섬. 4. 삼각주.

時諸天帝乃至莫呼洛伽神帝。卽便共往立刹帝利灌頂大王轉輪王位。
시 제 천 제 내 지 막 호 락 가 신 제　　즉 변 공 왕 립 찰 제 리 관 정 대 왕 전 륜 왕 위

令具七寶統四大洲皆得自在。
령 구 칠 보 통 사 대 주 개 득 자 재

千子具足勇健端正能摧怨敵跨[100]王大地亘窮海際謫罰皆停刀杖不舉。咸修正法普受安樂。
천 자 구 족 용 건 단 정 능 최 원 적 과　　왕 대 지 긍 궁 해 제 적 벌 개 정 도 장 불 거　　함 수 정 법 보 수 안 락

그리고 모든 천왕에서부터 마후라가왕에 이르기까지 곧 함께 그곳으로 가서, 찰제리의 관정대왕을 전륜왕의 자리에 세우고, 7보寶를 갖추어 4주를 자재하게 통솔하도록 한다.

그리고 그의 천 명 아들은 용맹하고 단정하며 원수를 다 무찔러, 왕의 대지와 바다 너머까지 벌주는 일이 다 없어지고 칼이나 매를 쓰지 않아도 모두가 바른 법을 닦아 안락하게 된다.

善男子。刹帝利種灌頂大王。成就如是**第十王輪**。由此輪故 於四大洲爰[101]及八萬四千小渚。
선 남 자　　찰 제 리 종 관 정 대 왕　　성 취 여 시 제 십 왕 륜　　유 차 륜 고 어 사 대 주 원　　급 팔 만 사 천 소 저

安立其中諸有情類十善業道。善守護身令增壽命 身壞命終當生天中受諸妙樂。
안 립 기 중 제 유 정 류 십 선 업 도　　선 수 호 신 령 증 수 명　　신 괴 명 종 당 생 천 중 수 제 묘 락

선남자여, 찰제리의 관정대왕은 이런 **제10의 왕륜**을 성취하고, 이 왕륜으로 말미암아 4대주와 8만 4천의 소주小洲에 이르기까지 그 안의 일체 유정들의 열 가지 선업을 잘 세워 그 몸을 잘 수호하고 수명을 늘리며, 몸이 무너지고 목숨이 끝난 뒤에는 천상에 나서 갖가지 묘한 즐거움을 누리느니라.

100　과跨; (넘을 과, 걸터앉을 고) 1. 넘다, 넘어가다. 뛰어넘다. 건너뛰다. 2. 타고 넘다. 3. 자랑하다. 4. 사타구니(=살. 두 다리의 사이). a. 걸터앉다 (고). b. 점거占據하다 (고). c. 빼앗아 소유所有하다 (고). d. 살, 사타구니(=살. 두 다리의 사이) (고).

101　원爰; (이에 원) 1. 이에. 2. 곧. 3. 여기에서. 4. 끌다. 5. 성내다. 6. 바꾸다. 7. 속이다. 8. 미치다(영향이나 작용 따위가 대상에 가하여지다), 이르다(어떤 정도나 범위에 미치다). 9. 느즈러지다. 10. 긴팔원숭이. 11. 그래서. 이리하여. 그리하여. (순접 관계를 나타내며 '우시于是(yúshì)'에 상당함). 12. 어디. 어느 곳.

善男子。如是如來昔菩薩位。知自他身有無量種諸煩惱病。
선 남 자　　여 시 여 래 석 보 살 위　　지 자 타 신 유 무 량 종 제 번 뇌 병

以定香水洗浴其身及以諦法大慈大悲灌沐其首著慚愧衣。十方一切諸佛世尊。
이 정 향 수 세 욕 기 신 급 이 제 법 대 자 대 비 관 목 기 수 착 참 괴 의　　시 방 일 체 제 불 세 존

以諸靜慮等持精進方便智意慈悲護念。咸作是言。
이 제 정 려 등 지 정 진 방 편 지 의 자 비 호 념　　함 작 시 언

선남자여, 여래도 이와 같이, 과거에 보살의 지위에 있을 때, 자기와 남에게 있는 무량한 번뇌의 병을 알고서 선정의 향수로 몸을 씻고 4제諦의 법과 대자대비로 그 머리를 감고 부끄러움의 옷을 입었다. (그래서) 시방의 모든 부처님은 모두가 정려靜慮·등지等持·정진·방편·지혜로운 뜻·자비로 호념護念하고, 이렇게 말하였다.

如是大士。是大福慧莊嚴寶器。堪容一切三種不護[102]四無所畏如來十力及與十八不共佛法[103]。
여 시 대 사　　시 대 복 혜 장 엄 보 기　　감 용 일 체 삼 종 불 호　　사 무 소 외 여 래 십 력 급 여 십 팔 불 공 불 법

堪得無上一切智智。大慈大悲無不具足。常欣利樂一切衆生。
감 득 무 상 일 체 지 지　　대 자 대 비 무 불 구 족　　상 흔 이 락 일 체 중 생

'이 대사大士(보살)는 곧 큰 복덕과 지혜로 장엄한 보배 그릇으로서 몸과 말과 뜻이 청정하여 허물이 없으며, 4무소외無所畏와 여래의 10력力과 18불공불법不共佛法(십력十力+사무외四無畏+삼념처三念處+대비大悲)을 지녔으며, 위없는 부처님의 지혜와 대자대비를 모두 갖추었으며, 항상 기꺼이 일체 중생을 이롭고 안락하게 한다.

102　삼종불호三種不護; 삼불호三不護. ▶삼불호三不護; Skt. trīṇy arakṣyāṇi. Pāli tīṇi tathāgatassārakkheyyāni. three unguarded (activities). 부처의 신신·구口·의意는 청정하여 허물이 없기 때문에 감추어 보호할 필요가 없다는 뜻. 백사십불공법百四十不共法에 속함.

103　십팔불공불법十八不共佛法; 십팔불공법十八不共法. ▶십팔불공법十八不共法; Skt. aṣṭādaśâveṇika-buddha-dharma. eighteen distinctive characteristics of the Buddha. 삼육독법三六獨法·십팔불공불법十八不共佛法. 부처만이 갖추고 있는 열여덟 가지 특징. 1. 부파 불교에서 설함. 십력十力+사무외四無畏+삼념처三念處+대비大悲. In Indian Buddhism these are the ten powers 십력十力, the four fearlessnesses 사무외四無畏, the three bases of mindfulness 삼념처三念處, and great compassion 대비大悲. the eighteen distinctive characteristics as defined by Hīnayāna are his 십력十力, 사무외四無畏, 삼념주三念住 and his 대비大悲. [구사론俱舍論]. 1) 처

비처지력處非處智力. 이치에 맞는 것과 맞지 않는 것을 분명히 구별하는 능력. 2) 업이숙지력業異熟智力. 선악의 행위와 그 과보를 아는 능력. 3) 정려해탈등지등지지력靜慮解脫等持等至智力. 모든 선정禪定에 능숙함. 4) 근상하지력根上下智力. 중생의 능력이나 소질의 우열을 아는 능력. 5) 종종승해지력種種勝解智力. 중생의 여러 가지 뛰어난 판단을 아는 능력. 6) 종종계지력種種界智力. 중생의 여러 가지 근성을 아는 능력. 7) 변취행지력遍趣行智力. 어떠한 수행으로 어떠한 상태에 이르게 되는지를 아는 능력. 8) 숙주수념지력宿住隨念智力. 중생의 전생을 기억하는 능력. 9) 사생지력死生智力. 중생이 죽어 어디에 태어나는지를 아는 능력. 10) 누진지력漏盡智力. 번뇌를 모두 소멸시키는 능력. 11) 정등각무외正等覺無畏. 바르고 원만한 깨달음을 이루었으므로 두려움이 없음. 12) 누영진무외漏永盡無畏. 모든 번뇌를 끊었으므로 두려움이 없음. 13) 설장법무외說障法無畏. 끊어야 할 번뇌에 대해 설하므로 두려움이 없음. 14) 설출도무외說出道無畏. 미혹을 떠나는 수행 방법을 설하므로 두려움이 없음. 15) 제일염주第一念住. 중생의 공경을 받아도 기뻐하지 않고 바른 기억과 바른 지혜에 안주함. 16) 제이염주第二念住. 중생의 공경을 받지 않아도 근심하지 않고 바른 기억과 바른 지혜에 안주함. 17) 제삼염주第三念住. 어떤 중생에게는 공경받고 어떤 중생에게는 공경받지 않아도 기뻐하거나 근심하지 않고 바른 기억과 바른 지혜에 안주함. 18) 대비大悲. 항상 중생의 고통을 덜어 주려고 함. 2. 대승에서 설함. Skt. daśa avenika buddha dharmaḥ. In East Asian Buddhism, the Mahāyāna eighteen are: 1) unmistaken action 신무실身無失(몸으로 짓는 행위에 허물이 없음); (perfection of body). 2) unmistaken word 구무실口無失(입에서 비롯되는 말에 허물이 없음); (perfection of speech). 3) unmistaken thought 념무실념無失(기억이나 생각에 허물이 없음); (perfection of memory). 4) mind of equality toward all beings 무이상無異想(모든 중생에 대해 평등한 마음을 가짐); (impartiality or universality). 5) stable mind in meditation 무부정심無不定心(중생의 산란한 마음을 없애 줌); (ever in samādhi). 6) all-embracing mind which rejects nothing 무부지기사심無不知己捨心(중생을 모른 체 내버려 두지 않고 구제함); (entire self-abnegation). 7) the power of not-backsliding in terms of aspiration 욕무감欲無減(중생을 구제하려는 의지가 줄어들지 않음); [never diminishing will (to save)]. 8) the power of not-backsliding in terms of diligence 정진무감精進無減(수행에 퇴보가 없음); (zeal). 9) the power of not-backsliding in terms of mindfulness 념무감念無減(기억력이 감퇴하지 않음); (thought). 10) the power of not-backsliding in terms of wisdom towards the salvation of all beings 혜무감慧無減(지혜가 쇠퇴하지 않음); (wisdom). 11) the power of not falling back from freedom into bondage 해탈무감解脫無減(모든 집착을 떠난 해탈의 경지에서 퇴보하지 않음); (salvation). 12) not falling back from the vision attained in liberation 해탈지견무감解脫知見無減(모든 해탈을 명료하게 알아 부족함이 없음); (insight into salvation). 13) the manifestation of wisdom power in thought 일체의업수지혜행一切意業隨智慧行(모든 행위는 지혜를 수반함); (mind accordant with wisdom). 14) the manifestation of wisdom power in word 일체구업수지혜행一切口業隨智慧行(모든 말은 지혜를 수반함); (speech accordant with wisdom). 15) the manifestation of wisdom power in deed 일체신업수지혜행一切身業隨智慧行(모든 생각은 지혜를 수반함); (deeds accordant with wisdom). 16) immediate total knowledge of all affairs of present 지혜지견현재세무애무장智慧知見現在世無閡無障(현재세의 모든 것을 알아 막힘이 없음); (omniscience in regard to the present). 17) immediate total knowledge of all affairs of the past 지혜지견과거세무애무장智慧知見過去世無閡無障(과거세의 모든 것을 알아 막힘이 없음); (omniscience in regard to the past). 18) immediate total knowledge of all affairs of future 지혜지견미래세무애무장智慧知見未來世無閡無障(미래세의 모든 것을 알아 막힘이 없음); (omniscience in regard to the future). 〔화엄경華嚴經〕

是求佛寶商人導首。能救有情生死衆苦。能施有情涅槃大樂。
시 구 불 보 상 인 도 수　 능 구 유 정 생 사 중 고　 능 시 유 정 열 반 대 락

我等一切諸佛世尊。應以誠言與其所願。令成如來應供正等覺得無上法爲大法王。
아 등 일 체 제 불 세 존　 응 이 성 언 여 기 소 원　 령 성 여 래 응 공 정 등 각 득 무 상 법 위 대 법 왕

我於爾時依福慧力勇猛精進。於四聖諦如實知已證得無上正等菩提。
아 어 이 시 의 복 혜 력 용 맹 정 진　 어 사 성 제 여 실 지 이 증 득 무 상 정 등 보 리

이는 불보佛寶를 구하는 상인商人의 길잡이 가운데 우두머리이며, 능히 유정을 생사의 온갖 고통에서 잘 구제해 주고, 능히 유정들에게 열반의 큰 즐거움을 베풀어준다.

우리들 모든 부처는 정성스러운 말로 그 소원인 여래 · 응공應供 · 정등정각正等正覺을 이루게 하고, 위없는 법을 얻게 하여 큰 법왕法王이 되게 하자.'

나는 그때, 복덕과 지혜의 힘으로 용맹정진하여 4성제聖諦를 여실히 알았으며 위없는 정등정각을 증득하였느니라.

善男子。如轉輪王統四大洲皆得自在。
선 남 자　 여 전 륜 왕 통 사 대 주 개 득 자 재

如是如來於四靜慮四無色定四種梵住四無礙解四聖諦觀四無所畏[104]
여 시 여 래 어 사 정 려 사 무 색 정 사 종 범 주 사 무 애 해 사 성 제 관 사 무 소 외

如來十力及與十八不共佛法一切種智皆得自在。
여 래 십 력 급 여 십 팔 불 공 불 법 일 체 종 지 개 득 자 재

선남자여, 전륜왕이 4대주를 통솔하되 다 자재함을 얻은 것처럼, 여래도 4정려 · 4무색정 · 4무량심 · 4무애해 · 4성제관聖諦觀 · 4무소외無所畏와 여래의 10력 및 18불공불법과 일체종지一切種智에 있어서 다 자재함을 얻었느니라.

104　사무소외四無所畏; 사무외四無畏. ▶사무외四無畏; Skt. catur-vaiśāradya. Pāli cattāri vesārajjāni. four forms of fearlessness. 부처가 가르침을 설할 때, 확신하고 있기 때문에 누구에게도 두려움이 없는 네 가지. 1) 정등각무외正等覺無畏. 바르고 원만한 깨달음을 이루었으므로 두려움이 없음. 2) 누영진무외漏永盡無畏. 모든 번뇌를 끊었으므로 두려움이 없음. 3) 설장법무외說障法無畏. 끊어야 할 번뇌에 대해 설하므로 두려움이 없음. 4) 설출도무외說出道無畏. 미혹을 떠나는 수행 방법에 대해 설하므로 두려움이 없음.

如轉輪王具足七寶。如是如來成就七種菩提分寶[105]。
여 전 륜 왕 구 족 칠 보　　여 시 여 래 성 취 칠 종 보 리 분 보

如轉輪王千子具足勇健端正能伏怨敵。　如是如來有阿若多憍陳那[106]爲最初蘇跋陀羅蘇剌多[107]
여 전 륜 왕 천 자 구 족 용 건 단 정 능 복 원 적　　여 시 여 래 유 아 야 다 교 진 나　　위 최 초 소 발 타 라 소 랄 다

爲最後諸大聲聞從佛心生從佛口生從法化生得佛法分諸漏永盡名爲勇健。
위 최 후 제 대 성 문 종 불 심 생 종 불 구 생 종 법 화 생 득 불 법 분 제 루 영 진 명 위 용 건

具四梵住名爲端正能伏一切天魔外道異論怨敵。
구 사 범 주 명 위 단 정 능 복 일 체 천 마 외 도 이 론 원 적

(또) 전륜왕이 7보를 모두 갖춘 것처럼, 여래도 깨달음에 이르는 일곱 가지 보리분법菩提分法

(칠각지七覺支)의 보배를 얻었고, 저 전륜왕이 둔 천 명의 아들이 용건勇健하고 단정하여 원수

를 능히 항복받는 것처럼, 여래에게도 최초의 아야다교진나阿若多憍陳那(Skt. ājñāta-kauṇḍinya. Pāli

aññā-koṇḍañña)가 있고, 최후에 소발타라소랄다蘇跋陀羅蘇剌多(Skt. subhadra. Pāli Subhadda.)가 있으

며, 큰 성문들은 부처의 마음에서 나왔고 부처의 입에서 나왔으며, 법에서 변화해 나와서 불

법을 얻었으며, 모든 번뇌가 아주 다한 자를 용건勇健이라 하고, 4무량심을 다 갖춘 것을 단정

端正이라 하나니, 능히 모든 천마·외도들의 삿된 주장과 적을 항복받느니라.

105　칠종보리분보七種菩提分寶; 칠각지七覺支. ▶칠각지七覺支; Skt. sapta-bodhy-aṅga. Pāli satta-bojjhaṅga. 칠
　　각七覺·칠각분七覺分·칠각의七覺意·칠등각지七等覺支·칠보리분七菩提分. 깨달음에 이르는 일곱 가
　　지 갈래. 1) 염각지念覺支. 가르침을 명심하여 마음챙김. 2) 택법각지擇法覺支. 지혜로써 바른 가르침만을
　　선택하고 그릇된 가르침은 버림. 3) 정진각지精進覺支. 바른 가르침을 사유하면서 수행함. 4) 희각지喜覺支.
　　정진하는 수행자에게 평온한 기쁨이 생김. 5) 경안각지輕安覺支. 평온한 기쁨이 생긴 수행자의 몸과 마음이
　　경쾌해짐. 6) 정각지定覺支. 몸이 경쾌한 수행자가 정신을 집중·통일시킴. 7) 사각지捨覺支. 집중·통일된
　　마음을 평등하게 잘 응시함.
106　아야다교진나阿若多憍陳那; 아야교진여阿若憍陳如. ▶아야교진여阿若憍陳如; Skt. ājñāta-kauṇḍinya. Pāli
　　aññā-koṇḍañña. 아야阿若는 요본제了本際·지본제知本際라고 번역. 오비구五比丘의 하나. 교진여憍陳如
　　는 성姓. 우루벨라(uruvelā)에서 싯다르타와 함께 고행했으나 그가 네란자라(nerañjarā) 강에서 목욕하고 또
　　우유죽을 얻어 마시는 것을 보고 타락했다고 하여, 그곳을 떠나 녹야원鹿野苑에서 고행하고 있었는데, 깨달
　　음을 성취한 붓다가 그곳을 찾아가 설한 사제四諦의 가르침을 듣고 최초의 제자가 됨.
107　소발타라소랄다蘇跋陀羅蘇剌多; 수발타라須跋陀羅. ▶수발타라須跋陀羅; Skt. subhadra. Pāli Subhadda. 수
　　발(須跋·須拔)·수발타須跋陀·소발타라蘇跋陀羅·수파두루藪婆頭樓. 선현善賢·묘현妙賢·호현好賢
　　이라 번역. 붓다의 마지막 제자. 붓다가 쿠시나가라(kuśinagara)에서 입멸하기 직전에 그의 설법을 듣고 제
　　자가 됨.

如轉輪王化及八萬四千小渚。 如是如來於百俱胝[108]南瞻部洲[109]於百俱胝西瞿陀尼洲
여 전 륜 왕 화 급 팔 만 사 천 소 저　　　여 시 여 래 어 백 구 지　　남 섬 부 주　　　어 백 구 지 서 구 다 니 주

於百俱胝東毘提訶洲 於百俱胝北俱盧洲 於百俱胝諸大溟海 於百俱胝諸妙高山[110]
어 백 구 지 동 비 제 하 주 어 백 구 지 북 구 로 주 어 백 구 지 제 대 명 해 어 백 구 지 제 묘 고 산

於百俱胝四大王天[111] 於百俱胝乃至非想非非想天 於百俱胝大輪圍山[112] 於此高廣一佛土中。
어 백 구 지 사 대 왕 천　　어 백 구 지 내 지 비 상 비 비 상 천 어 백 구 지 대 륜 위 산　　어 차 고 광 일 불 토 중

言音施化皆得自在。
언 음 시 화 개 득 자 재

전륜왕의 교화가 8만 4천의 소저小渚(작은 섬, 삼각주)에까지 미치는 것처럼, 여래도 100구지俱胝
의 남섬부주南瞻部洲와 100구지의 서구다니주西瞿陀尼洲와 100구지의 동비제하주東毘提訶洲와

108　구지俱胝; Skt. koṭī, koṭi. 과추戈追·구치俱致·구치拘胝. 인도에서 쓰는 큰 수의 하나. 일천만(10[7]; 80권본
　　화엄경) 또는 일억을 뜻한다.

109　남섬부주南瞻部洲; 사주四洲의 하나. ▶사주四洲; Skt. catur-dvīpa. Pāli cattāro dvīpā. 수미산의 사방에 있다
　　는 네 대륙. 1) 동승신주東勝身洲. Skt. Pūrva-videha. 이곳에 있는 인간들은 신장이 뛰어나다고 하여 승신勝
　　身이라 함. 2) 남섬부주南瞻部洲. Skt. Jambudvīpa. 섬부瞻部는 산스크리트어 jambu의 음사. 잠부(jambu) 나
　　무가 많으며, 우리 인간들이 사는 곳이라 함. 여러 부처가 나타나는 곳은 네 대륙 가운데 이곳뿐이라 함. 3)
　　서우화주西牛貨洲. Skt. Apara-godānīya. 여기에서는 소를 화폐로 사용한다고 하여 우화牛貨라고 함. 4) 북
　　구로주北俱盧洲. Skt. 구로俱盧는 Skt. Uttarakuru. kuru의 음사로, 종족 이름. 네 대류 가운데 가장 살기 좋은
　　곳이라 함.

110　묘고산妙高山; 수미산須彌山. ▶수미산須彌山; Skt. Sumeru-parvata. 또는 수미루須彌樓·수미루修迷樓·
　　소미로蘇迷盧. 줄여서 미로迷盧. 번역하여 묘고妙高·묘광妙光·안명安明·선적善積. 고대 인도인들의 세
　　계관에서, 세계의 중심에 솟아 있다는 거대한 산으로, 금金·은銀·폐류리吠琉璃·파지가頗胝迦의 네 보석
　　으로 되어 있다고 함. 4주洲세계의 중앙, 금륜金輪 위에 우뚝 솟은 높은 산. 금륜은 수륜水輪 위에 있고 수륜
　　은 풍륜風輪 위에 있고 풍륜은 허공에 떠 있다고 함. 둘레에 7산山 7해海 및 함해鹹海가 있고 또 그밖에 철위
　　산이 둘려 있어 물 속에 잠긴 것이 8만 유순, 물 위에 드러난 것이 8만 유순이며, 꼭대기는 도리천忉利天(제석
　　천 포함), 중턱은 4왕천四王天의 주처住處라 함.

111　사대왕천四大王天; 사왕천四王天. ▶사왕천四王天; Skt. catur-mahārāja-deva. four heavenly kings. 사천왕중
　　천四天王衆天·사천왕천四天王天. 육욕천六欲天의 하나. 천天은 신神, 또는 그들이 사는 곳이라는 뜻. 사천
　　왕四天王과 그 권속들이 사는 곳. 곧, 수미산 중턱의 동쪽에 있는 지국천持國天, 남쪽에 있는 증장천增長天,
　　서쪽에 있는 광목천廣目天, 북쪽에 있는 다문천多聞天을 일컬음. 땅에 의지한 지거천地居天임.

112　대륜위산大輪圍山; 철위산鐵圍山. ▶철위산鐵圍山; Skt. Cakravāḍa. 작가라바라斫迦羅婆羅라 음사. 철륜위
　　산鐵輪圍山·윤위산輪圍山·작가라斫迦羅·금강산金剛山·금강위산金剛圍山·금강철위산金剛鐵圍山
　　이라 뜻번역. 9산의 하나. 수미산의 사주四洲를 둘러싸고 있는 쇠로 된 산. 지변산地邊山을 둘러싸고 있다. 9
　　산 가운데 가장 밖에 있는 산. 지변산에서 36만 3천 2백 88유순, 또는 남섬부주의 남쪽 끝에서 3억 6만 6백 63
　　유순 되는 곳에 있다 하며, 전부 철로 이루어졌고, 높이와 넓이가 모두 3백 12유순에 달함.

100구지의 북구로주北俱盧洲와 100구지의 큰 바다와 100구지의 묘고산妙高山과 100구지의 사대왕천四大王天과, 나아가 100구지의 비상비비상천非想非非想天과 100구지의 대륜위산大輪圍山 등에까지 이 높고 넓은 한 부처님 국토 안에서 말과 음성으로 교화하되 다 자재하느니라.

善男子。 我成如是**第十佛輪**。 由此輪故 如實了知自身他身諸漏永盡。
선 남 자 　 아 성 여 시 제 십 불 륜 　 유 차 륜 고 　 여 실 료 지 자 신 타 신 제 루 영 진

利益安樂無量有情。 得安隱住得無驚恐得無所畏。 自稱我處大仙尊位。
이 익 안 락 무 량 유 정 　 득 안 온 주 득 무 경 공 득 무 소 외 　 자 칭 아 처 대 선 존 위

轉於佛輪摧諸天魔外道邪論。 處大衆中正師子吼。
전 어 불 륜 최 제 천 마 외 도 사 론 　 처 대 중 중 정 사 자 후

善男子。 我成如是十種佛輪。 本願力故居此佛土。
선 남 자 　 아 성 여 시 십 종 불 륜 　 본 원 력 고 거 차 불 토

선남자여, 나는 이런 **제10의 불륜**을 성취하고 이 불륜으로 말미암아, 여실하게 나와 남이 길이 번뇌가 없어지는 것을 알며, 무량한 유정을 이롭고 안락하게 하며, 안온하게 살게 하고 놀람도 없고 두려움도 없게 하였고, '나는 대선의 높은 자리에서 불륜을 굴려 모든 천마와 외도들의 삿된 주장을 꺾는다'고 스스로 말하면서 대중 가운데서 바르게 사자후하느니라.

선남자여, 나는 이런 열 가지 불륜을 성취하고는 본원本願의 힘 때문에 이 부처님 국토에 사느니라.

五濁惡世一切有情。 損減一切白淨善法。 匱乏所有七聖財寶。 遠離一切聰憨智者。
오 탁 악 세 일 체 유 정 　 손 감 일 체 백 정 선 법 　 궤 핍 소 유 칠 성 재 보 　 원 리 일 체 총 민 지 자

斷常羅網之所覆蔽。 常好乘馱諸惡趣車。 於後世苦不見怖畏。 常處遍重無明黑闇。
단 상 라 망 지 소 부 폐 　 상 호 승 어 제 악 취 거 　 어 후 세 고 불 견 포 외 　 상 처 변 중 무 명 흑 암

具十惡業。 造五無間[113]。 誹謗正法。 毀呰賢聖。 離諸善法。 具諸惡法。
구 십 악 업 　 조 오 무 간 　 비 방 정 법 　 훼 자 현 성 　 이 제 선 법 　 구 제 악 법

113　오무간五無間; 오무간죄五無間罪. 오역죄五逆罪. ▶오역죄五逆罪; 다섯 가지 지극히 무거운 죄. 다섯 가지의 내용에 대해서는 여러 설이 있으나 대표적인 것은 다음과 같음. 1) 아버지를 죽임. 2) 어머니를 죽임. 3) 아라한을 죽임. 4) 승가의 화합을 깨뜨림. 5) 부처의 몸에 피를 나게 함. 이 다섯 가지는 무간지옥에 떨어질 지극히 악한 행위이므로 오무간업五無間業이라고도 함.

5탁악세의 일체 유정은 일체의 맑고 깨끗한 선법善法을 줄이고, 소유한 7성재聖財의 보배도 모자라며, 슬기롭고 민첩한 지혜로운 이를 멀리 떠나고, 단상斷常의 그물에 덮여, 항상 악의 세계로 나아가는 수레 타기를 좋아하면서 후세의 고통을 두려워하지 않으며, 언제나 겹겹이 싸인 무명의 어둠 속에서 10악업을 갖추고 오무간죄를 지으며, 바른 법을 비방하고 성현을 헐뜯으며 모든 선법을 버리고 갖가지 악법을 갖춘다.

我於其中成就如是佛十輪故。得安隱住得無驚恐得無所畏。自稱我處大仙尊位。
아 어 기 중 성 취 여 시 불 십 륜 고　　득 안 온 주 득 무 경 공 득 무 소 외　　자 칭 아 처 대 선 존 위

轉於佛輪降諸天魔外道邪論。摧滅一切諸有情類猶如金剛堅固煩惱。
전 어 불 륜 항 제 천 마 외 도 사 론　　최 멸 일 체 제 유 정 류 유 여 금 강 견 고 번 뇌

隨其所樂安立一切有力衆生令住三乘不退轉位。
수 기 소 요 안 립 일 체 유 력 중 생 령 주 삼 승 불 퇴 전 위

나는 이런 속에서 이 열 가지 불륜을 성취하였기 때문에 안온한 곳에 머무를 수 있고 놀람도 없고 두려움도 없어 스스로 말하기를 '나는 대선의 높은 자리에서 불륜을 굴려 모든 천마와 외도들의 삿된 주장을 항복받고, 일체 유정들의 금강처럼 견고한 번뇌를 무찔러 없애고, 역량이 있는 모든 유정들을 그 좋아하는 바를 따라 굳게 세워 3승의 물러나지 않는 자리에 머물러 있게 하느니라'고 하느니라.

爾時會中一切菩薩摩訶薩衆一切聲聞一切天龍廣說乃至一切羯吒布怛那衆人非人等。
이 시 회 중 일 체 보 살 마 하 살 중 일 체 성 문 일 체 천 룡 광 설 내 지 일 체 갈 타 포 달 나 중 인 비 인 등

皆大歡喜同唱善哉。雨大香雨雨大花雨雨衆寶雨雨大衣雨。一切大地皆悉震動。
개 대 환 희 동 창 선 재　　우 대 향 우 우 대 화 우 우 중 보 우 우 대 의 우　　일 체 대 지 개 실 진 동

그때 그 모임의 모든 보살마하살과 모든 성문과 모든 하늘 · 용과, 나아가 일체의 갈타포달나의 무리와 인비인人非人 등은 다 크게 기뻐하며 '훌륭하다' 하고 외치면서, 큰 향의 비를 내리고 큰 꽃의 비를 내리며, 온갖 보배의 비와 큰 옷의 비를 내렸으며, 일체의 대지는 모두 진동하였다.

聞說如是十種佛輪。於衆會中有八十四百千那由多菩薩摩訶薩得無生法忍。
문 설 여 시 십 종 불 륜　　어 중 회 중 유 팔 십 사 백 천 나 유 다 보 살 마 하 살 득 무 생 법 인

復有無量菩薩摩訶薩獲得種種諸陀羅尼三摩地忍。
부 유 무 량 보 살 마 하 살 획 득 종 종 제 다 라 니 삼 마 지 인

復有無量無數有情初發無上正等覺心得不退轉。復有無量無數有情逮[114]得果證。
부 유 무 량 무 수 유 정 초 발 무 상 정 등 각 심 득 불 퇴 전　　부 유 무 량 무 수 유 정 체　 득 과 증

《大乘大集地藏十輪經》[115]卷第二 (三藏法師 玄奘 漢譯)
대 승 대 집 지 장 십 륜 경　　권 제 이　삼 장 법 사 현 장 한 역

그리고 이 열 가지 불륜에 대해 설하시는 말씀을 들은 대중 가운데, 팔십사백천 나유다의 보살마하살은 무생법인無生法忍을 얻었고, 또 무량한 보살마하살들은 갖가지 다라니와 삼마지三摩地와 인가認可를 얻었으며, 또 무량 무수한 유정들은 처음으로 위없는 정등각에 대한 마음을 내어 물러나지 않게 되었고, 또 무량 무수한 유정들은 다 과증果證을 얻었다.

《대승대집지장십륜경》권제2 (삼장법사 현장 한역)

---

114 체逮; (잡을 체, 탈 태) 1. 잡다, 체포逮捕하다. 붙들다. 2. 뒤따라 가서 붙잡다. 3. 쫓다. 4. 미치다(공간적 거리나 수준 따위가 일정한 선에 닿다), 이르다(어떤 장소나 시간에 닿다). 5. 보내다. 6. 옛날에, 이전에. 7. 편안便安한 모양, 안온安穩한 모양. a. (기회를)타다(태).

115 대승대집지장십륜경大乘大集地藏十輪經; 줄여서 보통《지장십륜경》이라고 하는 이 경전은 모두 8품 10권으로 이루어져 있으며 당唐의 현장玄奘이 한역한 것이다. 지장보살의 신통력과 공덕, 부처가 입멸한 뒤의 불법의 전파, 참회, 보살의 수행 등을 설한 경. 이 경의 내용은 지장보살의 물음에 대해 부처님이 10종의 불륜佛輪을 설한 것으로, 여기서 10륜은 부처님의 10력이며 그 하나하나의 힘을 전륜성왕에 비유한 것이다. 각 품별로 다루고 있는 주제를 간단히 살펴보자. 1) 서품序品: 지장보살의 신통력을 이야기하면서 그 어느 보살보다 지장보살을 믿고 잘 받들어야 모든 소원을 더 빨리 성취할 수 있다는 내용이 들어 있다. 2) 십륜품十輪品: 왕이 나라를 다스리는 방법에 비유하여 부처님의 입멸 후 불법을 펴나가는 방법에 관해 이야기하고 있다. 3) 무의행품無依行品: 악행 10가지와 무간죄 5가지, 그리고 근본죄 4가지를 들고 왕의 10가지 악법에 대해 설명하고 있다. 4) 유의행품有依行品: 성문, 독각, 보살이 의거해야 할 교리와, 불도를 닦는 사람들은 반드시 소승의 교리를 배우고 나서 대승의 교리를 배울 것을 설법하고 있다. 5) 참회품懺悔品: 법회에 참가한 비구들이 부처님의 설법을 듣고 자신들의 죄를 참회한 이야기와 그들이 다시 죄를 짓지 않도록 부처님이 들려준 이야기가 실려 있다. 6) 선업도품善業道品: 부처님이 금강장보살에게 십선十善을 행하면 반드시 좋은 과보가 있다는 설법을 하고 있다. 7) 복전상품福田相品: 보살이 모든 중생들에게 이익을 주는 복전이 되기 위해 수행해야 할 방법이 나온다. 8) 획익촉루품獲益囑累品: 법회에 참가한 보살과 성문, 독각을 비롯한 모든 청중들이 부처님의 설법을 통해 깨달음을 얻은 이야기와, 부처님이 허공장보살에게 이 경을 널리 유포할 것을 부촉한 이야기가 나오고 있다. 여기에서는 '제2第二 십륜품十輪品'만을 전재하고 번역하였다.

금강심론 주해를
마무리하며

1985년 4월 동리산문 태안사에서 청화 큰스님을 처음 뵙던 날, 큰스님께서 친필 저자서명을 한『금강심론』을 전해주신 지 어언 34년이 흘렀다. 그동안 거의 하루도 쉼없이 조금이라도 읽고 익혀온『금강심론』이다.

『금강심론』「제4편 우주의 본질과 형량」의 주해서인『금강심론 주해 III』을 끝으로 3권으로 구성된『금강심론 주해(I, II, III)』를 일단 마무리한다.『금강심론 주해 I』을 2017년 3월 23일에,『금강심론 주해 II』를 2018년 3월 29일에,『금강심론 주해 III』을 2019년 4월에 펴냈으니 1년에 한 권씩 3년에 걸쳐 금강심론 전체에 대한 주해서를 펴낸 셈이다.

금타 대화상님의 저술 기간이 1942년~1947년, 청화 큰스님께서 은사 금타 대화상님의 유고 여러 편을 모아『금강심론』이라는 제하에 편찬한 것이 1979년이다. 멀게는 70여 년 전, 가깝게는 40년 전에 세상에 빛을 보인 진보珍寶에 대한 주해서가 마무리된 것이다.

큰스님께서『금강심론』에 일본어를 우리말로 번역하여 수록한「우주의 본질과 형량」의 일본어 유고본의 저술 년대는 1942년 6월 9일이고, 2015년 일본 동양대학 도서관에서 발굴된「우주의 본질과 형량」의 저술 년대는 1941년 5월로 되어 있는 것을 감안하면, 금타 대화상님의 저술기간은 1941년~1947년으로 1년 확장된다.

금타 대화상님의 유고 중 시기적으로 가장 앞선「우주宇宙의 본질本質과 형량形量」은, 금타 대화상의 서문에 의하면, '우주의 법계성法界性과 행상行相'이기도 하다. 요즈음 표현으로 하면 '우주의 본체와 현상'인 셈이다. 한 티끌을 잘못보면 망상妄想이 되고, 바로 보면 진각眞覺(참깨달음)이 된다. 한 티끌이나 제법諸法은 그대로 일진법계一眞法界로서 참과 거짓이 없다. 다만 우리의 견해에 의해 진망眞妄이 나뉠 뿐이다. 그러니 바른 견해를 회복할 일이다.

금타 대화상께서 깊은 삼매 가운데 순수직관으로 통찰한 우주는 불교우주론에 근거했으면서 또한 그를 넘어서는 독창적인 우주론(이하 '금타우주론')으로서, 6절 100항이 일관된 체계로 짜여 있고, 물질과 정신이 궁극적으로는 금진金塵(원자핵의 본질) 일원一元의 작용과 현현顯現으로서 유심唯心으로 통일統一된다.

금타우주론에서, 허공에 고루 분포한 금진金塵(원자핵의 본질)이 좌선左旋하면 수대水大와 지대地大가 되고, 우선右旋하면 풍대風大와 화대火大가 되는 4대四大 생성의 원리는 일찍이 불교우주론에서도 언급되지 않은 내용이다. 또한 물리학자들이 현대물리학의 한계를 극복하고자 하면 깊이 천착하고 음미해야 할 부분이라고 사료된다.

물질인 우주의 별들이 질서 있게 제자리를 지키며 운행하는 원리와 식력識力, 지력智力, 신통력神通力과 또는 보살이나 여래의 십력十力 등 정신적인 원리 역시 지수화풍地水火風 4대진四大塵의 작용으로 일원인 금진으로 환원된다. 삼천대천세계와 성주괴공 4겁四劫의 기간 역시 시간과 공간으로 별개로 나뉜 것이 아니고, 시공時空이 긴밀하게 하나로 짜여 있다.

「우주의 본질과 형량」의 수식들의 상호연관성이 오묘함은 물론이고, PC에서 제공되는 기본계산기로 미처 그 자릿수를 다 수용하지 못하는 정도의 계산들을 1941년에 빈틈없이 해낸 부분도 놀라운 일이다. 금타우주론의 1년 =365.245370 일이 현대의 표준년력의 1년=365.242190 일에 비해 약 0.0032일 (즉 4.608분) 크다. 이는 312.5년 마다 1일의 차이가 난다.

내용을 읽다보면 금타 대화상께서는 우리가 지금 알고 있는 빛의 속도, 태양—지구 간의 거리, 태양계 등에 관한 과학지식도 완벽하게 갖추시고, 금타우주론에 입각해서 현대과학의 미흡한 점을 비판하고 있다. 따라서, 우리들의 현재 과학상식과 일치하지 않는 부분이 있다 해서 금타우주론을 함부로 비판할 일이 아니고, 마음을 비우고 일단 금타우주론의 체계를 익히고 음미하면 새로운 지평을 여는 단초가 될 수도 있을 것이다.

물리학자도 천문학자도 아닌 편저자로서는 금타우주론이 난해한 부분이 많았다. 서울대 물리학과 소광섭 교수님을 포함한 5인의 '금타우주론 강독회'를 구성해 1년여에 걸쳐 공부하면서 풀어놓은 결과물에 힘입은 바 크다. 그때 풀어서 2008년 1월에 금강카페(http://cafe.daum.net.vajra)에 게시한 것을 저본으로 하여, 오자 및 오류를 정정하고, 그림을 다수 추가 또는 재작성하고, 자세한 주注를 달아『금강심론 주해 III』을 완성할 수 있었다.

소광섭 교수님을 비롯한 금타우주론 강독회원에게 무한한 감사를 드린다.

『금강심론 주해 II』의 '제8장 십불이문十不二門 제3절 지장십륜地藏十輪'의 전거가 되는《지장십륜경》〈십륜품〉은 불교의 근간이 되는 핵심교리들이 일목요연하게 열거되어 있고, 쉽게 주위에서 접할 수 없는 경전이다.『금강심론』의 '제3절 지장십륜'에서는 아주 간략하게만 언급되어 있어, 지장십륜地藏十輪 곧 십종불륜十種佛輪 등의 구체적인 내용을 알 수 없기에《지장십륜경》〈십륜품〉의 경전 원문과 번역문을『금강심론 주해 III』말미에 부록으로 실었다. 지장십륜의 자세한 내용뿐 아니라 불교 전반을 파악하는 데 많은 도움이 되기 바란다.

이『금강심론 주해』가 귀중한 보배인『금강심론』을 읽는 데 조금이라도 도움이 된다면 다행으로 생각한다. 무거운 책을 들고 다니는 수고를 덜기 위해서, 곧 e-book 출판도 할 예정이다.

편저자가 무던히 애는 썼으나 『금강심론 주해』에 미흡하거나 오류가 있을 수 있으며, 이는 전적으로 편저자의 미력함으로 인한 것이니, 많은 질정을 해 주시기 바란다.

2019년 4월 승우당에서
경주 배광식 삼가 쓰다

| 참고 문헌 |

· 『金剛心論』, 釋金陀 著, 釋淸華 編, 寶蓮閣, 1985.

· 『金剛心論』, 釋金陀 著, 釋淸華 編, 乙支出版公社, 1992.

· 『金剛心論(영인본 포함)』, 釋金陀 著, 釋淸華 編, 성륜불교문화재단 · 벽산문도회, 2017.

· 『圓通佛法의 要諦』(淸華禪師法語集 II), 聖輪佛書刊行會 編, 聖輪閣, 1993.

· 『圓通佛法의 要諦』(淸華禪師法語集 II), 聖輪佛書刊行會 編, 聖輪閣, 2003.

· 『正統禪의 香薰』(淸華禪師法語集 I), 聖輪佛書刊行會 編, 聖輪閣, 1999.

· 『正統禪의 香薰』(淸華禪師法語集 I), 聖輪佛書刊行會 編, 聖輪閣, 2003.

· 『韓國佛敎大辭典』(全七卷), 韓國佛敎大辭典編纂委員會 編, 寶蓮閣, 1982.

· 『淨土三部經』(再版), 釋淸華 譯, 韓振出版社, 1983.

· 『六祖壇經』, 釋淸華 譯, 광륜출판사, 2003.

· 『가장 행복한 공부』, 청화 스님, 시공사, 2003.

· 『청화 큰스님의 친필자료모음 I』, 광륜출판사, 2004.

· 『청화 큰스님의 친필자료모음 II』, 광륜출판사, 2004.

· 『마음의 고향』(순선안심탁마법문, 청화 큰스님 법어집), 도서출판 土房, 2002.

· 『실상염불선』, 광륜출판사, 청화 저, 김영동 편, 2013.

· The SAT Daizōkyō Text Database 新脩大藏經, http://21dzk.l.u-tokyo.ac.jp/SAT/ddb-sat2.php

· Digital Dictionary of Buddhism 電子佛敎辭典, http://www.buddhism-dict.net/ddb/

· NAVER 사전, http://dic.naver.com/

· Daum 사전, http://dic.daum.net/index.do

· 금강金剛 불교입문에서 성불까지, http://cafe.daum.net/vajra

· 금강金剛 불교입문에서 성불까지, http://cafe.naver.com/huineng

· Buddhistdoor 佛門網, https://www.buddhistdoor.net/dictionary

· 佛学大辞典(丁福保, 1922), https://zh.wikisource.org/wiki/%E4%BD%9B%E5%AD%B8%E5%A4%A7%E8%BE%AD%E5%85%B8

| 그림 목록 |

| 표 목록 |

| 주요 용어 찾아보기 |